谈笑凯歌还

——毛泽东日常谈话专题研究

唐正芒 等◎著

湘潭大学出版社
XIANGTAN UNIVERSITY PRESS

图书在版编目（CIP）数据

谈笑凯歌还 : 毛泽东日常谈话专题研究 / 唐正芒等著. -- 湘潭 : 湘潭大学出版社, 2023.12
ISBN 978-7-5687-1289-7

Ⅰ. ①谈… Ⅱ. ①唐… Ⅲ. ①毛泽东（1893-1976）—人物研究②毛泽东思想研究 Ⅳ. ① A755 ② A84

中国国家版本馆 CIP 数据核字 (2023) 第 215265 号

谈笑凯歌还 —— 毛泽东日常谈话专题研究

TANXIAO KAIGE HUAN —— MAO ZEDONG RICHANG TANHUA ZHUANTI YANJIU

唐正芒 等著

策划编辑：申永丰
责任编辑：单 越 唐剑君
封面设计：李 平
出版发行：湘潭大学出版社
社 址：湖南省湘潭大学工程训练大楼
电 话：0731-58298960 0731-58298966（传真）
邮 编：411105
网 址：http://press.xtu.edu.cn/
印 刷：长沙鸿和印务有限公司
经 销：湖南省新华书店
开 本：710 mm×1000 mm 1/16
印 张：31.75
字 数：568 千字
版 次：2023 年 12 月第 1 版
印 次：2023 年 12 月第 1 次印刷
书 号：ISBN 978-7-5687-1289-7
定 价：128.00 元

彰显毛泽东日常谈话的当代价值

（序）

李 捷

毛泽东把自己的毕生精力无私地献给了祖国和人民，他的传奇历史、奋斗精神、崇高品格、超人睿智、音容笑貌、儒雅幽默的谈吐，以及无与伦比的深远影响，同毛泽东思想一道，早已熔铸为一座不朽丰碑，为世人所敬仰。

唐正芒教授及他的团队积十余年之功夫，收集、整理毛泽东日常谈话史料，并成就了《谈笑凯歌还——毛泽东日常谈话专题研究》一书。该书研究的对象就是毛泽东在各种各样、成千上万交往场合下的极为丰富的日常谈话、讲话（含口头报告）。据悉，十余年来参加毛泽东日常谈话收录、整理与研究的团队成员有历届硕士研究生、博士研究生40多位。从500余本公开出版发行的关于毛泽东的各类书籍、报刊中收集了300多万字的毛泽东日常谈话。再对谈话、讲话中涉及的诸多问题进行专题研究。可谓积土成山，积水成渊，积跬步至千里！

通览唐正芒教授等精心写作的这部专著，可从毛泽东日常谈话中领略和感悟其中蕴含的思想精华。从宏观来说，它对毛泽东思想的六个组成部分乃至活的灵魂的各方面内容均或多或少有所涉及和充实。从学科来说，它涵盖了马克思主义理论、政治、经济、军事、文化、外交、哲学、历史、社会、管理、教育、文艺、体育等许多学科。从中观或微观来说，有如毛泽东日常谈话中的马克思主义观、群众路线观、从严治党观、制度建设观、军队建设观、人民战争观、祖国统一观、林业生态观、读书学习观、农业观、粮食观、新闻观、卫生观、青年观、妇女观，等等。

集中收集、整理和研究毛泽东著作以外的日常谈话，是一项带有开创性的研究工作。值得注意的是，唐正芒教授还在系列研究的基础上进一步发现了毛泽东日常谈话与毛泽东著作二者具有明显的同期性、同构性和同向性这一规律。同期性，指的是二者在时间上大致同步；同构性，指的是二者在内容上基本相合，可以相互印证、相互补充；同向性，指的是二者在问题导向和解决问题的方法上根本一致。总结和阐发这一同期性、同构性和同向性特点，是唐正芒教授主持该课题研究的一个重要建树，也进一步说明了研究毛泽东日常谈话的必要性和重要性。

今年是毛泽东主席诞辰130周年。在这样一个重要时间节点出版这本研究毛泽东日常谈话的著作，恰逢其时，意义重大。是以为序。

（作者系中国史学会会长，教授，博士生导师）

目 录

概论篇

党的建设篇

军 事 篇

农 林 · 水 利 篇

民族·统战篇

新闻·外交篇

青年·妇女篇

人文·情怀篇

医卫·保健篇

附篇 毛泽东日常谈话若干条目考证

概论篇

毛泽东日常谈话专题研究

毛泽东日常谈话研究的学理探析

迄今为止，学界研究毛泽东思想主要是以毛泽东著作①作为基本依据，很少关注和利用毛泽东著作以外的日常谈话内容。毛泽东一生在各种场合中有过无数的谈话，这些谈话大多带有一定思想、理论、观点和情感。由于毛泽东演说能力强、谈笑兴趣浓，加上他巨大的个人影响力和极强的语言魅力，这些日常谈话多以各种方式留存下来，堪称一座未开发的毛泽东思想“富矿”。这座“富矿”亟须我们进一步挖掘、整理、研究和利用。本专题就这一问题略谈拙见，以引学界关注并呈大家指教。

一、收集毛泽东日常谈话有取之不尽的文献源泉

毛泽东和毛泽东思想的研究经久不衰，各种各样对毛泽东的回忆、纪念、缅怀、敬仰、歌颂、叙述、记录、评价的文献资料也日益增多，关于他的文献资料浩如烟海，为收集、整理、开发、利用毛泽东日常谈话提供了取之不尽的文献源泉。

从纵向看，自 1921 年他作为中共一大代表，直至 1976 年去世，人们以各种各样的方式对他极具影响力的这 50 多年的生平和思想进行回忆、研究、纪念、探讨，从而形成无数的文献资料。人们还对他青少年时期的事情包括

① 公开出版的毛泽东著作主要有《毛泽东选集》《毛泽东文集》《毛泽东军事文集》《建国以来毛泽东文稿》《毛泽东著作选读》以及《毛泽东早期文稿》《毛泽东书信选集》《毛泽东新闻工作文选》《毛泽东外交文选》《毛泽东农村调查文集》等。

他青少年时的言谈，也予以尽可能全面的追忆，这就形成了浩如烟海的关于毛泽东的各种各样的文献资料。

从横向看，在毛泽东生活的年代，所有党和国家领导人、各级党政干部、各界知名人士、工、农、兵、学、商、知识分子、专家学者、宗教界、民主党派与少数民族人士、海外侨胞、国民党爱国将领和爱国人士、妇女、青少年、外国首脑、政要乃至普通外国朋友，更不用说他的家人、亲友和身边工作人员等都与毛泽东有过接触，许多人在见过毛泽东后即以各种方式将毛泽东的口头谈话追录下来，并据此写成回忆著作或纪念文章。在毛泽东诞辰及逝世纪念日也结集出版过许多研究、纪念、缅怀文章或回忆录式的毛泽东生平介绍与纪实叙述，也会披露出毛泽东的许多日常谈话。

据统计，自新中国成立至1975年，毛泽东有2900多天在外地指导工作，各地方党史、文史部门即编写出《毛泽东在河南》《毛泽东在安徽》《毛泽东在江苏》《毛泽东与山东》《毛泽东与福建》《毛泽东与甘肃》《毛泽东与广西》《毛泽东与河北》《毛泽东50次来湖南》等文献资料。此外还有许多其他各类关于毛泽东的文献史料，不再一一列出。不难想象，关于毛泽东的各类文献资料确实很多。

在读秀学术搜索上输入“毛泽东”进行搜索后发现：截至2021年6月，研究毛泽东的图书约有33000种，中文期刊文章约有167000篇。以同样的方法搜索“马克思”，研究马克思的图书约10000种，中文期刊文章约34000篇；搜索“孙中山”，找到中文图书约22800种，期刊文章约65100篇；搜索“华盛顿”，找到图书约14700种，期刊文章约60900篇；搜索“罗斯福”，找到图书约13200种，期刊文章约15600篇。在中国知网搜索后发现：研究毛泽东、马克思、孙中山、恩格斯、列宁的期刊论文分别为67600、54980、17600、15220、3784篇，可见有关毛泽东的研究也远远多于其他人。通过数字比较不难看出，与毛泽东相关的文献资料数量最多。

海量的文献资料为收集、整理和研究毛泽东日常谈话提供了极为充足的资料基础，收集、研究毛泽东日常谈话完全可能又十分必要。

二、毛泽东日常谈话有两大鲜明特点

其一，毛泽东日常谈话更多的体现为对具体、实际工作的指导。

如果说，已正式出版的毛泽东著作更多的是毛泽东深思熟虑的理论阐发的话，那么，毛泽东日常谈话则主要体现为毛泽东与各方面人士交谈日常工作的状况。毛泽东的著作主要体现为毛泽东为党和国家进行的理论探索，而他的日常谈话则主要体现为他对党和各地、各方面实际工作的具体指导。当然，任何事物都不是绝对的，但就大多数情况而言，其著作与其日常谈话，是有较明显区别的。

如已正式出版的毛泽东著作，都是毛泽东历经革命建设实践后进行经验总结、理论思考的结晶，且大多都经过反复斟酌、修改而定稿。即使是其在重要会议上的讲话、发言或正式场合的谈话，在收进著作之前也有一个认真修改、审慎斟酌的过程，比如1942年毛泽东在延安文艺座谈会上的讲话和1957年2月在最高国务会议上的讲话等。而毛泽东的日常谈话则表现为另一情景，那就是即兴谈话、相互交流。如1950年初，毛泽东由苏联回国途经东北时，同东北一些省、市领导就有过如下谈话："东北地域辽阔，将来我们在这里好好开发，搞几个基地，再开发新疆，中国的粮食问题就能解决了。"① "黑龙江是个好地方。""你们要把这个自然优势利用起来，特别是荒草原、森林等资源，把它们改造成为畜牧基地、森林基地、粮食基地，那就太可观了。"② 1957年8月1日，毛泽东在海军视察，同司令员萧劲光说："目前海军20万人，本不算多，下一步还要减。海军要有装备，光有人没有用。要把人减下来，集中财力搞点好东西。"③ 他还说："现在我们搞海军，购置的舰艇是苏联的，好多东西也是学他们的。""有些东西学不了，也不要学。要从我们的实际出发，走自己的路。"④ 1957年9月8日，毛泽东在湖南听取省委、湘潭、常德地委的汇报，谈到粮食问题时，他说："俗话说，手中有粮，做事不慌。"⑤ 他问：究竟每个人一年要多少粮食？听到汇报说是

---

① 袁小荣．毛泽东离京巡视纪实——1949—1976（上卷）［M］．北京：人民日报出版社，2016：6.

② 袁小荣．毛泽东离京巡视纪实——1949—1976（上卷）［M］．北京：人民日报出版社，2016：8.

③ 袁小荣．毛泽东离京巡视纪实——1949—1976（上卷）［M］．北京：人民日报出版社，2016：288.

④ 袁小荣．毛泽东离京巡视纪实——1949—1976（上卷）［M］．北京：人民日报出版社，2016：289.

⑤ 王立胜．晚年毛泽东的艰苦探索［M］．西安：陕西人民出版社，2008：63

400斤时，他还追问："是老秤还是新秤？"① 这些谈话很明显都是毛泽东对实际工作的指导。而这类谈话在毛泽东的日常谈话中占大多数篇幅。即使是他谈论得较多的历史和历史人物，多数情况下也没有离开对实际工作的指导。如在延安时与黄炎培探讨历史周期率的"窑洞对"，② 与老舍等人谈康熙等历史人物；③ 从西柏坡进北京时讲决不当李自成、希望考个好成绩；④ 在郑州会议上讲郭嘉的足智多谋和袁绍的见事迟、得计迟等，⑤ 均为他教育各级干部要从历史和历史人物中吸取经验教训、做好各方面工作的直接指导和指示。

其二，毛泽东日常谈话总体上看形成了颇具"毛氏特色"的话语风格。

毛泽东的日常谈话大多体现出其幽默风趣、引经据典、大气雄浑、无可替代的"毛氏特色"。如关于马克思主义发展观，毛泽东语出惊人、入木三分地对王任重说："不如马克思，不是马克思主义者，等于马克思，也不是马克思主义者，只有超过马克思，才是马克思主义者。"⑥ 关于粮食的重要性，毛泽东以巧解字形对湖北省领导人说："中国的文字很有道理，'饭'字缺了'食'就是'反'字，如果老百姓没有饭吃，就要起来造反的。民以食为天嘛，粮食是基础的基础。"⑦ 关于科技的力量，毛泽东巧妙比作"工具是人的器官的延长，镢头是人手的延长，望远镜是人眼的延长"。⑧ 关于中国共产党与民主党派"长期共存"的关系，毛泽东言简意赅地解释为："不是同年同月同日生，但愿同年同月同日死。"⑨ 他渴望修建三峡工程，所以曾风趣地对长江水利委员会主任林一山说："你看能不能找个人帮我当主席，我给你当助手，帮你修三峡大坝好不好？"⑩ 关于调查研究不要兴师动众，他说：

---

① "毛泽东与我"征文活动组委会. 毛泽东与我丛书：我见到了毛主席［M］. 西安：山西人民出版社，1993：72.

② 中共中央文献研究室. 毛泽东在七大的报告和讲话集［M］. 北京：中央文献出版社，1995：114.

③ 孙宝义，刘春增，周桂兰. 听毛泽东谈哲学［M］. 北京：人民出版社，2012：151.

④ 徐新民. 在毛泽东身边［M］. 北京：中共中央党校出版社，1993：206.

⑤ 绍康. 毛泽东和党外朋友们［M］. 北京：团结出版社，1993：220.

⑥ 李新芝，郑明杰. 毛泽东纪事1893—1976下［M］. 北京：中央文献出版社，2011：600.

⑦ 李林达. 中国出了个毛泽东丛书情满西湖——毛泽东在浙江纪实［M］. 北京：中央文献出版社，1993：61.

⑧ 袁小荣. 毛泽东离京巡视纪实——1949—1976（上卷）［M］. 北京：人民日报出版社，2016：39-40.

⑨ 黄露生. 毛泽东尊师风范［M］. 北京：中央文献出版社，2011：439.

⑩ 于俊道. 红墙里的领袖们丛书：毛泽东实录［M］. 北京：中国工人出版社，2012：195.

“人们都认识我了，下去只给看好的，不给看坏的。”[①] 1952 年建黄河铁桥时，滕代远将铁桥二段的两位副队长乔廷选、梁世久介绍给毛泽东。毛泽东以巧解姓氏给二位以莫大鼓励说：“巧了！修桥的，一个姓乔，一个姓梁，‘乔梁’二字合在一起，恰好是‘桥梁’，真是太好了！”[②] 新中国成立初期，毛泽东邀革命老人仇鳌做客。仇鳌见面谦恭地说：“老朽让毛主席费心了！”毛泽东故作惊讶地说：“先生怎么连我名字都忘记了？我叫毛泽东，毛润之，可没有改名叫‘毛主席’呀！”[③] 笑谈中隐含着深刻政治意义。关于工作与睡眠，他无奈地对身边工作人员说：“我欠了睡眠很多账，你们帮我记着，等有机会，连本带息一块还。不过，这笔账最好能赖掉，太麻烦了。”[④] 幽默地道出了他既要忘我工作又怕身体出毛病而影响工作的矛盾和苦衷。

毛泽东的日常谈话“毛氏特色”鲜明。他的日常谈话语言魅力强，风趣幽默而不失旁征博引，或古为今用，信手拈来；或理中寓情，言情交融；或想象丰富，气势磅礴；或深入浅出，入木三分；或言简意赅却振聋发聩；或大家风范却平易近人。听后让人印象深刻，入耳入脑，更易懂易记。这样一来，人们在对他回忆、纪念、叙述、记录、评价、研究的各种文献资料中就很自然地会留存下很多他的谈话内容。

三、开发毛泽东日常谈话思想“富矿”为势所必然

我们已从各种毛泽东文献资料中广泛搜集并按中共党史分期整理出“毛泽东日常谈话”360 余万字（除去谈话背景交代），编印成《毛泽东著作以外的日常谈话》共 11 册。已做的这些搜集、整理工作使我们深有感触：毛泽东日常谈话这座思想理论“富矿”亟须开发、利用！

从纵向收集看。对毛泽东日常谈话的收集整理包括人们记忆所及的毛泽东青少年时期直至他逝世的这几十年中，他日常生活、工作中带有一定理论、观点、思想、情感的全部日常谈话。目前我们收集到的第一条毛泽东日常谈

---

① 高菊村，唐振南，等．青年毛泽东［M］．北京：中央文献出版社，2008：26．

② 毛泽东年谱（1949—1976）第六卷［M］．北京：中央文献出版社，2013：650．

③ 何虎生．毛泽东初进中南海［M］．北京：中共党史出版社，2008：427．

④ 龙剑宇．毛泽东家居一代伟人家居生活的全景呈现［M］．北京：中共党史出版社，2013：91．

话是：幼年的毛泽东住外婆家时，常与小伙伴们一起“杀牛草”。有一次一位田主要他们猜对一条谜语才准“杀牛草”。那人说：“千锤万击出深山，烈火焚烧若等闲；粉身碎骨全不怕，要留清白在人间。”小伙伴们都没猜对，毛泽东思考后说：“你这四句话说的是一样东西，就是邹家冲烧的石灰。”[①]其幼年聪慧出类拔萃。我们收集到毛泽东生平的最后一条谈话是：1976 年 7 月 28 日，河北唐山发生强烈地震。毛泽东得知地震给人民生命财产造成极其惨重的损失后放声大哭。当华国锋汇报说要去唐山时，毛泽东说：“你去，抓紧去，去看望灾区的人民。”[②] 最早一条谈话使我们能够感受到儿时毛泽东与众不同的聪明机智；最后一条谈话则使我们为毛泽东终生为党和人民鞠躬尽瘁死而后已的情怀所动容。不同时期的毛泽东日常谈话，内容丰富多彩乃至千差万别，连通各个时期他的日常谈话，让我们无形中感觉出了毛泽东跌宕起伏、波澜壮阔、令人慨叹的一生，堪称另一种形式的“毛泽东传记”“毛泽东年谱”。

从横向归类看。毛泽东日常谈话是对毛泽东著作中的思想理论的重要补充，毛泽东日常谈话也蕴含着丰富的毛泽东思想。从宏观方面来说，它涵盖了毛泽东思想六个组成部分的各方面内容。从学科来说，它涵盖了马克思主义理论、政治、经济、军事、文化、外交、哲学、历史、社会、管理、教育、文艺、体育、卫生等许多方面。从中观或微观方面看，有如毛泽东日常谈话中的马克思主义观、群众路线观、从严治党观、廉政反腐观、制度建设观、军队建设观、人民战争观、林业生态观、教育发展观、读书学习观、农业观、粮食观、文艺观、体育观、卫生观以及毛泽东的黄河情结、毛泽东谈青年的培养教育、谈台湾问题的解决等，都可以凝练出科研课题或硕士、博士人才培养课题。我们对毛泽东日常谈话的特点与规律进行研究，将某一时期毛泽东的日常谈话与其相应时期的著述进行比较研究，则可进一步深化和拓展对中共党史、共和国史及毛泽东与毛泽东思想史的研究，不失为研究毛泽东与毛泽东思想的新向度、新视野、新领域、新范式。

---

① 中共湖北省委党史研究室．“大跃进”运动 湖北卷［M］．北京：中共党史出版社，2004：470.

② 马克思恩格斯选集：第 2 卷［M］．北京：人民出版社，2012：9.

四、研究毛泽东日常谈话具多重意义

研究毛泽东日常谈话，具有多方面的意义。一是有利于更全面发挥毛泽东思想的指导作用。毛泽东日常谈话内容丰富，其中许多有价值的谈话内容至今仍有指导意义，对毛泽东日常谈话的整理、研究，能使我们更全面挖掘、更完整把握、更深入研究毛泽东思想，能更完整、更全面地发挥毛泽东思想的指导作用。

二是有利于更全面认知和更准确评价毛泽东。相对于笔头写出的文稿而言，人们在现实场景中直接表达出的认知智慧和思想火花往往最为真实和珍贵，人们的即兴讲话更能直接、真实地反映出其思想。毛泽东日常谈话多出于即兴表述，能更直接展示出毛泽东的内心世界、政治风度、理论涵养、精神风貌、人格魅力等。如毛泽东曾对他的生活管理员说："现在是冬天，你就别买那些西红柿、黄瓜之类的新鲜蔬菜，现在买一条黄瓜的钱，到了夏天就能买一筐黄瓜，冬天买一条黄瓜只能吃一顿，夏天买一筐黄瓜能吃几十顿。"① "我的衣服不必每个地方都擦肥皂，只要擦领子、袖口等比较脏的地方就行了。这样可以节省肥皂，衣服也耐穿。"② 如果不接触毛泽东的日常谈话，我们怎么也想不到他竟如此的节俭与自律。还有一次在批评官僚主义时，毛泽东说："不管是掏大粪的还是扫街道的，只要有真理在他们手里，就要支持他赞扬他，并且向他学习。"③ 可见，尽可能完整地收集、整理毛泽东日常谈话，有利于向世人展现一个客观真实的毛泽东，更有利于进一步全面准确地评价毛泽东。

三是有利于为子孙后代留存宝贵的毛泽东精神和思想遗产。毛泽东已出版的著作有纸质载体，成文成册，易于代代流传。但对他的日常谈话这笔珍贵的精神和思想遗产，如不加以收集、整理、校勘、利用，让其零星散落在浩瀚书海和堆积成山的档案报刊中，则这份思想遗产就达不到其应有的思想

---

① 何虎生. 毛泽东初进中南海［M］. 北京：中共党史出版社，2008：427.

② 龙剑宇. 毛泽东家居一代伟人家居生活的全景呈现［M］. 北京：中共党史出版社，2013：91.

③ 中共湖北省委党史研究室. "大跃进"运动 湖北卷［M］. 北京：中共党史出版社，2004：470.

力量与学术价值。现在做好这一工作，正是在为我们的子孙后代系统留存毛泽东日常谈话这笔精神财富和思想遗产。

四是有利于回击历史虚无主义。收集、整理和研究毛泽东日常谈话，对于我们回击那些污蔑、诽谤、贬低毛泽东的历史虚无主义，还毛泽东一个客观公正的历史形象，也是十分必要的。历史虚无主义无孔不入，如有人打着在毛泽东身边工作的招牌，编造和歪曲历史事实攻击毛泽东。我们必须从唯物史观出发，通过对毛泽东日常谈话的研究、考证，回击历史虚无主义，客观公正地维护毛泽东的历史形象，打扫和清理历史虚无主义攻击毛泽东和毛泽东思想所造成的恶劣影响。

五、毛泽东日常谈话文献的可信度

真实性是历史研究的生命。故需根据各有关文献资料所披露的毛泽东谈话的语言风格、时代背景、谈话场合、谈话内容、话语逻辑、引用者经历等进行多方面的综合考证。总的看来，对毛泽东日常谈话文献的可信度大致可分六种情况。第一种完全可信的。即该讲话很大气、很独特，只有毛泽东才能想得到和说得出，别的人想杜撰但却根本想也不可能想得到。辅之以谈话场合印证，即可肯定该谈话完全可信。第二种是有的名家在文稿中所表露的毛泽东的谈话，可能就是看了档案资料而有意识引出来的，这当然也很可信。第三种是当年记者的真实记录并以新闻报道发表在当年的报刊上，后被人们引用而今天仍能查到，这也当是可信的。第四种情况是，如前已述，由于毛泽东的崇高威望，人们都会以与毛泽东接触和聆听到他的谈话为最大荣幸，事后多会以日记或追忆等方式记下所听到的毛泽东谈话，并据此以回忆录或纪念文章的形式披露出来。这种情况就毛泽东当时谈话的基本意思来说，也当算是可信的。这种情况可能最多。依量化角度而言，以上四种情况即可信和基本可信的要占80%左右。第五种是少数文稿的作者在缺乏可靠史料的情况下，可能根据毛泽东当年谈话的历史背景和活动场景推断撰写，这就不可信了。但从当年背景和场景出发，有些也可能会对研究有某种辅助佐证价值。第六种是不排除有个别不负责任的作者想当然地编写、杜撰毛泽东的话语，这是完全不可信的，经考证后一律不能采纳，还需予以澄清和辨伪。至于历史虚无主义者的歪曲攻击、恶意编造，那就完全不可信，而是要有理有据地予以批判回应的问题。

众所周知，中央文献出版社出版的《毛泽东年谱》里也收集、记载了毛泽东不少日常谈话，无疑这些日常谈话都是经多方校勘考证，因而都是较为可信的。那么，是不是说只有《毛泽东年谱》里收集的这些日常谈话才可采信？笔者觉得远远不止。不能说除此之外其他书籍里披露的毛泽东日常谈话就都不可信。原因是，记载毛泽东生平的所有实践活动、著作理论特别是指挥战争、领导建设等的《毛泽东年谱》，总共仅 9 本 440 余万字（民主革命时期 3 本、新中国成立后 6 本），年均只有 5 万来字的篇幅，容量是极有限的，不能不有所取舍。除《毛泽东年谱》里记载的毛泽东日常谈话之外，其他正式出版的有关毛泽东的各类文献资料中还披露了海量的毛泽东日常谈话，这是不争的事实。当然，对《毛泽东年谱》之外的有关毛泽东的其他各类文献资料披露的毛泽东日常谈话，我们必须进行如前所述的严谨、审慎考证后才能采用。

此外，毛泽东的不少日常谈话，可能会有多人在场聆听，事后的回忆难免出现大同小异的不同版本的不同表述，这也需经考证后再决定其版本的取舍。

六、结语

收集、整理、校勘、运用毛泽东著作以外的日常谈话，是毛泽东与毛泽东思想研究乃至马克思主义理论研究的一项学术基础工程和文化传承工程。也应是马克思主义理论研究、毛泽东思想研究和中共党史研究者义不容辞的责任。在这个问题上，我们既不应因疑虑于是否可信而因噎废食地不做这项重要研究工作，又必须以对历史、对后人高度负责的态度和严谨求实的精神，极为认真精细地开展这项工作，以确保收集、整理的毛泽东日常谈话文献真实可靠、可信可用，确保真正建设好这项意义重大的学术研究和文化传承工程。

以严谨求实的学术态度，建意义重大的文化工程，这就是我们收集、整理、开发、利用毛泽东日常谈话的学术追求。

（唐正芒　张春丽）

关于毛泽东著作以外的日常谈话的收集、整理

毛泽东思想博大精深。目前已公开出版的毛泽东著作至少就有10多种40多册，还有虽未收进这些著作但已在有关报刊上发表过的毛泽东撰写的各种文献资料等，这些都是成文成册的“写”在纸上的毛泽东思想。而除了这些“写”在纸上的毛泽东思想外，还有一种“说”出来的毛泽东思想，那就是毛泽东一生在与人交往、外出视察等日常生活、工作的各种场合中的口头言谈。这些日常口头谈话有些可能已被有关部门整理后收进了毛泽东的有关著作，但更多的则还未被收进。“毛泽东著作以外的日常谈话收集、整理与研究”项目，就是要收集、整理和研究那些没被收进已正式出版、发表过的毛泽东各种著作、文稿中的具有一定思想、理论、观点的日常口头言谈。

一、一个亟待开发的思想富矿

毛泽东一生在与不计其数的各方人士打交道的过程中，必然要说很多话，有很多语言交流、口头言谈。收集、整理这些尚未被收进毛泽东各种著作的日常谈话，确是一项亟待开展的研究工作。毛泽东的日常谈话是博大精深的毛泽东思想中的一个非常值得开发的思想宝库。

毛泽东的这些口头言谈、日常谈话（姑且称为“说”出来的毛泽东思想），通过当时在场的相关当事人事后（或暂或久）的回忆、整理，应该说绝大多数也在已出版的毛泽东本人论著以外的各种各样的纸质载体上披露了出来。但令人遗憾的是，它只是以零零星星、一鳞半爪的形式散落、隐没在

浩如烟海的各种各样的书籍、报刊上，不便于人们学习使用，甚至因不易被发现而尚未被利用。其中许多内容所体现出的闪光思想，也因此而未能很好地发挥出它的指导作用，还完全不像上述十多种版本的各种毛泽东著作那样，以纸质载体完整地展示在世人面前，供人们学习、研究和宣传、使用。

毛泽东生平日常谈话、口头言谈堪称一部读不完的毛泽东思想，堪称至今尚未很好发掘和利用的另一座毛泽东思想的宝库。如果说历经多年整理出版毛泽东撰写出的各种文章、著作（“写”出来的毛泽东思想)，是已完成了学习、研究和宣传毛泽东思想的一项宏大基础性工程的话，那么集中收集、整理毛泽东生平的日常谈话（“说”出来的毛泽东思想)，则是至今尚未开展的学习、研究和宣传毛泽东思想的又一项基础性工程。

二、收集、整理毛泽东日常谈话的必要性

（一）有利于进一步深化毛泽东和毛泽东思想研究

毛泽东对中国革命和建设有着宝贵历史经验和巨大理论贡献。而这些“经验”“理论”的有些内容就有可能蕴含在毛泽东著作以外的毛泽东的日常谈话中。毛泽东思想是中国共产党指导思想和宝贵精神财富，需要不断深入研究和努力传承。进行毛泽东日常谈话的收集、整理与研究，对于学习贯彻习近平重要系列讲话中关于毛泽东和毛泽东思想的论述、进一步深化毛泽东和毛泽东思想的研究，具有重要意义。

（二）有利于更完整地收集和把握毛泽东思想

我们常说的毛泽东思想，大多是通过对毛泽东纸质文稿、著作的学习和研究得来，其实严格说来，毛泽东一生中的日常谈话、口头言谈里，也显现着毛泽东思想的熠熠光辉。毋庸置疑，作为完整的毛泽东思想，与“写”出来的毛泽东思想相对应的，理所当然应包括毛泽东生平的日常口头言谈，即“说”出来的毛泽东思想这一大块内容。如果没有这一大块内容，那就不能算是完全的、完整的毛泽东思想。因此收录、整理与研究那些没被收进已正式出版、发表过的毛泽东各种著作、文稿中的毛泽东日常谈话，就有利于完整地把握和深入地研究、宣传毛泽东思想，而且也是其题中应有之义。

（三）有利于更全面发挥毛泽东思想的指导作用

那些未收进已正式出版、发表过的毛泽东著作或文稿中的毛泽东的日常谈话，其中有许多珍贵的有价值的内容，至今仍有指导意义，这些在当年是作为重要指示予以贯彻，并发挥了对当时当地党、政、军等各方面工作的相应指导作用。对其中一些在今天仍有指导作用的内容，今天仍应继续发挥其指导作用。但因对毛泽东日常谈话、口头言谈尚未进行集中收录、整理和研究，致使许多珍贵的、很有价值的内容可能至今仍被湮没在浩如烟海的书山中，故它对今天的政治意义和指导作用就很难继续体现和发挥，很难像已出版的毛泽东著作那样继续起相应指导作用。而"毛泽东日常谈话收集、整理与研究"工作的开展，则解决了这一难题，它将为人们在今天更完整把握毛泽东思想从而更全面发挥毛泽东思想的指导作用带来很大方便。

（四）有利于更全面认识和更准确评价毛泽东

相对于"写"出来的毛泽东思想，毛泽东生平的日常口头言谈多出于他在平凡生活、日常交往中的即兴谈话表述，故一般说来，它能更直接地展示出毛泽东的内心世界、政治风度、理论涵养、精神风貌、人格魅力、独特气质、语言风格、交往艺术乃至大师风范，等等。所以，尽可能完整地收集、整理毛泽东的生平口头言谈、日常谈话，有利于发掘、研究和学习毛泽东的内心世界、政治涵养、精神风貌、人格魅力、独特气质、语言风格、交往艺术等等。从而也就有利于更全面地认识毛泽东和更准确地评价毛泽东这位世纪伟人和世界伟人。

三、收集、整理毛泽东日常谈话的学术价值

收集、整理毛泽东日常谈话这项工作，在不少人眼中看来似乎是件意义不大的事情，认为这些经当事人事后回忆出来的口头言谈、讲话，并非出自毛泽东本人笔头的"白纸黑字"，所以很难做到与当时的讲话一模一样、完全准确。而且随着回忆者的年龄大小、职位高低、时间久暂、行业差异、理解深浅等的不同，同一场合的讲话在不同人的回忆录或纪念文章里，可能会出现不同的表述，因此这些口头言谈的可信度就大打折扣。所以会有一些人

认为，即使把毛泽东的日常谈话收集、整理出来以后，其学术价值和现实指导意义也不大。

事实上，我们首先要明确的是，凡是在回忆录、纪念文章及其他与毛泽东有关的国内正规出版的书籍、报刊中出现的毛泽东的言谈、讲话，一般都不可能是无中生有的编造和纯粹的捏造，没有人会也没有人敢这样做且也没有必要这样做。又由于文艺作品有加工、创作的成分，所以有关毛泽东题材的影视、戏剧等文艺作品中的毛泽东的谈话、对话等，不属于本项目的收集、整理范围。而收集、整理国内正规出版物中的毛泽东这些口头言谈作为研究的参考，应该是可靠的。其次，正是因为同一讲话可能会有不同的回忆版本，就需要对同一场合谈话的不同"版本"进行比较、分析、研究，得出尽可能准确的毛泽东讲话的原意。经过这样的选编、整理、研究，应该说其学术价值和指导意义显而易见。如：

其一，当我们将毛泽东各历史阶段的言谈，与已正式出版的毛泽东各种著作中同期的文章进行比较研究时，就可互相印证同一时期毛泽东的思想理论，特别是注意发现已出版的著作中所没有的思想理论亮点乃至新的史实。其二，毛泽东一生中和各级党政干部、各界知名人士、工人、农民、士兵、学生、知识分子、宗教界、民主党派、少数民族同胞、海外华侨华人、外国友人、亲友、国民党爱国将领等许许多多人都有过谈话，由此我们可根据毛泽东日常谈话对象的不同，结合其他相关史实探讨毛泽东个人对不同人物群体的态度、看法、观点、情感，及其在不同时期的演变等。其三，由于日常谈话是即兴的，不加矫饰的，所以更能体现一个人真实的想法，因此我们可以从毛泽东的口头言谈中发掘、研究和学习毛泽东的内心世界、政治涵养、精神风貌、人格魅力、独特气质、语言风格、交往艺术，等等。其四，可从毛泽东的口头言谈中，探索毛泽东某些思想理论形成的阶段划分、发展的历史轨迹，以及各个时期毛泽东的言谈所体现出的该时期他的思想凝聚点、社会关注点、兴趣爱好点、理论兴奋点等。其五，通过毛泽东生平日常谈话的收集整理，力求从中发现一些可以支撑毛泽东与毛泽东思想研究中的学术争鸣观点的新材料、新论据、新史实。

（唐正芒　彭湘容）

奋斗百年路　为民世纪程

——以毛泽东日常谈话为中心的研究

习近平总书记在党史学习教育动员大会上强调："江山就是人民，人民就是江山。"① 以人民为中心，是中国共产党百年历史的主题主线。中国共产党诞生之际，正是国家积弱积贫、内忧外患，人民饥寒交迫、水深火热，民族饱受战乱、山河破碎的时期。正所谓"有多少苦同胞怨声载道，铁蹄下苦挣扎仇恨难消"。在这样历史背景下诞生的中国共产党，其初心使命就是救人民于水火、挽民族于倒弦。"中国人民正在受难，我们有责任解救他们，我们要努力奋斗。"② 百年来中国共产党就是怀这一初心、循这一使命而奋斗、而牺牲的。从创立中国共产党的开天辟地、到夺取中国革命胜利的改天换地，从改革开放的翻天覆地，到十八大以来进入新时代的惊天动地，一路走来，有血泪辛酸，更有红旗招展；有探索学步，更有凯歌行进；有攻坚克难，更有辉煌灿烂。然而所有的奋斗、牺牲、成就、胜利，均未离开"人民"这个中心和主题。本专题拟以毛泽东作为中国共产党的典型和象征，以毛泽东的日常谈话为中心，回望中国共产党作为"我们的带路人"而"为人民谋幸福"的百年艰辛奋斗路，秉持人民中心理念、践行初心使命的世纪历程。这对于谱写奋进新征程的新篇章、成就民族复兴的伟业，有着特殊的激励和教育作用。

---

① 习近平．在党史学习教育动员大会上的讲话［N］．求是，2021（07）．

② 毛泽东选集：第3卷［M］．北京：人民出版社，1991：1005．

一、“要全心全意为人民服务”

作为践行中国共产党根本宗旨的典范，毛泽东郑重强调“共产党就是要奋斗，就是要全心全意为人民服务，不要半心半意或者三分之二的心三分之二的意为人民服务”。[①] 这是他对全党的要求，更是毛泽东本人的不变初心和永恒追求。

从少年时代受母亲常助乡邻的善良言行的熏陶，到成长为马克思主义者，再到领导中国革命，毛泽东一直把解救贫苦百姓作为自己不变的人生目标。他曾深情地说：“我这个人平时不爱掉泪，只在三种情况下流过泪”。第一种情况就是“我听不得穷苦老百姓的哭声，看到他们受苦，我忍不住要掉泪”。[②] 1926 年毛泽东就曾动情地期望党内有大批同志“跑到你那熟悉的或不熟悉的乡村中间去，夏天晒着酷热的太阳，冬天冒着严寒的风雪，搀着农民的手，问他们痛苦些什么，问他们要些什么。从他们的痛苦与需要中，引导他们组织起来；引导他们向土豪劣绅斗争”[③]，从而让他们争得翻身解放。

在中央根据地瑞金开“二苏大”时，毛泽东“郑重地向大会提出”要深刻地关心群众生活的问题。他自己更是考虑得无微不至。如（因男人当红军）“妇女群众要学犁耙，找什么人去教她们呢？小孩子要求读书，小学办起了没有呢？对面的木桥太小会跌倒行人，要不要修理一下呢？许多人生疮害病，想个什么办法呢？”[④] 他呼吁对所有关于群众生活的问题，都“应该讨论、应该决定、应该实行、应该检查”。[⑤] 他自己就亲自带领沙洲坝的乡亲们挖井，解决他们最困难的喝水问题。

在延安时，他了解到侯家沟有两个村庄的妇女一直不曾有孕，便亲嘱中央医院化验水质以查清原因。大年初一他给枣园的乡亲们拜年，关切地问乡亲们“生活上有什么困难？机关干部和部队砍柴的时候，砍了树没有？机关的羊群吃了群众的庄稼没有？借东西还了没有？损坏东西赔了没有？机关、

---

① 毛泽东文集：第 7 卷［M］. 北京：人民出版社，1999：285.
② 陈廷一. 贺氏三姐妹［M］. 上海：东方出版社，2003：259－260.
③ 毛泽东文集：第 1 卷［M］. 北京：人民出版社，1993：39.
④ 毛泽东选集：第 1 卷［M］. 北京：人民出版社，1991：138.
⑤ 毛泽东选集：第 1 卷［M］. 北京：人民出版社，1991：138.

部队干部对老乡们的态度好不好?”[①] 为采纳党外人士李鼎铭的“精兵简政”意见，毛泽东提出了“为人民的利益坚持好的，为人民的利益改正错的”的著名命题。[②] 他曾掷地有声地强调：“我们的责任，是向人民负责。每句话，每个行动，每项政策，都要适合人民的利益，如果有了错误，定要改正，这就叫向人民负责。”[③] 1941 年 6 月 3 日，陕甘宁边区政府召开县长联席会议，讨论征粮问题。突然天降大雨，电闪雷鸣，会议室遭雷击。参加会议的延川县代县长李彩云被雷电打死，一位农民的一头驴也被雷电击毙。事后，这位农民便说，“老天爷不睁眼，咋不打死毛泽东?”保卫部门要把这件事当作反革命事件来追查，毛泽东制止。他陷入深思：一个农民为什么会说出这样的话来，反映我们工作中到底存在什么问题?后来发现是由于征粮过多，农民负担太重，于是很快下大力气纠正过来。几年以后，毛泽东还一直记着此事，趁中共七大召开的机会，从不同的角度四次“检讨”了这个问题，用以自省并教育全党干部。此事生动体现毛泽东对老百姓深情关注，对曾加重了人民负担的失误十分不安。在他的观念中，共产党是以为人民谋翻身解放、谋自由幸福而受到人民衷心爱戴的，而现在竟因加重了人民负担而造成了人民的埋怨和不满，所以，毛泽东不仅不追究骂他的人，相反的是深深地内疚，深感对不起人民群众。1947 年胡宗南 20 多万军队进攻延安，情况紧急。周恩来请毛泽东速离延安，毛泽东坚定回答：“老百姓走完了我再走。”他觉得在延安住了十余年，一直处在和平环境中，现在一有战争就走，怎么对得起老百姓?后来他决定要和陕北老百姓一起打败胡宗南，再过黄河。

我们不必说中国共产党为了人民利益而在战火纷飞与白色恐怖中的流血与牺牲，也不说成千上万英烈们刑场上的《国际歌》与战场上的厮杀声，就看毛泽东这些总关民情“一枝一叶”的一往情深，“于细微处见精神”，中国共产党的人民中心理念即跃然纸上、溢于言表。

二、“不解救人民，还叫什么共产党!”

毛泽东认定“对于共产党员来说，人民的疾苦绝非小事”。新中国成立

---

① 许顺富．毛泽东与陕北延安的父老乡亲：红广角．2013 -9.

② 毛泽东选集：第 3 卷［M］．北京：人民出版社，1991：1004.

③ 毛泽东选集：第 4 卷［M］．北京：人民出版社，1991：1128.

后，毛泽东每次外出视察但凡进到群众家中，都会“又问吃来又问穿，家里地里全问遍”。或嘱身边工作人员询问老百姓，诸如生活怎么样，粮食够不够吃，征购是不是多了，干部与群众的关系好不好、民主不民主、有没有强迫命令，干部打不打人等。[①] 1950 年初夏，淮河流域连降暴雨，造成河水泛滥，最后演变成百年一遇的洪水，使淮河以北的 20 个县和淮南沿岸 7 个县均被洪水淹没，80 余万间民房被冲倒或淹塌，受灾人口计 990 余万。毛泽东看到那些触目惊心的消息和数据后，双眼湿润，他用笔在“不少是全村沉没”“灾民被毒蛇咬死”等处画上重重的线，并坚定地对田家英说：“不解救人民，还叫什么共产党！”[②] 当即给周总理批示：“周：请令水利部限日作出导淮计划，送我一阅”。并下令“一定要把淮河修好！”周总理即召集有关部门和专家紧急开会，研究治淮问题。随之新中国水利建设事业的第一个大工程——根治淮河水患的工程拉开帷幕。1951 年 8 月，北京石景山钢铁厂党委写信给毛泽东，反映工资不合理的状况并提出解决建议。办信的同志压了几天，毛泽东知道后大发脾气：“共产党员不为工人阶级办事，还算什么共产党员！”[③] 当遇到个人与人民的事情相矛盾时，毛泽东强调：“只有把人民的事情办好了，我们共产党人才可以考虑办一办自己个人的事。如果我们的党员队伍中出现了先为自己办事的人，那就要毫不客气地把他开除出革命队伍去！”[④] 1953 年他到黄石市钢铁厂视察，看到辛苦工作的工人，便嘱厂领导：“要关心工人群众的健康，要作好防暑降温工作！”[⑤] 1958 年他到大冶铁矿视察，看到一个山洞，知道是避炮洞后，立刻走进这个小洞察看并深切关照：“这个洞顶很薄，能顶住飞石吗？”[⑥] 他担心洞顶砸塌危及矿工生命安全。

1951 年 5 月，毛泽东听表兄文氏说农民请医生看病要称肉打酒送情送礼，花了四五块钱但药还没进口。当即指示“一个区要建一个医院，一个乡

---

① 张耀祠．张耀祠回忆录——在毛主席身边的日子［M］．北京：中共党史出版社，2012：75.

② 梁瑞郴，游和平．毛泽东题词趣谈［M］．武汉：长江文艺出版社，2003：272.

③ 中共中央文献研究室《缅怀毛泽东》编辑组．缅怀毛泽东 上［M］．北京：中央文献出版社，2013：82.

④ 袁小荣．毛泽东离京巡视纪实——1949—1976 上［M］．北京：人民日报出版社，2013：7–8.

⑤ 王鹤滨．紫云轩主人——我所接触的毛泽东［M］．北京：中共中央党校出版社，1991：96.

⑥ 中共中央文献研究室《缅怀毛泽东》编辑组．缅怀毛泽东 上［M］．北京：中央文献出版社，2013：83.

要有几个流动医师”。[①] 1955 年他在杭州了解到血吸虫病肆掠多省，危害很大。威胁到上海、浙江、江西、湖南、湖北等 12 省市一亿多人口的生产、生活、生育、生命。造成许多农村人烟稀少、田园荒芜，乃至出现“寡妇村”、无人村。毛泽东疾呼：一定要消灭血吸虫病。“一定要想办法帮助人民解除苦难。”“共产党人的任务就是要消灭危害人民健康的疾病。”[②] 当即决定在党委统一领导下，成立防治血吸虫病领导小组，指示“要充分发挥科学家的作用，要研究更有效的防治药物和办法”。得知余江县消灭血吸虫病后，他“遥望南天，欣然命笔”，写下《七律·送瘟神》，欢呼“借问瘟君欲何往，纸船明烛照天烧”。他对农村医疗卫生条件落后、农民常遭病痛折磨一直牵挂，责令卫生部要“把医疗卫生工作的重点放到农村去”。[③]

1964 年 6 月 24 日，毛泽东在与越南客人谈话时，严厉批评了中国高级干部的保健工作：“什么都搞特殊化，看病也搞特殊化，我很不赞成搞什么高级病房、高级病床，老百姓有了病怎么办啊？有那么多的工人、农民、有了病怎么办？你不给看？不给治？现在的这些医生，都喜欢给大官看病，还不如三国时期的华佗，华佗给老百姓看病是不收钱的，实行治病救人……”[④] 民情笃深，溢于言表。

新中国成立后毛泽东经常说“要想尽一切办法，让老百姓的生活尽快好起来”。他甚至要李银桥“说说看，怎样才能使老百姓都过上好日子？”他感叹于“解放这么多年，吃饭和穿衣问题还解决不好，怎么向人民交代？”当大跃进严重失误和严重自然灾害造成国民经济困难时，毛泽东极感沉痛。他宣布不吃肉、不吃蛋、吃粮不超定量。他六七个月不吃一口肉，青黄不接的季节 20 多天不吃一粒粮，常常一盘马齿苋充一餐饭，一盘菠菜支撑着工作一天。他觉得每人节约一点，老百姓可能就好过一点。由此，作为共和国的领袖，他也没能幸免浮肿病，脚背和小腿一按一个坑，久久不能恢复！他体质下降，思考问题不再走来走去，而是坐着……即使在晚年犯“文化大革命”

---

① 中共湘潭市委党史资料征集办公室. 毛泽东与湘潭［M］. 北京：中共党史出版社，1993：73.

② 龙剑宇. 毛泽东的人生旅行［M］. 北京：中共党史出版社，2012：327.

③ 中共中央文献研究室编，逄先知主编. 毛泽东年谱（1949—1976）第 5 册［M］. 北京：中央文献出版社，2013：506.

④ 邸延生. 历史的真知——“文革”前夜的毛泽东［M］. 北京：新华出版社，2013：353.

严重错误时，他“还始终认为自己的理论和实践是马克思主义的”，是在防止资本主义和官僚主义危害人民，防止老百姓吃二遍苦、受二茬罪。

历史翻到1976年7月唐山大地震这一页，几近弥留的毛泽东得知地震给人民生命财产造成极其惨重的损失后“放声大哭”。华国锋汇报说要去唐山，毛泽东说：“你去，抓紧去，去看望灾区的人民。”人民领袖爱戴人民至死不渝的款款深情令人动容。

三、总与百姓“比高低”

毛泽东作为党和国家领袖，时刻关心生活艰苦的广大劳动群众，从不摆领袖甚至领导架子。他在生活各个方面都处处念着老百姓，总拿自己跟老百姓比，从未要求任何特殊待遇，且总爱以老百姓的生活水准来要求自己的生活。

穿着方面，毛泽东和老百姓一样，穿着普普通通的衣服，经常是缝缝补补。1948年5月，毛泽东来到了西柏坡，他穿的棉衣依然是在延安时期穿旧了的那套棉衣。警卫们经常提出让他换一身新衣服，他总是说：“我们解放区的人民经受了长期战争的灾难，老百姓一方面过着很艰苦的生活，一方面又要支援人民解放战争，有的老百姓今年冬天就没有棉衣穿，我们就应该时常想念着他们。”① 1949年11月，工作人员提议让管理科给毛泽东买一条新毛裤，毛泽东说：“不用，毛裤穿里边，外边还要套裤子，这又不要什么好看，还是麻烦你想办法给我修补修补吧。现在我们国家很困难，很多群众还吃不上穿不上，他们连我这样的旧毛裤也没有啊！还是请你们给我修补修补，不要花钱买新的了。”② 毛泽东每每想到还有很多百姓过着困难的生活，都会要求身边人不能给自己做新衣服、新裤子。20世纪60年代初，毛主席说：“我这一辈子，绝不买袜带！”问他为什么，他说：“现在湖南还有不少农民买不起鞋，买不起袜子，一年四季赤脚下田，赤脚进城。我有这么好的袜子穿，就不简单喽！”

饮食方面，毛泽东从不讲究，老百姓吃什么自己就吃什么。1947年转战

---

① 武象廷，韩雪景．跟随毛泽东纪事［M］．太原：山西人民出版社，1991：143.

② 何虎生．毛泽东初进中南海［M］．北京：中共党史出版社，2002：641－642.

陕北期间，毛泽东在佳县。有一次地方领导特意给毛泽东送了两头羊改善生活。但他说："不要这样做，老百姓很苦。他们吃什么，我也吃什么。要安排好群众的生活，组织好生产。"一次工作人员给毛泽东弄了一点小米做饭。他对大家说："老乡们吃不上小米，机关部门也吃不上，你为什么给我弄小米来！不要这样做。老乡们生活多苦，他们吃什么，我也吃什么。一定要给我做钱钱饭！"①（"钱钱饭"，一种豆糠粗饭）毛泽东的生活管理员吴连登回忆，毛泽东住进北京中南海后，生活异常俭朴，饭菜也十分简单。他曾讲："我的这个四菜一汤就吃得很好了，中国老百姓什么时候能吃上我这样的四菜一汤，我就高兴了。"② 1961 年 1 月毛泽东在杭州，特意嘱身边工作人员：在他吃的饭菜里不许放肉、不许放鸡蛋。随行人员说：您这样下去，会把身体弄垮的，全国人民每人省一口也愿意让您吃得好一点……毛泽东坚决不答应，并说："全国的老百姓都是这样，我一个人吃了不舒服啊！""有的群众连野菜都吃不上，你让我怎么去吃猪肉？"1961 他到湖南视察，吃完饭后，工作人员给他上了水果，他叫拿走，并说："农民连饭都吃不饱，你们还给我上水果！"毛泽东将卫士从家乡带来的又黑又硬、掺杂大量粗糙糠皮的窝头掰开，嚼着嚼着，一边流泪，一边分给几个卫士："吃，你们都吃，都要吃一吃，吃啊，这是农民的口粮，是种粮食人吃的口粮……"③

住所方面，毛泽东要求简单，毫不奢华。1950 年在菊香书屋院子里，有人在毛泽东办公室门前台阶上放了四个大鱼缸。毛泽东发现后对安科兴说："养这么多的鱼叫我一个人看，这得花多少钱？这不是浪费吗？我常给你们讲，咱们打了 20 多年的仗。现在，国民党给咱们留下这么个烂摊子，人民需要休养生息，恢复元气，国家要争取财政经济早日恢复壮大，这就需要我们每一个国家工作人员，无论办什么事情都要勤俭节约，不要铺张浪费，减少行政开支，不应该花的钱，一分也不能花。你想到没有，国家的困难多着哩，全国上千万的灾民需要救济。"随后毛泽东还发现摆放了许多花盆，更坚定命令安科兴："去叫叶子龙同志来，把这些花和金鱼给我拿走，我这里不要

① 湖南人民出版社编. 毛泽东思想光照千秋［M］. 长沙：湖南人民出版社，1978：600.

② 王震宇. 在毛泽东身边［M］. 北京：人民出版社，2009：244－245.

③ 中共中央文献研究室《缅怀毛泽东》编辑组. 缅怀毛泽东 上［M］. 北京：中央文献出版社，2013：450.

这些玩艺。”[①] 1950 年 2 月，毛泽东在哈尔滨，当看到工作人员特意为他准备的高档欧式钢丝弹簧床和新做的绸缎被褥时，毛泽东说：“噢，这么漂亮的床，我没有这个福，享受不了这些东西，让他们拿走，我还是睡硬板床！地方同志的心情我理解，但是我们国家还很穷，人民群众很苦，我们不能搞的这么铺张。”于是工作人员将钢丝床垫撤掉，换上了硬木板。毛主席点着一支烟，像是对别人说，又好像是自言自语：“全国人民都睡硬板床，让我一个人睡弹簧床，我能睡着吗？”[②]“地方同志的心情我理解，但是我们国家还很穷，人民群众很苦，今后我们到外地，要自带行李。”进入 20 世纪 60 年代后，牙粉渐渐为牙膏取代，但毛泽东却还在用牙粉。李银桥对他说：“主席，现在已经很少有人使用牙粉了，你以后也用牙膏吧？”毛泽东说：“我不反对用牙膏，用高级牙膏。生产出来就是为了用，都不用生产还能发展吗？……至于我嘛？今后如果每个中国人都能用上牙膏了，我就会不再用牙粉了。”

子女教育方面。他常对李银桥等身边工作人员说：“不要以为毛泽东的孩子就特殊，从小开始就不能灌输这种思想。要教育我的孩子和老百姓的孩子一样，不能叫孩子打着我的招牌享受特殊待遇。”[③] 李讷上中学后，吃住在学校，只有星期六下午能回家。一旦有活动，天黑才能离校。李银桥担心孩子走夜路不安全，便瞒着毛泽东派车去接。不料这事被毛泽东发现了，严厉批评李银桥。李银桥争辩说：“天太黑，一个女孩走夜路不安全……”毛泽东严肃地说：“别人的孩子就不是孩子了？别人的孩子能自己回家，我的孩子为什么不行？不许用车接！说过了就要照办，让他们自己骑自行车回来。”[④] 此后，不管是下雨还是生病，她和大家一样走路、挤公交或者骑车回家。1960 年冬，李讷因在学校吃不饱。回家就狼吞虎咽。李银桥对毛泽东说：“主席，李讷也太苦了，你看是不是可以……”李银桥想让李讷回家来吃。但毛泽东坚决地说：“不可以！和全国的老百姓比起来，她还算好的。还是恪守本分的好，现在这种形势尤其要严格！我不能眼看着老百姓家的孩

---

① 武象廷，韩雪景. 跟随毛泽东纪事［M］. 太原：山西人民出版社，1991：257 - 261.

② 王玉利. 毛泽东与黑龙江［M］. 香港：香港文化教育出版社，2009：68 - 72.

③ 中共中央文献研究室《缅怀毛泽东》编辑组. 缅怀毛泽东 上［M］. 北京：中央文献出版社，2013：456.

④ 中共中央文献研究室《缅怀毛泽东》编辑组. 缅怀毛泽东 上［M］. 北京：中央文献出版社，2013：457.

子饿肚子，而让自己的孩子吃得饱；要挨饿大家一起挨，同甘共苦，一起奋斗……”① 还有一次李银桥悄悄给李讷送了一包饼干。毛泽东知道后极其严肃地说道：“三令五申，为什么还要搞特殊化？”李银桥小声嘀咕道：“别的家长也有给孩子送东西的……”毛泽东生气地说：“强词夺理！别人可以送，我的孩子一块饼干也不许送！谁叫她是毛泽东的女儿！”②

毛泽东既是伟人领袖，更是布衣领袖。作为农民的儿子，他深知百姓苦楚，坚持要与百姓同甘共苦，因此也永远受到老百姓的衷心爱戴。

四、人民至上　舍此无憾

毛泽东不仅把自己终生献给了党和人民，而且为了人民的翻身解放，早年就动员自己兄弟姊妹等家人献身革命、解救人民。至 1950 年毛泽东最疼爱的长子毛岸英在朝鲜战场上牺牲，毛泽东已为人民事业牺牲了六位亲人。晚年的毛泽东曾不无伤感地与美国客人回顾他的悲壮家史说：“我们兄弟三个，两个被国民党杀死，我的妻子被国民党杀死，我的妹妹被国民党杀死，我的弟弟的独生子被国民党杀死，我的大儿子在朝鲜战争中被打死。现在，只剩下我自己和另外一个儿子。”③ 其实岂止是这六位亲人，长征出发前夕和长征路上毛泽东留下的亲生骨肉也一直生死未卜、下落不明。然而对此，毛泽东并非沉湎于自己家人的不幸，而是感叹“我的家庭这种情况，说明中国成千成万的家庭有多少人被杀害！”④ 在缅怀亲人时，毛泽东想到的还是人民！还有一次，他劝慰一位因遭车祸儿子遇难的干部并自勉道：“不能老去想自己的事，自己的儿子，应当多想想全国人民的翻身解放，多想想我们所进行的革命事业。”

众所周知，毛泽东从不允许以自己的名字作单位和企业、街道等名称。1955 年他在一个会议上说：“有人建议要我和他用个人名字在上海命名两条

① 邸延生．历史的真知——“文革”前夜的毛泽东［M］．北京：新华出版社，2013：99－100.

② 民族魂编辑部，刘学琦．毛泽东佳话三百篇［M］．北京：书目文献出版社，1993：255－256.

③ 毛泽东年谱（1949—1976）：第 3 册［M］．北京：中央文献出版社，2013：632.

④ 毛泽东年谱（1949—1976）：第 3 册［M］．北京：中央文献出版社，2013：632.

街道。做一件事总要想到对人民是不是有些好处，改一个街道名字，就要重新油漆门牌，就要用人民的钱，改了以后，人民也不熟悉，还不方便。你也不搞你的×××路，我也不搞我的毛泽东路。”① 但毛泽东却很赞赏全国许多城市的街道都以“人民路”命名。更有许许多多的单位、称号以“人民”冠名。如将他亲手建立的新中国叫人民共和国；政府叫人民政府；政协叫人民政协；人大叫人民代表大会，全国人大会址毛泽东亲自命名为人民大会堂；货币叫人民币；军队叫人民军队，邮政叫人民邮电；党报叫人民日报；还有人民公安、人民警察……还有我国独有的遍布全国城乡的无数人民银行、人民医院、人民剧院、人民电影院、人民公园……所有这些名称，无不体现出“人民”在毛泽东心目中至高无上的地位，是毛泽东忠实践行党的宗旨的鲜明时代色彩和朴素物质体现。现在则日益成为人民大众对毛泽东人民情怀挥之不去的缅怀和历久弥新的记忆。

总之，毛泽东是践行中国共产党宗旨的典范。一定意义上我们完全可以说，毛泽东是中国共产党“全心全意为人民服务”宗旨的化身和象征。中国共产党百年来为人民利益而奋斗牺牲、与人民群众建血肉联系，想人民之所想、急人民之所急、干人民之所需、谋人民之所求。中国共产党百年来一切以人民为中心的全部言论和行动，都能在毛泽东身上找到基因和密码。而这也必将成为全党在以习近平同志为核心的党中央领导下，团结全国人民继续奋斗，实现中华民族伟大复兴中国梦的强大精神动力。

（唐正芒）

---

① 湖南人民出版社编．毛泽东思想光照千秋［M］．长沙：湖南人民出版社，1978：490.

党的建设篇

毛泽东日常谈话专题研究

“过去打仗，靠的是人民；现在建设，靠的还是人民”

——从日常口头谈话看毛泽东的群众路线观

群众路线，是毛泽东思想的活的灵魂之一。毛泽东对群众路线的阐述与重视，不仅体现在他撰写的论著里，还体现在未收进各类“毛著”中的他日常与周围人员的口头言谈中。实际上，阅读资料就不难发现，毛泽东在日常口头言谈中经常提及群众路线问题。且闲谈之中对群众路线的提及，更能体现毛泽东割舍不断的群众情怀。毛泽东在日常口头言谈中提及的关于群众路线的话语，大致也可归纳为一切为了群众，相信和依靠群众，从群众中来，到群众中去，善于发动和组织群众，把党的正确主张变为群众的行动等几个方面。

一、一切为了群众，全心全意为人民服务

一切为了群众，全心全意地为人民服务，是党的根本宗旨，是党一切工作的根本出发点和归宿，是无产阶级政党区别于其他政党的显著标志。一切为了群众，就要求党必须对人民负责，努力和善于为人民服务。早在安源大罢工时，毛泽东就与一起奋斗的同仁说：“我们共产党人要站在前面，处处为群众的利益着想。”在物质生产生活上，毛泽东时刻关心群众疾苦。1927 年毛泽东在茶陵时，遇上红军生活极端困难，毛泽东说：“我们困难，老乡更困难，要自己动手克服困难，不能给群众增加负担。”① 1929

① 回忆毛主席［M］. 北京：人民文学出版社，1977：120.

年闽西进行土地斗争，展开分田热潮，毛泽东嘱咐萧克说：“农民分了土地，你们部队还要保护群众收到谷子。只要收到了谷子，你们就站稳脚跟了！”① 1932 年，毛主席在汀州中央红色医院休养，指导了医院的工作。他对院长傅连暲说：“这个医院任务很重，你要和郭秋实同志好好合作，当好这个院长。”“办好医院，首先要有一个观点：就是全心全意为人民服务。”“除了给红军和政府工作人员看病外，也要给老百姓看病。”② 1938 年 8 月，毛泽东在延安到抗大接见学员。他对学员说：“你们青年人来参加革命，就一定要代表老百姓的利益，不是一时代表他们，而是一生代表他们。不光是自己代表，还要告诉你们的儿子、孙子、子子孙孙都要代表老百姓的利益。要代表老百姓，就要真正了解老百姓的衣食冷暖，为他们的利益去吃苦，去奋斗，去牺牲。”③

毛泽东一切为了群众，还表现在给群众行方便，不给群众增添一点困难。1943 年中央书记处决定由延安杨家岭迁至枣园。当时枣园住有十几户当地老百姓。保卫部门考虑到首长的安全，建议老百姓迁走。毛泽东听到后十分生气。他说：“你们要让老百姓迁走，我就不搬去。哪有共产党怕群众的道理。”④ 1947 年秋转战陕北的路上，毛泽东随部队到了朱官寨。警卫员为保证毛泽东的休息，怕老乡碾米的声音吵醒毛泽东，就推说窑洞住了病号，阻止了老乡碾米。毛泽东醒来后对警卫说：“我们是共产党，不论走到哪里，都不要忘记为民兴利除弊。咱们处处麻烦老乡，不能帮助他们，已经很对不起人家，再限制人家干活，就更对不起了。这是一种脱离群众的表现。再不要为一个人睡觉，给群众立什么规矩。”由此可见，一事当前，毛泽东首先想到的就是只能给老百姓提供方便，不能给老百姓增加麻烦。

1945 年春节，毛泽东和群众座谈时问：“机关干部和部队砍柴的时候，砍你们的树没有？放牧的羊吃了你们的庄稼没有？借了你们的东西还了没有？用坏了家具赔了没有？部队干部对群众态度好不好？”⑤ 这样亲切细致、体贴

---

① 余伯流，陈钢．谁主沉浮——毛泽东在中央苏区的几起几落［M］．北京：长征出版社，2004：53．

② 高宝新．毛泽东和他的麾下将领［M］．北京：长征出版社，2011：166．

③ 高宝新．毛泽东和他的麾下将领［M］．北京：长征出版社，2011：334．

④ 孙宝义，刘春增，周桂兰．听毛泽东谈哲学［M］．北京：人民出版社，2012：261．

⑤ 回忆毛主席［M］．北京：人民文学出版社，1977：332．

入微的问语，让毛泽东对群众利益关心关怀的深厚情意溢于言表。1947 年在王家湾，毛泽东告诉身边的同志：“昨天高老汉来说，群众的口粮还没安排好。我们必须节衣缩食，来保证老乡们不受饿啊！你叫老汉去那么远给我买只鸡，我能吃得下吗？要时刻记住：我们是人民的勤务员，要时时为人民着想，要处处与人民同甘共苦，不能有丝毫的特殊呀！”① 这充分体现了毛泽东将群众利益放在第一位，先苦后甜、先忧后乐的高尚情怀。

在精神文化方面，毛泽东同样心系广大群众。1938 年 4 月，延安召开边区工人代表大会。开幕式晚会上，业余剧团演出了传统戏《升官图》《二进宫》《五典坡》。节目间隙，毛泽东向工会负责人齐华说：“你看老百姓来的这么多，老年人又穿着新衣服，女青年擦粉戴花的，男女老少把剧场拥挤得满满的，群众非常欢迎这种形式。群众喜欢的形式，我们应该搞，就是内容太旧了。如果加进抗日内容，那就成了革命的戏了。”后来毛泽东又说：“要搞群众喜闻乐见的中国气派的形式。”② 这实际上是批评文艺工作者不要搞与群众需要相去甚远的东西，而要以群众的需要为文艺工作的出发点和落脚点。

毛泽东在外总是与老百姓同吃同住，同甘共苦，并嘱咐身边的同志要与群众打成一片，要时刻关心和爱护群众。还是在转战陕北的路上，毛泽东在佳县走过 30 多个村镇，度过了 98 个不平凡的日日夜夜，一直坚持与群众同甘共苦。一天，佳县县委书记带了羊肉来看毛泽东。毛泽东说：“不要这样做。老百姓很苦，他们吃什么，我也吃什么。”他随手写了一个条子吩咐把羊肉送给伤病员，并一再嘱咐：“要安排好群众生活，组织好生产。”当他听县委书记汇报该县之前情况并表示，就是把驴和牛杀了，也要把战争支援下来时，毛泽东立刻阻止说：“把驴和牛杀了，明年人民群众怎么搞生产？部队再困难，也绝不能杀一头驴、一头牛。”③ 1949 年 3 月，党中央离开西柏坡赴北平。途经保定时因车多引来许多群众围观。卫士阎长林担心毛泽东安全，要司机把车开快点。毛泽东说：“不要开快了，应该慢点开。你们看，这里人很多，开快车要出事的。万一伤着老百姓，那就不好了。他们想看就让他

① 回忆毛主席［M］. 北京：人民文学出版社，1977：448.
② 武在平. 巨人情怀——毛泽东与中国作家［M］. 北京：中共中央党校出版社，1995：105.
③ 湖南人民出版社编. 毛泽东思想光照千秋［M］. 长沙：湖南人民出版社，1978：593.

们看看嘛。因为他们知道这是自己人坐的汽车嘛。如果这里开来的是日本人坐的汽车或国民党坐的汽车，老百姓不但不看，恐怕还会远远躲开的。”① 1950 年 2 月 28 日，毛泽东和周恩来等到长春视察，因大街小巷不见行人，问当地一位负责人这是为什么？当弄清是搞了戒严后，毛泽东严肃批评说：“搞戒严，不让老百姓出来，这样太脱离群众了。”② 1956 年毛泽东派罗光禄和孙勇为正副组长带一个小组去湖南常德专区石门县调查，临走前毛泽东对他们说：“我们要处处想到群众，要了解大多数群众想什么、要求什么，根据这些实际情况来研究决定政策。因此，一定要得到群众的实话。我希望同志们下去多作调查，首先要和群众一起参加劳动。通过劳动才能和群众打成一片，和群众搞好关系。他们才会同你讲实话，真正了解他到底在想什么，要求什么。”③ 1958 年 1 月，南宁会议期间，毛泽东到人民公园接见群众，对刘建勋和韦国清说：“雨老是不停，别让群众淋坏了，我们还是早点去吧！”来到人民公园，接见结束后，毛主席对刘建勋和韦国清说：天还在下雨，别让群众淋坏了，叫他们先回去吧！”④ 1958 年 11 月 14 日，湖北孝感县委书记王振明汇报一个 12 岁小社员日夜开荒，毛泽东听后说：“群众积极性越大越要关心群众，不要搞夜战，人过分劳累要害病的。”⑤ 从而制止了夜战蛮干，强调要劳逸结合。

毛泽东充分认识到一切从群众利益出发，才能取得群众的支持，才能赢得革命战争的胜利。秋收起义后的 1927 年 9 月 20 日清晨，毛泽东集合整理部队说：“我们是工农武装，要为工农群众打仗，我们有千千万万的工人和农民群众的支持，胜利一定属于我们！”⑥ 1958 年，中央军委在北京召开扩大会议。其间，国防部长彭德怀找毛泽东谈话，谈到军队问题，毛泽东感慨地对彭德怀说：“我是喜欢这支军队的，自从它诞生的第一天起，就面对着国内外强大敌人，经过几十年的浴血奋战，从胜利到失败，再从失败到胜利，靠的是什么？一是听从党指挥枪；二是懂得并且履行了‘他们不是为着少数

---

① 陈毓述，陈丽华. 开国前夜毛泽东在西柏坡的风云岁月［M］. 北京：中共党史出版社，2003：320.

② 毛泽东年谱（1949—1976）：第 1 卷［M］. 北京：中央文献出版社，2013：97.

③ 孙宝义，刘春增，周桂兰. 听毛泽东谈哲学［M］. 北京：人民出版社，2012：236.

④ 湖南人民出版社编. 毛泽东思想光照千秋［M］. 长沙：湖南人民出版社，1978：713.

⑤ 萧心力. 巡视大江南北的毛泽东［M］. 北京：中国社会科学出版社，1993：246.

⑥ 湖南长岭炼油厂政治部. 毛主席永远活在我们心中（上册）［M］. 内部发行，1977：86.

人的或狭隘集团的私利，而是为着广大人民群众的利益，为着全民族的利益而结合、而战斗的。紧紧地和中国人民站在一起，全心全意地为中国人民服务，就是这个军队的唯一宗旨’。这个法宝，是我们独有的，敌人想学，也学不去。"①

为了保护群众利益，毛泽东严厉批评那些损害群众利益的行为。1928 年 3 月，毛泽东率军去湘南迎接朱德和陈毅的部队，当时受"左"倾错误思想影响，点火烧了群众的房子，毛泽东在沙田集合部队说："烧房子把老百姓都烧跑了，这类事情行不通。群众是我们的后台，后台一拆，什么戏也唱不成了。我这个人是不信上帝的，但我信群众，你们终究会看到，谁不相信群众谁就会垮台。一定要保护群众，保护好我们的后台。""群众的房，我们的窝，我们比兔子还蠢，兔子还不吃窝边草哩，我们却把自己的窝给烧掉了!"他反复强调："群众的东西，不要说房子不能烧，连一个红枣都不能拿。"② 1933 年 12 月上旬，毛泽东在警卫连开会，严厉批评一位排长破坏军民关系、损害群众利益的行为。他说："今天我主要讲讲官兵关系、军民关系问题。王排长（警卫连三排排长）以粗暴行为踢坏了老百姓积肥的马桶，损坏了群众的利益，破坏了军民关系。他还打骂战士。这种不关心爱护战士、不尊重战士人格、破坏官兵团结、不尊重老百姓、损坏群众利益、破坏军民关系的行为，是军阀残余作风，必须坚决纠正。"③ 中央红军长征到大渡河后，卫士们为改善毛泽东的伙食，便在一间喇嘛庙里翻到了一幅腊羊架子准备做给他吃，他知道后严厉批评卫士们说："在什么地方拿的，还送到什么地方去！我说过多少遍了，要你们严守纪律。我知道，你们是想给我搞点好菜吃。可是在条件不允许的情况下，万不可以这样做，特别是群众不在家的时候。"④

1961 年 1 月 29 日，毛泽东在南京专列上同江苏省委负责人江渭清等在谈到江苏有百分之十的三类大队时说："马克思主义基本原则是为人民服务，否则是国民党作风。对群众没有感情，对贫农下中农没有感情，不顾群众死

---

① 张宝昌，张事贤. 我所知道的中南海游泳池 [J]. 百年潮，2012 (11)：29－30.

② 孙宝义，刘春增，周桂兰. 听毛泽东谈哲学 [M]. 北京：人民出版社，2012：256.

③ 张耀祠. 张耀祠回忆录——在毛主席身边的日子 [M]. 北京：中共党史出版社，2012：206－208.

④ 龙剑宇. 毛泽东的人生旅行 [M]. 北京：中共党史出版社，2012：190.

活，不了解情况，不听群众的话，也不听上边的话，这种人不能做领导工作。"① 1961 年 2 月 10 日，毛泽东在停靠南昌向塘的专列上听取江西省委负责人杨尚奎等汇报江西农村整风整社等情况。毛泽东说："整风整社，今年一年能搞完就好了，但是一定要搞彻底。办食堂要满足三种人的要求：愿意常年吃食堂的；愿意农忙吃食堂的；还有一部分人不愿意在食堂吃，那就满足他，可以不在食堂里吃。我就给浙江的同志说过，让他们这样办，不要千篇一律。一定要满足群众的要求，群众反对的事情就不要干。"②

二、一切依靠群众，相信群众的力量

中国革命和建设的艰巨任务必须依靠群众。依靠群众就必须相信群众的力量，相信群众能够自己解放自己。要尊重和支持人民群众的首创精神。

毛泽东经常对亲友宣传相信群众、依靠群众的思想。1923 年冬，毛泽东前往广州筹备国民党一大途中在衡阳停留几日，听取堂妹毛泽建的工作汇报后勉励她说："只要你能团结同志，依靠群众，什么事都可以做成。" 1945 年 10 月，毛泽东对要去东北工作的毛华初说："去吧！到人民群众中去，一切都要依靠群众，依靠党。哪里有群众，哪里就要有你出现。"③ 1949 年，毛泽东对进关南下的毛远耀说："你们到南方新区去工作，党去的干部很少，人力不足，但那些地方是革命老区，有我们地下党的力量，有当地的人民群众，还有民主党派和开明的进步人士。把他们好好团结起来，紧紧依靠人民群众，同心协力，是一定能把新区工作干好的。"④

毛泽东不仅要求亲友相信和依靠群众，也经常嘱咐自己带领的部队和身边的同志要相信群众的力量，告诉他们只有依靠群众才能取得胜利。1927 年 9 月 20 日，毛泽东对秋收起义部队指战员说："我们并不孤立，湘鄂赣粤四省的工农群众和全国人民支持我们。我们的力量是伟大的，反动派并不可怕。只要我们团结得紧，继续勇敢地战斗，最后胜利一定是我们的。"⑤ "因为老

① 毛泽东年谱（1949—1976）：第 4 卷［M］．北京：中央文献出版社，2013：533－535.
② 毛泽东年谱（1949—1976）：第 4 卷［M］．北京：中央文献出版社，2013：540－541.
③ 赵志超．毛泽东一家人［M］．北京：中央文献出版社，2011：200.
④ 赵志超．毛泽东一家人［M］．北京：中央文献出版社，2011：551－552
⑤ 回忆毛主席［M］．北京：人民文学出版社，1977：86－87.

百姓在我们这一边。有了群众，就有了天下。而我们要得到群众的拥护，有一个条件，这就是要整顿纪律。对老百姓的东西，一个鸡蛋也不能拿，一根禾草也不要动。只要我们和群众结合在一起，就会如鱼得水，立于不败之地。”[①] 1934 年 4 月下旬，经过一段时间调查研究，毛泽东对刘晓、何长工说：“农村是海洋，我们红军好比鱼，广大农村是我们休养生息的地方。要爱护民力，群众是真正的铜墙铁壁，兵民一心是我们胜利的本钱。”[②] 1937 年下半年，毛泽东在陕北公学向学员作报告时打比方说：“你们来延安要学习孙悟空的本领。孙悟空会七十二变，有很多的本领。但他最大的本领，是能把身上的许多猴毛拔下来，一吹就能变许许多多的小孙悟空。我们抗日的持久战争，到处需要许许多多的小孙悟空，敌后也需要许许多多的小孙悟空。我们的小孙悟空多了，就可以把前线的敌人包围起来，把敌占区的敌人包围起来，到处打击敌人，这里也打，那里也打，白天也打，黑夜也打，不管日本帝国主义侵略者有多么凶恶强大，使敌人顾此失彼，分散开来，这里打他的头，那里打他的尾，这里打他的手，那里打他的脚，这里打他的背，那里打他的胸。使敌人首尾不能相顾，敌人由主动变成被动，我们由被动变成主动。这样，日本帝国主义是不够打的啊！革命战争是千百万人民群众的革命行动，你们什么时候能够学习到孙悟空的最大本领，就可以下山了。你们下山到处发动人民群众，组织人民群众，武装人民群众，使军民团结起来，你们不就成了孙悟空么？你们不就可以团结起千百万人民群众到处打击敌人么。”[③] 中共七大后，中央命令刘转连率领三五九旅组成八路军南下第二支队挺进江南，出发前毛泽东对刘转连说：“你们一路上逢山要翻山，遇水要过河，这就要依靠群众，有了群众就有办法了！”[④] 1947 年转战陕北时，许多同志担心毛泽东的安全。毛泽东说：“陕北地形险要，群众条件好，回旋的余地大，安全方面完全有保障。”这年农历八月十五后，毛泽东和中央机关住在王家湾，每次他出去时警卫班总是不放心地派人跟着。毛泽东说：“怕什么呢？我们有老百姓嘛！要相信群众，依靠群众，只要我们认真做到这一点，群众就会永远和我们站在一起，做我们的铜墙铁壁，任凭刀山火海摆在眼前，

---

① 欧阳青，罗元生．毛泽东与故乡十位将帅［M］．北京：军事科学出版社，2006：114.
② 黄允升，等．毛泽东与中共早期领导人［M］．北京：中共中央党校出版社，1996：346
③ 盛巽昌．毛泽东眼中的历史人物［M］．上海辞书出版社，2013：516－517.
④ 尹烈承．毛泽东与茶陵［M］．湖南：湖南人民出版社，2006：172.

也绝不会离开我们。”①

在毛泽东看来，群众的力量是无穷尽的，只要依靠群众，胜利就会属于我们。1948 年 4 月，毛泽东在参观大雄宝殿时抽出一签，签上的字是“上上大吉……”他对随行的人说：“看起来，得道多助，失道寡助，我们的事业大有希望啊。当然，我们共产党人不信迷信，我们所说的上帝就是人民群众，只要跟人民群众团结一心，和衷共济，艰苦奋斗，我们的事业就会无往而不胜！”② 1949 年 3 月 23 日，在由西柏坡去北平的路上，见到田间多妇孺儿童，少有青壮年男劳力。毛泽东说：“为了战争的胜利，农民们付出了多么大的代价啊……整个解放战争如果没有广大人民群众的积极支援，要想取得胜利是不可能的。”③ 1949 年 5 月 2 日，毛泽东约柳亚子同游颐和园，并和柳亚子交谈说：“人民伟大！包括你，也包括我。打仗没有什么妙计，如果说有妙计的话，那就是知己知彼，根据实际情况，作出正确的决策。还有，就是先生说的，人民的支持是最大的妙计。我们有一百万军队要渡江，如果没有人民的大力支持，是不能成功的。”④ 1953 年 2 月，当听到有人汇报说海战中人民群众起不了多大作用时，毛泽东说：“海军也要依靠人民群众，依靠渔民，不能脱离群众。要到渔民中去扎根。我们有了群众基础，什么事情都好办。比如说，过去打仗，敌人的情况我们很清楚，我军的活动敌人就摸不清，这就是群众条件。陆军打仗要依靠群众，你们在海上打仗也要依靠群众。不管到哪里都要依靠群众。”⑤ 1957 年，在观看了晋绥平剧院演出的《打渔杀家》后，毛泽东介绍萧恩其人时说：“这人是一条英雄好汉，敢于同压迫、剥削穷苦平民百姓的官府作斗争，敢于反抗，这是值得赞扬的。但是，只有他们父女二人，单枪匹马，力量就太单薄了。他要是能团结起广大受苦受压迫的人民，来反抗官府的压迫剥削，那力量就大了。”⑥

毛泽东作为领导人，也将自己当作人民的一员。1960 年 5 月 8 日，毛泽东把熊向晖写的自己会见拉丁美洲朋友的新闻稿看后，对他说：“为什么

---

① 孙宝义，刘春增，周桂兰．听毛泽东谈哲学［M］．北京：人民出版社，2012：258.

② 陈毓述，陈丽华．开国前夜毛泽东在西柏坡的风云岁月［M］．北京：中共党史出版社，2003：24.

③ 何虎生．毛泽东初进中南海［M］．北京：中共党史出版社，2002：32 – 33.

④ 阎长林．在大决战的日子里［M］．北京：中国青年出版社，1986：284 – 287.

⑤ 回忆毛主席［M］．北京：人民文学出版社，1977：587.

⑥ 盛巽昌．毛泽东眼中的历史人物［M］．上海辞书出版社，2013：490.

一定要说毛泽东的领导呀，没有毛泽东，中国人民就取不得成就了？这是唯心史观，不是唯物史观。我们把唯物史观概括成一句话，叫做‘只有人民，才是创造世界历史的动力’。实践证明，过去打仗，靠的是人民；现在建设，靠的还是人民；一切成就都来自人民自己的努力。你不赞成?”“‘人民是决定的因素’，领导人不应站在人民之上，不应站在人民之外，必须站在人民之中，是人民的一部分。所以，‘中国人民在自己的工作中所取得的成就’，其中包括了你们，也包括了我。如果脱离人民，当官做老爷，那就不能包括。总而言之，必须突出‘决定的因素’，突出人民，决不要突出个人。”①

对待外国朋友，毛泽东同样告诉他们，要相信群众，依靠群众。20 世纪五六十年代，毛泽东经常会见来自世界各地的共产党代表以及社会主义国家的领导人，包括苏联的赫鲁晓夫、印度尼西亚外交部长苏班德里约、巴西共产党中央总书记普列斯特斯、阿尔及利亚副总理兼外交部长贝勒卡塞姆、阿尔巴尼亚国防部长卢鲁库、老挝领导人凯山·丰威汉，等等。毛泽东无一例外地告诉他们，群众的力量是伟大的。“我希望印尼的工作做得很好，你们的国家繁荣。有群众拥护，政府就有力量，政府要接近群众。”②“什么是上帝？人民就是上帝，人民决不会饶恕他们的。团结人民的大多数才有前途，历史是人民的历史，政党、领袖只能是人民的代表，如果脱离人民群众就要倒台了。”③“谁孤立，群众会鉴定，脱离群众，就会孤立。”④“基本的一条经验，就是要同群众合作，不要脱离他们，要得到群众的同意。经济建设路线也好，理论也好，总是发动人民群众，同群众合作，从群众那里发源。”⑤“革命必须依靠群众，得到广大人民群众的支持，才能有正确的路线，才能胜利。”⑥“我们的经验也是列宁的经验，即十月革命前后列宁在世时的经验，主要的是相信群众、组织群众，党的政策要反映群众的意见。在列宁的著作中，可以充分看到他对群众路线的重视。”⑦“革命总

① 孙宝义，刘春增，周桂兰．听毛泽东谈哲学［M］．北京：人民出版社，2012：248.
② 毛泽东年谱（1949—1976）：第 4 卷［M］．北京：中央文献出版社，2013：207 – 208.
③ 毛泽东年谱（1949—1976）：第 4 卷［M］．北京：中央文献出版社，2013：391.
④ 毛泽东年谱（1949—1976）：第 4 卷［M］．北京：中央文献出版社，2013：447.
⑤ 毛泽东年谱（1949—1976）：第 4 卷［M］．北京：中央文献出版社，2013：671 – 572.
⑥ 毛泽东年谱（1949—1976）：第 4 卷［M］．北京：中央文献出版社，2013：581.
⑦ 毛泽东年谱（1949—1976）：第 5 卷［M］．北京：中央文献出版社，2013：53.

是要经过反复斗争的，做得好可以把政权保持下去，不脱离群众。凡是脱离群众的，非失败不可，凡是胜利了，都是由于得到群众的支持，凡是胜利了又失败，一定是脱离了群众。”① “你们一定要争取群众。不争取群众，群众不站在你们这边，敌人的武装就不易消灭，你们就无法站住脚。”② 在毛泽东看来，世界其他国家革命斗争乃至经济建设的胜利，也必须依靠群众、始终贯彻群众路线。

三、信任群众，到群众中去，向群众学习

一切依靠群众，就应该深入群众、虚心向群众学习，应该善于从群众的议论中发现问题，提出解决问题的方针和政策。

毛泽东早年就意识到了要向群众学习的道理。后来有人问毛泽东的马列主义为何学得好，毛泽东回答说：“我当年接受马列主义之后，总认为自己已经是个革命者了。哪知道一去煤矿，和工人打交道，工人不买账。因为我还是那么一副‘学生脸’‘先生样’，也不知道怎样做工人的工作。那时我成天在铁道上转来转去，心想这样下去怎么行呢？想了很长时间，才有些明白，自己的思想立场还没有真正转变过来嘛……我也不是生而知之的‘圣人’，而是在向社会学习、向群众学习的过程中逐步走上革命道路的。一个人的思想总是发展的，立场是可以转变的。只要立场转变了，自觉地放下架子，拜人民为师，这就灵了，学马列主义也就容易学好。”③ 在毛泽东看来，他之所以接受并践行马列主义，都是因为到群众中去、虚心向群众学习的结果。

毛泽东不仅要求自己向群众学习，还经常教导身边的亲友、同志要到群众中去，拜群众为师，向群众学习。1922 年冬，毛泽东派毛泽覃到常宁水口山铅锌矿开展工作。他对毛泽覃说：“你到水口山，不是去当先生，虽然你是要在那里办夜校教工人识字，但归根到底还是去做学生的。工人的苦难、工人的经验，还有工人对社会认识的深度、工人的品质，都值得你好好学。

① 毛泽东年谱（1949—1976）：第 5 卷［M］. 北京：中央文献出版社，2013：204.
② 谭振球. 毛泽东外巡记［M］. 长沙：湖南文艺出版社，1993：463 – 466.
③ 绍康. 毛泽东和党外朋友们［M］. 北京：团结出版社，1996：70 – 71.

你要随时和群众在一起，到敲砂棚去敲砂，到矿井去劳动，使穿长衫的人和穿短袍的人结合起来……”[①] 1946年初，毛岸英回到延安。毛岸英在苏联多年，接受的是异域文化，这使他在延安显得格外特别。毛泽东教育他说：“要带上几斤菜籽、瓜籽什么的，这表明你是来学习的，就像种子一样、在人民中间扎根、发芽……”“岸英，你要和乡亲们同吃、同住、同劳动，要从开荒干起，一直到收获粮食。这样，你就会切身感受到劳作的艰辛，懂得劳动人民的伟大。”[②] 新中国成立初，毛泽东鼓励被任命为中南军政委员会水利部部长的刘斐说：“不懂你就学嘛，有问题你就去请教群众嘛。要边学边干，哪有天生的内行呀！”“哪有什么生而知之的圣人呀！我也是逐步认识社会、走上革命道路的。最重要的是向社会学习、向群众学习哩！”刘斐走时毛泽东又叮嘱说：“为章，有什么困难你要向群众请教。”[③] 1957年7月9日，在上海干部会议上，毛泽东在讲了一大段怎样学游泳之后说：“打个比喻，人民就像水一样，各级领导者，就像游水一样，你不要离开水，你要顺着那个水，不要逆着那个水……不能跟群众对立，总要跟群众一道……不要脱离他们，等于我们游水一样不要脱离水。”[④]

1940年，在延安杨家岭的一次座谈会上，由于群众对留守兵团部队有些意见，一些领导同志则想不通，有埋怨情绪。毛泽东就开导他们说：“我看这是个天大的好事！开天辟地以来，中国几千年的历史，只有军管民，都是老百姓受官府的气，受当兵的欺侮。老百姓见了军队就跑。如今变成了民管军，他们敢向我们提意见，敢批评军队，这是多么了不起的变化啊！这说明，我们边区的民主已深入到群众中去了。我们军队有广大群众当老师，你们搞军队工作的就不会犯大错误了。边区大有希望！”[⑤]

毛泽东自己更处处注意向群众学习。在延安时一次碰到延安南川吴家枣园劳动模范郝光华，就向他学习和了解农村的情况。毛泽东说：“我想提个问题，谷子地不锄，碾出的小米是什么成色，每斗多少斤？锄一遍的，是什么成色，多少分量？锄两遍三遍的，又是什么样子？他问得这么详细。后来

---

① 龙剑宇．韶山毛家英雄谱［M］．北京：人民出版社，2011：133.
② 龙剑宇．韶山毛家英雄谱［M］．北京：人民出版社，2011：467－469.
③ 绍康．毛泽东和党外朋友们［M］．北京：团结出版社，1996：65－66.
④ 孙宝义，刘春增，周桂兰．听毛泽东谈哲学［M］．北京：人民出版社，2012：259.
⑤ 湖南人民出版社编．毛泽东思想光照千秋［M］．长沙：湖南人民出版社，1978：563－564.

回想起这件事，毛泽东意味深长地说：我跟他们学习了很多东西，长进了许多知识。我知道了我们的各种政策在农村里究竟实行得好不好。我跟他们学习，我是个小学生。”① 1944 年 6 月，当记者冈瑟·斯坦因在延安采访毛泽东时，他告诉冈瑟·斯坦因的第一件事情就是：“我还是一个小学生，群众的小学生，如果我们要争取到胜利与和平，群众的意见与经验一定要作为我们政策的基础。因为人民能教给我们许许多多事情。我们的任务就是听从他们，学习并了解他们的经验、愿望、批评，确定他们所需要的东西的总和，再作为政策交还给他们。”记者冈瑟·斯坦因问道：“你以什么权力在这里指导政府和军队？”毛泽东回答说：“靠人民的信任，靠当前在我们新民主主义的各政府之下的 8600 万人民的信任。”② 这些随口说出的语言，说明信任群众、向人民群众学习的理念，早已融入了毛泽东的思想之中。

四、要善于发动群众、组织群众

中国革命之所以能取得成功，重要原因之一就是中国共产党善于发动群众、组织群众。对此，毛泽东也很早就有所认识。早在安源路矿工人大罢工时，毛泽东就对同仁说：“安源工人众多，受到种种残酷剥削，生活特别痛苦，是工人运动可能很快开展的地方。首先应当利用一切合法的可能，争取公开活动，以便和工人群众接近，发现他们当中的优秀分子，逐渐把他们训练和组织起来，建立党的支部，作为团结广大群众的核心。”③

毛泽东特别善于发动群众。1927 年 1 月 7 日，毛泽东在毛福轩的陪同下回到韶山冲。在毛家祠堂，面对家乡人民，毛泽东说：“谢谢乡亲们！谢谢乡亲们！你们是最了不起的人！”“今天，大家组织起来，搞革命，闹翻身。只要我们团结起来，坚持下去，就能把他们打垮！”④ 1928 年 5 月 4 日，毛泽东说：“我们红军不光要打仗，还要发动群众，组织群众。现在我们虽然在数量上、装备上不如敌人，但是我们有马列主义，有群众的支持，不怕打不

---

① 湖南人民出版社编．毛泽东思想光照千秋［M］．长沙：湖南人民出版社，1978：568.
② 丁晓平，方健康．毛泽东印象［M］．北京：中国青年出版社，2011：130－131.
③ 黄允升，等．毛泽东与中共早期领导人［M］．北京：中共中央党校出版社，1996：175.
④ 龙剑宇．韶山毛家英雄谱［M］．北京：人民出版社，2011：201－204.

败敌人。”① 1937 年 1 月，毛泽东告别保安去延安，快到目的地时毛泽东叮嘱：“延安过去长期在反动派统治下，群众还不了解我们。一定要好好联系群众，宣传群众。”②

毛泽东和谭政谈到井冈山革命根据地的巩固发展与群众工作的密切联系时说：“你还记得工农革命军打下茶陵后，犯了不做群众工作、不打土豪筹款的错误吗？他们不懂得工农革命军除了打仗消灭敌人，还有打土豪筹款子、做群众工作的任务，说这是地方政府的事。而当时我们成立起来的县政府呢，还是沿用国民党旧政府收税、告状、过堂一套官僚老办法，不替人民群众说话、撑腰、办事情，还能不失败？有失败，才会有成功。谭政，你相不相信这个话？”③ 1934 年 4 月下旬，当得知防守南大门的红二十二师同优势敌人作战后被迫退出筠门岭，正在总结战斗失败的教训时，毛泽东立刻打电话给该师政委方强说：“对‘反水’的群众决不要打枪，但要放纸枪（即传单、标语），帮助地方党和政府多做群众工作，争取群众，教育群众，孤立和打击反革命分子。”④ 1945 年在中共七大召开期间，毛泽东说：“手本来是我们自己的，为什么发生放不放的问题呢？因为蒋介石不让我们放手发动群众。这是历来就有的问题。陈独秀就是不放手，结果第一次国内革命战争就失败了。我们放手发动群众，就壮大了力量，取得了胜利。这个方针，我们永远也不能改变。”⑤ 可见无论是指挥现实战斗还是总结斗争经验，毛泽东总会注意发动群众的问题。

毛泽东还善于从历史事件和人物中，总结发动群众的经验教训。1937 年洛川会议后，毛泽东身边工作的郭化若，时常听毛泽东谈起读书的故事。一次，毛泽东引用公元前 628 年郑国牛贩冒充使者巧妙劝退秦国军队的故事后说：“很显然，这则故事说明了一个道理，只要把人民群众发动起来，就等于筑起了钢铁长城。”⑥ 1929 年秋毛泽东到上杭检查工作，谈到太平天国石达开部路过上杭时，他说：“太平天国石达开部将石国宗率数万人攻上杭城，

① 回忆毛主席［M］. 北京：人民文学出版社，1977：132－133.
② 龙剑宇. 毛泽东的人生旅行［M］. 北京：中共党史出版社，2012：228.
③ 欧阳青，罗元生. 毛泽东与故乡十位将帅［M］. 北京：军事科学出版社，2006：251.
④ 黄允升，等. 毛泽东与中共早期领导人［M］. 北京：中共中央党校出版社，1996：346.
⑤ 湖南人民出版社编. 毛泽东思想光照千秋［M］. 长沙：湖南人民出版社，1978：562.
⑥ 高宝新. 毛泽东和他的麾下将领［M］. 北京：长征出版社，2011：141.

城也攻不开。我们胜利，不是因为攻城人马比石达开的人马多，也不是城里守军比当年清军弱，而是我们懂得依靠群众、发动群众。”① 1938 年在一次关于保卫工作的讲话中，他谈起历史上的农民起义，说：“我们历来的造反领袖，后来都腐化了，做了皇帝都不好了；但李自成本人是好的，老百姓都称赞他，因为它代表农民利益向地主阶级造反。”② 但李自成最后还是失败了，毛泽东引为教训。1949 年 3 月 23 日离开西柏坡这天，毛泽东对警卫员说：“李自成胜利了就忘记了人民，不然他是不会失败的。”“进京赶考去！我们决不当李自成，我们都希望考个好成绩。”③

毛泽东相信只要发动群众，组织群众，再大的困难都能克服。1949 年夏季，苏北淮阴地区遭受了特大洪涝灾害。毛泽东说：“全力组织人民生产自救，以工代赈，发动群众，积极着手兴修水利，以清除历史上遗留的祸患。”④ 1952 年 10 月，毛泽东视察徐州，当徐州市委书记华诚一说徐州土质不好，乾隆皇帝路过徐州说这里是穷山恶水、泼妇刁民时，毛泽东接过话头说：“那是对劳动人民的侮辱。”“群众是英雄嘛，发动群众，穷山可以变富山，恶水可以变好水。要知道，一株 10 米高、44 厘米粗的树，一年能贮藏一吨水呢。只要将群众动员起来，上山栽树，就一定能改变徐州铜山的面貌。”⑤

毛泽东的群众路线思想是终其一生极为重要的思想。本专题所录毛泽东关于群众路线的思想内容，完全来自他的日常口头言谈。毛泽东日常口头言谈中关于群众路线的话语当然还远远不止这些，以上只是就笔者接触到的略作一些收录和介绍。然而，仅从上述所录即可说明，毛泽东关于群众路线的思想在其日常口头言谈中也是十分丰富生动的，也应是毛泽东群众路线思想的重要组成部分，且比他写在书本上的更通俗明白、更生动风趣、更直观活泼，也更能从党与群众的关系方面展示出毛泽东的内心世界、政治涵养、精神风貌、人格魅力等。从毛泽东日常的口头言谈中学习毛泽东的群众路线思想，更易入脑入心、更易为教育对象所接受。因此，我们在学习、研究和宣

---

① 盛巽昌. 毛泽东眼中的历史人物［M］. 上海辞书出版社，2013：404.
② 武在平. 巨人情怀—毛泽东与中国作家［M］. 北京：中共中央党校出版社，1995：122.
③ 盛巽昌. 毛泽东眼中的历史人物［M］. 上海辞书出版社，2013：374.
④ 徐忠. 周恩来与南水北调工程的早期决策［J］.《百年潮》. 2013（9）：4.
⑤ 萧心力. 巡视大江南北的毛泽东［M］. 北京：中国社会科学出版社，1993：5.

传毛泽东的群众路线思想时，也不能忽略对毛泽东日常口头言谈中关于群众路线思想内容的学习、研究和宣传。

（唐正芒　吴　静）

“光读马列主义书不等于接受了马列主义思想，必须要与本国具体情况结合”

——毛泽东日常谈话中的马克思主义观读析

毛泽东的马克思主义观，不仅体现在已正式出版的著作中，还体现在他与各界人士在诸多场合的日常交流谈话中。收集、整理与研究毛泽东日常谈话中的一些能反映他的马克思主义观的话语，对进一步深刻认识毛泽东的“伟大的马克思主义者”称号具有重要理论意义。整理毛泽东日常谈话中的马克思主义观的话语，大致可将其归纳为坚定的马克思主义信奉者、积极的马克思主义宣传者、勇敢的马克思主义捍卫者及睿智的马克思主义发展者。

本专题拟从毛泽东日常谈话这一新的视角，对毛泽东的马克思主义观作些解读和分析。

一、坚定的马克思主义信奉者

（一）逐步接受马克思主义

毛泽东并不是生来就是一名马克思主义者，而是经过一番认识、了解、比较后才最终选择了马克思主义，即经历了一个由不知到知、由知到信的过程。

1936 年 10 月，毛泽东在与斯诺的谈话中回顾了自己信仰马克思主义的由来。1910 年，毛泽东考入湖南湘乡东山高等小学堂，其间他受康梁改良主义的影响，倾向于维新变法，赞成君主立宪。他说：“当时我正在读表兄送给我的两本书”，一本“讲的是康有为的变法运动。一本是《新民丛报》，是梁启超编的。这两本书我读了又读，直到可以背出来。我崇拜康有为和梁启超。”① 辛亥革命爆发后，毛泽东投笔从戎，正是这一时期他听说了社会主义，他说：“当时鼓吹革命的报刊中有《湘江日报》，里面讨论到社会主义，我就是从那里第一次知道社会主义这个名词的。”②

1914 年毛泽东到湖南第一师范求学，其间他成为《新青年》杂志的热心读者，深受新文化运动的影响。他说：“《新青年》是有名的新文化运动的杂志，由陈独秀主编。我在师范学校学习的时候，就开始读这个杂志了。我非常钦佩胡适和陈独秀的文章。他们代替了已经被我抛弃的梁启超和康有为，一时成了我的楷模。”③ 经过比较，毛泽东摒弃了改良主义，然而此时他却并没有一个明确的信仰，他说：“在这个时候，我的思想是自由主义、民主改良主义、空想社会主义等思想的大杂烩。”④

从湖南第一师范学校毕业后，毛泽东第一次来到北京。1918 年 11 月，杨昌济给毛泽东介绍了一份临时工作——北京大学图书馆助理员。由于工作关系，毛泽东时常到李大钊处请教，阅读一些马克思主义书刊，迅速朝着马克思主义的方向发展。但此时的毛泽东还未彻底信奉马克思主义，他说：“可是就在这时候，我的思想还是混乱的，用我们的话来说，我正在找寻出路。我读了一些关于无政府主义的小册子，很受影响。我常常和来看我的一个名叫朱谦之的学生讨论无政府主义和它在中国的前景。在那个时候，我赞同许多无政府主义的主张。”⑤

1919 年 12 月，为了驱逐湖南军阀张敬尧，毛泽东第二次来到北京。在此期间，毛泽东与李大钊、邓中夏、罗章龙等人联系密切，用心阅读了他们介绍的马克思主义书刊，最终确立了对马克思主义的信仰。据他回忆：“我第二次到北京期间，读了许多关于俄国情况的书。我热心地搜寻那时候能找

---

① 〔美〕埃德加·斯诺. 西行漫记 [M]. 董乐山，译. 北京：生活·读书·新知三联书店，1979：113.

② 〔美〕埃德加·斯诺. 西行漫记 [M]. 董乐山，译. 北京：生活·读书·新知三联书店，1979：117.

③ 〔美〕埃德加·斯诺. 西行漫记 [M]. 董乐山，译. 北京：生活·读书·新知三联书店，1979：125.

④ 〔美〕埃德加·斯诺. 西行漫记 [M]. 董乐山，译. 北京：生活·读书·新知三联书店，1979：125.

⑤ 〔美〕埃德加·斯诺. 西行漫记 [M]. 董乐山，译. 北京：生活·读书·新知三联书店，1979：127－128.

到的为数不多的用中文写的共产主义书籍。有三本书特别深地铭刻在我的心中，建立起我对马克思主义的信仰……这三本书是：《共产党宣言》，陈望道译，这是用中文出版的第一本马克思主义的书；《阶级斗争》，考茨基著；《社会主义史》，柯卡普著。"[①] 与此同时，毛泽东也认为自己已成为一名马克思主义者了，他说："到了一九二〇年夏天，在理论上，而且在某种程度的行动上，我已成为一个马克思主义者了，而且从此我也认为自己是一个马克思主义者了。""我一旦接受了马克思主义是对历史的正确解释以后，我对马克思主义的信仰就没有动摇过。"[②]

关键时期的指引对一个人思想的形塑有巨大影响。在与斯诺的谈话中，毛泽东专门提到了对他走上马克思主义道路影响最大的两个人——李大钊与陈独秀。他说："我在李大钊手下在国立北京大学当图书馆助理员的时候，就迅速地朝着马克思主义的方向发展。陈独秀对于我在这方面的兴趣也是很有帮助的。我第二次到上海去的时候，曾经和陈独秀讨论我读过的马克思主义书籍。陈独秀谈他自己的信仰的那些话，在我一生中可能是关键性的这个时期，对我产生了深刻的印象。"[③]

新中国成立后，毛泽东在日常交谈中又多次回忆了自己找寻信仰的过程。1949 年冬，毛泽东设家宴为仇鳌接风洗尘。席间，毛泽东再次回忆起自己转变思想确立信仰的那段往事。他说："旧社会的东西对我都产生过影响。有段时间受到梁启超办的《新民丛报》的影响，觉得改良派也不错，想向资本主义找出路，走西方富国强兵的路子。十月革命一声炮响，马列主义传入中国，我才逐步接受了马列主义。"[④] 可见毛泽东对马克思主义的信仰也不是一蹴而就的，而是经历了一个比较选择、漫漫找寻的过程。据他介绍，这一过程大约经历了八九年的时间。1973 年 4 月 20 日，毛泽东会见了墨西哥总统埃切维里亚时说："我们青年时代也没有想到要革命啊。读孔夫子的书，我变成封建主义者。然后读资本主义的书，变成资本主义者了。到了二十几岁

① 〔美〕埃德加·斯诺. 西行漫记［M］. 董乐山，译. 北京：生活·读书·新知三联书店，1979：131.

② 〔美〕埃德加·斯诺. 西行漫记［M］. 董乐山，译. 北京：生活·读书·新知三联书店，1979：131.

③ 〔美〕埃德加·斯诺. 西行漫记［M］. 董乐山，译. 北京：生活·读书·新知三联书店，1979：132－133.

④ 邵康. 毛泽东和党外朋友们［M］. 北京：团结出版社，1993：65.

我还不知道世界上有马克思主义。十月革命后我才知道世界上有什么马克思、马克思主义，列宁、列宁主义。”① 暮年的毛泽东在与外宾谈话中依旧将这段转变经历作为一个重要话题，足见他对自己青年时期确立马克思主义信仰的珍视。

从以上谈话中可知，毛泽东早年的思想大致经历了一个从改良主义到无政府主义再到马克思主义的转变过程。而“一旦接受了马克思主义是对历史的正确解释以后”，毛泽东便将其作为毕生奋斗的指南，矢志不渝。

（二）苦学、坚信马克思主义

确立了马克思主义信仰后，毛泽东便苦学马克思主义。他不仅苦读书本上的马克思主义，做到真正从原理上弄懂弄通马克思主义，而且躬身革命，努力从实践中学习马克思主义真理。

1971 年 8 月 28 日，毛泽东找刘兴元、汪东兴等人谈话，回忆了自己青年时期克服困难攻读马列著作的情况。他说：“1918 年到北京大学图书馆当了管理员，可不简单呢！一个月的薪水八块大洋。不过宿舍很小，冬天很冷，没有煤炭烧炕。我们八个人挤在一个炕上，不能平着身子睡，只能侧着身子睡，面积不够。那七个人都是要出国留学的，到法国勤工俭学的。那时图书馆里有暖气，我晚上就到那里去睡觉，又取暖又看书，开始看马列主义的书。我就在这个时候读了马克思、列宁主义的书。”②

毛泽东投身革命后，即便身处逆境，也不曾放弃对马克思主义的学习。1931 年 11 月赣南会议后，毛泽东在中央苏区党内和军内的领导地位受到排斥。在摆脱了党内争论的苦恼后，毛泽东埋头读起书来，看了一本又一本。其中一本《共产主义运动中的“左派”幼稚病》便是赣南会议后徐特立送给他的。毛泽东接过书后连读两遍，爱不释手。一天，他找到徐特立说：“徐老，这本书写得太好了！列宁批评的‘左派’共产主义者，我们这里也有。他们都一样，喜欢唱高调，表面上格外革命，实际上对怎么想出办法，渡过

① 毛泽东年谱（1949—1976）：第 6 卷［M］. 北京：中央文献出版社，2013：475.

② 于来山，陈克鑫，夏远生. 毛泽东五十次回湖南［M］. 长沙：湖南人民出版社，2009：347.

困难，发展革命，毫无办法。”① 1957 年，毛泽东在与曾志的谈话中回忆说：“1932 年开始，我没有工作，就从漳州以及其他地方搜集来的书籍中，把有关马恩列斯的书通通找了出来，不全不够的就向一些同志借。我就埋头读马列著作，差不多整天看，读了这本，又看那本，有时还交替着看，扎扎实实下功夫，硬是读了两年书。”②

1932 年 10 月的宁都会议解除了毛泽东的领导职务，迫使他暂时离开红军到长汀休养。这年年底，毛泽东在与贺子珍的谈话中说：“宁都会议批评我‘狭隘经验论’，说我是‘右倾机会主义’，撤了我的军职。博古他们，如今又说我犯的是‘左’派幼稚病，这些留过洋的学生，看不起像我这样的土包子。”“不过，这也不要紧，坏事变好事，这下可有时间了，逼得我不得不多读一些老祖宗的原著。没想到一读竟上了瘾，丢不脱。人家的马列主义水平高，就是书读得多，你也趁机多读一点，好对付他们。这不单是对付谁的问题，搞革命，非正确的理论指导不行。”“我现在是，不管事，就读书，趁机武装大脑。”③ 1960 年 12 月 25 日，在同部分亲属及身边工作人员聚餐时，毛泽东回忆了自己长征期间得病仍坚持读书的情景时说：“那时候我没有事情做，走路坐在担架上，做什么？我看书！他抬他的担架，我看我的书。”④

正是凭着这股苦学的劲头，两年中毛泽东啃下了不少马列原著，如《反杜林论》《社会民主党在民主革命中的两种策略》《共产主义运动中的“左派”幼稚病》等，具备了扎实的马克思主义理论素养。据他说，《实践论》和《矛盾论》便是这两年的读书心得。同时，毛泽东还从马列原著中找到了反驳党内错误路线的理论依据，运用真正科学的马克思主义来反对教条的、本本的所谓“马克思主义”。

在指导革命的过程中，毛泽东愈发认识到马克思主义理论的重要性，因此他不但自己刻苦学习，还经常告诫亲友、干部、群众，甚至外国友人也要学习马克思主义，并指导他们学习的方法。这方面的谈话实际上也提供了一

① 余伯流，陈钢. 谁主沉浮：毛泽东在中央苏区的几起几落［M］. 北京：长征出版社，2004：254.

② 中共中央文献研究室《缅怀毛泽东》编辑组. 缅怀毛泽东（上）［M］. 北京：中央文献出版社，1993：401.

③ 石永言. 贺子珍与毛泽东［M］. 北京：中共党史出版社，200：175.

④ 武健华. 毛主席亲自领导身边工作人员的“小整风”［J］. 百年潮，2011（07）.

个考察毛泽东苦学马克思主义的窗口。1936年，毛泽东的同族亲戚毛泽普来到延安，先后进入抗大和马列学院学习。毛泽东向他介绍学习的方法时说：“读书要发狠，肯钻，要学会抓重点……不要读死书，要联系实际，由浅入深；还要学一点经济。”① 1939年底，曾志在进马列学院学习之前，毛泽东也叮嘱她：“要学马列主义经典著作，要精读，读了还要理解它，要结合中国国情，结合自己的工作实践去分析、去探索、去理解。理论和实践结合了，理论就会是行动的指南。”还说：“马列主义的书要经常读，当然不必要一律都精读，而是遇到实际问题，就去请教马列主义，时常翻阅，从理论上进行分析。”② 由此可见，毛泽东不但要求苦学马列主义，还强调要注重理论与实践相结合，要在实践中“请教马列主义”。

毛泽东认为，攻读马列著作也要打“持久战”。1947年12月，习仲勋到米脂县杨家沟参加中共中央扩大会议，应约向毛泽东汇报边区情况。汇报结束后，毛泽东说：“你们长期做实际工作，没有时间学习，这不要紧，没有时间可以挤。我们现在钻山沟，将来要管城市，现在就要抓紧理论知识的学习。你一年读这么薄薄一本，两年不就两本了嘛！三年不就三本了嘛！这样，十几年就可以读十几本，不就可以逐步精通马列主义了嘛！”③ 由此鼓励以习仲勋为代表的干部们要持之以恒地学习马列著作。针对一些文化程度较低的群众，毛泽东则建议他们循序渐进地学习马克思主义。1939年初，毛泽东在接见延安电影团成员时说：“你们都还年轻，又参加革命不久，要一面工作，一面学习，看些马列主义的书，还要读点政治经济学、哲学。大本本一时啃不动，可以先找点通俗的小册子看看。”④ 即使对国际友人，毛泽东也不忘告其学习马克思主义。1970年5月1日，毛泽东会见柬埔寨国王西哈努克亲王。当西哈努克谈到柬埔寨国内及周边情况时，毛泽东说：“我就劝你读一点马克思主义的书，我介绍给你两本书，也许你已经读了，一本叫《共产党宣言》，一本叫《社会主义从空想到科学的发展》。”⑤

---

① 龙剑宇. 毛泽东的家世渊源［M］. 北京：中央文献出版社，2011：326.

② 中共中央文献研究室《缅怀毛泽东》编辑组. 缅怀毛泽东 上［M］. 北京：中央文献出版社，1993：400.

③ 贾巨川. 习仲勋：陕甘宁边区土改纠偏［J］. 百年潮，2008（06）.

④ 王首道. 回忆毛主席［M］. 北京：人民文学出版社，1977：296.

⑤ 毛泽东年谱（1949—1976）：第6卷［M］. 北京：中央文献出版社，2013：295.

由上可见，毛泽东对马克思主义的信仰包括信和学两个方面，是一个由学到信，由信更学的相互促进、相辅相成的过程。无论条件艰苦还是优越，身处逆境还是顺境，毛泽东对马列著作的学习终生都是勤学不辍、孜孜以求的。同时毛泽东还不忘劝导别人学习马克思主义，并给出许多学习方法，如精读、泛读、常读、循序渐进地读等等。他给别人以学习方法论的指导，其实也是他自己苦学马克思主义的经验之谈，是另一角度的反映。

二、积极的马克思主义宣传者

（一）积极宣传马克思主义基本理论

毛泽东经常在不同时期、针对不同对象，利用一切机会积极宣传马克思主义。其中的一些基本命题、核心观点，更是毛泽东宣传的“主战场”。

人民群众是实践的主体，是历史的创造者。马克思主义群众观自然是毛泽东谈话中非常重视的宣传点。1961 年 1 月 29 日，毛泽东乘专列到达南京，在同江苏省委负责人谈话时说：“马克思主义基本原则是为人民服务，否则是国民党作风。对群众没有感情，对贫下中农没有感情，不顾群众死活，不了解情况，不听群众的话，也不听上边的话，这种人就成问题。”① 毛泽东还劝告外国友人也要充分意识到人民群众的重要性。1964 年，尼泊尔教育代表团访华，毛泽东对他们说：“力量的源泉是人民群众。不反映人民群众的要求，哪一个也不行。要在人民群众那里学得知识，制定政策，然后再去教育人民群众。所以要当先生，就得先当学生。”②

马克思主义的阶级斗争和无产阶级专政学说也是毛泽东日常谈话中经常宣传的内容。鉴于旧中国群众文化水平较低的实际，毛泽东常用生动形象的语言来给大家讲述阶级斗争道理，获得了极佳的宣传效果。1921 年秋，毛泽东前往安源实地考察，在给煤矿工人宣传建立劳工团体的重要性时，他拿石子打比方说：“路上有块石子，大老板看到随便把脚踢一下就踢开了。但要

① 湖南人民出版社编．毛泽东思想光照千秋［M］．长沙：湖南人民出版社，1978：760.
② 孙宝义，刘春增，邹桂兰．听毛泽东谈哲学［M］．北京：人民出版社，2012：274.

是把许多小石子掺上沙子、石灰结成团，就会坚如磐石，大老板搬也搬不动了。"[①] 是年冬，毛泽东再次来到安源。在强调创办夜校、工会等革命团体的重要性时，毛泽东拿筷子打比方说："没有革命团体，个人就像一根根筷子容易折断；有革命团体，就像一把筷子折断不了，就可以和反动当局作无情的斗争。"[②] 1926 年，毛泽东在主持广州农民运动讲习所宣传阶级斗争学说时，对着他在黑板上画的一座宝塔说："你们看，最下层是塔基，有工人，农民，还有小资产阶级，人数最多，受压迫和剥削最深，生活最苦；压在他们上面的一层，是地主阶级、买办阶级，人数不多；再上一层是贪官污吏、土豪劣绅，人数更少；更高一层是军阀；塔顶是帝国主义。""压迫、剥削阶级虽然很凶，但人数很少。只要大家齐心，团结紧，劳苦大众起来斗争，压在工农身上的几重大山就可推翻。百姓齐，泰山移，何愁塔之不倒乎！"[③] 毛泽东用"石子""筷子"的比喻来强调建立劳工团体的重要性，用宝塔层级比喻阶级等级，通俗明白、生动形象地宣传了马克思主义的阶级斗争和无产阶级革命学说。

文艺的人民性在毛泽东的日常谈话中也经常被提出。1958 年，毛泽东约陈伯达到颐年堂，就《红旗》杂志的导向问题进行谈话。毛泽东指出："过去的文艺作品，不是源而是流，是古人和外国人根据他们彼时彼地所得到的人民生活中的文学艺术原料创造出来的东西。对于过去时代遗留下来的文学艺术和优良文学艺术传统，我们是要继承的，但是目的仍然是为了人民大众。"[④] 毛泽东通过源流辨析，揭示了"文艺来源于人民和服务于人民"这一马克思主义文艺理论的核心思想。

毛泽东十分重视马克思主义军事理论特别是建立无产阶级领导的新型人民军队的重要性，他的日常谈话也有诸多此类内容的宣传。1927 年 9 月 20 日，毛泽东在鼓舞秋收起义失败后受挫的指战员时说："现代中国革命没有枪杆子不行，有枪杆子才能打倒反动派。这次武装起义受了挫折，算不了什么！胜败乃兵家常事。""我们现在好比一块小石头，蒋介石反动派好比一口

① 王首道，等. 回忆毛主席［M］. 北京：人民文学出版社，1977：3.

② 湖南人民出版社编. 毛泽东思想光照千秋［M］. 长沙：湖南人民出版社，1978：508.

③ 王首道，等. 回忆毛主席［M］. 北京：人民文学出版社，1977：55.

④ 张宝昌，张事贤. 珍贵文物为中南海增辉［J］. 百年潮，2012（07）.

大水缸，但总有一天，我们这块小石头，一定要打烂蒋介石那口大水缸！”① 1938 年 8 月 2 日，毛泽东在对抗大四期一、二队及随校毕业的同学讲话中说：“共产党也是讲打的。马克思主义不仅是文的，而且还要武——特别在中国。外国也一样要有，但外国有民主，国会，有工会，各党派可以在议会里宣布自己的主张，开展议会斗争。中国却没有这一条。……只有枪杆子运动，才能做得好，而这枪杆子是归马克思主义管的（马克思政治管）。政治下命令，枪杆子就要服从，枪杆子如果脱离了革命的政治，就会失败。”② 简单几句话就把革命武装及其领导权的重要性表述了出来。

毛泽东还特别强调向知识分子宣传马克思主义。1957 年 4 月 26 日，毛泽东在同越南新任驻华大使阮康交谈中说：“对知识分子要进行马克思主义教育，要使大多数知识分子（不是每一个人）都多少懂得些马克思主义。”③ 同时，毛泽东也向僧人宣传过马克思主义。1948 年 4 月 9 日，毛泽东、周恩来、任弼时一行人夜宿五台山塔院寺。毛泽东跟方丈解释“何为革命成功之日”时说：“所谓革命成功之日，便是消灭剥削，消灭压迫，天下老百姓耕者有其田，万民乐业安居时。”“信仰自由嘛。你们可以信佛教，我们信马列主义；你们讲修行，我们讲革命，讲造反，用枪杆子推翻旧世界，创造一个新世界。”“共产党就是信仰马列主义这个‘佛’，高举无产阶级革命的旗帜，拯救天下穷人脱离苦海，团结起来闹革命，求解放，当家作主人。”④ 僧人虽信佛教，但毛泽东这种通俗易懂的马克思主义宣传，他们也是可以接受的。

毛泽东日常谈话中对马克思主义的宣传，有两点值得强调。首先，其贯穿的主线是“致用”。他在不同时期针对不同对象宣传马克思主义，出发点和落脚点都是实践，是“致用”，即希望马克思主义能够成为他们行动的指南，真正将其付诸实践。其次，用非常接地气的话语来阐释精辟的理论，将理论宣传做到通俗易懂、深入浅出。毛泽东谈话中“石子”“筷子”“宝塔”“小石头”“大水缸”等比喻的应用，实现了抽象与形象兼顾，这对今天的宣传工作仍有指导意义。

---

① 逄先知，金冲及．毛泽东传：第 1 卷［M］．北京：中央文献出版社，2013：153－154.

② 中国革命历史博物馆党史研究室．党史研究资料（11）［M］．北京：法律出版社，1990：361－364.

③ 毛泽东年谱（1949—1976）：第 3 卷［M］．北京：中央文献出版社，2013：139.

④ 牛崇辉．毛泽东与五台山僧人［J］．湖南党史，2000（04）.

（二）积极推介马克思主义学习榜样

"榜样的力量是无穷的。"在宣传马克思主义方面，毛泽东也运用了推介榜样的方法。至于何为马克思主义学习榜样，他在1938年4月30日抗大第三期二大队的毕业典礼上就表述过："模范作用不在于口头说而在事实上做。不在于两只手举起来赞成马克思主义，主要的在于实际中去行马克思主义。这才是真真要紧的。单是学学还不够，要在实际中去做到底。"① 据此标准，毛泽东在一生中推介了许多马克思主义学习榜样。

为了激发抗大学员学习马克思主义的积极性，1937年9月，毛泽东在为学员送行时说："向你们推荐两个人，一个是我敬佩的老师，从苏联吃面包回来的张如心②教授，他可以把许多马列著作背诵如流，你们可以向他学习系统的马列主义理论；一个是大队政治委员胡耀邦，他的年龄比你们大不了多少，是我亲眼看着长大的热爱学习、朝气蓬勃的'红小鬼'，现在还不断写些文章在报上刊登，很受读者的欢迎。希望你们以两个同志为榜样，好好地学习。"③

在宣传马克思主义学习榜样时，毛泽东还对党的早期创始人——李大钊、陈独秀、李达作了推介。1949年3月23日，毛泽东率中共中央机关离开西北坡前往北平。途中，他向大家推介了李大钊，说："我以前也到过北平，到现在整整三十年了。那时，是为了寻求救国救民的真理而奔波。还不错，吃了点苦头，遇到了一个大好人，那就是李大钊同志。在他的帮助下，我后来才算成了马列主义者。可惜呀，李大钊同志已经为革命献出了宝贵的生命。他是我真正的好老师呀。没有他的指点和教导，我今天还不知道在哪里呢。"④ 对于陈独秀，尽管他犯了右倾错误，但毛泽东认为"他创造了党，有功劳"。他在回忆自己成为马克思主义者的过程时，称赞陈独秀"对我的影

---

① 中国革命历史博物馆党史研究室．党史研究资料（11）［M］．北京：法律出版社，1990：316.

② 张如心（1908—1976），广东省梅州兴宁县人。马克思主义理论家、哲学家和教育家、中国科学院院士，是中国共产党内第一个提出"毛泽东同志的思想"的人，为毛泽东思想确定为党的指导思想创造了前提。

③ 王森．毛泽东与"红小鬼"胡耀邦［J］．百年潮，2014（05）.

④ 阎长林，文生．在大决战的日子里——毛泽东生活录实［M］．北京：中国青年出版社，1986：245－246.

响也许超过其他任何人”,[①] 又说：“我在李大钊手下担任国立北京大学图书馆助理员的时候，曾经迅速地朝着马克思主义的方向发展。我在这方面发生兴趣，陈独秀也有帮助。”[②] 这就向人们宣传了中国最早的马克思主义者形象及他们在帮助青年一代成为马克思主义者方面的贡献。关于李达，1949 年 5 月 18 日，毛泽东在北京香山向久别重逢的李达称赞道：“你在早期传播马列主义，是起了积极作用的。你在国民党统治区教书，一直坚持马列主义的理论阵地，写过很多书，做出了应有的贡献，思想上没有离开马列主义，这是有益的事嘛，党是了解你的。只要是做了些好事，人民是不会轻易忘记的。”[③] 通过这种谈话方式将李达传播马克思主义的事迹宣传开了。

对马克思主义学得好、用得好的在任干部，毛泽东也进行过宣传推介。如新中国成立初毛泽东就曾宣传过习仲勋。1952 年 9 月，毛泽东对胡乔木和林默涵说：“告诉你们一个消息，马上给你们派一位新部长来。习仲勋同志到你们宣传部来当部长。”并称赞道：“仲勋是位很好的同志，延安时期他就是一位模范地委书记。”“这个人能实事求是，是一个活的马克思主义者。”[④]

毛泽东对李大钊、陈独秀、习仲勋、张如心等人的宣传推介，一方面是对他们的一种肯定，同时也是希望借这些榜样来激发大家学习马克思主义的积极性，提升全党的马克思主义理论水平，增强战斗力。

三、勇敢的马克思主义捍卫者

读析毛泽东关于马克思主义的日常谈话，会发现有许多内容突出体现了他对马克思主义的捍卫。这主要是通过他对那些怀疑中国是否适用马克思主义、马克思主义是否过时等言论的驳斥，以及对非马克思主义思想的批评体现出来。

---

① 〔美〕埃德加·斯诺．西行漫记［M］．董乐山，译．北京：生活·读书·新知三联书店，1979：130．

② 张家康．北京大学：毛泽东的 1918［J］．红广角，2013（11）．

③ 中共湖南省委接待工作办公室．毛泽东在九所蓉园的日子［M］．长沙：湖南人民出版社，2013：104．

④ 高寒，任小驹．毛泽东对习仲勋的七次评价［J］．百年潮，2013（12）．

（一）坚定不移地信仰马克思主义的基本理论

马克思主义以其与中国历史和现实的极强契合性、指导思想的可操作性等优势，很快便在与无政府主义思潮的斗争中胜出，并被中国先进分子所接受。这期间，毛泽东便是一个代表性人物。如前所述，青年时期的毛泽东也曾受无政府主义思潮的影响，湖南自治运动的失败使他意识到：无政府主义其实“理论上说得通，事实上做不到”。① 由此，毛泽东坚决走上了拥护马克思主义的道路。在寻找改造中国的途径问题上，信仰马克思主义的毛泽东与追求无政府主义的萧子升分歧非常明显。1921 年 8 月，萧子升从北京回长沙后，跟毛泽东讨论俄国革命问题。萧子升说：“俄式的革命是激烈的破坏，以教育为工具，温和地进行革命，革命才为正当。”毛泽东说：“我们通过资本主义的教育，达不到改造社会的目的。你们主张用教育的方法改造中国，但教育一要有钱，二要有人，三要有机关。钱，在资本家的手里，主持教育的，尽是一些资本家，或资本家的奴才。”“总而言之，现在世界的教育，是一种资本主义教育，蒲鲁东没有建立起社会主义。所以，我觉得教育的办法是不行的。而俄国式的革命，却是山穷水尽、诸路皆走不通时的一个变计。”② 可见，毛泽东已廓清无政府主义的迷雾，坚定了对中国实行社会主义的信念。还有，1922 年 12 月他在领导工人斗争而与政府交涉时，也坚定地表示了工人信仰社会主义而拒绝无政府主义的立场。他说：“工人所希望的是社会主义，因为社会主义确于工人有利。”“至官厅文告常有工人盛倡无政府主义之语，全违事实。工人并不信仰无政府主义。”③

中国是否适用马克思主义自然离不开实践的检验。1939 年 4 月 24 日，毛泽东在抗大大生产运动初步总结大会上讲道：“现在有人做文章，议论相当多，说什么‘马克思主义不适合于中国的国情’。现在我们延安首先来试一试，马克思主义的运用，可以耕田，可以做工，为什么不适合国情？耕田不适合国情吗？打草鞋不适合国情吗？难道贪官污吏是适合国情的?! 中国不

---

① 湖南省博物馆历史部校编．新民学会文献汇编［M］．长沙：湖南人民出版社，1980：103.

② 陈冠任，冯光宏．告诉你一个鲜为人知的杨开慧（上）［M］．北京：中共党史出版社，2004：170－172.

③ 毛泽东年谱（1893—1949）（上）［M］．北京：中央文献出版社，2013：105.

实行共产主义是不好的，我们说：还是实行的好。”① 毛泽东拿延安的实践将马克思主义的指导意义具体化，用大家听得懂、记得住的语言讲明了坚持马克思主义指导的必要性。

（二）坚持不渝地捍卫马克思主义的指导地位

真正的马克思主义者从来不是只将马克思主义当作夺取政权的权宜之计，而是将其作为长期的指导思想，即使在国际共产主义运动出现挫折时也毫不动摇。苏共二十大全面否定斯大林的做法给国际共运造成了一定程度的思想混乱。鉴于此，1957 年 11 月 7 日，毛泽东在与意大利共产党总书记陶里亚蒂会谈时说：“苏共二十大和波匈事件后，有人认为马克思主义不灵了，因此有必要重申马克思主义原则。这对全世界会产生好的影响。”② 1962 年 9 月 30 日，毛泽东在会见南非共产党学员代表团时强调：“有人说马克思列宁主义不太行了，更有人说完全不行了，我不相信。马克思列宁主义在实践中得到了证明。”③ 这种对马克思主义近乎“固执”的坚守，不仅体现在他与外国共产党朋友的交往中，在与资本主义世界朋友的交往时，毛泽东更是旗帜鲜明地坚持马克思主义立场，坚定不移地捍卫马克思主义。1959 年 2 月 14 日，毛泽东会见了智利《最后一点钟》报社社长马特。马特问：“马列主义有关实用的部分，现在有些已不适用了，比如西方国家社会经济是垄断的，但政治上并不尽然，因为还有自由，这个自由并不影响社会的发展。所以，社会经济制度和政治上的专制这两个东西，是否可以分开来？”毛泽东说：“这首先要对专政作分析，西方国家的所谓自由，实际上是资本家有剥削的自由。西方国家的政权不可能由多数人掌握，而只由资本家统治，这就是独裁。”马特说：“西方国家已经经历了好几百年了，再过一百年也还会是那样。”毛泽东说：“但是今后的情况是会改变的。”马特回应：“这就需要一个新的方案。”毛泽东说：“马克思活着的时候，不能将后来出现的所有的问题都看到，也就不能在那时把所有的这些问题都加以解决。俄国的问题只能由列宁解决，中国的问题只能由中国人解决。”马特又问：“世界观不变，是不是革

① 中国革命历史博物馆党史研究室．党史研究资料（11）［M］．北京：法律出版社，1990：360.

② 毛泽东年谱（1949—1976）：第 3 卷［M］．北京：中央文献出版社，2013：238.

③ 毛泽东年谱（1949—1976）：第 5 卷［M］．北京：中央文献出版社，2013：162.

命理论部分是可以改变的?”毛泽东说：“要看是什么理论。比如列宁说革命将首先在一国或几个国家内取胜的理论，是改变了马、恩的结论的。”马特说：“如果把今天谈话的内容发表出去，会不会有人认为主席先生背叛了马列主义?”毛泽东说：“我不认为中国背叛了马列主义。中国的党一贯遵守马列主义的原则，因为它是普遍的真理。这是普遍真理与中国具体情况的统一问题。”马特妄言：“我用智利人民的名义，希望中国不要多谈马列主义，而谈辩证唯物主义。”毛泽东坚定地回应说：“我们不同意。”① 谈话中，针对马特有关马列主义“现在有些已不适用了”的说法，毛泽东坚持不渝，通过讲道理、摆事实，有力回击了马特的谬论。而毛泽东之所以坚定表示“我们不同意”，就是因为他认定马克思主义是真理。1959 年 5 月 13 日，毛泽东在会见阿尔巴尼亚劳动党代表团时说：“我们只相信真理。我们都是马克思主义者，马克思、恩格斯、列宁我都没有见过，相信他们，就是因为他们有真理。”②

1960 年 8 月 28 日，在会见阿尔巴尼亚客人时，毛泽东坚定地说：“马列主义是革命的学说，只要人民需要革命，马克思主义旗帜就不会倒的。”③ 用今天的话来说，这就是毛泽东对马克思主义坚定的理论自信，也是其矢志不渝的信仰所在，所以他必然要、也必然会勇敢坚定地捍卫马克思主义！这种勇敢捍卫，正是毛泽东真正的马克思主义者身份的最佳诠释。

（三）坚持不懈地与非马克思主义作斗争

毛泽东批判非马克思主义，从另一角度来说也就是捍卫马克思主义的科学立场。众所周知，毛泽东与教条主义势不两立。1932 年 10 月，毛泽东与同样受到教条主义打击的周以栗、陈正人聚谈时气愤地说：“教条主义真害死人！他们不做实际工作，不接触工人、农民，却要指手画脚，到处发号施令。同国民党打仗，怎样才能取胜？农民为什么会革命？他们懂吗?”④ 在 1935 年 1 月的遵义会议上，毛泽东反驳凯丰说：“打仗之事，敌我形势那么紧张，怎能照书本去打！我并不反对理论，它非有不可，要把马列主义当作

① 毛泽东年谱（1949—1976）：第 3 卷［M］. 北京：中央文献出版社，2013：590 - 591.
② 毛泽东年谱（1949—1976）：第 4 卷［M］. 北京：中央文献出版社，2013：48.
③ 毛泽东年谱（1949—1976）：第 4 卷［M］. 北京：中央文献出版社，2013：447.
④ 王行娟. 贺子珍的路［M］. 北京：作家出版社，1985：171.

行动指南，决不能变成‘书本子主义’。”① 长征前夕，左倾路线恶劣的宗派主义丢弃瞿秋白、何叔衡、毛泽覃等同志，致使他们在苏区牺牲。毛泽东十分愤慨。1936 年 9 月 15 日，毛泽东在政治局会议上尖锐地批评道：“高慢的宗派主义，只相信自己，不相信别人。当时，只用铁锤主义，不把很多干部带走，瞿秋白同志想走不带他走，这完全是立三路线宗派主义的残余，这完全是要不得的，那时的宗派主义，那些行为是犯了罪的。”② 在毛泽东的倡导下，《关于若干历史问题的决议》深刻批判了这种违反马克思主义的宗派主义。官僚主义严重损害党群关系和干群关系，是毛泽东经常批评的一种非马克思主义思想作风。1949 年 3 月，在党中央离开西柏坡赴北平途中，因车多引来群众围观。卫士为了安全，要司机把车开快点。毛泽东说：“不要开快了，应该慢点开。你们看，这里人很多，开快车要出事的。万一伤着老百姓，那就不好了。他们想看就让他们看看嘛。因为他们知道这是自己人坐的汽车嘛。”③ 1956 年 3 月 6 日，毛泽东在听取铁道部汇报铁路运输营业人员的分类人数时说：“以后，我出门不要你们部长、副部长跟着一同去，不然将来要检讨的。”④ 可见毛泽东不仅批评别人犯官僚主义，而且严于自我批评，哪怕这种官僚主义的责任并不在他自己。

由上可知，毛泽东从坚定对马克思主义理论的信仰到坚持马克思主义的基本立场及其指导地位，再到批判各种非马克思主义，几乎全方位地努力捍卫马克思主义。毛泽东对马克思主义的捍卫也历经了青年时期、战争岁月和建设年代，是终其一生地捍卫。

四、睿智的马克思主义发展者

毛泽东对马克思主义的发展，突出表现在他于理论和实践层面都成功地实现了马克思主义的中国化，把马克思主义普遍真理同中国具体实际相结合。论证毛泽东是马克思主义的发展者，必须探寻毛泽东何以能实现马克思主义

① 黄允升，等. 毛泽东与中共早期领导人［M］. 北京：中共中央党校出版社，1997：359.

② 黄允升，等. 毛泽东与中共早期领导人［M］. 北京：中共中央党校出版社，1997：157.

③ 陈毓述，陈丽华. 开国前夜——毛泽东在西柏坡的风云岁月［M］. 北京：中共党史出版社，2003：320.

④ 毛泽东年谱（1949—1976）：第 2 卷［M］. 北京：中央文献出版社，2013：543.

中国化。

（一）信奉基础上的"活学"是马克思主义中国化的前提

毛泽东不仅认真学习马克思主义，更可贵的是他懂得以科学的态度学习马克思主义，自觉根据中国的实际情况学习，真正达到了"活学"境界，这是毛泽东得以发展马克思主义的基础和前提。

1936 年，毛泽东在抗大一次校务办公会议上说："读书先是粗读，有个大概的印象，然后是复读，重温一下重要章节，也叫精读。在这个基础上再写点读书笔记，问几个为什么，联系实际思考一下周围的事情。这样才能防止教条主义和本本主义。"① 1938 年 1 月，毛泽东与艾思奇进行了一次通宵长谈，他就怎样读书表达了自己的见解："读书学习的目的很简单，就是为了应用。我们需要本本，就是要应用它来解决中国革命的实际问题，一定要纠正脱离实际的本本主义。"② 谈话明显看出毛泽东对马克思主义的"活学"态度，即从学习阶段就想到要理论联系实际，要"纠正脱离实际的本本主义"。在会见外国来宾时，毛泽东也一样告诫要"活学"马克思主义。1961 年 4 月 19 日，毛泽东在会见以教育部长达瓦洛斯为团长的古巴文化代表团时说："光读马列主义的书不等于接受了马列主义的思想，必须要与本国具体情况结合。"③

"活学"马克思主义，从读书的方法和态度上保证了毛泽东能及时抵制党内不同时期出现的本本主义、经验主义错误，使其能够突破辞藻迷信，从理论上科学对待马克思主义的"本本"。

（二）勤于调研深谙国情是马克思主义中国化的必备环节

注重调查研究，了解国情和历史，是马克思主义能够同中国实际相结合的基本前提。毛泽东不仅熟谙马克思主义基本原理，而且对调查研究也格外重视。这在毛泽东的日常谈话中也经常出现。

关于调查研究的必要性。1941 年 9 月，毛泽东对中央妇委一个准备到陕

---

① 中国青年出版社编．难忘的回忆——怀念毛泽东同志［M］．北京：中国青年出版社，1985：174．

② 沙平．艾思奇与毛泽东的"哲学情"［J］．百年潮，2013（12）．

③ 毛泽东年谱（1949—1976）：第 4 卷［M］．北京：中央文献出版社，2013：578．

北调研的工作组解释说：“马克思、恩格斯努力终生，作了许多调查研究工作，才完成了科学的共产主义。列宁、斯大林同样作了许多调查。中国革命也需要调查研究工作，才能避免主观主义、片面性。”“我们是信奉科学的，不相信神学，所以我们的调查研究工作是面向下层，而不是幻想。同时，我们又相信事物是运动着的，变化着的，进步着的。因此，我们的调查，也是长期的。今天需要我们调查，将来我们的儿子、孙子，也要作调查，才能不断获得新的事物和新的知识。”① 1961 年 1 月 29 日，毛泽东在南京对江苏省委负责人说：“干劲还是要鼓，要是实事求是的干劲，实事求是就要调查研究。水是浑的，有没有鱼不知道，就是要大兴调查研究之风。要把浮夸、官僚主义、不摸底这些东西彻底克服掉。过去有几年不大讲调查研究了，是损失。不根据调查研究来制定方针、政策是不可靠的，很危险，心中也无数，数字也许知道，实际情况并不知道。”②

关于怎样调查研究。1938 年 3 月 21 日，毛泽东在抗大三大队的临别赠言中就调查研究的方法解释说：“‘走马看花法’是不对的，中国人欣赏了几千年花，对于雄蕊雌蕊还弄不清楚，便是没有科学方法的原故。合理的方法是开调查会。”“你们出去，不要先当‘老师’，搬出抗大的一套；应该先当‘学生’，了解情况，调查明白，然后再来说话，再定方针。中医看病也要四项调查，才开药单，何况工作？假如环境不允许直接调查，也该从旁打听，问问人家。”③

可见毛泽东之所以能够发展马克思主义，与其注重调查研究是分不开的。掌握理论是前提，但要实现马克思主义的本土化、民族化，实现二者的科学“结合”，非要有对本国历史情况、现实情况的深刻理解不可。而调查研究，正是理解和把握中国实际、使马克思主义中国化的必不可少的环节。

（三）精通理论下的“活用”是马克思主义中国化的关键

“凡贵通者，贵其能用之也。”认识的能动作用，一方面表现在从感性认识到理性认识的能动飞跃，更重要的表现为从理性认识到实践的飞跃。毛泽

① 王首道，等．回忆毛主席［M］．北京：人民文学出版社，1977：144．

② 毛泽东年谱（1949—1976）：第 4 卷［M］．北京：中央文献出版社，2013：534．

③ 中国革命历史博物馆党史研究室．党史研究资料（11）［M］．北京：法律出版社，1990：334－335．

东的突出贡献就在于他能够在革命、建设中根据中国的实际情况“活用”马克思主义普遍真理，实现马克思主义与中国实际具体的、历史的统一。强调“活用”马克思主义，也是毛泽东日常谈话中涉及马克思主义观的重要内容。

抗战时期，毛泽东想找一位熟悉马列主义理论的人帮助他工作，中央党校给他推荐了一位研究联共（布）党史与中共党史的专家。毛泽东请他谈谈有关马列主义和联共（布）党史的问题，此人便不看对象，不问情由，把他背得滚瓜烂熟的那一套滔滔不绝地讲了起来。毛泽东听不下去了，打断他问到：“《联共党史》你读过吗?”此人回答：“我通读了三四遍呢。”毛泽东说：“我一遍也没有通读过，只是将每章的结束语都读了。书，既要会读，更要会用。我没有通读过，可是会用。你讲的这些都很对，但是对目前中国的问题一个也没有涉及。我们学习马列主义是为了解决中国的问题。好了好了，你自己去吧，我这里容不下你。”① 懂马列不等于会用马列，只有会用，才算真懂。“活用”是他对待马克思主义理论的基本态度，不会“活用”，等于没学。

毛泽东还告诫国际友人也要“活用”中国经验。1961 年 1 月 24 日，毛泽东在会见巴西共产党和洪都拉斯共产党学员时说：“请同志们对中国所有的经验都不能机械地运用，机械地形而上学地运用外国经验很危险。照抄外国经验，一点都不改变地运用，不会适合你们国家的情况。学习外国经验，应该和你们国家的情况相结合，和你们的社会条件、历史条件相结合。”② 同年 11 月 24 日，毛泽东在会见巴西等国赴华学员时说：“你们在中国了解的经验，只能供参考，绝不能硬搬外国的经验，只能参考外国的经验，不然你们要栽筋斗。要选择。列宁讲过，马克思主义的灵魂就是对具体事物作具体分析。这句话我们永远要记住，我劝同志们也考虑它。”③

从上述谈话可见，毛泽东对将马克思主义普遍真理同本国实际“结合”的问题看得很关键。“结合”必须是历史的、具体的“结合”，这样才能在实践中不断克服教条主义、经验主义。正因为毛泽东在实践中做到了“活用”，才使马克思主义在中国实现了第一次历史性飞跃。

---

① 师哲，师秋朗. 毛泽东的翻译——师哲眼中的高层人物［M］. 北京：人民出版社，2005：17.

② 毛泽东年谱（1949—1976）：第 4 卷［M］. 北京：中央文献出版社，2013：531.

③ 毛泽东年谱（1949—1976）：第 5 卷［M］. 北京：中央文献出版社，2013：55.

（四）在继承的同时创新是马克思主义中国化的必然要求

“把坚持马克思主义和发展马克思主义统一起来，结合新的实践不断作出新的理论创造，这是马克思主义永葆生机活力的奥妙所在。”① 回顾党史，重视理论创新，坚持用理论创新成果武装全党，是我们党的一条重要经验，也是一个巨大理论优势。以毛泽东为主要代表的中国共产党人显然是这一重要经验的先驱。就毛泽东有关马克思主义理论创新的日常谈话，可从两个方面解读。

第一，强调理论创新的必要性，要求处理好继承与创新的关系。1938 年 8 月 5 日，毛泽东在对抗大第四期毕业同学的讲话中提出：“一切东西都是研究的对象，马克思主义也是没有完的，将来还有马克思的儿子，孙子，孙孙子的新马克思主义，所以马克思主义是空前而不绝后。”② 很明显，研究对象的复杂性，革命实践的不断发展，要求马克思主义理论也必须随之创新。1962 年 9 月 30 日，毛泽东在会见南非共产党学员代表团时强调：“马克思列宁主义是不断发展的，它还要继续发展，不是马克思列宁主义把什么真理都总结好了。”③ 1968 年 8 月 13 日，在会见意大利共产党（马列）代表团时，毛泽东说：“不要让死人牵着我们活人的鼻子走。但是马克思列宁主义的著作我们要研究，这些人是我们的祖宗。”④ 由此可见，毛泽东一方面要求“马克思列宁主义的著作我们要研究”即要做好理论继承，但“不要让死人牵着我们活人的鼻子走”，强调必须进行理论创新，从而正确处理了继承与创新的关系。

第二，以自信和经验告诫外国朋友要敢于理论创新。1967 年 6 月 27 日，毛泽东在会见秘鲁、厄瓜多尔共产党学习团及玻利维亚共产党政治局委员古铁雷斯时说：“在马克思以前没有马克思主义。马克思创造了马克思主义，列宁以马克思主义为基础，创造了并实现了列宁主义。我们为什么不能？我

① 习近平．在哲学社会科学工作座谈会上的讲话［N］．人民日报，2016－5－19．

② 中国革命历史博物馆党史研究室．党史研究资料（11）［M］．北京：法律出版社，1990：321．

③ 毛泽东年谱（1949—1976）：第5卷［M］．北京：中央文献出版社，2013：162．

④ 毛泽东年谱（1949—1976）：第6卷［M］．北京：中央文献出版社，2013：181．

们可以根据他们的基本原则，可以创造本国的经验。”[①] 1968 年 8 月 13 日，毛泽东在会见意大利共产党（马列）代表团时说：“国际经验要学习，但你们要创造自己的理论，创造自己的经验，革命才能成功。国际的经验应注意，但不要照搬外国的经验。每个国家都有一段时期要学外国的经验。普列汉诺夫、列宁曾向欧洲的党学习经验，但列宁还是创造了俄国自己的经验。”[②] 从上述谈话特别是“我们为什么不能?”的发问可见，毛泽东既是对外宾作理论创新经验上的指点，更是一种理论创新的自信，是他强烈理论创新意识的自然流露。

毛泽东的“伟大的马克思主义者”称号是由其信仰、学习、宣传、捍卫、发展马克思主义的长期实践得来的。本专题所录有关毛泽东马克思主义观的内容，全部搜集于他的日常谈话。将毛泽东正式著作与日常谈话中有关马克思主义观的表述双管齐下、结合研究，将使我们对毛泽东“伟大的马克思主义者”称号认识得更清楚、更深刻、更信服。

（唐正芒　李国亮）

① 毛泽东年谱（1949—1976）：第 6 卷［M］. 北京：中央文献出版社，2013：96.
② 毛泽东年谱（1949—1976）：第 6 卷［M］. 北京：中央文献出版社，2013：181.

“与贪污腐化作斗争是共产党人的天职，谁也阻挡不了！”

——毛泽东日常谈话中的从严治党观解读

从严治党是毛泽东关于党的建设理论的重要内容，也是他对马列主义党的建设学说的继承和发展。毛泽东的从严治党观不仅见诸于他已公开出版的著作或已公开发表的讲话、报告等文献中，而且可从他大量日常口头谈话中明显感受到。毛泽东日常谈话中的从严治党观，大致可归纳为严格要求党员、加强思想教育，严明党的纪律、严惩贪污腐败，严肃党的作风、开展整风运动等几个方面。

一、严格要求党员，加强思想教育

毛泽东严格要求党员首先体现在发展党员的严格入党标准上。毛泽东十分重视发展党员，但并不是盲目吸收，而是强调严格党员标准，严把党员质量关，并注重对入党积极分子进行思想教育。1922 年 5 月中共湘区执行委员会成立大会上，毛泽东就强调必须通过政治与经济的斗争来发现和培养入党积极分子。① 因此他十分注重从工农阶级的反抗斗争中吸收先进分子入党。1925 年，毛泽东在领导韶山农民运动中再次强调：“我们要有计划、有目的地把那些革命意志坚强、不怕死、敢于斗争、纪律性又强的同志逐步吸收到我们的党内来，这样才能更好地担当起目前的任务。”② 在积极分子入党后，

---

① 龙剑宇．韶山毛家英雄谱［M］．北京：人民出版社，2011：130.

② 胡启明．韶山中共特别支部［M］．湖南：湘潭大学出版社，2011：15.

毛泽东注重为他们上好第一课。1927 年毛泽东在湖南炎陵县带领新党员宣誓结束后就教育他们说：“从现在开始，你们都是光荣的共产党员了。今后，要团结群众，多作宣传，多作群众工作，要严格组织生活，每星期开一次小组会，要严守党的秘密……”① 在这一时期，毛泽东认为“共产党员不能太多，多则无力，不多不少则力量大”。② 直至晚年，毛泽东仍十分重视发展党员时要严格党员标准、永葆党的先进性。

党性修养是共产党员对马克思主义本质属性的内化，也是党员的自我教育、改造和完善。毛泽东从很多方面要求党员干部不断增强党性修养。1944 年春，毛泽东对八路军南下支队的党员干部讲话时教育他们“要学会两种本领，头一个是松树的本领；第二个是柳树的本领”。松树发育生长，不怕刮风下雨，严寒之中也能巍然屹立。松树有“原则性”。柳树插到那儿都能活，一到春天，枝长叶茂，随风飘荡，十分可爱。柳树有“灵活性”。“一个共产党员应该有松树的原则性和柳树的灵活性，缺一不行。”③ 从而要求党员干部要坚持“原则性”和“灵活性”的统一。他特别要求共产党员具有大公无私的品质。1955 年 7 月，毛泽东针对一卫士汇报其姐姐私藏粮食的事情时讲道：“共产党人，不对就批判，要有大公无私的思想，不能吃独食，吃独食是应该感到有愧的。”④ 同时，毛泽东还特别强调要在思想上入党。新中国成立以后，他分析党内情况时说：“思想上没有入党的人，头脑里还装着许多剥削阶级的脏东西，根本不知道什么是无产阶级思想，什么是共产主义，什么是党。”⑤ 在毛泽东看来，党性教育最根本的是要求广大党员干部努力践行全心全意为人民服务的宗旨。1929 年 4 月 12 日，毛泽东在兴国召开地方干部会议时就说：“共产党员要有争取群众的观念，要像和尚念‘阿弥陀佛’那样深刻。”⑥ 1949 年 3 月，毛泽东在中共七届二中全会期间说：“新中国建立后，很多人要做‘官’，不管当多么大的‘官’，都是为人民服务，要努力奋斗，不要以为当‘官’了，就不愿再过艰苦生活了，那样就同李自成差不

---

① 湖南人民出版社编．毛泽东思想光照千秋［M］．长沙：湖南人民出版社，1978：934.

② 毛泽东年谱 1949—1976：第 1 卷［M］．北京：中央文献出版社，2013：106.

③ 孙宝义，刘春增，周桂兰．听毛泽东谈哲学［M］．北京：人民出版社，2012：178.

④ 张耀祠．张耀祠回忆录——在毛主席身边的日子［M］．北京：中共党史出版社，2012：88.

⑤ 何虎生．毛泽东初进中南海［M］．北京：中共党史出版社，2002：208.

⑥ 余伯流，陈钢．谁主沉浮——毛泽东在中央苏区的几起几落［M］．北京：长征出版社，2016：30.

多了。”① 要求党员干部勿忘宗旨，保持艰苦朴素本色，继续为建设社会主义而努力奋斗。1975年7月，毛泽东重病在身依旧叮嘱身边工作人员：“我们共产党人的手中都有一把斧子，那就是为人民服务。共产党人的志不能仅仅写在党章上，而要写在每个党员的心中，要落实到行动上，全心全意为人民服务。”②

加强对党员的思想政治教育是坚定理想信念、巩固团结统一、贯彻方针政策的重要保障。毛泽东十分强调思想政治教育的重要作用。1961年2月6日，毛泽东在听取中共浙江省委汇报时说：“党委主要还是应该抓政治思想教育……政治思想教育不好，党的政策没有贯彻，群众的生产就搞不起来……一定要搞通县、社领导干部的思想。”③ 因而，毛泽东特别关心共产党员的思想问题和世界观的改造。他在苏区时期就经常教育做供给工作、总务工作的党员干部，“要不贪污，不浪费，忠心耿耿，为党为国，切实朴素，大公无私。”④ 他还十分注意以无产阶级思想来改造和克服党员的各种错误思想。1936年10月，毛泽东看望总部电台随红四方面军长征的全体同志。针对一些党员干部要求上前线，不愿干情报工作的情况，他严肃地说：“我们干革命的，就要听党的话。党需要我们在哪里工作，就到哪里去。同时，革命事业总得有个分工嘛，不能随个人挑挑拣拣。如果有人对革命工作还有贵贱之分的想法，这是不对的。”⑤ 他要求共产党员努力干好本职工作，作革命的“鲁班石”，纠正工作有贵贱之分的错误想法。他还经常要求党员必须吃苦在前，勇挑重担。1938年6月至12月，毛泽东多次给延安抗大第四期学员讲课。他幽默地说：“在白区传说共产党人很神秘，其实并不神秘。现在我用个最简单的比喻，说明共产党员是什么人。”他用手指着桌面说：“这里有三副担子；这一副80斤，这一副100斤，这一副120斤，谁选120斤的这副担子挑，谁就是共产党员。”⑥ 幽默中透射出他对共产党先进性的诠释和对

---

① 盛巽昌．毛泽东眼中的历史人物［M］．上海：上海辞书出版社，2006：373.

② 余伯流，陈钢．谁主沉浮——毛泽东在中央苏区的几起几落［M］．北京：长征出版社，2016：158.

③ 毛泽东年谱1949—1976：第4卷［M］．中央文献出版社，2013：535.

④ 湖南人民出版社编．毛泽东思想光照千秋［M］．长沙：湖南人民出版社，1978：108.

⑤ 高宝新．毛泽东和他的麾下将领［M］．北京：长征出版社，2011：198.

⑥ “毛泽东与我”征文活动组委会．毛泽东与我丛书：我见到了毛主席［M］．山西：山西人民出版社，1993：73 – 73.

党员的严格要求。在延安期间，毛远翥经常探望毛泽东并提出一些为己谋利的要求，毛泽东严肃地对他说：“共产党人干革命，不是为了个人做官发财，而是为了替穷人翻身，求解放，为人民服务。”“如果要做官发财，就不要到延安来，就不要干革命！”①

毛泽东十分重视理想信念教育，经常要求广大党员坚定共产主义信仰，坚定革命必胜的信心。秋收起义失败后，面对广大党员和起义队伍中的沮丧低落情绪，毛泽东坚定地对大家说：“我们队伍里的每一个同志，都要有远大的理想和不怕牺牲的精神。”“反动派并不可怕，只要大家团结紧，继续勇敢战斗，我们这个小石头终要砸烂蒋介石那口大水缸！”② 1929 年初，毛泽东在行军赣南、闽西途中得到了妹妹毛泽建牺牲的消息。他对毛泽覃说：“泽覃，不要自责。如果要自责，我比你还痛苦，泽建是我带出韶山的……但革命总要死人，为了人民少一些牺牲、多一些幸福，我们共产党人只能带头牺牲。”③ 1934 年 10 月长征前夕，在于都谢家祠里，毛泽东向当地干部作主力红军转移前夕的讲话。他说：“同志们，如果苏区全部被敌人占领了，你们该怎么办？你们也不要丧失信心，不要忘记自己是个共产党员，还要坚持工作。”④

二、严明党的纪律，严惩贪污腐败

严明的纪律保证党的理论路线和方针政策的有效实施，并维护党的团结统一。在不同时期，毛泽东都强调要牢固树立纪律意识，严明党的纪律。在革命时期，由于斗争的需要，毛泽东特别重视革命的纪律性。1927 年 10 月，毛泽东率领部队上井冈山之前，要求大家严守纪律，不拿群众一个红薯。朱毛会师后，毛泽东集合部队再次强调党的纪律说：“我们是工人、农民的队伍，不能侵犯工农的利益，哪怕是一个小小的鸡蛋，也不能拿。”⑤ 在长征过

① 赵志超. 毛泽东和他的父老乡亲［M］. 湖南：湖南文艺出版社，2011：327.

② 长岭炼油厂政治部. 毛主席永远活在我们心中（上册）［M］. 长岭炼油厂政治部，1978：86.

③ 龙剑宇. 韶山毛家英雄谱［M］. 北京：人民出版社，2011；263.

④ 毛泽东年谱 1949—1976：第 4 卷［M］. 中央文献出版社，2013：425.

⑤ 毛泽东年谱 1949—1976：第 4 卷［M］. 中央文献出版社，2013：483.

程中，即使饥寒交迫，毛泽东也一再要求广大党员和红军战士严守纪律。1935 年 9 月 22 日，在哈达铺的红军团以上干部会议上，毛泽东强调说："不能侵占工农的利益。这是人民军队的一条主要纪律。"① 1942 年整风运动时，毛泽东多次谈到纪律，他说："孙行者头上套的箍是金的，列宁论共产党的纪律说纪律是铁的，比孙行者的金箍还厉害，还硬，这是上了书的。"② 新中国成立后，中国共产党成为执政党，毛泽东更强调严明党的纪律，加强党的建设。他指出："必要的清规戒律都是要的。猪八戒还有三规五戒。"③ 1971 年夏，毛泽东在南方视察时提出，《三大纪律八项注意》"不仅要唱，还要讲解，还要照着去做"。④

严明的纪律是成功的基础，而严厉的执行则是胜利的保证。毛泽东十分强调严格执行党的纪律和各项政策，在面对各种违法乱纪行为时，不论是谁、出于何种目的，他都绝不姑息，根据情节予以批评教育或严厉惩处。1929 年 3 月，在进军赣南闽西途中，红四军一名战士看到田野里一头大肥猪，不经同意擅自宰杀以改善伙食，引起猪的主人告状，毛泽东听后震怒，并立即令有关部门向猪的主人赔礼道歉并退还了猪款。当晚他还召开干部会议，严厉指出这一损害他人利益的恶劣行径"是土匪行为"，⑤ 体现了毛泽东坚决捍卫和执行党的纪律和政策的坚定决心。1937 年 10 月，"黄克功事件"产生恶劣影响，有一些人为黄克功求情，毛泽东愤怒地说："这是什么问题？这样的人不杀，我们还是共产党吗？"⑥ 并于 10 月 10 日给雷经天写了一封信，严厉指出黄克功犯下了不容赦免的大罪，必须处以极刑。

毛泽东自己更是严守纪律、率先垂范。他特别强调要反对党员干部的特殊化，要求共产党员和群众一样遵守法律法规，过一样的简朴生活，享受基本相同的物质待遇。1939 年冬，萧劲光发现毛泽东只有一条毛裤过冬，想叫警卫员帮他去领新棉被和棉衣，毛泽东制止他说："我现在搞特殊化，人民群众还相信我毛泽东吗？""我不搞特殊化，你也不能搞。有些人不明白这一

---

① 中共甘肃省委党史研究室. 毛泽东与甘肃 [M]. 北京：中共党史出版社，1995：400.
② 高宝新. 毛泽东和他的麾下将领 [M]. 北京：长征出版社，2011：518.
③ 高宝新. 毛泽东和他的麾下将领 [M]. 北京：长征出版社，2011：518.
④ 王翠. 老一辈革命家与《国际歌》[J]. 百年潮，2012（08）.
⑤ 李涛. 毛泽东与巾帼英豪 [M]. 北京：长征出版社，2011：110.
⑥ 陈文胜. 详说"黄克功"事件 [J]. 百年潮. 2009（01）.

点，他今天多弄点油，明天多弄点鸡蛋，后天再多两套衣服，久而久之就成为习惯了。群众都有本账，这样搞下去，迟早要毁掉自己的！”① 新中国成立伊始，毛泽东在东北留访期间，高岗请毛泽东吃饭，饭菜非常丰盛，毛泽东当即批评道：“同志们，我们是人民的公仆，是为人民服务的。如果我们一层一层仿效下去，这么吃起来，在人民群众中将会有什么影响？你们应当重温七届二中全会精神。”② 1963 年 12 月 26 日，毛泽东七十大寿。工作人员在做饭时比平时多加两个菜，即四菜一汤加一碗面条，毛泽东看到后很生气地说：“我们党内有纪律，不准为领导人做寿，我不能带头违反规定，这饭我不能吃。”③ 1964 年 6 月 24 日，毛泽东在与越南客人谈话时，严厉批评了党内高级干部的保健工作：“什么都搞特殊化，看病也搞特殊化，我很不赞成搞什么高级病房、高级病床，老百姓有了病怎么办啊？”④ 面对自己的亲属，毛泽东也绝不允许他们有任何特殊。土地革命战争时期，毛泽东和弟弟毛泽覃同在苏区工作，对毛泽覃工作中出现的差错，毛泽东多次严肃地批评他说：“共产党不是毛氏宗祠，不要以为是兄弟关系就可望得到庇护。”⑤ 1948 年的整风运动中，由于牵涉到江青年轻时的生活和恋爱方面的事，江青想让毛泽东替她说句话。毛泽东严厉回答：“既然没问题，你怕什么？为什么要让我说话？”“党员接受组织审查，任何人都不能特殊！”新中国成立后，面对家乡亲友们的来信要求为他们谋取职位或请求给予待遇时，毛泽东一一回信，进行批评教育并予以拒绝。他曾对田家英说：“我们共产党的章法，决不能像蒋介石他们一样搞裙带关系，一个人当了官，沾亲带故的人都可以升官发财。”⑥

面对贪污腐败，毛泽东始终坚持有腐必反，有贪必究，高度重视反腐倡廉和避免共产党员的腐化堕落。中华苏维埃共和国成立后，中共开始了局部执政，毛泽东担任政府主席，面对开始萌芽的各种不正之风，他严惩各种贪腐行为。1932 年谢步升案发生后，查办案件遇到一定阻力。毛泽东知道后愤

① 欧阳青，罗元生. 毛泽东与故乡十位将帅［M］. 北京：军事科学出版社，2006：308.
② 江山，胡俊峰. 一位专职摄影师眼中的毛主席［J］. 百年潮，2010（06）：304.
③ 周秀成. 毛泽东轶事［M］. 北京：中国文史出版社，2001：296.
④ 邸延生. 历史的真知——“文革”前夜的毛泽东［M］. 北京：新华出版社，2013：353.
⑤ 龙剑宇.《毛泽东的家世渊源》，中央文献出版社，2011：313.
⑥ 阎长林. 在大决战的日子里［M］. 北京：中国青年出版社，1986：321.

然说道："腐败不清除，苏维埃旗帜就打不下去，共产党就会失去威望和民心！与贪污腐化作斗争，是我们共产党人的天职，谁也阻挡不了！"① 新中国成立后，为了确保共产党人清正廉洁为人民服务的本质，毛泽东更加严格要求党员干部，严惩各种贪污腐败。1951 年，针对刘青山、张子善贪污大案，有人向毛泽东求情，毛泽东生气地说："从西柏坡出发我就讲了，我们不能学李自成，进北京对我们每个人都是考验，不准任何人有贪污腐败的行为。他们两个不处理，今后别人贪污腐败我们怎么办?"② 坚持判处二人死刑。"三反""五反"期间，毛泽东更是多次严厉地告诫身边的党员干部："你们在我身边工作，更要注意反腐蚀，要经得起考验……浪费也不行，浪费发展下去，就会贪污腐化。"③ 毛泽东还坚决反对和抵制各种行贿受贿行为。1954 年，毛泽东到杭州调研，在回京的火车上发现多了几坛绍兴黄酒，工作人员汇报说是当地官员送的特产，毛泽东严令退还并严厉地说："我是党和国家的最高领导，我收了，那么省长、市长、县长、乡长他们就会收受得更多，那我们共产党与国民党还有什么区别?"④ 1955 年 7 月，毛泽东看到一位贪污 400 元公款的党员干部的材料，这点钱虽不多，但他严肃地说："不能让他吃大了肚子，叫他吐出来!"⑤ 这些充分体现了毛泽东对贪污腐败决不姑息。为了更有成效地反对贪腐行为，他曾采用群众运动的方式检举揭发各种贪腐。1963 年 5 月 6 日，毛泽东在杭州开会，他反复强调要发动群众，并指出"大贪污分子要发动群众才能搞出来"。⑥ 1965 年 7 月 4 日，毛泽东会见印度尼西亚共产党代表团，在讲到一些党员干部的现状时说："有些人当了权就贪污，投机倒把……我们就是要消灭这种现象，因此进行了相当激烈的阶级斗争。"⑦ 可见，毛泽东已经把贪污腐败问题上升到反修防修和阶级斗争的高度，虽然在实际运动中一度出现偏差，但足见毛泽东对清除贪腐问题的坚决

① 黄锦辉．基层廉政文化建设漫议［J］．百年潮，2012（04）：186.

② 江山，胡俊峰．一位专职摄影师眼中的毛主席［J］．百年潮，2010（06）.

③ 井泉．毛泽东与党风［M］．沈阳：沈阳出版社，1991：66.

④ 黄锦辉．基层廉政文化建设漫议［J］．百年潮，2012（04）.

⑤ 余伯流，陈钢．谁主沉浮——毛泽东在中央苏区的几起几落［M］．北京：长征出版社，2016：23.

⑥ 张耀祠．张耀祠回忆录——在毛主席身边的日子［M］．北京：中共党史出版社，2012：248.

⑦ 毛泽东年谱 1949—1976：第 5 卷［M］．中央文献出版社，2013；507.

态度。

三、严肃党的作风，开展整风运动

毛泽东十分重视党的作风建设。三大优良作风是实现党的政治路线和正确领导的重要保证，也是毛泽东从严治党思想的重要内容。毛泽东多次在谈话中提醒党员干部注意三大作风，强调调查研究和实事求是。1959 年 6 月，毛泽东回韶山，请当地 30 多位老人吃饭开座谈会，老人们向毛泽东反映当地浮夸风严重，而且稍有反对意见，就被视为老保守挨批斗。毛泽东听后，严肃地对身边一位负责人说："你们向党中央汇假报，欺骗党，对人民不负责任，这是告你们的状！"① 1961 年 1 月 29 日，毛泽东在听取反映国家困难形势的汇报时说："要大兴调查研究之风，要把浮夸、官僚主义、不摸底这些不是共产党的坏作风彻底克服掉。"②

毛泽东十分强调密切联系群众，将群众路线视为制胜法宝。1943 年，中央书记处决定由杨家岭迁至枣园。当时枣园有十几户人家。保卫部门考虑到首长的安全，建议当地老百姓迁走。毛泽东听到后厉声说道："你们要让老百姓迁走，我就不搬去。哪有共产党怕群众的道理！"③ 新中国成立后，毛泽东依旧十分注重群众路线。1961 年 1 月，毛泽东路过南京，针对当时有些紧张的干群关系，语重心长地教育党员干部说："马克思主义基本原则是为人民服务，否则是国民党的作风。对群众没有感情，对贫下中农没有感情，不顾群众的死活，不了解情况，不听群众的话，也不听上边的话，这种人就成问题。"④

毛泽东认为共产党员只有经常开展批评和自我批评，才能不断改造自我，提高自我，完善自我。1950 年 4 月 19 日，毛泽东主持召开中共中央政治局会议，有人反映各地党员干部压制批评，甚至拒绝接见记者，还有叫记者去反省的。毛泽东严厉地说："谁叫记者反省就要他自己反省，谁拒绝接见就撤换谁！有许多人写信给我们，不管他是什么人，都是很有好处的。党中央

---

① 姜道友. 毛泽东与贺果［J］. 湖南党史月刊，1989（10）.

② 姜道友. 毛泽东与贺果［J］. 湖南党史月刊，1989（10）：116.

③ 何虎生. 毛泽东初进中南海［M］. 北京：中共党史出版社，2002》261.

④ 湖南人民出版社编. 毛泽东思想光照千秋［M］. 长沙：湖南人民出版社，1978：762.

与中央政府应该有专门机关，来处理这类事情。”① 体现毛泽东注重批评与自我批评的博大胸怀。及至晚年毛泽东依旧十分重视批评与自我批评，认为“必须要有一个能够坚持真理，改正错误，善于进行批评和自我批评的革命党……才能取得社会主义革命的胜利。”② 可见批评与自我批评在毛泽东从严治党思想中的重要地位。

毛泽东特别注重反对官僚主义。1938 年初秋，马列学院派四人去接毛泽东做报告。毛泽东批评他们说：“皇帝出朝，要乘龙车凤辇；官僚出阁，要坐八抬大轿，前簇后拥，浩浩荡荡，摆威风。我们是共产党人……就万万不能沾染官僚习气。”③ 1953 年，毛泽东到杭州刘庄度假，有人提议坐滑竿上山游玩，毛泽东生气地说：“共产党员上山坐滑竿，开除党籍。往前走！没有路我们可以走出一条路来，路是人走出来的。”④ 20 世纪 60 年代，毛泽东在听了曾经的卫士汇报在基层的处境后，陷入了深刻思考。他说：“官僚主义不是一两处，我不可能一个一个管。有什么办法能在全国扫除一下?”经过酝酿，毛泽东发动了社会主义教育运动，试图解决官僚主义作风问题。

整风是对党员进行马列主义思想政治教育的重要形式。1941 年 9 月 10 日，毛泽东在中央政治局扩大会议上说：“在延安首长才吃得开，许多科学家、文学家都被人看不起。宗派主义是排挤非党干部的一种风气，即排外主义。同时也排内。闹独立性、不服从决议、没有纪律的现象，必须整顿。”⑤ 1942 年春开始，延安逐步开展了全党的整风运动。新中国成立后，毛泽东为了搞好党的建设，仍坚持不断整顿党的作风。他针对党内的一些不良作风说：“现在一些大官、小官，自己不动手，不动口，不动脑筋，什么事都靠秘书，听说连科长都有秘书，搞‘秘书专政’。有的人让自己的老婆当自己办公室主任，这不是共产党的作风。”⑥ 1960 年 3 月 23 日，毛泽东在停靠天津的专列上同林铁、刘子厚等谈论国家形势时严肃地说：“还有个作风问题，贪污、浪费、官僚主义，有几个省相当严重，比如湖北、广东、山东。”“官僚主义

---

① 孙宝义，刘春增，周桂兰．听毛泽东谈哲学［M］．北京：人民出版社，2012：120．
② 李捷．毛泽东与新中国的内政外交［M］．北京：中国青年出版社，2004：74．
③ 许祖范．毛泽东幽默趣谈［M］．山东：山东人民出版社，1995：360．
④ 江山，胡俊峰．一位专职摄影师眼中的毛主席［J］．百年潮，2010（06）：321．
⑤ 陈晋．文人毛泽东［M］．上海：上海人民出版社，1997：208．
⑥ 黄锦辉．基层廉政文化建设漫议［J］．百年潮，2012（04）：423．

者，就是不同群众商量，还有打人骂人，强迫命令。”“有些事情得年年讲，提出警告，要他把手缩回来。”① 而毛泽东自己更是注意从身边开始抓整风，1960 年 9 月 28 日，毛泽东对汪东兴说：“我发觉身边有‘老鼠’，工作人员中，有些人思想作风不正，要开展批评和自我批评，清除‘老鼠’，整顿思想作风。”② 1964 年 3 月 28 日，毛泽东对河北省委负责人说：“凡是有‘五风’的地方都要反，包括工矿企业。”③ 充分展现了毛泽东对整风的高度重视。

毛泽东从严治党思想是毛泽东把马克思主义建党学说与中国革命和建设具体实际相结合的产物。中国共产党是在半殖民地半封建社会、在农民占人口的绝大多数的政治、经济、文化等各方面极为落后的特殊条件下产生和发展起来的。因而广大农民阶级出身的党员不可避免地会将其阶级的错误思想、不良作风带入党内，加之敌对阶级的各种腐蚀和引诱。这就要求中国共产党必须坚持不懈地从严治党，才能确保党的先进性、纯洁性。毛泽东在长期的革命斗争和社会主义建设中，形成了较为系统的从严治党思想。本专题所收录的毛泽东关于从严治党思想的口头谈话，仅是其很小的一部分。这些谈话通俗、幽默、生动、直观地反映了毛泽东内心的真实思想动态，不仅对我们更好地领会和把握毛泽东从严治党思想有学术价值，而且对我们今天坚持全面从严治党、坚定不移地抓好反腐败斗争，也有现实意义。

（唐正芒　王昕伟）

① 赵志超. 毛泽东和他的父老乡亲［M］. 湖南：湖南文艺出版社，2011：356.

② 武健华. 毛主席亲自领导身边工作人员的“小整风”［J］. 百年潮，2011（07）.

③ 姜道友. 毛泽东与贺果［J］. 湖南党史月刊，1989（10）：337.

“必要的清规戒律都是要的，猪八戒还有三规五戒”

——毛泽东日常谈话中的制度思想解读

在毛泽东和毛泽东思想研究中，客观上或者说事实上存在一种认为毛泽东制度[①]意识比较淡薄的认识。其实这是一种误解。实际上，毛泽东是十分重视制度建设的（当然我们不能以今天的健全制度来衡量毛泽东那时候的制度思想和制度建设），而且毛泽东的制度思想也是毛泽东思想的重要组成部分。

毛泽东制度建设思想不仅蕴涵在已公开出版的毛泽东本人的各类选集、文集、文稿等毛泽东著作中，还体现在毛泽东的日常谈话中。这些日常谈话对毛泽东的制度思想的深入研究具有重大意义。

一、牢固树立制度意识

（一）强调制度建设的必要性

制度带有根本性、全局性、稳定性、长期性。没有有效的制度，一个党、一个国家就不能保持战斗力和凝聚力，也就不能取得革命和建设的胜利。毛泽东强调制度建设的必要性，主要是基于两方面的考虑。

① 毛泽东并没有专门给制度下过定义。在毛泽东的语境中，制度也并非专有名词。他通常还用规章制度、法律、法规、纪律、条例、规定、章程、条约、政策等词进行互换。整体来讲，本专题在论及毛泽东制度思想时所涉及的制度，是一种比较宽泛的具有相对稳定性和可重复性的有形或者无形的规则规范等。

1. 实践的客观需要

革命早期，中国共产党长期处于严酷的战争环境中，没有以制度形成的铁的纪律，就不能生存下去，更谈不上取得革命的胜利。1928 年 5 月朱毛会师后，毛泽东就在队伍讲话中强调：“我们是革命的队伍，没有纪律是不行的，没有纪律就不能统一行动，不能搞好革命工作，不能打胜仗。”① 毛泽东把制度看作是革命成功的先决条件之一。有了制度并且遵守制度就会事半功倍。1935 年 5 月 19 日，刘伯承率先遣队欲强渡大渡河。临行前，毛泽东对他说：“只要我们全军模范地执行党的纪律和党的民族政策，取得彝族人民的信任和同情，彝民不会打我们，还会帮我们通过彝族区，抢先渡过大渡河。”② 结果因为我们严格执行民族政策，红军顺利通过了彝族聚居区，为长征胜利创造了条件。新中国成立后，中国共产党成为执政党，战争的威胁逐渐变小，巩固政权、建设新中国成为新的课题。中华人民共和国成立伊始，毛泽东访苏归来视察东北，高岗隆重接待，饭菜十分丰盛，饭后毛泽东对其进行了批评。次日，毛泽东在东北局、辽宁省、沈阳市的领导干部大会上又说：“我在哈尔滨提过不要大吃大喝，到沈阳一看比哈尔滨还厉害。我和恩来不是为了吃喝，搞那么丰盛干什么？中央三令五申，要谦虚谨慎，戒骄戒躁，要艰苦奋斗，你们应做表率嘛！你们要做刘宗敏，我可不想当李自成啊！”③ 毛泽东在这里用李自成的典故是强调必须贯彻七届二中全会的精神和遵守用餐、接待制度，不能奢靡浪费，防止革命成果付之东流。1955 年毛泽东在谈到如何建设合作社时指出：“必要的清规戒律都是要的。猪八戒还有三规五戒。”④ 毛泽东认为合作社的建设和运转需要制度保障，于是出台了《农业生产合作社示范章程草案》。

2. 制度与意志的深层思考

毛泽东十分注重并善于激发人的主观意志，并取得了重大的成效。但毛

---

① 湖南人民出版社编．毛泽东思想光照千秋［M］．长沙：湖南人民出版社，1978：482 - 483.

② 毛泽东年谱（1893—1949）：上卷［M］．北京：中央文献出版社，2013：462 - 463.

③ 龙剑宇．毛泽东的人生旅行［M］．北京：中共党史出版社，2012：304.

④ 盛巽昌．毛泽东眼中的历史人物［M］．上海：世纪出版集团、上海辞书出版社，2005：518.

泽东也对意志作用的边界进行反思。1956 年 2 月 14 日下午，在听取国务院第三办公室汇报时他就指出："光从思想上解决问题不行，还要研究解决制度问题……人是服制度不服人的。"① 毛泽东认为意志的作用终归是有限的，制度是更深层次的问题，制度对人的行为的作用是具有根本性的。他还讲："人们是在制度中生活，不完全靠个人。"② 他认为人在社会生活中不能离开制度，处理社会关系不能单纯靠个人的思想觉悟。那么建立健全制度就是必要且必需的了。

（二）运用制度分析解决问题

树立制度意识，就是要在制度的框架内分析问题，解决问题。既要把制度当成一把"尺子"，也要把制度当成一把"钥匙"。

毛泽东在分析问题时，总要拿制度这把"尺子"量一量，看制度是否缺位。1958 年 11 月 3 日，周小舟等反映：市场上因怕废除票子，怕归公，出现了提款多、抢购等现象。毛泽东指出了制度上的短板："我们没有章程，天下大乱。"③ 1965 年毛泽东重上井冈山，他对湖南江西和中央警卫局的负责人汪东兴、张平化等多次谈话："我很担心高级干部中出现修正主义，中央出现修正主义怎么办？有没有制度管住他们？"④ 毛泽东把制度作为分析问题原因的选项，也把其作为解决问题的选项。尽管在毛泽东心里制度并不一定是一把万能"钥匙"，但是遇到问题时总是会用这把"钥匙"试一试。1949 年 10 月开国大典期间，《人民日报》上出现过一些重大差错。毛泽东在提出整改方案时就强调："以后必须确立和严格执行制度，若再发生重大差错要开除党籍。"⑤ 就是希望用制度手段防止和杜绝类似事件的再次发生。在预防党员干部违规违纪等问题上，毛泽东在 1953 年 2 月同中共江苏省委负责人多次讲到：部队有三大纪律八项注意，地方干部是否也可以订几条纪律和几大注意。⑥ 这后来毛泽东根据部队的经验，建议地方也实行一些类似纪律制度

① 毛泽东年谱（1949—1976）：第 2 卷［M］北京：中央文献出版社，2013：528 - 529.

② 毛泽东年谱（1893—1949）：上卷［M］. 北京：中央文献出版社，2013：467.

③ 薄一波. 若干重大决策与事件的回顾：下卷［M］. 北京：中共中央党校出版社，1993：808 - 811.

④ 于来山，陈克鑫等. 毛泽东五十次回湖南［M］. 长沙：湖南人民出版社，2013：245 - 254.

⑤ 钱江. 范长江为什么离开（人民日报）［J］. 百年潮. 2009（6）.

⑥ 毛泽东年谱（1949—1976）：第 2 卷［M］. 北京：中央文献出版社，2013：39 - 41.

来约束干部的言行。这便有了后来的《党政干部三大纪律八项注意》的出台。

（三）合理利用制度的功能性

制度具有不同的功能性。在制度的制定和执行中要合理利用这些功能，才能有的放矢，不会“眉毛胡子一把抓”。毛泽东在分析和解决问题时就十分注重制度的功能性，这使得他在处理问题时游刃有余。

1939 年 4 月，毛泽东在一次中共中央书记处会议上指出“鲁艺”工作上的不足，分析其原因并指出：“主要是中央领导没有抓紧，没有确定正确的方向。现在必须确定明确的方向与制度。”① 这里毛泽东以制度指导人们如何开展工作，就是采用制度的引领性功能。1944 年 3 月 22 日，毛泽东在关于边区文化教育问题讲话中说：“现在我看要有一个制度，叫做三七开，就是教员先向学生学七分，了解学生的历史、个性和需要，然后再拿三分去教学生。”② 这里毛泽东以制度指导人们如何开展工作，就是采用制度的指导性功能。1956 年 2 月 19 日，毛泽东听取国家建设委员会汇报后提出：“协作要变成计划，变成制度，不是求人，不是可办可不办。”③ 毛泽东强调要把工作中的一些流程和方法制度化。这样，制度就能明确责任，就是采用制度的权威性功能。1956 年 4 月 21 日，毛泽东听取李富春关于第二个五年计划的汇报，在讲到战时和平时工业生产的互相转化问题时，他讲：“应立两条法律，一让地方搞，二不拿走。”④ 这里毛泽东所讲订立法律，就是要制定既能明确生产主体，又能够让地方安心投入、大胆生产的制度，就是采用制度的可预测性功能。1958 年 8 月，中共中央在北戴河召开政治局扩大会议，毛泽东在会上和会议期间的讲话中强调说：“完不成钢铁生产或调拨计划的，要按纪律办事。”⑤ 这里就是要让大家明白，中央定下来的事情就必须全力以赴去做，不讲条件，不讲困难。否则就要依照制度进行处理。这里用的就是

---

① 陈晋．文人毛泽东［M］．上海：上海人民出版社，1997：189－190．

② 盛巽昌．毛泽东眼中的历史人物［M］．上海：世纪出版集团、上海辞书出版社，2005：31．

③ 毛泽东年谱（1949—1976）：第 2 卷［M］．北京：中央文献出版社，2013：534．

④ 毛泽东年谱（1949—1976）：第 2 卷［M］．北京：中央文献出版社，2013：565．

⑤ 中共中央文献研究室，杨胜群．邓小平传 1904—1974［M］．北京：中央文献出版社，2014：1080－1081．

制度的强制性功能。

二、坚决维护制度权威

（一）严守制度底线

维护制度权威，就必须严守制度底线。底线也是红线，任何人不能以任何借口对其逾越和触碰。

严守制度底线，是毛泽东制度思想的基本要求。1921 年秋，年轻的毛泽覃在杨开慧房里拿了一个装有革命情报的首饰盒。毛泽东知道后严厉地批评他说："你现在是青年团员，将来还要加入共产党，在入党以前就要好好懂得党的纪律，特别要晓得保守党的秘密。"① 毛泽东认为不能因为年纪轻、不是党员就可以不遵守保密制度，干革命首要就是守住制度底线。1928 年 3 月间，毛泽东率领一团去湘南迎接朱德、陈毅的部队，途中有人点火烧了群众的房子。毛泽东气愤地说："群众的房，我们的窝，我们比兔子还蠢，兔子还不吃窝边草哩！我们都把自己的窝给烧掉了！"并一再强调："群众的东西，不要说房子不能烧，连一个红枣都不能拿。"② 不触犯群众的利益是党密切联系群众的制度底线。毛泽东要求守住这一底线，形成牢固的鱼水关系，以保障革命成功。1945 年 10 月，毛华初去东北工作，想请毛泽东帮他解决牲口。毛泽东拒绝他说："你想要一匹牲口，这个要求不高。可是，我们枣园的牲口，每匹马都有一块牌子，谁要拿走一匹，就违反了纪律。"③ 在毛泽东看来，制度之下无小事。不能把事情小作为逾越制度底线的借口。小洞不补，大洞尺五。逾越制度底线往往在不经意的"小事"之间，因此毛泽东经常提醒大家小事不小，要防微杜渐。

（二）扎紧制度笼子

制度面前无特权。制度面前人人平等，任何人都必须遵守制度，不能对

---

① 龙剑宇．韶山毛家英雄谱［M］．北京：人民出版社，2011：126．

② "毛泽东与我"征文活动组委会．毛泽东与我丛书：我与毛泽东的交往［M］．太原：山西人民出版社 1993：149 – 150．

③ 赵志超．毛泽东一家人［M］．北京：中央文献出版社，2006：199．

制度笼子开口子。

毛泽东始终要求按制度办事，不能破例。1937 年 10 月，当接到“黄克功事件”的报告后，毛泽东很愤怒，说：“这是什么问题？这是什么问题？这样的人不杀，我们还是共产党吗！?”针对因黄有功请求轻判的言论，毛泽东在给时任陕甘宁边区高等法院刑庭审判长雷经天的信中说明：“中央与军委便不得不根据他的罪恶行为，根据党与红军的纪律，处他以极刑。”① 这充分表明，在毛泽东看来不能因为有功就触犯法律制度，在制度面前任何人都没有“丹书铁券”，也没有“铁帽子王”。1948 年，毛岸英找毛泽东提出要结婚。毛泽东因刘思齐未到法定年龄（还差几个月才满 18 周岁），不同意他们马上结婚，强调必须遵守《婚姻法》的规定：“一句话，就是一天也不能差！”② 毛岸英生气地说：“我自己的事还是让我自己做主吧！”毛泽东大怒，批评他说：“你找谁结婚你做主，结婚年龄不到，你做得了主吗？制度和纪律要做你的主！”③ 见儿子不理解自己，毛泽东生气地说：“就因为你是毛泽东的儿子？你就可以特殊？”“法律不允许有特殊人物不遵守法律的，法律是要每一个人都遵守，你毛岸英，刘士岐（即刘思齐，笔者注）不能例外。”④ 毛泽东一直强调制度之所以为制度，就在于它的权威性，一旦制定，所有人都必须在其规定内行事，任何人不能搞特殊，不能不受制度的约束。制度之于人如此，制度之于国家亦是如此。1959 年 10 月 1 日，赫鲁晓夫要求中国无条件释放 8 名在朝鲜战争期间和其后在东北俘虏的美国空降特务。周恩来说根据他们所犯罪行的轻重程度，已经释放了 3 名。赫鲁晓夫说：“那么还有 5 名呢？”周恩来说：“他们的刑期还没有满……”赫鲁晓夫大声说：“你们完全可以给他们减刑！”毛泽东毫不迟疑地说：“这个更困难了，你晓得我们中国是有法律的。”⑤ 毛泽东在这段话中透露出的意思是一切国家事务都必须按照法律规矩执行，任何机关、组织都不能肆意打破法律制度，做出僭越法律制度的事情。

---

① 陈文胜．详说“黄克功”事件［J］．百年潮．2009（1）．

② 师哲．毛泽东的翻译师哲眼中的高层人物［M］．北京：人民出版社，2005：24．

③ 中共中央文献研究室《缅怀毛泽东》编辑组．缅怀毛泽东 上［M］．北京：中央文献出版社，2013：455－456．

④ “毛泽东与我”征文活动组委会．毛泽东与我丛书：在毛泽东身边［M］．太原：山西人民出版社，1993：137－139．

⑤ 邸延生．历史的真知——“文革”前夜的毛泽东［M］．北京：新华出版社，2013：18－19．

（三）强化制度执行

制度管不管用，关键看执行。在执行中绝不能搞“双重标准”，要坚决杜绝对己有利就执行，对己不利就不执行，或者是对亲者宽、对疏者严；对人紧、对己松的情况。制度必须无条件地切实落地，否则就影响制度的效果。

毛泽东始终紧绷制度执行这根弦。1927 年 9 月 29 日至 10 月 3 日三湾改编期间，毛泽东为群众的事情日夜操劳。当地群众既感激又心疼，便做了四菜一汤给他送来。毛泽东把各连党代表叫来开会，把四菜一汤都分给了战士们吃。但大家都认为应该毛委员吃。毛泽东说：“不光是我一个，你们大家都很辛苦，我们实行民主制，我年龄比你们大，又是党代表，更应该带头执行。”① 正是在那样艰苦的境遇，毛泽东依然强调并带头执行民主平等制度，部队才形成了强大的凝聚力。1963 年 12 月 26 日，毛泽东 70 岁生日。工作人员在做饭时比平时多加两个菜，即四菜一汤，外加一碗面条，毛泽东看到后很不高兴地说：“我们党内有纪律，不准为领导人做寿，我不能带头违反规定，这饭我不能吃。”② 可见，毛泽东在执行制度规定上，对自己没有半点宽松，始终从严要求自己。不仅如此，他还告诫和督促身边的人，要严格执行制度。1941 年 7 月，毛泽东为杨家岭机关的机要人员题词：保守党的机密，慎之又慎。又对大家说：“必须十分注意保守秘密，九分半不行，九分九也不行，非十分不可。”③ 在毛泽东看来，保密制度事关党的情报安全乃至战争胜负、事业成败，必须严格执行，不能打半点折扣。

对于没有严格执行制度的行为和责任人，毛泽东都会进行严厉地批评。有一次因为晋察冀根据地很少向中央作汇报，毛泽东沉着脸说：“晋察冀有电台，电台没有油了？没有骑兵通讯员了？马都死光了？晋察冀是出人才的，是有知识分子的地方，知识分子都到哪里去了？”④ 毛泽东的批评意在督促各

---

① “毛泽东与我”征文活动组委会. 毛泽东与我丛书：我与毛泽东的交往［M］. 太原：山西人民出版社，1993：150.

② 吕传彬. 毛泽东与过生日［J］. 前线，2014（12）：296.

③ “毛泽东与我”征文活动组委会. 毛泽东与我丛书：在毛泽东身边［M］. 太原：山西人民出版社，1993：65.

④ 中共中央文献研究室《缅怀毛泽东》编辑组. 缅怀毛泽东 上［M］. 北京：中央文献出版社，2013：97.

根据地负责人坚决执行请示报告制度，以为中央统一领导和解放战争的胜利提供有利的条件。同样，毛泽东对违反制度的身边人也不姑息。1975 年 1 月 23 日，江青不顾毛泽东"不要来看我"的指示，找借口执意飞抵长沙来见毛泽东。毛泽东见到她后一直讲希望她遵守制度懂规矩，并重复了批评她的话说："不要随便，要有纪律，要谨慎，不要个人自作主张，有意见要跟政治局讨论。"① 这就意在告诫江青不能随心所欲，要执行制度规定，不能搞私下活动。

三、科学处理制度内在关系的对立统一性

科学地处理制度内在关系的对立统一性，是毛泽东制度思想的活力源泉。制度内在关系矛盾的相互作用深刻影响着制度的生成、演进和执行。毛泽东在这一过程中始终坚持实体性与程序性相统一、普遍性与特殊性相统一、可塑性与稳定性相统一、原则性与灵活性相统一。

（一）坚持实体性与程序性相统一

制度的实体性体现为制度要达成的目标和遵守的基本原则，而程序性体现在实现目标和基本原则的具体步骤和方法。1959 年 6 月，毛泽东回韶山，在询问基层干部对农村施行的政策的意见和要求后，他说："你们这些意见提得好，我回到中央，会着重研究采纳。中央会从全局着想制定统一的政策和法规。"② 这里可以看出，毛泽东主张制订制度时先考虑实体性，要从全局谋划，做好顶层设计。当然这只是第一步。制度不仅要有顶层的实体制度，还要有程序制度去实施。1962 年 4 月 9 日，在最高国务会议第十八次会议的第二次会议讨论刘少奇通报七千人大会精神的讲话时，毛泽东说："在今年一月的会议上，我着重讲了民主集中制，讲了单有总路线还不够，还要有一整套的具体政策，才能教育干部。"③ 这说明，毛泽东认为只有坚持实体制度和程序制度相统一，中央精神才能落到实处，获得实效。

---

① 于来山，陈克鑫等. 毛泽东五十次回湖南［M］. 长沙：湖南人民出版社，2013：398.
② 萧心力. 巡视大江南北的毛泽东［M］. 北京：中国社会科学出版社，1993：283.
③ 毛泽东年谱（1949—1976）：第 5 卷，中央文献出版社，2013：96 -97.

（二）坚持普遍性与特殊性相统一

毛泽东强调制定制度不仅要从大处着眼，还要做到区别对待，处理好普遍性和特殊性的关系。1926 年 4 月 22 日，毛泽东在国民党中央土地委员会第三次扩大会议上，针对草案中关于解决土地问题的政治形式与经济形式时补充说："专就湖南的状况来说，用政治没收的形式是不够的，但就一般而论，只能用政治没收。所以，国民政府应明定一般的法规，同时又须颁行单行的法规，如湖南。"① 这里可以看出，毛泽东的意见是要在制定全国范围内通行的总制度的同时，制订（或允许该地区制定）既不违反总制度又与本地区情况相适应的具体制度。另外毛泽东还特别强调制订制度要求实事求是，要以维护人民利益为着眼点。新中国成立后，在谈到实行何种制度时，他就讲："同样是那些人，施行这种制度，人们就不积极，敲锣打鼓，积极性也提不起来；施行另外一种制度，人们就积极起来了。"② 因此，制度的制定与施行不仅要因地制宜，尤其要以维护人民群众的利益为出发点。

（三）坚持可塑性与稳定性相统一

制度具有可塑性，即制度在生成和演进的过程中可以按照制定者的目标和要求加工和塑造，也应根据客观环境的变化而修订。毛泽东始终坚持制度在相对稳定状态下的可塑性操作。1949 年 2 月，毛泽东与米高扬举行正式会谈，其间他就讲到："制度、秩序可以逐渐建立、完善、健全起来，工作方法也可在工作中逐步协调和改进。"③ 毛泽东这里讲的是制度具有可塑性的一面。认为制度建设既要循序渐进，也要不断改进，还要与时俱进。当然，他也十分注重制度的相对稳定性。1954 年 9 月 14 日，毛泽东在主持召开中央人民政府委员会临时会议的讲话中指出：宪法不是天衣无缝，总是会有缺点的。"宪法以及别的法律，都是会有缺点的。什么时候发现，就修改。能过

---

① 黄允升，等. 毛泽东与中共早期领导人［M］. 北京：中共中央党校出版社，1997：68.

② 薄一波. 若干重大决策与事件的回顾：下卷［M］. 北京：中共中央党校出版社，1993：782 -783.

③ 陈毓述，陈丽华. 开国前夜：毛泽东在西柏坡的风云岁月［M］. 北京：中共党史出版社，2003：301 -306.

得去的，那就不要改了。"[①] 毛泽东清楚地看到制度不是一个封闭的系统，制度建设是一个不断完善的过程，并非一成不变。故允许暂时有缺点，不苛求其完美。但同时制度也必须有相对的稳定性。

（四）坚持原则性与灵活性相统一

毛泽东始终坚持制度执行不带任何附加条件，在原则性问题上，绝不妥协。1932 年 4 月红军攻克漳州，战士小彭抓了一只"洋公鸡"。毛泽东严肃地对他说："同志啊，进了城，就忘了纪律啦？"令小彭必须把"洋公鸡"送回。[②] 还有一次，红军长征到大渡河后，卫士们为改善毛泽东的伙食，在一间喇嘛庙里找到了一幅腊羊架子。毛泽东知道后批评说："在什么地方拿的，还送到什么地方去！我说过多少遍了，要你们严守纪律。"[③] 可见，毛泽东在不拿群众一针一线等原则性问题上，毫无商量余地。1950 年 6 月，中共中央应胡志明邀请，派出罗贵波率领的顾问团赴越南工作。毛泽东接见全体成员时告诫他们："你们到了越南，要虚心，守纪律……不能摆架子"[④] 1951 年冬，毛泽东接见即将赴朝鲜的表侄女章淼洪及爱人朱光，又嘱咐说："你们……要团结朝鲜人民，要教育部队守纪律。"[⑤] 这里毛泽东提醒工作人员在遵守制度这个原则性问题上，不能因到了国外就有所放松。

但是，毛泽东也并不是不近人情刻板地死守制度规定，他一直遵循"具体情况具体分析"的原则，在一些时候也会灵活地处理问题。1956 年的一个周末，毛主席要去北戴河开会。当毛泽东知道突然加班外出影响了工作人员姚淑贤与男朋友的约会时，深感抱歉。晚上毛泽东书写了一首古诗，让她送给男友并讲明原委。小姚因为中央有规定，不许把首长写的东西私自带走而不敢要。毛泽东说："你这个人怎么那么老实？现在没有谁看到，我也不会打你的小报告，你把它藏起来，带给他看。"[⑥] 中央的制度意在防止泄密，这当然是个原则问题。而毛泽东书写的古诗当然不涉及机密。毛泽东这样做既

---

① 毛泽东年谱（1949—1976）：第 2 卷［M］. 北京：中央文献出版社，2013：280－283.

② 余伯流，陈钢. 谁主沉浮——毛泽东在中央苏区的几起几落［M］. 北京：长征出版社，2011：275.

③ 龙剑宇. 毛泽东的人生旅行［M］. 北京：中共党史出版社，2012：190.

④ 盛巽昌. 毛泽东眼中的历史人物［M］. 上海：世纪出版集团、上海辞书出版社，200：112.

⑤ 赵志超. 毛泽东和他的父老乡亲（上）［M］. 长沙：湖南文艺出版社 2011：336.

⑥ 罗正林. 泽惠万世——我们回忆伟人毛泽东［M］. 北京：中国文联出版社，2009：124.

未违反原则，又灵活地处理制度与人情、人性的关系。1959 年 6 月，毛泽东在韶山宴请师长、故旧和亲友。毛泽东的堂弟、小时候的玩伴和同学毛碧珠因出身富农未被邀请。毛碧珠求见，也被拒之门外。6 月 26 日毛泽东视察韶山学校后回到松山住所，连续三次问毛碧珠怎么没来。村干部说他划了富农。毛泽东有些生气地说："富农又怎么样，他是我的堂弟，还能害我吗？"① 村干部连忙请来了毛碧珠。毛碧珠被划为剥削阶级的富农，不能让他与最高领袖毛主席见面，这在村干部看来，自然符合接待安全制度。但毛泽东认为从小生活在一起的自家人，几十年不能相见。现在可以见了还不让见，这不近人情。这也是毛泽东灵活处理制度与人情关系的一个生动事例，体现了毛泽东制度思想的原则理性和人文关怀的关系，也体现了一种原则性与灵活性的统一。

毛泽东的制度思想是十分鲜明的，并贯穿于毛泽东革命的一生。毛泽东对制度的态度是言行一致的，并非一些历史虚无主义者污蔑的那样"毛泽东要人治不要法治"。本专题所收录的毛泽东关于制度思想的日常口头谈话，只是其中很小的一部分，但这些谈话或通俗直观或生动幽默地反映了毛泽东制度思想的鲜明立场和坚决态度。

毛泽东的制度思想在当今更有着重要时代价值。党的十八大以来，以习近平同志为核心的党中央高度重视制度建设，以改革创新的精神不断补齐党内法规制度短板，强化制度执行。习近平在十九大上指出，坚持全面从严治党，思想建党与制度治党同向发力。要把制度建设贯穿于党的建设始终，加快形成全覆盖的党内法规制度体系。同时还要求坚持依法治国与制度治党统筹推进。强调领导干部谋划工作要运用法治思维，处理问题要运用法治方式。因此回顾和解读毛泽东日常谈话中的制度思想，不仅有利于加深理解和掌握毛泽东的制度思想，也为推进新时期全面从严治党和全面依法治国提供了有益的经验总结和现实启示。

（李艳丰　李美玲）

① 赵志超. 毛泽东和他的父老乡亲（上）［M］. 长沙：湖南文艺出版社 2011：205.

“凡是忧愁没办法的时候，就去调查研究”

——毛泽东日常谈话中的调查研究思想

习近平总书记指出：“调查研究是谋事之基，成事之道，没有调查就没有发言权，没有调查就没有决策权。调查研究是我们做好工作的基本功。”① 在领导中国革命建设的实践中，毛泽东积极倡导并践行调查研究，对制定党的正确路线、方针、政策，探索中国革命正确道路起了关键作用，且在调查研究的实践基础上，系统归纳总结了调查研究的思想理论和态度方法，为后人留下了一笔宝贵精神财富。毛泽东的调查研究思想不仅包含在他的著作、文稿中，而且在他的日常谈话中也多有体现。以往学界主要是从各类公开出版的毛泽东著作、文稿出发研究毛泽东调查研究思想，而鲜有从毛泽东日常谈话出发研究毛泽东调查研究思想的成果。本专题拟从毛泽东大量日常谈话中解读与分析毛泽东调查研究思想，以就教于学界同仁。

一、没有调查就不能解决问题

毛泽东历来重视调查研究，认为“调查研究极为重要”。他在其日常谈话中不仅论述了调查研究是中国共产党科学决策、解决问题的前提和基础，而且还论述了调查研究是克服主观主义的重要方法。

① 习近平. 习近平谈治国理政：第3卷［M］. 北京：外文出版社，2020：92.

（一）“没有调查就没有政策，没有政策就不能解决问题”

毛泽东认为系统周密的社会调查是决定政策的基础。唯有经过调查研究，才能了解实际情况，才能进行正确的分析和判断，进而制定出正确的政策和策略。1955年12月23日，毛泽东在中南局招待所召开的有省市委书记、市长和几个地委书记参加的座谈会上说：“制定政策，计划，一定要坚持实事求是，从实际出发的原则。正确方针、政策，来源于正确地分析形势和调查研究。”① 1962年2月16日，毛泽东在上海接见毛华初、韩瑾行夫妇时说：“你们不论做什么工作，都必须听从组织安排，服从党的需要，我不干预！在工作中，要注意深入调查研究。只有认真调查研究，才能了解真实情况，实事求是，制定正确的政策。”② 正因如此，毛泽东多次要求全党同志学会调查研究的方法，运用调查研究这个武器，分析问题，制定政策。

相反，在毛泽东看来，不通过调查研究而决定的方针、政策则是不可靠的、危险的。1960年12月24日至1961年1月13日，党中央在北京召开工作会议。毛泽东在会上提倡调查研究时说：“实行方针政策，要有一种方法。你们有很好的方针、政策，而情况不明，决心不大，方法不对，就等于没有。”③ 而要“情况明”就须加强调查研究。1961年1月26日，毛泽东到天津，在专列上同中共河北省委负责人刘子厚、阎达开、万晓塘、王路明等谈话强调：“今年这一年要大兴调查研究之风，没有调查研究就决定政策相当危险。”④ 他认为，“大跃进”和人民公社化运动等，都是没有深入调查研究而在决策中出现的重大失误，给党、国家和人民带来严重挫折，使社会主义建设走了弯路。

毛泽东一直强调，调查研究的最终目的是解决问题。1961年3月，在广州会议上，毛泽东给大家讲了一段他在作战中调查的故事。他说：“我的经验历来如此，凡是忧愁没办法的时候，就去调查研究，一经调查研究，办法就出来了，问题就解决了。打仗也是这样，凡是没有办法的时候，就去调查

---

① 袁小荣．毛泽东离京巡视纪实1949—1976（上）［M］．北京：人民日报出版社，2013：214.

② 赵志超．毛泽东和他的父老乡亲（上）［M］．长沙：湖南文艺出版社，2011：346.

③ 端木．“畅观楼事件”真相［J］．百年潮，2006（2）：55.

④ 毛泽东年谱（1949—1976）：第4卷［M］．北京：中央文献出版社，2013：532－533.

研究。"[①] 会议结束那天，毛泽东在会上又谈了调查研究问题："我们是共产主义者，应该做调查……没有调查就没有政策，没有政策就不能解决问题。"[②] 历史也表明，调查研究对正确路线、方针、政策的制定和各项问题的解决，的确有重要作用甚至有决定性的作用。

（二）"不调查要犯主观主义"

在党的历史上，主观主义曾几次给党带来过不同程度的危害，使党的事业受到了极大的影响。对此，毛泽东多次指出了主观主义的危害性，还领导全党开展反对主观主义的斗争。

毛泽东把倡导调查研究同坚持实事求是、反对主观主义密切结合起来。1941 年 11 月，中央机关召开经过精减后的第一次全体干部大会。毛主席在会上谈到坚持实事求是，反对主观主义的问题。他要求中央机关的干部办事情都要调查研究，从实际出发，以避免主观主义。毛泽东说："你们可不要小看主观主义，主观主义也是个主义呢！过去，我们湖南人看到外国人手里提个文明棍，穿的裤子裤缝都是直的，于是断定外国人的腿不会打弯儿，要不为什么裤缝是直的，走路还要拿棍子呢？"[③] 毛主席通过深入浅出的解释，深刻地阐明了主观主义的危害之大。最后他还指出："中央机关的任务就是要了解真实情况，制定正确政策。主观臆断不能了解真实情况。不能了解真实情况，怎么能制定出正确的政策呢？必须反对主观主义，深入进行调查研究。"[④] 1942 年 2 月，全党开始延安整风运动。毛泽东主张将"反对主观主义以整顿学风"作为主要任务，要求党员干部遵循实事求是的思想路线，用调查的方法系统地研究周围的状况，使主观主义有很大程度的克服。后来他又在一次会议上提到，"在民主革命时期，我们受主观主义的危害时间很长，受了很大的惩罚，根据地差不多丧失干净，革命力量丧失百分之九十以上……经过延安整风，着重调查研究，才把这个问题搞清楚。"[⑤]

---

① 曹俊杰．跟毛泽东学思维［M］．北京：西苑出版社，2005：390.

② 郑谦，韩刚．晚年岁月 1956 年后的毛泽东［M］．北京：中国青年出版社，1993：143.

③ 中共中央文献研究室《缅怀毛泽东》编辑组．缅怀毛泽东 上［M］．北京：中央文献出版社，2013：319.

④ 中共中央文献研究室《缅怀毛泽东》编辑组．缅怀毛泽东 上［M］．北京：中央文献出版社，2013：319.

⑤ 刘杰成．毛泽东与斯大林［M］．北京：中共中央党校出版社，1993：647.

新中国成立后，党仍然面临着主观主义的考验。为了加强党的领导，巩固新生人民政权，毛泽东同样教导党内要重视调查研究。1953 年，毛泽东在南京期间，同中共江苏省委负责人谈话时多次说道："领导要抓三条：第一条调查，把情况搞清楚。第二条指导，包括方针政策、任务、部署在内。第三条检查，检查要直接和下级干部见面，了解情况一起商量，他们觉得有困难，要提出解决办法帮助他们。指导和检查，要实事求是。不调查要犯主观主义……"① 可见，要想防止主观主义，就必须进行调查研究。毛泽东关于"不调查要犯主观主义"进一步加深了党内对调查研究重要性的认识。

二、调查研究要采取正确态度

毛泽东十分重视调查研究的态度问题，认为正确的调查研究态度是保证工作顺利开展和取得有效成果的前提，同时也是坚持党的阶级路线和群众观点的具体体现。在日常谈话中，毛泽东就调查态度问题提出了以下观点。

（一）"领导干部必须要多下基层亲自做调查研究工作"

新中国成立后，为了让领导干部们能继续保持和发扬过去调查研究的优良传统，更好地投入大规模的经济建设中。毛泽东以身作则，带头离京巡视调查，并多次号召各地领导干部亲自做调查研究。1953 年在南京期间，毛泽东在与中共江苏省委负责人的谈话中说："领导人不要使大家感到莫测高深。上面的东西要经过你们过滤，筑坝。好的东西滤出来，臭水滤出去，在中央计划基础上结合当地实际情况，调查、指导、检查，从实际出发。"② 同年 2 月 20 日，毛泽东从九江到华东视察工作时途经安庆，21 日询问了安庆的工作状况后，毛泽东又说："一个领导机关和一个领导干部，对上级的决定一定要很好地研究……上级的指示不一定完全正确，领导机关要经常了解下面的情况。所发的指示，一定要建筑在调查研究的基础上。"③ 1957 年 9 月 7 日至 9 日，毛泽东到湖南调研考察期间，也尤其关注湖南领导干部的调查研究

---

① 毛泽东年谱（1949—1976）：第 2 卷［M］. 北京：中央文献出版社，2013：39－41.

② 毛泽东年谱（1949—1976）：第 2 卷［M］. 北京：中央文献出版社，2013：39－41.

③ "毛泽东与我"征文活动组委会. 毛泽东与我丛书：毛主席走遍祖国大地［M］. 太原：山西人民出版社，1993：125－126.

情况。进入长沙后，他听取了省委、省军区和常德、湘潭地委的汇报，参加了两个座谈汇报会。当他得知王治国为此次调查在清溪乡整整待了7天时，十分赞赏地说："领导干部必须要多下基层亲自做调查研究工作。"最后还询问："湖南的干部是不是都下去搞调查研究呀？"① 可见毛泽东非常重视领导干部在调查研究方面的身体力行，率先垂范。正是因毛泽东的督促、指导，各级领导干部纷纷深入基层调查、熟悉各地实际情况，为探索适合中国情况的社会主义建设道路作出了重要贡献。

面对1959年起的严重经济困难，毛泽东在1961年1月的中央工作会议上，批评前一段时间不大作调查研究的缺点，再次强调各级领导干部必须开展调查研究。他说："调查研究这种事极为重要，要教会许多人；所有省委书记、常委、各部门负责人、地委、县委、公社党委，都要进行调查研究；情况不明，一切都无从谈起，这就要搞调查研究。"② 同年3月在广州会议上，毛泽东说："省委第一书记要亲自做调查研究，我也是第一书记，我只抓第一书记。其他的书记也要做调查研究，由你们负责去抓。只要省、地、县、社四级党委的第一书记都做调查研究，事情就好办了……我现在搞了几个基地，派了几个组住在几个地方。陈伯达、胡乔木、田家英他们会后还要回去。我们了解情况主要不能靠报表，也不能靠逐级的报告，要亲自了解基层情况。"③ 由此可见，报表和书面报告也可了解一定情况，但更重要的是通过亲身调查了解实际情况。会议最后一天，毛泽东指出："第一书记亲身调查很重要，足以影响全局，所以今后我们必须摆脱一部分事务工作，交别人去做，领导干部最重要的是亲自作典型调查。"④ "听李雪峰同志讲，河北省原有152个县，现在并为63个县，没有一个县委书记做过典型调查。这种现象很值得注意。"⑤ 这一年在毛泽东的亲自领导下，从中央到地方组织了大批调查组，深入农村进行周密的调查研究。这对认识农村所面临的形势及存在的问题，纠正工作中的"左"倾错误，扭转农村困难局面，恢复和发展农业

① 于来山，陈克鑫，夏远生．毛泽东五十次回湖南［M］．长沙：湖南人民出版社，2013：51.

② 郑谦，韩刚．晚年岁月1956年后的毛泽东［M］．北京：中国青年出版社，1993：406.

③ 于来山，陈克鑫，夏远生．毛泽东五十次回湖南［M］．长沙：湖南人民出版社，2013：153－154.

④ 郑谦，韩刚．晚年岁月1956年后的毛泽东［M］．北京：中国青年出版社，1993：407.

⑤ 袁小荣．毛泽东离京巡视纪实1949—1976：中卷［M］．北京：人民日报出版社，2013：907.

生产都起了重大作用。

当今我们开启了全面建设社会主义现代化的新征程，新情况、新事物和新问题不断涌现，更需要各级领导干部扛起时代重任，亲力亲为深入基层一线从事调研，以发现和解决现实的突出问题，满足群众的新期待和新要求。所以说，毛泽东这一调查研究态度，对我们今天的事业仍有极大现实意义。

（二）“谦虚就可以调查出东西”

领导干部除了亲身去调查研究，还必须保持谦虚务实的态度，这是毛泽东经常强调的问题。

其一，要有放下架子、尊重群众的态度。1953 年 1 月 30 日，毛泽东对李家骥说：“这次回家乡探亲搞调查，你是第一人，要做出好样子，给以后的同志做个榜样，今后我准备让他们都搞点调查研究。另外，回去不要对人家炫耀自己，说在毛主席身边工作，不要摆架子，这样就不好办了，回来以后向我汇报。”① 1955 年 5 月 14 日，毛泽东对即将回乡搞农村调查的身边警卫人员说：“你们以看家为名回去做调查工作，我通过你们和群众接触，你们要把群众的意见和要求真实地反映上来。但是可不要说是给毛主席做警卫的，是毛主席派来的。我们国务院就有这么一个同志，他回家后召集干部会，说是总理派来的，结果这个同志还没有回来，国务院就知道了。”“你们回到家乡，要尊重父母，尊重老百姓，尊重区乡干部，不要摆架子。我的学问不高，我向你们摆架子，你们不会高兴。团长向你们摆架子，你们也会不高兴。所以不要向群众摆架子。谦虚就可以调查出东西来。”② 在毛泽东的要求下，同志们端正调查的态度，把乡亲们看作自己的亲人，真心实意与他们沟通交流，虚心听取他们的呼声，掌握了农村不少情况，对党的政策制定起了重要作用。

其二，要有眼睛向下的态度。1957 年 9 月 7 日，毛泽东在武汉召集湖北省委和四个地委的负责同志开座谈会。他指出各级领导干部要深入基层、深入群众进行调查研究，更好地执行党在农村的各项政策，将广大群众的积极

---

① 李家骥，杨庆旺．我做毛泽东卫士十三年［M］．北京：中央文献出版社，1998：476－477.

② 张耀祠．张耀祠回忆录——在毛主席身边的日子［M］．北京：中共党史出版社，2012：73－76.

性调动起来。他强调说：“我们的干部如果没有眼睛向下、求实的工作作风，任何事也做不好。”① 1960年5月，毛泽东在武汉期间又召集王任重、王延春和地委书记孟筱澎、赵修、王家吉、姜一座谈人民公社问题。听完大家发言后，毛泽东又说：“你们讲的问题很重要，延春同志真正深入了群众，讲得深刻。你们各级领导干部要像王延春同志那样，要深入群众中去，进行调查研究。要坚持实事求是的态度，绝不能粗枝大叶，这是党性问题。中央的精神一定要和实际结合起来，要向群众学习，到群众中寻找真理。要眼睛向下，不要看上面脸色行事。没有眼睛向下的态度，一辈子也不会把人民公社真正办好。”② 虽因种种原因这次“左”倾错误未能彻底纠正，但领导干部眼睛向下、深入群众的调查研究态度，无疑今天仍是要大力提倡和继续发扬的。

其三，要有甘当群众小学生的态度。20世纪60年代，毛泽东视察华北、中南和华东地区时曾对大家说：“以后干部要分别到下面去走一走，看一看，遇事多和群众商量，做群众的小学生。”③ 这样才能从群众中了解到新问题和真情况，真正找到开展工作的方法。毛泽东本人在调查时也经常将群众当作最好的老师，把自己当作一个学生，向群众请教他不知道的一切事情。早在寻乌调查时，毛泽东就常跟群众一起劳动，与农民一起交谈，了解农民的土地分配、农村的剥削情况等。他收集材料时，找的是一部分中级干部，一部分下级干部，一个穷秀才，一个破产了的商会会长，一个在知县衙门管钱粮的已经失了业的小官吏。毛泽东说，他们是“我的可敬爱的先生，我给他们当学生是必须恭谨勤劳和采取同志态度的”。④ 这次调查，大家争先恐后地向毛泽东报告自己所了解的情况，特别是郭友梅和范大明几个人更是侃侃而谈，使毛泽东获得了许多闻所未闻的知识。毛泽东感激地说：“这回到寻乌，因古柏同志的介绍，找到了郭友梅和范大明两位老先生、多谢两位先生的指点。使我象小学生发蒙一样开始懂得一点城市商业情况，真是不胜欢喜。”⑤ 而后

① 袁小荣．毛泽东离京巡视纪实 1949—1976：上卷［M］．北京：人民日报出版社，2013：298－300.

② 袁小荣．毛泽东离京巡视纪实 1949—1976：中卷［M］．北京：人民日报出版社，2013：822－823.

③ 萧心力．巡视大江南北的毛泽东［M］．北京：中国社会科学出版社，1993：388－389.

④ 中共中央文献研究室．毛泽东农村调查文集［M］．北京：人民出版社，1982：16.

⑤ 中共中央文献研究室．毛泽东农村调查文集［M］．北京：人民出版社，1982：56.

他本人也多次要求自己“和全党同志共同一起向群众学习，继续当一个小学生”。[①] 毛泽东正是本着这一认识和态度，才从群众中获得了最真实的第一手资料，逐步全面而正确地认识到农民、农村乃至中国社会，领导中国人民探索出了一条使新民主主义革命走向胜利的道路。

（三）调查要轻车简从，务求察实况得实情

毛泽东认为开展调查研究，最重要的就是要去了解真实情况，有喜听喜、有忧听忧。但进城以后，有些同志不重视实际的调查研究工作了。1958 年 8 月上旬，毛泽东前往河北、河南、山东三省农村进行调查。个别地方领导干部为了展示成绩，掩遮不足，他们提前把毛泽东的行程安排好，并把消息透露下去，让基层群众做好准备。结果让毛泽东多是看到“粉饰”的现场而未能了解到更多的真实情况，最终大办农村人民公社，使农村发展和农民利益受到损害。毛泽东对此特别反感，他对自己搞不了真实的社会调查、了解不到真实情况而十分抱怨地说：“人们都认识我了，下去只给看好的，不给看坏的。”“我们动静大，这里刚要迈腿，那边早就粉饰好了。”[②] 还有一次沈同向毛泽东报告地方同志希望得到他的接见。毛泽东说：“大家各有各的工作，应该各司其职，互不相扰嘛，他们要是把群众等着办的事放下，偏偏要来迎接我，我于心何忍嘛！我如有事要同他们商量，是会请他们来的，我经常到各地去看一看，又行止不定，要是集合了一大群人像个代表团，事先选好了地点，要在某月某日前去参观，让老百姓老早就作好准备，等‘代表团’一到，使人家应接不暇，也不知道说什么才好，那怎么能够作调查研究！”[③] 此后他尽可能对自己的行动采取隐秘，以致连身边工作人员事先也不告知，以防下面“粉饰”。如有一次，毛泽东身边工作人员因毛泽东未告知行程而准备仓促心感不安时，毛泽东申明说：“我的行动是不会事先告诉你们的！我如果先告诉你们明天要走，你们就会头一天晚上催我早睡，第二天早上又要催我早起，早吃饭，步步紧逼，来干扰我，简直麻烦得很！你们又要四处通知，八面准备，暴露我的行动，以至兴师动众，干扰四邻八舍，影响人家的

---

① 于俊道．红墙里的领袖们丛书：毛泽东实录［M］．北京：中国工人出版社，2012：136.

② 袁小荣．毛泽东离京巡视纪实 1949—1976（中）［M］．北京：人民日报出版社，2013：921.

③ 中共中央文献研究室《缅怀毛泽东》编辑组．缅怀毛泽东 下［M］．北京：中央文献出版社，2013：519.

工作，好像我一出门，就要招摇过市，各地要员迎送，耀武扬威，闹得大家不安……所以，我们的行动要保密，工作要争取主动。”①

反观今天，也有极个别党员干部生怕上面不知道他在搞调查研究，生怕下面不讲足成绩、给足面子。他的所谓调查研究，看起来也像是“深入”基层、“深入”群众，但却于调查前习惯给下面发通知、打招呼，其实等于暗示下面做好准备，调查时讲排场、摆架势，兴师动众，前呼后拥，喜欢听下面歌功颂德，以便凸显工作有政绩，自己“有面子”。下面则心领神会，花大力气做周密准备，以迎合领导口味。这样的调查不但不能解决以前存在的问题，还会使问题和矛盾越积越多，对党的事业前进和发展起消极作用。可见，我们的调查研究都应像毛泽东那样，放下架子、扑下身子，轻车简从、减少陪同，深入底层，察实情、听真话，办实事、解难题。只有如此，才能不断改进工作，真正调动群众积极性、主动性和创造性，把各方面的工作做得更好，使调查研究真正起推动工作的作用。

三、调查研究要讲究科学方法

调查研究不仅要有正确态度，还要讲究科学方法。毛泽东在调查研究实践基础上，总结了一套科学有效的方法，为成功的调查研究奠定了很好的基础。在毛泽东的日常谈话中，涉及调查研究的科学方法的表述也占有重要地位。

（一）“在进行调查研究时，一定要把握对立统一和阶级斗争两个观点”

矛盾分析方法和阶级分析方法是毛泽东调查研究活动的重要方法。1941年9月，毛泽东对中央妇委的一个工作组说：“在进行调查研究时，一定要把握对立统一和阶级斗争两个观点，要详细地占有材料，抓住要点。”② 只有这样，才能顺利地发现问题、分析问题和解决问题，减少工作中的错误。他对大家说：“一些同志不懂得分析问题，遇事笼而统之，因此就容易犯错误。

① 李家骥，杨庆旺. 毛泽东与他的卫士们（下）［M］. 北京：中央文献出版社，1998：725.
② 韩冰野. 回忆毛主席［M］. 北京：人民文学出版社，1977：144.

掌握了马列主义的分析方法，就可以避免少犯错误。”①

新民主主义革命时期，毛泽东总是运用阶级分析方法去观察和认识阶级社会。在农村调查中，毛泽东从各阶级的经济状况出发，对当时中国的阶级状况作出正确分析、判断和决策。1933 年夏，毛泽东在江西瑞金中央苏区主持召开八县贫农团代表会议，毛泽东在会上强调运用马克思主义阶级分析方法进行调查研究的重要性，还系统讲述了如何在农村划分阶级，完整地提出了党在农村的阶级政策。他说：“要依靠贫雇农，联合中农，限制富农，保护中小工商业者，消灭地主阶级。主张限制富农经济，但给富农以经济出路；对地主阶级进行消灭，但对地主本人则给以生活出路，让他们分得一份土地从事耕作，在劳动中改造自己。”② 他还一再强调联合中农的重要性，明确指出：“中农的向背，关系到土地革命的成败，不能侵犯中农的利益，要团结他们向地主作斗争。这样，就可以团结一切可以团结的力量，孤立和打击一小撮最反动的恶霸地主。”③ 毛泽东还曾对大家说：“不要平面看农村，而要立体的看农村，就是说，要用阶级分析的观点去观察农村，只有用阶级的观点，才能看出农村中有雇农、贫农、中农、富农、地主之分，才能认识农村封建势力就是帝国主义和军阀统治的基础，而人口最多、受剥削最重的贫农（包括雇农）和中农则是中国革命队伍的主力。”④ 毛泽东通过阶级分析方法正确估量农村社会的各阶级，弄清了他们的经济状况和政治态度，确定了哪些阶级是革命斗争的主力，哪些阶级是应该争取的同盟者，哪些阶级是要打倒的，从而制定了正确的土地革命政策和策略。

新中国成立初期，为了正确分析新中国社会的各个阶层，区分和处理不同性质的矛盾，毛泽东也主张使用阶级分析方法。1949 年 10 月 13 日，毛泽东请毛泽连、李轲到丰泽园做客。他对李轲说：“回去要掌握阶级分析方法，分清敌我友，紧紧依靠贫农，团结中农，搞好筹粮支前、土地改革和清匪反霸。”⑤ 这对稳定农村社会，解放农村生产力，促进新中国的长治久安发挥了

① 孙宝义，刘春增，邹桂兰．听毛泽东谈哲学［M］．北京：人民出版社，2012：64.

② 中共中央文献研究室《缅怀毛泽东》编辑组．缅怀毛泽东 上［M］．北京：中央文献出版社，2013：235－236.

③ 中共中央文献研究室《缅怀毛泽东》编辑组．缅怀毛泽东 上［M］．北京：中央文献出版社，2013：235－236.

④ 湖南人民出版社编．毛泽东思想光照千秋［M］．长沙：湖南人民出版社，1978：451－452.

⑤ 赵志超．毛泽东和他的父老乡亲上［M］．长沙：湖南文艺出版社，2011：28－33.

积极作用。可见，阶级分析方法在毛泽东心目中是占有十分重要位置的。

（二）"不能老是走马观花，要下马观花"

"走马观花"与"下马观花"是毛泽东对调查研究方法的形象具体的描述。"走马观花"是粗略地了解面上情况的调查，尚不能达到调查研究的目的。因而毛泽东多次强调调查研究不能"走马观花"，浮于表面。1930年，总结他在闽粤赣三省交界的寻乌县调查的经验，毛泽东讲道："搞调查不能走马观花，要深一些，细一些。要分析，要有结论。"① 同年5月，在结束寻乌调查之后，毛泽东又在马蹄河畔召开过一次宣传会。会上他针对调查不深入的现象，告诫大家说："大家到一个地方，做调查研究是好的，但调查要深入细致，走马观花，到处只问一下，是了解不到问题的深处的。"② 1955年，毛泽东对回乡调查的警卫强调调查研究方法时也说道："要从小事问起，哪怕小孩讲的话也好，往往在最不注意的地方最容易发现问题，了解到真实情况……不能浮在上面，走马观花，这样不好，不利于我们作出决策。"③ 毛泽东用他丰富的经验告诉我们，如果调查研究仅是"走马观花"，不对问题进行深挖细究，就不能了解问题的深度，就不能给决策提供可靠的依据。

毛泽东强调调查研究必须"下马观花"，即作深入实际、认真细致的调查研究。他说："调查研究有两种方法，一种是走马观花，一种是下马观花。走马观花，不深入，因为有那么多的花……还必须用第二种方法，就是下马看花，过细看花。"④ 在不同场合的谈话中，毛泽东类似的表述很多。如1938年4月28日，毛泽东在延安鲁迅艺术学院的讲话中引导大家说："俗话说：'走马看花不如驻马看花，驻马看花不如下马看花。'我希望你们都要下马看花。"⑤ 同年5月中旬，毛泽东再一次来到"鲁艺"，作了关于文艺问题的讲话。在谈到深入生活问题时，他指出："要到人民生活中去，有人说是走马看花，我们说下马看花更好。"⑥ 充分说明"下马"是比"走马"更重要的

① 张耀祠．张耀祠回忆录——在毛主席身边的日子［M］．北京：中共党史出版社，2012：78.
② 陈晋．毛泽东之魂［M］．长春：吉林人民出版社，1993：138.
③ 张耀祠．张耀祠回忆录——在毛主席身边的日子［M］．北京：中共党史出版社，2012：83－88.
④ 许罡．跟毛泽东学工作方法［M］．北京：红旗出版社，2015：36.
⑤ 许罡．跟毛泽东学工作方法［M］．北京：红旗出版社，2015：36.
⑥ 徐新民．在毛泽东身边［M］．北京：中共中央党校出版社，1993：133.

调查方法。1958 年 9 月 30 日，毛泽东约见吴冷西时也说道：“你们办报的应该经常下去，呼吸点新鲜空气，记者、编辑要这样做，总编辑也要这样做。”吴冷西回答说：“我在五月间去河北、河南走了一趟，很有收获。当然还只是走马观花。”这时毛泽东加重语气说：“不能老是走马观花，要下马观花。”① 可见，毛泽东强调必须“下马观花”，也就是要深入问题的实质，对事物的本质进行认真地研究和分析，这样才能更有效地解决实际问题。

毛泽东不仅经常巡视祖国大江南北，全面细致地调查各地区各方面的情况。而且注重收集、整理和深入研究大量材料，得出了许多关于社会主义革命和建设的正确结论。正如他 1961 年 3 月在广州会议上说的：“解放后 11 年，我做过两次调查。一次为农业合作化问题，看过一百几十篇材料，每省有几篇，出了一本书，叫做农村社会主义高潮。又一次是十大关系，那是经过两个月和 34 个部门讨论，每天一个部或两天一个部，听他们的报告，跟他们讨论，然后得出十大关系的结论。”② 由此展现毛泽东通过“下马观花”的调查所获得的理论研究成果。而归纳出十大关系的那次调查，更是一次时间长、规模大，因而更为深入系统的经济工作大调查。纵观毛泽东的一生，就是在认真做大量“下马观花”的调查研究后，才形成了指导中国革命和建设取得成功的丰富思想。

今天，有的党员干部在调查研究中蜻蜓点水、浅尝辄止，满足于这里看看、那里瞧瞧，或者随便问问，“急急匆匆下去，慌慌忙忙上来”。这种“走马观花”式的调查，劳民费财，于工作并无大益。显然，毛泽东“下马观花”的调查方法，才是正确与必须的值得今天继续传承发扬的调查研究方法。

时代在前进，社会在发展。然而毛泽东日常谈话中的调查研究思想和方法却并未因此而失去光芒，反而更显熠熠生辉。我们必须学好用好毛泽东倡导和力行的调查研究法宝。习近平总书记也强调：“年轻干部要提高调查研究能力。调查研究是做好工作的基本功。一定要学会调查研究，在调查研究中提高工作本领。调查研究要经常化。要坚持到群众中去、到实践中去，倾听基层干部群众所想所急所盼，了解和掌握真实情况，不能走马观花、蜻蜓

---

① 民族魂编辑部，刘学琦．毛泽东佳话三百篇［M］．北京：书目文献出版社，1993：245.

② 董边，镡德山，曾自．毛泽东和他的秘书田家英［M］．沈阳：辽宁人民出版社，2017：22.

点水，一得自矜、以偏概全。”① 只有这样，我们党才会有足够多的年轻干部养成良好的调查研究习惯，学会科学的调查研究方法，尝到深入调查研究的甜头，才会在各种复杂的矛盾和问题面前作出科学的决策，成为能够担当民族复兴大任的时代新人，进而完成新时代赋予的光荣而伟大的历史使命。

（李美玲　韦艳雪）

① 中华人民共和国中央人民政府. 习近平在中央党校（国家行政学院）中青年干部培训班开班式上发表重要讲话［EB/OL］. http：//www. gov. cn/xinwen/2020 - 10/10/content _ 5550258. htm，2020 - 10 - 10.

谈笑凯歌还

毛泽东日常谈话专题研究

军事篇

“力量小的，同人民联系的，强；力量大的，反人民的，弱”

——毛泽东日常口头谈话中的人民战争思想解读

毛泽东人民战争思想是毛泽东军事思想的重要内容，也是指导我国取得革命战争胜利和新中国成立以后国防、军队建设的核心思想，具有极其丰富的内涵。毛泽东作为伟大无产阶级革命家、军事家，十分重视人民战争，这点可从其已公开出版的著作或已公开发表的讲话、报告等文献中明显感受到。而在毛泽东的日常口头谈话中，我们发现他对于人民战争有着更加生动形象、幽默风趣而又深刻精辟的论述，这也正是研究毛泽东及毛泽东人民战争思想的重要补充资料。

一、动员和依靠群众

毛泽东在《关心群众生活，注意工作方法》中写道：“革命战争是群众战争，只有动员群众才能进行战争，只有依靠群众才能战争。”① 毛泽东十分强调发动和依靠人民群众进行革命战争，而这正是其人民战争思想的首要内容。1926 年，毛泽东在广州农民运动讲习所作报告时就说：“如果没有民众的拥护，一点力也没有。”②“那些没有知识和出身寒微的下层农民，特别是那些揭竿而起的起义领袖，才是真正的英雄。”③“只要把他们动员起来，中

① 毛泽东选集：第1卷［M］. 北京：人民出版社，1991：136.
② 陈晋. 文人毛泽东［M］. 上海：上海人民出版社，2005：64.
③ 陈晋. 文人毛泽东［M］. 上海：上海人民出版社，2005：65.

国革命一定会取得胜利。”[①] 主张动员广大农民群众积极投身到大革命中去。毛泽东在领导土地革命战争中，更加认识到人民群众的重要作用，他形象地说：“群众是我们的手脚，如果离开了群众，我们的工作就寸步难行。”[②] 他强调绝不能脱离群众，必须努力发动群众。“有了群众，我们斗争就会胜利，我们的斗争，离不开群众的支持，就像鱼离不开水一样。”[③]“要有争取群众的观念，要像和尚念‘阿弥陀佛’那样深刻。”[④]

毛泽东将宣传、组织、武装群众等作为工农革命军的重要任务。他经常提醒红军干部要“注意掌握好政策，依靠群众的力量”。[⑤]“下山打外线，一路之上，要得到人民群众支持，必须好好向群众宣传。”[⑥] 并悉心教导战士发动群众的种种方法。而在井冈山时期，他更是亲自去动员群众，他深入贫农家中对他们说：“小小的筷子，捏成一把就不那么容易对付，我们广大的受苦人团结起来，几个地主豪绅和‘挨户团’还能奈何我们么?”[⑦]“小石头能砸破大小缸，只要我们组织起来，就像一块坚硬的大石头，不仅能砸你们村土豪劣绅这些小水缸，还能砸烂蒋介石这个大水缸。”[⑧] 1928 年 12 月 9 日，毛泽东在去往红四军会师大会途中，于队伍前面向战士们讲述革命道理，毛泽东讲道：“工农兵弟兄三个，工人是大哥，农民是二哥，兵士是三哥。工农兵占中国总人口的百分之八十五以上。”“所以工农兵联合起来，打遍天下。”[⑨] 再次表现了毛泽东注重发动工人和农民，加强工农兵团结进行革命战争的思想。

全面抗战爆发后，为了更好地宣传动员群众，毛泽东生动形象地说：

---

① 高宝新. 碧血丹心：毛泽东和他的麾下将领［M］. 北京：长征出版社，2011：54.

② 杨荣彬. 毛泽东在瑞金［J］. 党史文苑，2008（07）：28.

③ 石永言. 贺子珍与毛泽东［M］. 北京：中共党史出版社，2008：41.

④ 余伯流，陈钢. 谁主沉浮——毛泽东在中央苏区的几起几落［M］. 北京：长征出版社，2004：30.

⑤ 余伯流，陈钢. 谁主沉浮——毛泽东在中央苏区的几起几落［M］. 北京：长征出版社，2004：425.

⑥ 石永言. 贺子珍与毛泽东［M］. 北京：中共党史出版社，2008：109.

⑦ “毛泽东与我”征文活动组委会. 毛泽东与我丛书：我与毛泽东的交往［M］. 太原：山西人民出版社，1993：52.

⑧ “毛泽东与我”征文活动组委会. 毛泽东与我丛书：我与毛泽东的交往［M］. 太原：山西人民出版社，1993：52.

⑨ 中共中央文献研究室《缅怀毛泽东》编辑组. 缅怀毛泽东 上［M］. 北京：中央文献出版社，2013：112.

"我们抗日的持久战争，到处需要许许多多的小孙悟空。革命战争是千百万人民群众的革命行动，你们下山到处发动人民群众。使军民团结起来，你们不就成了孙悟空么?" "到那个时候，貌似凶恶强大的日本帝国主义侵略者，也不过像一头野牛，而你们这样多的孙悟空，又能唤起千千万万的广大人民群众，到处给这头野牛点起火来，……总会在燎原的烈火中把它烧焦的。"① 这深刻而精辟地诠释了动员和依靠人民群众的思想。

新中国成立后，在国防建设中，毛泽东依旧十分强调依靠群众，他对海军将领说："过去打仗，敌人的情况我们很清楚，我军的活动敌人就摸不清，这就是群众条件。陆军打仗要依靠群众，你们在海上打仗也要依靠群众。不管到哪里都要依靠群众。"② 而在外交中毛泽东也本着国际主义的原则，积极向朝鲜、越南等国家领导人介绍这一思想，如 1963 年 12 月 22 日，毛泽东会见越南代表团时，针对越南战争说："在人民当中要进行教育工作。你们要依靠人民，只有依靠人民才有出路，真正解决问题还要靠南方的人民。你们要根据自己的情况自己想问题，不要照抄中国经验，具体条件不同。"③ 这一思想在新中国成立后毛泽东的日常谈话中有着大量论述，还是对新民主主义革命时期充分发动和依靠人民群众的经验总结以及在国际新形势下的具体应用。

二、建设好人民军队

毛泽东十分重视加强革命的武装，建设人民军队。1926 年 12 月，毛泽东在汉口参加中共中央特别会议时指出："右派有兵，左派没有兵，即右派有一排兵也比左派有力量。"④ 他还多次在农讲所讲道："搞革命就要刀对刀，枪对枪；要推翻地主武装团防局，必须建立农民自己的武装。刀把子不掌握在自己人手里，就会出乱子。"⑤ 1927 年 1 月 12 日，毛泽东在中共湘乡地方执行委员会扩大会议上主张建立人民的武装力量："要争取党的公开领导，

---

① 盛巽昌．毛泽东眼中的历史人物［M］．上海：上海辞书出版社，2005：517.
② 人民文学出版社编辑部．回忆毛主席［M］．北京：人民文学出版社，1977：587.
③ 毛泽东年谱（1949—1976）：第 5 卷［M］．北京：中央文献出版社，2013：296.
④ 黄允升，等．毛泽东与中共早期领导人［M］．北京：中共中央党校出版社，1997：102.
⑤ 湖南人民出版社编．毛泽东思想光照千秋［M］．长沙：湖南人民出版社，1978：452.

要建立农民武装，建立农民自卫军，发展和扩大梭镖队。不积极搞工农自卫武装，就会没有我们的地位。”① 秋收起义后，毛泽东带领起义队伍开辟农村革命根据地，着手努力加强党领导的武装力量。1927 年 9 月，毛泽东在召开前敌委员会会议时说：“要使工农革命军具有坚强的战斗力，必须保证党对军队的绝对领导，提出把支部建在连上。”② 从而加强了党对军队的领导权。他还多次强调：“要重视武装建设，要建立政治上坚定，组织上巩固，军事上具有坚强战斗力的红军。这是保证革命胜利，建立人民政权的基本条件。”③

毛泽东特别注重军队的政治工作，他说：“政治工作是我们的生命线，这一条任何时候都不能忘记。”④ 他也非常重视思想教育，经常对官兵说：“我们是工农的军队，不是军阀、资本家的军队。”⑤ “红军是革命的队伍。红军的战士，要懂得革命的道理。革命的道理很多，马克思、列宁写了很多书，一下子讲不了那么多。我现在只讲‘二、三、四’三个字的道理。‘二’，是指两种战争。要用正义的战争反对非正义的反革命战争。‘三’，是三大纪律。我们是革命的队伍，没有纪律是不行的，没有纪律就不能统一行动，不能搞好革命工作，不能打胜仗。‘四’，是说我们革命军队除了打仗消灭敌人以外，到了一个地方，还要做好四件工作。”⑥ 对红军的目标、纪律、任务等做了全方位的规定。在红军中倡导为革命埋头苦干和无私奉献的精神。他还在江西瑞金时，毛泽东还用小龙马的故事来教育红军工兵，他说：“传说西天有条小白龙，本领不小，却心甘情愿地变成一匹白马，驮着唐僧跋山涉水，历尽千辛万苦，去西天取回了真经。可是后来很少有人提到它，白龙马这种不计名利、埋头苦干的无名英雄精神是非常高尚的。红军工兵应该学习白龙马精神，做红军的一匹白龙马，驮着革命走向胜利！”⑦

---

① 中共湘潭市委党史研究室．中国共产党湘潭历史：第 1 卷［M］．北京：中共党史出版社，2006：148.

② 人民文学出版社编辑部．回忆毛主席［M］．北京：人民文学出版社，1977：89.

③ “毛泽东与我”征文活动组委会．毛泽东与我丛书：我与毛泽东的交往［M］．太原：山西人民出版社，1993：22.

④ 欧阳青，罗元生．毛泽东与故乡十位将帅［M］．北京：军事科学出版社，2003：253.

⑤ 人民文学出版社编辑部．回忆毛主席［M］．北京：人民文学出版社，1977：140.

⑥ 湖南人民出版社编．毛泽东思想光照千秋［M］．长沙：湖南人民出版社，1978：483.

⑦ 盛巽昌．毛泽东眼中的历史人物［M］．上海：上海辞书出版社，2005：519.

毛泽东还十分注意巩固人民军队内部的团结。中央红军和红四方面军会师后，毛泽东非常重视同红四方面军加强团结。1935 年 6 月中旬，毛泽东接见了第四方面军指战员。他说：“全国抗日高潮正在到来，整个形势对我们很有利，一、四方面军要在党中央的统一领导下，相互学习，亲密团结，完成党交给的任务。”① 面对两支人民军队间的小摩擦和冲突时，毛泽东要求战士们要理性对待、胸怀宽广，要顾全大局、注意团结。有一次何如山和张国焘的警卫发生了冲突，毛泽东走到他跟前说：“小鬼哟！这就是你的不对了！你跟他们打架，怎么就说成是四方面军的人不讲道理呢？我们的同志互相打架，闹义气都不是英雄好汉。”“我给你讲过吧！对我们的同志要和气，对敌人要恨要狠，在我们同志之间打骂、闹义气、要英雄就不是好同志！”“对同志软是好汉，对敌人软才是狗熊！”②

无论面对什么情况，毛泽东都特别要求人民军队严守纪律，艰苦奋斗。1944 年 11 月 1 日，南下支队誓师出征。毛泽东勉励部队说：“你们要以最大的毅力去克服各种困难，上下一心，团结一致。要像‘王者之师’那样，遵守三大纪律八项注意，真正做到纪律严明，秋毫无犯。”③ 充分体现了毛泽东对人民军队的内在要求。解放战争时期，毛泽东更加强调军队的纪律性，他指出：“军队向前进，生产长一寸，加强纪律性，革命无不胜。你们要守纪律，谁也不准违反纪律。”④ 在纪律严明的人民解放军的英勇作战下，国民党反动派节节败退，中国新民主主义革命取得了胜利。

新中国成立后，毛泽东在讲到人民解放军作战胜利的经验时说：“过去岳飞讲文官不要钱，武将不怕死，天下太平矣。这句话有片面性，因为它缺了一面，好像文官不要钱，但是可以怕死；武将不怕死，却可以要钱。我们解放军则是文官既不要钱，也不怕死；武官既不怕死，也不要钱，这样岂不更好，天下岂不更太平！岳飞还有两句话：‘饿死不抢粮，冻死不拆屋’。就是饿死也不能抢劫，冻死也不能拆房子烤火。看起来，岳飞治军是有他的一

---

① 湖南人民出版社编．毛泽东思想光照千秋［M］．长沙：湖南人民出版社，1978：243.

② “毛泽东与我”征文活动组委会．毛泽东与我丛书：我与毛泽东的交往［M］．太原：山西人民出版社，1993：12.

③ 龙剑宇．毛泽东家居［M］．北京：中共党史出版社，2013：24.

④ 阎长林．在大决战的日子里——毛泽东生活实录［M］．北京：中国青年出版社，1986：220.

套的。所以那时金厄术不怕别的，只怕岳家军。他说过：‘撼山易，撼岳家军难。’”说到这里，毛泽东加强了语气说：“谁要撼我们解放军，那就更加困难了，撼山易，撼解放军难。”①

1952 年，毛泽东乘坐长江号炮舰在长江上航行，他感慨道：“过去帝国主义欺负我们，大都从海上来的，我们要争气，要认真对付。一定要建设强大的海军，把一万多公里的海防线建设成海上长城。”② 在这一思想的指导下，我国逐步建立起牢固的国防，保卫了新生的人民政权。

三、为人民利益而战

为人民利益而战，是无产阶级战争观的核心观点，也是毛泽东人民战争思想的重要内容。这既是由无产阶级武装力量的本质属性所决定的，同时也因为只有为人民而战，才能动员和依靠最广大的人民群众。故此，毛泽东特别强调人民军队要为争取和捍卫最广大人民群众的利益而努力奋斗，并形成良好的军民关系。早在大革命时期，毛泽东就充分认识到“农民问题是国民革命的中心问题”。③ 他在农讲所讲道：“要迫使地主阶级向农民减租减捐减息，进而推翻封建地主阶级，赶走帝国主义，取得革命的胜利。”④ 这充分反映了为广大农民群众谋取切身利益的思想。因此，“打土豪分田地”成为人民军队在土地革命战争时期的重要任务。

1927 年 11 月，毛泽东和谭政在总结最近一段时间的经验教训时说：“你还记得工农革命军打下茶陵后，当时我们成立起来的县政府，还是沿用国民党旧政府收税、告状、过堂一套官僚老办法，不替人民群众说话、撑腰、办事情，还能不失败?!”⑤ 1928 年 3 月，针对一些损害了群众利益的左的政策失误，他特别强调说：“我这个人是不信上帝的，但我信群众。你们终究会

① 盛巽昌. 毛泽东眼中的历史人物 [M]. 上海：世纪出版集团、上海辞书出版社，2005：314.

② 龙剑宇. 毛泽东的人生旅行 [M]. 北京：中共党史出版社，2012：312.

③ 中共湘潭市委党史研究室. 中国共产党湘潭历史：第 1 卷 [M]. 北京：中共党史出版社，2006：148.

④ 人民文学出版社编辑部. 回忆毛主席 [M]. 北京：人民文学出版社，1977：60.

⑤ 欧阳青，罗元生. 毛泽东与故乡十位将帅 [M]. 北京：军事科学出版社，2003：251.

看到，谁不相信群众谁就会垮台。一定要保护群众，保护好我们的后台！”①因而毛泽东多次指出：“只有从地主阶级手中夺取土地，打破封建土地制度，才能激起人民革命热情。”② 这自然赢得了广大贫困农民的真心拥护。对此，毛泽东说：“群众爱护我们，想着我们。我们就要更好地爱护群众，保护群众的利益。”③ 1933 年 9 月，毛泽东同贺子珍说：“我们在瑞金搞调查研究，深入老百姓家里去了解一些实际情况，比如群众的生产和生活问题呀，盐的问题呀，米的问题呀，房子的问题呀，衣的问题呀，生小孩的问题呀。如果群众中的这些问题解决好了，他们必定会拥护我们。群众就会全心全意地支援革命战争。”④

正因为中共领导的武装是为了人民而战，所以毛泽东十分强调干群关系、军民关系，他讲道：“我们的事业，是人民的事业，人民群众的心是向着我们的。在哪里都要扎根于群众。”⑤ “军民是鱼和水的关系，没有水，鱼还能活吗?”⑥ 我们的士兵都是人民子弟兵，所以毛泽东也非常强调官兵关系、关心士兵。战士因受伤在疏散中丢失时，他说：“我们要关心爱护每一个战士，生病的同志也要尽量带走，一个也丢不得。”⑦ 而面对破坏干群关系、军民关系、官兵关系的恶劣行为时，毛泽东绝不姑息，给予严厉批评和惩戒。1933 年 12 月上旬，毛泽东身边的警卫连第三排排长因为粗暴打骂战士及破坏老百姓种菜的马桶，受到严厉惩戒，毛泽东针对警卫连战士们讲话：“你们连三排长没有把我们的战士当阶级兄弟看待，损坏了群众的利益，破坏了军民关系。这种不关心爱护战士、不尊重战士人格、破坏官兵团结、不尊重老百姓、

---

① 孙宝义，刘春增，周桂兰. 听毛泽东谈哲学［M］. 北京：人民出版社，2012：256.

② “毛泽东与我”征文活动组委会. 毛泽东与我丛书：我与毛泽东的交往［M］. 太原：山西人民出版社，1993：150.

③ “毛泽东与我”征文活动组委会. 毛泽东与我丛书：我与毛泽东的交往［M］. 太原：山西人民出版社，1993：150.

④ 石永言. 贺子珍与毛泽东［M］. 北京：中共党史出版社，2008：186.

⑤ 余伯流，陈钢. 谁主沉浮——毛泽东在中央苏区的几起几落［M］. 北京：长征出版社，2004：425.

⑥ “毛泽东与我”征文活动组委会. 我与毛泽东的交往［M］. 太原：山西人民出版社，1993：174.

⑦ 中共中央文献研究室《缅怀毛泽东》编辑组. 缅怀毛泽东 上［M］. 北京：中央文献出版社，2013：125.

损坏群众利益、破坏军民关系的行为，是军阀残余作风，必须坚决纠正。”[①] 毅然撤销了其排长职务，并调离警卫连。

解放战争时期，毛泽东对为人民利益而战有了更进一步的认识，1946年8月6日，他对美国记者斯特朗说：“如果蒋拥护人民的利益，他就是一只铁老虎。如果他背叛人民并向人民发动战争，这一点他现在正在做，他就是一只纸老虎，雨水就会把它冲走。”[②] 可以由此看出，毛泽东通过是否为人民利益而战已经预见到了蒋介石的失败。1947年6月9日，毛泽东得知王家湾的一个老百姓被敌人抓住吊打，就将廖志高等人找去批评说：“你为什么对群众不负责任，不组织群众跟我们一同转移，让敌人抓住群众打。”廖志高解释了一句，毛泽东厉声说：“那你就没有责任了吗？至少是对群众没有负责到底吧！”[③] 足可见毛泽东是真正关心普通群众的生命安全和切实利益。

经过长期革命战争洗礼，毛泽东对为人民利益而战有了更深刻的思考，他在晚年同危地马拉前总统阿本斯谈话时说：“推翻清朝以后，孙中山失败了。因为他没有满足人民的要求，比如没有满足人民对土地的要求，对反帝的要求……但还是照这个规律：力量小的，同人民联系的，强；力量大的，反人民的，弱。”[④] 可以说中国共产党正是始终代表人民的利益，才取得了国内革命战争的胜利。

四、建设革命根据地

革命根据地是中共领导人民军队，开展武装斗争，实行武装割据的依托，是走农村包围城市的革命道路而建立的红色政权或实际控制区。毛泽东十分重视建立和建设革命根据地，多次强调根据地的重要性。他曾风趣地说：“落霞与孤鹜齐飞，秋水共长天一色。我们军队打到哪里，根据地就发展到哪里。”[⑤] 秋收起义失败后，毛泽东指着一张地图上的罗霄山脉中段的井冈山

---

① 张耀祠．张耀祠回忆录——在毛主席身边的日子［M］．北京：中共党史出版，2012：206.

② 何虎生．毛泽东初进中南海［M］．北京：中共党史出版社，2002：124.

③ “毛泽东与我”征文活动组委会．毛泽东与我丛书：我与毛泽东的交往［M］．太原：山西人民出版社，1993：46.

④ 盛巽昌．毛泽东眼中的历史人物［M］．上海：上海辞书出版社，2005：454.

⑤ 中共中央文献研究室《缅怀毛泽东》编辑组．缅怀毛泽东 下［M］．北京：中央文献出版社，2013：223.

对起义队伍说：“同志们！这里像眉毛一样的地方是罗霄山脉中段，适宜作我们的落脚点，我们到那里是去当‘山大王’，但我们是革命的山大王。”①于是毛泽东率领军队开辟了井冈山革命根据地。毛泽东曾充满期望地说：“要是我们在武夷山、大别山、太行山、长白山等等都插上红旗，革命的胜利就为期不远了。”② 充分表现了他对建立农村革命根据地，走农村包围城市道路的必胜信心。

在实际的革命斗争中，一些人还是只希望到大城市里去战斗。为此毛泽东通过形象的比喻教育他们：“革命要有根据地，好像人要有屁股。人假如没有屁股，便不能坐下来。要是老走着，老站着，定然不会持久，腿走酸了，站软了，就会倒下去。革命有了根据地，才能够有地方休整，恢复气力，补充力量，再继续战斗，扩大发展，走向最后胜利。”③ 面对教条主义者对根据地的异议，毛泽东毅然说道：“蒋介石占南京为王，我们占井冈山为王，又错在哪里？我们不能没有一块巩固的根据地呀？”④“鱼会睡觉，鱼和一切动物一样，也要休养生息……我们不是像鱼一样在广阔的海洋中游来游去吗？游久了就累，就要躺下了休息。革命也是如此，不能没有根据地，不能总是走州闯府啊！”⑤ 全面抗战爆发后，为了坚定同志们保卫边区、建设边区的信心，毛泽东曾打了几个比喻说道：“鸟有窠，毛毛（毛泽东与贺子珍之子乳名）有摇篮，革命要有根据地。”⑥“要像汉高祖，建立根据地。”⑦

在建立根据地后，毛泽东特别强调建设好根据地，巩固大后方，他说道：“别小看了后方，没有一个好的后方，仗是打不下去的。”⑧ 1929 年 6 月，陈毅找毛泽东商量，希望毛泽东和红四军一起去打广东。毛泽东摇摇头说：

---

① “毛泽东与我”征文活动组委会. 毛泽东与我丛书：毛主席走遍祖国大地［M］. 太原：山西人民出版社，1993：4.

② 中共中央文献研究室《缅怀毛泽东》编辑组. 缅怀毛泽东 下［M］. 北京：中央文献出版社，2013：206.

③ 曹俊杰. 跟毛泽东学思维［M］. 北京：西苑出版社，2005：117.

④ 石永言. 贺子珍与毛泽东［M］. 北京：中共党史出版社，2008：79.

⑤ 余伯流，陈钢. 谁主沉浮——毛泽东在中央苏区的几起几落［M］. 北京：长征出版社，2004：35.

⑥ 中共中央文献研究室《缅怀毛泽东》编辑组. 缅怀毛泽东 上［M］. 北京：中央文献出版社，2013：45.

⑦ 盛巽昌. 毛泽东眼中的历史人物［M］. 上海：上海辞书出版社，2005：79.

⑧ 王福生，王璠. 毛泽东与贺龙［M］. 北京：北京出版社，1998：254.

"不成、不成！……把现在的根据地建设好了，搞巩固了，再向外发展也不迟。"① 因而，毛泽东十分注重从经济、政治、文化等各方面加强革命根据地建设，如建立人民政权、发展经济生产、实行土地改革、促进妇女解放、开展宣传教育等，并形成了一系列根据地建设理论。

毛泽东多次告诫全党："要创立在经济上自给自足的游击根据地来支援长期斗争。"② 为此，毛泽东特别强调发展根据地的生产，毛泽东在苏家坡指导地方工作期间，来到贫农雷选如家进行调查后说道："你们也要组织一些经济来源，搞物资交流，把自己的土特产运到外边去，换回现钱和布匹、食盐等生活用品，只有发展生产，发展经济，才能改善生活，才能更有力地支援前线，巩固自己的革命政权。"③

毛泽东还特别注重根据地政权建设，强调根据地政权为人民服务的性质，关心群众的生活。1932 年的一天，毛泽东在江西瑞金进行调研，途经锦江河，发现河上的桥已经腐烂了，就对陪同的乡干部说："党的干部一定要急群众之所急，不能因为其他工作忙，而忽略群众的基本生活问题，它将直接影响到农业生产和根据地的建设！"④ 这件小事足以从侧面反映毛泽东主张的根据地人民政权为人民的内在要求。此外，毛泽东还不断推进根据地的民主建设。在延安时期，毛泽东提出了"三三制"原则，他强调说："我们随时叫每个人注意到在我们民主的'三三制'下给予无党派人民实际权力的重要。"⑤ 在毛泽东的努力下，延安成为抗日根据地的模范，1940 年 2 月 1 日，延安各界召开"讨汪"大会。毛泽东在会上总结了边区建设的成绩，提出了"我们边区十没有"，充分肯定了边区的建设成就。在中国共产党的领导下，各革命根据地建设取得了显著成绩，为革命战争的胜利奠定了坚实基础。

五、灵活的战略战术

军事战略是围绕战争目的所制定和采取的方针、策略和方法等，战术则

---

① 石永言．贺子珍与毛泽东［M］．北京：中共党史出版社，2008：143.

② 丁晓平，方健康．毛泽东印象［M］．北京：中国青年出版社，2011：30.

③ "毛泽东与我"征文活动组委会．毛泽东与我丛书：我与毛泽东的交往［M］．太原：山西人民出版社，1993：29.

④ 杨荣彬．毛泽东在瑞金［J］．党史文苑，2008（07）：26.

⑤ 丁晓平，方健康．毛泽东印象［M］．北京：中国青年出版社，2011：129.

是具体战斗中的理论与实践，分别解决了"打不打"和"怎么打"的问题，是决定一场战争胜败的核心。在人民战争中，毛泽东异常重视战略和战术问题，扬长避短，灵活机动地指挥着每一场战斗，最终带领中国人民取得了新民主主义革命的胜利。

毛泽东在敌强我弱的战争形势下，创造性地提出了"战略上以少胜多，战术上以多胜少"的思想。1927 年 12 月，他与工农革命军撤退到茶陵时对战士们说："如果你身上有五个虱子，怎么个用手抓呢?""五个手指不能同时去抓五个虱子，必须收拢手指，一个一个地抓，才能抓得到。打仗也是一样。现在敌人比我们强大，人家一百人，你才十个人，怎么打得过呀！不过，只要战术对头，十个人也能打赢一百人，你们信不信?"毛泽东摆手臂继续讲道："其实简单，这跟抓虱子一个样，就是要一个一个地抓。我十个人同时打你一百个人自然是打不赢哩，但我十个人打你两三个人：这就没问题。一次打掉你两个人，两次就打掉四个人，十次就是二十人。照这样打下去，你一百个人就被我十个人消灭了！这就叫战略上以少胜多，战术上以多胜少。"① 而这实际上又已经蕴含着集中优势兵力消灭敌人的战术，包含着对进攻与防御的独特见解。

1945 年 10 月，毛泽东从重庆谈判归来后，对身边同志说："不要怕他那几百万军队，打起来，如伤其十指，不如先断其一指，十指连心，咬掉他一个小指，看起来仍不失是一把好手，再咬掉他一个无名指，你们看这还能算一把手吗?"② 1947 年 3 月，毛泽东找黄振堂、程悦长、袁学凯谈话，说："我们部队数量和装备都比不上敌人，因此，我们采取的办法是先打弱敌，后打强敌，先打分散孤立的敌人，后打集中强大的敌人。好比你面前有三个敌手，一个强手，两个弱手。你先把两个弱手一一打倒，剩下那一个强的，前后失去了照应，他就孤立了，胆怯了，强手就变成了弱手，一打就能倒。把弱的消灭了，强的也变弱了，把分散的打了，集中的又要分散。"③ 可见毛泽东十分强调集中优势兵力，消灭弱势敌人，消灭敌人的有生力量。

面对革命战争中有时战略上处于被动的情况，毛泽东则提出战争辩证法

---

① 曹俊杰．跟毛泽东学思维［M］．北京：西苑出版社，2005：364．

② 高宝新．碧血丹心：毛泽东和他的麾下将领［M］．北京：长征出版社，2011：209．

③ 中共中央文献研究室．毛泽东传（二）［M］．北京：中央文献出版社，2013：805．

思想。1931年，敌人发动第二次大规模"围剿"，毛泽东在作战会议上说："何应钦最大的优势，不外乎是人多，可以对我们实行战略大'围剿'。我们可以把敌人的优势化为劣势。我们可以将敌人的大'围剿'，化解成我们对敌人的许多个小围剿。这样，尽管我们在战略上处于劣势，但在战役战术上则变成了处于优势。相反，战略上处于优势的敌人就变成了弱者。这就是战争的辩证法，正所谓内线中的外线作战，围剿中的反围剿，防御中的进攻，弱者中的强者，不利中的有利。"①

这些战略思想在漫长的革命战争中，形成了游击战、持久战、运动战等具体战术。对于游击战的战术，他曾概括为"十六字诀"并饶有风趣地讲道："打得赢就打，打不赢就走；赚钱就来，蚀本不干。这就是我们的战术。"② 对于运动战他则幽默地说："游击战是青辣椒炒肉，溜到肚里才感到辣，运动战是爆烤的朝天椒，别看它小，进口就呛人，从头辣到脚。"③ 对于集中和分散的军事原则，他形象地比喻："这就像渔翁打鱼一样，撒网就是把部队分散下去，收网就是把部队集中起来。集中起来干什么？抓鱼。"④

在实际作战中，毛泽东十分重视把这些战略战术结合起来运用。1930年12月25日，总前委召开"苏区军民歼敌誓师大会"，毛泽东说："当前的局势是紧张的，敌人大兵压境，可我们不怕，也不要怕！首先，我们按照'十六字诀'，来个雷公打豆腐，专捡软得欺！然后我们再关门打狗，让他有来无回！"⑤ 这在战略上充分展现了毛泽东高超的指挥艺术，反映了"战略上藐视敌人，战术上重视敌人"的战略战术思想。

本专题所收录的毛泽东有关人民战争思想的口头谈话，不可能面面俱到，仅是其诸多此类日常口头谈话中很小的一部分。但这些谈话通俗、幽默、生动、形象，较为直观地反映了毛泽东高超的战争艺术和博大精深的人民战争思想。不仅对我们更好地领会和把握毛泽东军事思想有学术价值，而且对于

---

① 高宝新．碧血丹心：毛泽东和他的麾下将领［M］．北京：长征出版社，2011：122.

② 中共中央文献研究室《缅怀毛泽东》编辑组．缅怀毛泽东 下［M］．北京：中央文献出版社，2013：79.

③ 孙宝义，刘春增，周桂兰．听毛泽东谈哲学［M］．北京：人民出版社，2012：29.

④ 中共中央文献研究室《缅怀毛泽东》编辑组．缅怀毛泽东 下［M］．北京：中央文献出版社，2013：149.

⑤ 余伯流，陈钢．谁主沉浮——毛泽东在中央苏区的几起几落［M］．北京：长征出版社，2004：165.

我们今天应对风云变幻的国际环境，在新形势下“建设一支听党指挥、能打胜仗、作风优良的人民军队”有着现实意义。我们要坚持用毛泽东军事思想指导我国的国防和军队建设，加强对其人民战争思想的研习，不断增强战争意识和军事素养，坚决捍卫国家利益，维护我国的主权和领土完整，实现党在新形势下的强军目标，为实现中华民族伟大复兴的“中国梦”筑牢“钢铁长城”。

（唐正芒　王昕伟）

“我就是以你贺龙两把菜刀起家的精神来鼓舞士气的”

——日常谈话视域下的毛泽东与湘籍将帅情

湖南素有“惟楚有才，于斯为盛”“无湘不成军”之美誉。湖湘儿女文能胜豪，武能入雅。特定的地理环境，屡次的人口迁徙，历史的文化碰撞，造就了特别的湖湘精神，使湘人敢为天下先，“可以强天下而保中国”。因而，不管是在革命战争时期还是在和平建设时期，湘籍无产阶级革命家都起到了重要作用。在湘籍无产阶级革命家中，毛泽东是灵魂人物，彭德怀、贺龙、罗荣桓、粟裕、陈赓等湘籍将帅是党政军骨干。他们之间平等友爱、同行互助、相互信任，发挥着领头羊的示范和表率作用，在中国近代史上留下了浓墨重彩的一笔。特殊的年代造就了毛泽东与湘籍将帅深厚的情谊。

一、平等友爱的老乡情

追求平等是毛泽东一生的理想和奋斗目标。在领导中国革命的过程中，毛泽东直面中国实际，致力于建立一个在生产资料公有制基础上的政治、经济与社会平等的新中国。因此，毛泽东以身作则，不管任何场合他都以平等的姿态与人相处，在与湘籍将帅的交往中产生了平等友爱的老乡情。

毛泽东对老乡有着特殊的情感，尤其是在战争年代。当他看到因共同信仰而走到一起的老乡时，倍感鼓舞和亲切。1927 年，三湾改编后，谭政被编入军官连，随部队一起上井冈山。当毛泽东知道谭政是湖南湘乡人时，笑着说：“我俩都是湘潭的，湘乡、湘潭而是邻居哟，这一次我们叫肖家壁打了个偷袭。这一仗也好，把我们三个湘人打上井冈山喽。我们三人，湖南三湘，同饮湘江水成人，同走一路上井冈。”① 谭政到前委报到那天，毛泽东高兴地说：“好啊，从今天起我们同甘共苦、同舟共济了。我在里屋，你就在外屋，向老乡借张桌子和一把凳子。再借一块木板搭个铺，一块工作，一块生活。”② 从此以后，谭政作为毛泽东的故乡战友，开始了与毛泽东长达半个世纪的合作共事和亲密交往。1928 年，毛泽东第一次见到彭德怀，他用和彭德怀一样的湘潭口音说：“你也走到我们这条路上来了！今后我们要在一起战斗了。”③ 当他得知彭德怀是乌石峰人，离韶山相距不足百里，更觉亲切几分。怕与老乡之间有隔阂，毛泽东还会特意强调老乡之间的平等来拉近彼此的距离。1938 年 1 月，许光达和 50 多名留苏人才一起到达延安，毛泽东接见了他们。毛泽东一握许光达的手便说：“你是长沙人，湖南老乡噢!”许光达很激动，说自己当初在黄埔军校听过毛主席的讲课。毛泽东笑着说：“黄埔的革命同学都是精英呢。”许光达说：“我们都是毛主席的学生!”毛泽东立即幽默地说：“我们都是马克思、列宁的学生!”④ 这句话不仅说明了二者之间的平等，而且也强调了他们的共同信仰，很快拉近了两人之间的关系。不仅如此，一些时候，毛泽东也会给自己的老乡特别的“关爱”。1944 年，毛泽东见到多年未见的谭政，忍不住多聊一会儿，不知不觉就到了饭点。炊事员进来喊他吃饭，毛泽东应答道：“好，可别忘了炒个苦瓜给我的老乡吃啊。”见炊事员把做好的饭菜端上来，谭政好奇地说，“辣子炒苦瓜，多年没吃过啊!”毛泽东幽默地说：“蒋介石不是宣布停止给陕北八路军总部和前方打仗的八路军新四军的军费供应吗？逼着我们搞生产，自力更生。这不，在我的院子里，警卫员、炊事员他们种了苦瓜，有时候我也同他一起浇水种草，终于结下了果实。入冬，他们把苦瓜放在地窖里，知道是我湖南老乡来了，专门炒苦瓜给湖南人解馋的。”这顿饭谭政吃得很高兴，连说：“地道的湖南味儿，好吃好吃。”⑤

在工作上，毛泽东一向倡导官兵平等，对自己的老乡也不例外。1950 年 10 月 7 日，彭德怀参加抗美援朝临行前，毛泽东在家设宴为他践行，毛岸英

① 欧阳青，罗元生．毛泽东与故乡十位将帅［M］．北京：军事科学出版社，2006：198.
② 欧阳青，罗元生．毛泽东与故乡十位将帅［M］．北京：军事科学出版社，2006：201.
③ 欧阳青，罗元生．毛泽东与故乡十位将帅［M］．北京：军事科学出版社，2006：2.
④ 欧阳青，罗元生．毛泽东与故乡十位将帅［M］．北京：军事科学出版社，200：279－280.
⑤ 欧阳青，罗元生．毛泽东与故乡十位将帅［M］．北京：军事科学出版社，2006：222.

作陪。毛泽东指着毛岸英询问彭德怀说："我这个儿子不想在工厂干，他想跟着你去打仗，他要我批准，我没有这个权利，你是司令员，你看要不要收他这个兵?" 彭德怀认为前线危险，希望毛岸英留在后方，毛泽东笑着说："我替岸英向你求个情，你先把岸英带去，他既会俄文又懂点英文。我让他去的目的，为的是在你身边有个可靠的翻译，将来与苏联方面联系比较保密，让他担任翻译工作；另一方面也让他作为第一批志愿军战士，在战争中去锻炼，这也叫送子从军吧！"① 毛泽东没有使用强制性的命令要求彭德怀收毛岸英这个兵，而是从个人私交的角度动之以情，由此可见毛泽东与彭德怀之间的平等与尊重。正是因为毛泽东与老乡们之间平等友爱的相处模式，所以，在一些时刻，湘籍将帅才敢直闯毛泽东寝室陈情。1951 年 2 月 21 日，朝鲜战争激烈紧张之时，彭德怀从朝鲜战场火速回到北京面见毛泽东。不料毛泽东正在睡午觉，彭德怀不顾警卫的拦阻，推门而进，将他唤醒。毛泽东听到彭德怀的声音，立即起来穿衣，还打趣说："只有你老彭才会在人家睡觉的时候闯进来提意见。" 毛泽东得知彭德怀还没吃午饭，忙说："你必须先吃饭，你若不吃饭，我就不听汇报。"② 彭德怀便到食堂匆匆吃了几口，回来向毛泽东汇报战况。毛泽东非但没有责怪彭德怀打扰自己休息，反而主动地去关心他。可见毛泽东与彭德怀之间的平等与关怀。

从日常谈话的角度看，我们不仅能够看到毛泽东与老乡交往中的随和和亲切，也能看到湘籍将帅们对毛泽东的敬重与关爱。不管是在工作上还是在生活上，毛泽东与湘籍将帅之间的平等相处、友爱互助无形中加深着他们的老乡情谊。

二、引导教育的兄长情

毛泽东是伟大的无产阶级革命家、军事家和政治家，但更是一位出色的战略家。他凭借自己渊博的学识和过人的胆量，总能审时度势、高瞻远瞩，预测形势的发展。正是因为他的这种能力和魄力，所以湘籍将帅们都十分尊敬和爱戴他，困惑时愿意向他咨询建议，而毛泽东也像兄长一样为他们指点

① 刘松茂，彭焕才，邹华斌. 彭德怀与毛泽东［M］. 长沙：湖南人民出版社，1998：364.
② 刘松茂，彭焕才，邹华斌. 彭德怀与毛泽东［M］. 长沙：湖南人民出版社，1998：360.

迷津。

在萧劲光的心中，毛泽东一直是他的引路人。不管发生什么，只要毛泽东的三言两语的开导，他所遇到的困难和问题就会迎刃而解。1932 年 1 月，萧劲光负责改编的宁都起义部队里有一部分军官逃跑，萧劲光、季振国等人被中央叫去谈话，一时间部队上下谣言四起，气氛非常紧张，在这种情况下，稍微处理不慎，后果将不堪设想。面对这种严峻的局面，萧劲光心急如焚，他决定去征询毛泽东的意见。毛泽东听完后反问道："你的意见呢?"萧劲光说："我不同意用武力去解决问题，那样事情会更糟。"毛泽东耐心地开导："怎么能用武力去解决问题呢？只能通过教育去改造争取他们革命，只能用'剥笋'的办法，而不能简单地采取'割韭菜'的办法去解决嘛!"毛泽东用了个生动的比喻，示意要区分不同性质的矛盾，准确地清除那些顽固反动分子，而不能不分青红皂白一刀切。接着，毛泽东对萧劲光说："你马上回去，对他们说，宁都暴动参加革命是你们自觉自愿来的，我们表示欢迎，这是一；第二，如果你们认为这儿不好，愿意回去，我们表示欢送。"[①] 萧劲光听了顿时心里一亮，并通过努力最终将红五军团改编成了一支政治合格、作风优良的英雄部队。

湘籍上将宋任穷在秋收起义时就跟随毛泽东一起上了井冈山。为了改造和整训好地方武装袁文才、王佐部队，毛泽东派宋任穷等去袁、王部队开展工作，任命宋任穷为袁、王部队团宣传科干事。由于工农红军初到井冈山时，有人认为袁、王部队是绿林好汉甚至土匪武装。毛泽东怕宋任穷等对此有顾虑，特地找他们谈话，要求他们去后一定要尊重和团结袁、王部队干部，做好对他们部队的教育、训练、改造工作。最后，毛泽东特地叮嘱宋任穷等人说："给山大王当党代表，当连排长，不要想不通，这是革命的需要。"[②] 在毛泽东的领导下，宋任穷打消了顾虑，工作做得非常有成效，使袁、王部队都成了中国共产党领导下很有战斗力的工农革命武装。

与此同时，毛泽东作为一名坚定的马克思主义者，经常会用辩证的观点来看问题。因此，他会站在战略的高度，引导湘籍将帅看到事物的两面性。1938 年 4 月，谭政奉命和罗瑞卿、欧阳毅、张爱萍一同出席国民党的全国军

① 欧阳青，罗元生. 毛泽东与故乡十位将帅 [M]. 北京：军事科学出版社，2006：234.

② 高宝新.《碧血丹心：毛泽东和他的麾下将领》，北京：长征出版社，2011：90.

队政治工作会议。回延安后，毛泽东见到谭政关切地问：“这次，重返你投笔从戎国民革命军的武汉，收获不小吧?”书生气的谭政直言直语地对毛泽东说：“能有什么收获?”接着谭政向毛泽东汇报了会议情况：整个武汉都在国民党蒋介石的严格控制之下，这次会议全是形式主义。但有意思的是会议闭幕后国民党组织代表去街头宣讲，他和张爱萍一起宣传了八路军和平型关大捷胜利的意义，武汉群众一听说八路军的代表在做宣传，听演讲的人非常踊跃，水泄不通。毛泽东听后幽默地说：“这不是好大的收获嘛，蒋介石陈诚管吃管喝，还请八路军在武汉大街上讲演，宣传八路军参加全民抗战的伟大胜利。”并接着说：“另外，还应该有个大收获，你能想到吗？不是说蒋介石、陈诚他们召开的所谓政治工作会议，完全是形式主义嘛，这是国民党的作风，是我们共产党人不应有的作风。你主持总政治部工作能亲自参加国民党召开的会议，不也让你感受和真正认识到什么是国民党的作风了嘛，这也算派你去武汉参加这个会议的用意，国民党作风的反面经验，也是要学习的。”① 在毛泽东的指点与引导下，谭政才意识到自己参会的真正收获所在，也更加明确了今后工作的方向。

除此之外，毛泽东还会从日常生活出发来教育湘籍将帅。1939 年冬，毛泽东在杨家岭的窑洞召见萧劲光。进屋时，萧劲光发现毛主席正躺在炕上批文件，还以为他生病了。当他得知毛泽东因唯一的一条毛裤被清洗而无法下床时，想叫警卫员帮他去领一床新的棉被和一套新棉衣，毛泽东制止他说：“有段古话不知你听说过没有，叫‘愚公移山’，愚公挖山不止，最后感动了上帝，把山背走了。我们现在做的就是感动上帝的事呢！我现在搞特殊化，人民群众还相信我毛泽东吗？他们就说我毛泽东不是真正的革命者，是蒋介石、是皇帝！”毛泽东继续说：“劲光啊，我希望你记住我的话，我不搞特殊化，你也不能搞。有些人不明白这一点，他今天多弄点油，明天多弄点鸡蛋，后天再多两套衣服，久而久之就成为习惯了。群众都有本账，这样搞下去，迟早要毁掉自己的！”② 1942 年 1 月，延安党政军联欢活动接近尾声的时候，毛泽东邀谭政到自己的窑洞谈话。谭政见窑洞里炭火烧得很旺，顺嘴夸了一句，毛泽东接上谭政这漫不经心的一句话说：“这功劳应归中央警卫团张思

① 欧阳青，罗元生．毛泽东与故乡十位将帅［M］．北京：军事科学出版社，2006：218－219.

② 姚有志．红色将帅·十大大将·萧劲光大将［M］．北京：民主与建设出版社，2017：80.

德他们，不是张思德他们吃苦耐劳，为人民服务的精神，你谭政和我能得到在这样暖和的屋子里工作和活动吗？所以，战士们的革命精神比我们一些当官的更可贵哟。”① 毛泽东以小见大，结合生活实际，给湘籍将帅上了生动的思想教育课。

除了正面引导之外，毛泽东还会从反面的经验教训出发来教导湘籍将帅。一次，毛泽东和谭政谈到井冈山革命根据地得到巩固发展的经验教训时说：“你还记得工农革命军打下茶陵后，犯了不做群众工作、不打土豪筹款的错误吗？他们不懂得工农革命军除了打仗消灭敌人，还有打土豪筹款子、做群众工作的任务哩，说这是地方政府的事。而当时我们成立起来的县政府呢，还是沿用国民党旧政府收税、告状、过堂一套官僚老办法，不替人民群众说话、撑腰、办事情，还能不失败?！有失败，才会有成功。谭政，你相不相信这个话?”② 谭政望着脸色憔悴的毛泽东，使劲地点点头。柏露会议后，为了进一步加强部队的战斗力，组织决定让谭政回三十一团担任党委秘书。在谭政上任前，毛泽东又从过去的经验教训出发来对其进行引导教育。毛泽东说：“谭政啊，你还记得秋收暴动攻打县城，还准备打长沙，打了败仗那个灰心丧气的狼狈情景吗？要不是打了那些个败仗，还不会使人们认识到攻打大城市的战略错误。也由于吃了败仗，才逼迫我们上了井冈山。你说是不是?”谭政同毛泽东一起陷入了井冈山斗争的回忆中。毛泽东接着说：“红军吃了那么多败仗，而能够发展；井冈山的斗争那么艰苦困难，不少人还提出‘红旗到底打多久’，而红军的军心不散，靠的是什么?”谭政脱口而出：“靠的是红军的政治工作。”他想起不久前帮毛泽东誊抄的井冈山斗争的情况报告时说：“除了‘支部建在连上’，还有对红军士兵的政治教育，对待俘虏来的敌军官兵的改造使用，红军内部实行民主主义……”毛泽东笑着说：“你记得不错，我们刚写完给中央的报告，政治工作是我们的生命线，这一条任何时候都不能忘记。”③ 这是毛泽东兄长般的谆谆教导。

毛泽东作为一个领导者和战略家，每次都能看到失败背后的深层原因，像兄长一样对湘籍将帅进行引导教育，使其在革命的路上少走弯路。

---

① 欧阳青，罗元生. 毛泽东与故乡十位将帅［M］. 北京：军事科学出版社，2006：214.
② 欧阳青，罗元生. 毛泽东与故乡十位将帅［M］. 北京：军事科学出版社，2006：204.
③ 欧阳青，罗元生. 毛泽东与故乡十位将帅［M］. 北京：军事科学出版社，2006：206.

三、信任使用的战友情

湘籍将帅们能征善战、智勇双全，毛泽东对他们的指挥才能、谋略水平、品质特长知之甚深，因而能根据其特点委以重任。当湘籍将帅对自己的新工作表示信心不足的时候，他还会对其加以鼓励。毛泽东与湘籍将帅在并肩作战的岁月里，形成了深厚的战友情谊。

毛泽东高度赏识粟裕的才能，因而多次点将粟裕。1951 年 10 月 1 日，毛泽东询问粟裕出任中央人民政府人民革命军事委员会副总参谋长一事的意见时，粟裕担心自己做不好，毛泽东说："我相信你，同时也相信我的选择不会错，你肯定干的了，干得好。当然总部工作不同于战区，边干边学，边学边干，很快就会适应的，掌握了工作规律，一通百通，路路畅通。"① 三年后，毛泽东再次点将粟裕。1954 年 10 月，毛泽东在中南海丰泽园办公室召见粟裕。一阵寒暄过后，毛泽东说："这次找你来谈谈，是要向你传达中共中央最新决定，要你担任中国人民解放军总参谋长。"粟裕又一次感到突然，表示担子太重，自己不能胜任。毛泽东鼓励道：根据我的了解，你可以胜任！并说这是他首先提名的，他相信粟裕能挑起这副重担。他说："总参谋部首先是军委的最高参谋机构，同时又是军委的办事机构。作为总参谋长，一定要在军队建设、国防建设的战略性大事上给军委当好高级参谋。你在这方面有长处，要进一步发扬。"他还鼓励粟裕不要有什么顾虑，大胆工作，中央已经决定。毛泽东还说："牡丹虽好，还需绿叶扶持。中央会很好地考虑选配副总参谋长，努力去干吧。"② 由此看出毛泽东对粟裕的信任与器重。

在庐山会议上，毛泽东与彭德怀产生了巨大的政治分歧，两人的关系也一度跌入谷底。尽管如此，毛泽东依然对彭德怀信任不疑！1965 年 9 月，中共中央决定在西南搞三线建设，毛泽东想来想去还是觉得彭德怀出山来抓这项工作比较合适。1965 年 9 月 23 日，毛泽东请彭德怀到中南海住地长谈了 5 个多小时，并共进午餐。毛泽东一见到彭德怀，便说："早在等着你。还没

---

① 中共湖南省委党史研究室. 共和国第一大将粟裕［M］. 长沙：湖南人民出版社，2008：312.

② 中共湖南省委党史研究室. 共和国第一大将粟裕［M］. 长沙：湖南人民出版社，2008：322.

有睡觉，昨天下午接着你的信，也高兴得睡不着。你这个人有个犟脾气，几年也不写信，要写信就写八万言。"[①] 在谈到派彭德怀去三线时，毛泽东说："德怀啊，现在要建设大小'三线'准备战争。我曾对尼赫鲁说过，美国的原子弹威力再大，投到中国来，把地球打穿了，把地球炸毁了，对于太阳系来说，算不得什么。"毛泽东又说："按比例西南投资最多，战略后方也特别重要。你去西南是合适的。西南地区有各种资源，地理也适宜，大有作为。你去也许会搞出一点名堂来。建立党的统一领导，李井泉为主，你为副，还有程子华。将来还可以带兵去打仗，以便恢复名誉。"彭德怀听到"名誉"二字，他脸上掠过一丝淡淡的苦笑："主席，我还是不去西南为好。我背着这一身臭名怎么去？到了那里，接触群众不方便，人家接触我也不方便。再说，在庐山会议时，我向您作过了三条保证。"毛泽东微微地点了点头说："你说的三条保证，后面两条我还记得。德怀，庐山会议已经过去了，现在看来，也许真理在你那边。让历史去做结论吧！"[②] 毛泽东接着说："你呀，也不要发牢骚，不要把事情弄得一成不变，真臭了可以香起来嘛！对你的事看来是批评过了，错了，等几年再说吧。但你自己不能等，要振作，要把力气用到办事情上去。我没有忘了你，日久见人心，这些年我一直在想你的事。我们共事几十年来了，不要庐山一别，分手到底。我们都是六七十岁的人了，应当为后代多想事，多出力。我们再一起往前走吧！"彭德怀用心地倾听着，不住地点头。毛泽东继续说："德怀，你还是去西南吧！我让少奇、小平同志召集西南地区有关同志开一次会，把问题讲清楚。我送你几句话：既往不咎，意见保留。努力工作，作出成绩，必要时带兵打仗。"听了毛泽东这番话，彭德怀马上表态："主席，我听你的，我去西南！"[③] 不久，毛泽东在颐年堂见到来开会的刘少奇、邓小平等同志时，对他们说："我们二人谈了多时了，谈的很投机。德怀同志同意去西南！请少奇、小平同志召集西南区有关领导开一次会，把问题讲清楚。彭德怀同志去西南区，这是党的政策，如有人不同意，要他同我来谈。我过去反对彭德怀同志是积极的，现在要支持

---

① 毛泽东年谱（1949—1976）：第5卷［M］．北京：中央文献出版社，2013：530.

② 刘松茂，彭焕才，邹华斌．彭德怀与毛泽东［M］．长沙：湖南人民出版社，1998：425－426.

③ 刘松茂，彭焕才，邹华斌．彭德怀与毛泽东［M］．长沙：湖南人民出版社，1998：426.

他也是真心诚意的。”[①] 毛泽东的信任使用和彭德怀的顾全大局，不计前嫌，在我国历史上留下了一段“将帅和”的佳话。

毛泽东的信任与鼓舞，使湘籍将帅为我国的建设和发展做出了巨大了贡献。萧劲光对我国海军事业的贡献就是一个典型。衡宝战役后，毛泽东在中南海召见萧劲光时说：“萧劲光啊，你知道这次叫你紧急进京干什么吗?”“解放全国的作战任务虽然还相当繁重，但是组建一支空军和一支海军的任务，已经提上了议事过程。空军的筹建工作已经差不多了，中央决定让刘亚楼同志当司令员，现在要着手筹建海军，我们想让你来当司令员。今天先跟你打个招呼，并听听你自己的想法。”萧劲光表示自己是旱鸭子，不懂海军。毛泽东说：“我就是看上了你这个‘旱鸭子’，是让你去指挥又不是让你成天出海!”[②] 看到萧劲光顾虑重重，沉思片刻，毛泽东又意味深长地说：“劲光啊。二十多年来，我们和日本鬼子打仗，和国民党反动派打仗，都是钻山沟，钻青纱帐，主要在陆地上；现在要建设海军和空军了，派谁去当司令员呢?你懂得我军的传统，又在苏联学习过。我们建设海军、空军，要向苏联学习，要依靠苏联援助。你会俄语，又比较了解苏联军队，目前，这个海军司令员的人选，你还是合适!”[③] 毛泽东在访问苏联之前，再次召见了萧劲光。他说：“我经过慎重考虑，海军司令员还是由你来当，十二兵团的工作马上就有人去接替你，你现在可以考虑一下规划，建设海军，他们没有经验，一切都摸着石头过河吧。”[④] 萧劲光为毛泽东对自己的信任而感动，可是他还是感觉很不安，怕辜负了主席的信任。毛泽东鼓励他说：“萧劲光，你办事，我还是很放心的，你能组建的!”[⑤] 萧劲光接到任命后，为了毛泽东重托，为了结束中国有海无防、任人欺凌的屈辱历史，他义无反顾地走上了创建人民海军的崎岖之路。在萧劲光的努力下，我国的海军事业获得了很大的发展。毛泽东在如林战将中独具慧眼地选中萧劲光，无疑是对萧劲光极大的信任。

1956 年国家成立第三机械工业部（1958 年改为二机部），任命宋任穷为三机部部长，负责原子弹的研制工作。毛泽东握着宋任穷的手，半开玩笑地

---

① 刘松茂，彭焕才，邹华斌. 彭德怀与毛泽东［M］. 长沙：湖南人民出版社，1998：427.
② 欧阳青，罗元生. 毛泽东与故乡十位将帅［M］. 北京：军事科学出版社，2006：252 - 253.
③ 欧阳青，罗元生. 毛泽东与故乡十位将帅［M］. 北京：军事科学出版社，2006：253.
④ 欧阳青，罗元生. 毛泽东与故乡十位将帅［M］. 北京：军事科学出版社，2006：254.
⑤ 欧阳青，罗元生. 毛泽东与故乡十位将帅［M］. 北京：军事科学出版社，2006：254.

说“原子弹能不能爆炸，就看你的了。”[①] 后因受“大跃进”的影响，有的同志急于求成，对经谈判协议从苏联刚运来的原子弹技术设备马上就要进行革新改造，而且态度坚决。宋任穷不能说服他们，便信告毛泽东要求当面报告情况。毛泽东听了汇报后当即肯定和支持了宋任穷的意见。毛泽东说：“你们的意见是对的。这个原子弹堆、铀235工厂，你们还没有掌握好，怎么就动手改呢？比如写字，首先得学写正楷，再学写行书，然后再练草书。小孩子连走路都不会就想跑，怎么行？不要跌跤吗？你们一定要坚持正确的意见。”[②] 毛泽东的话，既避免了可能出现的危险和混乱局面，又充分信任和鼓励了宋任穷的工作。

就这样，毛泽东与湘籍将帅在相互信任合作的过程中为新中国做出了重大的贡献，在此过程中，他们之间也形成了深厚的战友情谊。

四、表彰赞扬的领导情

毛泽东用人不拘一格，他经常引用龚自珍“我劝天公重抖擞，不拘一格降人才”一诗来表达自己求贤若渴的心情。因此，他把长期革命战争中培养出来的干部人才视为党的宝贵财富。所以，他经常表彰赞扬他人，对湘籍将帅也不例外。

粟裕用兵忽奇忽正，大开大合，判断准确，行动果敢，不拘一格，毛泽东经常对他赞不绝口。1944年3月，粟裕率领只有数千人的部队在苏北车桥镇取得重大胜利，在延安的毛泽东得知这一捷报时，当场赞扬道：“这个从士兵成长起来的人，将来可以指挥四五十万军队。”[③] 1947年5月，孟良崮战役消灭了国民党王牌师七十四师，打死了师长张灵甫。之后一周年，毛泽东在西柏坡面授中原大战机宜时夸赞粟裕：“你们那样果敢、迅猛地消灭了七十四师，在中国这块土地上，有两个人没有想到，一个是蒋介石，第二个就是毛泽东！”[④] 对粟裕作了极高的评价。1961年，毛泽东在武汉会见英国名将蒙哥马利元帅时曾介绍淮海战役说：“这个仗是粟裕指挥的，本来不成熟呢，

① 高宝新. 碧血丹心：毛泽东和他的麾下将领［M］. 北京：长征出版社，2011：106.
② 高宝新. 碧血丹心：毛泽东和他的麾下将领［M］. 北京：长征出版社，2011：107.
③ 余玮，陈晰. 传奇粟裕［M］. 北京：团结出版社，2016：94.
④ 欧阳青，罗元生. 毛泽东与故乡十位将帅［M］. 北京：军事科学出版社，2006：128－129.

他们硬要吃下去。我的这些战友中，属这个粟裕最会打仗，他也是我们湖南的。”①

除了打仗，粟裕三次辞帅的行为更是让毛泽东赞叹不已。1955年，中共中央在中南海颐年堂讨论解放军高级将领军衔问题。在谈论到粟裕军衔问题时，毛泽东不仅要给粟裕授元帅衔，而且再次给予粟裕极高的评价。毛泽东说：“论功、论历、论才、论德，粟裕可以领元帅衔，在解放战争中，谁人不晓得华东粟裕呀?”周恩来说：“可是粟裕已经请求辞帅了。”毛泽东连连说：“难得粟裕！难得粟裕！三次辞帅真不简单。1945年让了华中军区司令员，1948年让了华东野战军司令员，现在又让元帅衔，比起那些要跳楼的人，强千百倍呀!”毛泽东还批评了有的人对军衔的不正确态度。说：“男儿有泪不轻弹，只因未到授衔时。我们军队中有些人，打仗时连命都不要了，现在为了肩上一颗星，硬是要争一争、闹一闹，有什么意思!”② 鉴于粟裕的功劳，毛泽东后来再议军衔问题时，一锤定音道：“粟裕评大将，我们先这样定下来，而且是第一大将。”③ 由此可见毛泽东对粟裕的欣赏和喜爱。

长征途中，贺龙率领红二、六军团用三条兵法妙计摆脱了蒋介石130个团约30万兵力的围追堵截。1936年冬在陕北大会师，毛泽东与贺龙第一次见面时，他开心地望着贺龙说“我们对你贺老总早就是如雷贯耳哟!”贺龙激动地回应说：“主席，我在1916年就听说过你呀，敬仰得很呢。那时就认定你是个了不起的人物。”毛泽东接着说：“在三湾改编时，我就是以你贺龙两把菜刀起家的精神来鼓舞士气的，你是一个大英雄呢。”④ 现在，毛泽东对贺龙更是充满敬意。他夸赞道：“你们二、六军团在乌蒙山里打转转，不要说敌人，连我们也被你们转昏了头，硬是让你们转出来了嘛！出贵州，过乌江，我们是付出了大代价的噢。二六军团却很聪明，就没有吃亏。你们一万多人，走过来还是一万多人，基本上没有蚀本，是个了不起的奇迹，是个大经验，大家要总结和学习。”⑤ 毛泽东十分佩服贺龙的用兵之道，还对任弼时

① 中共湖南省委党史研究室．共和国第一大将粟裕［M］．长沙：湖南人民出版社，2008：360.

② 佘玮，陈晰．传奇粟裕［M］．北京：团结出版社，2016：254.

③ 欧阳青，罗元生．毛泽东与故乡十位将帅［M］．北京：军事科学出版社，2006：117.

④ 欧阳青，罗元生．毛泽东与故乡十位将帅［M］．北京：军事科学出版社，2006：42.

⑤ 欧阳青，罗元生．毛泽东与故乡十位将帅［M］．北京：军事科学出版社，2006：43.

等人说：“贺胡子在湘滇黔闪展腾挪，可把蒋光头折腾苦喽。”贺龙也笑着说：“毛大帅才是雄才大略呀，只是一个四渡赤水战役，就把蒋介石的几十万大军玩弄于股掌之上。”毛泽东哈哈大笑：“真是英雄会英雄，我们的谋法都有异曲同工之妙嘛。”① 这次会面，毛泽东对湘籍将帅的表彰赞扬之情溢于言表。

罗荣桓在山东的事迹也曾让毛泽东多次赞扬。1943 年 9 月，罗荣桓被正式任命为山东分局书记，统一领导山东抗日根据地的党政军全面工作。罗荣桓全面主持山东抗日根据地后，扭转了一度被动的抗战局面。对此，毛泽东和别人谈到罗荣桓时说：“山东只换上一个罗荣桓，山东全局的棋就下活了。山东的棋下活了，全国的棋也就活了。山东把所有的战略点线都抢占和包围了。只有山东全省是我们完整的、最重要的战略基地。北占山东，南下长江，都主要依靠山东。”② 由此可见毛泽东对罗荣桓的赞赏之情。

除此之外，王震率领的南泥湾大生产运动也让毛泽东夸赞不已。1943 年春，毛泽东看过三五九旅后，高兴地说：“王震给我们做出了榜样，全区军民都要向他们学习。”原来，王震率领三五九旅刚来南泥湾时，南泥湾放眼四周都是荒凉的山坡，几十里内渺无人烟；深山树木参天，野兽成群出没。村民盛传，这里的水是柳根水，小孩吃了患柳拐病，婆娘吃了不生娃娃。在这样一个荒无人烟的地方，王震领导战士们共同努力奋战，终于出现了奇迹。两年来开荒种地三万七千亩，收细粮四千二百石，经费自给率达百分之九十三，全体干部战士都能住上宽敞的窑洞。同年 9 月，毛泽东视察南泥湾后，又意味深长地对王震夸赞有加：“你们在这里什么都不花钱，同志们靠自己的双手创造了一切。国民党要困倒我们，饿死我们，可是他们越困，你们却越胖了，看，困得同志们连柳拐病也都消灭了！王胡子，你真不简单呀！”③

湖南不仅诞生了一代伟人毛泽东，而且还涌现了一批对新中国的成立、建设作出卓越贡献的湘籍将帅。毛泽东为中国革命指明了道路，湘籍将帅在革命战争中积极支持毛泽东的正确主张，自身逐步成长起来，成为人民军队的重要支柱。他们在中国近代史的发展中逐步形成相得益彰、互相补充的人

① 欧阳青，罗元生. 毛泽东与故乡十位将帅［M］. 北京：军事科学出版社，2006：46.
② 欧阳青，罗元生. 毛泽东与故乡十位将帅［M］. 北京：军事科学出版社，2006：110.
③ 欧阳青，罗元生. 毛泽东与故乡十位将帅［M］. 北京：军事科学出版社，2006：308.

才群体，为近代中国的发展作出了重要的贡献。以上所述只是毛泽东日常口头谈话中对毛泽东与湘籍将帅之间关系的一部分论述。从日常谈话的视域下，我们对毛泽东与湘籍将帅的关系有了更加深刻和全面的了解。毛泽东与湘籍将帅不仅仅是老乡关系和上下级的领导关系，在特殊的年代里，在共同理想的号召下，他们并肩作战、相互支持信任的历程，也铸造了他们的兄长关系和战友关系，在中华民族的历史上写下了华彩篇章，值得后人永远怀念！

（唐正芒　张春丽）

“敌人判断我们不敢横跨草地，我们偏要走敌人认为不敢走的道路”

——从日常谈话探析长征路上毛泽东的战略战术思想（1934. 10—1935. 10）

毛泽东一生在各种各样、成千上万的交往场合中，都有丰富的语言交流，有海量的带有一定思想、理论、观点、情感的日常口头谈话，在 1934 年 10 月到 1935 年 10 月这一年艰苦卓绝的长征路上也不例外。迄今尚未见这一年毛泽东有公开著述发表和出版，但这一年他也有许多包含着重要思想的日常谈话，这是我们研究长征路上的毛泽东的珍贵资料来源。虽然运用事后人们回忆整理的资料中的毛泽东日常谈话来阐述问题，难以完全做到都像正式出版发表的毛泽东著述那样绝对准确无误，但在这一年毛泽东没有公开著述发表和出版的情况下，也不失为深化长征时期毛泽东战略战术思想研究及长征史研究的一个新的学术视域。

一、声东击西，灵活机动

四渡赤水作战，是毛泽东军事指挥中的“得意之笔”，是毛泽东声东击西、高度灵活机动这一战略思想的具体运用。毛泽东指挥红军四次渡过赤水河，示形于东而击于西，在川滇黔三地之间纵横穿插，使敌人陷于错觉和不意之中，丧失其力量上的优势和主动，从而使红军在逆境中夺取和把握军事行动的主动权。

1935 年 1 月，土城战斗失利后，毛泽东果断采取灵活机动的战略战术，他在政治局紧急会议上说：“根据当前敌情，原计划由赤水北上，从泸州至宜宾之间北渡长江的方案已不可行。为了打乱敌人尾击计划，改被动为主动，不应与郭勋祺师继续恋战，作战部队与军委纵队应立即轻装，从土城渡过赤水河西进。”① 土城战斗虽未取得胜利，但毛泽东改变红军原定前进方向，一渡赤水进入川黔滇边境扎西，使在土城作战的川军不知所向，红军得以赢得短暂休整的时间。

扎西休整期间，中革军委召开了扩大会议（扎西会议）。会上，毛泽东针对大家关切的红军向哪个方向突围，准备转移到何处去这一重要问题说：“我军作战是服从于红军作战方向的，这个方向受了限制，就转移到另一个方向去。转移到哪里去？转移到黔北去。为什么？因为我军北上，已经造成敌人的过失，那就是敌人的主力和注意力都调到川南一线来了，黔北比较空虚。我们应该利用敌人的过失，寻找有利的战机，集中优势兵力，发扬我军运动战的特长，去主动地消灭敌人。”② 毛泽东决定放弃建立川黔滇边境根据地的计划，再次进入敌军兵力较为空虚的黔北，以红五军团一个团向东北方向的温水开进，吸引追兵，红军主力却往东南方向开进，迅速占领桐梓，攻下娄山关，再夺遵义城，取得了长征以来的第一个大胜利。这场战役的胜利不能不说归功于毛泽东提出的“回师东进，再渡赤水，重占遵义”的战略方针及其忽东忽西、似向北又向南的战略战术。

遵义战役以后，红军故意在遵义地区徘徊寻敌，以诱使更多敌人前来“围剿”。待敌人逼到面前，红军主力则立即掉头北上，于 3 月 17 日在贵州茅台镇附近第三次西渡赤水河，再次进入川南。蒋介石连忙赶修碉堡工事，构筑封锁线，60 万国民党军云集长江至赤水一带。从当时的形势看，只有进入云南、渡过金沙江，才能甩掉几十万敌军的围追堵截，使红军摆脱困境。而把滇军调离滇、黔边境是完成这一战略行动的关键所在。毛泽东对周恩来说：“滇军孙渡的部队，在我们前次西渡赤水的时候，不是已经被蒋介石调到贵州的毕节一带了吗，咱们再次东渡赤水后，来一个行动，把孙渡再往贵州腹地调一调，离他的老家再远一点，让他自顾不暇，腾出云南地盘，咱们再朝云南钻，从长江上游金沙江北上，实现咱们的战略方针。”③ 为了确保东渡成功，毛泽东于 3 月 20 日派出一个团的兵力，继续大张旗鼓地向古蔺开

① 陈文书，龚自德．毛泽东与四川［M］．成都：四川人民出版社，1995：21－22.
② 陈文书，龚自德．毛泽东与四川［M］．成都：四川人民出版社，1995：29－30.
③ 中共中央党史研究室科研局．毛泽东的足迹［M］．北京：中共党史出版社，1993：141.

进。蒋介石得知后急令川、滇各部向西尾追。毛泽东则立即率领红军主力，于21日晚至22日东渡赤水，再次进入黔北。中央红军突然东渡赤水，把蒋介石苦心调集的重兵甩在了川南，使其构筑的封锁线完全置于无用武之地，可见毛泽东在声东击西战术应用上的造诣之深。

四渡赤水后，为把滇军再往贵州腹地调一调，4月2日，红军以一部兵力佯攻息烽，主力进占扎佐等地，前锋逼近贵阳，沿途张贴“拿下贵阳，活捉蒋介石”的标语。毛泽东对朱德等红军将领说：“只要能把滇军调出来，就是胜利。”① 蒋介石担心自身安危急忙调兵遣将增援贵阳，包括孙渡的滇军在内。毛泽东则乘滇军主力全部东调之际，指挥红军向云南急进，直抵金沙江畔。4月27日，毛泽东、周恩来等人一同研究北渡金沙江的行动部署，毛泽东说：“北渡之后，要不惜一切牺牲巩固与坚守阵地，为后续部队渡江北进创造有利条件。”② “这是全军胜败最关键的一着棋，一定要把这步棋走活。红五军团为后卫，可派一个加强营，轻装进至嵩明以南的杨林附近佯动，以迷惑敌人，使敌人产生错觉，以为我军要攻占昆明城，其主力随军委纵队之后，向西北的金沙江方向跟进。”③ 根据毛泽东的这一部署，佯攻昆明的红军部队沿途大造进攻昆明、打倒“云南王”的舆论。由于滇军主力已东调贵阳，城内兵力空虚，龙云急忙将各地方民团调至昆明。这样，金沙江一带的兵力更为薄弱。毛泽东立即把红军主力分三路直奔金沙江沿岸的龙街渡、洪门渡和皎平渡。

蒋介石获悉了红军的行踪后急令附近万耀煌部队全力追击。但万耀煌早与蒋介石有矛盾，一心想保存实力不愿与红军交战，于是谎称前进方向未发现共军行迹，并命令部队后撤。毛泽东得知这一情报后，立即把原定在龙街渡、洪门渡过江的红一、三军团调到皎平渡过江。5月5日，毛泽东与周恩来、朱德一同研究全军渡江问题，对他们说：“你们看，龙云的部队被我们‘调’到贵州去了，现在万耀煌的第十三师又要听我们‘指挥’了。你们知道三国时代诸葛亮借东风的故事吗？我们现在借用蒋介石与万耀煌的矛盾，把主力部队调到这里来渡江。”④ 在毛泽东领导下，全军胜利渡过金沙江，跳

① 陈文书，龚自德．毛泽东与四川［M］．成都：四川人民出版社，1995：40．
② 叶心瑜．惊心动魄：毛泽东在1934—1936［M］．北京：新华出版社，1993：161．
③ 叶心瑜．惊心动魄：毛泽东在1934—1936［M］．北京：新华出版社，1993：162．
④ 叶心瑜．惊心动魄：毛泽东在1934—1936［M］．北京：新华出版社，1993：170．

出了数十万敌人围追堵截的重围。至此，红军渡江北上的战略意图成功实现，敌人围歼红军在川、黔、滇地区的计划宣告失败，毛泽东声东击西、灵活机动的战略战术思想在这一系列的军事行动中也得到了淋漓尽致的发挥。

四渡赤水，二占遵义，在川滇黔三地间纵横穿插大迂回是毛泽东关于声东击西、灵活机动这一战略思想的具体表现。毛泽东运用声东击西这一战略方针指挥红军以高度机动作战调动敌人，不断制造假象，弄得敌人晕头转向，使敌人暴露出弱点，达到打击敌人、胜利突围的目的。毛泽东曾在《告全体红色指战员书》中生动描述过红军灵活机动的作战方法：红军必须经常地转移作战地区，有时向东，有时向西，有时走大路，有时走小路，有时走老路，有时走新路，而惟一的目的是为了在有利条件下求得作战的胜利。[①] 正是这种灵活的作战方法，使红军摆脱了数十万敌军的围追堵截，为保存革命有生力量作出了巨大贡献。

二、避敌主力，打其虚弱

毛泽东在战争中深刻认识到，在敌强我弱的情况下，若与强敌正面对抗，死打硬拼，不仅不能歼灭敌人，反而有被敌人步步蚕食、消耗殆尽的风险。因此，必须先避其锋芒，保存实力，伺机而动，寻找敌之薄弱环节，分进合击，形成我军对敌军在战斗上的优势。

长征初期，红军就因与强敌正面对抗而损失惨重。一天，毛泽东和王稼祥谈起红军如何摆脱面临的困境问题。毛泽东痛心地说："不从实际出发，和敌人死打硬拼，这方面的惨痛教训，我们太多啦。去年 10 月，咱们开始的第五次反'围剿'斗争，在敌人的碉堡群里，苦苦挣扎了一年，牺牲了多少同志，流了多少鲜血，最后连个地盘也保不住，来个大搬家，弄到了现在这步田地！现在，蒋介石已经布置好一个大口袋，等着我们去钻。我们不能当傻瓜，硬要去钻口袋，我们要另辟生路。"[②] 毛泽东接着说："贵州方面敌兵不多，没有什么堡垒工事，我们为什么不可以改变行军路线，不去湘西，折

① 杨庆旺. 毛泽东军旅生涯（上）[M]. 北京：中央文献出版社，2005：306－307.
② 毛新宇. 爷爷毛泽东（上）[M]. 北京：国防大学出版社，2007：263.

向贵州，让蒋介石口袋阵失灵呢。”① 毛泽东对此时敌我双方的态势有着清楚的认识，明确地指出我方战略上的劣势地位，并提出了转兵贵州的战略方针。但是这一主张并未说服李德等人，仍向湘西进兵。经湘江一役红军部队损失过半，伤亡惨重。12 月 12 日，红军高级领导人在湘西通道县城召开了一次临时会议。会上，李德仍然坚持朝红二、六军团方向北进的主张。毛泽东忍不住了，他站起来批驳：“你这个主张是行不通的！你不看看、想想，这个时候还提这种主张会造成什么后果！我们必须转兵，向敌人统治力量薄弱的贵州进发，方可摆脱困境，否则，将是全军覆灭！”② 在毛泽东看来，面临国民党军重重包围的困境，只有避开敌人的强势兵力才能保存自己、挽救红军于危难。事实也证明了毛泽东的判断是正确的，从通道转兵，攻占遵义，把敌人数十万“追剿”军甩在了身后，使红军得到短暂休整的机会。1935 年 1 月 29 日，毛泽东在猿猴渡口等待渡河时，对红一师师领导说：“你们一师在长征途中几次被敌人侧击，都随机应变地处理得很好，你们避开了敌人的锋芒，按照军委的意图，当机立断，这是正确地执行了军委的命令。”③ 从这些话语可以看出，毛泽东对红一师避敌锋芒的作战方法的肯定与赞赏。

土城战斗时，毛泽东从俘虏中得知，敌人比原来预计的要多，加之敌人的援兵将陆续到达等严重情况，他斩钉截铁地说：“打得赢就打，打不赢就走，土城不能打了。一是地形不利于我们，河流多；二是敌人援军已快要赶到，敌人的兵力都集中到我们这里来了；三是这一仗再打下去，就是一个消耗战，会使我军损失太大。”④ 毛泽东意识到当前红军与不断增援的川军之间的兵力相差甚远，难以取得战斗胜利，果断决定放弃土城，撤出战斗。2 月 9 日，扎西会议上，毛泽东总结了土城战役的经验教训后，又具体谈及当前红军的处境：“我们眼前活动的滇东北地势险峻，交通不便，气候复杂，给养难筹，语言又不通，长期在此，于我不利。而滇军虽战斗力不算强，但地形熟，与地方武装又有密切联系，经常袭扰我们，也不好对付。而我们的长处、

---

① 毛新宇．母亲邵华［M］．北京：中国工人出版社，2013：318.

② 余伯流，陈钢．谁主沉浮——毛泽东在中央苏区的几起几落［M］．北京：长征出版社，2004：449.

③ 中共中央文献研究室《缅怀毛泽东》编辑组．缅怀毛泽东 上［M］．北京：中央文献出版社，2013：117.

④ 陈文书，龚自德．毛泽东与四川［M］．成都：四川人民出版社，1995：21.

我们的好传统就是打得赢就打，打不赢就走。”① 这“打得赢就打，打不赢就走”，也是避敌主力、打其虚弱战略战术思想的具体运用。

1935 年 3 月 10 日，当红军从遵义出发，遇到周浑元部一个师守在遵义西南面的打鼓新场时，张闻天立即召集了 20 余人的中央会议，会上大家一致主张进攻打鼓新场，毛泽东则力排众议，不主张打。他说：“进攻打鼓新场之敌是啃硬骨头，损失大，不应该，我们在运动中去消灭敌军。”②“我们不是去占领打鼓新场，只是路过此地，现在打鼓新场有中央军一个师驻守，发生战斗后援部队会立即赶来，红军打打鼓新场必然是一个硬仗，将会陷入敌人包围圈内，无法实现我们预定的方针。”③ 但会议最后投票表决通过了进攻打鼓新场的决定。毛泽东回去后还是不放心，半夜里提马灯找到周恩来，向他说明这一仗的利害得失，请他把命令晚些发出，再考虑考虑。周恩来接受了这一意见，第二天一早开会说服了大家，决定不打打鼓新场。在毛泽东看来，不进攻打鼓新场可以避开敌人强势兵力，以退为进，避免与敌人进行不利决战，化被动为主动，伺机而战。

1935 年 5 月，红军渡过金沙江后，毛泽东决定以红三军团等部围攻会理，其余部队在会理附近地区进行短期休整。毛泽东分析：是否攻占会理城，要视情况而定。如果攻下会理城，可以使红军给养得到补充；如果攻不下，也无所谓，因为会理战略地位不十分重要，红军北渡大渡河不一定非占会理城，何况敌死守待援，城防坚固，连老百姓都不准进出，以防红军混入，何必去打攻坚战。硬攻会理会使红军有生力量受损，又会延缓渡大渡河的时间，不利红军作战。所以采取能攻占就攻占，不能攻占，就绕过会理城北上。红军围攻会理城的目的在于牵制敌军，迫使敌人把部队撤回城内守城，以掩护红军主力休整和北上。④ 在毛泽东看来，应该好打时就打，坚决消灭敌人；不好打时就走，避免打攻坚战，使有生力量受损。5 月 12 日，在会理城郊的铁厂，毛泽东利用红军休整的机会，召开会议。会上，毛泽东针对林彪散布的所谓的“拖垮部队”的谬论，严肃驳斥说：“你是个娃娃，你懂得什么！在这个时候直接跟敌人硬顶不行，绕点圈子多走点路，这是必要的，完全正

① 杨庆旺. 毛泽东军旅生涯（上）[M]. 北京：中央文献出版社，2005：304.
② 陈文书，龚自德. 毛泽东与四川 [M]. 成都：四川人民出版社，1995：34.
③ 叶心瑜. 惊心动魄：毛泽东在 1934—1936 [M]. 北京：新华出版社，1993：141.
④ 叶心瑜. 惊心动魄：毛泽东在 1934—1936 [M]. 北京：新华出版社，1993：173.

确的。”① 毛泽东认为，我方兵力处于弱势时，跟敌人硬顶会大量消耗红军的有生力量，不利于红军突破敌人围剿。

红军过草地前夕，毛泽东对作为过草地先头团的红四团团长杨成武说：“现在，胡宗南在松潘地区的漳腊、龙虎关、包坐一带集结了四个师；东面的川军也占领了整个岷江东岸，一部已占领了岷江西岸的杂谷脑；追击我们的刘文辉部已赶到懋功，并向抚边前进；薛岳、周浑元部则集结于雅州。如果我们掉头南下就是逃跑，就会断送革命。我们只有前进。敌人判断我们会东出四川，不敢冒险走横跨草地、北出陕甘的这一着棋。但是，敌人永远摸不到我们的底的，我们偏要走敌人认为不敢走的道路。”② 在毛泽东看来，只有避敌锋芒，红军才有机会冲出危境，在辗转腾挪中保存自己、打击敌人。

1935 年 9 月 22 日，毛泽东在哈达铺的红军团以上干部会议上说：“现在，在甘肃等待我们和准备截击我们的国民党中央军和东北军、西北军还有 30 多万人，朱绍良、毛炳文、王均等部在甘肃，张学良的东北军，杨虎城的西北军在陕西，在宁夏、青海、甘肃边境还有‘四马’的骑兵和步兵……我们仔细估计国民党的力量，是超过我们的数倍，假使我们在战略战术上不小心，不慎重的话，那么，我军就有受到严重打击的危险。”③ 毛泽东对此时的战略战术有着清楚的想法，面对多于己方数倍的敌人，不能盲目实行进攻战略，若打这样的硬仗，红军会有覆没的危险。最首要的是避开敌人的主力，隐藏集结，寻找有利机会突破敌人的包围圈。10 月 7 日，红军前卫刚翻过六盘山，突遇敌情。毛泽东召集林彪、聂荣臻等人商量对策，他说：“都看到了吧，隘口下边有个村子叫青石嘴，据确切情报，那里驻扎着敌人东北军骑兵第七师的几个连，有几百匹马，别小看它，我们要消灭这股敌人，不然它拦着我们的去路……一定要消灭他们，搬开拦路石。一大队、五大队左右迂回，由四大队直接冲锋！四大队是有名的英勇冲锋的红四团嘛，要发扬你们的特点，动作要快、要猛、要狠！”④ 毛泽东多次强调不要与强敌正面对抗，保存实力，找到敌人的薄弱环节，将敌军对我军的分进合击，改为我军对敌

---

① 湖南人民出版社编. 毛泽东思想光照千秋［M］. 长沙：湖南人民出版社，1978：346.

② 王首道. 回忆毛主席［M］. 北京：人民文学出版社，1977.

③ 中共甘肃省委党史研究室. 毛泽东与甘肃［M］. 北京：中共党史出版社，1995.

④ 卢亚彬，京柱. 不到长城非好汉——毛泽东率领红军长征的故事［M］. 北京：中共党史出版社，1993：39.

军的分进合击。红军在敌人的重重包围之中一次次冲出危境、成功实现了北上抗日的战略大转移，与毛泽东对避敌主力、打其虚弱这一战术的运用是密切相关的。

三、集中兵力，打歼灭战

毛泽东历来注重集中优势兵力于一个方向，尤为强调力量相对弱小的军队在打击强敌时，必须集中兵力，合力突击于一个方向或打击某一个小于自己弱于自己的敌人，迅速歼灭之。

第五次反“围剿”时，“左”倾路线的领导者采用冒险主义的做法，在敌我力量对比不利的情况下，不是集中兵力，而是全线出击，与敌人拼消耗，造成了党和红军的巨大损失。遵义会议上，毛泽东具体分析了李德在战术上的错误：“一是堡垒对堡垒，使敌人的堡垒主义达到了目的；二是分散兵力，搞六路分兵，全线出击……”① 借批评博古、李德在战争指挥上的错误，毛泽东系统地阐述了自己的战术，他说：“为了争取迅速反‘围剿’胜利，应诱敌深入，把红军主力隐藏集结，待机出击。敌人要找红军主力决战，必使敌疲劳，红军的退却必使敌骄傲而轻敌懈怠，这就给我以突击的机会，这时我们可不失时机地集中兵力发起一系列战斗，战而胜之。”② 毛泽东认为，敌人兵力占绝对优势时，红军应集中兵力，有把握的歼灭敌人的一部或大部，各个击破敌人，才能粉碎敌人“围剿”。而第五次“反围剿”就是违背了毛泽东集中兵力歼敌的战略方针，多路分兵，给敌人造成了各个击破的机会。

遵义会议后，在毛泽东指挥下，红军一改李德的作战方针，集中优势兵力，攻击敌人薄弱环节，各个歼灭敌人。1935 年 1 月 20 日，毛泽东在通往桐梓的川黔路上的泗渡镇，主持召开了政治局和中革军委联席会议，他提出：“红军应由贵州松坎、桐梓、遵义地域迅速转移到赤水、土城及其附近地域……如果在尾追之敌紧逼我后而我军渡赤水河与渡长江发生极大困难时，则应集结兵力突击尾追之敌，消灭其一部或多部。”③ 到达土城时，发现身后尾

① 杨庆旺. 毛泽东军旅生涯（上）[M]. 北京：中央文献出版社，2005：291.
② 杨庆旺. 毛泽东军旅生涯（上）[M]. 北京：中央文献出版社，2005：292.
③ 吴启权. 毛泽东长征在四川 [M]. 成都：四川人民出版社，1996.

随敌军4个团兵力，毛泽东对大家说：“现在敌人有几路来追击我们，我们要消灭他们，但不是一下子能消灭的。我们吃东西要一口一口地吃，先吃少的，后吃多的。胃口太大了，想一口是吃不下的。”① 毛泽东借助吃饭这一平常事再次强调了在战斗中逐个解决、逐一击破的重要性。

2月9日，红军进驻扎西，召开了中革军委扩大会议。毛泽东为会议作了总结发言，当提到土城之战时，他说：“这是一场拉锯战，消耗战。我军没有消灭川军，反而受到很大损失、不合算，也可以说是一个败仗。主要教训有三：一是敌情没有摸准，原来以为4个团，实际是6个团，而且还有后续部队；二是轻敌，对刘湘的模范师的战斗力估计太低了；三是分散了兵力，不该让一军团北上。我们要吸取这一仗的教训，今后力戒之。”② 土城战役失利后，毛泽东更加强调要坚持集中兵力于主要方向，坚持用一个拳头打人，各个击破，反对同时用两个拳头打人。红军在扎西休整期间，敌人主力大部已被吸引到川黔边境，此时，毛泽东提出回师黔北，中央红军3万多人捏成一个拳头，而敌军分散处于相对劣势。进入黔北后，2月25日，中央红军开始了会攻桐梓的战斗。为了确保初战的胜利，毛泽东参加了一次战前干部动员会，他再次说明了红军要采取的战术：“红军东返贵州，走活了一盘棋，从战略防御转为局部的战略反攻。黔北地区，只有黔敌一军，中央军吴奇伟部远在乌江沿岸；而三万多红军捏成了一个拳头，兵力变为相对优势。敌军兵力分散在滇东北、川南、黔北及乌江沿岸，五个指头全部张开，黔北是最弱的一个指头。我们要从这个最弱的指头开始，一个指头一个指头地把它割掉，集中兵力，各个击破。”③ 毛泽东一向认为：“从战略防御中争取胜利，基本上靠了集中兵力的一着。”④ 正是运用这种“集中兵力，各个击破”的战术，毛泽东带领英勇的红军砍掉了敌人的一个又一个指头。

中央红军四渡赤水，巧渡金沙江，强渡大渡河，于6月14日在四川懋功与四方面军会师。会师后，中央红军决定北上建立川陕甘根据地，但张国焘想在这一带按兵不动，并有退向川西北、过草地的打算。为了维持和发展红一、四方面军会师的有利形势，6月26日，中央政治局扩大会议在两河口召

① 刘松茂．彭德怀与毛泽东［M］．长沙：湖南人民出版社，1998：150.
② 陈文书，龚自德．毛泽东与四川［M］．成都：四川人民出版社，1995：25.
③ 陈伯江．跨越雄关：长征中的重大战役［M］．北京：中共党史出版社，2006：76.
④ 欧阳雪梅．长征中的毛泽东及三人军事指挥小组［M］．成都：天地出版社，2017：171.

开，讨论战略方针问题和统一战略思想。会上，毛泽东发言强调："我们的战争性质不是决战防御，不是跑，是进攻，根据地是依靠进攻的。我们必须要高度机动，集中主力，迅速打破胡宗南军向松潘前进的计划，今天决定明天即须行动，应力争6月突破，经松潘到决定的地区去。"① 可见，毛泽东认为，在战役上必须首先集中主力消灭与打击胡宗南军，才能实现向北进攻，创造川陕甘苏区根据地。但是由于张国焘的阻挠，红军进展缓慢，使红军丧失了松潘战役的有利时机。为了进一步统一两大主力红军的战略战术方针，7月21日至22日，中央在芦花召开政治局会议。会上，毛泽东肯定四方面军的光辉业绩之后说："四方面军在军事上犯了两个错误：一是放弃了原有的川陕苏区，没有留置足够的兵力和强化游击部队，保卫那个根据地；二是没有使用足够的兵力控制战略要地松潘，让胡宗南占了先机之利，致令北进计划受到重大阻碍。"② 在毛泽东看来，在总体军事力量对比处于敌强我弱时，要集中优势兵力打歼灭战，才能化被动为主动，达到粉碎敌人的目的，而分散兵力会使红军陷入被动。

由于松潘地区敌人兵力集中，毛泽东决定放弃松潘战役计划，改为实行夏洮战役计划。8月20日，中央政治局在毛儿盖召开扩大会议，毛泽东作了关于夏洮战役计划的报告，进一步指出："从洮河左岸或右岸前进，可视情况而定。如有可能，即采取包座至岷州的路线北出。这一路线，可集中三个军，甚至全部集中走这路线。昌浩同志最大限度集结兵力的意见，是正确的。"③ 当天，中央政治局通过了毛泽东起草的《中央政治局关于目前战略方针之补充决定》，指出："集结最大限度的主力于这个主要方向，坚决与果敢（的）作战，灵活与巧妙的机动，是这个战役胜利之保证。"④ 毛泽东再一次把集中兵力歼灭敌人的战略战术提到了重要地位。毛泽东对集中兵力战略的重视程度可见一斑。

毛泽东同样十分强调在战斗中歼灭敌人的重要性。他曾说："对于几乎一切都取决于敌方的红军，基本的方针是歼灭战。"⑤ 长征途中，毛泽东身上

---

① 姜廷玉．多视角下的长征［M］．北京：国防大学出版社，2006：123．
② 杨庆旺．毛泽东军旅生涯（上）［M］．北京：中央文献出版社，2005：361．
③ 蒋建农，郑广瑾．长征途中的毛泽东［M］．北京：红旗出版社，1993：249．
④ 蒋建农，郑广瑾．长征途中的毛泽东［M］．北京：红旗出版社，1993：249－250．
⑤ 孔见．毛泽东兵法十三篇［M］．桂林：漓江出版社，2003：208．

长了虱子，他把它们抓住后扔到火塘里烧死，他跟中央队秘书长刘英说："我这是虱道主义，实行火葬。""水葬不是彻底的办法，烫一次，不久它们又卷土重来。……所以，不能手软，只有一次又一次地对它们实施火葬。"[①]即对虱子也要实行歼灭的办法。毛泽东借用消灭虱子的事例强调弱军与强敌作战，要尽量避免打消耗战或击溃战，全歼才能有效打击敌军，补充自己。在毛泽东指导下，红军实行集中优势兵力、各个击破、歼灭敌人的战略原则，粉碎了国民党军的多次进攻，积小胜为大胜，为北上抗日打开了通道。

在艰苦卓绝的长征路上，红军要应对"天上每日几十架飞机侦察轰炸，地下几十万大军围追堵截"。[②]因此这成为毛泽东战略战术思想丰富发展的关键阶段和特殊环境。长征路上那无数以弱克强、以少胜多的战役战斗，充分体现出毛泽东游刃有余、智慧高超的战略战术思想。本专题仅从我们所收集到的毛泽东在长征路上这一年的日常谈话的角度来探析毛泽东长征路上的战略战术思想，足见毛泽东战略战术思想的丰富、宝贵。重温毛泽东这些军事思想，对于我们今天弘扬长征精神、致力民族复兴，仍有重大现实意义。

（唐正芒　胡慧敏）

① 孙宝义，刘春增，周桂兰．听毛泽东谈哲学［M］．北京：人民出版社，2012：118．
② 毛泽东选集：第1卷［M］．北京：人民出版社，1991：150．

“不出一年，红四方面军的同志一定会跟上来的”

——长征路上的毛泽东日常谈话试析（1934. 10—1935. 10）

1934 年 10 月起中央红军被迫长征，至 1935 年 10 月中央红军到达陕北吴起镇与陕北红军胜利会师，结束为期一年的长征。在这一年艰苦卓绝的长征中，除进西北地区后有几篇简短的军事电报外，未见有其他公开发表的毛泽东著述。但他在长征路上的日常谈话十分丰富且包含着许多重要思想。本专题拟对长征路上毛泽东的日常谈话略作梳理、分析。

一、“每一个红军战士都是一颗革命的种子”

长征路上，由于国民党实施经济封锁，并以重兵围追堵截。红军战士日常生活艰难，不能很好地休息，医疗条件更得不到保障，大批战士因病滞留或战斗牺牲。但毛泽东不放弃任何一位红军战士，从行动与精神上鼓励红军战士，在他的日常谈话中无不流露出忘却自己、关心他人的崇高情怀。

（一）关心战士

1934 年 11 月，红军朝湖南宜章进发时，吴吉清患病，请求组织把他留在老乡家，被毛泽东知道了。毛泽东说：“你病了，我没有顾得上好好照顾你，你就安心坐着我的担架养病好了。怎么瞒着我想出了这个主意？同志们抬着你走是要累一些，但这不要紧，因为我们都是同志。同志这个称呼包含着什么内容，你不明白吗？”“明白！”吴吉清答道。毛泽东说：“既然明白，就应该放弃你的请求，再不要打这个主意了！我理解你的心情，可是你应该知道，我们的路，只有前进的路。不这样就不能战胜敌人。”[①] 1935 年 5 月，在去泸定桥的路上遇到一条水急且深的小河，红军指战员让开一条路，以便饲养员老余牵马上桥，毛泽东对饲养员说：“不要过啦，让同志们先过。”毛泽东对警卫员陈昌奉说：“陈昌奉，赶快帮老余把马牵回，让部队先过。”到了晚上，毛泽东与工作人员乘凉时，想到这件事时说：“要记住，无论什么时候，我们都要想到部队，想到大家。你们想，为了一匹马，误了那么多同志行军，该多不好呀!”[②] 在翻越夹金山时，毛泽东还说：“马，首先应该让给伤病员和体弱的女同志。”[③] 并吩咐大家：“低着头走，不要往上看，也不要往下看，千万不要撒开手。”同年 9 月 11 日，红三军到达甘肃俄界，发现在二局搞无线电技术侦查工作的李力田同志丢了。毛泽东对此非常重视，他说：“我们要关心爱护每一个战士，生病的同志也要尽量带走，一个也丢不得。要知道每一个红军战士都是一颗革命的种子，是骨干。现在多保存一个同志，将来会是几十人、几百人、几千人。”[④] 1935 年 10 月 7 日，在翻越六盘山时，警卫员陈昌奉头昏眼花、体力不支要放弃自己时，毛泽东关心地说：“陈昌奉，这里空气稀薄，又在下雨，你不能在这里休息，无论如何要坚持翻过这座山。你是不是冷呀？来，你把我的皮大衣穿上，再喝上一点热水，暖和暖和就好了。好些了吗？好样的！这才是红军的战士！走!”[⑤] 一路上，毛泽东与战士们相互鼓励、相互搀扶，向着既定目标坚定前行。

（二）关心老同志

1934 年 10 月，四位年过半百的红军老战士（董必武、林伯渠、徐特立、谢觉哉）跟随毛泽东踏上了充满艰险的征程。一路上，毛泽东总是关心着几位老同志的身体，谢觉哉原来身体就不太好，长征路上又经受风寒饥饿和病痛的折磨，毛泽东对他说：“前面的路越走越艰难，我们准备把你们这些年事已高、身体不好的同志送出封锁线，设法转移到上海去工作。”谢觉哉听

---

① 刘学琦．毛泽东风范词典［M］．北京：中国工人出版社，1991：77.

② “毛泽东与我”征文活动组委会．毛泽东与我丛书：毛主席走遍祖国大地［M］．太原：山西人民出版社，1993：50.

③ 龙剑宇．毛泽东的人生旅行［M］．北京：中共党史出版社，2012：185.

④ “毛泽东与我”征文活动组委会．毛泽东与我丛书：我与毛泽东的交往［M］．太原：山西人民出版社，1993：234.

⑤ 中共甘肃省委党史研究室．毛泽东与甘肃［M］．北京：中共党史出版社，1995：353.

了这话，说：“你们走到哪里，我就跟到哪里。”毛泽东见他如此坚决，只好说：“你的身体已经很弱，再坚持下去会拖垮的。”还有一次，部队送给毛泽东一块牛肉，他马上找人把大块的送给谢觉哉。谢觉哉不收，毛泽东对他说：“现在我们都很艰苦，你年龄大了，身体这样弱，我本应多照顾你一点儿，可是我只能给你这么点儿牛肉。你就先吃点儿吧。”谢觉哉仍是不肯要，毛泽东便提议说：“要不，就煮了，大家都吃点肉、喝点汤吧!”① 谢觉哉这才同意了。1935 年 1 月，遵义会议后，毛泽东把陈赓和宋任穷找去，对他们说：“董（必武）、林（伯渠）、徐（特立）、谢（觉哉）四老年纪都大了，行军、作战时要很好地照顾和保护他们。林、谢二者已安排到别的单位，中央决定把董、徐二老安排到干部团。这是一项特殊任务，你们一定要把二老保护和照顾好，出了问题唯你们是问。”② 毛泽东这几句话，呈现着对老同志的深切关怀。陈赓、宋任穷听了深为感动、欣然受命。

1935 年 7 月，毛泽东对警卫员吴吉清说：“从这里到沙窝是九十里，中间没有人烟，要翻过前去毛儿盖的最后一座大雪山——打鼓山，如果过了上午九点，当天就到不了宿营地。你去照顾一下董老他们，他们走的慢最好是明天一早从中打鼓山出发到沙窝，然后到毛儿盖来找我。”③ 为了中央领导顺利过草地，前方部队送了一头牦牛。毛泽东吩咐首先要照顾休养连。贺子珍当时在休养连，给她的比给几位老同志的稍多了点。毛泽东知道后很生气，把刘英找去，问：“这是怎么回事？贺子珍的怎么可以比徐老他们多呢？”刘英说：“这事不是我管的，是邹队长分的。”他说：“你替我找他，我可不能特殊！一定要给这几位老同志补上!”④ 毛泽东的话语流露着对老同志们的关心与照顾之情。也正是在这样无微不至的关怀与照顾下，几位老同志爬雪山过草地，历经千辛万苦，最终胜利到达了陕北苏区。

---

① 中共中央文献研究室《缅怀毛泽东》编辑组. 缅怀毛泽东 上［M］. 北京：中央文献出版社，2013：325.

② 中共中央文献研究室《缅怀毛泽东》编辑组. 缅怀毛泽东 上［M］. 北京：中央文献出版社，2013：6.

③ 龙剑宇. 毛泽东的人生旅行［M］. 北京：中共党史出版社，2012：190.

④ 中共中央文献研究室《缅怀毛泽东》编辑组. 缅怀毛泽东 下［M］. 北京：中央文献出版社，2013：375.

（三）舍小家为大家

为了党和红军的命运和前途，毛泽东忍痛割爱，把自己的儿女留在了长征路上，展现了舍小家为大家的崇高精神。长征开始时，贺子珍将幼子毛岸红送到毛泽覃、贺怡处，毛泽东说：“小毛交给他叔叔、婶婶代管，过几天会习惯的。等将来革命胜利了，我们再回去接他。现在不允许我们带上孩子打仗。我们吃苦是为了革命的胜利，为了下一代的幸福啊！”① 1935 年 1 月上旬，贺子珍生下一个女儿寄养在白沙张二婆家，毛泽东跟贺子珍说：“唉，我连一眼也没见这个女儿，等革命成功了，再来接她，再好好看看这个西征途中诞生的女儿，子珍，不要难过，我们闹革命，是为了造福下一代，可革命战争，又让我们不得不丢下我们的下一代，真是两难呀！”② 无情未必真豪杰，可怜天下父母心。作为父亲，不仅没有给女儿任何爱抚，甚至连面也未见着，毛泽东深感愧疚和自责。但茫茫征途山险水恶，汹汹敌人堵截围追，保存红军发展革命的力量迫在眉睫，他不得不舍小家为大家。

二、革命乐观主义精神

长征路途遥远，行程艰险，超越极限的恶劣自然环境，穷凶极恶的敌人围追堵截，“路上遇着了说不尽的艰难险阻”。但毛泽东一直充满着革命必胜的坚定信念和革命乐观主义精神。

（一）“大家要唱着歌走出草地”

1935 年 7 月，红军长征从芦花到毛儿盖，此段路程走得异常艰难，遭遇严重粮荒，战士们情绪低落，但毛泽东却乐观地说：“现在全军都在吃青稞混野菜，我们也要吃。你没听说盘古时候，神农氏为了给人治病，他尝过百草吗？我们今天为了北上抗日，也得吃点苦。吃苦是光荣的事，没有今天的苦，就没有明天的胜利。当然，这种苦只有我们才能吃得下去，因为我们深

---

① 龙剑宇. 毛泽东的人生旅行［M］. 北京：中共党史出版社，2012：152.

② 石永言. 贺子珍与毛泽东［M］. 北京：中共党史出版社，2008：234.

信革命一定能够成功。你说是不是?”① 在红军终于要越过草地时，毛泽东大声地说：“同志们！我们就要走出草地了。为了让烈士们听见我们的声音，大家要唱着歌走啊！”② 1935 年 10 月，红军胜利到达陕北，但一系列问题导致有人产生了气馁和悲观情绪。毛泽东知道后说：“二万五千里长征的胜利，是一个革命发展的转折点。长征中掉队落伍的不少，可是‘万里遍撒革命种，斗种定收千斤粮’。我军现有人数是较少了，但个个都经过千锤百炼，人人都能当干部。长征那样的困难都统统克服了，目前的一些暂时困难是容易解决的。”“今后我们要造成伟大的革命局面，要联合一切抗日的力量，开展抗日民族统一战线，领导全国人民起来抗战……因此一切悲观情绪都是要不得的，没有根据的。”③

（二）“我们的事业是伟大的，前途是光明的”

长征结束后，毛泽东还对大家说：“其实，大家也很清楚，一年前我们离开江西的时候，队伍浩浩荡荡，人那么多，现在队伍变得小多了。有的同志牺牲了，有的病故了，我们要怀念他们。有的同志负了伤、生了病，没有能走过来。还有由于种种原因而掉了队的同志，我们都不要责怪他们。我们走了一路，播下了红色的种子，总有一天会生根发芽、开花结果的。回想起我们在江西开创了那么轰轰烈烈的大场面，现在到了陕北，我相信不久的将来，也会要开创一个大场面，甚至比在江西还大。”④ 为庆祝与陕北红军的胜利会师，迎接新的伟大斗争，中共中央召开了一次团以上干部会议。会上，毛泽东说道：“我们虽然丢掉了中央根据地，遭到了失败，但到了陕北，毕竟还是胜利了。我们的队伍少了许多人，损失是惨重的。但走过来的同志经过千锤百炼，都是革命的种子。我们的事业是伟大的，前途是光明的。现在我们要从头做起……”⑤ 虽然一路走来，许多战士牺牲，队伍变少，损失惨重。但毛泽东认为保存下来的每一位战士都是革命的力量、革命的种子。正

---

① 龙剑宇. 毛泽东的人生旅行［M］. 北京：中共党史出版社，2012：189.

② 龙剑宇. 毛泽东的人生旅行［M］. 北京：中共党史出版社，2012：197.

③ 许祖范. 毛泽东幽默趣谈［M］. 济南：山东人民出版社，1995：90.

④ 中共中央文献研究室《缅怀毛泽东》编辑组. 缅怀毛泽东 上［M］. 北京：中央文献出版社，2013：127.

⑤ 吴兵. 毛泽东长征路上四流泪［J］. 老年人，2016（7）：41.

当抗日烽火即将在全国燃烧起来之时，他们又担负起了新的革命任务，即抗击日本侵略者的神圣职责。毛泽东这个讲话，也充分体现了革命乐观主义精神和他对革命胜利的坚定信念。

三、“尊重少数民族，团结好少数民族”

红军长征途经了许多少数民族聚居和杂居的地区，在少数民族地区停留了 10 个月左右的时间。虽然党和红军面临的形势十分严峻，困难超乎想象，但毛泽东对民族问题仍极为重视，发布了许多有关民族政策的指示、公告和标语口号，为党顺利通过少数民族地区，动员少数民族群众积极投身抗日救国伟大事业奠定了基础，也为后来党的民族工作和民族政策奠定了基础。

（一）主张民族平等和民族团结

毛泽东倡导尊重少数民族，团结少数民族。1935 年 5 月，中央红军长征路过冕宁县，毛泽东对大家说：“今天找同志们来谈谈大渡河两岸的形势和你们的任务。形势是前后都有敌人，前面是川军阻拦，后面有薛岳追兵，正面是彝族。我们要在这里同敌人周旋是不容易的，但还是有办法的。最要紧的是团结好彝族，回旋余地还是很大的。这就要有策略。老红军有经验，新同志要向老红军学习，只要你们能团结，又团结好彝族，就可以把敌人拖住。”① 在毛泽东的正确指挥下，刘伯承率领红军先遣队，与彝族首领小叶丹歃血为盟，结成兄弟友好之情。红军顺利离开彝族地区后，毛泽东又告诉大家：“红军已经过了苗族、彝族等少数民族地区。我们这个国家是由多民族组成的。各个民族对于祖国历史的发展都作过贡献。可是，历史上的统治者，特别是国民党反动派，历来就是压迫、掠夺、欺辱少数民族的，并在各民族中间制造种种隔阂。只有我们共产党和红军才把各少数民族看作自己的亲人，并以实际行动把各少数民族团结起来，打倒日本帝国主义和国民党反动派。这样，我国各个民族在他们居住的辽阔土地上，必然会对中国革命作出更大

---

① 中共中央文献研究室《缅怀毛泽东》编辑组. 缅怀毛泽东 上［M］. 北京：中央文献出版社，2013：193.

贡献。”① 红军过草地期间，毛泽东又指示大家：“尊重少数民族，团结好少数民族。”② 1935 年 9 月，红军长征来到藏族地区，在懋功住下的第二天，毛泽东就把警卫员召集在一起说：“我们中国，有着几十个少数民族，在广西、贵州，我们见过苗族同胞，在凉山地区，我们见过彝族同胞，现在来到藏族地区了。藏族同胞和苗族、彝族同胞一样，都是深受国民党反动派压迫的，特别是四川军阀部队，到处烧杀抢夺，残酷迫害藏族同胞，藏族同胞对四川军阀恨之入骨。可是，他们对我们红军就不一样了，我们是中国共产党和党领导下的军队，我们尊重他们，尊重他们的风俗习惯、宗教信仰，还要和他们团结成兄弟一般，共同反抗国民党反动派的压迫，打倒军阀统治。”毛泽东又接着说：“我们的朱总司令是四川人，他很了解藏族同胞。藏族同胞一旦听说是朱总司令的队伍来了，一定是很高兴的。不过，要藏族同胞很快地从本质上了解红军，还得经过一段时间。眼下他们受了四川军阀和当地反动分子的欺骗宣传，都躲起来了，这就给我们带来了很多困难。在这种情况下，要使藏族同胞了解我们，我们只有依靠党的民族政策，严守群众纪律，所以你们要做好准备，克服一切困难。”③ 在毛泽东看来，改变少数民族群众长期所处的不平等地位和所受的不公平对待，团结各少数民族，才有利于红军顺利通过少数民族地区，才能争取更多的少数民族群众参加革命，扩大抗日民族统一战线。

（二）尊重少数民族的风俗习惯、宗教信仰

不同民族在长期发展过程中形成了各自独特的风俗习惯和宗教信仰，体现着各民族独具特色的历史文化。坚持民族平等、民族团结的基本原则，首先要尊重少数民族的风俗习惯和宗教信仰。否则，就有可能伤害民族感情，破坏民族之间的关系。因此，在沿途经过少数民族地区时，毛泽东以身作则，带头尊重少数民族群众的民族风俗、宗教信仰。

1934 年 12 月，渡过湘江后，毛泽东对身边的警卫人员讲：“我们要进入苗族区，苗族的特点和风俗习惯同汉民族不同，大家要更好地遵守群众纪

---

① 吴吉清. 在毛主席身边的日子里［M］. 南昌：江西人民出版社，1983：230.

② 荆福生. 毛泽东与福建［M］. 福州：福建教育出版社，2003：272.

③ 吴吉清. 在毛泽东身边的日子里［M］. 南昌：江西人民出版社，1983：253－254.

律。”[①] 1935年5月，红军来到凉山的彝族山区。晚上警卫员问毛泽东为什么不到寨子里去宿营，毛泽东对警卫员说：“每个民族都有自己的风俗习惯，红军刚到这里，语言不通，对这里的风俗习惯也不太了解，所以我们尽量不要打搅彝族同胞。”警卫员提出去借锅和门板，毛泽东说：“那也不行！我们应该帮助彝族同胞，而不应该给他们添任何一点麻烦。我们要严格遵守‘三大纪律，八项注意’！”[②] 1935年10月5日，毛泽东了解到单家集是回民居住区，对身旁的警卫人员说：“回民有许多规矩，比如他们不吃猪肉，不说‘猪’字。我们到了回族地区，买牛羊肉吃可以，对猪肉提都不能提，这叫尊重少数民族习惯。你遵守这些规矩，他们就欢迎你。搞得不好，就会出问题。”[③] 毛泽东提出要严格执行党的民族政策，尊重回民的风俗习惯。教育干部、战士，凡是用猪油、猪皮做的饭食、用具，一律不准带，送给当地的汉族老乡。警卫员陈昌奉舍不得丢掉猪油炸的一口袋干粮，毛泽东对他说：“凡是用猪油、猪皮做的东西都不能带。依靠人民才能胜利，光凭这两口袋干粮会早饿死的。回族也是我们中国人民的一部分。回族的穷人和汉族的穷人一样，也是受地主恶霸的压迫，生活十分贫困，他们也要闹革命，求解放！”[④] 10月6日，天刚亮，当地清真寺里的老阿訇和马云清、马进山等9人来到毛泽东住的院子。毛泽东听到外头有动静便走了出来。老阿訇上前一步，朝毛泽东拱起双手道了声：“色俩目（阿拉伯语，致敬意！）”毛泽东笑容满面迎上去，也拱起双手，操着浓重的湖南口音答道：“回族人民好！”当毛泽东来到清真寺内的大殿里，看到柱子上、廊檐上都有各种花卉图案和阿拉伯文字，称赞道：“雕得真好，回族人民有智慧。”[⑤] 每到一个少数民族地区，毛泽东都告诫广大红军战士要谨言慎行，尊重少数民族风俗习惯和宗教信仰，这便使红军所到之处得到了少数民族群众的支持和拥护。

---

① 毛泽东年谱（1983—1949）上卷［M］. 北京：中央文献出版社，2013：437.

② 刘学琦. 毛泽东风范词典［M］. 北京：中国工人出版社，1991：79.

③ “毛泽东与我”征文活动组委会. 毛泽东与我丛书：毛泽东人际交往侧记［M］. 太原：山西人民出版社，1993：105.

④ 中共甘肃省委党史研究室. 毛泽东与甘肃［M］. 北京：中共党史出版社，1995：424－425.

⑤ “毛泽东与我”征文活动组委会. 毛泽东与我丛书：毛泽东人际交往侧记［M］. 太原：山西人民出版社，1993：106.

（三）积极争取团结少数民族上层人士和宗教领袖

少数民族地区的上层人士和宗教领袖在各民族事务中的影响大，在群众中也具有一定的号召力。要顺利通过少数民族地区，获得少数民族群众的支持，逐步扩大党的统一战线，首先要争取少数民族上层人士和宗教领袖的支持。因此，毛泽东十分注重团结少数民族首领。

1935 年 5 月 19 日，中革军委决定组成强渡大渡河先遣队，派刘伯承为先遣队总司令。临行前，毛泽东要先遣队执行党的民族政策，与彝族沽基家族首领交好。他对刘伯承说："先遣队的任务，不是去打仗，而是宣传党的民族政策，用政策的感召力与彝民达到友好。只要我们全军模范地执行党的纪律和党的民族政策，取得彝族人民的信任和同情，彝民不会打我们，还会帮助我们通过彝族区，抢先渡过大渡河。"① 1935 年 6 月 24 日，毛泽东到达两河口后，立即召见了担任攻占卓克基的红二师指挥员，对他们说："镇守卓克基的索观瀛，是我们进入雪山草地后遇到的第一个有较大影响的藏族土司，你们一定要告诉部队，要认真执行党的少数民族政策，要宣传党和红军的政治主张和民族平等政策，模范执行群众纪律，尊重藏族同胞的风俗习惯和宗教信仰。尤其对索观瀛这样一些藏族上层人物，一定要尽量争取他们的同情和支持，我们才能顺利通过雪山草地。"② 毛泽东还给他们讲了刘伯承彝海结盟的事，要他们运用这个经验。7 月 1 日，毛泽东到达卓克基，听完战斗报告后说："历代反动统治者尤其是国民党推行大汉族主义，制造民族隔阂，破坏藏族同胞与红军的关系，影响是很深的。看来我们还得花很大力气，宣传和争取藏族同胞，这是实现北上方针中一项不可缺少的工作。就是索观瀛这样的土司头人，我们还是要努力争取。"③

四、"我军只能北上，万万不可南下"

随着红军长征，中国共产党对"北上抗日"的认识逐步发展成熟。毛泽

① 毛泽东年谱（1983—1949）上卷［M］. 北京：中央文献出版社，2013：454 -455.
② 陈文书，龚自德. 毛泽东与四川［M］. 成都：四川人民出版社，1995：114.
③ 陈文书，龚自德. 毛泽东与四川［M］. 成都：四川人民出版社，1995：116.

东更是为“北上抗日”做了许多工作，向群众、战士宣讲北上抗日的必要性，对张国焘反对北上开展了许多有理有利有节的团结和斗争工作。

（一）重申“北上抗日”方针

1934 年 7 月 15 日，党中央曾以毛泽东与朱德的名义，为中国工农红军北上抗日发布宣言。但因反击国民党军事“围剿”，“北上抗日”方针被搁置一旁。1935 年 1 月 9 日，毛泽东在遵义城迎接红军的群众面前重新宣讲了北上抗日的必要性。他说：“中国工农红军要北上抗日，日本帝国主义侵占了我国东北三省，现在又准备向华北进军，要把中国变成日本帝国主义的殖民地。全国各党派、各方军队、各界人士和一切不愿当亡国奴的人们，只要愿意抗日救国的，我们共产党都欢迎，我们愿意同他们联合起来，一致对外，共同抗日，把日本帝国主义从中国领土上赶出去！”[①] 遵义会议后，毛泽东再次对毛泽民、贺子珍等人说：“而今迈步从头越！我们又要动身了。”“向北！到抗日最前线——日本鬼子在哪里，我们就到哪里！”[②] 毛泽东重申北上抗日，扭转了革命的走向，指明了革命的方向，意义是非常重大的。

（二）解决“北上”“南下”纷争

1935 年 6 月一、四方面军会合后，党中央在两河口会议上明确提出北上抗日的战略方针，重申了党的抗日救国主张。会议确定了向北向川陕甘方向发展。但拥有 8 万大军的张国焘，不仅在红军战略方向问题上与毛泽东产生尖锐分歧，而且还野心膨胀，向中央要权，甚至抗拒中央命令。政治局的同志很气愤，毛泽东对他们说：“我们在北上的原则上是决不能让步的，但是张国焘手下有四个军的队伍，要团结他北上抗日，对他的职务应该有一定的安排。”[③] 就如何应对张国焘的野心问题，毛泽东说：“张国焘是个实力派，他有野心，我看不给他一个相当的职位，一、四方面军很难合成一股绳。”毛泽东分析道：“张国焘要当军委主席，这个职务现在由朱总司令担任，他没法取代。但只当副主席，同恩来、稼祥平起平坐，他不甘心。”洛甫（张

① 张耀祠．张耀祠回忆录——在毛泽东身边的日子［M］．北京：中共党史出版社，2012：22．
② 龙剑宇．韶山毛家英雄谱［M］．北京：人民出版社，2011：364．
③ 曹俊杰．跟毛泽东学思维［M］．北京：西苑出版社，2005：166．

闻天）提议把总书记的位子让给他。毛泽东说："不行，他要抓军权，你给他这个位子，他说不定还不满意，但真让他坐上这个宝座，可又麻烦了。"毛泽东沉思片刻说："让他当总政委吧。"为了团结红四方面军共同北上，毛泽东等人对张国焘采取忍耐、等待说服、批评的态度。在改由张国焘担任红军总政委后，他才勉强同意共同北上。

但由于张国焘的延误，红军被迫改经草地北上。8 月底，右路军走出草地后，等待张国焘率领的军队前来会合。但张国焘再次提出南下主张，并令军队停止前进。1935 年 9 月 9 日，右路军参谋长叶剑英递给毛泽东一份张国焘发给陈昌浩要其南下的密电，毛泽东心情沉重地说："剑英同志，感谢你救了中央和我们几个！但你还得回去啊！你的处境很危险，要沉着冷静，谨慎从事。设法离开他们，跟中央北上。"① 毛泽东认为再继续说服等待张国焘率部北上，可能会招致武装斗争，决定率部队先行北上。10 日晨，原红四方面军参谋长李特带队追赶上"红军大学"队伍，挥着手枪，诬称毛泽东等北上是逃跑，威胁部队南下。毛泽东对大家说："想南下，请便；愿北上的，也请便；绝不强迫。"并再次宣讲了北上南下的利弊，说："我军只能北上，万万不可南下。因为，南边集中了国民党的主力，而在陕西、甘肃，敌人的势力比较薄弱，这是一；第二，北上抗日，可以树起抗日的旗帜。南下是没有出路的，是得不到全国人民拥护的。"②

（三）对红四方面军北上仍存希冀

尽管张国焘执拗地率军南下，毛泽东始终相信四方面军的同志们一定会跟上来的。1935 年 9 月 10 日，李特带队追赶北上队伍要求部下回去，毛泽东对大家说："至于不愿和党中央一起北上的，可以等一等。我们可以作为先头部队先走一步，……我们先走，去开辟新的根据地，完成我们的任务。我们欢迎你们前来参加我们的队伍。我相信，一年后，你们会来的。"③ 之后，毛泽东说："四方面军的学员被张国焘拉走了吧？我估计他是会闹事的。不要紧，四方面军的同志们是会回来的。历史的航向是不依人们的意志为转

---

① 中共甘肃省委党史研究室．毛泽东与甘肃［M］．北京：中共党史出版社，1995：380.

② 中共中央文献研究室《缅怀毛泽东》编辑组．缅怀毛泽东 上［M］．北京：中央文献出版社，2013：8.

③ 宋一秀，杨梅叶．毛泽东的人际世界［M］．北京：红旗出版社，1992：240.

移的。北上抗日的方针是我们共产党人、红军战士的正确选择，也是民心所向。”[①] 他还对大家说：“一、四方面军都是红军，都是共产党领导的，全是一家人，一家人不打一家人嘛！现在愿意北上的就跟党中央走，愿意南下的也可以跟张国焘同志走，不过以后还会回来的。”有的同志还是愤愤不平，他又说：“捆绑不成夫妻，他们要走，就让他们走吧，只要他们还是红军，迟早还会走到一起来的。”[②] 毛泽东率军先行北上途中偶识湖南老乡红五军团第一连连长龙书金，对他说：“四方面军和我们分手了。你知不知道?”“不过不要紧，他们会回来的!”[③] 1935 年 9 月，毛泽东带领部队连夜北上，进到哈达铺。毛泽东对大家说：“我们北上是正确的。陕甘宁有一支红军部队，有块根据地。到了那里，我们就到家了，就有了立脚之地，就能发展、壮大。南下是没有出路的，要吃亏的。四方面军的绝大多数同志是很好的。我们现在北上，就是要起火车头的作用！有我们带头，红四方面军的同志一定会跟上来的。”说到这里，他挥了挥手，加重语气，越发肯定地说：“是的，不出一年，他们一定会跟上来的。”[④]

正如毛泽东所言中，一年后，红二、四方面军终于北上到达陕甘边，实现了三大主力红军大会师，红军取得长征的最后胜利，随即开创了中国革命的新局面。实践证明，重申并最终确立“北上抗日”的方针对于红军长征具有重大的意义。

五、“团结就是力量”“四方面军广大指战员是好的”

长征路上，毛泽东再三强调全党和全军队团结的重要性。他说：“只有全党的团结，全军的团结，全国人民的团结，我们才能打败任何凶恶的敌人，永远立于不败之地。”[⑤]

---

① “毛泽东与我”征文活动组委会. 毛泽东与我丛书：我见到了毛主席［M］. 太原：山西人民出版社，1993：24.

② 徐新民. 在毛泽东身边［M］. 北京：中共中央党校出版社，1993：10 – 11.

③ 尹烈承. 毛泽东与茶陵［M］. 长沙：湖南人民出版社，2006：165.

④ 中共中央文献研究室《缅怀毛泽东》编辑组. 缅怀毛泽东 上［M］. 北京：中央文献出版社，2013：151.

⑤ “毛泽东与我”征文活动组委会. 毛泽东与我丛书：我见到了毛主席［M］. 太原：山西人民出版社，1993：25.

中央红军和红四方面军会师后不久，毛泽东想了解四方面军的情况，但由于四方面军的同志听不懂毛泽东的湖南话，因此何如山（中央红军首长警卫人员）就当起了翻译。最后，毛泽东对何如山说："小鬼！这很好，你是四川人，四方面军的红军同志四川人最多，你又早到苏区两年，四川的同志都懂你的话，你要做好样子，做好团结四方面军的同志的工作。团结好四方面军的同志是我们党今天的首要任务，团结就是力量……"① 有一次何如山和张国焘的警卫发生了冲突，毛泽东走到他跟前说："是你呀？四川小鬼！在两河口我们不是讲妥了吗？团结四方面军的同志是我们党当前的首要任务嘛！为什么还和四方面军的同志打架呀？"何如山争辩了几句，毛泽东说："小鬼哟！这就是你的不对了！你跟他俩打架，怎么就说成是四方面军的人不讲道理呢？我们的同志互相打架，闹义气都不是英雄好汉……"接着又说："小鬼哟！我给你讲过吧！对我们的同志要和气，对敌人要恨要狠，在我们同志之间打骂、闹义气、要英雄就不是好同志！我们共产党人的哲学，对自己要严格要求，对同志，不是原则问题就要让、要忍、要宽、要讲团结，不要斤斤计较那些小事，有本事向他赔不是，这才是做好样子……"毛泽东耐心地给他说了许多道理，他说："你是中央红军的老战士，更要做好样子，你看我们中央红军哪个打骂人呢？你向你的老乡、红军战士赔不是并不丢人，这才是真正的好汉，这样做是你听话的具体表现，这样做才是好样子，团结就是力量，团结向前，共同抗日，你看看你连你的老乡都团结不好，你说你能团结好四方面军的同志，不是一句假话吗？对同志软是好汉，对敌人软才是狗熊！"②

1935 年 7 月中旬，毛泽东会见徐向前等红四方面军指挥员，对他们说："今后一、四方面军的行动方针，就是北上抗日，建立川陕甘革命根据地，促进全国抗日高潮的发展。红一、红四方面军要在党中央的统一领导下，互相学习，亲密团结，完成党交给的任务。"③ 但在向毛儿盖前进时，四方面军不愿帮助中央红军过河，毛泽东就大声喊道："四方面军的同志们，后面掉

① "毛泽东与我"征文活动组委会. 毛泽东与我丛书：我见到了毛主席［M］. 太原：山西人民出版社，1993：10.

② "毛泽东与我"征文活动组委会. 毛泽东与我丛书：我见到了毛主席［M］. 太原：山西人民出版社，1993：12－13.

③ 毛泽东年谱（1983—1949）上卷［M］. 北京：中央文献出版社，2013：461.

队的同志们都是我们的阶级兄弟，我们要发扬阶级友爱，帮助他们就是帮助革命……革命是讲自觉性，我们同志都是来自五湖四海，他们在危机困难的时候，我们各级领导要援助他们，不去援助他们，怎么对得起广大的人民群众……援助掉队的同志，就是援助革命事业。”①

尽管张国焘心怀分裂红军的阴谋，毛泽东依旧要求同志们要团结红四方面军，尽量不伤害四方面军的同志。1935 年 8 月，毛泽东在毛儿盖给杨成武（红一军二师四团团长）说：“你们红四团还是先锋团，你们必须从茫茫草地上走出一条北上的行军路线来。北上抗日的路线是正确的路线，是中央研究了当前的形势决定的。如果我们掉头南下，那就是逃跑，就会断送革命。克服困难最根本的办法，是把可能碰到的一切困难向同志们讲清楚。团结是党的事业胜利的保证。你们搞好整编后的团结，就是一、四方面军亲密团结的标志。”② 8 月 19 日，政治局常委在沙窝开会，王稼祥提出要解决张国焘问题。毛泽东说：“在毛儿盖时已经说过，斗争是需要的，但目前开展斗争是不适宜的。目前我们应采取教育方式，写文章不指名，不引证。可指定专人搜集材料，研究这个问题。”③ 9 月，张国焘在得知红军大举北上的消息后，派李特来拉原四方面军的同志回去。之后毛泽东对彭德怀说：“要组织部队迅速向俄界前进！但还有几件事情请你们注意，张国焘可能还会派部队迅速来截击，赶快通知彭雪枫同志的十三团从左边向北插过去，以防备张国焘拦截。”接着又说：“命令部队布好警戒，做好临时工事。张国焘部队向你们阵地发动攻击时，千万命令战士，不能随便开枪，如万一需要还击时，可以对空射击，以示阻止攻击，绝不能伤害四方面军的同志。四方面军广大指战员是好的，部分人是上当受骗，也是好同志。”④ 10 月，红军到达吴起镇，趁着总部直属队还在等待设营人员分配房子时，毛泽东向大家讲了一次话。他说：“我们终于到达根据地了，现在首先要和陕北的同志搞好团结，团结起来粉碎敌人新的‘围剿’。同四方面军分开的那些不愉快的事情（指张国焘搞分

---

① “毛泽东与我”征文活动组委会．毛泽东与我丛书：我见到了毛主席［M］．太原：山西人民出版社，1993：18.

② 中共中央文献研究室《缅怀毛泽东》编辑组．缅怀毛泽东 下［M］．北京：中央文献出版社，2013：33.

③ 龙剑宇．毛泽东的人生旅行［M］．北京：中共党史出版社，2012：193.

④ “毛泽东与我”征文活动组委会．毛泽东与我丛书：我见到了毛主席［M］．太原：山西人民出版社，1993：24－25.

裂活动），大家不要再议论了。”[①] 从毛泽东的这些话语中，可看出他对团结红四方面军一直是很重视的，对红四方面军广大指战员一直是信任的。

1935 年 11 月 5 日，毛泽东到达象鼻子湾，向随行部队发表讲话，说“从江西瑞金算起，我们走了一年多时间。我们每人开动两只脚，走了两万五千里。这是从来未有过的真正的长征。我们红军的人数比以前是少了一些，但是留下来的是中国革命的精华，都是经过严峻锻炼与考验的。留下来的同志不仅要以一当十，而且要以一当百、当千。今后，我们要和陕北红军、陕北人民团结一致，要作团结的模范，共同完成中国革命的伟大使命，开创中国革命新局面。”[②] 从这些日常谈话中可见，毛泽东对军队团结是极为重视的。

长征路上，毛泽东与他人的日常口头谈话，体现出他对同志们的关怀之情，展现了舍小家为大家的高尚情怀，显示出他对民族政策及其作用的理解之深，特别是对北上抗日立场之坚定以及对团结红四方面军之重视。总之，仅从我们所收集到的毛泽东在长征路上这一年的日常谈话的角度，就可看出毛泽东对长征胜利的伟大贡献。

（李美玲　胡慧敏）

---

① 中共中央文献研究室《缅怀毛泽东》编辑组. 缅怀毛泽东 上［M］. 北京：中央文献出版社，2013：127.

② 毛泽东年谱（1983—1949）上卷［M］. 北京：中央文献出版社，2013：484.

“等敌人进了延安，我再走也不迟”

——转战陕北途中的毛泽东风范掠影

习近平总书记在纪念毛泽东同志诞辰120周年座谈会上说：“毛泽东同志的革命实践和光辉业绩已经载入中华民族史册。他的名字、他的思想、他的风范，将永远鼓舞我们继续前进。”① 1947年3月，胡宗南20多万大军气势汹汹进攻延安，妄图一举消灭毛泽东及其率领的中共首脑机关，进而为消灭中国共产党领导的革命武装力量创造根本性条件。毛泽东果断决定撤离延安、转战陕北，保存实力，牵着胡宗南的部队在陕北高原兜圈子，继续在陕北指挥全国解放战争。在这一场敌我悬殊的艰难转战中，毛泽东留下了大量日常谈话，充分彰显了他的光辉品德和崇高风范，并从这个侧面折射出中国共产党能赢得与国民党这场斗争胜利的深刻道理。

一、临危不乱的革命气质

撤离延安转战陕北屡屡碰到危急时刻，但也每每在这样的时刻，毛泽东的从容行止、诙谐语言，展示了其非同一般的独特思路，呈现出临危不乱的政治家、战略家、军事家的非凡气质。

镇定自若。1946年11月，中央机关准备撤离延安时，文件的清理工作即着手展开。毛泽东特别叮嘱：“疏散档案，不要惊惶失措，确实不需要的

① 习近平．在纪念毛泽东同志诞辰120周年座谈会上的讲话［M］．北京：人民出版社，2013：10.

文电可以销毁，重要文电一定要保护好，片纸只字也不要落入敌人之手。”①临近蒋介石重点进攻延安之际，大家都很紧张，但毛泽东却笑着对大家说：“你们看，要搬家了，要给胡宗南腾延安嘛，忙一些！”②

1947年3月13日，胡宗南的14个旅兵分两路向延安发动猛攻。大家劝说毛泽东尽早撤离延安。毛泽东坚定地表示：“我是要最后撤离延安的。”“我还要看看胡宗南的兵是个什么样子呢！”下午，一颗重磅炸弹落在毛泽东的窑洞前，毛泽东看着地图问：“客人走了吗？”贺清华纳闷。“飞机呀。”毛泽东边答边用笔朝上指指说：“喧宾夺主，讨嫌！”有人拿一块弹片给毛泽东看。毛泽东笔也不放，只用左手接过来掂量掂量，并打趣地说：“嗯，发财发财，能打两把菜刀呢。”当得知延安南门外有老百姓的一头毛驴被炸死了，他幽默地说：“损失一头驴，这笔账我们迟早要跟蒋介石讨还。”③

3月17日，胡宗南的部队已经接近延安，彭德怀亲自来王家坪请求毛泽东立即撤离延安，毛泽东却只是抬眼望望闪耀在不远处的炮火，不急不忙地说：“敌人还没有到延安，我不能走，等敌人进了延安，我再走也不迟。”他还调侃说：“我现在撤离，对不起前方的战士们，前方的战士们要保卫延安，保卫毛主席，可是敌人没有到，毛主席就走了，你叫战士们保卫谁呢？”④

3月18日，枪炮声越来越近了。敌人的先头部队已经进逼到延安附近的七里铺和吴家枣园了。彭德怀呵斥警卫员催促毛泽东走，毛泽东郑重而不失幽默地交代说：“把房子打扫一下，文件不要丢失。带不了的书籍可以留下摆整齐，让胡宗南的兵读一读马列主义也有好处！”“我本来还想看看胡宗南的兵是个什么样子，可是彭老总不答应，他让部队代看。我惹不起他，那就这样办吧！”毛泽东慢慢走下坡，登车之际他突然转回头，像发表宣言一样大声说：“同志们，上车吧，延安是我们的，我们一定还会回来的！”⑤

1947年7月，摆脱国民党刘戡部的追兵后，毛泽东带队开始向一座高山攀去。任弼时命令身边的刘参谋：“让后面的部队把上山的痕迹擦掉。”毛泽东听到这句话，马上回身吩咐道：“擦什么，就在这里竖块牌子，写上：毛

① 杨尚昆．杨尚昆回忆录［M］．北京：中央文献出版社，2001：236.
② 龙剑宇．毛泽东的人生旅行［M］．北京：中共党史出版社，2012：246.
③ 李银桥．走向神坛的毛泽东［M］．北京：中外文化出版公司，1989：6－8.
④ 武象廷，韩雪景．跟随毛泽东纪事［M］．太原：山西人民出版社，1991：25.
⑤ 竞鸿，吴华．毛泽东生平实录［M］．长春：吉林人民出版社，1992：650－651.

泽东由此上山!" 走到半山腰，又传来几声枪响，毛泽东索性停坐在一块石头上说："好吧，我等着！我倒要看看刘戡是什么鬼样子!" 不一会儿情况弄清，原来是我们民兵打的枪。毛泽东这才缓缓起身，不无遗憾地说："没有事？那我们就走!"①

胸有成竹。1947年8月21日，沙家店战役取得胜利，毛泽东对彭德怀等笑道："胡宗南是个没有本事的人，阴险恶毒，可惜志大才疏。他那么多军队，拿我们没一点办法！我们打了这么多次，就没吃过败仗。""我们那样想，他就那样办，那又有什么办法呢？……"他张开手扳起手指头数道："青化砭、羊马河、蟠龙、沙家店，整个凑起来吃掉它六七个旅。我们打垮了胡宗南自命的常胜军，活捉了他四大金刚中的三个。他们四座'金缸'被我们搬来三座。何奇、刘子奇、李昆岗。只剩下一口缸，叫什么……""叫李日基!" 毛泽东用湖南口音将"日"念成"二"，打趣地说："对了，叫李二吉。这次没抓住他，算他一吉；下次还许抓不住，再算一吉；第三次可就跑不了啦!" 他信心十足地宣示："我看国民党那些有名的人物，像蒋介石、胡宗南之流，也许有个一吉两吉的，但终究是很不吉。不管他逃到哪里，总要缉拿归案，依法惩办的。" 他大声问："同志们，有信心没有?"②

1947年10月的一天，胡乔木、童小鹏等结伴去白云山下看望毛泽东。毛泽东兴致很高，邀大家一起来到黄河边，并招呼大家站在他身旁。兴冲冲地大笑着说："（童）小鹏，来给我们照张合影，前有黄河，后有追兵，如之奈何。"③

品味以上谈话，一位面临凶恶追兵和天险黄河却镇定自若、胸有成竹的政治家、战略家、军事家的惊人气质和神奇风采，宛若眼前。

二、同甘共苦的革命本色

中国共产党人的革命本色是敢于推翻一切旧的不平等，追求真善美。毛泽东的一生都保持革命本色，从没有因为其人生是否身居高位、经历高低成

① 石仲泉，陈登才. 毛泽东的故事［M］. 北京：中共党史出版社，1993：55－56.

② 李银桥. 走向神坛的毛泽东［M］. 北京：中外文化出版公司，1989：50－55.

③ 中共中央文献研究室《缅怀毛泽东》编辑组. 缅怀毛泽东 上［M］. 北京：中央文献出版社，2013：264.

败、身处顺境或逆境而发生丝毫改变。转战陕北时，这一点表现尤为突出。

艰苦奋斗。沙家店战役后，毛泽东身边工作人员韩桂馨劝毛泽东买条新毛巾，以便擦脸和擦脚分开。毛泽东想了想说："不要分了，现在整天行军打仗，脚比脸辛苦。分开就不平等了，脚会有意见的。""那就用新毛巾擦脚，旧毛巾擦脸。"毛泽东仍然摇头："账不能那么算。我多用一条毛巾可能花费不到哪里去，可是全军如果每人节约一条毛巾，省下的钱我看就够打一次沙家店战役了。"①

打沙家店时，毛泽东三天两夜不出屋、不上床休息，极为辛苦。战斗胜利结束后，毛泽东破例要李银桥想办法搞碗肥点的红烧肉吃，他说："这段时间用脑子太多，你给我吃点肥肉对我脑子有好处。"吃完红烧肉，毛泽东叹道："真香哪。""有点馋了。吃点肥肉对我有好处，补补脑子……打赢了，我的要求不过份吧？"李银桥答道："不过份。主席要求的太少了，太低了。"毛泽东却无奈地说："不低了。战士们冲锋陷阵也没吃上红烧肉，只能杀马杀骡子吃呢。"②

转战陕北途中，毛泽东身边的工作人员每到一地，首先给毛泽东找休息的地方，好让他解除一天的劳累。毛主席不高兴了，对大家说："行军到一个地方，住下来以后，不要先搞床铺嘛，要先搭个办公的地方。"③ 有一次，实在找不到办公的地方。毛泽东围着一位老乡家锅台看了一会儿，对韩桂馨说："就把这锅台当办公桌吧。"众人又找来一个木墩子让主席当椅子，他坐在锅台边幽默地说："这样很好嘛，革命成功了，这个锅台还有一份功劳呢！"④

反对特殊。转战陕北到佳县时，管理人员专门给毛泽东弄了一碗小米干饭，但毛泽东让拿走，说："老乡们吃不上小米，机关部门也吃不上，你为什么给我弄小米来！不要这样做。老乡们生活多苦，他们吃什么，我也吃什么。一定要给我做钱钱饭（"钱钱饭"，一种豆糠粗饭）！"⑤ 由梁家窑转移到

---

① 李银桥．走向神坛的毛泽东［M］．北京：中外文化出版公司，1989：117－124．

② 李银桥．走向神坛的毛泽东［M］．北京：中外文化出版公司，1989：188－189．

③ 中共中央文献研究室《缅怀毛泽东》编辑组．缅怀毛泽东 上［M］．北京：中央文献出版社，2013：463．

④ 中共中央文献研究室《缅怀毛泽东》编辑组．缅怀毛泽东 上［M］．北京：中央文献出版社，2013：463．

⑤ 湖南人民出版社编．毛泽东思想光照千秋［M］．长沙：湖南人民出版社，1978：600．

朱家寨时，毛泽东又看到桌上有小米干饭，就问周少林：“这碗小米干饭是你送来的吗?”他还问：“你能吃上小米干饭吗?”周少林说他吃不上。毛泽东又说：“大家都能吃小米干饭吗?”周少林说吃不上。毛泽东说：“既然大家都吃不上小米干饭，你专门给我弄一碗小米干饭叫我吃，我能吃得下吗?我不吃，你拿走!”①

1947 年 10 月初，毛主席从神泉堡骑马来到白云观庙会看戏。县委书记和县长一连请了他好几次坐下看戏，毛泽东笑着说：“站着看一样！老乡们不是也都站着吗？站起来很好!”② 会场有人认出了毛泽东，也搬来椅子请他坐。毛泽东连连摆手：“不要不要。大家都站着。我一个人坐着，那不是太孤立了吗?”台上的演员也停下了演出，都挤出来看毛泽东。毛泽东悄声招呼群众：“看戏吧，老乡们，咱们都是来看戏的。”又朝台上招呼：“你们快演吧，我是来看你们演出的，大家是来看戏，不是来看我的。”③

转战中生活艰辛，一个多月天天黑豆钱钱饭，李银桥知道毛泽东爱吃红烧肉补脑，用贺龙从河东给毛泽东捎来的一块腊肉炒了一小碟代替红烧肉给毛泽东吃。谁知腊肉端上桌，毛泽东却叫撤走。他说：“你们想叫我吃得好些，可是我怎能吃得下去呢?”“这是为了工作，为了补脑，可不是为了享受!”李银桥忍不住叫了起来。“脑子是要补的，可是也要讲条件。条件不同，补的方法也不同。银桥啊，你给我篦篦头吧。”毛泽东朝椅背上一靠，闭上了眼。李银桥给他篦头，他给李银桥讲黑豆的营养价值，说什么它的蛋白质足够脑子使用了。又讲篦头的好处，说它能促进头部血液循环，把有限的营养首先满足大脑。李银桥听着听着就掉泪了。那块腊肉以后再没有人动，一直保存到 1948 年新年前，才用它款待了由华东赶来开会的华东野战军司令员陈毅。④

1947 年 12 月 26 日，工作人员要为毛泽东办寿宴，毛泽东拒绝道：“如果不是给我祝寿，我可以批准，为我个人，我不能批准。为我祝寿打漂亮仗，不为我祝寿就不打漂亮仗了吗?”毛泽东还列举了三个理由：“一是战争时

---

① 王震宇. 在毛泽东身边［M］. 北京：人民出版社，2009：39 - 40.

② 蒋秦峯. 在毛主席周围［M］. 北京：中国青年出版社，1958：83.

③ 李银桥. 走向神坛的毛泽东［M］. 北京：中外文化出版公司，1989：64.

④ 李银桥，韩桂馨. 在毛泽东身边十五年（修订版）［M］. 石家庄：河北人民出版社，2006：47 - 48.

期，许多同志为革命的胜利流血牺牲，应该纪念的是他们，为个人祝寿，不合情理。二是部队和机关的同志没有粮食吃，搞祝寿活动，这是让我脱离群众。三是才50多岁，如果不被胡宗南打死，还大有活头，更用不着祝寿。”①

人民至上。毛泽东时刻将人民利益放在至高无上的位置，转战途中留下许多佳话。1947年在王家湾，毛泽东教导身边人员说：“昨天高老汉来说，群众的口粮还没安排好。我们必须节衣缩食，来保证老乡们不受饿啊！你叫老汉去那么远给我买只鸡，我能吃得下吗？要时刻记住：我们是人民的勤务员，要时时为人民着想，要处处与人民同甘共苦，不能有丝毫的特殊呀！你把鸡拿给周副主席吃，他的身体不好，你看我的身体不是挺好吗？”②

1947年秋，毛泽东随部队到了朱家寨。警卫怕老乡的碾米声吵醒毛泽东，推说窑洞住了病号。毛泽东醒后对警卫说：“我们是共产党，不论走到哪里，都不要忘记为民兴利除弊。咱们处处麻烦老乡，不能帮助他们，已经很对不起人家，再限制人家干活，就更对不起了。这是一种脱离群众的表现，再不要为一个人睡觉，给群众立什么规矩。”③ 一路上毛泽东还常对警卫班的同志说：“不要到处去麻烦老乡们借东西，人家的东西也很少，自己还要用，要替老乡们着想。”④

1947年10月，转战到佳县神泉堡。毛泽东见一个新战士捡起了几颗熟透的枣子，毛泽东走到他前面，回过头来笑着说：“怎么，你还带头违反群众纪律？”新战士连忙解释是捡的掉落在地上的枣子。毛泽东笑说：“地上的枣子是哪里来的？枣子熟了，当然要往下掉，总不会往天上飞吧！”小战士回道：“枣子掉在路上，踏坏了多可惜，还不如吃了好！”毛泽东耐心地对他说：“踏坏了可惜，你拣起来放在树下，不就踏不坏了吗？”⑤

佳县老百姓到毛泽东的窑院给他送点酒，毛泽东闻声说：“这一带遭受过敌人的破坏，老乡们生活很苦。我和同志们收下你们的心意，酒还是带回去吧！”⑥ 当县委书记说就是把驴和牛杀吃完了也要支援战争时，毛泽东的反

---

① 张耀祠．张耀祠回忆录——在毛主席身边的日子［M］．北京：中共党史出版社，2012：37.
② 王首道．回忆毛主席［M］．北京：人民文学出版社，1977：448.
③ 许祖范，姚佩莲，胡东．毛泽东幽默趣谈［M］．北京：中共党史出版社，2013：11.
④ 蒋秦峯．在毛主席周围［M］．北京：中国青年出版社，1958：5.
⑤ 刘学琦．毛泽东风范词典［M］．北京：中国工人出版社，1991：100.
⑥ 湖南人民出版社编．毛泽东思想光照千秋［M］．长沙：湖南人民出版社，1978：604.

应是：把驴和牛杀了，明年人民群众怎么搞生产？于是叮嘱他们："部队再困难，也绝不杀一头驴、一头牛。"①

中央警备团从太行山里扩充了一批新兵，但他们对陕北的艰苦生活不习惯，对陕北老百姓存在不正确认识。在欢迎新兵大会上，毛泽东对新战士们说："听说你们嫌这地方的老百姓脏、落后，可是你们不要认为，这里老百姓的手是黑的，脚上有牛屎，就嫌他们脏。你们看的是表面现象……实际上这里的老百姓是最干净的，他们心是最干净的。国民党反动派打来了，他们把什么东西通通都藏起来，不让敌人抢去，敌人来了到村子里找不到老百姓，没有人给他们带路做向导，敌人找不到粮食，没有饭吃。我们来了，老百姓给我们腾出最好的窑洞，并且打扫得干干净净的让我们住，还给我们被子盖，尽管他们自己有困难，却还给我们粮食吃，我们一天三顿小米饭，炒洋芋菜，都是这里的老百姓供应的。胡宗南打来，老百姓主动帮助我们带路转移，保护着我们，有时我们与敌人相距十里八里路程，可是敌人就是找不到我们。所以说，这里的老百姓的思想是最干净的。"② 毛泽东情真意切的教诲，坚定了新兵相信群众、依靠群众的信念。

人民的儿子成为人民的领袖后，时时处处想着人民，为人民的利益艰苦奋斗，却绝不享受和人民不一样的待遇，这就是转战陕北途中毛泽东日常谈话留给世人的领袖形象。正是这样的领袖带领的中国共产党，保持着和人民群众的血肉联系，才拥有源源不断的力量，取得一个又一个的胜利。

三、难能可贵的革命情操

马克思主义学说是关于人类解放的学说，目的是建立美好的共产主义社会。中国共产党在领导革命的过程中，倡导建立的党内同志关系、军队官兵一致关系等，深刻体现了中国共产党是以马克思主义为指导的新型政党。作为人民领袖，转战陕北途中，毛泽东时时处处躬身示范，体现了他在这一方面难能可贵的革命情操。

关心战士。毛泽东十分关心、爱护并从人格上尊重身边的普通战士。

---

① 湖南人民出版社编. 毛泽东思想光照千秋［M］. 长沙：湖南人民出版社，1978：593.

② 武象廷，韩雪景. 跟随毛泽东纪事［M］. 太原：山西人民出版社，1991：62－67.

1947年4月初，毛泽东一行人准备离开枣林沟向西转移。部队经过挑选和试骑后，请毛主席乘骑陈连长那匹红马。毛泽东说："好马还是留下给他们自己侦查用，随便给我一匹就行，也不必看了。"行军途中，战士们请毛主席下马换坐担架休息，他总是说："你们走路很疲劳，怎么还要抬我？我有马骑就很不错了！坐担架不舒服，骑马骑久了，下来走走很快活咧！"或者说："今天不累先不坐，下次我再坐吧。""同志！你看这么大的雨，人滑得都不能走，怎么还能再抬担架呢？那就会把你们几个人都累病了。"①

1947年8月，得知李银桥不想做自己的警卫而想上前线时，毛泽东说："不能太委屈你，我们双方都作一些妥协。"毛泽东认真地望着李银桥说，"大道理不讲不行。你到我这里来，我们只是分工不同，都是为人民服务。可是，光讲大道理也不行。三八式，当我的卫士，地位够高，职务太低。我给你安个长，做我卫士组的组长。"毛泽东略一沉吟，作了个手势，说："半年，你帮我半年忙，算是借用，你看行不行？"② 对战士的尊重和关心足以体现。

在转战陕北后过黄河到山西五台山时，已是1948年4月中旬，五台山却还在下大雪。毛泽东把身上的大衣脱下来，走到站岗的李二亭跟前说："我在屋子里工作，冻不着，你的岗位在室外，比我更需要大衣。"说着就把大衣替他披起来。天亮后，李二亭把大衣送到毛泽东的屋里，毛泽东说："现在还不是送回来的时候，谁接岗交给谁，等天暖了再还给我。"③

平易宽容。人人折服敬佩的革命领袖毛泽东，言行中没有一点高高在上的距离感，反而十分了解普通人的烟火家常。虽然讲政治讲纪律尤其是律己甚严，但处理他人问题时却往往在坚持原则的前提下也能有灵活性。

在行军途中，毛泽东曾多次表扬过警卫班的同志："我向你们提一个问题，你们对我为什么那么好啊？这个问题，我想了很久才想通了。你们这些同志都只能为官，不能为人。你们说，我这样讲对不对？说你们只能为官，这就是说你们都对我好，不是都为了我这个当官的吗？说你们不能为人，说

---

① 蒋秦峯. 在毛主席周围［M］. 北京：中国青年出版社，1958：55－61.

② 李家骥，杨庆旺. 毛泽东与他的卫士们（下）［M］. 北京：中央文献出版社，1998：526－532.

③ 河北省政协文史资料委员会，河北省档案局. 毛泽东与河北（下卷）［M］. 石家庄：河北人民出版社，2006：215.

是你们不能为你们个人考虑考虑嘛。我看到你们这么多的人在我这里站岗放哨，一呆就是好几年，要是你们在前方，早就是什么长了。"① 倒是卫士们的话说服了毛泽东，他们说："主席不是官，主席是人民领袖。我们为主席服务，就是为人民服务。"

1947 年 3 月 12 日，叶子龙告诉毛主席，延安的防空部队用普通的平射马克沁重机枪装上高射架子和瞄准具改造而成的六挺重机枪，击伤致坠两架敌机，毛主席高兴地说："你马上通知总参，送两口大肥猪到中央警备团奖励他们！"②

打胜仗要吃肉，此等普通人的普通感受，领袖都懂得。这些谈话折射出毛泽东并未因居高位而不懂人情世故，反而非常善于从世俗层面思考。因此各类人群会从各个层面深切感受到人民领袖的魅力。这也是毛泽东生前身后都被赞美追忆缅怀的原因所在。

不仅如此，转战陕北途中，毛泽东关于这类细节小事的提意见或批评人的另一些谈话，也往往都尽可能地留有余地，充分展示出其人情练达、待人宽容的情操和特点。有一次他批评汪东兴为他安排伙食两荤一素，觉得奢侈。但并不是一刀切地撤菜，而是语气缓和地说："你们一桌人吃两荤一素是可以的，我这里人少，两荤一素就多了些。这样吧，腊肉我中午吃了，腊鱼留到晚饭再吃。以后要学会当家，不要铺张浪费。过年还是要过的，但要根据情况，区别对待。"③ 还有工作人员准备为毛泽东办寿宴一事，虽然毛泽东坚决拒绝，还定了三条规定："一不许请客吃饭。二不许唱戏，如果剧团来了，过几天演戏，先给老乡看也可以。三不许开大会。大家想和我见面，想请我讲话，随时都可以，不一定非要祝寿才这样做。"④ 但这三条规定并没有生硬地强制执行，对工作人员准备的剧团节目，他不是不留情面地退回，而是缓改为演戏献给老乡们看。

转战陕北仅年余时间，毛泽东不仅写下了近 300 篇著述文稿、电文信件，

---

① 阎长林．在大决战的日子里——毛泽东生活实录［M］．北京：中国青年出版社，1986：58－59.

② 蒋秦峯．在毛主席周围［M］．北京：中国青年出版社，1958：46.

③ 李家骥，杨庆旺．毛泽东与他的卫士们（下）［M］．北京：中央文献出版社，1998：880－881.

④ 张耀祠．张耀祠回忆录——在毛主席身边的日子［M］．北京：中共党史出版社，2012：37.

更留下了极丰富的涉及各方面的日常谈话史料，成为伟人风采的生动见证。本专题仅选取部分谈话，也可以见证，毛泽东临危不乱的革命气质、同甘共苦的革命本色、难能可贵的革命情操，此等风范真正独领风骚！

（唐正芒　熊　慧）

农林·水利篇

谈笑凯歌

毛泽东日常谈话专题研究

“找个人帮我当主席，我给你当助手，帮你修三峡大坝好不好”

——毛泽东日常谈话中的当代中国重大工程

新中国成立后，面对一穷二白、百废待兴的局面，毛泽东十分关心国家的建设，无论是在中央日常工作中还是到地方视察过程中，他都会同相关负责人员就建设问题交谈。在这些口头谈话中，毛泽东先后提出了一系列具有跨时代意义的重大工程构想。今天，这些由毛泽东构想的工程已经成为现实，并在我国国民经济和社会发展中发挥着重大作用。而在当年，这些工程由于国家经济条件和技术因素的限制，有的只完成了一部分，有的只进行了前期的勘测研究工作，但无论何种情况，毛泽东的初始构想都为这些工程在改革开放后的继续推进乃至完成奠定了宝贵思想基础。

一、三峡工程：“找个人帮我当主席，我当助手帮你修三峡大坝”

1919 年，民主革命先行者孙中山在《实业计划》中写道：“自宜昌而上，入峡行，约一百英里……改良此上游一段，当以水闸堰其水，使舟得溯流而行，而又可资其水力。”① 1924 年，孙中山又在《民生主义》一文中强调“像扬子江上游三峡的水力，更是很大……像这样大的电力，比现在各国所发生的电力都要大得多”②，孙中山对利用三峡水力的设想正是这位革命先驱力图从实业入手挽救国家于危难之中的理想抱负的具体体现，然而当时国家

① 陈夕．中国共产党与三峡工程［M］．北京：中共党史出版社，2014：4－5．

② 孙中山．三民主义［M］．长沙：岳麓书社，2000：213．

正处于混乱之中，时局动荡，孙中山对三峡工程的构想不可能付诸实践。七十年后的1994年，经过充分论证，承载着几代人梦想和心血的三峡工程正式动工兴建。回顾和追溯这一宏大工程的历程，不能不提到毛泽东与原长江水利委员会主任、水利部原顾问林一山的一段谈话。

历史上，长江流域洪水泛滥情况时有发生，给生活在江汉平原、洞庭湖流域的人民群众的生命和财产造成了巨大损失。1949年夏，正值人民解放军节节胜利，中共中央筹备建立人民政权之际，长江流域再次爆发大洪水，再一次给人民群众造成了巨大损失。新中国成立后，党和政府十分重视长江的治理工作，中央人民政府成立不到四个月就于1950年2月组建了长江水利委员会,① 任命林一山为委员会主任，专门负责长江的综合治理工作。1953年2月19日，林一山突然接到中南局通知，要他随毛主席外出并汇报工作。②20日下午，毛泽东在前往南京的“长江”舰上听取了林一山关于长江流域规划有关问题的汇报。③ 在详细了解历史上长江洪水造成的灾害、成因以及长江流域的气象特点后，毛泽东说：要驯服这条大江一定要认真研究，这是一个科学问题。接着，毛泽东又问起林一山长江的一些水文资料，毛泽东一边听取汇报一边查看《长江流域水力资源综合利用规划草图》，规划草图上标明的在长江干支流修建梯级水库的计划引起了毛泽东的注意，他问道：“修这么多水库都加起来，你看能不能抵上一个三峡水库？”林一山回答说：“从长江洪水的起源来讲，这些水库加起来也抵不上一个三峡水库的防洪效益。”毛泽东听完，盯着规划草图又看了一会儿，指着三峡东口，说：“那为什么不在这个总口子上卡起来，毕其功于一役？就先修那个三峡水库怎么样？”林一山兴奋地说：“我们很希望修建三峡大坝，只是现在还不敢这样想。”毛泽东说：“都加起来还抵不上一个三峡工程，你不也是这样说了吗？”接着林一山又详细介绍了有关工程造价方面的问题，毛泽东还询问了工期和地质条件的问题。④ 22日，到达南京之前，毛泽东又向林一山交代说：“三峡问题暂

① 中共长江水利委员会党组．长江的思念——纪念周恩来百年诞辰［J］．人民长江，1998(3)．

② 顾迈男．毛泽东与林一山谈三峡工程和南水北调［J］．百年潮，2010(2)．

③ 毛泽东年谱（1949—1976）：第2卷［M］．北京：中央文献出版社，2013：34．

④ 顾迈男．毛泽东与林一山谈三峡工程和南水北调［J］．百年潮，2010(2)．

时还不考虑开工，我只是摸个底，你也不需要向中央分管这项工作的同志讲。”① 实际上，毛泽东对水利的重视由来已久。1934 年，在江西瑞金召开的中华苏维埃共和国第二次全国苏维埃代表大会上，毛泽东在其所做的《我们的经济政策》的报告中就曾指出：“水利是农业的命脉，我们也应予以极大的注意。”② 可见，与这时注重水利的防洪效益不同，那时毛泽东对水利的重视主要是从农业生产角度出发的。1954 年 11 月 26 日，毛泽东乘专列由广州返回北京，途经武汉时，又一次在专列上接见了林一山，并再次询问了有关三峡的问题，这一次毛泽东详细询问了三峡的地质条件，并就我国是否能够单独建设三峡工程做了探讨。1956 年 6 月，毛泽东再次考察长江，在这次视察期间，毛泽东面对长江天险毫不畏惧，两次下水畅游长江，并挥毫泼墨写下《水调歌头·游泳》一词，词中“更立西江石壁，截断巫山云雨，高峡出平湖”几句明确流露出他对三峡工程的殷切期待。不久，毛泽东在武昌再一次接见了林一山等人。见面后，毛泽东幽默地对林一山说：“你看能不能找个人帮我当主席，我给你当助手，帮你修三峡大坝好不好?”幽默中呈现出急迫心情。谈话间，毛泽东向林一山透露，中央决定修建三峡大坝。③

面对如此巨大的工程，加之我国当时经济状况困难和技术条件的不成熟，反对修建三峡工程的声音也不少，对此，毛泽东主张充分听取正反两方面的意见。1958 年 1 月召开的南宁会议上，毛泽东将三峡工程提交中央政治局讨论，并特意安排对三峡工程分别持正、反意见的林一山和李锐在一起辩论。毛泽东在听取了双方意见后，肯定了修建三峡工程的必要性，提出“积极准备，充分可靠”的三峡建设方针，并要求周总理亲自抓，一年抓四次。④ 3 月，毛泽东在审阅成都会议通过的《关于三峡水利枢纽和长江流域规划的意见》时，在意见中的“三峡水利枢纽是需要修建而且可能修建的”之后，加写“但是最后下决心确定修建及何时开始修建，要待各个重要方面的准备工作基本完成之后，才能做决定”⑤，这也显示出毛泽东对修建三峡工程的重视和谨慎态度。成都会议结束后，毛泽东由重庆乘船顺江而下，视察三峡坝址，

---

① 毛泽东年谱（1949—1976）：第 2 卷［M］. 北京：中央文献出版社，2013：37.
② 毛泽东选集：第 1 卷［M］. 北京：人民出版社，1991：132.
③ 李新芝，郑明俊. 毛泽东纪事 1893—1976（下）［M］. 北京：中央文献出版社，2013：600.
④ 欧阳淞，高永中. 改革开放口述史［M］. 北京：中国人民大学出版社，2014：420.
⑤ 毛泽东年谱（1949—1976）：第 3 卷［M］. 北京：中央文献出版社，2013：329.

经过三峡时，他还对船长讲述了三峡工程的重要性。[①] 1958 年 4 月，毛泽东在武汉接见罗马尼亚代表团时讲到“我们准备在三峡筑一个水库。准备工作需要 5—7 年，连筑成就要 15—20 年。这是我们的第一个大坝。”[②] 然而，由于当时国民经济正处于紧张时期，加之 20 世纪 50 年代后期，中苏关系逐渐恶化，苏联撤回大批对华援助和技术人员，无论是在财力上还是在工程技术上，都不具备建设三峡工程的条件。1959 年，考虑到战争状态下三峡工程的防护问题，毛泽东从战略角度把握三峡工程，在原来的建设方针“积极准备，充分可靠”后加上“有利无弊”。1960 年，考虑到国际形势和国内经济状况，中央决定暂缓三峡工程的建设进程。但相关勘测和论证并没有中断，周恩来根据毛泽东的“有利无弊”方针指示成立了三峡防空炸科研领导小组，就三峡工程的防护问题进行了相关的论证和试验。“文化大革命”爆发后，国内形势日益紧张，三峡工程的相关工作被迫停止。1969 年 10 月，时任湖北省革委会负责人又向毛泽东提出修建三峡工程，毛泽东没有同意，并指出目前处于备战时期，不宜作此想。[③] 1970 年 9 月，武汉军区和湖北省革命委员会向中央建议先修建作为三峡工程一部分的葛洲坝工程，12 月 26 日，毛泽东 77 岁生日这天，他写下批示：赞成兴建此坝。但在内心深处，他仍然惦记着三峡工程，他曾对人说：“将来我死了，三峡工程修成后，不要忘了在祭文中提到我啊。”[④]

改革开放后，随着我国经济发展水平的提高和相关工程技术的进步，建设三峡工程所需的条件日趋完备，三峡工程再次提上日程。在邓小平、江泽民两代中央领导集体的坚强领导下，经过实地勘探，多方论证，万众瞩目的三峡工程于 1994 年开工建设，并于 2009 年全部完工，中国人用 15 年的时间在长江上建成了一座有史以来最大的工程项目——三峡工程。时至今日，三峡工程已经成为一座设计防洪库容 221.5 亿立方米，总装机容量 2250 万千瓦，年最大发电能力约 1000 亿千瓦时，可使万吨级船队由上海直达重庆的集防洪、发电、航运、旅游开发等功能于一体的特大型水利水电工程，其巨大的综合性效益正在我国的国民经济和社会发展中发挥着重要作用。

---

① 魏廷琤. 长江三峡工程的决策 [J]. 百年潮，2009 (11).
② 高永中. 中国共产党口述史料丛书：第 2 卷 [M]. 北京：中共党史出版社，2013：28.
③ 陈夕. 中国共产党与三峡工程 [M]. 北京：中共党史出版社，2014：16.
④ 高哲，高若千泽. 开国领袖毛泽东 [M]. 北京：中央文献出版社，2013：253.

二、青藏铁路：“让火车爬上世界屋脊”

20世纪美国铁路旅行家保罗·泰鲁曾在其著作《游历中国》中写道：“有昆仑山脉在，铁路就永远到不了拉萨。”[①] 的确，要翻越昆仑山，穿越唐古拉，在被称为“世界第三极”的世界屋脊上修建一条铁路，确实是一项难以想象的工程。然而，修筑一条进藏铁路却是中国人的百年夙愿。一直以来，西藏因受海拔、地形因素的影响，交通十分不便，长期处于几乎与世隔绝的状态，这不仅使西藏一直处于落后贫穷状态，也在客观上制约着历代中央政府对西藏的有效治理。因此，修筑一条将西藏和内地连接起来的铁路，方便和加强西藏地区同内地的交流往来，不仅是西藏经济发展和人民生活改善的需要，更是关系国家战略安全的需要。在此问题上，孙中山也曾有过设想。1919年孙中山在《实业计划》中专门提出修建联结包括西藏、青海、新疆的铁路网。然而由于当时国家时局动荡，经济凋敝，孙中山的设想当然不可能实现。

新中国成立后，面对当时国外势力勾结西藏少数上层人士图谋西藏独立的形势，毛泽东敏锐地意识到要解决西藏问题，实现西藏和平解放，必须首先解决进藏交通问题。当时，西藏没有一条现代意义上的公路，进藏物资全靠人背马驮，人民解放军在开进西藏的过程中，由交通问题而导致的后勤保障困难成为进藏面临的一大难题。为此，毛泽东专门指示进藏部队“一面开进，一面修路”[②]，执行进藏任务的西南军区根据毛泽东的指示成立了进军西藏支援司令部，命令部队“克服一切困难，不惜任何代价修路”[③]，仅用几个月时间，于1950年8月就提前修通了雅安至甘孜的公路，为和平解放西藏奠定了基础。西藏和平解放后，党和政府十分重视西藏的发展，由于当时的经济和技术条件有限，没有能力修筑进藏铁路，党中央决定把修筑川（康）藏公路、青藏公路作为推动西藏发展的重大任务，从1951年起，国家投入大量人力物力修筑川（康）藏公路、青藏公路。毛泽东对此十分关心，于1953

---

① 罗春晓．中国铁道风景线 探寻最美中国铁路［M］．北京：中国铁道出版社，2015：186.

② 丹珠昂奔．毛泽东民族思想在西藏的实践［J］．中国民族，2004（1）.

③ 中共西藏自治区委员会党史研究室．中国共产党西藏历史大事记1949—2004：第1卷［M］．北京：中共党史出版社，2005：13.

年1月亲自批准了川藏公路昌都至拉萨段的南线方案，并要求1954年通车拉萨。筑路人员不畏艰险，克服高原严寒、缺氧的恶劣环境，终于于1954年12月完成了青藏公路、川藏公路通车拉萨的目标。毛泽东在得知川（康）藏公路、青藏公路通车拉萨后非常高兴，对时任西藏军区副司令员、西藏自治区筹委会秘书长阿沛·阿旺晋美说："藏族人民把公路称为'幸福之路'，将来我们还要修铁路，让火车爬上世界屋脊。"① 青藏公路、川藏公路修通后不久，党中央接着开始筹划修建进藏铁路。1955年，铁道部和铁道兵行管部门开展了进藏铁路的前期勘测设计工作，并就勘测结果向中央作了汇报，在得知修筑进藏铁路面对的主要困难是冻土、缺氧和经济能力三个问题时，毛泽东说："我们目前修进藏铁路是有一些困难，但有困难不等于永远不修。50年代不行，60年代差不多吧？我想再迟也不能超过70年代，大家要有一个规划。"② 尽管面临严重困难，经党中央、国务院批准，青藏铁路仍然于1958年动工修建。遗憾的是，因为经济困难和西藏局势不稳，加之高寒、冻土、缺氧等问题一时无法克服，青藏铁路很快就被迫停工。但毛泽东并没有因此而放弃青藏铁路，1973年12月9日，毛泽东在会见尼泊尔国王比兰德拉时说："青藏铁路修不通，我睡不着觉。"他坚定地说："青藏铁路要修，要修到拉萨去，要修到中尼边境去。"③ 1974年青藏铁路再次上马，在此期间，由于发生"青藏线"和"滇藏线"之争，又停工一段时间，直到1979年才建成青藏铁路西宁至格尔木段，这一段也就是我们后来所指的青藏铁路一期工程。

进入21世纪后，修筑青藏铁路的经济和技术条件日趋成熟，随着国家西部大开发战略的提出，青藏铁路二期工程迎来了难得的历史机遇。2000年3月，第九届全国人大四次会议审议通过的"十五"计划纲要，明确提出建设青藏铁路。2001年6月29日，青藏铁路开工典礼在格尔木和拉萨同时举行。经过十万筑路大军历时五年的艰苦施工，2006年7月1日，凝聚了毛泽东等几代领导人心血和汗水的青藏铁路全线通车。青藏铁路建成通车，对支援国

---

① 唐正芒．中国共产党革命精神巡礼［M］．湘潭：湘潭大学出版社，2015：316.

② 曹前发．人无远虑，必有近忧——江泽民战略决策研究［M］．北京：人民出版社，2013：243.

③ 新华社西藏分社．新西藏的历史回声：新华社60年西藏报道精品选［M］．北京：新华出版社，2011：225.

家西部大开发战略实施，对促进青海、西藏地区的经济发展和保卫国家边防安全都具有重大战略意义。而在青藏铁路规划和建设过程中所展现出来的那种凝聚在几代劳动者身上的"挑战极限，永创一流"的青藏铁路精神同样也是激励我们继续沿着建设中国特色社会主义道路，以中国式现代化全面推进中华民族伟大复兴的宝贵精神财富。

三、南水北调："南方水多，北方水少，从南方借点水给北方"

我国处于世界最大大陆亚欧大陆和最大大洋太平洋的交接处，受到大陆性气候和海洋性气候的双重影响，加之我国幅员辽阔，地形复杂，导致气候复杂多样，这一复杂性表现在降水上就出现了以"夏季降水多，冬季降水少"为特点的时间分布不均，和以"南方降水多，北方降水少"为特点的空间分布不均现象，导致我国水资源不仅短缺而且分布很不均衡，经常出现南方洪灾和北方旱灾同时出现的极端情况。因此，兴修水利，有效解决水资源分布不均问题成为我国历代政府重视的问题。在这方面，我国历史上不乏先例，如公元前486年修建的引长江水入淮河的邗沟工程、公元前256年修建的都江堰引水工程等都在一定范围内有效地调控了水资源分布，有力地促进了当时的社会经济发展。

新中国成立后不久，毛泽东就根据我国水资源南北分布不均的特点，提出了南水北调的宏伟构想。1952年10月30日，毛泽东在时任黄河水利委员会主任王化云的陪同下视察黄河大堤，他详细询问了黄河治理的相关情况。在听取王化云关于从长江上源通天河引水入黄的可能性汇报后，毛泽东说："南方水多，北方水少，如有可能，借一点来是可以的。"这是毛泽东第一次提出南水北调的宏大构想。时隔不久，1953年2月，在南下途经黄河的专列上，毛泽东再次接见王化云，详细询问从通天河引水入黄河的相关工程细节，当毛泽东得知这一工程的可能引水量只有100亿立方米后说："引100亿太少了，能由长江引1000亿就好了，你们研究一下。"① 2月20日，在结束对武汉的视察后，毛泽东乘"长江"舰由武汉前往南京，途中与林一山就南水北调问题展开了讨论。毛泽东说："南方水多，北方水少，能不能从南方借点

① 游和平．毛泽东与水文化［M］．北京：中共党史出版社，2014：131－132.

水给北方？这件事你想过没有？”接着毛泽东仔细查看地图，并就从腊子口、白龙江、汉江等地引水的可能性一一同林一山探讨，最后觉得从汉江引水的可行性较大，毛泽东随即指示林一山对汉江引水方案做进一步研究，组织人员勘探，并叮嘱他一有资料就立即写信给他。临别时，毛泽东对林一山说："三峡问题暂时还不考虑开工，但南水北调工作要抓紧。”根据毛泽东的指示，长江水利委员会组织专家和技术人员对汉江流域进行查勘，最终选定汉江中上游丹江口为引水地段，并向毛泽东写信作了汇报。1958 年 3 月，在成都召开的中央政治局扩大会议上，毛泽东讲道：“打开通天河、白龙江借长江水济黄，丹江口引汉济黄，引黄济卫，同北京连起来了”①，再次提出引江、引汉济黄和引黄济卫问题。值得一提的是，对于南水北调，毛泽东不仅在谈话中数次提起，而且还一度打算亲自骑马带领考察队到长江、黄河勘查。如在 1959 年 4 月中共八届七中全会上，毛泽东就说：“如有可能，我就游长江、黄河……搞一班人，地质学家、生物学家……只准骑马……这样搞它四五年，就可以完成任务。”② 1958 年 8 月，中共中央在北戴河召开政治局扩大会议，通过并发出《关于水利工作的指示》，明确提出把南水北调作为全国范围内的较长远水利规划。这是南水北调首次出现在中央正式文件中。可以看出，把南水北调同国家水利建设相统一，通过南水北调工程促进带动国家水利建设是这一时期南水北调乃至国家水利工作的指导方针。三年经济困难时期，尽管困难重重，但南水北调的相关勘测、论证工作仍在中央的大力支持下进行。据统计，在 1959—1961 年的三年时间里，黄河水利委员会每年组织 400 余人的勘测设计工作队，对西线调水工程进行了全面查勘，获取了大量的测绘数据，并提出了西部地区从长江上游调水的多种方案；从 1958 年到 1960 年三年中，中共中央就南水北调工作先后召开 4 次全国性会议，制订了 1960 年至 1963 年南水北调工作计划。

纵观这一时期的南水北调工作，由于当时“大跃进”的氛围，也存在一些如“开河十万里，调水五千亿”之类的不切实际的认识和提法，但相关工作在艰苦的条件下仍然取得了重大进展，如于 1958 年开工建设并在后来成为亚洲第一大人工淡水湖——丹江口水库，就成为后来中线工程的水源地。此

① 韩亦方．“南水北调”——从筹划到实施［J］．纵横，2002（3）．

② 黄河水利委员会．人民治理黄河六十年［M］．郑州：黄河水利出版社，2006：195．

外，相关工作的开展尤其是大规模艰苦的查勘工作积累的大量宝贵数据资料，也为日后南水北调工程的实施奠定了良好的基础。然而，南水北调是一项巨大的改造自然的工程，涉及问题复杂，需要大量资金和技术支持，在当时国家处于经济困难的背景下，是很难实施的。1963 年以后，南水北调相关工作基本停止。

改革开放以后，我国经济社会飞速发展，综合国力日益增强，修建大型水利工程的技术也不断提高。但与此同时，水资源分布不均的现象与我国经济社会发展尤其是城市人口不断增加的矛盾日益凸显出来。面对我国北方地区水资源日益紧缺的局面，党中央、国务院审时度势，从战略全局的高度继续论证南水北调工程。经过 20 多年的论证研究，2000 年 6 月，南水北调工程总体规划最终确定为东、中、西三条路线，即分别从长江流域的上、中、下游调水，由此奠定了南水北调工程的总体格局，迈出了实质而又关键的一步。2002 年 12 月，国务院正式批复了《南水北调工程总体规划》，并原则同意成立国务院南水北调工程领导小组。2002 年 12 月 27 日，南水北调开工典礼举行，拉开了南水北调工程从论证走向开工建设的大幕。

经过十多年紧张艰苦的施工建设，南水北调东线一期工程和中线一期工程已经完工，并分别于 2013 年和 2014 年正式通水。据统计，截至 2016 年 9 月，南水北调中线工程已累计调水 50 多亿立方米，惠及河南、河北、北京、天津四省市 4000 多万居民①，有效地缓解了沿线地区用水紧张的局面。南水北调工程从提出到建成通水历时 60 余载，既是几代领导人坚持不懈接力重视的结果，也是沿线尤其是水源地百姓牺牲小我甘于奉献的结果。它是我国优化配置水资源，解决水资源自然分布不均的一项重大举措，它的建成通水有效缓解了沿线地区居民生活用水紧张问题。

今天，三峡工程、青藏铁路、南水北调已经在我国国民经济和社会发展中发挥着十分重要的作用。回顾这三项工程从提出到论证决策再到最后完工的历程，我们可发现一个共同点，这三项工程都是在新中国成立之初百废待兴的情况下，毛泽东站在国家民族发展的战略全局上，高瞻远瞩首先提出，由几代人接力完成的当代中国跨越世纪的重大工程。它们无一不承载了几代人的梦想，凝聚了几代人的心血，见证了共和国一路走来的伟大征程，它们

① 常理. 同饮一江水，共结节水网［N］. 经济日报，2016-09-26（14）.

坎坷的历程也是新中国半个多世纪岁月的缩影，充分利用并保护好这三项工程，使它们继续在实现中华民族伟大复兴的征程中发挥更大的作用，是我们的重要职责。

（祝　贺　唐正芒）

“前人植树，后人乘凉。共产党人总得为子孙后代多想一些事！”

——毛泽东日常谈话中的林业生态观解读

随着我国经济发展进入新常态，绿色发展理念成为习近平生态文明思想的重要内容，并越来越引起人们的重视，生态保护已成为全国人民的共识，林业在我国经济发展中所占的地位也显得越来越重要。回顾我国林业发展的历程会发现，毛泽东的林业生态思想为我国林业的发展指明了前进方向，奠定了重要基础。然而相对于对毛泽东其他方面思想的研究来说，学界对毛泽东林业生态思想的研究还很薄弱。本专题试从毛泽东日常口头谈话的角度，来对毛泽东的林业生态观作一解读，以期一定程度上弥补相关研究的不足。

一、“林业真是一个大事业”

众所周知，为了实现“超英赶美”的目标，毛泽东在1958年发动了一场全民炼钢运动。而令毛泽东所始料不及的是，大炼钢铁造成了林业资源的浪费，使有些山林变成了荒土荒山。因此，一谈到毛泽东的林业生态思想，就总会有人不以为然，觉得毛泽东谈不上有林业生态思想。其实，这是一种误解和偏见。全民炼钢运动中的林业资源浪费绝非毛泽东所能预见，而毛泽东重视林业发展的思想却是一以贯之的。我们仅通过对毛泽东日常口头谈话相关内容的研究就会发现，无论是在中央日常工作中还是去地方视察，无论是在新民主主义革命时期还是在新中国成立后，毛泽东都强调林业的重要，高度重视林业的发展，并由此体现出其丰富的林业生态思想。

早在1919年9月，毛泽东就将林业问题作为要研究的实业问题之一。[①] 1934年1月，毛泽东看到了林业与农业的关联性，便指出："森林的培养，畜产的增殖，也是农业的重要部分。"[②] 到1944年，毛泽东把植树作为合作社十大业务之一，在中共中央招待出席陕甘宁边区合作社会议代表时，他说："合作社的业务主要有十项：工业、农业、运输、畜牧、供销、卫生、信用、教育、植树、公益。"[③] 他提出"在10年之内每家种100棵树"。[④] 新中国成立后，毛泽东更是看到了林业在整个国民经济中的重要作用，比如1959年6月29日，他在谈话中说："整个经济工作中，综合平衡是个根本问题，有了综合平衡，才有群众路线。三种平衡：农业本身的农、林、牧、副、渔；工业内部的各个部门、各个环节；工业和农业。做好这三种平衡工作，才可能正确地处理整个国民经济的比例关系。"在这里，毛泽东将林业放在"农业本身"的五业中的第二位，足见其对林业重视的态度。在别的不同场合毛泽东也多次强调林业的重要性。1956年3月18日，毛泽东在听取林业部党组书记、林业部副部长李范五等人汇报林业工作时说："林业真是一个大事业，每年为国家创造这么多财富，你们可得好好办哪!"[⑤] "林业为国家做出了很大贡献。你们回去后，要继续把工作抓好，林业问题还是可以解决的。"[⑥] 1958年3月26日在成都会议上，毛泽东插话说："财经贸易，还有文教历来没有摸过，林业也没有摸过，今年这些要摸一摸，政治局、书记处都要摸一摸。"无疑毛泽东这是在表示：不仅是他自己，而且"政治局"和"书记处"都要来关心林业。1958年11月1日，毛泽东在河北邯郸与有关负责人谈话说："树木经济价值很大，木材是化学原料，可以多种些。"[⑦] 1959年6月22日，毛泽东在与河南省委负责人谈话时又说："没有林，也不成其为世界。"[⑧] 再次显现出他对林业非同一般的重视。

甚至在与外国来访者交谈时，毛泽东也会论及林业。1958年7月12日，

---

① 毛泽东早期文稿［M］．长沙：湖南出版社，1990：400.
② 毛泽东选集：第1卷［M］．北京：人民出版社，1991：131.
③ 毛泽东论林业（新编本）［M］．北京：中央文献出版社，2003：21.
④ 毛泽东论林业（新编本）［M］．北京：中央文献出版社，2003：21.
⑤ 毛泽东论林业（新编本）［M］．北京：中央文献出版社，2003：41.
⑥ 毛泽东论林业（新编本）［M］．北京：中央文献出版社，2003：41.
⑦ 毛泽东论林业（新编本）［M］．北京：中央文献出版社，2003：56.
⑧ 毛泽东论林业（新编本）［M］．北京：中央文献出版社，2003：69.

毛泽东在会见非洲青年访华代表团时说："一个国家获得解放后应该有自己的工业，轻工业、重工业都要发展，同时要发展农业、畜牧业，还要发展林业。森林是很宝贵的资源。"① 1958 年 11 月 25 日，毛泽东在与朝鲜政府代表团谈话时说："刚才我说，我们用三分之一的耕地种农作物就够了。另一个三分之一可以种草，还有一个三分之一种树。你看！我们这个国家没有多少树，无论坐火车或乘飞机都可以看到这种情况。我们这样做就可以使它绿化起来，也可以发展畜牧业，农、林、牧业都可以发展起来。"② 由此可见，林业在毛泽东心目中是占有十分重要位置的。

二、绿化祖国，实行大地园林化

（一）绿化城市

新中国成立时，已历经长达一个多世纪的战争，城市生态环境遭到严重破坏。因此，新中国成立后，毛泽东就开始关注城市绿化问题，希望实现城市园林化和绿化的目标。

1953 年 2 月下旬，毛泽东在南京视察期间，在江苏省委第二书记江渭清的陪同下去中山陵谒陵。二月的江苏，依然寒气逼人，但出了中山门，看到一排排高昂挺拔、整齐有序的法国梧桐和雪松、宝塔松，毛泽东感触良多。随后，他们又去了紫金山天文台参观。在此地，俯瞰南京城却是一片灰色，颇应了南京的"石头城"之称。这种鲜明的对比，使毛泽东陷入沉思。之后，他对陪同的江渭清说："中山陵的树是国民党种的，我们共产党为什么不能把整个城市都绿化起来呢?" 接着又说，"渭清啊，这件事你要负责抓，书记挂帅嘛!"③ 江渭清说："主席，请过几年再来看吧!" 毛泽东笑了："好，这就算我们的君子协定。" 1955 年，毛泽东再次来南京视察，其间又提到了

---

① 毛泽东文集：第 7 卷［M］. 北京：人民出版社，1999：383.

② 毛泽东论林业（新编本）［M］. 北京：中央文献出版社，2003：63.

③ 中共中央文献研究室《缅怀毛泽东》编辑组. 缅怀毛泽东 上［M］. 北京：中央文献出版社，2013：336.

当年的“君子协定”,[①] 特别是又谈到了南京郊区的绿化问题。他问身边的江渭清说：“渭清，上次我们谈过城市绿化的事，依你看这郊区的绿化该怎么搞法?”[②] 江渭清回答道：“我们已有部署了，根据具体情况作综合安排，打算搞防风林、用材林、薪炭林和经济林；针对树木品种不同，生长快慢不同，搞长短结合、‘公孙三代’，不久就会见成效的。”毛泽东听后，满意地点了点头。原来，毛泽东在第一次向江渭清交代了绿化南京城市的任务后，江苏省委就立刻采取了行动，找了相关领导和专家们共同商量。根据南京城的实际情况，最终决定：以法国梧桐为基本品种，加上雪松和宝塔松，三年育苗、三年绿化，让南京城区凡是能植树的马路、通道两旁，统统都美化起来。绿化的区域逐步扩大到郊区，部分区域也有种植白杨、垂柳等品种的。南京城区的一些新辟干道，也陆续种植了宝塔松、雪松等大株植，并且以生长缓慢的矮小品种龙柏树、冬青树作为城市美化的点缀品。几年之后，南京的绿化初见成效。又搞了几年以后，成效更为显著，南京城的树木已经成行成片了。到60年代，全国评选绿化先进城市时，南京已经名列第一了。虽然最后为了考虑首都在全国的影响，将北京列为第一名，南京最终列为第二名，但是南京的植树绿化已经闻名于海内外，吸引了国内各大小城市领导人前来参观学习，为我国城市的绿化树立了典范。南京在城市绿化方面取得的历史性成就，是人民群众努力奋斗的结晶，也离不开毛泽东的远见卓识。他的林业思想造福了子孙后代。

除南京外，毛泽东注重城市郊区绿化并取得成效的还有北京郊区绿化。对北京郊区的绿化，毛泽东不仅关注其环境美化，而且还强调其关乎人们的身体健康。1959年9月10日，毛泽东视察了北京郊区的密云水库。站在密云水库东侧松树峪的堤岸上，毛泽东向西面对烟波浩渺的水面，对陪同的中央办公厅主任杨尚昆和北京市市长彭真等人说：“请你们告诉密云县的县委书记和县长，要认真治理和保护好水库四周的环境，搞好绿化，保持水质，这可是关系到北京市近千万人口身体健康的大问题啊!”[③] 彭真认真答道：

① 中共中央文献研究室《缅怀毛泽东》编辑组. 缅怀毛泽东 上［M］. 北京：中央文献出版社，2013：336.

② 中共中央文献研究室《缅怀毛泽东》编辑组. 缅怀毛泽东 上［M］. 北京：中央文献出版社，2013：336.

③ 邸延生. 历史的真知——“文革”前夜的毛泽东［M］. 北京：新华出版社，2013：6－7.

"是，主席！回去我们就开会，召集密云县委的人也参加……"杨尚昆也说："中央办公厅也要开个会，尽快拟出一个认真治理环境、搞好绿化的通知草案来……"在视察过程中，地面被斜阳晒得发烫，山间不高的几株松树摇曳着稀疏的枝叶。毛泽东在一株松树旁停下来，望望山间的沟壑，再看看被四面山峦环抱的水面，又对跟随他的人们说："一定要搞好绿化，不搞绿化不行呢！"① 当随行人员都说："主席说得对，一定要搞好绿化……"时，毛泽东立即强调和嘱咐说："不要停留在口头上，要抓落实呢！"彭真说："请主席放心，我们一定认真抓！"他以雷厉风行的作风贯彻了毛泽东的指示，连夜开会，研究措施，分工负责，抓紧落实密云水库的环境治理和绿化。当晚，周恩来对毛泽东说："彭真同志今天跟主席去了一趟密云，回来就召集北京市委的人开会，传达了主席'要搞好环境建设'和'搞好绿化'的指示……"毛泽东赞许地说："前人植树，后人乘凉，这是句老话么！我们共产党人总得为子孙后代多想一些事！"② 由于措施得力，密云水库的绿化很快就取得成效，不仅改善了水库四周环境，而且也解决了影响北京近千万人口身体健康的水质问题。

如今，我国的城市绿化取得了巨大成效，但城市绿化是一个长期的过程。正如 1964 年 4 月毛泽东在与陕西、河南、安徽三省负责同志的讲话中所说："前几年你们说一两年绿化，一两年怎么能绿化了？用二百年绿化了，就是马克思主义。先做十年、十五年规划，'愚公移山'，这一代人死了，下一代人再搞。"③ 虽然在这漫长的过程中，毛泽东本人无法全程参与具体的绿化实践，但他对绿化的重视可见一斑。他站在战略的高度上强调了持久绿化的重要，为我国城市绿化指明了方向。

（二）绿化荒山荒地

毛泽东十分重视荒山荒地的绿化。他每到一地，看到荒山荒地，都会与当地负责人交流，提出自己绿化荒山的想法。新中国成立后，随着国内局势的稳定和国民经济的恢复，毛泽东绿化荒山荒地的思想得到更进一步的贯彻，

① 邸延生．历史的真知——"文革"前夜的毛泽东［M］．北京：新华出版社，2013：6－7.
② 邸延生．历史的真知——"文革"前夜的毛泽东［M］．北京：新华出版社，2013：6－7.
③ 毛泽东论林业（新编本）［M］．北京：中央文献出版社，2003：74.

取得了显著成效。如20世纪50年代初，毛泽东在江苏省委负责人江渭清陪同下登徐州的云龙山，当看到光秃秃的云龙山时，就说："渭清啊，你说这石头山上能不能搞绿化造林呢？"① 江渭清想了想，回答说："世上无难事，石山绿化一是可以搞人工植被来解决；二是可以在石头上打眼，再向洞眼石缝中填土，播种树种和植小柏树苗，我看总是有办法的。"毛泽东听了高兴地说："那好嘛，就按你说的办吧。"他还介绍说："这么大的一座山，荒秃秃的多可惜。我问过专家，种一棵树就可以含吸住一吨水，既能防止水土流失保持生态平衡，又能美化环境产生经济效益，岂不一举多得。"② 他强调"要发动群众，上山栽树，一定要改变徐州荒山的面貌！"③ 此后，徐州市立刻将此工作提上日程。他们认真调研，科学谋划，齐心努力，彻底改变了云龙山的面貌。如今的云龙山早已柏树满山、青翠一片，加之1958年在山脚下挖的人工湖，湖光山色，美不胜收。

荒山绿化是毛泽东林业思想的重要内容。一方面，他对无树木的荒山地带充满忧虑，想方设法要解决。如1959年在江西庐山，毛泽东望着那座座绿色峰峦、片片青松翠柏，兴致勃勃地问高智："高智，你看庐山这么多树好不好？"④ 高智回答说："好得很呀！"可毛泽东在赞同和兴奋之余又不无忧虑地说："要是陕北的山上，也有这么多树就好了。自然条件也可以得到改变。那里多么需要植树造林啊！"毛泽东一面沉思着，一面又自言自语地说："十年行不行？十年不行，二十年行不行？二十年不行，三十年行不行？"⑤ 另一方面，为了改善荒山面貌，毛泽东又积极对绿化荒山的典型进行宣传和推广，在全国范围内掀起荒山绿化的高潮。可见其对荒山绿化的殚精竭虑。

这里有毛泽东关注和推广山西省阳高县大泉山绿化荒山的典型一例。大泉山村原名西岭村，这一地区处于农牧交错地带，整体上"地势最高，暮春

---

① 中共中央文献研究室《缅怀毛泽东》编辑组. 缅怀毛泽东 上［M］. 北京：中央文献出版社，2013：337.

② 中共中央文献研究室《缅怀毛泽东》编辑组. 缅怀毛泽东 上［M］. 北京：中央文献出版社，2013：337.

③ 毛泽东年谱（1949—1976）：第1卷［M］. 北京：中央文献出版社，2013：621.

④ 中共中央文献研究室《缅怀毛泽东》编辑组. 缅怀毛泽东 上［M］. 北京：中央文献出版社，2013：472.

⑤ 中共中央文献研究室《缅怀毛泽东》编辑组. 缅怀毛泽东 上［M］. 北京：中央文献出版社，2013：472.

犹寒，初秋多霜，冬季冷冻”，只能保证“田成一季”。在地形上，各类用地的坡度较大，且黄土覆盖较浅，石质裸露较多，土壤含养分少。因此这里流传着“山山和尚头，处处裂嘴沟，旱天渴死牛，雨天水土流，满野黄土坡，十年九不收”的顺口溜。新中国成立后，大泉山农民张凤林在党和政府的支持下，依靠党支部的领导和群众的集体力量，探索出一条改变大泉山面貌的道路，他们采取挖鱼鳞坑、开渠、培埂、堵沟等四个办法绿化荒山，形成了一整套治理水土流失、化害为利的有效措施。1954 年实现合作化后，大泉山面貌的改变加快，过去的荒山、荒坡、荒沟成了梯田成排、绿树成荫、溪水潺潺、花果满山的优美风景地。1956 年 1 月，陶鲁笳向毛泽东汇报大泉山绿化荒山的经验。毛泽东听后倍感兴奋，高兴地说：“大泉山张凤林真好啊！你回去后对他说：我们感谢他！我们要在报纸上大量报道大泉山，要写书、写传单，给来参观的人每人发一套。”① 毛泽东对大泉山经验的充分肯定和对张凤林的赞扬，极大地鼓舞了大泉山人。两年后，他们进一步控制了水土流失，基本上做到了土不下山，水不出沟。而且他们的经验，在大泉山高级社的 8 个自然村迅速推广。在 1956、1957 两年，他们利用冬春农闲时间，组织全社劳力，上山下沟，挖鱼鳞坑，植树造林，筑坝造田，取得了突出的成绩。1957 年，大泉山受到国务院的嘉奖，很快因水土保持工作的经验而闻名全国，吸引了大批参观者来到大泉山参观学习，著名科学家竺可桢和苏联水利专家等也到那里参观，并对大泉山的绿化荒山和水土保持工作都给予了高度评价。1958 年，毛泽东在成都会议的两次讲话中还提到大泉山和张凤林。一次说：“我们的东西都是从群众中来的。用鱼鳞坑的办法绿化荒山，是大泉山的一个和尚创造的。不同群众接近，任何东西都创造不出来。”另一次说：“大泉山治理水土流失、蓄水用水的经验，一经在全国推行，更发展了，更系统化了。”②

得到毛泽东的鼓励后，大泉山人继续苦干，变化更是令人鼓舞。到 1990 年年底，他们真正做到了土不下山，水不出沟。过去的荒山、荒坡、荒沟早已变成年年增值的“绿色银行”。他们用林业的收入启动农、牧、副、工各

① 中共中央文献研究室《缅怀毛泽东》编辑组. 缅怀毛泽东 上 [M]. 北京：中央文献出版社，2013：352.

② 中共中央文献研究室《缅怀毛泽东》编辑组. 缅怀毛泽东 上 [M]. 北京：中央文献出版社，2013：352－353.

业，使五业相互促进，全面发展。如今的大泉山正如当地群众传颂的歌谣：松柏杨柳绿满山，层层梯田平展展，村里村外机器响，清清流水绕山间，科技兴农见实效，生产旧貌换新颜，脱贫致富五业旺，文化教育大改观。

（三）绿化江河

旧中国是一个水患严重的国家，不管是长江的洪涝还是黄河的泛滥，都给无数中国人带来了巨大的灾难。新中国成立后，毛泽东决心治理水患。在视察长江黄河的过程中，他多次指出要注重生态保护，植树造林，绿化江河。

1952 年 10 月 26 日至 11 月 1 日，毛泽东到山东、河南视察黄河，指示说："要把大坝、大堤修牢，千万不要出事。""黄河流经此地 700 多年，泥沙淤积很多，夏秋常常决口，泛滥成灾。乾隆皇帝四次来此，研究治理黄河，没有治好。现在人民当家做主，我们一定要把黄河故道治好，变害为利。山上山下、城市道路两旁，都要多栽树，防风固沙，改善人民生活环境，治理战争创伤。"①

1958 年 3 月成都会议结束后，毛泽东到长江三峡实地考察。在四川省委第一书记李井泉、重庆市委第一书记任白戈的陪同下，毛泽东登上"江峡"号客轮。有关领导把燕汉民引见给毛泽东和大家当导游。"江峡"轮徐徐驶入瞿塘峡。第一次入峡的毛泽东站立船头遥望白帝城时，随口吟诵出李白流传千古的《早发白帝城》。然后对燕汉民说："李白诗中'两岸猿声啼不住'，那一定是满山树木，才能有猿猴栖息。但从万县东下，我看这两岸多是光秃秃的。你们应该发动群众，多栽树绿化长江！"② 燕汉民记下了毛泽东的嘱咐，不久，就在三峡地区掀起了绿化长江的群众植树造林运动，并取得了很大成效。

毛泽东曾说一切能够植树造林的地方都要努力植树造林，逐步绿化我们的国家，美化我国人民劳动、工作、学习和生活的环境。并且对绿化提出了明确的愿景："真正的绿化，要在飞机上看见一片绿。种下去还未活，就叫绿化？活了未一片绿，也不能叫绿化。"③ 这些朴素话语蕴含的生态思想，大

① 龙剑宇. 毛泽东的人生旅行［M］. 北京：中共党史出版社，2012：306.
② 龙剑宇. 毛泽东的人生旅行［M］. 北京：中共党史出版社，2012：349.
③ 毛泽东论林业（新编本）［M］. 北京：中央文献出版社，2003：48.

大推动了我国生态事业的发展。位于河北省的塞罕坝就是在毛泽东林业生态思想指导下，在几代领导人的共同努力下所创造的人间奇迹。20 世纪 60 年代初，在国民经济困难时期，国家仍下定决心在塞罕坝建设一座大型国有林场，恢复植被，阻断风沙。如今，历经 55 年，凭借三代造林人的激情、坚守、奉献和传承，塞罕坝从“黄沙遮天日，飞鸟无栖树”的荒漠沙地，变为“河的源头、云的故乡、花的世界、林的海洋、鸟的乐园”，成为世界上面积最大的人工林场，创造了荒原变林海的生态奇迹。

三、尊重规律，科学发展林业

（一）鼓励营造经济林木，创造经济效益

毛泽东不仅看到了植树造林的生态价值，更看到了种植经济林所带来的经济效益。因此他多次强调经济林的经济价值，鼓励人们种植果木、茶树等经济树木，改善人民生活状况。

经济林是以生产果品、食用油料、工业原料和药材等林产品为主要目的的森林。毛泽东认为种植经济林如茶树、果树之类的，一方面可以起到绿化作用；另一方面可以带来果实，可以产生一定的经济效益。所以，毛泽东在各地视察时，多次向相关负责人强调栽种经济林的重要性，得到了很多地区的积极响应。

1948 年 4 月 11 日，在去西柏坡的路上，出河北阜平县的下关村，毛泽东望着汽车窗外说：“人们都说平山不平，阜平不富，这里有山有水，为什么不能富呢？一个是战争给人民带来了灾难，更重要的是过去农民没有土地，没有生产资料。今后土地改革了，多打粮食，就有饭吃了。在山上多种树，造果木林，几年之后，收入也会很多的。在山区多种草，发展牛羊畜牧业生产，农民是可以富起来的。以后应当把阜平不富的名声改过来，把阜平改成富平县。”①

1955 年 5 月，毛泽东在杭州休假期间对浙江省警卫处处长伍一说：“我们的国家现在还很穷，你看这么多空地，荒着多浪费，应该多种些蔬菜、果

---

① 阎长林. 在大决战的日子里——毛泽东生活实录［M］. 北京：中国青年出版社，1986：80.

树等经济作物，不但能观赏，还可有经济收入。这一举两得的好事何乐而不为呢？”① 听了毛泽东的话后，警卫员立刻采取了行动，在80多亩荒地上种植了茶树、梨等十几种果树。几年以后，曾经的杂草丛生变成了茶果满园，一片郁郁葱葱。1956年1月11日，毛泽东在陈毅陪同下由上海到南京。在与农业生产合作社社员交谈时鼓励大家说：“你们要组织起来，走集体化道路，走共同富裕的道路，把荒山变果园，把荒地变粮田。”1963年毛泽东来湖南视察连队，散步时看到一个荒山坡时说：“这块地荒着多可惜，住在这里的同志应该把它开出来种上蔬菜和水果，既可改善生活，又可美化环境。”②

1958年3月毛泽东在成都视察。3月16日来到郫县合兴乡红光社，看到一大片树林时，他高兴地说：“这里是一片青枝绿叶啊！”③ 看到一户农家掩映在竹林中，毛泽东走进院中央，指着几株橘树问社长：“是不是社员栽的？”得到肯定答复后，毛泽东笑着说：“那很好。”他还鼓励社员多栽花果树说：“将来这儿能遍地花果成林，那就好了。”

毛泽东还提出林业发展的多样性问题。1964年9月7日，毛泽东在与湖南省委负责人谈话时说：“造林不要只造一种，用材林有杉树、松树、梓树、樟树。桑树湖南不多，湘绣有名，但不产丝。桐油以后搞它一百万担。”④ 他提倡根据地区特点，种植最有效益的经济林，提高人民生活水平。

1958年9月16日，毛泽东在安徽省委书记和省长的陪同下，视察了舒城县舒城人民公社，查看了公社的展览室和茶叶初制厂。视察快结束时，毛泽东指着周围的山峦说：“以后山坡上要多多开辟茶园。”⑤ 毛泽东这句话大大调动了我国南方山区广大干部群众发展茶叶生产的积极性。1958年10月31日，在去石家庄的专列上，毛泽东同河北省委和石家庄地、市委有关负责人谈话说：“每个人民公社都要种商品作物，如果只种粮食那就不行了，那就不能发工资。山区可以种核桃、梨，可以养羊，拿到外面去交换。”⑥ 1964

① 李大椿. 毛泽东与茶——纪念毛主席百年诞辰［J］. 中国茶叶加工，1994（01）.
② 毛主席走遍祖国大地［M］. 太原：山西人民出版社，1993：270.
③ 毛主席走遍祖国大地［M］. 太原：山西人民出版社，1993：151.
④ 顾龙生. 毛泽东经济年谱［M］. 北京：中共中央党校出版社，1993：610.
⑤ 李大椿. 毛泽东与茶——纪念毛主席百年诞辰［J］. 中国茶叶加工，1994（01）.
⑥ 毛泽东年谱：第3卷［M］. 北京：中央文献出版社，2013：481－482.

年7月，毛泽东在与汪东兴的谈话中说："今后庭院里要多种树木，多种果树，还可以种点粮食、蔬菜、油料作物。北京市的中山公园和香山要逐步改种些果树和油料作物。这样，既好看，又实用，对子孙后代有好处。"① 这些简单的话语里，已明显包含可持续发展理念，对我国当前林业事业的发展，仍有一定借鉴意义。

（二）重视采育结合

为了合理可持续地开发与利用我国森林资源，党中央确定了"采育结合、永续作业、青山常在"的方针。这个方针既符合我国林业生产的客观规律和长远利益，也规划了如何使森林愈采愈多、愈采愈好的林业发展道路。毛泽东在与他人的谈话中就已显现出了在林业发展中的采育结合思想。

1933年11月，毛泽东在福建上杭才溪区召开座谈会。会上毛泽东在询问群众的生产生活状况时说："竹子用途很大，能造纸出口，换回盐布，又能编箩筐，每家每户都少不了它，连扁担也是竹子做的，大家要少吃竹笋，保护竹林。"② 还有一次他看到一位老乡在劈柴，就一边帮老乡劈柴一边问："一担柴卖多少钱？可换多少米、盐、布？你们砍柴，又要烧又要卖，栽不栽树？"③ 并嘱咐他说："要有计划砍，今年砍这块，明年砍那块，要边砍边栽，烧柴要节约。"④ 新中国成立后的1955年8月，毛泽东对来北京参加林业工作会议的毛华初又谈到采育结合的问题。他说："你搞林业很好，林业要发展，还要靠你们多努力！""你是林业厅长，你告诉林业部，不要变成砍伐部、毁林部，要变成一个管林部、育林部。"⑤ 毛泽东不仅重视对树木的人为保护，而且还看到了生态系统中物种间的关联性，呼吁保护鸟类，进而促进树木的健康生长。1948年4月10日，毛泽东在五台山视察台怀诸寺庙时看到一副对联：劝君莫打三春鸟，子在巢中盼母归。毛泽东默念着，颇为赏识，便问："这对联是谁写的？"得知是庙里的和尚所写时，主席略一沉吟道："这副对联应广为宣传。"又道："我们不是和尚，虽不从佛家慈悲放生

---

① 湖南人民出版社编. 毛泽东思想光照千秋［M］. 长沙：湖南人民出版社，1978：924.
② 湖南人民出版社编. 毛泽东思想光照千秋［M］. 长沙：湖南人民出版社，1978：536.
③ 湖南人民出版社编. 毛泽东思想光照千秋［M］. 长沙：湖南人民出版社，1978：536－537.
④ 湖南人民出版社编. 毛泽东思想光照千秋［M］. 长沙：湖南人民出版社，1978：536－537.
⑤ 赵志超. 毛泽东一家人［M］. 北京：中央文献出版社，2006：201.

的立场出发，但应知道自然界中的三春鸟捕捉害虫，是保护农作物和树木的益鸟。”① 这些日常谈话都明显包含了采育结合的生态思想。

（三）提出农林牧副渔协调发展

毛泽东不仅强调采育结合，还提出了林业与其他各业协调发展、循环发展的可持续性问题。他曾十分形象地阐述了农、林、牧三者之间的辩证关系说：“我认为农、林业是发展畜牧业的祖宗，畜牧业是农、林业的儿子。然后，畜牧业又是农、林的祖宗，农、林业又变成儿子了。这就是三者平衡地相互依赖的道理。”② 因此，他注重统筹兼顾，主张农林牧副渔综合发展、循环发展、协调发展。

1958 年 8 月 5 日，毛泽东在去保定市安国县视察途中，对陪同的保定地委第一书记李悦农说：“农业上去了，工业上去了，渔业也要上去，林业也要上去，牧业也要上去，副业也要上去，要全面发展。”③ 1959 年 6 月 22 日，毛泽东在停靠郑州的专列上同河南省委负责人吴芝圃、史向生等人谈话，又提出要有计划地造林，强调：“没有林，也不成其为世界。”④ 1962 年 12 月 10 日，毛泽东在天津听取汇报时说：“房前屋后、公路两旁、铁路两旁、渠道两旁，都可以栽树。树多了，空气中的水分就多了，树还可以防风、防沙，夏天劳动者还可以在树下休息，还可以用材、种果树，还可以吃水果。农、林、牧、副、渔，主要是农、林、牧。这些事情，省、地、县要有个部署，不要搞急了，要一批一批地解决。”⑤

在毛泽东林业生态思想的指导下，我国的绿化率持续上升，林业、农业、畜牧业各业都得到较为协调的发展。

以上所述只是毛泽东日常口头谈话中的林业生态思想的一部分，还有大量的思想待我们继续挖掘。毛泽东林业生态思想是中国革命和建设史上的宝贵财富，是指导我国发展林业、建设社会主义生态文明的重要思想源泉。伟大的时代呼唤伟大的精神，崇高的事业需要榜样的引领，继承和发展毛泽东

① 牛崇辉. 毛泽东与五台山僧人 [J]. 湖南党史，2000 (04).
② 毛泽东文集：第 8 卷 [M]. 北京：人民出版社，1999：101.
③ 毛泽东年谱：第 3 卷 [M]. 北京：中央文献出版社，2013：402.
④ 毛泽东年谱：第 4 卷 [M]. 北京：中央文献出版社，2013：76.
⑤ 毛泽东年谱：第 5 卷 [M]. 北京：中央文献出版社，2013：174－175.

的林业生态思想及自毛泽东时代起开始培育的塞罕坝典型，对我国建设生态文明、推动经济社会的可持续发展具有重大现实意义。

中共十八大以来，以习近平同志为核心的党中央进一步高度重视生态保护。习近平在参加首都义务植树活动时指出：“森林是陆地生态系统的主体和重要资源，是人类生存发展的重要生态保障。不可想象，没有森林，地球和人类会是什么样子。”① 他还在国家林业局第六次森林资源调查报告上作出重要批示指出：“我国仍然是一个缺林少绿、生态脆弱的国家，人民群众期盼山更绿、水更清、环境更宜居，造林绿化、改善生态任重道远。”② 他在中共十九大报告提出的21世纪中叶把我国建设成社会主义现代化强国的目标中，更特地加上了“美丽”这一标准。这不仅体现了习近平生态文明思想对毛泽东林业生态思想的继承和发展，而且展现了一代代中国共产党人为人民创造良好生产生活环境，为努力建设美丽中国、实现中华民族永续发展而奋斗的担当精神。

（唐正芒　张春丽）

① 习近平谈治国理政［M］．北京：外文出版社，2014：207．

② 罗贵权．全面认识塞罕坝林场建设的生态效益［N］．人民日报，2017－10－27（7）．

“我们中国共产党人，一定要把黄河治理好”

——毛泽东日常谈话中的黄河情结

在毛泽东心目中，黄河是中华民族的母亲河，是养育中华民族的摇篮。毛泽东在其词作《沁园春·雪》中的“大河上下，顿失滔滔”便描述了黄河的磅礴气势。治理黄河一直是毛泽东最为牵肠挂肚的一件事，他不仅在其著作中多次提到黄河，在日常谈话中也多次提到要把黄河的事情办好，号召要多关注黄河的治理问题。毛泽东对伟大的黄河情根深种，黄河在毛泽东心中也占据着十分重要的地位。这种特殊的情结让毛泽东与黄河之间形成了紧密的联系，让毛泽东的一生都心系黄河，但始终未畅游黄河也成了毛泽东一生的遗憾。从毛泽东日常谈话中看其对黄河的重视，实质是他践行绿色发展理念，保护生态环境的重要体现。对我国进一步加强河湖管理保护工作、完善水环境治理体系、保障国家水利安全具有重要的现实意义。

一、“藐视黄河，就是藐视我们这个民族”

毛泽东曾三次横渡黄河。1936 年 2 月底，毛泽东率领红军东征渡过黄河转战山西，这是他第一次坐船横渡黄河。当时东征的目的是抗日，由此还须击败阻挠红军东征的阎锡山军队。毛泽东坐在过黄河的木船上，无比自豪地指着黄河大声对随行人员说：“这就是我们的民族精神。”[①] 乘船渡过黄河时，毛泽东提议大家游过去，警卫员们和群众纷纷说不能游，毛泽东笑着说：

---

① 赵熙盛．中华之魂——毛泽东与黄河［J］．党史纵横，1993（11）：4.

"哈哈，不能游了？你们是不敢游呵！"毛泽东转而凝望像陕北小米粥一样浓稠的黄河水，长吁一口气说："你们可以藐视一切，但是不能藐视黄河，藐视黄河，就是藐视我们这个民族……"① 毛泽东第二次横渡黄河是在1936年5月，红军西渡黄河转回陕北。第三次便是1948年3月，在陕西吴堡县川口村渡过黄河。这次渡过黄河后，毛泽东向黄河对岸眺望着，深情地说："陕北人民对革命作出了很大的贡献，我们是忘不了的。黄河真是一大天险啊！如果不是黄河，我们在延安就住不了那么长的时间，日本军队打过来，我们可能又到什么地方打游击去了。过去，黄河没有很好地得到利用，今后，应当利用黄河灌溉、发电、航运，让黄河为人民造福。你们可以藐视一切，但是不能藐视黄河。藐视黄河，就是藐视我们这个民族。你说迈出了一步，我说不是一步，不相信的话，你从河岸数一数，看到这里一共有多少步？"② 毛泽东在这几次渡黄河的经历中，多次强调我们可以藐视一切，但不能藐视黄河，可见他对黄河的敬畏之心。即使黄河存在水患灾害等问题，让大多人认为黄河是"害河"，但毛泽东仍多次强调黄河的重要性。1947年，毛泽东在佳县观赏黄河时对"黄河百害而无一利"的说法反驳道："这种说法是因为不能站在高处看黄河。站低了，便只见洪水，不见河流！"③ 他接着还强调说："没有黄河，就没有我们这个民族啊！不谈五千年，只论现在，没有黄河天险，恐怕我们在延安还待不了那么久。抗日战争中，黄河替我们挡住了日本帝国主义，即使有害，只这一条，也该减轻罪过。将来全国解放了，我们还要利用黄河水浇地、发电，为人民造福！那时，对黄河的评价更要改变了！"④ 1958年3月，在成都会议期间，毛泽东听了山西省委书记陶鲁笳汇报后说："我们不能只骂黄河百害，要改造它，利用它。其实黄河很有用，是一条天生的引水渠。"⑤ 对如何利用黄河，毛泽东曾设想说："可以设想，引用黄河之水，把桑干河修成一条运河，使轮船可以开到北京；也可以设想，把山西的汾河也变成一条运河；还可以设想，用黄河的水在内蒙古改造沙漠，

---

① 龙剑宇. 毛泽东的诗词人生［M］. 北京：中央文献出版社，2003：269.

② 逄先知，金冲及. 毛泽东传（1949—1976）（下）［M］. 北京：中央文献出版社，2003：833.

③ 萧心力. 巡视大江南北的毛泽东［M］. 北京：中国社会科学出版社，1993：1.

④ 萧心力. 巡视大江南北的毛泽东［M］. 北京：中国社会科学出版社，1993：1.

⑤ 陶鲁笳. 毛主席教我们当省委书记［M］. 沈阳：辽宁人民出版社，2012：64.

那才叫雄心壮志。”[①] 在毛泽东心中，黄河的地位至高无上，并不是百害无一利的“害河”，他坚定地认为没有黄河便没有整个民族。后来在国旗的设计上，毛泽东召集文艺家们开会时强调说：“过去我们脑子里老想在国旗上画上中国的特点，因此画上一条，以代表黄河。”[②] 让黄河成为中国的象征设计在国旗上，可见在毛泽东心中对黄河的重视程度。早在延安时，从斯诺采访毛泽东的谈话中，就体现了他对黄河的牵挂之情。当斯诺问毛泽东如果让他卸去领袖重任，他会去做哪些事情？即使这是在战争时期，毛泽东不知疲倦地为中国革命事业奔走操劳之时，他的心中仍然有诗人一般的情怀，他不假思索地回答斯诺说：“骑马沿黄河流域考察。”住进中南海后，他还经常对身边工作人员说：“黄河是伟大的，是我们中华民族的起源，黄河是我们中华民族的象征啊！”[③] 在毛泽东心中，黄河就是中华民族的象征，没有黄河就没有我们这个民族，这样的敬畏之心让毛泽东在内心深处想把黄河从“害河”改成“利河”，在日常谈话中也反复强调要把黄河的事情办好。

二、“你们一定要把黄河的事情办好”

毛泽东为什么一直强调要把黄河的事情办好？这是源于毛泽东在视察中深刻地明白把黄河的事情办好的重要意义，他知道黄河对整个中华民族的重要性。

1952 年 10 月 26 日，心系黄河、情系黄河的毛泽东，来到黄河下游济南附近的洛口镇，看了泥沙淤积的黄河后，关切地问陪同的人：“早就听说黄河水灾很频繁，危害也很大，你们能不能说说具体情况？”[④] 有人说黄河“三年两决口，百年一改道”造成的灾害，并说黄河下游河床已经高出济南市区 5 米、开封 10 米、新乡 25 米。毛泽东听后惊讶地说：“低这么多，真是悬河，悬在人民头上的河，不可掉以轻心哪！”[⑤] 10 月 27 日，毛泽东来到济南

---

① 陶鲁笳．毛主席教我们当省委书记［M］．沈阳：辽宁人民出版社，2012：64.

② 陈晋．文人毛泽东［M］．上海：上海人民出版社，1997：283.

③ 湖南人民出版社编．毛泽东思想光照千秋［M］．长沙：湖南人民出版社，1978：929.

④ 汤胜利．治水元勋功盖大禹——毛泽东与长江、淮河、黄河的治理［J］．党史博览，1994（10）：20.

⑤ 汤胜利．治水元勋功盖大禹——毛泽东与长江、淮河、黄河的治理［J］．党史博览，1994（10）：20.

历史上决口频繁、灾害严重的乐口险工处。毛泽东站在抗洪大坝上，远眺滚滚的黄河水，深思后问当地干部："这里黄河底比济南城内地面高多少?" 有人回答："6 至 7 米。" 毛泽东知道修牢大坝对济南人民的重要性，于是语重心长地说："要把大堤、大坝修牢，千万不要出事。"① 毛泽东顺着大堤前进，边走边同负责人交代："怎样修好堤、怎样修好坝，雨季大水，要发动群众上堤防守，必要时军队要上去坚决死守，不能出事。"② 毛泽东在顺堤前行中，来到了柳园口黄河大堤。柳园口处于黄河著名的"悬河"河段，地理位置险要。面对黄河大堤，毛泽东仔细地从内外左看右看。看到大堤内的情况便担心地说："现在黄河水面比堤外的树顶还高，真是悬河、悬河！大水时，要好好防守不能出事啊!"③ 毛泽东看到大堤外的大片盐碱地，便担心地询问原因，有人回答说："黄河高（悬河），堤外低凹，再加上小清河多年未疏通，排水不畅，导致耕地盐碱化，种不保收，这一片上下游每年 15 万亩地种不成庄稼，群众生活困难。" 毛泽东听后忧心忡忡地说："我深知黄河洪水危害，黄河侧渗也会给人民造成灾害，你们引用黄河水淤地，改种水稻，疏通小清河排水，让群众吃大米，少吃地瓜不行吗?"④ 陪同的人说没有试过这方法，以后可以试试。面对大堤盐碱地的庄稼歉收的难题，想帮忙解决困难的毛泽东便提起了李白的诗句："黄河之水天上来，我真想骑着毛驴到天上去，从黄河的源头一直走到黄河的入海口，我要看看黄河究竟是怎么一回事。"⑤ 想亲自探究黄河的源头，正是毛泽东内心急切想办好黄河事情的写照，凸显了一代伟人对黄河的重视程度。10 月 28 日，毛泽东来到徐州，他登上徐州南郊云龙山最高点，一边拿望远镜眺望黄河故道，一边询问黄河的一些情况，有人指出黄河不仅水灾频繁，而且旱灾也严重。毛泽东听后，神情凝重，思考许久后说道："洪灾也好，旱灾也罢，根治的办法只有一条，那就是搞好水利建设，我早就说过，水利是农业的命脉，把水利抓好了，我们就有资本和老天爷斗。"⑥ 继续视察期间，10 月 29 日晚，毛泽东的专列到达河南省兰

① 王桂英. 毛泽东黄河故道行 [J]. 炎黄纵横，2013 (6)：4.
② 王桂英. 毛泽东黄河故道行 [J]. 炎黄纵横，2013 (6)：4.
③ 王桂英. 毛泽东黄河故道行 [J]. 炎黄纵横，2013 (6)：4.
④ 龙剑宇. 毛泽东的人生旅行 [M]. 北京：中共党史出版社，2012：306.
⑤ 刘继兴. 毛泽东的黄河情结 [J]. 传承，2010 (01)：5.
⑥ 汤胜利. 治水元勋功盖大禹——毛泽东与长江、淮河、黄河的治理 [J]. 党史博览，1994 (10)：20.

封县（今兰考县）。10 月 30 日，毛泽东在王化云等负责人的陪同下视察黄河东坝头决口处，毛泽东健步登上黄河大坝，在大坝上，毛泽东仔细察看了新修的石坝后，急切地询问王化云："像这样的大堤和石头坝你们修了多少？"王化云回答说黄河下游共修大堤 1800 多公里，另有石坝近 5000 道，毛泽东听后，面对滔滔黄河，对陪同视察的同志语重心长地说："你们一定要把黄河的事情办好！"毛泽东还在返回的专列上向王化云关切而仔细地询问黄河治理的相关情况。当谈及黄河未来水量情况时，王化云担心黄河的水不够用，提议可从通天河那里引长江水流入黄河，以解决华北、西北水量不足的问题。毛泽东听后则对王化云幽默地说："你们的雄心壮志不小啊！通天河就是唐僧取经与猪八戒路过的地方。"还说："南方水多，北方水少，如有可能，借点水来也是可以的。"① 当听到为防止洪水灾害，有关部门正在制订修大水库规划时，毛泽东高兴地对在座人员说："好呀，大水库建好之后，将解决几千年以来的黄河的水患问题，还能灌溉平原的农田几千万亩、发电一百万千瓦、通行轮船也有了条件，是可以研究的，要把这个工作好好抓起来。"②

10 月 31 日凌晨，毛泽东的专车就要离开开封了，王化云和省委负责人赶到专车上，要求陪同毛主席去看引黄灌溉工程。毛泽东说："那里有人，你们还有工作，不用去了，你们要把黄河的事情办好。"③ 10 月 31 日上午，毛泽东的专车停在了郑州北面的黄河南岸。他下车后登上邙山山顶，观察黄河在这一带的走向、流量、水势和黄河铁路大桥的情况。11 月 1 日，毛泽东乘坐的专列驶到了黄河北岸，他又视察了人民胜利渠。人民胜利渠是黄河中下游兴建的第一座大型引黄灌溉工程，揭开了新中国利用黄河水的序幕。毛泽东登上渠首闸，详细询问了兴建闸门的一切情况，还亲自摇动启闭机，闸门徐徐升起，黄水通过闸门流向远方。毛泽东说："像这样的闸，一个县有一个就好了。"毛泽东视察黄河后，要回京了，地方的同志纷纷前来为毛泽东送行，毛泽东站在列车尾厢上一边向送行同志招手示意，一边大声地反复叮嘱着："你们要把黄河的事情办好！"④ 毛泽东对黄河倾注的深情与爱，是

① 黄宏．毛泽东与新中国的水利建设［J］．毛泽东研究，2016（6）：56.

② 汤胜利．治水元勋功盖大禹——毛泽东与长江、淮河、黄河的治理［J］．党史博览，1994（10）：20.

③ 一九五二年十月毛泽东同志视察黄河经过［J］．教学与研究，1992（03）：10.

④ 袁隆．一九五二年毛泽东黄河故道行［J］．党史博览，2013（12）：41.

任何人无法与之相比的。据陪同毛泽东考察黄河的叶子龙晚年回忆说："许多回忆文章都谈到，毛泽东视察黄河时心情很好，但据我自身亲身体验，在这段时间里，特别是在视察黄河的过程中，他的表情是颇为凝重的。他对我说：'黄河孕育了中华民族，也害苦了成千上万的中国老百姓。'他始终在想一个问题，怎么样让黄河化害为利，让黄河造福于人民。在他的心中，黄河是与人民连在一起的。他深深爱着黄河，爱着人民。"这种对黄河的重视、对人民的深爱，就是毛泽东在视察中反复强调"要把黄河的事情办好"的根本情愫之所在。

三、"不把黄河的事情办好，我睡不着觉"

滔滔黄河，奔腾澎湃，像一匹野马，不受拘束，一泻千里。千百年来孕育了伟大的中华民族，但也给华夏大地制造了无穷的灾难。饱读经书的毛泽东，深知黄河在治国安邦中的必要性。数千年来，黄河频繁的洪涝灾害，直接危害中国大片疆土，有时甚至成为历代王朝霸业兴衰、政权更替的导火索。正因此，汉武帝曾亲自率众堵口黄河岸，宋太祖御诏疏通黄漕运，忽必烈钦令察河源，康熙亲览修黄淮……毛泽东从这些史实中看出治理黄河水患的重要性，并强调一定要把黄河治理好。对于黄河的灾害问题，毛泽东早就下定决心治理。20 年代初期，由于水灾，长沙城里到处都是沿街乞讨、居无定所的灾民。毛泽东看着被水灾所影响的受难人民，犹如万箭穿心，于是在心里立下誓言："一旦有权治理中国，必效大禹，除害兴利，振邦安民！"① 1947 年底，毛泽东乘船从陕西佳县东渡黄河之前，就特意三番五次地察看了陕西、山西两省交界的黄河。他站在黄河右岸的一个高岗上，迎风而立，久久地深情凝望着如同一条金龙的黄河，深沉而有力地说："等将来全国解放了，我们要利用黄河水浇地、发电，我们要好好治理黄河，造福人民。"② 新中国成立后，毛泽东说："黄河九曲十八弯，富了前后套，害了山东和河南。一出三门峡，黄河就像一匹收不住的野马，放纵奔腾，搞不清会在哪里出乱子，

---

① 汤胜利．治水元勋功盖大禹——毛泽东与长江、淮河、黄河的治理［J］．党史博览，1994（10）：17.

② 汤胜利．治水元勋功盖大禹——毛泽东与长江、淮河、黄河的治理［J］．党史博览，1994（10）：19.

使多少万人民的生命财产毁于一旦，现在到了我们手里，一定要驯服它，无论在何种情况下，决不能让它出乱子，你们一定要把黄河的事情办好！确保黄河的安全。不然，我睡不着觉。”① 毛泽东为了治理黄河问题，在1950年便成立了由治水专家王化云为主任的治黄委员会，还亲自视察黄河，多次听取治黄问题的报告。

1952年10月25日至11月1日，毛泽东从洛口镇、乐口险工处到悬河岸边，从邙山之顶到人民胜利渠等地方全方位视察黄河，他一路察看防洪情况，一边询问治黄方略，他活跃的思维一直停留在这一条大河上，从未离开。视察柳园口时，毛泽东说：“黄河流经此地700多年，泥沙淤积很多，夏秋常常决口，泛滥成灾。乾隆皇帝四次来此，研究治理黄河，没有治好。现在人民当家做主，我们一定要把黄河故道治好，变害为利。山上山下、城市道路两旁，都要多栽树，防风固沙，改善人民生活环境，治理战争创伤。”② 视察邙山时，随行人员告诉毛泽东：1938年那次花园口大堤决开后，水淹没豫、皖、苏3省44个县，受灾人口1250万人，造成了震惊中外的大灾难……毛泽东听后对陪同的河南省委、郑州市委负责人说：“黄河既是养育中华民族的摇篮，又是旧中国连年征战、滥砍滥伐上游树木造成的一条危害人民的害河。历史上黄河不知决口有多少次，给人民群众的生命财产不知造成多大的危害，现在到了我们手里，一定要治服它，决不能再让它出乱子，要确保黄河的安全，确保黄河铁桥的安全。你们要把黄河的事情办好，不然，我是睡不好觉的。”③ 当陪同者看毛泽东因黄河造成的灾难影响人民生活而感到心情沉重时，便向毛泽东反映：自从黄河在1947年回归故道后，经过解放区大量开展治黄工作，解放区人民的努力，黄河虽然发过几次大水，但并没有造成灾害。毛泽东听后扳扳手指愉悦地说：“黄河五年没有侵害老百姓了，但五年还太少了，要保证黄河年年安澜，岁岁太平，我们是中国共产党，和封建官僚，和国民党有着根本的区别，我们一心为人民服务，他们咧，不仅不顾人民死活，还把人民推到水深火热之中，你看1938年，国民党在花园口扒开

---

① 薛庆超．一九五二年：毛泽东首次视察黄河［J］．纵横，2001（01）：36.

② 龙剑宇．毛泽东的人生旅行［M］．北京：中共党史出版社，2012：306.

③ 殷晓章，卫红春．毛泽东的嘱咐，要把黄河的事情办好背后的故事［J］．侨园，2014（07）：56.

黄河就是一个例子嘛！"① 毛泽东还强调说保证黄河年年安澜最好的办法就是搞好水利建设，让黄河造福人民。毛泽东继续视察人民胜利渠，渠首是荒凉的黄河沙滩，大风过后，刮起漫天沙土。当时人民胜利渠负责人脱口而出：抬头是邙山，低头是河滩，大风黄河刮过来，光想埋住俺。毛泽东听后笑了，幽默地说："埋住你？和它斗嘛！用绿化的方法。"遵照毛泽东的指示，从1953年春季开始，人民胜利渠开始进行大规模的绿化建设。往昔荒凉的黄河滩变成了面积近千亩的花果园，水渠两岸成了一条遮天蔽日的绿色长廊，成为吸引外国元首、外交使团参观、考察的有名的旅游景点。毛泽东这次视察黄河，他关注的黄河防汛、工程建设、泥沙淤积等问题都是治理黄河的核心问题，处处彰显出一位以人民利益为重的伟人对治好黄河、造福人民的殷切希望。

1953年至1955年，毛泽东三次专门听取治黄委员会关于治理黄河的汇报。第一次专门听取黄河的汇报是在1953年2月。毛泽东就三门峡水库的建设时间、库区移民、黄河中上游的水土保持等问题同王化云进行探讨。王化云报告了相关情况后，毛泽东高兴地说："革命成功了，事情好办了，治黄问题过去不能解决，只有现在才能解决。"② 毛泽东又强调说："历代王朝都治理黄河，但没有治理好，我们中国共产党人，一定要把黄河治理好。"③ 1953年2月16日，毛泽东与同在许昌上车的纪登奎谈话。他回忆起1918年8月第一次从长沙到北京途中的情况时那年黄河大水横流，京汉铁路淹没，不能通车，他在许昌停留三天的故事。毛泽东谈起说："我送勤工俭学学生乘火车去北京，路坏了，在许昌候车三天。到了郑州，黄河正在涨水。那时候还是北洋军阀统治，又有谁去管黄河的事情呢！现在革命成功了，都归我们管了，事情好办了。比如黄河，过去不归我们管，治黄问题不能解决，现在黄河回到了人民手里，人民就有权利医治它。"④ 毛泽东第二次听取治理黄河汇报是在1954年冬，南巡返京经过郑州时，在乘坐的专列上，毛泽东又专门听了王化云关于治黄工作问题的汇报，并着重跟他们谈了黄河治理规划和

---

① 汤胜利．治水元勋功盖大禹——毛泽东与长江、淮河、黄河的治理［J］．党史博览，1994（10）：20.

② 刘继兴．毛泽东的黄河情结［J］．传承，2010（01）：5.

③ 毛泽东年谱（1949—1976）：第2卷［M］．中央文献出版，2013：31.

④ 毛泽东年谱（1949—1976）：第2卷［M］．中央文献出版，2013：31.

水土保持的问题，强调一定要注意黄河的治理问题。1955 年 4 月 22 日，毛泽东到河南视察工作。在省委北院的二楼会议室里听取了治黄工作汇报，毛泽东看到了王化云，望着他说；“还是先说说治黄吧！”王化云汇报修建三门峡水库时，毛泽东说：“黄河每年流入三门峡水库十几亿吨泥沙，泥沙淤积怎么办？历史上治理黄河有堵、疏的争论，有两种不同的治理办法。”① 毛泽东把话停下来，王化云接着汇报黄河上游搞水土保持试点的情况。毛泽东说：“这是治本的办法，但黄土高原面积大，人口少，任务艰巨，堵、疏、水土保持都可以搞。治黄委员会是治理黄河的专门机构，省委要支持把治理黄河这件大事办好。历代王朝都治理黄河，都没有治好，我们共产党人一定要把黄河治理好，你们的责任很大呀！”② 在毛泽东的深切关怀和指导下，黄河的上游先后建起了三门峡、青铜峡、龙羊峡等大型水力发电站，使桀骜不驯的黄河，开始规规矩矩地奔向大海了，再也不是横冲直撞地危害人民。黄河也成为中国的“能源之河”，在黄河下游引黄灌溉，改良土壤，使黄河两岸的农业丰收发挥了重大作用。黄河也由“害河”变成了“利河”。1960 年 2 月 24 日，毛泽东看《通讯简报》，知道了黄河青铜峡水利枢纽工程拦河大坝胜利合龙截流的消息，大坝合龙后，可控制宁夏、内蒙古等地区的黄河凌汛，并使宁夏地区形成一个面积 1000 万亩的黄河平原灌溉网和山区扬水灌溉网。毛泽东很高兴，拿着《简报》问侍卫在他身边的李银桥：“银桥，你还记得我们在陕北佳县时的情形吗？”“记得！”李银桥回答说，“在黄河边上，我还跟着你去看过黄河呢！”毛泽东说：“现在好了！现在黄河上游修建了一座很大的水库，可以变黄河水为宝，又浇地又发电，为人民造福了！”“那敢情好多了！”③ 1961 年我国出现了一批新的电力灌溉区，毛泽东在中南海看了新华社的报道，对他身边的卫士张仙朋说：“中国有朝一日都发展得像这些地方，都能够用电力浇田，人民的日子就好多了！”④ 张仙朋回答说：“那也得有水呀！我们那地方，打多么深的井也没水……”毛泽东说，“是吗，要有水……天不下雨自己调，下力量把黄河、海河、淮河的事情办好，还要充分、

---

① 刘全生．黄河骄子　中华英魂——毛泽东与黄河的故事［J］．中州统战，1994（08）：27．

② 刘全生．黄河骄子　中华英魂——毛泽东与黄河的故事［J］．中州统战，1994（08）：28．

③ 邸延生．历史的真知——“文革”前夜的毛泽东［M］．北京：新华出版社，2013：49－50．

④ 邸延生．历史的真知——“文革”前夜的毛泽东［M］．北京：新华出版社，2013：160－161．

合理地利用黄河大江大河的水利资源，想办法南水北调，至于怎么调？要想办法，要有计划……”① 毛泽东多次关注治黄问题，并提出要把黄河的事情办好，不办好黄河的事情他睡不着觉。

毛泽东因为重视黄河的治理问题而流露出“不把黄河的事情办好，我睡不着觉”的真挚话语，是毛泽东心系黄河、情系黄河的情感外化。在这种感情的驱使下，让毛泽东想同黄河身心融合，于是多次提出畅游黄河的心愿。

四、未了的心愿："到了黄河也不死心"

1961 年 8 月，在庐山。毛泽东同卫士张仙朋谈起他的三大心愿。毛泽东感慨地说：“我有三大心愿：一是要下放去搞一年工业，搞一年农业，搞半年商业，这样使我多调查研究，了解情况，我不当官僚主义，对全国干部也是一个推动。二是要骑马到黄河、长江两岸进行实地考察，我对地质方面缺少知识，要请一位地质学家，还要请一位历史学家和文学家一起去。三是最后写一部书，把我的一生写进去，把我的缺点、错误统统写进去，让全世界人民去评论我究竟是好人，还是坏人。”三个心愿中便有沿黄河进行考察，这可见毛泽东的黄河情结之深、对黄河的重视程度之高。毛泽东对黄河的情结起源于他几次坐船渡黄河的真实经历。从这些真实经历中，让毛泽东萌发出畅游黄河的想法。1936 年 2 月底，毛泽东等人离开陕北，踏上东征的路途。在川口乘船渡过黄河时，毛泽东内心便第一次萌发出游过黄河的想法，在乘船途中问警卫员们谁敢游过黄河？有的说枯水季节游过、给彭老总送信时游过；有的说涨大水时游过。了解警卫员们曾经游过黄河的经历，毛泽东内心激动地说：“那太好了，我们可以不用坐船，直接游过去吧！”警卫员面对毛泽东的话一下子吓呆了，便对主席说黄河里很多冰块，怎么能游？恰逢 2 月是黄河的凌汛期，黄河的激流里漂浮着许多大小不一的冰块，冰块与船互撞敲出动人心魄的巨响声。警卫员们和群众纷纷说不能游，毛泽东忽然笑着说：“哈哈，不能游了？你们是不敢呵！”船过中流，毛泽东向黄河上游远眺，嘴里念着：“君不见黄河之水天上来，奔流到海不复回……”毛泽东还

① 邸延生．历史的真知——“文革”前夜的毛泽东［M］．北京：新华出版社，2013：160－161．

念念有词地问黄河的源头在哪里？行船逐渐靠近东岸，毛泽东再次回望黄河，长叹了一口气说：“唉，遗憾！”这一声遗憾道出了毛泽东未能游过黄河的无奈之感。1958年8月7日，毛泽东视察郑州兰封东坝头，第二次打算横渡黄河，经保卫人员再三劝阻，毛泽东只好将畅游黄河的想法暂时搁浅。1959年9月，毛泽东第三次想游过黄河，便在黄河岸边对山东省委书记舒同说：“全国的大江大海我都游过了，但还没有游过黄河，我明年夏天来济南横渡黄河。”① 舒同对毛泽东解释说黄河泥沙堆积，黄河漩涡太大太多，不便游泳。毛泽东说：“有泥沙怕什么，上来一冲就没有了，漩涡也没什么可怕的，我明年7月上旬或8月上旬来游。”② 但第二年夏天由于其他原因，毛泽东还是没有完成畅游黄河的心愿。也正因此，游黄河一直是他内心深处的愿望。1961年，毛泽东与吴旭君聊天便时常提起关于黄河的故事。毛泽东回忆道：“1948年3月宜川大捷，打败了胡宗南。我们行军到川口，要从这里过黄河。水流急得很，还有冰块哩。我这次没能到激流中去试一试水。面对咆哮的黄河，我是坐渡船过去的，不是游过去的，可惜呀！”③ 可惜这一词，正是毛泽东游黄河未成的叹惋。

1962年，夏天的一个夜晚，在菊香书屋内，毛泽东在办公桌上写东西，他一边写一边念着诗：“黄河之水天上来，奔流到海不复回。”他一遍又一遍地反复写，反复念，似乎要从中读出点什么。吴旭君给他磨墨说：“主席，你还是忘不了黄河呀？”毛泽东立马回答说“我怎么能忘了黄河呢？”随后他放下笔，抬起头认真凝视着远方缓缓回忆说：“52年我去视察了黄河，可是工作忙，只走马观花地看了看，没干成什么事。一晃十年过去了。”毛泽东还说：“高智去西安工作时，我让他先打个前站，沿途做些调查研究，我随后就到。我告诉他我要骑马去，沿黄河走一趟。”④ 未游过黄河的遗憾情结一直留在了毛泽东的心里，时不时地提醒着毛泽东去完成未了的心愿。于是在

① “毛泽东与我”征文活动组委会. 毛泽东与我丛书：毛主席走遍祖国大地［M］. 太原：山西人民出版，1993：257.

② “毛泽东与我”征文活动组委会. 毛泽东与我丛书：毛主席走遍祖国大地［M］. 太原：山西人民出版，1993：257.

③ 中共中央文献研究室《缅怀毛泽东》编辑组. 缅怀毛泽东 上［M］. 北京：中央文献出版社，2013：655－659.

④ 中共中央文献研究室《缅怀毛泽东》编辑组. 缅怀毛泽东 上［M］. 北京：中央文献出版社，2013：655－659.

1964 年的一天下午，毛泽东游泳回来又想游黄河，于是对吴旭君说：“我想去黄河，你做点儿准备。”吴旭君连忙问：“主席，你去黄河干什么?”他高兴地笑了，红光满面，挥着手说：“这次可好了，可以如愿了。我不当国家主席了，事情不那么忙了。我想搞点儿科学研究，再不搞就来不及了。”他既激动又兴奋地说：“我要带一个智囊团去。这里面包括有天文、地理、历史、气象、土壤、地质、化学、肥料、水利、电力等等一批专家，要像李四光这样的专家。他们是大有用武之地的。我们大家都骑马去。你给我准备一些应付艰苦生活的东西。我们要沿着黄河走，逆流而上，去寻找黄河的源头。把这条河从头了解起，让它能更好地为我们的民族造福。我们还可以到黄河里游泳啊。”① 吴旭君没有去过黄河，毛泽东让吴旭君多练习骑马并说：“你不会骑马就去不成黄河，长了这么大，连黄河都没有亲眼看过，你会后悔的。你要知道黄河在战争年代是有功之臣，现在搞建设，不让它做贡献，它会不高兴哩。我了解黄河，我们的心是相通的。”② 后来发生了美国轰炸越南北方的“北部湾事件”，毛泽东黄河行的计划只得作罢。后来主席总是说：“以后我还是要去的。”1965 年，高智到北京看望主席，汇报了他沿途了解的关于黄河的情况。主席听后便高兴得好几天睡不好觉。高智的汇报又激起毛泽东想去游黄河的感情，于是对吴旭君说：“那次没去成，太可惜了，一切都准备好。看来，一个人要办成一件事并不容易。”③

20 世纪 70 年代，体弱多病的毛泽东仍然惦记着黄河，他用手捶打着沉重无力的双腿，闭上眼睛，让吴旭君给他唱有关黄河的歌。吴旭君给他唱《黄水谣》。吴旭君看见主席仍闭着眼说，“继续唱吧!”于是，吴旭君又接着唱了一首《保卫黄河》。唱完了，吴旭君说：“主席，看来你是不到黄河不死心的人啊。”毛泽东睁开眼睛幽默地说，“我是个到了黄河也不死心的人。”④ 到了黄河也不死心，在毛泽东看来，他是没有完成他畅游黄河、与黄河进行

---

① 中共中央文献研究室《缅怀毛泽东》编辑组. 缅怀毛泽东 上［M］. 北京：中央文献出版社，2013：655.

② 中共中央文献研究室《缅怀毛泽东》编辑组. 缅怀毛泽东 下［M］. 北京：中央文献出版社，2013：656.

③ 中共中央文献研究室《缅怀毛泽东》编辑组. 缅怀毛泽东 下［M］. 北京：中央文献出版社，2013：657.

④ 中共中央文献研究室《缅怀毛泽东》编辑组. 缅怀毛泽东 下［M］. 北京：中央文献出版社，2013：658.

亲密接触的心愿。1972 年毛泽东大病初愈。就在他病愈以后，他又风趣地对吴旭君说："前些时候我到马克思、列宁那儿走了一趟，他俩说：你那个国家的钢、粮食还太少，再说你还要去黄河，你就不用这么早来啦，你先回去吧。所以我又回来了。看来，我的一片真诚感动了马克思和列宁，去黄河还是有希望的。"① 即使在生病的时刻，毛泽东仍惦记要游黄河，但终其一生，他都没有如愿游过黄河，这也成了毛泽东永远的遗憾。

（唐正芒　夏　艳）

① 中共中央文献研究室《缅怀毛泽东》编辑组. 缅怀毛泽东 下［M］. 北京：中央文献出版社，2013：655－659.

建设富裕、文明、美丽、幸福的社会主义新农村

——毛泽东谈话与其著作中的社会主义新农村建设思想融合研究

毛泽东出身于农村，与农村有着一份天然的情感联结。在领导中国革命和建设的过程中，他同中国的农民与农村更是结下了不解之缘。早在 1918 年，毛泽东就提出了自己改变中国落后面貌的“新村”计划，勾画了自己心中理想的“新村”形象。新中国成立后，毛泽东开始迈出建设社会主义新农村的步伐。第一步便是通过农业合作化运动确立农村的社会主义发展方向。1956 年 7 月 2 日，《人民日报》头版发表题为《建设社会主义的新农村》的社论，正式吹响了社会主义新农村建设的号角。在毛泽东的积极号召和有力推动下，全国各地逐渐形成建设社会主义新农村的生动局面。

一、发展“机械化、电气化、水利化、化学化”的社会主义新农业

农业兴则国家兴。农业作为国民经济的基础，毛泽东认为其“根本出路在于机械化”。这里的“机械化”是广义上的机械化，即运用电气动力机械、用机械进行水利建设和“用机械制造化学肥料这件事，必须包括在内”[①]。其实质包含了农业机械化、电气化、水利化和化学化四个方面的内容。毛泽东关于农业机械化的这一思想通过 1959 年 4 月 29 日的《党内通信》传达全党，并转化成了党的意志。1961 年中共中央批转了《关于提高粮食收购价格问题的报告》，指出“我国发展农业的根本道路是实现农业的机械化、水利化、

① 毛泽东文集：第 8 卷［M］. 北京：人民出版社，1999：49.

电气化、化学化"[①]。1963 年 3 月颁发的《一九六三——一九七二年全国农业科学技术发展规划纲要》，正式确立农业技术改革走"四化"的道路、方针和目标。

（一）"先合作化，后机械化"

毛泽东认为："没有农业社会化，就没有全部的巩固的社会主义。"[②] 因此，农业社会化是进行社会主义新农村建设的基础，而进行农业技术革命，实现农业机械化，都是毛泽东在农业发展策略上置于农业合作化之后的。他认为不管是否已实现农业机械化都可先完成农业合作化。1951 年 9 月，毛泽东通过中共中央第一次农业互助合作会议开始推行农业合作化。通过新中国几年经济建设的探索和实践，毛泽东"先合作化后机械化"的思想愈加明晰。1953 年 6 月 7 日，他在审阅修改中央农村工作部关于第二次全国农村工会议的报告时指出："提高单位面积产量，是目前农业增产的主要出路。但要发挥这种增产潜在力，靠小农经济是有限的，靠在农业中实行大规模的机械化是工业发展以后的远景，在最近几年之内必须依靠大力发展农业合作化，在合作化的基础上适当地进行各种可能的技术改革。"[③] 这标志着农业"先合作化后机械化"思想的确立。即便在遇到分歧和阻力时，他仍坚持这一方针。1955 年 10 月在中共七届六中全会上，他批评在合作化过程中迈不开步子、"像小脚女人走路"的情况，强调"不能够认为先工业化、先机械化然后才有合作化，我们先搞好合作化，可以推动工业化"。[④] 先合作化后机械化，是毛泽东根据我国国情做出的不同于苏联社会主义建设道路的选择。

农业合作化后期，毛泽东确如之前所设想的，开始把视线转移到农业机械化问题上。他在《关于农业合作化问题》中指出："中国只有在社会经济制度方面彻底地完成社会主义改造，又在技术方面，在一切能够使用机器操作的部门和地方，统统使用机器操作，才能使社会经济面貌全部改观。""估

---

① 中共中央文献研究室．建国以来重要文献选编：第 14 册［M］．北京：中央文献出版社，1996：54.

② 毛泽东选集：第 4 卷［M］．北京：人民出版社，1991：1477.

③ 毛泽东年谱（1949—1976）：第 2 卷［M］．北京：中央文献出版社，2013：246.

④ 中共中央文献研究室《缅怀毛泽东》编辑组．缅怀毛泽东 下［M］．北京：中央文献出版社，2013：385.

计在全国范围内基本上完成农业方面的技术改革，大概需要四个至五个五年计划，即20年至25年时间。全党必须为了实现这个伟大任务而奋斗。”①1957年，他正式提出由过去的革命转到技术革命的命题，并在1958年指示要把党的工作中心放到技术革命上去。1958年1月，他在杭州考察行程十分紧张的情况下，还抽出时间去浙江农科所参观国内正在推广使用的双轮双铧犁，并亲自扶犁耕地。毛泽东在1959年4月29日的《党内通信》中，更明确地提出：“农业的根本出路在于机械化。”② 在全党和全国人民的共同努力下，农业机械化获得长足发展。即便是在“文化大革命”期间，农业机械化仍然势头向好。如1973年《人民日报》报道了湖北省新洲县（今武汉市新洲区）刘集公社机械化的发展情况：“只见广阔肥沃的田野里，一台台东方红牌拖拉机翻卷起黑色的泥土；宽坦的公路上，一辆辆满载土杂肥的汽车和胶轮板车川流不息；举水堤畔的抽水机欢唱着；沙洲上的推土机、铲运机发出震天吼声。这里，呈现着社会主义新农村的壮丽图景。”③ 1975年10月12日，《人民日报》也报道了全国的农业机械化情况，称“最近四年农业机械化发展速度超过了前十五年”④。此外，还有1975年11月17日《人民日报》发表的《把农业机械化和科学种田结合起来——绥化县充分发挥农业机械作用，粮食连年高产》等报道。从这些报道可以看出，农业机械化在20世纪70年代确有较为明显的发展。

（二）“土洋并举、大中小并举”

如前所述，毛泽东在1955年就提出要在20到25年内基本实现农业机械化的想法。奈何中国机械化的基础过于薄弱，难以一步到位地全面机械化。因此，毛泽东提出了“土洋并举，大中小并举”的实施方针。他说：“我们现在还不一般地提自动化。机械化要讲，但也不要讲得过头。机械化、自动化讲得过多了，会使人们看不起半机械化和土法生产。过去就曾经有过这样

---

① 中共中央文献研究室. 建国以来毛泽东文稿：第5册［M］. 北京：中央文献出版社，1991：256.

② 中共中央文献研究室. 建国以来毛泽东文稿：第8册［M］. 北京：中央文献出版社，1993：236.

③ 公社促进了工业化［N］. 人民日报，1973-08-18.

④ 下定决心五年实现——全国农业学大寨会议讨论一九八〇年基本上实现农业机械化问题［N］. 人民日报，1975-10-12.

的偏向，大家都片面追求新技术、新机器，追求大规模、高标准，看不起土的、半洋半土的，看不起中小的。提出洋土并举、大中小并举后，这个偏向才克服。”“在一个时期内因为机器不够，要提倡半机械化和改良农具。”① 在1959年4月29日的《党内通讯》中，他再次强调农业机械化要遵循发展由少到多、由低级到高级的基本规律，工作规划要有目标、讲步骤，“四年以内小解决，七年以内中解决，十年以内大解决。今年、明年，后年、大后年这四年内，主要依靠改良农具、半机械化农具。”1960年5月4日，他到山东省珍珠泉大院观看了全省技术革新、技术革命最新成就展览和叮嘱青年研究工作者：“要两条腿走路，土洋结合，土设备能解决大问题。”② 在他的再三强调下，农业“四化”都是坚持“土洋并举，大中小并举”，两条腿走路的方针。例如：水利化方面，坚持“小型为主，以蓄为主，社办为主”的“三主”方针，同时“应该注意到在以小型工程为基础的前提下，适当地发展中型工程和必要的可能的某些大型工程，并使大、中、小工程相互结合，有计划地逐渐形成为比较完整的水利工程系统。”③ 在化学化方面，毛泽东强调：“我们是走洋化肥的道路，还是走现在人粪尿的道路？这是个方向问题。人粪尿有机质多，洋化肥容易使土壤板结。但这并不是不要洋化肥。土化肥与洋化肥基本是一样的，都是好肥料，但不要迷信洋化肥。”④ 正是因为坚持“土洋并举”“机械化与半机械化并举”的发展方针和“全党抓，全民动，有钱先往农业上用”的指导思想，我国农业机械化在六七十年代取得了明显成绩。1970年与1966年相比，农机产品增加了300多种；耕作机械、排灌机械、加工机械、运输机械等机械化半机械化农具成倍增长。全国90%以上的县有了农机修造厂。⑤

---

① 毛泽东文集：第8卷［M］. 北京：人民出版社，1999：125.

② 袁小荣. 毛泽东离京巡视纪实——1949—1976（中卷）［M］. 北京：人民日报出版社，2013：806.

③ 中共中央文献研究室. 建国以来重要文献选编：第11册［M］. 北京：中央文献出版社，1995：394.

④ 袁小荣. 毛泽东离京巡视纪实——1949—1976（中卷）［M］. 北京：人民日报出版社，2013：512.

⑤ 中华人民共和国国家农业委员会办公厅. 农业集体化重要文件汇编（1958—1981）（下册）［M］. 北京：中共中央党校出版社，1981：903.

（三）现代科学技术与优良农耕传统相结合

毛泽东非常重视对优良农耕传统的总结、运用，以及与现代农业科技的结合和发展。由毛泽东亲自主持制定的《1956年到1967年全国农业发展纲要（修正草案）》强调“农业科学研究和技术指导，必须同农民群众的生产实践密切地结合起来”。在1962年党中央召开的全国农业会议上，毛泽东再次确认：“我国的农业机械化，一定要同精耕细作的传统相结合，一定要既提高劳动生产率，又提高土地的单位面积产量。一定要把农民长期积累的经验，祖国的农业科学遗产，同现代农业科学技术结合起来。”① 在《农业发展纲要四十条》中，毛泽东将这一思想凝练成“农业八字宪法”，即“水、肥、土、种、密、保、工、管”这八个方面的农业增产经验和思想。以“土”为例，一方面，毛泽东非常推崇苏联威廉斯的“草田轮作”和利用合理耕作制度改良土地肥力的思想。因此，他两次接见并叮嘱年轻的女土壤学家陈文新，要她学习苏联土壤学家威廉斯的耕作学理论，并将其与中国的实际相结合；另一方面，他非常推崇中国传统的“松土深一寸，等于上趟粪”的思想，提倡以深耕的方式充分利用自然肥力。可见，在土地的利用和改造方面，毛泽东践行的就是将现代农业科技与优良农耕传统结合的思想。在“农肥”的使用方面亦然。他多次强调“化学肥料是无机肥料，中外的经验都已经证明，必须与有机肥料混合施用，才能更好地发挥肥效，避免土壤恶化，因此，绝不要因为化肥特别是土化肥的增产，而放松了农家积肥造肥。”② 提倡将传统农家肥与现代化肥相结合，以促进作物增产和保持土壤肥力。

为了更好地落实毛泽东关于总结发扬各地优良农耕传统、农民增产经验与现代农业科技相结合的思想，农业部组织全国力量编写了关于农业增产经验和农业科学技术的系列书籍。根据农业部给毛泽东和中央农村工作部的《关于全国农业科学技术工作会议的报告》，仅1959年就组织编写了水稻、小麦、棉花、果树、桑树栽培、农业土壤、肥料、植物保护、家畜传染病等9本重要理论著作，各省、市、区也分别积极编写了各种科学技术书籍280

---

① 中共中央文献研究室．建国以来重要文献选编：第15册［M］．北京：中央文献出版社，1997：641．

② 中共中央文献研究室．建国以来重要文献选编：第11册［M］．北京：中央文献出版社，1995：401．

多种。毛泽东将现代农业科技与优良农耕传统相结合的思想，以及他由此形成的“农业八字宪法”，对新中国的农业增产做出了重要贡献。据《人民日报》1975 年 11 月 17 日对绥化县（今绥化市）运用农业机械化和科学种田相结合取得粮食连年高产的报道：“为了充分发挥农业机械的作用，认真贯彻农业‘八字宪法’，他们还根据本地条件，对作物栽培、施肥、中耕方法进行了一系列改革，例如：变浅耕为深耕；变集中施肥为散施肥、深施肥；变垄作垄管为平播垄管、垄平结合；变先铲后趟为先趟后铲，以趟为主，等等。这些做法都起到了增产的效果。”①

二、建设富裕、文明、美丽、幸福的社会主义新农村

1958 年 4 月，毛泽东在与刘少奇、陆定一谈话中描绘了自己心中理想的社会主义新农村图景：“那时我国的乡村中将是许多共产主义的公社，每个公社有自己的农业、工业，有大学、中学、小学，有医院，有科学研究机关，有商店和服务行业，有交通事业，有托儿所和公共食堂，有俱乐部，也有维持治安的警察等等。若干乡村公社围绕着城市，又成为更大的共产主义公社。”② 同年 11 月 6 日，山东范县人民公社党委（县委）第一书记谢惠玉提出了 1960 年建成共产主义新乐园的设想：“新乐园真正强，四面八方是楼房，有大学有工厂，公园街上百花香，柏油马路明又亮，汽车穿梭排成行，有电影有戏院，劳动以后去听唱，冬天室内有暖气，夏天开开电扇乘乘凉，生活真是大变样，万年幸福乐无疆。”③ 毛泽东对范县这一充满诗情画意的设想表现出很大的兴趣，当即表示想邀陈伯达、张春桥、李友九前去看看。可见他向往的是一个富裕、文明、美丽、幸福的社会主义新农村。

（一）积极发展农村生产，提高农民生活水平

毛泽东时刻把农民生活情况放在心上。1957 年警卫员马维给毛泽东带回

① 把农业机械化和科学种田结合起来——绥化县充分发挥农业机械作用，粮食连年高产［N］. 人民日报，1975－11－17.

② 中共中央文献研究室. 建国以来毛泽东文稿：第 7 册［M］. 北京：中央文献出版社，1992：90.

③ 刘松茂等. 彭德怀与毛泽东［M］. 长沙：湖南人民出版社，1998：496.

家乡农民吃的难以下咽的窝窝头，毛泽东一边自己吃，一边招呼身边工作人员吃。他沉痛地说："为什么是这样呢？为什么？……人民当家作主了，不再是为地主种田，是为人民群众自身搞生产，生产力应该获得解放么。"① 他为农民生活苦而伤心和忧虑，强调"我们各方面政策的出发点和着眼点是发展生产，促进生产，对生产有利。"② 他决心以发展生产来改善农民生活。

首先，他倡导农业走合作化道路的目的，就是要解放农村生产力以提高农民生活水平。早在1943年11月，毛泽东就指出："在农民群众方面，几千年来都是个体经济，一家一户就是一个生产单位，这种分散的个体生产，就是封建统治的经济基础，而使农民自己陷于永远的穷苦。克服这种状况的唯一办法，就是逐渐地集体化。而达到集体化的唯一道路，依据列宁所说，就是经过合作社。"③ "使农民共同富裕起来，穷的要富裕，所有农民都要富裕。并且富裕的程度要大大地超过现在的富裕农民。只要合作化了，全体农村人民会要一年一年地富裕起来，商品粮和工业原料就多了。"④ 因此，他明确提出："发展互助合作运动，不断地提高农业生产力，这是党在农村中工作的中心。"⑤ 他衡量合作社办得是否成功，其首要标准也是能否提高生产力。"增加生产量，增加社员收入，从而使农民能够把农业生产合作社经济繁荣看成是不断增进自己物质与文化幸福的主要源泉，是办好农业生产合作社的根本标志。"⑥ 农业集体化确实在一定时期和一定程度上促进了农业的增收，正如《光明日报》1961年12月发表的两首七律所描绘的那样："麦苗肥壮谷登场，谁信当年一片荒？排灌齐全轮作好，芦台今日是粮仓。""薯曝墙头菜挂檐，棉田片片麦无边，农村活跃歌声里，绿女红男夕照前。"⑦ 即是说农民积极生产，农村焕发生机。毛泽东《七律·到韶山》中"喜看稻菽千重浪，

---

① 袁小荣．毛泽东离京巡视纪实——1949—1976（下卷）［M］．北京：人民日报出版社，2013：16.

② 毛泽东选集：第3卷［M］．北京：人民出版社，1991：1010.

③ 中华人民共和国国家农业委员会办公厅．农业集体化重要文件汇编（1949—1957）（上册）［M］．北京：中共中央党校出版社，1981：931.

④ 毛泽东选集：第5卷［M］．北京：人民出版社，1977：434.

⑤ 中共中央文献研究室．建国以来毛泽东文稿：第9册［M］．北京：中央文献出版社，1998：81－82.

⑥ 毛泽东选集：第5卷［M］．北京：人民出版社，1977：219－220.

⑦ 为实现农业机械化作出新贡献——山西晋城县发展地方工业的调查［N］．人民日报，1971－09－09.

遍地英雄下夕烟”，也是对公社农民积极劳动而喜获丰收的热情歌颂。

其次，他倡导发展农村工业、繁荣农村经济、增加农民收入。毛泽东在给林彪的“五七指示”中明确提出：“公社农民以农为主”，但“在有条件的时候，也要集体办些小工厂”。① 农村工业化是毛泽东提高农村生产力、增加农民收入乃至推行农业机械化的重要手段。1970年编制的“四五”计划要求各省区发展县、社、队办的小机械、小煤窑、小水泥、小钢铁和小化肥，即“五小工业”，并决定由中央财政拨出专项资金80亿元用于发展地方“五小”工业。在中央的大力支持下，“为农业服务的工业，尤其是‘五小’工业发展迅速。”② 以山西晋城县为例，1971年该县的县、社、队三级办的工矿企业，比“文革”前增长了两倍。“这个县从城镇到农村，小矿山、小高炉、小机械厂、小化肥厂等小型工业星罗棋布。”③ 农村工业化是毛泽东晚年思考和实践的一个重要课题。1975年9月27日，他亲自批示了浙江省永康县银行基层干部周长庚要求支持发展社队企业给他和中共中央的信，以及随信附上的1974年12月28日《华国锋同志给湖南省委的一封信》和《河南日报》1974年12月15日以《光明灿烂的希望》为题发表的《河南省巩县回郭镇公社围绕农业办工业、办好工业促农业》的调查报告，指示邓小平将三件材料印发给在京参加中央农村工作座谈会的各中央同志进行讨论。在中央农村工作座谈会上，部门和地方负责人都支持发展社队工业。在毛泽东的肯定和支持下，社队企业（即后来的乡镇企业）得到了长足发展，成为一种具有中国特色的利用闲置劳力、发展农村工业、活跃农村经济、增加农民收入的社会主义新农村建设范式。

最后，他倡导“以粮为纲”“农林牧副渔”全面发展以增加农民收入。毛泽东曾说：“手里有粮，心里不慌，脚踏实地，喜气洋洋。”④ 对粮食的重视是由中国人口的基数决定的，所以他确立了“以粮为纲”的方针。同时，

---

① 中华人民共和国国家农业委员会办公厅．农业集体化重要文件汇编（1958—1981）（下册）[M]．北京：中共中央党校出版社，1981：860．

② 中华人民共和国国家农业委员会办公厅．农业集体化重要文件汇编（1958—1981）（下册）[M]．北京：中共中央党校出版社，1981：887．

③ 郭书田．毛泽东与中国农业：专家学者纪念毛泽东诞辰100周年文集［C］．北京：新华出版社，1995．

④ 中共中央文献研究室．建国以来重要文献选编：第9册［M］．北京：中央文献出版社，1994：4．

他提倡在以粮为纲的基础上开展多种经营。一方面，这是因为多种经营有利于最大限度地合理利用土地、山川和湖海等自然资源；另一方面，是因为各种经济作物、畜牧业和各项副业生产占农村收入的比重很大，在许多省份甚至占农业总产值的百分之四五十以上，如果忽视多种经营，势必影响到合作社和社员个人收入的增加，也同样会影响国民经济的平衡发展和人民生活上的需要。[①] 所以，1956 年 6 月，当他看到谭震林《关于湖南攸县农村情况的报告》和《河北省委关于河北省农业和副业产值中各项产物所占的比例》两个材料时，非常忧心，立刻指示中央发出关于农业生产合作社要注意多种经营的通知，强调“有必要号召各农业生产合作社立即注意开展多种经营，才能使百分之九十以上的社员每年增加个人的收入，否则就是一个很大的偏差，甚至要犯严重错误”。[②] 为了促进农林牧副渔全面发展，1961 年中共中央规定，应该有领导地开放农村集市贸易。除了粮食、棉花以外，凡是第三类物资和完成国家合同任务以后的第二类物资，都可以拿到集市上进行交易。同时，要求恢复农产品加工作坊，农村原有的农产品加工作坊，例如油坊、豆腐坊、粉坊以及其他作坊，应该经过充分酝酿，准备条件，有计划、有步骤地恢复起来，以便发展农业和畜牧业的生产，活跃农村市场。[③] 1962 年 8 月，毛泽东在一次会议上进一步指出应放开对粮、棉、油进入自由市场的限制，他说：“自由市场既然有，又起交流作用，还不如让它公开出来，起粮食交流作用。有许多三类物资，我们不搞，又不允许上自由市场，结果邯郸把几百万斤三类物资都损坏了。”[④] 毛泽东指示恢复和发展农村商业、市场，对激发农民生产积极性、繁荣农村经济、提高农民生活水平发挥了积极作用。

发展农村生产力，提高农民生活水平，是毛泽东进行社会主义新农村建设的主要内容。1958 年发动的“大跃进”运动，实际上也是他急于发展农村生产力、提高农民生活水平的一次不成功的探索。即便是在农村社会主义教育运动和“文化大革命”时期，他都始终强调要发展生产。他说：“如果生

---

① 中共中央文献研究室．建国以来毛泽东文稿：第 6 册［M］．北京：中央文献出版社，1992：10.

② 立新风树新俗［N］．人民日报，1964－03－13.

③ 中共中央文献研究室．建国以来重要文献选编：第 14 册［M］．北京：中央文献出版社，1996：398－399.

④ 袁小荣．毛泽东离京巡视纪实——1949—1976（下卷）［M］．北京：人民日报出版社，2013：1012.

产搞坏了，下降了，农村社会主义教育运动就是失败了。”[①] 一切工作不能损伤农业生产，这是他领导社会主义新农村建设的不变理念。

（二）改革旧的思想习俗，树立农村文明新风

新中国成立后，尤其是社会主义改造完成后，剥削阶级作为一个阶级整体已经被消灭，但人民的思想觉悟、文化水平、道德习俗不会因为新制度的确立而立刻得到根本改变。正如1964年3月13日《人民日报》发表的社论《立新风树新俗》中所指出：“立新风，必须移旧风；树新俗，必须除旧俗；社会主义之风，不是从天上吹来的，而是在同不良的旧风旧俗作斗争中形成起来的。当然，旧风旧俗，不完全是坏的，有的可以保留，有的还要改造。但是，许多不良的旧风旧俗，必须移易。这些不良的旧风旧俗，往往同迷信活动、宗法思想、私有观念纠缠在一起，麻醉人们的头脑，束缚社会生产力。”[②] 毛泽东对封建恶俗十分反感。他说：“什么红白喜事，讨媳妇，死了人，大办其酒席，实在可以不必。”“还有赌博，这样的问题过去是没有法子禁止的。”[③] 他要求人民“改造自己从旧社会得来的坏习惯和坏思想，不使自己走入反动派指引的错误路上去，并继续前进，向着社会主义社会和共产主义社会前进”。[④] 他在全国范围内开展了禁毒、禁赌、除恶、禁卖淫嫖娼、处理反动淫秽书刊等活动，有效遏制了封建旧习。

此外，毛泽东力倡男女平等。他曾说：“为了建设伟大的社会主义社会，发动广大的妇女群众参加生产活动，具有极大的意义。在生产中，必须实现男女同工同酬。真正的男女平等，只有在整个社会的社会主义改造过程中才能实现。”[⑤] 为了照顾女性的生理特点，他还多次强调妇女参加劳动要执行“三期”（月经期、怀孕期、哺乳期）的照顾。此外，毛泽东还推动了封建旧婚姻制度的革命。1950年颁布了《婚姻法》，确立了婚姻自由、男女平等、一夫一妻的婚姻制度，以法律的形式确保了女性在婚姻中的地位，形成了婚

---

① 袁小荣. 毛泽东离京巡视纪实——1949—1976（下卷）［M］. 北京：人民日报出版社，2013：1083－1084.

② 毛泽东文集：第7卷［M］. 北京：人民出版社，1999.

③ 毛泽东文集：第6卷［M］. 北京：人民出版社，1999：308.

④ 毛泽东选集：第4卷［M］. 北京：人民出版社，1991：1476.

⑤ 毛泽东年谱：第3卷［M］. 北京：中央文献出版社，2013：452－453.

姻自主、男女平等的新风尚。1964 年《人民日报》通讯《“望郎姑”出阁》，就是写一位农村党支部书记将自家收养的“望郎姑”腊梅作为女儿出嫁，而非按封建旧俗留给儿子做媳妇，是带头立新风树新俗的典型。在毛泽东重视下，新中国农村妇女的生活地位有了很大提高。20 世纪 60 年代的电影《李双双》和《女社长》就反映了农村妇女地位的提高，塑造了不同于倍受压迫的传统女性的“农村新女性”形象。

（三）经营生态美丽农村，改善农村卫生环境

新中国成立后，毛泽东非常重视农村环境和绿化问题。1958 年 8 月 5 日，毛泽东在安国县巡视，当即表示河北省委提出的农村园田化的口号很好，应大量这样搞。8 月 30 日，他在北戴河会议上又指出：“农村、城市统统要园林化，好像一个公园一样。几年之后，亩产量很高了，不需要那么多耕地面积了，可以拿三分之一种树，三分之一种粮，三分之一休耕。我们现在这个国家刚刚开始建设，我看要用新的观点好好经营一下，有规划，搞得很美，是园林化。”[①] 具体来说，就是“在一切宅旁、村旁、路旁、水旁，只要是可能的，都要有计划的种起树来”。[②] 为了动员农民积极种树栽花，毛泽东主持制定的《农业发展纲要四十条》还规定：鼓励社员在自己的宅旁种树，自种自有。这较大程度地激发了农民绿化乡村的积极性，农村绿化情况得到很大改善。

毛泽东还非常重视农村卫生环境的改善。他说：“环境卫生，极为重要，一定要使居民养成卫生习惯，以卫生为光荣，以不卫生为耻辱。”“卫生工作之所以重要，是因为有利于生产，有利于工作，有利于学习，有利于改造我国人民低弱的体质，使身体康强，环境清洁，与生产大跃进，文化和技术大革命，相互结合起来。”[③] 意识到农村环境卫生的重要性后，毛泽东身体力行地推动农村环境卫生的革命。《全国农业发展纲要（草案）》第 27 条就规定要从 1956 年开始，分别在 5 年、7 年或者 12 年内，在一切可能的地方，基本

---

① 中共中央文献研究室. 建国以来重要文献选编：第 10 册［M］. 北京：中央文献出版社，1994：425.

② 富足、文明、美丽的社会主义新农村——李辉代表报告太阳村消灭“四害”促进生产的模范事迹［N］. 人民日报，1958－02－02.

③ 中共中央文献研究室. 毛泽东文集：第 8 卷［M］. 北京：人民出版社，1999：150.

上消灭老鼠、麻雀（后改为“臭虫”）、苍蝇、蚊子，在全国范围内拉开了以“除四害”为中心的爱国卫生运动的序幕。爱国卫生运动成效显著。如当时农民中流传的顺口溜“处处无雀叫，户户无鼠跑，茅房没有蛆，家无臭虫、虱子、蚊蝇蚤。”“毛主席好领导，八害基本消灭了，黑夜睡觉不受咬，白天劳动精神好。”都是农民歌颂爱国卫生运动的生动反映。这也可以从《人民日报》1958 年 2 月 12 日发表的一篇题为《富足、文明、美丽的社会主义新农村——李辉代表报告太阳村消灭“四害”促进生产的模范事迹》的报道得到印证。报道称：“宅旁、路旁、村旁和农民的院里，从一九五六年起开始栽起了花草树木。到春暖花开的时候，已经可以看到优美的风景。在这里，家家是窗明屋净，锅头、桌凳和箱柜上没有尘土，碗筷和灶具放在用白纱布遮盖着的橱柜里。全村定期进行室内消毒，户户有痰盂，几千年来人们随地吐痰的恶习破除了。在这里，讲究个人卫生也开始形成新的风尚。”“把一个又脏又穷的‘瘟村’变成了人畜健康，五谷丰登，人们过着文明幸福生活的社会主义新农村。”① 山西稷山县也因此成了党中央推崇的社会主义新农村环境美化的模范典型。卫生部于同年 11 月 12 日至 21 日在山西省稷山县召开全国农村卫生工作现场会议，主要目的是推广稷山县农村卫生工作的经验，广泛交流全国各地的经验，以促使爱国卫生运动更上一个台阶。

（四）建设农村公益事业，保障农民幸福生活

“社会主义革命和社会主义建设的目的是发展生产，改善人民生活，使社会主义社会中的一切劳动者都能够共同享受富裕的有文化的幸福生活。”②毛泽东认为，发展生产和改善人民生活是不可分割的。他说：“我们的重点必须放在发展生产上，但发展生产和改善人民生活二者必须兼顾。”人民的“福利不可不谋，不可多谋，不谋不行”。③ 首先，毛泽东主张在农村建立社会福利和社会救济制度。在合作社时期，对于社内缺乏劳动力、生活没有依靠的鳏寡孤独社员，农业合作社实行统一筹划，指定生产队或者生产小组在生产上给予适当的安排，使他们能够参加力能胜任的劳动；在生活上给予适

① 武文胜、艾琳. 与共和国风雨兼程 · 中国民生 60 年［M］. 北京：五洲传播出版社，2009.

② 中共中央文献研究室. 建国以来重要文献选编：第 10 册［M］. 北京：中央文献出版社，1994：298.

③ 毛泽东选集：第 5 卷［M］. 北京：人民出版社，1977：92.

当的照顾，“做到保吃、保穿、保烧（燃料）、保教（儿童和少年）、保葬，使他们的生养死葬都有指靠。”① 农村实行“五保”、救济困难、优待烈属和残疾革命军人的制度被写进了《1956 年到 1967 年全国农业发展纲要》中。农村人民公社成立后，中共中央在《农村人民公社工作条例》中规定：生产大队可以从大队可分配的总收入中，扣留百分之三到百分之五的公益金，作为社会保险和集体福利事业的费用。生产大队对于生活没有依靠的老、弱、孤、寡、残疾的社员，家庭人口多、劳动力少的社员，和遭到不幸事故、生活发生困难的社员，实行供给或者给予补助。这个供给和补助的部分，从公益金内开支。② 公社还普遍建立了幸福院，收容没有儿女的老年人，组织他们参加轻微的劳动，给予必要的生活物资，使他们能够安度晚年。此外，对于缺乏劳动力的烈属和享受残疾抚恤金以后仍然不能维持生活的残疾革命军人，则按照国家规定的优待办法给以优待，使他们的生活不致低于一般社员的水平。“五保”制度和集中供养孤寡老人的做法保留到了现在。

其次，毛泽东强调将“医疗卫生工作的重点放到农村去”。1965 年 6 月 26 日，毛泽东听卫生部部长钱信忠汇报工作后，严肃地说：“卫生部只给全国人口的 15% 工作，而且这 15% 中主要是老爷，广大农民得不到医疗，一无医，二无药。卫生部不是人民的卫生部，改称城市卫生部或老爷卫生部，或城市老爷卫生部好了。”“应该把医疗卫生工作的重点放到农村去!”“培养一大批‘农村也养的起的医生’，由他们来为农民看病服务。”③ 毛泽东作出“六二六”指示后，中共中央批转了卫生部党组《关于把卫生工作重点放到农村的报告》，狠抓农村医疗卫生条件的改善。第一，在农村建立并逐步完善了从县到生产队的四级医疗卫生机构，一般采取县设医院，公社设卫生院，生产大队设卫生所，生产队设不脱产卫生人员的卫生室的方式，逐步建立和完善了农村的医疗卫生网。第二，贯彻“两条腿走路”的方针，大力培养农村医卫人员。1965 年 1 月，毛泽东作出了组织城市医务人员下农村、为农村

---

① 中共中央文献研究室．建国以来重要文献选编：第 10 册［M］．北京：中央文献出版社，1994：576.

② 中共中央文献研究室．建国以来重要文献选编：第 14 册［M］．北京：中央文献出版社，1996：344.

③ 中共中央文献研究室．建国以来毛泽东文稿：第 12 册［M］．北京：中央文献出版社，1998：87.

培养医生的指示。在毛泽东的号召下，大量巡回医疗队或其他形式的临时医疗组织到农村工作，为农村培养了一支中西医结合、高中初级卫生人员结合、脱产与不脱产人员结合的卫生队伍。“背起医箱当医生，拿起锄头当农民”的“赤脚医生”由此应运而生并蓬勃发展。1968 年 9 月，毛泽东亲自修改并批示了《从“赤脚医生”的成长看医学教育革命的方向》的调查报告，盛赞“赤脚医生这支新型医疗卫生队伍发展的巨大生命力”。[①] 在毛泽东的重视和倡导下，二十世纪六七十年代是“赤脚医生”发展的春天。1975 年出品的电影《红雨》就反映了当时农村“赤脚医生”的生产生活情况。“赤脚医生向阳花，贫下中农人人夸，一根银针治百病，一颗红心暖千家。出诊愿翻千层岭，采药敢登万丈崖，迎着斗争风和雨，革命路上铺彩霞。”这首插曲《赤脚医生向阳花》体现了当时农村“赤脚医生”辛勤为民的整体形象。同年，美国拍摄制作的纪录片《中国农村的赤脚医生》也反映了当时中国农村“赤脚医生”和医疗卫生的状况。

最后，毛泽东批示在农村推广“合作医疗”制度。合作医疗最早是河南省正阳县王庄乡团结社以农业合作社保健站的形式办起来的。合作医疗制度伴随着农业合作化的发展而发展。到了人民公社时期，则形成了每年由社员交纳一定的保健费，看病只交药费或少量挂号费，在可能的范围内，由公社、生产队的公益金补助一部分的形式并得到推广。1968 年 12 月 5 日，《人民日报》发表了毛泽东亲自批示的、由湖北省宜昌地区革委会、长阳县革委会、长阳县人民武装部调查组撰写的《深受贫下中农欢迎的合作医疗制度》一文，显示了农村合作医疗制度的深厚群众基础和强大生命力。合作医疗有效缓解了农民看病难、看病贵的问题，其作用意义影响至今。

三、培育“有社会主义觉悟、有文化、有技术、有全面才能”的新农民

毛泽东深知“中国历来只是地主有文化，农民没有文化”[②]。受封建愚民政策的影响，占中国人口绝大多数的农民被剥夺了受教育的权利。早在 1917

① 任晓春. 建国后毛泽东农村社会福利思想研究［D］. 山东师范大学，2013 (5).

② 中共中央文献研究室. 建国以来重要文献选编：第 18 册［M］. 北京：中央文献出版社，1992：39.

年，毛泽东就对中国教育状况表现出深深的忧思，认为应以学校教育为急，对占中国人口绝大多数的劳动阶层普及教育，造就新民，以推动社会发展。他还身体力行地以办夜校的方式来为贫苦劳动人民提供学习机会。新中国成立前，毛泽东在《论人民民主专政》中作出了“严重的问题是教育农民”的著名论断，将教育农民、培养农民提到了战略高度。1958 年 8 月他在北戴河会议上提出：“公社要逐步把社员培养成为有社会主义觉悟、有文化、有技术、有全面才能的劳动者。”① 为了落实培养新型农民的目标，他要求“各级党委应当加强对共青团的工作的领导，使团的组织在团结广大青年，培养有社会主义觉悟、有文化科学知识的新型农民的事业中，发挥更大的作用”。②

（一）将思想政治教育摆在首位，教育广大农民成为社会主义建设者

毛泽东认为要培养有社会主义觉悟、有文化、有技术、有全面才能的新型农民，首先就要重视对农民的思想政治教育，因为“政治教育是一切教育的中心”。③ 他深知中国是一个有长期封建传统的农业大国，农民深受小农思想的影响和束缚，表现出“两个积极性，一个是个体经济的积极性，一个是互助合作的积极性”。④ 因此，他认为要完成社会主义改造、促进农村经济发展，就必须对农民进行社会主义、共产主义的思想教育，克服其个体性、保守性。社会主义改造时期，他多次强调：“用社会主义精神教育农民群众，使农民逐步地成为自觉的社会主义建设者，是我们党的一项最重要的历史任务。”⑤ 具体来说，就是“乡村党的组织在农业生产合作社的工作，必须善于联系社员的实际生活，不断地在社员中进行关于社会主义（没有人剥削人、而使大家都富裕起来）和资本主义（最少数人剥削最大多数人、而使大多数人贫穷、只有很少的人富裕）两条新旧不同道路的教育；进行关于工农联盟

---

① 中共中央文献研究室. 建国以来毛泽东文稿：第 7 册 [M]. 北京：中央文献出版社，1992：345.

② 林蕴晖. 见证两个时期中国农村变革的走向——杜润生与毛泽东和邓小平 [J]. 百年潮，2007 - 9 - 53.

③ 袁小荣. 毛泽东离京巡视纪实——1949—1976（下卷）[M]. 北京：人民日报出版社，2013：1110.

④ 毛泽东与我丛书：毛主席走遍祖国大地 [M]. 太原：山西人民出版社，1993：47.

⑤ 中共中央文献研究室. 建国以来毛泽东文稿：第 9 册 [M]. 北京：中央文献出版社，1998：515.

的教育；教育社员把个人利益和集体利益及国家利益结合起来；教育社员积极从事劳动，使他们懂得劳动好和劳动多，而比别人获得较多的报酬，并依靠自己劳动的所得改善自己的生活，是光荣的，不努力劳动并因而减少了收入，这是可耻的……”① 在全面建设社会主义的探索时期，毛泽东先后于1957年和1964年，农村开展了两次颇具声势的社会主义教育运动，以增强农民的社会主义意识，巩固农村的社会主义阵地。此外，他还在1964年发出“农业学大寨”的指示，号召各地政府和广大农民“要自力更生，要像大寨那样”②。农业学大寨虽然在极“左”思潮影响下出现过曲折，但确实对于改变部分农村干部和农民中存在的“怨上不支持，怨下不听话，怨天不帮忙，怨地不打粮”“喊困难、等条件、靠投资”等消极思想，形成团结奋进、自力更生、克服困难的力量，具有明显的积极作用。

（二）“国家办学与集体或个人办学并举”，多种办学扫除文盲

为了全面提升农村人口的受教育率和受教育程度，毛泽东认为农村教育要贯彻“两条腿走路”的方针，主要是国家办学与集体或个人办学并举，普及教育与提高教育相结合。“要在全国农村中普及小学教育，办好全日制的中学和半日制的农业中学，或者其他中等职业学校，逐步做到普及中等教育。在成人中要认真地扫除文盲，组织各种业余学校，进行政治、文化和技术教育。在劳动人民中间实行普及教育，并且逐步提高教育水平。”“此外，各公社还必须选送一部分青年去投考城市中的高级中学、中等专业学校和高等学校，以便为国家和公社培养有较高文化水平的工作人员。”③ 毛泽东认为这样做好处甚多：一是既有利于普及教育，又有利于提高教育水平；二是既可以为各级学校提供合格学生，又可以为各项建设特别是农业建设培养劳动后备力量。为了提高私人办学的积极性，他强调：农村中的私立中学“办了之后政府不要去接收。私人办了，又被接收，私人办学的积极性就高不起来

① 中华人民共和国国家农业委员会办公厅．农业集体化重要文件汇编（1949—1957）（上册）[M]．北京：中共中央党校出版社，1981：226－227.

② 中华人民共和国国家农业委员会办公厅．农业集体化重要文件汇编（1958—1981）（下册）[M]．北京：中共中央党校出版社，1981：805

③ 中共中央文献研究室．建国以来重要文献选编：第11册［M］．北京：中央文献出版社，1995：535.

了”。[①] 为了贯彻毛泽东提出的农村教育要国家办学与集体办学并举、两条腿走路的方针，农村出现了形式多样的办学方式。有半耕半读式的简易小学，即后来的“耕读小学”，其中又包含了隔日制、半日制、季节性小学与识字班等办学形式；农业中学也在轰轰烈烈的办学运动中应运而生，它以培养农村技术力量为目标，以文化课程与技术课程相结合为教学特色。此外村塾改良学校、流动小学、戴帽中学等多种办学形式与普通的公立中小学并存。如当年的韶山学校以小学为主，又办了初中、高中班，“是一个戴帽子的学校”。

农村教育两条腿走路、多种形式办学的方法使新中国的农村教育得到了很大发展，农村的入学人数快速增加。据统计，1949 年我国农村小学数量为 34.68 万所，在校生 2439.1 万人。到 1964 年，我国农村民办小学数量为 58.54 万所，其数量远远超过农村公办学校数量。1965 年农村小学生增长到 9399.9 万人，占全国小学生总数的 80.9%[②]，大大改善了农村基础教育极度缺乏的状态，有效提高了农民的思想文化和技术水平。

（三）知青下乡，干部下放，实行“教育与生产劳动相结合”

为了推动农村教育事业和生产力的发展，1955 年 12 月，毛泽东号召广大知识青年到农村去。他说“农村是一个广阔的天地，在那里是可以大有作为的”[③]，要求广大知识青年支援农村的建设和发展。为了妥善安置到农村插队的广大知识青年，中共中央先后制定和发布了《关于动员和组织城市知识青年参加农村社会主义建设的决定（草案）》和《中央安置城市下乡青年领导小组向中央的报告》，要求“一定要加强领导，配备起一个强有力的班子，把这项工作做好。安置工作也要做到五好：教育好，组织好，准备好，安置好，巩固好。使下乡落户、参加农业生产的青年学生，在贫下中农和农场工人的教育影响下，真正成为有社会主义觉悟、有文化、有技术的新型的农业

① 毛泽东文集：第 7 卷［M］. 北京：人民出版社，1999：245.

② 中共中央文献研究室. 建国以来重要文献选编：第 16 册［M］. 北京：中央文献出版社，1997：45.

③ 毛泽东文集：第 6 卷［M］. 北京：人民出版社，1999：462.

劳动者”①。知识青年上山下乡，一方面使知识青年通过生产劳动和政治运动的锻炼，在实践中成长为新型农民；另一方面，让他们指导并参与农村文化教育活动，进一步活跃农村的文化生活。通过“选用当地的和下乡插队的成分好、思想好、作风好、劳动好、合乎教学条件的知识青年担任教师”的方式，充分运用知识青年的力量推动农村教育的发展，同时要求“教师不采用全部脱产教书的办法，实行半耕半教，在农闲教学期间给以一定的工资或采取学生交工分的办法，国家根据具体情况给以一定的补助，农忙期间回队劳动”②。这种民办教师制度和前述的合作医疗、“赤脚医生”制度一起，成为效果好、影响大、深受农民欢迎的社会主义新农村的新生事物。

为了使干部接受劳动教育，毛泽东在《关于正确处理人民内部矛盾的问题》中强调，要精简机构、下放干部，从而“使相当大的一批干部回到生产中去”。上百万的干部陆续分批被下放到工厂、农村进行劳动锻炼，且其最主要的流动方向是农村。为了弥补农村教师资源的缺陷，中央还指示各地从下放干部中“挑选一批适合担任中小学教员的工作人员到中小学去代替那些不称职的教员”，指导下放干部农闲时兼课和负责指导群众性的各种业余文化活动，农忙时参加生产劳动，使下放干部“在文化、卫生，特别是改进生产方面发挥自己的作用”③。干部下放到农村参加集体生产劳动，既是对干部进行劳动锻炼、加强思想教育、密切干群联系、促进农村生产发展的有效方式，也有效推动了农村文教事业的发展，促进了社会主义新型农民的培养。

四、吸取历史智慧助力乡村振兴

毛泽东的社会主义新农村建设思想内容非常丰富，充分体现了他对中国农业、农村、农民问题的殷殷之情和迫切希望改变中国农村落后面貌的拳拳之心。他的这种开拓创新、百折不挠的精神，值得我们在新时代中国特色社

① 中共中央文献研究室．建国以来重要文献选编：第 19 册［M］．北京：中央文献出版社，1998：528．

② 中共中央文献研究室．建国以来重要文献选编：第 11 册［M］．北京：中央文献出版社，1995：351．

③ 中共中央文献研究室．建国以来重要文献选编：第 11 册［M］．北京：中央文献出版社，1995：171－172．

会主义事业中继续发扬。他在探索社会主义新农村建设中的成功经验，是新时代实施乡村振兴战略的宝贵财富；而他在探索社会主义新农村建设过程中出现的暂时曲折和失误，有些在今天终于成功变成美好现实甚至实现超越，有些则成为我们实施乡村振兴战略时避免再走弯路的警示明灯。

（一）始终坚持“生产力标准”：产业兴旺是乡村振兴的基础

生产力标准，就是把发展生产力放在第一位，将社会生产力是否得到发展作为判断我们路线、方针、政策正确与否的根本标准，作为判断我们工作是非得失的根本标准，作为判断社会制度是否优越和进步的根本标准。虽然毛泽东本人没有提出“生产力标准”这一概念，但他进行社会主义新农村建设的诸多实践都是在践行“生产力标准”。如前文所述，他曾在推进农业合作化的过程中强调，要将能否增加生产量、增加社员收入、增加物质基础作为检验是否办好了农业生产合作社的根本标准。只是在后期的社会主义新农村建设实践中，他并未能将生产力标准贯彻到底。因此，乡村振兴战略的实施必须始终坚持“生产力标准”，抓好乡村振兴的物质基础——产业振兴。习近平总书记强调，产业兴旺是解决农村一切问题的前提。现阶段，振兴农村产业，就是要深化农业供给侧结构性改革，突破当前阶段性供过于求和供应不足并存的结构性、体制性矛盾。首先，要合理遴选和培育农村产业项目，壮大农村新业态，优化农村产品产业结构，促进农业提质增效。其次，要推动农村产业融合发展，深挖农村生态休闲、文化旅游、农产品深度加工等功能，拉长产业链，提升价值链，实现第一、二、三产业的深度融合。最后，强化农业科技创新，驱动农村产业发展。一方面，及时将新技术运用到农村产业发展过程中，以科技创新驱动现代农业发展；另一方面，是运用新媒体技术，打造“互联网＋现代农业”新形态，打通供需通道，提升产业效益。多措并举振兴农村产业，这既是实施乡村振兴战略的根本所在，也是实现农民生活富裕目标的题中应有之义。

（二）努力发展农村的教育：人才振兴是乡村振兴的关键

农民是农村建设的主体。毛泽东在社会主义新农村建设的过程中非常重视农民的主体地位和发挥农民的主动性、积极性和创造性，这主要表现为他非常重视农民的教育问题。他提倡在农村普及基础教育，通过多种办学方式扫除文盲，将农民培养成“有社会主义觉悟、有文化、有技术、有全面才能”的新型农民。新时代的乡村振兴，人才振兴是关键；人才振兴，能力提升是关键。因此，毛泽东在社会主义新农村建设过程中对农民教育问题的重视和实践经验能为我们现阶段实施乡村振兴战略提供有益借鉴。首先，要重视培养新型职业农民，造就乡村振兴“带头人”。思想是行动的先导，思想上的充分重视才能带来行动上的坚定不移。在教育和培养农民的问题上，要坚决贯彻和执行习近平总书记关于培养新型职业农民的指示精神，培养更多爱农业、懂技术、善经营的新型职业农民。其次，要拓展新型职业农民的来源和培育途径。一方面，要推动传统农民向新型职业农民的转型；另一方面，要鼓励中高等院校毕业生、退役士兵、农民工等返乡创业人员加入新型职业农民的队伍。在新型职业农民的培育问题上，要将学历教育、继续教育、在职培训等方式相结合，将线上培训与线下教育相结合，实现新型职业农民教育渠道的多样化。

（三）“我们的文化是人民的文化”：文化振兴是乡村振兴的灵魂

在《文化的统一战线》中，毛泽东强调：“我们的文化是人民的文化，文化工作者必须有为人民服务的高度的热忱，必须联系群众，而不要脱离群众。”① 在社会主义新农村的建设过程中，毛泽东也非常重视农村文化的建设：一是通过在农村兴办各类学校，大办文教事业，提升农民的文化素质；二是通过鼓励出版适合农民需要的通俗读物，提倡文艺工作者为人民服务、深入工农群众，通过发展农村广播网、电影放映队、组织文化娱乐等方式来强化农村文化建设；三是通过在农村禁止赌博、道会门、童养媳等树立农村文明新风。通过这一系列举措，农村的文化建设取得了较为明显的成效。新时代的乡村振兴也要重视文化建设，以文化振兴带动乡村振兴。首先，是要多渠道宣传社会主义先进文化，引导农民自觉践行社会主义核心价值观，树立农村文明新风尚；其次，是要充分挖掘、保护和传承农村优秀传统文化，打造“一村一品”，壮大农村文化产业；再次，是要完善农村公共文化基础设施建设，构建以县文化馆、乡镇文化站、村文化活动室为基础的三级公共文化基础设施体系，建立健全农村公共文化数字资源基础库群；最后，大力

① 毛泽东选集：第3卷［M］. 北京：人民出版社，1991：1012.

开展“送文化下乡”“戏剧下乡”等活动，丰富农民的业余文化生活，启发农民将不同文艺形态与当地文化传统相结合进行创新，激发农民进行文化创造的内生动力，实现由“输血式”送文化到“造血式”自主创新的发展，为乡村振兴注入文化之魂。

（四）建设农村公益事业：改善民生是乡村振兴的根本

如前所述，在推进社会主义新农村建设的过程中，毛泽东通过指示卫生部将医疗卫生工作的重点放到农村，鼓励农村发展“赤脚医生”队伍，批示推广合作医疗制度，推行“五保”制度等举措，在当时的历史条件下，极大地保障和改善了民生，是社会主义新农村区别于中国传统农村的一个显著标志。新时代的乡村振兴也要以保障和改善民生为宗旨，抓牢乡村振兴的根本，夯实乡村振兴的根基。一是要始终践行“以人民为中心”的执政理念，牢固树立乡村振兴为了人民、乡村振兴依靠人民、乡村振兴成果由人民共享的发展理念，坚定不移地为广大农民谋幸福。二是要建立农村现代社会保障体系，健全农村医疗、养老和社会救助制度，增强农民的获得感和幸福感。三是要进一步统筹城乡发展，建立以工促农、以城带乡的长效机制，形成城乡经济社会一体化建设的新局面，这也是实现社会公平正义的必然要求。

保障和改善民生一直是中国共产党“三农”思想和实践的根本所在，也是新时代乡村振兴的题中应有之义。它是中国共产党“以人民为中心”执政理念的具体体现，也是检验党的“三农”工作成效的重要指标。在实施乡村振兴战略的过程中，各级领导干部唯有树立正确的政绩观，坚守人民立场，切实以保障和改善民生为宗旨，才能更好地激发农民的主体意识，使农民真正成为乡村振兴战略的忠实拥护者和积极践行者。

（唐正芒　管胜昔）

民族·统战篇

毛泽东日常谈话专题研究

“我们共产党要帮助所有少数民族发展政治、经济和文化事业”

——毛泽东日常谈话中的民族观解读

毛泽东民族观是毛泽东将马克思主义民族理论的普遍原理与中国民族问题实际相结合的成果，从理论和实践上都为中国共产党正确解决民族问题作出了巨大贡献。在建设社会主义现代化国家的过程中，毛泽东的民族观同样具有十分重要的指导意义。习近平总书记指出：“我们要全面贯彻党的民族理论和民族政策，坚持共同团结奋斗，共同繁荣发展，促进各民族像石榴籽一样紧紧拥抱在一起，推动中华民族走向包容性更强，凝聚力更大的命运共同体。”① 目前，学界从毛泽东的著作出发研究毛泽东的民族观，已有不少成果问世，但还很少见有从毛泽东日常谈话的角度研究毛泽东民族观的成果。因此，本专题试在收集和整理毛泽东相关谈话资料的基础上，从毛泽东日常谈话这一新视角解读和分析毛泽东的民族观。

一、毛泽东民族观的基本出发点：主张民族平等和民族团结

民族平等和民族团结是毛泽东民族观的基本出发点，也是我国处理民族关系和解决民族问题的基本原则。毛泽东一贯倡导民族平等和民族团结，反对民族压迫和民族分裂，这对形成各民族平等相待、团结互助，对社会主义革命和建设的发展都发挥了重要作用。

在领导中国革命的整个过程中，毛泽东十分注重民族平等和民族团结。

---

① 习近平谈治国理政：第3卷［M］．北京：外文出版社，2020：694．

红军长征途经的西部地区少数民族众多。面对国民党反动派的围追堵截，如何宣传党的政策和主张，让少数民族群众了解红军是区别于国民党政府的代表人民的军队，支持并帮助红军，关系着红军长征能否取得成功，关系着中国革命目标能否实现。由此，毛泽东所到少数民族聚居之处，都会告诫红军官兵要与各族人民建立亲密的关系，以平等团结的态度对待各族人民。1935年5月，中央红军长征路过冕宁。毛泽东对大家说："今天找同志们来谈谈大渡河两岸的形势和你们的任务。形势是前后都有敌人，前面是川军阻拦，后面有薛岳追兵，正面是彝族。我们要在这里同敌人周旋是不容易的，但还是有办法的。最要紧的是团结好彝族，回旋余地还是很大的。这就要有策略。老红军有经验，新同志要向老红军学习，只要你们能团结，又团结好彝族，就可以把敌人拖住。"① 于是，在毛泽东的指导下，刘伯承同彝族沽基族首领小叶丹歃血为盟，结为兄弟，成为全军模范执行党的民族团结政策的一段佳话。同时，在彝族同胞的帮助下，红军顺利地通过彝民区，成功抢渡了大渡河，跳出了国民党的包围圈。1935年8月17日，红军过草地期间，经过藏族地区。为减少草地行军的困难，毛泽东问起向导问题。当杨成武回答说已经找到了藏族通司时，毛泽东明确指示："要告诉抬担架的同志稳当些，要教育大家尊重少数民族，团结好少数民族。"② 正因如此，红军取得藏族人民的普遍信任和支持，并且在藏族群众的带领下，红军巧妙地避开了种种险境，走出人烟稀少，沼泽遍布的草地，保存了有生力量，促进了红军长征的胜利。在革命实践中，中国共产党正是由于坚持了民族平等和民族团结的原则，争取和团结各族人民共同斗争，最终取得中国革命胜利。

新中国成立后，毛泽东更是强调民族平等和民族团结。首先，毛泽东坚持民族平等，反对大汉族主义和地方民族主义。1953年，针对当时民族政策执行中存在的问题，即有些地方因严重存在着大汉族主义思想而使民族关系很不正常，出现民族压迫、民族歧视的情况，毛泽东尖锐地指出："此种情形，对于共产党人说来，是不能容忍的。"③ 他还曾说："汉族这么多人，容易看不起少数民族，不是真心实意地帮助他们，所以必须严格地反对大汉族

① 中共中央文献研究室《缅怀毛泽东》编辑组．缅怀毛泽东 上［M］．北京：中央文献出版社，2013：193.

② 荆福生．毛泽东与福建［M］．福州：福建教育出版社，2003：272.

③ 朱宁远．我国民族问题基本知识［M］．上海：上海人民出版社，1980：145.

主义。当然，少数民族中间会要产生狭隘民族主义的，那也要反对。但是，这两个东西，主要的，首先要反对的是大汉族主义。”① 毛泽东这一有利于民族平等的政策，赢得了各族人民的赞扬和支持，为增进各民族的团结奠定了重要基础。其次，毛泽东强调加强民族团结，以建设好社会主义事业。毛泽东一直十分关注新疆的团结问题。1950 年 2 月，毛泽东向陶峙岳讲了关于新疆问题的三点指示，其中第二点为：新疆是一个多民族地区，必须消除历史上造成的民族隔阂，以加强民族团结。② 1959 年，有一次毛泽东听完王恩茂同志和赛福鼎关于新疆工作的汇报后再次指示他们说：“在新疆一定要搞好民族团结。为此，首先要搞好汉族人民和少数民族人民之间的团结。”③ 新疆是一个多民族聚居区，民族团结是促进新疆稳定和发展的重要前提，更是推进我国各项事业胜利发展的重要保障。因此，毛泽东重视新疆的团结可谓是智慧之举！在解决西藏问题时，毛泽东还把加强汉藏民族团结和西藏内部团结作为最根本的一个原则。1951 年 5 月 24 日，毛泽东在庆祝和平解放西藏办法协议的宴会上说：“几百年来，中国各民族之间是不团结的，特别是汉民族与西藏民族之间是不团结的，西藏民族内部也不团结。这是反动的清朝政府和蒋介石政府统治的结果，也是帝国主义挑拨离间的结果。现在，达赖喇嘛所领导的力量与班禅额尔德尼所领导的力量与中央人民政府之间，都团结起来了。这是中国人民打倒了帝国主义及国内反动统治之后才达到的。这种团结是兄弟般的团结，不是一方面压迫另一方面。这种团结是各方面共同努力的结果。今后，在这一团结基础之上，我们各民族之间，将在各方面，将在政治、经济、文化等一切方面，得到发展和进步。”④ 1955 年 2 月 24 日，毛泽东和刘少奇、周恩来等在中南海紫光阁出席了达赖喇嘛、班禅额尔德尼为庆祝藏历木羊年新年举行的宴会。在宴会上，毛泽东也说道：“我们大家应当努力，进一步加强和巩固我国各民族间的团结，进一步加强和巩固汉、藏民族间以及藏族内部的团结，共同建设我们伟大的祖国。”⑤ 在毛泽东的关

---

① 徐杰舜. 民族理论政策简明教程［M］. 南宁：广西教育出版社，1988：117.

② 绍康. 毛泽东和党外朋友们［M］. 北京：团结出版社，1996：180.

③ 中共中央文献研究室《缅怀毛泽东》编辑组. 缅怀毛泽东 上［M］. 北京：中央文献出版社，2013：26.

④ 毛泽东年谱（1949—1976）：第 1 卷［M］. 北京：中央文献出版社，2013：347.

⑤ 毛泽东年谱（1949—1976）：第 2 卷［M］. 北京：中央文献出版社，2013：348.

心和努力下，改善了达赖和班禅的关系，合理解决西藏内部的不团结问题，加强了汉藏之间的团结，进而共同为祖国的繁荣发展而努力奋斗。毛泽东的一生可以说是为民族团结而呕心沥血的一生，他在晚年时还操心着民族团结问题。1974 年春，广西壮族自治区党委书记韦国清同志在北京开会期间，毛泽东约请他到中南海汇报工作。当说到民族关系的状况时，毛泽东语重心长地说："广西是一个多民族的自治地方，民族关系要搞好，要落实好党的民族政策，加强民族团结。"① 正是在毛泽东民族团结思想原则的指导下，广西各民族的民族凝聚力和向心力得到了增强，各族人民积极投入到自治区建设中，为国家的建设与发展也贡献了力量。

没有民族平等和民族团结，我国的革命和建设事业不可能得到顺利发展。今天，我们也必须坚持毛泽东的民族平等、民族团结的民族观。

二、毛泽东民族观的重要内涵：尊重少数民族风俗习惯和宗教信仰

毛泽东强调各民族之间必须充分理解和尊重对方的风俗习惯或宗教信仰。不管是在民主革命时期还是和平建设时期，尊重少数民族的风俗习惯和宗教信仰都是毛泽东民族观的重要内涵。

毛泽东领导红军经过各民族地区时，特别尊重少数民族的风俗习惯和宗教信仰。如经过苗族聚居区时，苗族人民由于长期受到封建势力和国民党反动派的欺压，对红军不信任，存在怀疑和害怕的心理。毛泽东要求大家严格遵守纪律，尊重苗族群众的风俗习惯和宗教信仰。一次，红军在拂晓时走到一个苗族山寨。毛泽东讲述了苗族受白军压迫的具体情况以及苗族的风俗习惯、宗教信仰，并嘱咐大家："到了苗区，要更好地遵守群众纪律，不许到处乱跑乱窜，不许随便动人家的东西。"② 1934 年 12 月上旬，毛泽东在过湘江后，对身边的警卫人员也讲到："我们要进入苗族区，苗族的特点和风俗习惯同汉民族不同，大家要更好地遵守群众纪律。"③ 毛泽东的民族政策在苗族群众中产生了广泛影响，苗族人民开始把红军当作自己的亲人。他们有的

① 中共广西区党委党史研究室．毛泽东与广西［M］．南宁：广西人民出版社，1993：148.
② 中共广西区党委党史研究室．毛泽东与广西［M］．南宁：广西人民出版社，1993：21.
③ 毛泽东年谱（1983—1949）：上卷［M］．北京：中央文献出版社，2013．437.

帮助红军缝制衣服、鞋子；有的为红军提供粮草；有的当起了向导；还有的踊跃参军，大大坚定了红军革命的信心。1935年6月，红军长征来到了藏族地区，在懋功住下的第二天，毛泽东就把警卫员召集在一起说：“藏族同胞和苗族、彝族同胞一样，都是深受国民党反动派压迫的，特别是四川军阀部队，到处烧杀抢夺，残酷迫害藏族同胞，藏族同胞对四川军阀恨之入骨。可是，他们对我们红军就不一样了，我们是中国共产党和党领导下的军队，我们尊重他们，尊重他们的风俗习惯、宗教信仰，还要和他们团结成兄弟一般，共同反抗国民党反动派的压迫，打倒军阀统治。”① 在毛泽东的宣传教育下，红军非常注意尊重藏区当地的风俗习惯以及宗教信仰，保护藏族人民的根本利益，很多藏族群众也由此懂得了红军革命的道理，支援红军完成战略转移的任务，为部队北上抗日争取了宝贵的时间。同年10月5日，毛泽东率领中央红军主力部队来到回族聚居地六盘山下的单家集。在到达目的地之前，毛泽东对身旁的警卫人员说：“回民有许多规矩，比如他们不吃猪肉，不说‘猪’字。我们到了回族地区，买牛羊肉吃可以，对猪肉提都不能提，这叫尊重少数民族习惯。你遵守这些规矩，他们就欢迎你；搞得不好，就会出问题。”② 他还教育干部战士，凡是用猪油、猪皮做的饭食、用具，一律不准带，送给当地的汉族老乡。警卫员陈昌奉舍不得丢掉猪油炸的一口袋干粮，毛泽东就对他说：“凡是用猪油、猪皮做的东西都不能带。你从江西带来了多少粮食？你这个口袋是个宝贝！不是宝贝，怎么吃了一年多还没有吃光？依靠人民才能胜利，光凭这两个口袋干粮会早饿死的。回族也是我们中国人民的一部分。回族的穷人和汉族的穷人一样，也是受地主恶霸的压迫，生活十分贫困，他们也要闹革命，求解放！”③ 毛泽东对回族同胞风俗习惯的尊重，团结了回族人民，并有力促进了西北民族地区的觉醒，扩大了革命队伍，为中国革命的胜利做出了极大的贡献。

新中国成立后，毛泽东也多次强调要充分尊重少数民族的风俗习惯和宗教信仰的问题。从毛泽东的谈话中，我们也能随时感悟到毛泽东对待少数民族风俗习惯和宗教信仰的正确态度。在尊重少数民族的风俗习惯方面，毛泽

---

① 吴吉清．在毛主席身边的日子里［M］．南昌：江西人民出版社，1983：253.

② “毛泽东与我”征文活动组委会．毛泽东与我丛书：毛泽东人际交往侧记［M］．太原：山西人民出版社，1993：105.

③ 中共甘肃省委党史研究室．毛泽东与甘肃［M］．北京：中共党史出版社，1995：424－425.

东和中国共产党通过制定宪法来保护各少数民族自己的风俗习惯。1955 年 10 月 23 日，毛泽东在中南海怀仁堂接见西藏地区参观团、西藏青年参观团全体人员时，就对他们说："现在的汉人是不会欺侮你们的。宪法上也写着，不能歧视和压迫，要尊重各民族自己的风俗习惯。"① 再有，为了让汉族群众认识到尊重少数民族的风俗习惯的重要性，毛泽东还主张开展民族政策教育。1963 年，在中央政治局扩大会议上，毛泽东在谈到安置汉族群众到少数民族地区时特别提出："要解决好汉族劳动人民同少数民族劳动人民之间的关系。因为民族不同、语言不同、生活习惯不同，需要在汉族劳动人民中进行民族政策的教育，教育劳动人民……尊重少数民族的风俗习惯。"② 充分体现了毛泽东对少数民族的深切关怀。在尊重少数民族的宗教信仰方面，毛泽东主张实行宗教信仰自由政策。1952 年 10 月 8 日，毛泽东和朱德、周恩来接受以柳霞·土登塔巴为团长的西藏致敬团和昌都僧俗人民代表的献旗、献礼，并同他们进行谈话。毛泽东说："共产党对宗教采取保护政策，信教的和不信教的，信这种教的或信别种教的，一律加以保护，尊重其信仰。今天对宗教采取保护政策，将来也仍然采取保护政策。"③ 1959 年 5 月 7 日，毛泽东在中南海怀仁堂接见班禅额尔德尼、阿沛·阿旺晋美、詹东·计晋美及随行藏族官员。关于宗教，毛泽东也说道："我们的政策很明白，就是宗教信仰自由的政策。"④ 可见，在毛泽东看来，各族人民都有信教与不信教的自由，要对少数民族的宗教信仰给予切实充分的保护和尊重，不能加以强迫或者歧视。

三、毛泽东民族观的核心思想：帮助少数民族发展经济文化

帮助少数民族发展经济文化是国家建设不可或缺的组成部分，也是毛泽东民族观的核心思想。毛泽东从国家整体利益出发帮助少数民族发展经济文化事业，为改变少数民族的落后面貌，实现全民族共同繁荣具有重要意义。

自新中国成立以来，毛泽东就十分关心少数民族地区的发展。他主张我们党不仅要帮助少数民族发展经济文化，而且还要帮助他们发展人口。1951

---

① 毛泽东年谱（1949—1976）：第 2 卷［M］．北京：中央文献出版社，2013．456．
② 杨荆楚．毛泽东民族理论研究［M］．北京：民族出版社，1995：242．
③ 毛泽东年谱（1949—1976）：第 1 卷［M］．北京：中央文献出版社，2013：611．
④ 殷理由，等．毛泽东交往百人丛书·民主人士篇［M］．太原：山西人民出版社，1993：43．

年4月下旬，阿沛·阿旺晋美率西藏地方政府代表团第一次进京参加和谈时，毛泽东对他说：“藏族是个勤奋勇敢的民族，具有悠久的历史和文化，是我们祖国大家庭中的重要成员。历史上，西藏地区的人口曾达到一千多万，现在减少到了一百余万了，这样继续几百年，藏族会灭绝的。我们共产党要帮助所有少数民族发展政治、经济和文化事业，还要帮助发展人口，对藏族人民尤其是这样。”① 1952年10月6日，毛泽东在接见西藏致敬团的代表时也说道，西藏“还有经济和文化也需要发展。文化包括学校、报纸、电影等等，宗教也在内。过去的反动统治，清朝皇帝、蒋介石，都是压迫剥削你们的，帝国主义也是一样，使得你们人口不得发展，经济削弱了，文化也没有发展。共产党实行民族平等，不要压迫、剥削你们，而是要帮助你们，帮助你们发展人口、发展经济和文化。人民解放军进入西藏就是要执行帮助你们的政策。开始进去的时候不会有帮助，三四年之内也不可能有多的帮助，但以后就能帮助你们的，那是一定的。如果共产党不能帮助你们发展人口、发展经济和文化，那共产党就没有什么用处”。② 正因为如此，少数民族地区的经济文化事业获得了迅速的发展，我国的民族凝聚力也不断得到增强，进一步促进了和谐民族关系的建立。

毛泽东强调帮助少数民族发展经济文化是社会主义建设之必需，是整个国家的利益。1953年10月18日，毛泽东在中南海勤政殿接见了来京参加中华全国工商业联合会第一次全国会员代表大会的西藏、昌都地区、四川省藏族自治州代表团的团长和副团长时，同他们谈话说：“整个中国现在还很落后，需要发展。这是因为过去有帝国主义和国民党压迫的关系。他们现在已被我们赶走了，这四年来我们就有很大进步。在国家经济恢复以后，今年开始了第一个国家建设的五年计划，预计在三个五年计划以后，我们的大工业就建立起来了，对西藏就会有更大的帮助了。帮助各少数民族，让各少数民族得到发展和进步，是整个国家的利益。各少数民族的发展和进步都是有希望的。”③ 可见，少数民族需要社会主义建设，社会主义建设也离不开少数民族。正因为这样，1957年，毛主席指示赛福鼎要尽快发展新疆的经济，改善

① 本刊特约记者．宪法与国家政治体制（三）——王汉斌访谈录［J］．《百年潮》，2011（7）．
② 毛泽东年谱（1949—1976）：第1卷［M］．北京：中央文献出版社，2013：611．
③ 毛泽东年谱（1949—1976）：第2卷［M］．北京：中央文献出版社，2013：182．

新疆人民的生活。毛泽东对他说："在新疆第一要做好经济工作。农业、畜牧业、工业要一年比一年发展，经济要一年比一年繁荣，人民生活要一年比一年改善。"①

此外，党和国家在毛泽东这一核心思想的指引下，从人力、物力等方面给予少数民族支持。1955 年初，毛泽东接见达赖喇嘛和班禅额尔德尼时说："中央代表、解放军、汉族干部到西藏工作的目的，就是为了帮助西藏人民发展经济文化，为了西藏民族的发展和进步，如果他们不是按这个原则办事的话，你们可以直接找我，找周总理谈，丝毫不用客气。"接着又说："今后西藏要重视发展经济文化，你们这次不能空着手回去。"② 在毛泽东的指示下，中央人民政府还向原西藏地方政府和班禅堪布会议厅赠送了大批农机具，加速了西藏民族地区的发展。

目前，各少数民族地区与汉族地区还有一定的差距，我们还要继续遵照毛泽东的教导，大力帮助少数民族发展经济文化，以促进少数民族地区经济文化生活水平不断提高。

四、毛泽东民族观的制度保障：坚持实行民族区域自治制度

毛泽东从我国民族和民族关系的历史和现实的具体实际出发，要求要把民族区域自治作为党解决民族问题的基本政策和政治制度，以充分保障少数民族当家做主的权利，维护国家统一和安全。

1949 年准备召开中国人民政治协商会议、起草《共同纲领》时，毛泽东就提出：要考虑到底是搞联邦制，还是搞统一共和国，少数民族区域自治。③然而经过长期的理论研究和实践探索发现，联邦制不适合我国的基本国情，于是党中央和毛泽东在听取各方面的意见后，决定把民族区域自治作为解决国内民族问题的基本政策。在毛泽东主持的《共同纲领》中，就明确规定："各少数民族聚居的地区，应实行民族的区域自治，按照民族聚居的人口多

① 中共中央文献研究室《缅怀毛泽东》编辑组．缅怀毛泽东 上［M］．北京：中央文献出版社，2013：26.

② 绍康．毛泽东和党外朋友们［M］．北京：团结出版社，1996：26.

③ 赵志超．毛泽东十二次南巡［M］．北京：中央文献出版社，2000.

少和区域大小分别建立各种民族自治机关。"① 新疆和平解放后，毛泽东结合新疆的实际情况，提出根据《共同纲领》的民族政策管理新疆。1950 年，有一天毛主席和张治中谈话说道："关于民族自治问题，可以按照《共同纲领》的民族政策处理。对于原在新疆的官兵，不必让他们进关，可以把他们的家眷送去，并多动员妇女到新疆去，就地成亲，从事生产，永远扎根下去。"② 充分表明了毛泽东坚持在少数民族地区实行民族区域自治的决心。再有，为了使民族区域自治制度在全国顺利地推行，以毛泽东为代表的中国共产党人还决定通过宪法对我国实行民族区域自治的原则、内容、权利等进行规定。1954 年 6 月 14 日，毛泽东在中南海勤政殿主持召开中央人民政府委员会第三十次会议。他在会上作关于中华人民共和国宪法草案的讲话时说："还有少数民族问题，它有共同性，也特殊性。共同的就适用共同的条文，特殊的就适用特殊的条文。少数民族在政治、经济、文化上都有自己的特点。宪法草案第七十条规定，少数民族地区，'可以依照当地民族的政治、经济和文化的特点，制定自治条例和单行条例'。所有这些，都是原则性和灵活性的结合。"③ 就这样，我国宪法确立了中国处理民族关系的形式就是实行民族区域自治制度。从此，民族区域自治制度受到了国家法律的保护。此外，根据宪法的规定，民族自治地方分为自治区、自治州、自治县三级，毛泽东十分关心自治地方自治权的行使。1956 年 5 月 30 日，毛泽东来湖南视察工作。听完周小舟汇报关于湘西实行民族自治等情况后，毛泽东指出："湖南少数民族多，起义人员多、要注意做统战工作……土家族，苗族，要让他们自治，省委对他们要开放一点，不要抓得太严。"④ 在毛泽东的亲自督促下，很多自治地方也充分享有自治方面的权利，推动了民族区域自治的稳步发展。

毛泽东主张实行的民族区域自治制度使多个民族地区实现了和谐发展。但由于西藏历史的特殊性，建立西藏自治区是一项长期和艰巨的任务。毛泽东为了使西藏也能够顺利实行民族区域自治制度，为此做了很多努力。1954 年 10 月 9 日，毛泽东在接见达赖时提出："现在可以把前藏、后藏、昌都各

---

① 杨荆楚. 毛泽东民族理论研究［M］. 北京：民族出版社，1995：129.
② 江平，李佐民，蒋坚永. 西藏的民族区域自治［M］. 北京：中国藏学出版社，1991：464.
③ 毛泽东年谱（1949—1976）：第 2 卷［M］. 北京：中央文献出版社，2013：251.
④ 赵志超. 毛泽东十二次南巡［M］. 北京：中央文献出版社，2000：48.

方面代表人物团结起来，组织西藏自治区筹备委员会。”[①] 这一提议为最终实现西藏民族区域自治制度奠定了良好的条件。1961 年 1 月 23 日，毛泽东在中南海颐年堂同班禅额尔德尼的谈话中又说到了关于民族自治问题：“我对西藏的事情非常谨慎……什么时候成立自治区，由筹委会变成正式的地方自治政府。今年是不行了，我看是明年或后年。主要是个选举问题。现在先搞个选举法，准备在明年，最迟后年，开西藏人民代表大会。这个会的任务是决定自治区工作的方针、政策，包括政治、经济、文化教育等各方面的政策，选举自治区政府，通过一个自治区自治条例，也就是那里的基本法……”[②] 正是在毛泽东的带头努力下，1965 年西藏民族区域自治制度确立。此后，西藏人民在民族区域自治制度下行使当家作主的权利，参与管理国家事务和西藏地方社会事务，有效促进了西藏的跨越式发展。

多年以来，民族区域自治制度不断得到完善和发展，保护了少数民族人民的利益，保障了民族自治地方的自治权利，在实践上充分证明了毛泽东实行的民族区域自治制度是正确的和英明的。

五、毛泽东民族观的关键环节：注重培养少数民族干部

彻底解决我国的民族问题，培养少数民族干部是其关键。毛泽东重视并亲自指导制定了培养少数民族干部的各项方针、政策，为进一步完善民族区域自治制度，推动少数民族各项事业的向前发展提供了组织保证。

在少数民族地区执行党的路线、方针和政策时，少数民族干部具有汉族干部无可替代的优越性。我们共产党人必须要不断培养少数民族干部，依靠少数民族干部。1950 年，在党的七届三中全会会后，毛泽东与王震谈话。在谈到减租减息和土改问题时，毛泽东就指出：“在新疆进行社会改革必须采取稳重和谨慎的步骤，今年可在少数地区进行试办性的减租，明年秋后进行农业地区的减租。当前最重要的是大量训练各民族的干部，必须有数千名民族干部懂得党的政策，懂得具体地组织农民和减租的办法，并经过他们去组

① 毛泽东年谱（1949—1976）：第 2 卷［M］. 北京：中央文献出版社，2013：293.

② 殷理由，等. 毛泽东交往百人丛书 · 民主人士篇［M］. 太原：山西人民出版社，1993：528.

织各族广大群众，才能实行减租，否则是不可能的。要特别注意，不能有任何疏忽。"① 1954年10月9日，毛泽东接见达赖喇嘛时也说到要培养少数民族干部的问题。毛泽东说："汉族要帮助西藏办一些能办的事，使大家觉得有好处。还要帮助藏族训练干部，帮助他们成长起来。"② 只有如此，我国的社会主义事业才能成为全国各族人民共同奋斗的事业，也才能有取得成功的可能。

毛泽东还指出培养少数民族干部要有一定的标准，即要培养具有共产主义觉悟的少数民族干部，作为共产主义事业的可靠接班人。1955年在中南海讨论到民族工作时，毛泽东说："要培养共产主义的民族干部。做民族工作要注意培养干部，更重要的是按共产主义的标准培养，如果符合标准，这样的民族干部多有几个，这个民族就不会搞民族主义，而是搞共产主义。不搞民族主义、个人主义、宗派主义，更不搞资本主义，这样这个民族的革命就不会变质。"③ 正因为如此，毛泽东认为培养少数民族干部也是中国共产党的责任与任务，即要重视培养少数民族党员干部。1956年7月22日，中共中央政治局召开会议，研究解决四川民族地区民主改革和平息叛乱的问题。毛泽东在谈到发展党组织和培养少数民族干部时说道："发展党组织是一个很重要的问题，一定要好好地发展。要注意培养少数民族的党员干部，逐步以少数民族干部来代替汉族干部。县、州、区里的少数民族干部要逐年增加。我们说的民族自治，就是在少数民族地区要认真做到少数民族为主，汉人为副。"④ 从而调动少数民族群众的积极性和主动性，支持和推进党的民族工作的开展和民族地区社会主义事业的发展。

除此之外，毛泽东强调要根据少数民族地区各项工作的需要，大力培养少数民族的各种专业干部。在不同场合的谈话中，毛泽东多次表达这一观点。1959年10月22日，毛泽东和刘少奇在中南海勤政殿接见西藏自治区筹备委员会代理主任委员班禅额尔德尼和副主任委员帕巴拉·格列朗杰、阿沛·阿旺晋美等人时说："我们的国家除了汉族外，还有五十一个少数民族，他们

---

① 中共中央党史研究室科研局. 毛泽东的足迹［M］. 北京：中共党史出版社，1993：335－336.

② 毛泽东年谱（1949—1976）：第2卷［M］. 北京：中央文献出版社，2013：93.

③ 中共中央文献研究室《缅怀毛泽东》编辑组. 缅怀毛泽东 上［M］. 北京：中央文献出版社，2013：195－196.

④ 陈文书，龚自德. 毛泽东与四川［M］. 成都：四川人民出版社，1995：331.

聚居的地方都是中国的一部分。你们可以看到，我们的国家是有希望的。比如鞍钢这样的大企业已经办起来了，各省各地的工业也都搞起来了，只有西藏还没有搞，因为西藏那时没有搞改革。西藏改革后也要办工业，要西藏人自己办，工程师、技术人员都要有藏族的，因此要注意培养藏族的科学技术干部……以后各少数民族，都要有军事干部、技术干部、文化干部、政治干部。要注意培养这些干部。"① 1961 年 1 月 23 日下午，毛泽东在中南海颐年堂同班禅额尔德尼谈话。毛泽东又说："……我现在非常高兴，西藏有好几千青年干部，平均年龄只有二十岁左右，这是好事，是很好的事。西藏人中不仅要有行政干部，还要有文教、医疗、宗教等各方面的干部，而且还要有科学技术干部。"② 毛泽东的这一主张既适应了各少数民族发展经济、政治、文化等事业的需要，又缩小了各地区各民族之间的不平衡发展，真正实现了少数民族当家做主。

如今，我国培养和建设了一支强有力的包括经济、政治、文化教育、医疗卫生等方面的少数民族干部队伍，为解决民族问题和发展国家各项建设事业贡献出很大的力量，使我国取得了巨大成就，而这些成就与毛泽东注重将培养少数民族干部作为关键环节是分不开的。

毛泽东民族观植根于中华民族实际，在处理我国民族问题的实践中显示出强大的生命力，是毛泽东留给我们珍贵的精神遗产。从日常谈话的视角回顾和学习毛泽东的民族观，不仅可以更全面、正确地认识和掌握其基本理论和政策，而且对于党和国家进一步处理其民族关系和民族问题，建设社会主义新型民族关系，保证中国特色社会主义事业顺利前行具有深远的理论意义与现实指导意义。习近平总书记曾指出："实现中华民族伟大复兴，需要各民族手挽着手、肩并着肩，共同努力奋斗。"③ 我们要坚持和发扬毛泽东的民族观，力促全国各族人民的大团结，为实现"两个一百年"的奋斗目标、实现中华民族伟大复兴的中国梦凝心聚力、携手奋进！

（唐正芒　韦艳雪）

---

① 殷理由，等. 毛泽东交往百人丛书·民主人士篇［M］. 太原：山西人民出版社，1993：220.
② 习近平. 习近平在全国民族团结进步表彰大会上的讲话［N］. 人民日报，2019－09－27.
③ 习近平. 习近平在全国民族团结进步表彰大会上的讲话［N］. 人民日报，2019－09－27.

“我们的前途是光明的，但我们还要走一段‘之’字路”

——从日常谈话的角度看毛泽东在重庆谈判期间的统战工作

重庆谈判是抗日战争胜利之际，国共两党就中国未来发展前途在重庆进行的一次历史性会谈。从1945年8月29日至10月10日，经过43天谈判，国共双方达成《政府与中共代表会谈纪要》，即《双十协定》。毛泽东在重庆谈判期间做过许多统战工作，与大批人士有过来往并留下了大量口头谈话。本专题试从毛泽东日常谈话的视角，研究和探讨毛泽东在重庆谈判期间所做的大量统战工作，为新时代中国共产党的统战工作提供一定的启示和借鉴。

一、争取联合国民党高层

重庆谈判期间，毛泽东加强与国民党高层接触，畅谈当前局势，介绍解释中共政策，从统战工作角度为国内和平争取联合各种力量，其中不乏国民党顽固派头目。当时有人不理解，毛泽东说：“国民党是一个政治联合体，要作具体分析，也有左中右之分，不能看做铁板一块。”①

(一) 敬佩宋庆龄先生高尚气节

毛泽东一直钦佩关心宋庆龄先生，到达重庆后的第三天，他专门去拜访宋庆龄。毛泽东对宋庆龄说：“延安人民让我转达他们对你的问候和敬意。在抗日战争最艰难的时候，是你排除种种障碍，为我们提供了最急需的药品

---

① 李涛. 毛泽东与国民党爱国将领［M］. 北京：长征出版社，2011：40.

和书籍。我无法告诉你，这些东西对我们的帮助有多大！”① “先生从不计较个人安危，献身于国家和民族解放事业，其高尚气节实在是可敬可佩。”② 9月8日，毛泽东在招待各国援华救济团体负责人的茶会上致辞，衷心感谢宋庆龄的援助。次日，宋庆龄专程到桂园会见毛泽东等人。会谈中，毛泽东对宋庆龄捍卫孙中山的三大政策，同国民党蒋介石的反共与破坏国内团结的行为作坚决斗争表示由衷的敬佩。③ 整个谈判期间，毛泽东多次对宋庆龄不计个人安危，献身国家民族的精神表示敬意。宋庆龄对毛泽东的这些举动深有感触，直至1978年毛泽东逝世两周年之际，她还在《追念毛主席》一文中写道：“国共谈判时期，我在重庆初次与他会见，就感到他不但是一位党的领袖，并且是全国人民的导师，他思想敏锐，识见远大，令人钦佩。”④

（二）赞扬“和平将军”为和平奔走

张治中作为国民党的高级将领，始终坚持国共两党和平共处，他一生都在为和平而奔走，对中国的和平事业作出巨大贡献，被毛泽东称为“和平将军”。谈判结束后张治中为确保毛泽东等人安全，亲自将他们送回延安。10月12日，张治中乘原机返回重庆。在去机场的路上，毛泽东说：“你为和平奔走是有诚意的。”⑤ 张治中问：“何以见得？”毛泽东说：“你把《扫荡报》改为《和平日报》就是一个例子。《扫荡报》是在江西围攻我们时办的，你改了报纸的名字，有些人是一定不赞成的。”⑥ 张治中没想到毛泽东将他为和平所做的努力都记在了心里，深受感动。

（三）向湖南老乡作统战工作

程潜是毛泽东的湖南老乡，重庆谈判前就与毛泽东有过来往，与中共关系友好。得知毛泽东抵渝后，程潜为毛泽东的安全考虑建议他早回延安。毛泽东对程潜的关心表示十分感谢。一段时间后，毛泽东又专程前来拜访程潜。

---

① 董志新. 毛泽东品《论语》［M］. 沈阳：万卷出版公司，2015：73.
② 唐春元. 毛泽东政治战略［M］. 哈尔滨：黑龙江人民出版社，1998：262.
③ 莫智斌，等. 毛泽东与国民党人的交往［M］. 北京：人民出版社，2009：95.
④ 王敏玉. 毛泽东的情感世界［M］. 北京：台海出版社，2016：230.
⑤ 毛泽东年谱（1893—1949）：下卷［M］. 北京：中央文献出版社，2013：35.
⑥ 毛泽东年谱（1893—1949）：下卷［M］. 北京：中央文献出版社，2013：35.

当时国民党正准备实行自下而上的普选，毛泽东建议程潜竞选副总统，对他说：“如果搞成了，你可以主持和谈；如果搞不成，你就只要一个湖南。”程潜说：“我没得钱，搞不赢人家的。”毛泽东说：“你跟你的老部下商量，找他们想办法嘛！你如果有了湖南，可以帮我们好多忙咧……”① 毛泽东的话提点了程潜，虽然后来他竞选失败，但却一直记得毛泽东的话，成为湖南省主席，为湖南的和平解放做出了贡献。

（四）巧妙应对国民党反共人士的指责

重庆谈判期间，毛泽东不仅同对中共友好的国民党人士来往，还积极与国民党右派人物接触，毛泽东说：“国民党现在是右派当权，要解决问题，光找左派不行，他们肯定是赞同与我们合作的，但他们手中没有权，解决问题还得找右派。不能放弃和右派的接触。”②

毛泽东并不放弃任何可以争取的力量，一直在努力为和平奔走。比如陈立夫虽然是反共的，但毛泽东仍积极与之接触。9 月 20 日，毛泽东拜访陈立夫时说：“陈先生，十年内战，我们共产党不但没有被消灭，反而发展壮大了。而国民党剿共的结果，同时又引起了日本帝国主义的侵略，险些招致亡国的祸害，这一教训还不足以使人深思吗？”③ 陈立夫没有回答毛泽东，反而指责毛泽东造反。毛泽东说：“我们上山打游击，是国民党剿共逼出来的，是逼上梁山，就像孙悟空大闹天宫，玉皇大帝封他为弼马温，孙悟空不服气，自己鉴定是齐天大圣。可是你们却连弼马温也不给我们做，我们只好扛枪上山了。”④ 毛泽东还向陈立夫介绍了中共对于国内时局的主张和实际情况，希望陈立夫能促成此次谈判。在谈话过程中，毛泽东既注重方法，又坚持原则，巧妙应对陈立夫的指责。

二、维系引导民主党派人士

在重庆期间，毛泽东密切联系各民主党派及民主人士，向他们阐明中国

① 陈胜婷，等. 共谋大业有楷模毛泽东与爱国将领［M］. 北京：中国人事出版社，1993：43.
② 湖南人民出版社编. 毛泽东思想光照千秋［M］. 长沙：湖南人民出版社，1978：574.
③ 李清华. 雾都较量［M］. 北京：中共中央党校社，1994：164.
④ 龙剑宇. 毛泽东的人生旅行［M］. 北京：中共党史出版社，2012：242.

共产党的政治主张，听取和交流对谈判的意见，维系老朋友，结交新朋友。

（一）与民盟频繁来往，维护友好关系

重庆谈判期间，毛泽东多次会见民盟领导人张澜、章伯钧等人，盛赞他们为和平民主所做的斗争，还流传出“三顾特园”的佳话。中共当时与民盟的关系十分密切，毛泽东多次登门拜访，维系与老朋友之间的关系。8 月 30 日，毛泽东前往特园拜访民盟主席张澜。张澜说不相信蒋介石有和平民主的诚意。毛泽东风趣地对张澜说：“我们就来一个假戏真做，让全国人民当观众，看出真假，分辨是非，这场戏就大有价值了！”[①] 9 月 2 日，民盟在特园宴请毛泽东及中共谈判代表团。毛泽东一进特园，就高兴地说：“今天我们聚会‘民主之家’，今后共同努力，生活在民主之国。”[②] 在宴席上，毛泽东说：“这次国共会谈是一定要成功的……国共谈判犹如两人谈恋爱，先不说国民党，中国共产党是一心一意的，这不是开头就有一半成功的希望了吗?”[③] 毛泽东无时不在传达中共对和平民主的渴望。9 月 15 日，毛泽东三访特园向张澜介绍和谈近况。几天后，张澜以民盟主席的身份在《新民报》《华西晚报》上发表了《给国共两党领袖的公开信》。这在一定程度上使广大民众得以了解中共求和平反内战的诚意，推动了国共谈判，对促成《双十协定》的签字发挥了积极作用。

（二）与小民革常委坦诚交流，有问必答

毛泽东在会见小民革常委时，不仅向他们阐释中共此次谈判的立场和主张，还积极宣传和解释中共的政策。8 月 31 日，毛泽东在桂园会见了小民革的六位常委（王昆仑、许宝驹、屈武、侯外庐、曹孟君、谭惕吾）。他们认为毛泽东不应该以身犯险，纷纷劝谏。毛泽东耐心向他们解释后，他们还是十分担心。毛泽东语重心长地对大家说道：“大家的一片苦心，我非常理解，非常感谢。国共和谈，化干戈为玉帛，谈何容易！但这却是六万万中国人民的希望。……所以，国共和谈困难再大，我们也要为了和平、为了团结、为

---

① 毛泽东年谱（1983—1949）下卷［M］. 北京：中央文献出版，2013：18.

② 毛泽东年谱（1983—1949）下卷［M］. 北京：中央文献出版，2013：20.

③ 绍康. 毛泽东和党外朋友们［M］. 北京：团结出版社，1996：130.

了中国人民的利益尽出最大的努力。”① 看到毛泽东如此坦诚，小民革的常委们也开始积极的发言。侯外庐说国共和谈好像老头子和少女的联姻，恐怕好事难成。毛泽东幽默地回答道：“不行的话，老头子把胡子刮一刮不就行了吗!”② 毛泽东有问必答，他幽默的话语和坦诚的态度赢得了小民革常委们的好感，他们终于了解和理解了中共对谈判的诚意和所作出的努力。

（三）鼓励民主人士成立民主党派，团结斗争

毛泽东不仅经常会见民主人士，还鼓励他们积极成立民主党派，团结起来共同斗争。9 月 12 日，毛泽东与许德珩夫妇故人相见，亲切会谈。毛泽东得知，初到陕北时北平的教授们向他们馈赠物资一事就是许德珩夫妇所为，立即对他们表示感谢。许德珩还向毛泽东介绍了民主科学座谈会的情况。毛泽东勉励他们说，既然有许多人参加，就把座谈会搞成一个永久性的政治组织。许德珩说担心成立组织人数太少。毛泽东说：“人数不少，即使少也不要紧，你们都是科学文教界有影响的代表人物，经常在报上发表意见和看法，不是也起到很大宣传作用吗?”③ 在毛泽东的指点下，民主科学座谈会改组成了九三学社。后来，许德珩在回忆录中写道：“在毛主席的关怀鼓励下，我们决心把民主科学座谈会改组成一个永久性的组织。”④ 毛泽东的启发和鼓舞，促进了九三学社的成立。

（四）引导国社党认清现状，放弃幻想

毛泽东会见民主党派时也注重对他们的教育和引导。9 月 22 日，毛泽东在桂园会见国社党领导人蒋匀田。当蒋匀田得知谈判面临问题导致僵局时，希望中共做出让步，还提出应围绕联合政府问题会谈，其他党派都应参与。毛泽东说：“老实说，如果没有我们这几十万条破枪，我们固然不能生存，就连你们党派也一样，也无人理睬!”⑤ 蒋匀田认为只要启发人民对民主的认识与信心，就可以促成民主政治趋于成功。毛泽东说：“你想，假使我凭政

① 谭玉琛，李振明. 毛泽东与党外人士［M］. 石家庄：河北人民出版社，1993：277.
② 邵开华. 笑傲山城 国共两党重庆谈判［M］. 太原：山西教育出版社，1999：107.
③ 毛泽东年谱（1983—1949）下卷［M］. 北京：中央文献出版 2013：23.
④ 许德珩. 许德珩回忆录 为了民主与科学［M］. 北京：中国青年出版社，2001：214.
⑤ 谭玉琛，李振明. 毛泽东与党外人士［M］. 石家庄：河北人民出版社，1993：408.

治斗争技术能取得政权，我们为什么要负养几十万大军的重担呢？”① 毛泽东进一步为蒋匀田指出问题的要害。对于蒋匀田的天真，毛泽东步步紧追，瓦解他的顽固思想，让他从幻想中走出来面对现实。

重庆谈判期间，经过毛泽东与各民主党派领导人的直接交往，中共与一些民主党派的关系更加紧密，为新中国成立后中国共产党领导的多党合作制度和政治协商制度打下了良好的基础。

三、紧密团结社会各界人士

在重庆谈判期间，毛泽东抓住一切可以和群众交流的机会，与工商界、文化界、新闻界等社会各界人士亲切会面，共商国是。

（一）向工商界人士传递友好讯息

为了向广大工商界人士宣传中共对民族资本家的具体政策，9 月 17 日，毛泽东在桂园会见了刘鸿生、范旭东、吴羹梅等工商界人士，向他们宣传中共的新民主主义财政经济政策以消除他们的疑惧心理。当有人问到中共将如何对待中国的民族工业时，毛泽东说：“在半封建半殖民地的旧中国，民族资本是得不到发展的，只有国家独立，民族工商业才有发展前途。”② “在现阶段，我们不主张没收资本家的产业，而是采取调节劳资间利害关系的政策。……民族资本家是我们的朋友，而不是敌人。”③ 毛泽东的话，为他们指明了前进的方向，安抚了他们的情绪。此后，毛泽东在重庆多次约见工商界人士，向他们介绍中国共产党对战后时局的分析和采取的方针政策，也为新中国成立后工商业接受社会主义改造奠定了初步基础。

（二）与文化界人士凝聚共同认识

谈判期间，毛泽东还经常接见文化界人士，与他们交流思想。9 月 3 日，毛泽东在桂园会见郭沫若、翦伯赞、周谷城等文化界知名人士，同大家开怀

① 谭玉琛，李振明．毛泽东与党外人士［M］．石家庄：河北人民出版社，1993：409.

② “毛泽东与我”征文活动组委会．毛泽东与我丛书：毛泽东人际交往侧记［M］．太原：山西人民出版社，1993：170.

③ 唐春元．毛泽东政治战略［M］．哈尔滨：黑龙江人民出版社，1998：274－275.

畅谈。毛泽东向郭沫若说：“你写的《反正前后》，就像写我的生活一样。当时我们所到的地方，所见到的那些情形，就是同你写的一样。”接着，毛泽东又谈到中国抗战胜利后的时局。他说：“人民渴望和平民主，而蒋介石阴谋发动内战，水火不容。”① 9月9日，郭沫若、于立群等人拜访毛泽东。大家谈到郭沫若在文化界应采取什么态度时，毛泽东很赞同郭沫若的意见，认为态度应该强些，不要妥协合作，要有斗争。② 毛泽东还说，“我们的前途是光明的，但我们还要走一段‘之’字路。”③ 9月22日，毛泽东在桂园会见作家及演艺界人士。毛泽东鼓励他们说：“你们发挥了进步文艺的作用，你们是有功绩的。”④ 毛泽东还向他们详细介绍了国共谈判的情况，说明中共的主张，让他们对时局有了更清醒的认识。

（三）向新闻界人士了解重庆情况

毛泽东一直很重视新闻传播的重要性，重庆谈判期间，他曾多次接见新闻界人士。9月20日，大公报社设宴招待毛泽东等人。《大公报》负责人王芸生说希望国共继续合作，不要另起炉灶。毛泽东说：“不是我们要另起炉灶，是人家的锅里不允许我们造饭呀!”⑤ 9月21日，毛泽东在红岩村接见《新民报》记者赵超构。据赵超构回忆：那天，毛泽东详细地询问了重庆新闻界的情况。听完后，毛泽东说死跟蒋介石的人只是少数，有的人不满现状，但对美蒋还有幻想，绝大多数的人是可以转变过来的。”⑥ 得知《新民报》青年要去延安的事后，毛泽东说：“为什么把进步青年都往延安送呢？国统区也很重要么，《新民报》这样的阵地，我们派人去还来不及呢，我们要多多支持才是。”⑦ 毛泽东肯定了这些国统区的新闻工作者们，也让赵超构认识到自己所在的国统区对中共的重要性。

毛泽东在谈判间隙广交朋友，积极宣传中国共产党的主张和立场，与各

---

① 刘德奉．文化忆往集（第2辑）［M］．重庆：重庆出版社，2018：129.

② 刘德奉．文化忆往集（第2辑）［M］．重庆：重庆出版社，2018：130.

③ 陈文书．毛泽东与四川［M］．成都：四川人民出版社，1995：171.

④ 中共四川省委党史研究室．《中共中央南方局的文化工作》送审稿，2007：309.

⑤ 绍康．毛泽东和党外朋友们［M］．北京：团结出版社，1996：305.

⑥ 中共重庆市委党史研究室，重庆市政协文史资料委员会，红岩革命纪念馆．重庆谈判纪实［M］．重庆：重庆出版社，2016：638.

⑦ 富晓春．报人赵超构［M］．上海：文汇出版社，2017：94.

民主党派、民主人士和社会各界人士交流意见，建立了广泛的人民统一战线。

四、重庆谈判期间毛泽东统战工作的重要意义

毛泽东在重庆谈判期间大量的统战工作，对争取国民党高层人士和民主党派代表人物跟着共产党一道前进，起了极大的凝聚和吸引作用。毛泽东在1947 年党的 12 月会议《目前形势和我们的任务》的报告中说道："我们的新民主主义的革命的统一战线，现在比过去任何时期都要广大了，也比过去任何时期都要巩固。"① 而这种有利政治局面的形成，无疑与重庆谈判期间毛泽东的统战工作有密切联系。而且这期间的统战工作更为多党合作局面的形成奠定了重要基础。如宋庆龄能接受共产党的邀请于新中国成立前夕毅然北上并任中央人民政府副主席；民盟主席张澜由重庆的"民主之家"被邀请到"民主之国"任中央人民政府副主席；张治中在 1949 年 4 月和平谈判失败后毅然留下跟着共产党一道走进新中国并任国防委员会副主席；郭沫若以民主人士的身份成为新中国的政务院副总理和全国政协副主席；程潜对湖南和平解放立下不朽功勋并任国防委员会副主席；以及王昆仑、屈武、许德珩、章伯钧等等，都为新民主主义革命的最后胜利和新中国的建立做出过重要贡献，而上述这些重要人士都是毛泽东在重庆谈判期间广泛接触的重要统战工作对象。

毛泽东在重庆谈判期间做了大量统战工作，广泛接触人民群众、听取群众意见、交流思想感情，为中共在国统区的人民群众中留下了极好的印象，也为尽一切可能争取国内和平创造了有利的条件。史料记载毛泽东在重庆谈判期间留下了大量日常谈话，本专题列举出来的只是挂一漏万，仅从这一部分日常谈话中就能看出毛泽东坦诚对待国民党人士、各民主党派人士及社会各界人士，具有广阔胸怀、卓越远见和高超的统战智慧，充分发挥了统一战线的重要法宝作用。

（唐正芒　许园林）

① 毛泽东选集：第四卷［M］. 北京：人民出版社，1991：1257.

“台湾总有一天会回到祖国来的，这是不可逆转的历史潮流”

——毛泽东日常谈话中的台湾问题观解读

国家统一自古以来就是中华儿女高于一切的政治理想和爱国情怀，以毛泽东为主要代表的中国共产党人更是一生致力于追求民族独立、国家统一和人民幸福。解放战争后期，以蒋介石为首的国民党军队败退台湾，从此，海峡两岸一水相隔，遗留下了台湾问题。在新时代实现中华民族伟大复兴中国梦的征程中，台湾问题是不能回避的，解决台湾问题、实现两岸统一也是中国梦的题中应有之义。回顾历史，从新中国成立前夕到成立后，毛泽东为解决台湾问题提出过一系列构想，进行了一系列探索，形成了他的台湾问题观。毛泽东的台湾问题观不仅体现在他的著作、文稿中，也在其与外宾、身边工作人员、党内人士以及社会各界人士的日常谈话中体现得鲜明、生动且深刻。本专题拟从毛泽东日常谈话的角度来解读他的台湾问题观。

一、坚决解放台湾，维护国家统一

（一）“台湾是中国的领土”

解放战争后期，随着人民解放军在战场上的节节胜利，1949 年 1 月，蒋介石开始实施退守台湾的计划。此时的毛泽东在得知了这位老对手、老“朋友”的计划之后，随之把目光放在了台湾，准备在时机成熟时解放台湾。对于毛泽东来说，收复台湾、统一全国可能不仅仅是他的职责使命所在，更是他那“俱往矣，数风流人物，还看今朝”的豪迈情怀所在。1948 年 4 月，毛泽东渡黄河，东进途中，忙里偷闲，特地上五台山参观。在听闻康熙皇帝曾五度巡幸五台山后，他评述了康熙："他平定了'三藩之乱'，驱逐了沙俄侵略者，收复了台湾，并派重兵驻守，抵御西方殖民者的侵略，加强民族团结，维护国家领土的完整，为我们多民族国家的统一和发展作出了重大贡献。他的功劳不小，是一位了不起的皇帝！"① 毛泽东认为康熙是一位了不起的皇帝，此时的他并非康熙那样的封建皇帝，但是皇帝曾做到的事，作为深受人民拥护与爱戴的共产党领袖的毛泽东同样也能做到。更为重要的是，台湾自古以来就是中国的领土。1949 年 2 月，毛泽东在西柏坡会见了来访的苏共中央政治局委员米高扬，谈到台湾问题时，毛泽东说："台湾是中国的领土，这是无可争辩的。现在估计国民党残余力量大概全要撤退到那里去，以后同我们隔海相望，不相往来。那里还有一个美国问题。台湾实际上就在美帝国主义的保护下。这样，台湾问题比西藏问题更复杂，解决它更需要时间。"② 1949 年 3 月，在中央召开会议讨论即将成立的华东局管辖范围时，毛泽东提出："还要加上台湾，这地方很应该注意，有海军、空军及其他军队，有资材，很有生意做。"可见在毛泽东的心中，已经把台湾纳入了新中国的版图乃至管理范畴，也说明解放台湾的工作已经被毛泽东提上了日程。

（二）"我们一定要解放台湾"

台湾问题是新中国成立初期毛泽东的一块心病，他在许多场合多次表达了"一定要解放台湾，实现国家完全统一"的态度。毛泽东积极倡导建立海军，以便解放台湾。1949 年 8 月 28 日，在中南海丰泽园，毛泽东接见华东军区海军司令员张爱萍和林遵。毛泽东对人民海军建设提出了总的指导思想："你们原海军人员懂得科学知识，有技术。新海军（指从人民解放军陆军调来的人员）要向你们学习。人民解放军的同志有优良的政治工作制度和战斗作风，你们也要向新海军学习。新老同志要团结，相互学习，共同为建设人民海军而奋斗。海军要做好准备，准备配合陆、空军，在解放台湾作战中立

① 盛巽昌．毛泽东眼中的历史人物［M］．上海：世纪出版集团、上海辞书出版社，2005：389.

② 陈毓述，陈丽华．开国前夜：毛泽东在西柏坡的风云岁月［M］．北京：中共党史出版社，2003：301－302.

功。”① 1949 年 10 月中旬，毛泽东在中南海召见当时还在湖南工作的十二兵团兼湖南省军区司令员、后来为海军司令员的萧劲光，他对萧劲光做工作说：“我们要解放台湾，也要有海军。海军一定要搞，没有海军不行，要搞海军就总得有个人去领头。”② 同年 11 月 13 日，毛泽东和家人共度良宵。他跟孩子们说：“现在新中国刚刚成立，百废待兴，蒋介石逃到了台湾，还想要反攻大陆。我们一定要解放台湾，将革命进行到底！”③ 在毛泽东的心中，没有台湾的新中国是不完整的，他作为新中国的领袖，解放台湾的决心也是无比坚定的。1950 年 1 月，在赴莫斯科出席斯大林 70 寿辰庆祝大会期间，毛泽东与斯大林曾着重谈了关于解放台湾的问题，毛泽东说：“斯大林同志，为了早日完成解放全中国的任务，以实现国家统一，我们打算在今年解放台湾！”④ 随着新中国的发展与壮大，毛泽东对于解放台湾的决心也从未减弱。1963 年 2 月 2 日的晚上，毛泽东在中南海游泳池的房间里打电话给周恩来，坚定地说：“我再说一遍：告诉刘宁一，在台湾问题上一定要表明我们的一贯立场，那就是‘我们一定要解放台湾’！”⑤

二、探索统一路径，实现国家统一

（一）“欢迎他们归来”

关于台湾问题的解决方法，毛泽东对此进行了探索，提出了具体可行的办法。尤其是对于原国民党人员，毛泽东总是以礼相待，向在台湾的人传达善意，欢迎他们回来看看，以此加强两岸人民的交流与联系。1949 年 9 月的一天，毛泽东邀请程潜等人一起游天坛，陈明仁将军来晚了，向毛泽东致歉。毛泽东说：“来！陈将军，咱们俩单独一起合个影。”随后，毛泽东又说：“陈将军，听说蒋介石在台湾为你开追悼会啦！台湾还谣传我把杜聿明、王

---

① 李涛. 毛泽东与国民党爱国将领［M］. 北京：长征出版社，2011：359 - 360.

② 中共中央文献研究室《缅怀毛泽东》编辑组. 缅怀毛泽东 上［M］. 北京：中央文献出版社，2013：144.

③ 孙宝义，刘春增，周桂兰. 听毛泽东谈哲学［M］. 北京：人民出版社，2012：310.

④ 唐灏. 毛泽东中苏结盟之行［M］. 北京：中国工人出版社，2005：98.

⑤ 邸延生. 历史的真知——“文革”前夜的毛泽东［M］. 北京：新华出版社，2013：254.

耀武两位将军都杀了，你回去时路过山东，去看看两位将军，之后将你我的合影及杜、王两位将军的情况，给你过去的朋友们寄去，做做他们的工作，欢迎他们归来。”① 1956 年 1 月，毛泽东发表重要讲话，指出：“台湾那里一堆人，他们如果是站在爱国主义立场，如果愿意来，不管个别也好，集体也好，我们都要欢迎他们，为我们的共同目标奋斗。”随后，他又提出了“和为贵”“爱国一家、爱国不分先后，以诚相见，来去自由”的主张。② 1956 年 6 月 10 日，毛泽东在会见印度尼西亚雅加达市市长苏迪罗和夫人、副市长达努布罗托等人时也表达了相似的意思：“华侨不管是左的、中的、右的，都可以回来看看。台湾这些人要来也可以，看完回去也可以，回去骂了我们也可以，骂了再来还可以。”③ 1960 年 11 月，中央决定释放一批战犯，卫士叶子龙笑着问毛泽东：“主席，我们又要释放战犯了？”“再放一批。”毛泽东说：“该放的就放，这不仅是个影响问题，也是让这些人自食其力，出来以后为新中国的建设贡献一份力量么！”叶子龙再问：“他们有的人要是跑去台湾怎么办？”“让他去么！”毛泽东说：“就是蒋介石现在过来，我毛泽东也会热烈欢迎的！”④ 1965 年 7 月 20 日，曾任国民党代总统的李宗仁携夫人回到北京。7 月 27 日毛泽东在中南海游泳池接见了他们，毛泽东对李宗仁说：“德邻先生，你们回来了，很好，欢迎你们！德邻先生，你上当了。这一次归国，你是误上贼船了。台湾当局口口声声叫我们做‘匪’，还叫祖国大陆做‘匪区’，你不是误上贼船是什么呢！祖国比过去强大了些，但还不是很强大，我们至少要再建设二三十年，才能真正强大起来。跑到海外的，凡是愿意回来，我们都欢迎，他们回来，我们都以礼相待。”下午，毛泽东与李宗仁、程思远一行乘车到丰泽园，毛泽东在这里设宴招待他们。席间，李宗仁再三表示深以台湾问题久悬不决为虑，毛泽东说：“德邻先生，不要急，台湾总有一天会回到祖国来的，这是不可逆转的历史潮流。”⑤ 毛泽东欢迎国民党人员甚至是蒋介石回来的态度，不仅体现了毛泽东个人的胸怀，更体现

---

① 王鹤滨. 紫云轩主人——我所接触的毛泽东［M］. 北京：中共中央党校出版社，1991：167.

② 李涛. 肝胆相照：毛泽东与国民党爱国将领［M］. 北京：长征出版社，2011：23.

③ 毛泽东年谱（1949—1976）：第 2 卷［M］. 北京：中央文献出版社，2013：584.

④ 邸延生. 历史的真知——“文革”前夜的毛泽东［M］. 北京：新华出版社，2013：95.

⑤ 李涛. 肝胆相照：毛泽东与国民党爱国将领［M］. 北京：长征出版社，2011：31.

了中国共产党站在民族立场上希望和平解决台湾问题的态度，这也是中国共产党的一贯主张。

（二）“采取和平方式解决台湾问题”

1. “用文的方法解决”

近代以来的中华民族饱经沧桑，刚刚成立的新中国百废待兴，毛泽东自然不希望用战争解决台湾问题，能不战而收复台湾，方为上策。1950 年 1 月 11 日，毛泽东在会见苏联最高苏维埃主席团主席什维尔尼克时说：“中国大陆的蒋介石军队已被我们消灭了，跑到台湾岛、金门岛的敌军我们将考虑用文的方法解决。”① 朝鲜战争后，毛泽东更加希望能够通过谈判解决台湾问题，这点在他与外宾的多次谈话中均体现了出来。1955 年 5 月 26 日，毛泽东在会见印度尼西亚总理沙斯特罗阿米佐约时说：“台湾问题也可以用谈判解决。如果美国愿意签订一个和平条约，多长的时期都可以，五十年不够就一百年，不知道美国干不干。”② 1956 年 8 月 21 日，毛泽东在会见老挝首相富马亲王及其率领的政府代表团时说：“你们的政策、方针很好，对内采取和平、民主的方针，对外采取独立、友好的方针，这样就有可能在和平环境中发展你们的经济。你们现在国内不打仗了，讲和了。我们也是采取同样的政策，准备和蒋介石采取和平方式解决台湾问题。你们做得很好，国内问题没有了，事情也就好办了。”③ 1957 年 11 月 16 日，毛泽东与印度代表团会谈又提到：“我们解决台湾问题，有两个办法，一为和平解放，一为武力解放。他们总是要打，我们总是要和。”④ 1961 年 6 月 16 日，毛泽东在中南海颐年堂会见印度尼西亚共产党中央委员会主席艾地，谈到台湾问题时，毛泽东依然表明了“和”的态度，他说：“我们现在还愿意同蒋介石讲和。我们提出要跟他讲和，他不干。我们从来没有放弃同国民党讲和的口号，现在也未放

① 唐灏．毛泽东中苏结盟之行［M］．北京：中国工人出版社，2005：104－105.

② 毛泽东年谱（1949—1976）：第 2 卷［M］．北京：中央文献出版社，2013：381.

③《毛泽东与外国首脑及记者会谈录》编辑组．毛泽东与外国首脑及记者会谈录［M］．北京：台海出版社，2012：97－98.

④ 毛泽东年谱（1949—1976）：第 3 卷［M］．北京：中央文献出版社，2013：247.

弃。他是很怕的，我们就不怕。美国也很怕，怕我们同国民党讲和。”①

2.“容许台湾保持原来的社会制度”

关于台湾问题的和平解决办法，毛泽东是有着深入思考的，他构想：如果台湾归还中国，容许台湾保持原来的社会制度。这也是后来我们党几代领导人对解决台湾问题一以贯之的态度，也就是现在我们所倡导的“和平统一，一国两制”方针。这种构想既考虑了国家的实际情况，又有利于统一后的长治久安。1956 年 10 月 3 日，毛泽东在中南海颐年堂会见新闻记者曹聚仁。当谈到台湾问题时，曹聚仁说：“台湾方面了解第三次世界大战已经没有可能，反攻大陆也不可能。他们曾表示，国共和谈，条件成熟时，可能在一个晚上成功。”对此，毛泽东说：“台湾只要同美国断绝关系归还祖国，其他一切都好办。现在台湾的连理枝是接在美国的，只要改接到大陆来，可派代表参加人民代表大会和政协全国委员会，台湾一切照旧。台湾何时进行民主改革和社会主义改造，则要取得蒋先生的同意后才做，现在可以实行三民主义。”② 1958 年 10 月 13 日，毛泽东再次会见曹聚仁，当曹聚仁说台湾有人问回归后生活方式怎么样时，毛泽东说：“照他们自己的方式生活。水里的鱼都有地区性的，毛儿盖的鱼到别的地方就不行。但是美国不要他时，蒋可以来大陆，来了就是大贡献，就是美国的失败……大陆这么大，台、澎、金、马只是一大点点几小点点，让他们在那里搞他的三民主义、五权宪法，天天吹反共，我们也天天吹收复，商量好。他们同美国的连理枝解散，同大陆连起来。枝连起来，根还是你的，可以活下去，可以搞你那一套。一不要整风，二不要反右，不同美国搞在一起，就是伟大胜利。”③ 1961 年 6 月 13 日，毛泽东在中南海勤政殿会见印度尼西亚总统苏加诺。谈到台湾问题时，毛泽东又一次重申：“如果台湾不作为一个国家，没有中央政府，它归还中国，那么台湾的社会制度问题也可以留待以后谈。我们容许台湾保持原来的社会制度，等台湾人民自己来解决这个问题。”④ 毛泽东的这种“两种制度”构想，是站在国家统一的立场上，实事求是解决台湾问题的产物。实事求是是中国

① 毛泽东年谱（1949—1976）：第 4 卷［M］. 北京：中央文献出版社，2013：605.
② 毛泽东年谱（1949—1976）：第 3 卷［M］. 北京：中央文献出版社，2013：4.
③ 毛泽东年谱（1949—1976）：第 3 卷［M］. 北京：中央文献出版社，2013：465.
④ 毛泽东年谱（1949—1976）：第 4 卷［M］. 北京：中央文献出版社，2013：604.

共产党取得各项事业胜利的最大法宝，解决台湾问题自然也不例外。

（三）"和平解决或武力解决"

毛泽东深知如果能够通过谈判和平解决台湾问题，实乃国家之幸、民族之福。然而谈判是双方的事情，海峡对岸的蒋介石没有给这个机会，并且不断叫嚣要反攻大陆。因此，为了民族大义，为了国家统一，毛泽东也没有放弃不得已时要使用武力解决台湾问题。1954 年 8 月 11 日，在北戴河中直礼堂举行的中央人民政府委员会第三十三次会议上，毛泽东发表了关于解放台湾问题的讲话，指出："解放台湾，这个方针不是今天才提出的，它是早已就提出过了。现在把它提出来，是为了强调它。从前在抗美援朝的时候，我们讲过边打边建，现在还是边打边建，在现在更应该是建。解放台湾的时间也不会很短。要知道，蒋介石有两种。一种是过去在大陆上的蒋介石，一种是在水里的蒋介石。过去在没有水的地方打仗，我们有经验，但是在水里打仗的经验就缺乏了。我们不应该轻视现在的蒋介石。我们要搞海军、空军。台湾能不能收复？我想是能够收复的。海、空两军搞强大起来了，就能够收复台湾。这里面有军事工作、外交工作、宣传工作、政治工作。"① 1959 年 10 月 2 日，毛泽东在中南海颐年堂同赫鲁晓夫举行会谈，并宴请苏联党政代表团。关于台湾问题，毛泽东说："我们历来都讲，台湾问题是中国的内政，中国一定要解放台湾。解放的办法有两个：一个是用和平的方法，一个是用战争的方法。"② 1959 年 10 月 5 日，毛泽东在中南海勤政殿会见巴西、阿根廷、古巴、委内瑞拉等 17 个拉丁美洲国家的共产党代表团，谈到台湾问题时，毛泽东又一次声明："台湾问题很复杂，又有国内问题，又有国际问题。就对美国来说，这是一个国际问题。国际问题只能通过和平道路解决，不能用武力解决。我们还在同美国谈判，可是美国没拿出名堂来。我们要求美军撤出台湾，他们不干，我们只能等，他们要多少时间撤出，我们就等多少时间。我们不会首先同美国打起来的，同志们放心好了。就对蒋介石来说，台湾是一个国内问题。是否一定要用武力解决呢？也不是。我们准备同蒋介石谈判，但他不干。我们没有办法，可能有一天会打起来的。国内问题有两个

---

① 毛泽东年谱（1949—1976）：第 2 卷［M］. 北京：中央文献出版社，2013：268.
② 毛泽东年谱（1949—1976）：第 4 卷［M］. 北京：中央文献出版社，2013：194.

解决办法，和平解决或武力解决。”① 1960 年 5 月 27 日，毛泽东在上海文化俱乐部会见英国陆军元帅蒙哥马利，两个人谈笑风生，从国际局势谈到国内形势，毛泽东说：“我们不要同美国用战争解决问题。同蒋介石就不同了，但是如果他不用武力，我们也不用武力。美国声明愿意通过和平谈判解决国际问题，而不使用武力或不以武力威胁。它这个话是否可靠还是个假定，还要等着看。可是蒋介石没有发表这样的声明，他反对同中国共产党谈判，而我们早就表示我们愿意同蒋介石通过谈判解决问题。”② 历史车轮滚滚向前，习近平总书记在《告台湾同胞书》发表 40 周年纪念会上说：“我们不承诺放弃使用武力，保留采取一切必要措施的选项，针对的是外部势力干涉和极少数‘台独’分裂分子及其分裂活动，绝非针对台湾同胞。”③ 从毛泽东到习近平，从“他不用武力，我们也不用武力”到“我们不承诺放弃使用武力”，体现出的是中国共产党人在追求国家统一、反对分裂这一民族大义上的坚定信念。

三、坚持一个中国，抵制美国干涉

（一）“中国只有一个”

横亘在祖国大陆与台湾之间的不只有一湾海峡，还有美国。美国利用自身的国际影响力，妄图分裂中国。在事关领土主权的问题上，毛泽东从来不让步，他在会见外宾时多次强调一个中国原则。1955 年 10 月 3 日，毛泽东在会见世界和平理事会副主席、意大利全国和平理事会主席、意大利社会党总书记彼得罗·南尼时，说：“重建邦交对双方都是有利的。说到困难，只有一点，我们要求意大利同蒋介石断绝关系，我们反对美国搞的‘两个中国’。”④ 1957 年 4 月 21 日，毛泽东在中南海勤政殿会见日本社会党访华亲善

① 毛泽东年谱（1949—1976）：第 4 卷［M］. 北京：中央文献出版社，2013：200.

② 毛泽东年谱（1949—1976）：第 4 卷［M］. 北京：中央文献出版社，2013：402.

③ 习近平. 在《告台湾同胞书》发表 40 周年纪念会上的讲话［N］. 人民日报，2019 - 01 - 03.

④ 《毛泽东与外国首脑及记者会谈录》编辑组. 毛泽东与外国首脑及记者会谈录［M］. 北京：台海出版社，2012：78 - 79.

使节团，他说：“我们可以说是朋友。你们的看法很多和我们一致。两国要友好，这是重要的。要恢复邦交。中国只有一个，没有两个，这也是重要的。”[①] 1959 年 10 月 14 日，毛泽东在中南海颐年堂会见由萨瓦茨基率领的波兰党政代表团时，又一次说：“你们可以放心，我们不会发动战争，不会跟印度打，也不会跟台湾打。但是，我们反对‘两个中国’。台湾归还中国是国际协定——开罗会议决定的，没有任何协议说台湾可以脱离中国，相反，国际协议规定台湾应归中国。”[②] 1961 年 6 月 13 日，毛泽东在中南海勤政殿会见印度尼西亚总统苏加诺，关于中国进入联合国的问题，毛泽东与苏加诺进行了深入的交流。毛泽东说：“上一次总统来的时候，我曾经说过，因为联合国里有蒋介石的代表，所以我们不进联合国，这是同台湾问题有关系的。只要蒋介石的代表还在联合国，我们就不进联合国。我们已经等了十一年了，再等十一年或者更久也没有关系。我们不忙于进联合国。”苏加诺说：“关于中国进入联合国的问题，目前外界有两种主张，一种主张是中国大陆同台湾成为整体，作为一个国家进入联合国；另一种主张认为中国可以先进入联合国，然后在联合国里同朋友们一道进行斗争，使得在联合国中只有中国，把蒋介石的代表驱逐出联合国，台湾归还中国。”毛泽东说：“只能一步走。如果台湾归还中国，中国就可以进联合国。”苏加诺问：“能不能像乌克兰同苏联那样在联合国有两个代表？”毛泽东坚定地说：“不行，中国在联合国只能有一个代表。”[③]

在与国内记者以及身边工作人员交谈时，毛泽东也多次强调一个中国原则。1956 年 10 月 3 日，毛泽东在中南海颐年堂会见新闻记者曹聚仁，谈到加入联合国问题时，毛泽东说：“我们并不着急去加入联合国，但进行这种斗争是必要的。我们进入联合国的条件是：只能一个中国，不仅要进入联合国大会，而且要进入安全理事会和其他各种组织，否则就不干。反对‘两个中国’这一点，台湾和我们是一致的。”[④] 1963 年 11 月 4 日，公安部发布公报，广东、福建、浙江、江苏、山东沿海地区军民最近连续歼灭 9 股偷渡登岸和空投的美蒋武装特务共 90 人。毛泽东在杭州西湖的刘庄招待所对张景

---

① 毛泽东年谱（1949—1976）：第 3 卷［M］. 北京：中央文献出版社，2013：136.
② 毛泽东年谱（1949—1976）：第 4 卷［M］. 北京：中央文献出版社，2013：212.
③ 毛泽东年谱（1949—1976）：第 4 卷［M］. 北京：中央文献出版社，2013：604.
④ 毛泽东年谱（1949—1976）：第 3 卷［M］. 北京：中央文献出版社，2013：5.

芳、吴旭君等人说："蒋介石总是和我们配合的很默契，他来我往，一家人打架，外人不好插手的。"吴旭君笑着问："蒋介石向大陆空投特务，主席怎么还说是同我们'配合'呢？他就是成心破坏我们的社会主义建设！""就是！"张景芳也说："他来多少，我们就消灭他多少，管叫他们一个个有来无回！""这你们就不晓得了……"毛泽东笑了笑说，"还是要故意放一些人回去的，回去也好给我们的'老朋友'报个信嘛！再说，蒋介石也晓得他这只是做做样子，蚍蜉撼树，哪里撼得动么！"吴旭君问那他为什么还要派特务来？毛泽东解释说："如果他不派人来，他还怎么在台湾待下去呀？他派人来，是向世界证明一个事实，那就是台湾和大陆都是中国的领土；他和我们之间，你打我，我打你，只是国民党和共产党之间的互相斗争罢了。这样的一个道理，我身边的人是应该晓得的。"① 在毛泽东看来，两岸同胞是一家人，一家人不说两家话，关键是不能给"外人"钻了空子。

（二）"炮击金门，阻止'两个中国'"

美国这个"外人"自始至终都在干涉中国解决台湾问题，并妄图制造"两个中国"。为了粉碎美国人的阴谋，毛泽东决定炮击金门，目的并不是要挑起战争，而是为了维护一个中国原则。在炮击金门开始后的一天，毛泽东说："向金门打炮，也不是为了解放金门，而是蒋介石希望我们打炮，这样他就有了借口，可以抵抗美国的压力。"毛泽东一直密切关注着美蒋之间的争斗，他又在一次闲谈中说："我们现在的方针是援蒋抗美，坚决反对两个中国的阴谋。杜勒斯到台湾，如果我们不炮击金门，那实际上是联美压蒋。我们炮击金门，打乱了美国的阴谋，打乱了他的计划。"1958 年 9 月初，苏联外长葛罗米柯秘密访华，与毛泽东和周恩来会谈，毛泽东和周恩来告诉他："中国炮击金门、马祖，并不是就要武力解放台湾，只是要惩罚国民党部队，阻止美国搞'两个中国'。"② 面对美国在台湾海峡的不断挑衅，毛泽东用他一贯的方式对待美帝国主义这个纸老虎，那就是：战略上藐视敌人，战术上重视敌人。1958 年 9 月 6 日，在中南海勤政殿举行的最高国务会议第十五次会议上，毛泽东说："美国要拿金门、马祖交换台湾，我们原则上是不能交

---

① 邸延生. 历史的真知——"文革"前夜的毛泽东［M］. 北京：新华出版社，2013：311.

② 郑谦，韩刚. 晚年岁月——1956 年后的毛泽东［M］. 北京：中国青年出版社，1993：298.

换台湾。你把金门、马祖交我们，台湾就成为独立国，这总不可以吧！至于哪一年解放，我们又没有定日期，人民代表大会、人大常委会都没有作决议。但是，原则上台湾一定要解放。现在好处就是我们这一打，打出美国想谈了，它敞开了这张门了。看样子它现在不谈，也是不得下地，它每天紧张，不晓得我们要怎么样干。跟美国的事，就大局上说还是谈判解决，还是和平解决，我们都是爱好和平的人嘛。杜勒斯前天那个声明前面很硬，后面就软了，就是雷声大雨点小。”① 1959 年 4 月 15 日，毛泽东在第十六次最高国务会议上通报当前的形势和党的大政方针，他说：“从去年 8 月起，出来两件事，都跟我们有关。一个是台湾问题，一个是西藏问题。”接着毛泽东回忆起 1958 年炮击金门的事：“8 月 23 日头一天，我们打了一万九千发，他们讲打了四五万发，那是夸大其词，没有那么多，时间只十几分钟，没有什么很久很久。台湾的参谋长赵家骧就是这个时候打死的，另外还有一个副司令吉星文也打死了，俞大维身上也染了血。这自然说明我们有力量，不怕打。更重要的是，这是‘我们祖国的土地’，我们有理由捍卫，别人（美国）管不着。所以我看要奋斗下去，什么威胁我们都不怕。”接着，他还讲起古代小说《聊斋志异》里不怕鬼的故事，然后说：“我们不怕鬼，所以炮击金门、马祖。这一仗打下去之后，现在台湾海峡风平浪静，通行无阻，所有的船只不干涉了。”在毛泽东看来，一切敌人、对手和困难，都属于“鬼”，只有不怕它，才能战胜它克服它。②

关于炮击金门的问题，毛泽东在不同场合多次进行过阐述。1959 年 5 月 10 日，毛泽东在中南海勤政殿会见由人民议院主席团主席狄克曼、第一副主席马特恩率领的德意志民主共和国人民议院代表团，毛泽东说：“台湾问题暂时不能解决，问题是美国霸占着。去年我们打金门是内战问题。杜勒斯的方针是叫我们和蒋介石都不打。我们说，你们管不着，这是我们中国的地方，我们打不打是我们的事，你们不要多管……我们打金、马是为了帮助蒋介石，因为美国想把金、马让给我们，自己占据台湾。我们放弃金、马，都给蒋介石。蒋介石一困难，我们就打金、马，美国就可以让蒋介石继续做总统。美

---

① 毛泽东年谱（1949—1976）：第 3 卷［M］．北京：中央文献出版社，2013：439.

② 武在平．巨人情怀——毛泽东与中国作家［M］．北京：中共中央党校出版社，1995：47－48.

国有战争边缘政策，主要是为台湾问题而想出来的。去年我们也采取边缘政策。我们打金、马和蒋介石的增援船只，蒋介石就请美国帮助。美国人来了，但只在十二海里以外。我们光打蒋介石的船，不打美国船。美国船升起国旗，叫我们不要打它。美国一炮也没有打我们，我们也没有打它。所以大家都在战争边缘上。美国是强国，霸占的地区太宽，它的十个指头按着十个跳蚤动不了啦，一个跳蚤也都抓不住。力量一分散，事情就难办了。”① 1959 年 9 月 30 日，毛泽东在钓鱼台迎宾馆同赫鲁晓夫谈话。毛泽东说：“杜勒斯的政策是把金门、马祖还给我们，而要我们给他台湾和澎湖列岛。我们原来也是想先解放金门和马祖，至于台湾，要还是要，但要等一个时候。我们后来发现，杜勒斯正是这样想的。我们若是这样做，就是走杜勒斯路线了。后来，我们决定先不拿金门、马祖，团结蒋介石反对美国。美国正向蒋介石施以压力，让他不再当总统。蒋介石也屈服了，表示同意明年不当总统了。但是，蒋介石还不愿意下台，我们也支持他。如果没有我们的支持，蒋介石早就完了。炮打金门是蒋介石希望的，美国人不希望。我们对蒋帮助的方法就是打炮。”② 1959 年 10 月 1 日，去天安门参加中华人民共和国成立十周年庆祝大会前，毛泽东在中南海颐年堂再次会见赫鲁晓夫，毛泽东说：“美国的政策是要迫使蒋介石让出金、马，使台湾和金、马分开，这样台湾就离大陆更远了，便于美国推行‘两个中国’的政策。我们不赞成这个政策，因此我们不忙于去解放金、马，而让蒋介石在那里。蒋介石也不赞成‘两个中国’，在这一点上，我们同蒋介石有共同点。”③ 1960 年 6 月 14 日，在锦江饭店的休息室内，刘少奇、周恩来、朱德、陈云等人一起在听毛泽东的最后决定：“台湾是中国人民的，台湾海峡是中国人民的，他美国总统艾森豪威尔要来，那么好么，我们打炮以示‘欢迎’!”④ 无论什么时候面对美国，毛泽东都有一种他特有的气魄，他知道美国之所以干涉中国的事务，是因为它害怕中国崛起，就像毛泽东自己所说的：“它怕的不是今天的中国，而是明天的中国。”⑤

---

① 毛泽东年谱（1949—1976）：第 4 卷［M］. 北京：中央文献出版社，2013：46 -47.
② 毛泽东年谱（1949—1976）：第 4 卷［M］. 北京：中央文献出版社，2013：187.
③ 毛泽东年谱（1949—1976）：第 4 卷［M］. 北京：中央文献出版社，2013：191.
④ 邸延生. 历史的真知——“文革”前夜的毛泽东［M］. 北京：新华出版社，2013：74.
⑤ 毛泽东年谱（1949—1976）：第 4 卷［M］. 北京：中央文献出版社，2013：193.

四、结 语

台湾是毛泽东一生的牵挂，他为解决台湾问题、实现祖国统一提出的构想、进行的探索是非常有意义的。一代人有一代人的使命，解决台湾问题的接力棒已经交到了我们这一代人的手中。习近平总书记在《告台湾同胞书》发表40周年纪念会上庄严宣告：“历史不能选择，现在可以把握，未来可以开创！国家强大、民族复兴、两岸统一的历史大势，更是任何人任何势力都无法阻挡的！”① 海峡两岸人民同宗同源，中国梦也是海峡两岸全体中国人民共同的梦，我们应该从毛泽东日常谈话中所体现的台湾问题观中汲取智慧，并结合新时代台湾问题的特点，开创祖国统一的未来。两岸统一是我们党老一辈无产阶级革命家终生未竟的事业，也是新时代我们党必将完成的事业！

（唐正芒　梁熠冰）

① 习近平. 在《告台湾同胞书》发表40周年纪念会上的讲话［N］. 人民日报，2019-01-03。

新闻·外交篇

谈笑凯歌还

毛泽东日常谈话专题研究

“跑衙门是跑不出名记者来的”

——毛泽东日常谈话中的新闻思想述析

毛泽东一生写新闻、改新闻、办新闻、论新闻，他以自己的睿智和担当与新闻结下了不解之缘。他的新闻思想不仅体现在《〈共产党人〉发刊词》《〈中国工人〉发刊词》《对晋绥日报编辑人员的谈话》等新闻著作及其撰写的大量报刊社论、按语、批注、对报刊稿件的修改评语、为中央起草的文件等文献中，而且大量体现在他与新闻界人士的日常谈话中。学界对毛泽东的新闻思想已有很多研究和成果，但却鲜见有从毛泽东日常谈话的角度研究毛泽东新闻思想的。本专题拟从毛泽东日常谈话的角度探讨一下他的新闻思想，以弥补研究中的这一缺陷。

一、马克思主义新闻学的立足点是新闻的阶级性、党性、人民性

毛泽东的新闻思想，是马克思主义新闻学同中国新闻实际相结合的产物，其阶级基础是无产阶级，理论渊源是马克思列宁主义的新闻理论，故毛泽东新闻思想的首要立足点是新闻的阶级性、党性及人民性。

（一）无产阶级的新闻政策“要服从无产阶级利益”

1957 年 5 月 18 日晚，中央政治局常委会会议在中南海丰泽园菊香书屋召开，彭真、陆定一、胡乔木、吴冷西等列席参加。毛泽东在会上谈及一些对新闻舆论工作的看法，认为目前许多新闻工作者“不懂得什么是马克思主

义新闻学”,[①] 为此，他指明阶级性是马克思主义新闻学的根本立足点。毛泽东首先对资产阶级新闻学与无产阶级新闻学异同作出分析。指出以资本主义经济为基础的资产阶级新闻学呈现出自由竞争以及无政府状态的鲜明特点，但“对资产阶级的阶级利益有害的东西，他们都不发表”。[②] 以社会主义经济为基础的无产阶级新闻学则与资产阶级新闻学无政府状态根本不同，无产阶级新闻报刊均“纳入国家计划”“服从无产阶级利益”“接受共产党的领导”。[③] 毛泽东的上述论述就揭示了阶级性是新闻学的一条普遍规律，即无论是无产阶级新闻政策或资产阶级新闻政策，最终的目的都是维护各自阶级利益。无产阶级新闻政策必须服从无产阶级利益。

此外，毛泽东围绕着“新闻”“旧闻”“无闻”等问题展开谈话，对当时新闻界关于“新闻太少，旧闻太多”的议论作出回应。[④] 他说：“新闻要新，这应当不成问题，因为不是写历史。但是不能没有‘旧闻’，也还要有‘无闻’。”[⑤] “新闻要新、要快是对的，但有的事情发表太快副作用就很大。”[⑥] 毛泽东接着就谈到了1955年底北京市在几天之内实现全行业公私合营、宣布进入社会主义并在天安门开会庆祝的新闻事件，他指出新闻报纸对该事件报道过快，“以致全国各地一拥而上，照北京的办，工作草率、粗糙。所以新闻太快了有时就出毛病，不如慢一点好”[⑦]。这说明毛泽东对新闻及时性和时效性是给予充分肯定的，但是也提出要慎重选择报道内容，不宜过快，“旧闻”和“无闻”有时候也合时宜。毛泽东又举了禁止鸦片和新区土改未曾报道的事例，说：“有些消息，是我们自己做的事情，不登报、不广播

① 中共中央文献研究室《缅怀毛泽东》编辑组. 缅怀毛泽东 上［M］. 北京：中央文献出版社，2013：155－156.

② 中共中央文献研究室《缅怀毛泽东》编辑组. 缅怀毛泽东 上［M］. 北京：中央文献出版社，2013：156.

③ 中共中央文献研究室《缅怀毛泽东》编辑组. 缅怀毛泽东 上［M］. 北京：中央文献出版社，2013：156.

④ 中共中央文献研究室《缅怀毛泽东》编辑组. 缅怀毛泽东 上［M］. 北京：中央文献出版社，2013：154.

⑤ 中共中央文献研究室《缅怀毛泽东》编辑组. 缅怀毛泽东 上［M］. 北京：中央文献出版社，2013：154.

⑥ 中共中央文献研究室《缅怀毛泽东》编辑组. 缅怀毛泽东 上［M］. 北京：中央文献出版社，2013：155.

⑦ 中共中央文献研究室《缅怀毛泽东》编辑组. 缅怀毛泽东 上［M］. 北京：中央文献出版社，2013：155.

……这也是一种'无闻'。"[①] 另外，毛泽东还谈到了1955年他关于农业合作化的讲话、1957年2月他在最高国务会议上的讲话以及《论十大关系》的讲话等都是推迟见报或者还未曾发表的事，以说明"旧闻"的重要性和必要性。"我这个人就是不想冒险，先讲一讲，看一看反应，再作修改，然后发表。有时修改多次还不满意，只好不发表。"[②] 毛泽东以上关于"新闻""旧闻""无闻"等的论述实际上就是基于新闻阶级性的考量，毛泽东曾说："各种意识形态都是要反映阶级关系的。比如报纸，这是属于意识形态范围的。"[③] "有新闻，有旧闻，有无闻。第一有自由，凡是符合人民利益的都有自由；第二无自由，凡是不符合人民利益的都无自由，即有限制。世界上没有绝对的新闻自由，只有相对的新闻自由，不自由的情况依据不同的阶级利害关系而不同。"[④] 时效性是新闻的基本特性，但无产阶级新闻不能一味求"快""新"，须立足无产阶级的阶级性，慎重选择报道内容，有些事情报道太快容易在群众中产生副作用，损害群众利益，那么这方面的内容就不宜提前刊登，这无疑是毛泽东提出"旧闻""无闻"的言外之意。

（二）报纸宣传要"抓住当前的主要任务"

党性原则，即必须无条件服从党对党报的领导，始终坚持党的坚定立场，围绕党中央的中心工作，积极宣传党的路线、方针、政策，成为"完全党报"，这是无产阶级新闻舆论工作的一条根本原则。1958年8月27日，毛泽东同胡乔木和吴冷西谈《人民日报》的宣传工作，他说："人民日报在一个时期应有一定的方向，宣传要有重点，抓住当前的主要任务。今年年初报纸宣传方向比较明确。《从梅林看全国》的社论写得不错。最近一个时期，宣传上就显得杂一些，编辑条理差，把一些东西堆在一起，看不出方向，缺乏思想的鲜明性和一贯性，评论和消息配合不够。现在中央已决定今年钢铁产量翻一番，大办人民公社，大办民兵。报纸就要跟上。人民日报的版面要调

---

① 中共中央文献研究室《缅怀毛泽东》编辑组．缅怀毛泽东 上［M］．北京：中央文献出版社，2013：157.

② 中共中央文献研究室《缅怀毛泽东》编辑组．缅怀毛泽东 上［M］．北京：中央文献出版社，2013：157.

③ 毛泽东年谱（1949—1976）：第3卷［M］．北京：中央文献出版社，2013：188.

④ 中共中央文献研究室《缅怀毛泽东》编辑组．缅怀毛泽东 上［M］．北京：中央文献出版社，2013：157.

整，要突出工业，首先是钢铁工业。工业消息放在一版和二版，农业放到三版去。”① 毛泽东在上述论述中提出报纸在一个时期要有一定的方向性，宣传要抓主要任务，其实就是强调了党报宣传要围绕党的中心工作，秉持党性原则，积极宣传党的重大方针政策。毛泽东当时提出《人民日报》宣传报道要突出钢铁工业，这是同当时工业战线“大跃进”的现实情况紧密联系的。1958年5月，党的八大二次会议通过了多快好省、鼓足干劲、力争上游的建设社会主义总路线，在该路线的指导下，农业战线生产热情高涨，大搞跃进，进而推动以全民大炼钢铁为主要标志的工业战线的跃进。1958年3月，冶金部负责人王鹤寿向中央提交《钢铁工业的发展速度能否设想得更快一些》的报告，论证我国钢铁工业超英赶美的可能性，这份报告受到毛泽东高度重视，也触发了毛泽东对中国钢铁工业跃进的思考。据陈云回忆，1958年6月19日，毛泽东在北京游泳池召集一些中央同志开会，内部确定1958年钢铁产量为1070万吨，比1957年的535万吨翻了一番，② 这说明毛泽东已经将钢铁工业超英赶美纳入国家发展计划之中。因此，在当时工业战线“大跃进”的背景下，毛泽东指示《人民日报》大力宣传钢铁工业也是必然之事。尽管在“大跃进”期间，毛泽东把当时的宣传工作中心定为大炼钢铁的报道，现在看来有受历史局限的不当之处。但党报要宣传党的中心工作的原则，今天看来还是必须坚持的。

（三）“报纸、广播都要重视反映人民群众的意见”

基于人民立场，坚持人民主体性地位，服务于最广大人民群众的根本利益，是毛泽东群众路线思想在新闻领域的具体运用。毛泽东在指导新闻工作时，多次强调新闻工作要将人民利益放在首位，重视人民群众的意见，反映人民群众的斗争。早在民主革命时期，毛泽东就曾指出无论是做新闻记者、编辑工作的，还是做出版、印刷工作的，做报务工作的，都要全心全意地为人民服务。1918年底，毛泽东到北平组织赴法勤工俭学，在同著名新闻记者邵飘萍谈话时强调指出“报纸要主持公道，反映民意，监督政府”③，否则就

---

① 袁小荣. 毛泽东离京巡视纪实（1949—1976）：上卷［M］. 北京：人民日报出版社，2016：469.

② 薄一波. 若干重大决策与事件的回顾：下卷［M］. 北京：中共党史出版社，2008：493.

③ 陈俊忭. 学习科学丛书·毛泽东学习的故事［M］. 成都：成都科技大学出版社，1993：76.

会失去报纸创办的意义，报纸要“替人民说说公道话”。[①] 1950 年 5 月初，毛泽东在同《人民日报》社的邓拓、安岗，新华社陈克寒、吴冷西，中央广播事业局的梅益、徐迈进、温济泽等人谈话时再次重申报纸反映民意的看法，他说：“报纸、广播都要重视反映人民群众的意见。要经常把各方面人士和人民群众的意见反映给中央。”[②] 温济泽在其回忆性文章中说毛泽东上述谈话使他联想起毛泽东过去多次关于“必须密切联系群众”的教导。这实际上也说明毛泽东新闻观的根本落脚点就是全心全意为人民服务，反映人民意见，反映人民生活，维护人民利益。

马克思主义新闻学站稳无产阶级的阶级立场，坚持党性原则，服务人民，是毛泽东基于中国的革命斗争和社会主义建设实践对党长期以来的新闻工作作出的经验性总结，丰富发展了马克思主义新闻观。

二、要“政治家办报”

20 世纪 50 年代中后期，毛泽东在与新闻界人士非正式谈话中提出了一个十分重要的办报路线，即“政治家办报”，这是与中国“文人办报”的传统路线根本不同的一条办报路线。

（一）“党的报纸对党的政策要及时宣传”

1957 年 1 月 7 日，《人民日报》发表《我们对于目前文艺工作的几点意见》一文，该文作者明确表达了对毛泽东年初推行的“双百方针”的质疑。《人民日报》很长一段时期都没有表态，受到了毛泽东的批评。直至 4 月 10 日，《人民日报》才发表《继续放手，贯彻“百花齐放、百家争鸣”的方针》驳斥该文的观点。这件事使毛泽东意识到党报对党的政策宣传的被动性与落后性。于是在 4 月 10 日下午，毛泽东召集胡乔木、周扬等人谈话，首先对《人民日报》发表社论驳斥《我们对于目前文艺工作的几点意见》一事表示肯定。但也批评道：该文“发表以后，《人民日报》长期以来也没有批评。

---

① 陈俊忭. 学习科学丛书·毛泽东学习的故事［M］. 成都：成都科技大学出版社，1993：76.

② 中共中央文献研究室《缅怀毛泽东》编辑组. 缅怀毛泽东 上［M］. 北京：中央文献出版社，2013：294.

你们按兵不动，反而让非党的报纸拿去了我们的旗帜整我们。过去我说你们是书生办报，不是政治家办报。不对，应当说是死人办报。你们到底是有动于衷，还是无动于衷？我看是无动于衷。你们多半是对中央的方针唱反调，是抵触、反对中央的方针，不赞成中央的方针的。党的报纸对党的政策要及时宣传。最高国务会议以后，《人民日报》没有声音，非党报纸在起领导作用，党报被动，党的领导也被动。党报在非党报纸面前丢脸。我在最高国务会议上的讲话目前还不能发表，但可以根据讲话的意思写文章，对党的政策的宣传，《人民日报》不是没有抓紧，而是没有抓。《光明日报》接连发表几篇文章，都是讨论当前重要政治情况的。这些情况，《人民日报》编辑部也应该讨论。"① 毛泽东的言外之意就是《人民日报》作为党报没有及时回击对"双百方针"的质疑之声、没有及时报道宣传毛泽东在最高国务会议和宣传会议上的讲话精神、对中央的方针唱反调，是"书生办报"而非"政治家办报"。这就提出了"政治家办报"的概念，即党报宣传要紧跟政治形势，及时传达党中央的方针政策。

（二）"报纸的宣传，要联系当前的政治"

1957 年 6 月 7 日，毛泽东在谈话中重申了"政治家办报"的理念，他说："写文章尤其是社论，一定要从政治上总揽全局，紧密结合政治形势，这叫做政治家办报。"② 这是毛泽东对"政治家办报"较为详细地阐释。6 月 13 日，毛泽东召集党的新闻负责人谈话，在这次谈话中，他重提 4 月份批评《人民日报》没有宣传他在最高国务会议上讲话的事，他说："人民日报对最高国务会议无动于衷，只发了两行字的新闻，没有发社论，以后又不宣传。全国宣传工作会议甚至连新闻也没有发。结果文汇报、新民报和光明日报把旗帜抓了过去，大鸣大放。真是百家争鸣，唯独马家不鸣。"③ 毛泽东再次强调党报宣传要围绕政治形势，新闻记者写新闻、文章或者社论都是如此，要紧密联系当前的政治，宣传党的中心工作和大政方针。毛泽东还说政治家办

① 毛泽东年谱（1949—1976）：第 3 卷［M］. 北京：中央文献出版社，2013：131 - 132.

② 吴冷西. 忆毛泽东——我亲身经历的若干重大历史事件片段［M］. 北京：新华出版社，1995：39.

③ 中共中央文献研究室《缅怀毛泽东》编辑组. 缅怀毛泽东 上［M］. 北京：中央文献出版社，2013：159.

报需要承担风险，指明新闻工作人员需要具备“不怕撤职”“不怕开除党籍”“不怕老婆离婚”“不怕坐牢”“不怕杀头”的“五不怕”精神。

（三）“办报也要多谋善断”“要转得快”

1959年6月20日，毛泽东在北京政治局会议上讨论报纸宣传上如何转变风向的问题。毛泽东指出：“现在宣传上要转，非转不可。总的说，《人民日报》比过去好，老气没有了，但去年吹得太凶、太多、太大。现在的问题是改正缺点错误。如果不改，《人民日报》就有变成中央日报的危险，新华社也有变成中央社的危险……报纸办得好坏，要看你是政治家办报还是书生办报。我是提倡政治家办报的，但有些同志是书生，最大的缺点是优柔寡断。”① 毛泽东接着引用了几个历史人物的典故解释他的观点。他说：“袁绍、刘备、孙权都有这个缺点，都是优柔寡断，而曹操则是多谋善断。我们做事情不要独断，要多谋，但多谋还要善断，不要多谋寡断，也不要多谋寡要，没有抓住要点，言不及义，这都不好。听了许多意见之后，要一下子抓住问题的要害。曹操批评袁绍，说他志大智小，色厉而内荏，就是说没有头脑。办报也要多谋善断，要眼看准，立即抓住、抓紧，形势变，要转得快。”② 这次谈话是在发现“大跃进”以来国内的经济路线出现“左”倾错误之后进行的，故谈话的内容主要围绕如何转变风向进行，毛泽东提出办报要抓住形势、转变风向、提高多谋善断的能力。

毛泽东关于“政治家办报”的上述谈话，实际上传达了一个重要观点，那就是办报要坚持党性原则，时刻紧跟中央大政方针，报纸宣传要联系当前政治，紧密结合政治形势，从政治上总揽全局，充分发挥无产阶级党报工作在无产阶级革命事业中的重要作用。

三、强调调查研究、实事求是

1930年5月，毛泽东在《反对本本主义》一文中提出“没有调查就没有

---

① 袁小荣. 毛泽东离京巡视纪实（1949—1976）：中卷［M］. 北京：人民日报出版社，2016：625.

② 河北省政协文史资料委员会，河北省档案局. 毛泽东与河北：上卷［M］. 石家庄：河北人民出版社，2006：55.

发言权”的重要论断，系统阐释其调查研究的思想。毛泽东十分重视调查研究，将其视之为了解情况、发现问题、探寻规律、解决问题的重要方法。毛泽东把调查研究思想运用于党报工作中，是对马克思主义党报学说的一个重要贡献。

（一）要“下马看花”“跑衙门是跑不出名记者来的”

1958 年 1 月 15 日晚上，毛泽东同吴冷西谈话，问吴冷西最近有没有到地方上走走，吴冷西回答说到《人民日报》工作后一直忙于内部事务没有时间去地方进行调查研究。毛泽东回答：“人民日报和新华社的头头，一定要经常到地方上去，呼吸新鲜空气，了解下面的实际情况，搞好同省委的关系。你 2 月份就下去，到两广和福建跑一跑，既当记者，又做地方工作，你不要老呆在北京。北京官气重。”① 毛泽东言外之意就是新闻工作者也要坚持深入实际，做调查研究工作。1958 年 9 月 30 日，毛泽东同吴冷西谈话，说他这次外出视察，为新华社写了一篇巡视大江南北的新闻稿，他说到地方上走走，看到了许多新鲜的东西，从而引起一些想法形成一些观点。接着他对吴冷西提出要多到地方开展调查研究工作，并且要重视调查研究的方法。他说：“你们办报要经常下去呼吸新鲜空气。要下马看花，不要老是走马观花。办报要听各方面的议论，写评论才有所谓而发。《大公报》张季鸾眼观六路，耳听八方，当总编辑的应该学习。我们报纸有自己的传统，要保持和发扬优良传统，但别人好的经验也要学过来。”② 在上述谈话中，毛泽东提到了一个十分重要的社会调查方法——“下马看花”，即是要深入基层调查，掌握第一手材料，观察一朵“花”，通过个案分析，找出一般性的规律。毛泽东将“下马看花”称之为马克思主义的科学方法。在一次与人谈话中，他强调指出：“跑衙门是跑不出名记者来的，记者还是要到实际中去，到工厂、农村中去，到群众中去。记者光跑衙门就不了解情况。不了解群众的需求，就写不出好新闻。这是根本问题。”“要详细地占有材料；不光是走马观花，更重要的是下马观花，解剖麻雀；要采取马克思主义的科学方法进行调查研究，

① 袁小荣. 毛泽东离京巡视纪实（1949—1976）：上卷［M］. 北京：人民日报出版社，2016：330.

② 万京华. 毛泽东与新中国的新闻事业［J］. 百年潮，2014（01）：31.

反对'大胆的主观假设，小心的主观主义的求证'的实用主义方法。"[①] 毛泽东关于"下马看花"的观点实际上延续了他在民主革命时期关于调查研究方法的思考。1948 年 4 月 2 日，毛泽东在同《晋绥日报》编辑部的同志谈话中就指出，要善于透过现象，抓住实质，选择能说明问题的典型材料。"下马看花"的调查方法是毛泽东自民主革命时期以来对调查研究工作的经验总结，将其运用于党报工作中，无疑对指导党报工作具有重要作用。

（二）新闻工作者要"保持冷静的头脑"

1958 年下半年，人民公社化运动出现了过"左"错误倾向。为更好地了解人民公社的实际情况，毛泽东要求吴冷西和田家英出发到河南新乡县修武县和新乡县七里营作调查研究，并及时向他汇报调查结果。出发前，毛泽东同吴冷西和田家英进行了一次谈话，在谈话中，毛泽东表明要求他二人前往农村作调查的目的，并叮嘱道："下去调查中面对眼花缀乱的实际情况能够保持冷静的头脑。特别当记者的，不能道听途说，人云亦云，要深入实际，调查研究，实事求是，心中有数，头脑清醒，做冷静的促进派。报纸宣传影响大，人家头脑发热，搞报纸宣传的也头脑发热，那就坏事了。"[②] 可见，毛泽东是希望二人在调查研究过程中要始终保持头脑冷静，独立思考，不能人云亦云，要做"冷静的促进派"，同时下去调查时也要讲究方式方法，不能尽信他人言，这样才能获得最真实的材料。1958 年 11 月 6 日，吴冷西下乡归来向毛泽东汇报调查研究成果，毛泽东与吴冷西再次进行了谈话，重申了新闻工作者要保持头脑清醒的观点，并提出了调查研究要坚持实事求是的思想方法。毛泽东说："要做好新闻工作，头脑要冷静，多开动自己的脑筋，独立思考，不要人云亦云，随声附和。要调查，追根问底。要比较，同周围比较，同前后左右比较，同古今中外比较。唐朝有位太守，他审理案件，先不问原告和被告，而先要了解原告和被告周围的人和环境，调查好了才去审问原告和被告。这叫做勾推法，也就是比较法。记者和编辑要学会这种调查研究的工作方法。"[③] 毛泽东在上述谈话中多次强调新闻工作者"要保持冷静

---

① 湖南人民出版社编. 毛泽东思想光照千秋［M］. 长沙：湖南人民出版社，1978：221.

② 中共中央文献研究室《缅怀毛泽东》编辑组. 缅怀毛泽东 上［M］. 北京：中央文献出版社，2013：165.

③ 曹俊杰. 跟毛泽东学思维［M］. 北京：西苑出版社，2005：392.

头脑”，因为只有这样才能观察到事物的真实情况，揭示事物的内在规律。

（三）新闻报道“要弄清事实真相”

实事求是报道新闻是毛泽东对无产阶级新闻事业的重要要求。1943 年，中共中央机关报《解放日报》刊登了一则胡宗南匪军进攻陕甘宁边区的新闻报道，不过报道弄错了匪军的具体人数，毛泽东对《解放日报》负责人进行严厉批评，说：“这是敌对斗争，一个字不能错，错一个字就是政治问题。”① 还强调今后《解放日报》的“宣传要学解放军报战果的传统，讲老实话，不多报一条枪”。② 这说明，早在民主革命时期，毛泽东就已十分强调要实事求是地进行新闻报道。新中国成立后，毛泽东对新闻宣传工作仍然秉持以上原则，强调新闻报道真实性。1958 年 11 月 21 日，毛泽东同胡乔木、吴冷西、田家英谈话，谈及宣传工作实事求是的问题。毛泽东说：“做报纸工作的，做记者工作的，对遇到的问题要有分析，要有正确的看法、正确的态度。矛盾有正面，有侧面，看问题一定要看到矛盾的各个方面。群众运动有主流，有支流，到下面去看，对运动的成绩和缺点要有辩证的观点，不要把任何一件事情绝对化。好事情不要全信，坏事情也不要只看到它的消极一面。”③ 毛泽东强调新闻工作者要有自己辨别事实真伪的能力，实事求是，“下去采访，不要人家说什么你就报道什么。要自己动脑筋想想，是否真实，是否存理”。④ 接着他批评了人民日报对“大跃进”采取大放“卫星”的不实报道，以致各地“你追我赶”，虚夸之风盛行。毛泽东在谈话中说：“要实事求是，报道时要弄清事实真相。不是新闻必须真实吗？一定要查清虚与实，是虚夸、作假还是真实、确实。新闻报道不是做诗写小说，不能凭想象虚构，不能搞浪漫主义。”⑤ 即做新闻工作，无论记者或编辑，都要头脑冷静，到地方采访要自己开动脑筋辨别事情真伪，要实事求是，通过调查研究查清虚实，新闻报道不能凭想象虚构。在毛泽东看来，新闻报道讲究真实性，不能华而不实，

---

① 湖南人民出版社编．毛泽东思想光照千秋［M］．长沙：湖南人民出版社，1978：220.

② 湖南人民出版社编．毛泽东思想光照千秋［M］．长沙：湖南人民出版社，1978：220.

③ 毛泽东年谱（1949—1976）：第 3 卷［M］．北京：中央文献出版社，2013：523.

④ 中共中央文献研究室《缅怀毛泽东》编辑组．缅怀毛泽东 上［M］．北京：中央文献出版社，2013：173.

⑤ 中共中央文献研究室《缅怀毛泽东》编辑组．缅怀毛泽东 上［M］．北京：中央文献出版社，2013：174.

就必须深入实际作调查研究，这是了解中国情况的最重要的渠道。

综上所述，毛泽东将调查研究思想与党报工作相结合的系列观点不仅成为中共党报事业的指导思想，而且丰富发展了马克思、列宁关于无产阶级党报学说的思想，是马克思主义中国化的一个重要理论成果。

四、办报要坚持马克思列宁主义文风

报刊文章写作的文风问题也是毛泽东极为关注的一个问题，关于这点，他始终强调要坚持马克思列宁主义文风。这在毛泽东有关的新闻著作中已有体现，在日常谈话中也如此。

（一）“要有尖锐、鲜明的战斗风格”

在民主革命时期，党的新闻工作是党革命事业的重要战斗武器，党报党刊承担着动员群众同敌战斗的重要任务，因此毛泽东首先指出报刊文章的写作风格首先要具备战斗风格。1948 年 4 月 2 日，毛泽东同《晋绥日报》编辑人员谈话，强调报纸要及时宣传中共中央的有关政策，让群众知道真理，有共同目标。接着他谈到了报纸战斗风格问题。他说：“《晋绥日报》在去年六月的地委书记会议以后，有很大进步。内容丰富、尖锐、泼辣，有朝气，反映了伟大的群众斗争，为群众讲了话。我很愿意看它。但是从今年一月开始纠正‘左’的偏向以后的这一时期，你们的报纸却有点泄气的样子，不够明确、不够泼辣，材料也少了，使人不大想看。我相信你们的报纸会办得更好。我们要教育人民认识真理，要动员人民起来为解放自己而斗争，就要有尖锐、鲜明的战斗风格。”① 可见，毛泽东认为报纸要完成宣传鼓动工作必须具备鲜明的战斗风格。

（二）“写文章要通俗，使工农都能接受”

党报党刊是中共宣传舆论工作的“喉舌”，肩负着向人民群众传达党的政治理念、政治主张、政策方针的重大任务。报纸不仅面向广大党员群体，还面向普通大众，为此，毛泽东提出党报党刊必须采取通俗易懂、生动活泼、

① 阎长林. 在大决战的日子里——毛泽东生活实录［M］. 北京：中国青年出版社，1986：27.

具有中国气派、为人民群众喜闻乐见的马克思列宁主义文风。如在上文中提到的1957年4月毛泽东与胡乔木、周扬等人的谈话中，就新闻工作，毛泽东除了谈到“政治家办报”的观点之外，还就党报党刊的文风问题作出重要指示。他说：“今后写文章要通俗，使工农都能接受。整个报纸的文风要改进。我辞去国家主席职务以后，可以给你们写些文章。”① 语言“通俗易懂”“使工农都能接受”、为工农大众所喜欢是毛泽东对党报党刊马克思列宁主义文风的基本要求。

（三）“报纸要搞得生动活泼”

除了报刊内容通俗为工农兵服务之外，他还十分注重党报党刊的体裁、形式等问题，强调报纸要具有中国风格、不要“洋八股”、不要刻板，要办的生动活泼。1957年5月，在与吴冷西的谈话中毛泽东就曾指出党报党刊要改进文风，使报纸办的生动活泼，反对“教条主义”“党八股”，他说：“教条主义很讨厌，我也不喜欢。我在延安整风开始时就数了党八股的八大罪状。我在3月间全国宣传工作会议期间，跟新闻出版界人士座谈时也说到，报纸要搞得生动活泼，登些琴棋书画之类，我也爱看。”② 1958年1月初，毛泽东在广西南宁同广西省委书记刘建勋、省长韦国清谈话，他拿起一张《广西日报》，表示报纸编得不够好，文字冗长，标题不醒目，内容单调，形式呆板，缺乏生气，使人看起来缺少兴趣，新闻效果就会不大好。还说地方报纸有些办的比较好，像河北和山西的，可以做参考。毛泽东以《河北日报》和《山西日报》为标榜，指出地方报纸也要注重报纸鲜明、生动的问题。1958年1月15日晚上，毛泽东同胡乔木、吴冷西谈话，当谈到报纸评论的写法问题时，毛泽东指出报纸评论写得不能刻板，形式要多样，他说：“评论要写得中国化，有中国气派，不要欧化，不要洋八股，不要刻板，要生动活泼。形式要多样化，有编者按语，有短评、时评，有专论、社论，有评论员文章、观察家文章、编辑部文章，等等。评论是说理的，但不排斥抒情，最好是理情并茂。”③ 毛泽东认为报刊是否办的“生动活泼”也是马克思主义文风的重

---

① 毛泽东年谱（1949—1976）：第3卷［M］．北京：中央文献出版社2013：132.

② 中共中央文献研究室《缅怀毛泽东》编辑组．缅怀毛泽东 上［M］．北京：中央文献出版社，2013：155.

③ 毛泽东年谱（1949—1976）：第3卷［M］．北京：中央文献出版社，2013：282.

要体现。总之，在民主革命时期，毛泽东在《反对党八股》等文中就马克思主义新闻的文风问题作过相关论述。20 世纪 50 年代，毛泽东在日常谈话中再次重申新闻写作的马克思列宁主义文风问题，是对民主革命时期毛泽东新闻思想的赓续发展。

五、结语

2016 年 2 月，习近平总书记在北京召开的党的新闻舆论工作座谈会上指出党的新闻舆论工作要“体现党的意志、反映党的主张”，“新闻舆论工作者要增强政治家办报意识，在围绕中心、服务大局中找准坐标定位”，[①] 还强调党的新闻舆论工作必须创新理念、内容、体裁等。习近平总书记关于新闻工作的上述思想是新时代党的新闻舆论事业的宝贵总结，与毛泽东日常谈话中新闻思想的核心要义一脉相承。如此可见，系统地研究毛泽东日常谈话中有关新闻工作的重要论述，重温毛泽东关于无产阶级新闻工作的重要思想，对当前新闻舆论工作仍有重要的借鉴和指导意义。

（唐正芒　王　娟）

① 习近平在党的新闻舆论工作座谈会上强调：坚持正确方向创新方法手段提高新闻舆论传播力引导力［N］. 人民日报，2016-2-20.

“要使亚洲、非洲、拉丁美洲这些国家的共产党也学会不怕鬼”

——毛泽东关于“不怕鬼”的论述探析

党的二十大报告指出，前进道路上，全党全国各族人民要“坚持发扬斗争精神”，“不信邪、不怕鬼、不怕压，知难而进、迎难而上，统筹发展和安全，全力战胜前进道路上各种困难和挑战，依靠顽强斗争打开事业发展新天地”，并把“务必敢于斗争、善于斗争”作为新征程上“三个务必”的重要内容之一。①

坚持敢于斗争，不仅是走好新征程的必然要求，也是党百年奋斗得出的一条重要历史经验。回顾历史，毛泽东在二十世纪五六十年代，在遇到外部势力对中国攻击、挑衅、打压和国内社会主义建设困难之时，就发出了“不怕鬼”的号召，强调不要惧怕包括反华势力在内的国内外各种“鬼”，要敢于和善于同“鬼”斗争，敢于和善于战胜困难，显示出非凡的胆识与斗争艺术。本专题拟从历史背景、主要内容和重要影响的角度，对毛泽东关于“不怕鬼”的论述作一些梳理和分析。

一、毛泽东提出“不怕鬼”的历史背景

20 世纪 50 年代末 60 年代初，国际形势动荡而复杂。中国遇到了来自多方的公开的和潜在的侵略威胁、战争挑衅和军事压力。西方帝国主义及各国

---

① 习近平．高举中国特色社会主义伟大旗帜为全面建设社会主义现代化国家而团结奋斗——在中国共产党第二十次全国代表大会上的报告［N］．北京：人民日报 2022－10－26．

反动派在国际上掀起一股"反华大合唱"[①]。美国一方面对中国持续采取制裁、封锁、包围和打压的政策，并干涉中国内政，插手台湾问题，纵容蒋介石以金门、马祖等岛屿为基地对中国大陆沿海实行侵袭和破坏，意在制造"两个中国"；一方面对中国推行"和平演变"战略，企图促进社会主义世界"内部的分化"，从根本上颠覆社会主义制度。英国等其他帝国主义及反动势力对中国也采取敌视态度，借机攻击、分裂中国。1959 年 3 月，英国帝国主义分子、印度扩张主义分子策动西藏上层反动集团发动叛乱，干涉中国内政；1959 年 8 月，印度军队武装袭击中国边境，中印在边界爆发军事冲突。中苏则从 20 世纪 50 年代后期开始，矛盾与冲突逐渐加剧，集中表现在两个方面："一方面是意识形态的分歧；另一方面是苏联党以'老子党'自居，要求中国共产党在军事和外交上服从其苏美合作主宰世界的战略。"[②] 中国逐渐处于与美苏两个超级大国相对抗的地位。

在国内，中国的社会主义建设出现严重困难局面。1958 年"大跃进"开始后，由于急于改变中国"一穷二白"面貌，中央和地方对经济规律和实际经济形势认识不足，夸大了主观能动性，对生产关系的改变和生产力的发展急于求成、盲目冒进，反而造成了生产力破坏。1958 年 8 月 29 日，《中共中央关于在农村建立人民公社问题的决议》正式在北戴河会议上通过，随后以"一大二公""大办公共食堂"为主要特征的农村人民公社在全国各地相继建立。人民公社化运动片面追求提高公有化程度，脱离了中国社会生产力的发展水平，挫伤了农民生产积极性。加上严重的自然灾害席卷了全国多个粮食高产区，粮食产量急剧下降，大量农村人口陷入饥荒。这使得我国的社会主义建设事业遭遇巨大的困难。

为了抵御来自多方的侵略威胁、战争挑衅和军事压力，克服社会主义建设事业中的种种困难，毛泽东不仅在许多场合作出关于"不怕鬼"的重要论述，还提议编一本"不怕鬼的故事"的小册子，鼓舞中国人民和世界各国人民以"不怕鬼"的大无畏精神开展工作和斗争，并战胜各种"鬼"。1959 年 5 月 6 日，毛泽东在会见苏联、匈牙利等 11 个社会主义国家的代表团和驻华

---

① 毛泽东年谱（1949—1976）：第 4 卷［M］. 北京：中央文献出版社，2013：529.

② 中共中央党史和文献研究院. 中国共产党的一百年（社会主义革命和建设时期）［M］. 北京：中共党史出版社，2022：533.

使节时曾说："我想把不怕鬼的故事编成一本小册子。"[①] 后来此书编撰工作由中国科学院文学研究所所长何其芳担任。1959 年夏，此书编撰工作基本完成。庐山会议后，毛泽东又指示何其芳将已编撰好的《不怕鬼的故事》初稿予以精选充实，并要何其芳为《不怕鬼的故事》写一篇序言，送他审阅修改。1961 年 1 月 4 日和 1 月 23 日，毛泽东两次与何其芳谈《不怕鬼的故事》序言修改事宜。1961 年 1 月 18 日，毛泽东在八届九中全会上同与会者谈到这本小册子。他说："我也 60 多了，我就是不怕鬼。我们很快要出版一本不怕鬼的书。"[②] 之后，《不怕鬼的故事》一书于 1961 年 2 月由人民文学出版社正式出版，其中收录了从中国历代笔记小说中精选的 60 多篇打鬼、斗鬼的文言小故事。由何其芳几易其稿、经毛泽东多次审阅批改的该书序言，也于 1961 年 2 月在《红旗》杂志和《人民日报》正式发表。

二、毛泽东关于"不怕鬼"论述的主要内容

围绕"不怕鬼"，毛泽东作出了一系列重要论述，内涵丰富、意蕴深刻，讲清了"鬼"是什么、为什么不要怕"鬼"、如何对"鬼"进行斗争等问题。

（一）世界上"确实存在着许多类似鬼的东西"

鬼在中国神话故事中经常出现，是古人封建迷信思想的产物，比喻让人惧怕、不可战胜的事物和力量。但毛泽东所指的"鬼"并非神话、迷信意义上的鬼，而是那些富于反动性、危害性、阻碍性、破坏性、恐吓性等类事物的象征或借喻。1961 年 2 月 5 日，经毛泽东修改后的《不怕鬼的故事》序言就曾指出："世界上并没有过去的故事里所说的那种鬼，但是世界上又确实存在着许多类似鬼的东西。大而至于国际帝国主义及其在各国的走狗……严重的天灾，一部分没有改造好的地主阶级分子资产阶级分子篡夺某些基层组织的领导权，实行复辟，小而至于一般工作中的困难、挫折等等，都可以说是类似鬼的东西。"[③] 可见，毛泽东所说的"鬼"具有多重指代，并与现实紧

---

① 毛泽东年谱（1949—1976）：第 4 卷［M］. 北京：中央文献出版社，2013：38.
② 陈晋. 毛泽东之魂［M］. 长春：吉林人民出版社，1993：212.
③ 建国以来毛泽东文稿：第 9 册［M］. 北京：中央文献出版社，1996：425.

密结合。总体来看，毛泽东所说的“鬼”大致具有如下三层含义：

一是指国际上一切帝国主义及国内外反动派。早在延安时期毛泽东就曾将日本帝国主义称之为“鬼”，他说：“‘统一战线’这个法宝，我认为它就是姜子牙的‘打神鞭’，专打妖魔鬼怪，我们有了这个‘打神鞭’就什么都不怕，可以打冒失鬼——日本帝国主义，也可以打怕死鬼——汉奸。”[①] 毛泽东将日本侵略者与汉奸卖国贼视为“鬼”，与二十世纪五六十年代将帝国主义和各国反动派视为“鬼”具有内在一致性。1959 年 5 月 6 日，毛泽东在同苏联、匈牙利等 11 个社会主义国家的代表团和驻华使节谈话时就明确指出：“今天世界上鬼不少。西方世界有一大群鬼，就是帝国主义。在亚洲、非洲、拉丁美洲也有一大群鬼，就是帝国主义的走狗、反动派。”[②] 基于上述论述可知，毛泽东所说的“鬼”，即代指一切需要奋起反抗斗争的压迫力量和反动势力，这是毛泽东心目中“鬼”的重要内涵之一。

二是指国内严重的自然灾害，即“各种自然灾害都是鬼”。[③] 从 1959 年开始，全国出现了严重自然灾害，受灾面积达 4463 万公顷，[④] 且集中在主要产粮区河南、山东、四川、安徽、湖北、湖南、黑龙江等省区。1960 年灾情继续扩大，北方持续爆发特大旱灾。进入 1961 年后，大旱蔓延黄河、淮河和整个长江流域，河北、山东、河南三个主要产粮区的小麦比上一年最低水平又大幅度减产。自然灾害造成的大面积减产，对国民经济和人民生活造成极大威胁。因此，“严重的天灾”自然也被毛泽东列入“鬼”一类的东西，需要全国人民奋起斗争和战胜。

三是指工作中的各种缺点、错误及遇到的挫折、阻碍等。时任湖北省委书记的王任重曾对毛泽东关于“鬼”的界定作过说明，他指出：“遇到困难或挫折，说是‘碰了鬼’。我们前进中发生的某些缺点、错误，也可以说是‘出了鬼’。鬼都是要作祟的。”[⑤] 毛泽东十分强调，搞社会主义建设要敢想、敢干，要有“不怕鬼”“不信邪”的锐气和志气。他经常指示各级领导要以

---

① 关于建立和巩固抗日民族统一战线文献选载［J］. 北京：党的文献，1995（04）.

② 毛泽东文集：第 8 卷［M］. 北京：人民出版社，1999：51.

③ 王任重. 来一个“打鬼”运动——写在不怕鬼的故事前面［M］. 武汉：湖北人民出版社编《来一个“打鬼”运动》，1960：1.

④ 中华人民共和国经济史［M］. 北京：当代中国出版社，2016：67.

⑤ 王任重. 来一个“打鬼”运动——写在不怕鬼的故事前面［M］. 武汉：湖北人民出版社编《来一个“打鬼”运动》，1960：1-2.

“不畏鬼”的精神努力纠正工作中的缺点错误、克服种种困难挫折。如1961年12月，他在听取时任江苏省委书记江渭清汇报时，就强调要以“不怕鬼”的勇气战胜困难。他说：“不要怕鬼。”“要充分利用有利条件发挥主观能动性，去战胜困难。潜力是很大的，有困难，有办法，有希望。”①

（二）“越怕鬼，就越有鬼，不怕鬼就没有鬼了”

毛泽东认为，不要怕“鬼”，越怕，“鬼”越多，不怕“鬼”，就没有“鬼”。1958年5月初，毛泽东与秘书林克谈话时就曾对此作过精辟的论述，他指出：“世界上有许多鬼，也有许多人怕鬼。鬼是怕它好呢？还是不怕它好……鬼是怕不得的，越怕鬼，就越有鬼，不怕鬼就没有鬼了。”随后毛泽东举《聊斋志异》里狂生夜坐的故事来阐明他关于“鬼”的思考：“不要怕鬼，越怕越不能活，鬼就要出来把你吃掉。狂生不怕鬼，就把鬼征服了。”②在毛泽东看来，畏惧“鬼”，“鬼”就会害人，不怕“鬼”，“鬼”最终就会被征服、会消失。

新中国成立后，美国长期支持并武装蒋介石集团，利用台湾问题干涉中国内政，侵犯中国领土主权。20世纪50年代后期，在美国纵容下，蒋介石集团频繁对大陆沿海地区进行骚扰破坏活动，与此同时美国也不断破坏、中断自1955年8月以来的中美大使级会谈。1958年7月，蒋介石趁美国武装干涉黎巴嫩之机加紧军事演练，对大陆进行更为猖獗的破坏和骚扰活动，并伺机“反攻大陆”。为此，党中央和毛泽东决定发动炮击金门的斗争，打击美帝国主义侵略行为，迫使蒋介石在金门、马祖等沿海岛屿撤军。毛泽东强调，“金门炮战，意在击美”③，并提出“直接对蒋，间接对美”④的军事指导方针。炮击金门后，美国迅速在台湾地区集结重兵，并威胁中国共产党要将侵略势力扩大到金门、马祖等岛屿。针对美帝国主义的战争威胁论调，1958年9月5日，毛泽东在第十五次最高国务会议上指出：“怕，它也打，不怕，它

① 毛泽东年谱（1949—1976）：第5卷［M］. 北京：中央文献出版社，2013：58.

② 中共中央文献研究室《缅怀毛泽东》编辑组. 缅怀毛泽东 下［M］. 北京：中央文献出版社，2013：440-441.

③ 中共中央文献研究室. 毛泽东传（四）［M］. 北京：中央文献出版社，2013：1818.

④ 建国以来毛泽东文稿：第7册［M］. 北京：中央文献出版社，1992：348.

也打。既然是怕也打，不怕也打，二者选哪一个呢？还是怕好，还是不怕好？”[①]“我看，还是横了一条心，要打就打，打了再建设。”[②]这极大地显示了毛泽东不惧怕战争挑衅、不惧怕霸权主义的精神。1959年4月，毛泽东在第十六次最高国务会议上又说：“《聊斋志异》的作者告诉我们，不要怕鬼，你越怕鬼，你就不能活，他就要跑进来把你吃掉。我们不怕鬼，所以炮击金门、马祖。这一仗打下去之后，现在台湾海峡风平浪静，通行无阻，所有的船只不干涉了。”[③]可见，我们炮击金门，对美国及蒋介石集团等“鬼”进行打击，“鬼”反而不敢作祟了；不怕“鬼”反而把“鬼”震慑住了。

1959年3月10日，西藏上层反动集团在外国势力策动下公然发动武装叛乱，企图制造“西藏独立”。对此，毛泽东和党中央迅速采取一系列措施。3月22日，中共中央发出《关于在西藏平息叛乱中实行民主改革的若干政策问题（草案)》，指出在叛乱地区，一边平息叛乱，一边放手发动群众，实行民主改革。[④]在党中央的正确领导下，中国人民解放军驻西藏部队迅速平定叛乱，粉碎了西藏反动分子及外国势力分裂中国的阴谋。5月6日，毛泽东会见苏联、匈牙利、保加利亚等11个国家的访华代表团，谈到西藏问题时说：“鬼是怕他好呢，还是不怕他好？……经验证明鬼是怕不得的。越怕鬼就越有鬼，不怕鬼就没有鬼了。”[⑤]他还说：“现在西藏问题闹出许多鬼，这是好事，让鬼出来，我是十分欢迎的。”[⑥]5月10日，毛泽东会见民主德国人民议院访华代表团，再次就西藏问题指出：“不要怕鬼，鬼是这样的，越怕它，它就越多；不怕它，它就没有了。”[⑦]他还问及德国文学中是否有这种说明有人怕鬼、有人不怕鬼的材料。随后他谈道：“马列主义教我们别怕鬼。资本主义这个鬼确有其事，不过不要怕。希特勒是大鬼，蒋介石这个鬼也不小，在他以前还有袁世凯、满清皇帝等鬼。”[⑧]在毛泽东看来，不怕“鬼”是

---

① 毛泽东文集：第7卷［M］. 北京：人民出版社，1999：412.

② 毛泽东文集：第7卷［M］. 北京：人民出版社，1999：412.

③ 陈晋. 在“不怕鬼”的背后：毛泽东指导选编〈不怕鬼的故事〉的前前后后［J］. 北京：党的文献，1993－3.

④ 中共中央文献研究室. 毛泽东传（五）［M］. 北京：中央文献出版社，2013：1895.

⑤ 毛泽东年谱（1949—1976）：第4卷［M］. 北京：中央文献出版社，2013：38.

⑥ 毛泽东年谱（1949—1976）：第4卷［M］. 北京：中央文献出版社，2013：38.

⑦ 陈晋. 毛泽东之魂［M］. 长春：吉林人民出版社，1993：201.

⑧ 陈晋. 毛泽东之魂［M］. 长春：吉林人民出版社，1993：202.

马克思列宁主义者的一条重要原则，“鬼”是怕不得的，越怕就越有“鬼”，不怕“鬼”，就没有“鬼”。

综上而言，从毛泽东作出“炮击金门”及平息西藏叛乱的决策来看，毛泽东始终保持着敢于同“鬼”斗争、战胜“鬼”而不为任何“鬼”所吓倒、所阻碍的志气、骨气和底气。正如他在《不怕鬼的故事》序言里的发问：“难道我们越怕鬼，鬼就越喜欢我们，发出慈悲心，不害我们，而我们的事业就会忽然变得顺利起来，一切光昌流丽，春暖花开了吗?”[①] 当然不是，相反，只有不怕“鬼”，敢于同“鬼”斗争，才能战胜“鬼”、消灭“鬼”。

（三）在战略上藐视“鬼”，在战术上重视“鬼”

1961 年 1 月，毛泽东在谈《不怕鬼的故事》序言修改时，指示何其芳在序言中加入战略战术方面的内容。即是说：在战略上要藐视“鬼”、不怕“鬼”、敢于同“鬼”斗争。“除了战略上藐视，还要讲战术上重视。对具体的鬼，对一个一个的鬼，要具体分析，要讲究战术，要重视。不然，就打不败它。”[②] 在毛泽东看来，与“鬼”斗争同样要讲究战略战术，“必须既在战略上藐视，又在战术上重视”[③]。

如何理解“在战略上藐视‘鬼’”？毛泽东首先在哲学层面作出回答。1961 年 1 月 16 日，毛泽东在批阅《不怕鬼的故事》序言时加了一段文字：“事物总是在一定的条件之下向着它的对方变换位置，向着它的对方转化的。”1 月 24 日，毛泽东再次批阅何其芳修改稿，将原来加入的文字修改为：“事物总是在一定的条件之下通过斗争同它的对方交换位置，向着它的对方的地位转化的。”[④] 该段文字的修改，更加强调了“斗争”的意味。在毛泽东看来，通过“斗争”，事物双方的地位才发生转变，这是事物发展的一条客观规律。因此，一切“革命工作中的困难和挫折都是十分渺小的存在”[⑤]，“都不过是暂时的现象，都不过是前进道路上的阻碍和曲折，都是可以克服、

---

① 中国社会科学院文学研究所．不怕鬼的故事［M］．北京：人民文学出版社，1978：7.

② 毛泽东年谱（1949—1976）：第 4 卷［M］．北京：中央文献出版社，2013：518.

③ 中国社会科学院文学研究所．不怕鬼的故事［M］．北京：人民文学出版社，1978：11.

④ 毛泽东书信选集［M］．北京：中央文献出版社，2003：533.

⑤ 中国社会科学院文学研究所．不怕鬼的故事［M］．北京：人民文学出版社，1978：11.

可以扭转的"[①]，我们应当完全藐视它们。所以，对待包含困难和挫折在内的一切"鬼"一类的东西，我们都可以藐视并战胜它。

既然在战略上要藐视"鬼"，那么就要解放思想、破除对一切类似于"鬼"的事物的迷信。毛泽东指出："如果心存怯弱，思想不解放，那么人们对于并不存在的鬼神也会害怕。如果觉悟提高，迷信破除，思想解放，那么不但鬼神不可怕，而且帝国主义，反动派，修正主义，一切实际存在的天灾人祸，对于马克思列宁主义者来说，都是不可怕的，都是可以战胜的，都是可以克服的。"[②] 可见，在毛泽东看来，为了鼓舞全党全国人民坚定信念、迎难而上，团结一致建设社会主义，必须在战略上藐视"鬼"，破除对各种"鬼"的迷信。为此，毛泽东曾多次在不同场合谈及破除迷信、解放思想。1958 年 7 月 12 日，毛泽东在与非洲青年代表团的谈话中指出，"我们也当过帝国主义的奴隶，当长久了，精神就受影响。现在我国有些人中还有这种精神影响，所以我们在全国人民中广泛宣传破除迷信。过去中国人中有恐美病，要去掉它的影响……我们要在人民中慢慢改掉这种思想"[③]。1960 年 5 月 7 日，毛泽东在与非洲 12 国代表谈话时说："我们很高兴地看到非洲朋友有那么多人破除了迷信。迷信的第一条就是怕帝国主义，你们破除了这一条，不怕帝国主义了。再有一种，是不相信自己的力量，觉得自己力量很小，认为西方世界很行，我们黄种人、黑种人、棕种人都是不行的，这也是一种迷信。怎么不行呢？我不相信。白种人可以干的事，我们都可以干，而且可以比他们干的好些。"[④] 毛泽东不仅谈及破除对帝国主义的迷信，而且还强调，"现在是帝国主义怕我们的时代"[⑤]。他分析指出，从二战以来，帝国主义反动力量与世界革命力量的对比已然发生巨大变化，世界革命力量日益增强，以美国为首的帝国主义反动力量日渐衰落。新生的革命力量战胜腐朽的反动力量，被压迫被剥削的人民战胜压迫者剥削者，这是历史发展的必然趋势。[⑥] 由此，毛泽东反问道："难道按照实际情况，不是它们怕我们，反而应该是我们怕

① 中国社会科学院文学研究所. 不怕鬼的故事［M］. 北京：人民文学出版社，1978：11.

② 中国社会科学院文学研究所. 不怕鬼的故事［M］. 北京：人民文学出版社，1978：2.

③ 毛泽东文集：第 7 卷［M］. 北京：中央文献出版社，1996：382.

④ 中共中央文献研究室《缅怀毛泽东》编辑组. 缅怀毛泽东 上［M］. 北京：中央文献出版社，2013：240.

⑤ 毛泽东外交文选［M］. 北京：中央文献出版社，1994：400.

⑥ 中国社会科学院文学研究所. 不怕鬼的故事［M］. 北京：人民文学出版社，1978：3－4.

它们吗?"[①] 所以，不需要惧怕西方帝国主义及亚非拉国家中依附于帝国主义的一切反动势力，要破除对帝国主义及一切反动派的迷信，扫除落后的“怕鬼”思想，敢于同一切“鬼”作斗争，不“在困难和挫折面前低头屈膝”[②]，不做“二十世纪里的怕鬼的人”[③]。

除了强调在战略上藐视“鬼”之外，毛泽东还指出要在战术上重视“鬼”，认真研究它们，从中取得必要的经验教训，并寻找出战胜它们的有效办法。《不怕鬼的故事》序言指出：“总的来说，鬼并没有什么可怕，人是完全能够打败它、制服它的。但对于每一个具体的鬼，对于每一个同鬼相周旋的具体的场合，人又必须采取谨慎态度，必须有智谋，然后才能最后取得胜利。”[④]《不怕鬼的故事》中有很多故事突显出战术上重视鬼的重要性。比如《聊斋志异》中的《妖术》篇和《列异传》中的《宋定伯捉鬼》篇，都是讲主人公战术上重视鬼，认真对付，最终以正确办法制服鬼的故事。毛泽东喜欢读《妖术》篇和《宋定伯捉鬼》篇。在同何其芳的谈话中，他从战术角度评价道：“《聊斋志异》的那篇《妖术》，如果那个于公战术上不重视，就有可能被妖术谋害死了。还有《宋定伯捉鬼》。鬼背他过河，发现他身体重。他就欺骗它，说他是新鬼。‘新鬼大，旧鬼小’，所以他重嘛。他后来又从鬼那里知道鬼怕什么东西，就用那个东西治它，就把鬼治住了。”[⑤] 显然，毛泽东讲于公和宋定伯捉鬼的故事是要强调，对于“鬼”，在战术上要重视，要通过正确办法和谋略将其战胜。在毛泽东看来，对待每一个具体的“鬼”，“对于每一个同鬼相周旋的具体的场合”[⑥]，都要善于斗争，要讲究不同的斗争艺术，利用智谋最终达到打倒帝国主义及形形色色反动派等“鬼”的目的。

早在1946年毛泽东就提出“一切反动派都是纸老虎”[⑦] 的经典论断。1948年，他在《关于目前党的政策中的几个重要问题》中又进一步指出：我们“有信心战胜中国人民的一切内外敌人”[⑧]。但紧接着他强调，“在每一个

① 中国社会科学院文学研究所．不怕鬼的故事［M］．北京：人民文学出版社，1978：7.
② 中国社会科学院文学研究所．不怕鬼的故事［M］．北京：人民文学出版社，1978：6.
③ 中国社会科学院文学研究所．不怕鬼的故事［M］．北京：人民文学出版社，1978：6.
④ 中国社会科学院文学研究所．不怕鬼的故事［M］．北京：人民文学出版社，1978：13－14.
⑤ 孙宝义，刘春增，周桂兰．听毛泽东谈哲学［M］．北京：人民出版社，2012：137.
⑥ 中国社会科学院文学研究所．不怕鬼的故事［M］．北京：人民文学出版社，1978：13.
⑦ 毛泽东选集：第4卷［M］．北京：人民出版社，1991：1195.
⑧ 毛泽东选集：第4卷［M］．北京：人民出版社，1991：1267.

局部上、在每一个具体斗争问题上”，“却又决不可轻视敌人，相反，应当重视敌人，集中全力作战，方能取得胜利”。① 在战略上藐视敌人、在战术上重视敌人，是毛泽东在长期革命实践斗争中总结出来的一条马克思主义的重要方法论原则。而20世纪五六十年代毛泽东所提倡的“在战略上藐视鬼、在战术上重视鬼”，正是对这一原则的具体运用和丰富发展。

三、毛泽东关于“不怕鬼”论述的重要影响

1961年1月23日，毛泽东约见何其芳时说：“你写的序言我加了一段，和现在的形势联系起来了。”“我是把不怕鬼的故事作为政治斗争和思想斗争的工具。”② 毛泽东指导编辑出版《不怕鬼的故事》，就是要使广大干部群众通过阅读、思考、实践，扫除落后的“怕鬼”思想，从而更好地克服来自国内外的各项困难，团结一致奋斗，建设社会主义。而广大干部群众在结合毛泽东关于“不怕鬼”的论述深入学习《不怕鬼的故事》后，切切实实增强了同各种“鬼”开展斗争的勇气和信心。《不怕鬼的故事》和毛泽东关于“不怕鬼”的论述还传播到了国外，使世界人民“得到一次教育”。

鼓舞中国人民为维护国家主权和领土完整进行勇敢斗争。在国际斗争中，毛泽东倡导的不畏“鬼”且敢于打“鬼”的精神，增强了中国人民为维护国家主权和领土完整而同帝国主义、霸权主义作斗争的勇气。1958年7至8月，赫鲁晓夫访问中国，提出要在中国建立长波电台、联合舰队，毛泽东和党内其他领导人坚决拒绝。1960年7月，苏联单方面撤回全部苏联援华专家，废除中苏经济技术合作协议，这让我国本就困难的局面雪上加霜。在毛泽东等领导人的带领下，中国人民发扬自强自立、不依附于人、不怕鬼、不信邪的精神，自力更生、艰苦奋斗、迎难而上，不断把社会主义建设事业向前推进。1961年底，帝国主义及反动派再次掀起反华反共浪潮。毛泽东在无锡召开的座谈会上说：“现在美帝国主义和各种反动势力搞联合反华，但我们不怕孤立，也不会孤立。这些人总是少数，百分之九十五以上的人在我们

① 毛泽东选集：第4卷［M］. 北京：人民出版社，1991：1267.

② 毛泽东年谱（1949—1976）：第4卷［M］. 北京：中央文献出版社，2013：530.

这边。真理在我们这边。我们顶得住，我们很乐观。”[①] 在毛泽东的领导下，中国人民以“不怕鬼”的精神对外部势力的侵略威胁、战争挑衅和军事压力进行斗争，抵抗住了各方压力，“维护了国家主权、民族尊严和党的尊严”[②]。

激励中国人民在社会主义建设中披荆斩棘。在国内的社会主义建设中，正是由于倡导“不怕鬼”，我们党正视问题和困难，带领人民积极进行国民经济调整，扭转了工作中的被动局面，使形势逐步向着好的方面转变。1960年11月3日，中共中央发布《关于农村人民公社当前政策问题的紧急指示信》，提出整风整社和渡过困难的12条政策，这是毛泽东和党中央为克服严重困难作出的重要部署。11月28日，毛泽东为中共中央起草转发甘肃省委《关于贯彻中央紧急指示信的第四次报告》的重要批示，对“大跃进”以来的急于过渡问题作了深刻反思和政策调整。1961年1月，毛泽东在中央工作会议和党的八届九中全会上号召全党“大兴调查研究之风”，并要求1961年成为调查研究年、实事求是年。《农村人民公社工作条例（草案）》（即“农业六十条”）正是这次全党大调查的丰硕成果，解决了当时群众意见最大最紧迫的一些问题，从而在调动农民积极性、恢复和发展农业生产等方面发挥了重要作用。此后党中央又相继制定其他一系列重大方针政策，如“工业七十条”“科学十四条”等，进行全方位的国民经济调整，使国民经济持续好转。1962年2月6日，邓小平就在扩大的中央工作会议上说：“我们党历来是有理想、有志气、不怕‘鬼’的”，不能因为这几年我们工作中有那么一些缺点错误，“就丧失了理想，丧失了志气，就怕起‘鬼’来了”。[③] 在党的领导下，人民群众认清了形势，提升了思想觉悟，增强了斗争的信心。在经历国内自然灾害和国民经济发展的挫折后，中国人民重新振奋起来，鼓足干劲，艰苦奋斗、自力更生，在工业、农田水利建设、国防尖端技术等方面取得了巨大成就。

使世界人民“得到一次教育”。20世纪60年代初，《不怕鬼的故事》被翻译成多种外文出版，促进了“不怕鬼”有关论述的国外传播。毛泽东本人

---

① 中共江苏省委党史工作委员会，江苏省档案局．毛泽东在江苏［M］．北京：中共党史出版社，1993：77.

② 中共中央文献研究室．中国共产党的一百年（社会主义革命和建设时期）［M］．北京：中共党史出版社，2022：536.

③ 建国以来重要文献选编：第15册［M］．北京：中央文献出版社，2011：126.

十分看重这本小册子，多次在外交场合谈及《不怕鬼的故事》。1962 年 1 月 12 日，毛泽东在会见日本社会党访华团时说：“日本人民大胆起来了，不怕鬼了，就是说，不怕美帝国主义这个鬼了，不怕岸信介这个鬼了，不怕池田这个鬼了，日本人民的斗争信心加强了。”① 接着他又说，中国出了一本书叫《不怕鬼的故事》，还问陪同会见的廖承志，有没有日文本的，如果有，就送他们每人一本。同年 1 月 14 日，毛泽东同阿尔巴尼亚政府经济代表团谈话时也说，“斗争是有困难的。有一件事是可以肯定的，天是塌不下来的。过去河南有个小国叫杞国，那里的人怕天塌下来，就是杞人忧天，不该怕的他也怕。我们出过一本书，叫《不怕鬼的故事》，有英文版，有法文版，你们见过吗？如找到英文、法文的，可以送你们。这是第一本这样的故事的书，很有意思”②。毛泽东亲自向外国友人赠送《不怕鬼的故事》一书，其重要目的就是要“使亚洲、非洲、拉丁美洲的劳动人民得到一次教育，使这些国家的共产党也学会不怕鬼”③。

毛泽东有关“不怕鬼”的论述深刻说明了只要我们“不怕鬼”，“在战略上藐视鬼、在战术上重视鬼”，“善用谋略同一切鬼作斗争”，一切“鬼”终会被打倒的道理，其背后反映出的是敢于斗争、善于斗争的精神风貌和思想工作方法。中国人民拿出“独有英雄驱虎豹更无豪杰怕熊罴”④ 和敢于“扫除一切害人虫”⑤ 的英勇气概，不畏敌对势力、不惧强权政治、不怕艰难险阻，有力捍卫了国家主权，扭转了社会主义建设的困难局面，在严峻复杂的国际环境下，独立自主地探索适合中国具体情况的社会主义建设道路，取得了社会主义建设的显著成就。今天，在全面建设社会主义现代化国家、向第二个百年奋斗目标进军的新征程上，我们有必要重温毛泽东关于“不怕鬼”的论述，认真领悟其中的思想意蕴和方法论意义，从而为进行伟大斗争，战胜国内外各种风险和挑战，全面推进中华民族伟大复兴提供精神滋养。

（唐正芒　王　娟）

---

① 毛泽东外交文选［M］．北京：中央文献出版社，1994：489.
② 陈晋．文人毛泽东［M］．上海：上海人民出版社，2005：517－518.
③ 毛泽东文集：第 8 卷［M］．北京：人民出版社，1996：52.
④ 毛泽东诗词集［M］．北京：中央文献出版社，2003：113.
⑤ 毛泽东诗词集［M］．北京：中央文献出版社，2003：115－116.

“主要是第三世界的兄弟把我们抬进联合国去的”

——毛泽东晚年外交工作的努力与成就

在1966年至1976年这一段时期，毛泽东在外交方面的思想得到了显著的前进与发展，且毛泽东关于外交思想的日常谈话十分丰富。以下拟从毛泽东外交思想的角度研究其日常谈话的特点及其规律。

一、两个拳头打人，反帝反修陷孤立

新中国成立初期，毛泽东坚持“另起炉灶”“打扫干净屋子再请客”“一边倒”的外交方针，并坚决主张一切国家实行和平共处五项原则。正因我国奉行独立自主的和平外交政策，许多国家很快表示愿意同新中国建立外交关系。而从20世纪50年代中后期一直到20世纪60年代末，因“左”的思想影响，党的外交政策主要表现为“两个拳头打人”，使中国外交工作陷入孤立。与苏联的矛盾斗争对毛泽东后来的思想演变也产生了一定的影响。

1966年12月21日，毛泽东同波兰客人杨力谈话时说：“单反赫鲁晓夫修正主义是不够的，还要反我们党内的修正主义，不然的话，再过多少年，中国的颜色就会变了，到那时候就晚了，过去做了一些，只是修修补补，没有当作整个阶级斗争去做。”[①] 从毛泽东的话中可以看出，赫鲁晓夫在斯大林去世后由斯大林路线的鼓吹者转变为否定者，推行大国主义大党主义的一系列行为，一定程度上也影响了毛泽东对于党内和国内的政治状况的判断。毛

① 刘武生. 周恩来的晚年岁月［M］. 北京：人民出版社，2006：6.

泽东认为党内、政府内、军队内乃至之文化界都有着例如赫鲁晓夫那样的修正主义分子，因此把阶级斗争错误扩大化。"文化大革命"的发动，使中国的外交工作也受到了冲击与破坏。新中国成立以来所实行的外交路线，被造反派说成是"向帝国主义投降，向各国反动派投降，向修正主义投降，扑灭人民革命"的"三降一灭路线"。极"左"的外交路线让对外工作陷入困难境地。一方面，中国同已经建交的十几个国家频繁出现外交冲突，导致双边关系的紧张状态；另一方面，由于外交系统造反派中极"左"分子受到中央文革成员王力的蛊惑，一度夺取了外交大权，在外交事务中违背党的政策，导致了严重的外交事件，即"三砸一烧"事件。

而这一时期在国际社会上除了苏联的大肆反华，美国也直接介入越南战争，将战火烧向中国的西南边境。毛泽东曾气愤地对吴旭君说："我咽不下这两口气。彻底的唯物主义者是无所畏惧的！不能让别人牵着鼻子走，既要对付正面的敌人，还要防止背后射来的冷箭，所以，看来我得像鲁迅说的那样，我也得横过身来战斗，才能有效地进行两面出击。一手对付美国，一手对付苏联。"① 这里，毛泽东便体现出了将外交方针由"一边倒"调整为"两个拳头打人"的想法，之后中国逐渐走上了同时与美苏两个大国对抗的道路，这就使新中国面临着从来没有过的严峻的国际环境，加之国内的"左"倾错误思潮，中国外交关系的开展受到了重大影响。根据《中华人民共和国外交大事记》（第三卷）记载，1966 年至 1969 年，这期间中国只是于 1968 年 1 月与也门民主共和国建立了外交关系。因此，1969 年 3 月 22 日，毛泽东同中央文革碰头会成员及陈毅、李富春、李先念、徐向前、聂荣臻、叶剑英等人谈话时，也承认了中国外交局面的严重局面："我们现在孤立了，没有人理我们了。"② 此时毛泽东清楚认识到采取"反帝反修"的"两条线"战略，同时与苏美两个超级大国为敌，已经使中国外交陷入了孤立状态。面对这样的外交局面，毛泽东审时度势，调整外交政策，批判极左思潮，扭转了在外交方面"四面出击，打倒一切"的混乱局势。1969 年 5 月 1 日，毛泽东在天安门城楼同外国驻华使节谈话时向世界各国释放出一个重要信息："中

① 中共中央文献研究室《缅怀毛泽东》编辑组. 缅怀毛泽东 下［M］. 北京：中央文献出版社，2013：632.

② 李捷. 毛泽东与新中国的内政外交［M］. 北京：中国青年出版社，2003：23.

国愿意同世界各国改善和发展关系。”[①] 之后，我国便陆续派出一批批驻外使节，并主动承担了外交纠纷的责任，逐步恢复并发展了与一些国家的友好关系，使驻外使馆的工作得到恢复。1970 年，中国还与加拿大、赤道几内亚共和国、意大利共和国、埃塞俄比亚帝国和智利共和国这五个国家建立外交友好关系[②]，为 20 世纪 70 年代开展中国外交工作起了一个好头。

可以看出在 1966 年至 1969 年，毛泽东关于外交工作的谈话具有以下几个特点：首先，毛泽东对国家和党发展的重视，以及想要杜绝修正主义的初心。其次，从毛泽东所说的“我咽不下这两口气”“一手对付美国，一手对付苏联”这些话语可以看出，毛泽东对待苏美两国霸权主义的基本态度：一是反对，二是不怕。同时透过毛泽东在 1969 年 5 月 1 日同外国驻华使节谈话时的话语，也可看出毛泽东向世界各国做出了开展外交工作的新姿态。

二、醉翁意不在酒，乒乓外交创新机

随着美苏争霸的国际形势变化，20 世纪 70 年代初，中美关系出现了转机，改善中美关系成为两国共同的要求。美国从 20 世纪 60 年代末开始调整对华政策，谋求同中国缓和关系，以期在某种程度上与中国合作从而牵制苏联。毛泽东在珍宝岛事件后也释放出改善中美关系的积极信号，创造缓和机会。

1967 年到 1969 年间，中苏之间的边境冲突不断，边界不断升级发展，1969 年 3 月 2 日，中苏在珍宝岛发生武装冲突。毛泽东看完一份有关报告，便意味深长道：“中苏发生交战了，给美国人出了个题目，好作文章了。”此时的美国在美苏争霸的格局中处于守势，毛泽东认为在面对中苏关系持续恶化的情况下美国有可能改善与中国的关系，共同对付苏联。而此次珍宝岛事件也让毛泽东清楚地看到苏联已取代美国，成为中国的主要威胁。吴旭君曾问：“中、美、苏三国看来不可能搞等距离外交，对吗？”毛泽东说：“又等，又不等。”“随机应变。这是需要由双方的利益来决定的，不能脱离现实。”[③]

---

① 毛泽东年谱（1949—1976）：第 6 卷［M］．北京：中央文献出版社，2013：249．

② 参见《中华人民共和国外交大事记》（第三卷）附录。

③ 中共中央文献研究室《缅怀毛泽东》编辑组．缅怀毛泽东 下［M］．北京：中央文献出版社，2013：644－645．

毛泽东十分清楚不同阵营的国家能够达成合作，都是相互需要。中美之间有着对付苏联霸权主义威胁这个共同利益，促使毛泽东考虑对中国外交战略作重大调整的问题。同时，陈毅、叶剑英、聂荣臻和徐向前四位老帅提出了利用国际有利形势开展工作的具体设想，成为毛泽东打开中美关系战略决策的前奏。

美国为牵制苏联调整了对华政策，积极谋求同中国缓和关系。1969 年 10 月，尼克松指示美国驻波兰大使沃尔特·斯托塞尔同中国代办雷阳接触，向他表示美国渴望重开华沙谈判。通过美国不断努力的发出信号，中美双方于 1970 年 1 月 20 日恢复了华沙谈判，并预定 5 月 20 日在华沙举行下一次会谈。这是中国对美国发出信号而作的第一次明确和肯定的答复。但由于 4 月 30 日美国出兵侵入柬埔寨，扩大印度支那战争，毛泽东取消原定的第 137 次华沙会谈，并发表"5·20"声明，以抗议美国侵略柬埔寨。这样，中美关系的缓和随着整个形势的发展不得不暂时拖延下来。

毛泽东第一次公开表示的新姿态发生在 1970 年 10 月 1 日，埃德加·斯诺于天安门城楼上突出地站在毛泽东身边，观礼结束，毛泽东身边护士吴旭君好奇为什么给斯诺那么高的待遇，毛泽东则说："醉翁之意不在酒。我先放个试探气球，触动美国的感觉神经。"① 次日，《人民日报》还刊登了毛泽东与斯诺在天安门城楼上的照片。与此同时，美国方面也加快了谋求与中国接近的步伐。1970 年 10 月下旬，在联合国成立 25 周年纪念会上，尼克松抓住机会，请即将前往北京访问的巴基斯坦总统叶海亚·汗帮忙传话给中国领导人，美国已经决定对华关系正常化，并愿意派遣一名高级官员秘密访华。对于尼克松政府通过各种渠道传递的谋求中美接近的信息，中国都表示欢迎，但也向美国重申了中方在台湾问题上的立场，表明中国欢迎尼克松派特使到北京进行谈判。

1970 年 12 月 18 日，毛泽东在接受埃德加·斯诺的访问时，谈到中美两国的关系，毛泽东说："中美两国总要建交的。中国和美国难道就一百年不建交啊？我们又没有占领你们那个长岛。"② 谈话时还讨论了邀请尼克松总统

① 中共中央文献研究室《缅怀毛泽东》编辑组. 缅怀毛泽东 下［M］. 北京：中央文献出版社，2013：631.

② 毛泽东年谱（1949—1976）：第 6 卷［M］. 北京：中央文献出版社，2013：360.

访华的可能性，毛泽东说：“如果尼克松愿意来，我愿意和他谈，谈得成也行，谈不成也行，吵架也行，不吵架也行，当做旅行者来谈也行，当做总统来谈也行。总而言之，都行。我看我不会跟他吵架，批评是要批评他的。我们也要作自我批评，就是讲我们的错误、缺点了，比如我们的生产水平比美国低，别的我们不作自我批评。”① 毛泽东表明了他希望美国改弦更张早日实现中美关系正常化的诚挚态度，同时也明确指出了中美关系对立的原因在于美国一方。毛泽东还对斯诺说：“他如果想到北京来，你就捎个信，叫他偷偷地，不要公开，坐上一架飞机就可以来嘛。谈不成也可以，谈得成也可以嘛。何必那么僵着？”② 这是毛泽东向尼克松的公开邀请，毛泽东希望能够通过斯诺建立起中美两国的友谊桥梁，希望斯诺能为中美关系牵线搭桥，向尼克松政府传递中国已经敞开了与美国改善关系的大门的信息。次日，毛泽东还风趣地对吴旭君说：“我在和尼克松吊膀子，要找红娘啊。”还说：“在我的试探气球放过以后，我还要创造条件，我现在就是在搞火力侦察，这一排子弹放出去，对方会呆不住的。”③ 毛泽东多次传递的积极信号，为20世纪70年代中美关系的重大转折定下了基调。

1971年3月，第31届世界乒乓球锦标赛在日本名古屋举行，中国乒乓球代表团参加比赛。代表团一离开北京，毛泽东就对吴旭君说：“你每天要把各通讯社对于我们派出去的代表团的反应逐条地对我讲。”“这件事事关重大，非同一般呀！这是在火力侦察以后，我要争取主动，选择有利时机。让人们看看中国人不是铁板一块。”④ 在毛泽东看来，这是“文化大革命”开始以后，中国第一次派出体育队伍参加国际比赛，不仅会受到世界的关注，更是能通过与各国的友好交往以及比赛加强了各国运动员和各国人民之间的友谊和团结。因此，毛泽东格外重视代表团的情况。当吴旭君向他反映了我国乒乓球队队员庄则栋在中国队的汽车上友好地接待了上错车的美国队员时，毛泽东脸上带着满意的笑容说：“这个庄则栋不但球打的好，还会办外交。

---

① 毛泽东年谱（1949—1976）：第6卷［M］. 北京：中央文献出版社，2013：360.

② 毛泽东年谱（1949—1976）：第6卷［M］. 北京：中央文献出版社，2013：359.

③ 中共中央文献研究室《缅怀毛泽东》编辑组. 缅怀毛泽东 下［M］. 北京：中央文献出版社，2013：636.

④ 中共中央文献研究室《缅怀毛泽东》编辑组. 缅怀毛泽东 下［M］. 北京：中央文献出版社，2013：637－639.

此人有点政治头脑。"[1] 当时的中美关系仍十分紧张，而庄则栋与美国队员互赠礼物却使毛泽东和尼克松捕捉到了转瞬即逝的"外交时机"，成了中美关系的解冻剂。

国际乒联代表大会后，美国代表斯廷霍文向中国代表表示友好，提出美国乒乓球队也想去中国访问。但多数同志认为，现在还不宜邀请美国乒乓球队访华。1971 年 4 月 6 日，毛泽东经过一番思虑在外交部和国家体委联合起草的"关于不邀请美国乒乓球队访华的报告"中亲自画了圈表示同意不邀请美国乒乓球队访华，要吴旭君立即把文件退给外交部办理。晚上十一点多，毛泽东吃过安眠药趴在桌子上似乎要昏昏睡去。但他突然要吴旭君打电话给外交部副部长王海容说："邀请美国队访华。"但毛泽东曾嘱咐吃安眠药后讲的话不算数，如此重大的事情吴旭君不敢做主，没有行动。毛泽东看她没动静，又说："小吴，你还在那里吃呀，我让你办的事你怎么不去办？"吴旭君再三跟毛泽东确定这句话的准确性说："你都吃过安眠药了，你说的话算数吗？"毛泽东说："算！赶快办，要来不及了。"第二天毛泽东醒后，吴旭君立即要和他核对这件事，问道："主席，昨晚你叫我办的事你还记得吗？"毛泽东笑着说："当然是邀请美国队访华喽。""你这个人呀，已经为中国办了件大事可是你自己还不知道呢。"[2] 毛泽东突然转了个一百八十度，决定邀请美国队访华，其政治意义远大于体育意义，不仅促进中美两国运动员、两国人民之间的友好关系，而且对于抓住突破中美关系僵局的转瞬即逝的时机有着重要意义。1971 年 4 月 10 日，美国乒乓球队应邀来到中国。4 月 18 日，中国也派乒乓球代表团访问了美国。

4 月下旬的一天，毛泽东对吴旭君再次说起了邀请美国乒乓球队访华的事："决定邀请美国乒乓球队访华，我是从大局考虑的。这是中美两国人民的心愿。两国人民之间的友好往来是势不可挡的。"吴旭君不解地问："那为什么早不邀请、晚不邀请，非得现在邀请呢？""时也，势也。"毛泽东说，"你看庄则栋与科恩的接触极其自然，他们之间没有往事的纠葛，不存在什么恩恩怨怨；即使有某种程度的顾虑和猜疑，也是长期以来人为的。中国人、

---

① 中共中央文献研究室《缅怀毛泽东》编辑组. 缅怀毛泽东 下［M］. 北京：中央文献出版社，2013：640.

② 中共中央文献研究室《缅怀毛泽东》编辑组. 缅怀毛泽东 下［M］. 北京：中央文献出版社，2013：640 - 643.

中国共产党人到底是不是像人们所言传的三头六臂、青面獠牙那样凶神恶煞，可以请他们来看看嘛！”吴旭君说：“让他们来看看不就知道了？”毛泽东说：“不请，别人怎么好意思来啊？又没有外交关系……”继而说：“年轻人容易接受新事物，有一定的代表性。中华人民共和国到底在这个世界上已经存在了20多年，还是有吸引力的。”① 毛泽东小中见大，从偶然事件中不失时机地对美国同中国缓和关系的姿态作出回应，将访华的美国乒乓球队充当了两国之间的民间外交特使，导演出被人们誉为“乒乓外交”的千古佳话，以小球推动大球，以小小银球转动地球，为打破中美关系的僵局创造了良好的开端，并打开了中美之间交流的闸门，使中美两国互相摸清彼此的战略意图。

在中美双方从试探到实现乒乓外交的这一段时间中的毛泽东日常谈话，毛泽东的言语既诙谐幽默又入情入理。“又等，又不等”“随机应变……不能脱离现实。”毛泽东的这些言语既反映了他对联美抗苏外交战略的设想，又点明了千虚不博一实，外交工作离不开客观实际，不能为了抗苏不顾任何条件的道理。毛泽东在谈话中的“试探气球”“吊膀子”“找红娘”“搞火力侦察”“这一排子弹放出去”这些言词，以通俗易懂的语言表达了他缓和中美关系的意图，这些也可彰显出其日常谈话中的智慧与幽默。

三、两霸争取一霸，开启外交新局面

毛泽东以小球推动大球，及时把握住国际局势发生重大变化的时机做出了“两霸我们总要争取一霸，不两面作战”的决断，促使中美关系逐步正常化，并由此打开了外交的僵局，摆脱了孤立的地位，扭转了“文化大革命”期间中国外交的被动局面。

乒乓外交后，为从根本上解决中美关系，毛泽东指示周恩来于1971年4月21日通过叶海亚总统向美方发出邀请：“愿意公开接待美国总统特使如基辛格博士，或美国国务卿甚至美国总统本人来北京直接商谈。”② 在巴基斯坦总统叶海亚·汗的热情帮助下，尼克松安排基辛格作为总统特使于1971年7月9日秘密访问中国，同周恩来举行会谈。周恩来向毛泽东汇报与基辛格的

---

① 邱延生．毛泽东与中国经济［M］．北京：新华出版社，2010：317．

② 周恩来年谱（1949—1976）下卷［M］．北京：中央文献出版社，1997：453．

会谈情况时，特别说到美国还想在台湾保留点军队。毛泽东听后幽默地把美国对台政策的变化过程比做“猴子变人”，说：“猴子变人还没有变过来，还留着尾巴。台湾问题也留着尾巴。它已不是猴子，是猿，尾巴不长。”可见，毛泽东在一定程度上表示了对美国对台政策进步的赞许，但还是批评了美国在台湾问题上的暧昧态度。当得知美国将从印度支那撤军的消息，毛泽东说：“美国要从越南撤军，台湾不慌，台湾没打仗，越南在打仗，在死人呀！我们让尼克松来不能就为自己。”[①] 在这里，毛泽东主动积极地谋求中美关系的缓和，不仅是为谋求我国的国家利益，更是从世界格局来看待中美关系，以谋求整个世界的和平和地区稳定。之后中美双方经过多次会谈，于1971年7月16日发表尼克松应邀访华的公报。

为了使尼克松的访问万无一失，1972年1月3日美国派遣黑格来华安排尼克松访华事宜，并转达尼克松、基辛格的口信。1月6日晚，毛泽东听取关于美方带来口信的汇报时，周恩来请示：“联合公报草案（按：指中美联合公报）除台湾问题外，美方没提，是不是就不动了？”毛泽东决定说：“就不动，要动就动一点，把人民要进步改成人民要革命。他们就是怕革命，他们愈怕，我们愈要提。”[②] 可以看出，毛泽东处理中美关系时仍坚持着独立自主的和平外交政策，不会因关系的改善而改变维护独立自主地位的立场。1972年2月21日，尼克松应邀抵达北京，下午毛泽东便会见了尼克松。毛泽东在会谈中强调指出：“来自美国方面的侵略，或者来自中国方面的侵略。这个问题比较小，也可以说不是大问题，因为现在不存在我们两个国家互相打仗的问题。你们想撤一部分兵回国，我们的兵也不出国。可是我们两家也怪得很，过去二十二年总是谈不拢。现在的来往从打乒乓球算起只有十个月，如果从你们在华沙提出建议时算起有两年多了。我们办事也有官僚主义。你们要搞人员来往这些事，要搞点小生意，我们就死也不肯。十几年，说是不解决大问题，小问题就不干，包括我在内。后来发现还是你们对，所以就打乒乓球。”[③] 毛泽东的这番话表明了尽管中美之间在社会制度、意识形态方面的明显对立，但中美之间没有根本的利害冲突，中国并不会对美国造成威胁，

---

① 张树德．红墙大事共和国重大历史事件的来龙去脉（下）［M］．北京：团结出版社，2017：556.

② 外交部外交史编辑室．新中国外交风云第三辑［M］．北京：世界知识出版社，1994：79.

③ 毛泽东外交文选［M］．北京：中央文献出版社、世界知识出版社，1994：595.

应当努力寻求改善两国间关系的途径。会谈中，尼克松也表示他这次应邀来访是冒了很大风险的，作出这个决定实属不易。他还表示，他读过毛泽东的一些著作，懂得“只争朝夕”。毛泽东对尼克松说：“（指着基辛格博士）‘只争朝夕’的是他。我觉得，总的来说，我这种人说话像放空炮！比如这样的话‘全世界团结起来，打倒帝国主义、修正主义和各国反动派，建立社会主义。’”① 尼克松微笑着说：“就是像我这样的人，还有匪徒。”毛泽东还说：“你，作为个人，也许不在被打倒之列。”接着，他指向基辛格说：“他们说，这个人也不属于被打倒之列。如果你们都被打倒了，我们就没有朋友了。”② 对于这次事关重大的中美会谈，毛泽东说：“我们谈得成也行，谈不成也行，何必那么僵着呢？一定要谈成？……第一次没有谈成，那么人们就会议论，为什么第一次没有谈成呢？无非是我们的路子走错了。那我们第二次又谈成了，你怎么办啊？”③ 在毛泽东看来，中美关系还只是处在刚刚开始解冻的阶段，两国之间的对立与分歧仍旧存在，中美之间有可能谈得成，也有可能谈不成。但毛泽东也表示如果这次没有达成一致的公报不代表中美关系的和解失败，反而应该是对双方继续努力争取实现两国战略合作的一种激励。可见毛泽东对改善中美关系的诚意之深。

在双方的共同努力下，1972 年 2 月 28 日，中美上海联合公报发表，对中美关系的发展和国际形势产生了重大而深远的影响。1972 年 2 月 28 日，尼克松结束访华，周恩来送走尼克松一行后向毛泽东汇报，说：“尼克松很高兴的走了。他说这一周改变了世界。”毛泽东说道：“哦?! 是他改变了世界？哈哈。我看还是世界改变了他。要不他隔海骂了我们好多年，为什么又要飞到北京来?”④ 在毛泽东看来，中美关系的改善是在苏联霸权主义政策盛行的严峻形势下，双方因共同利益，集中力量对付主要敌人的需要。中国需要借美国的力量有效抵制苏联扩张势头，同时美国在美苏争霸中处于劣势，需要调整对外政策。1972 年美国总统竞选期间，吴旭君问毛泽东跟尼克松这个反共老手会谈会不会损害到自己的形象，毛泽东借用杜甫的《前出塞》中

---

① 〔美〕亨利·基辛格．1972 年尼克松与毛泽东的会面［J］．百年潮，2012（11）：73－75.

② 毛泽东与外国首脑及记者会谈录编辑组编辑．毛泽东与外国首脑及记者会谈录［M］．台海出版社，2012：256.

③ 〔美〕亨利·基辛格．1972 年尼克松与毛泽东的会面［J］．百年潮 2012（11）：73－75.

④ 新中国纪实丛书，陈敦德．毛泽东·尼克松在 1972［M］．北京：昆仑出版社，1989：334.

的诗句“射人先射马，擒贼先擒王”，向她解释道：“这是民间流传的两句极为普通的话。杜甫看出了它的作用，收集起来写在诗中。这两句话表达了一种辩证法的战术思想。我们要打开中美间的僵局，不去找那些大头头，不找能解决问题的人去谈行吗？选择决策人中谁是对手这点很重要。当然，天时、地利、人和都是不可排除的因素。原先中美大使级会谈，马拉松，谈了15年，136次，只是摆摆样子。现在是到了亮牌的时候啦！”毛泽东还说：“把共和党这个最大的反共阻力挖掉事情就好办了，非找尼克松不可。”[①] 毛泽东敏锐地抓住了打开中美僵局的要害——要找准决策人，将辩证的战术思想运用于外交工作的开展，更有效更快速地改变中美关系和世界格局，为中国开创外交新局面起到了事半功倍的影响。1972年7月24日，毛泽东同周恩来、姬鹏飞、乔冠华、王殊谈话时也指出：“在两个超级大国之间可以利用矛盾，就是我们的政策。两霸我们总要争取一霸，不两面作战。”[②] 这样，中美关系从多年的对抗走向和解，冲破了美国的封锁遏制政策。从而打开了新中国外交工作的新局面。

中国打开外交新局面还有一个重要助力就是中国恢复了在联合国的合法席位。1971年尼克松发表了访华声明后，中美接近日益表面化，同时随着国际局势的发展与变化，支持中国的国家越来越多。10月25日，联合国决定恢复中华人民共和国在联合国的合法席位，并否决了美国制造的“两个中国”提案。

对恢复中国在联合国合法席位一事，毛泽东向来看得很重。他对身边工作人员多次表示：“联合国我们总有一天可以进去。世界不能始终让美、苏两国霸占下去，中国人在世界上说话也得算数。”1971年10月，当得知联合国大会通过恢复中国在联合国合法席位的决议时，毛泽东高兴地说：“主要是第三世界的兄弟把我们抬进去的。”[③] 毛泽东还对乔冠华说：“1950年，我们还是‘花果山时代’，你跟伍修权去了趟联合国。伍修权在安理会讲话题目，叫做‘控诉美国武装侵略中国领土台湾’。控诉就是告状，告‘玉皇大

---

① 中共中央文献研究室《缅怀毛泽东》编辑组．缅怀毛泽东 下［M］．北京：中央文献出版社，2013：647．

② 毛泽东年谱（1949—1976）：第6卷［M］．北京：中央文献出版社，2013：441．

③ 逄先知，金冲及．毛泽东传（1949—1976）：下册［M］．北京：中央文献出版社，2003：1634．

帝’的状。那个时候‘玉皇大帝’神气十足，不把我们放在眼中，现在不同了，‘玉皇大帝’也是光临花果山了。”① 可见，中国已经在国际社会中有了一定的发言权，国际地位也是日益增长。而美国宣布尼克松于1972年访问中国的公告，对于中国恢复联合国席位也有一定的促进作用。之后对于中国参加联合国大会的事宜，毛泽东又亲自作了指示，他说：“最重要的是准备联合国大会的第一篇发言。第一要算账，这么多年不让我们进联合国，中国人民和世界人民都有一股子气。主要是美国，其次是日本，要点他们的名，不点不行。第二，要讲讲联合国成立以来世界形势的变化。第三，要讲讲我们对国际问题的基本态度。总而言之，要旗帜鲜明，高屋建瓴，势如破竹。”毛泽东认为，中国在广大非洲国家和欧洲国家的支持下恢复了联合国的席位，标志着美国意图分裂中国领土、推行“两个中国”政策的失败，同时也表明了世界各国对新中国的普遍认可。因此，中国更要参与联合国会议，向世界各国宣示我国独立自主的和平外交政策，阐述我国对重大国际问题的立场，争取更多国家的认可与赞同。毛泽东还在将要派代表团参加联合国会议时，就谈曹操的失误引出防止骄傲的问题，诸葛亮的《后出师表》就批评曹操也打过败仗。《后出师表》说曹操“几败北山”。毛泽东说：“几败北山，说的是夏侯渊战死以后，曹操争夺汉中的事……你们看看《三国志，魏书》的《夏侯渊传》，当初夏侯渊打了几次胜仗，曹操写信提醒他：‘为将当有怯弱时，不可但恃勇也。将当以勇为本，行之以智计；但知任勇，一匹夫敌耳。’‘当有怯弱时’，就是要想到自己的弱点和不足，有打败仗的可能。夏侯渊把曹操的告诫不当一回事，结果全军覆没。你们去联合国，困难很多，要‘以勇为本’，更要注意‘为将当有怯弱时’。代表团团长就是‘将’，不要被胜利冲昏头脑。送你们两句话，一句是我写的：‘没有调查就没有发言权’；一句是田家英帮我写的：‘虚心使人进步，骄傲使人落后’。”② 毛泽东对众人的警醒，保障了新中国在第26届联大上的胜利，进一步促使了更多国家谋求同中国关系正常化。为此，毛泽东因势利导，牢牢地把握住这一历史契机，加速打开全新的外交格局。

---

① 盛巽昌. 毛泽东眼中的历史人物［M］. 上海：世纪出版集团、上海辞书出版社，2005：519－520.

② 盛巽昌. 毛泽东眼中的历史人物［M］. 上海：世纪出版集团、上海辞书出版社，2005：159－160.

加之1972年中美关系的正常化，围绕中国的国际形势更是发生了巨大变化，日本政府的对华政策受到极大冲击，极大地调动了日本改善对华关系的积极性。坚持反华的佐藤政府于1972年7月下台后，继任的田中内阁改变了对华方针与政策，要求加快与中华人民共和国邦交正常化的步伐。

1972年9月20日，中日双方同时发表关于田中首相访华的公报。9月25日上午，日本首相田中角荣、外相大平正芳、内阁官房长官二阶堂进等飞抵北京。当天，中日两国领导人开始就恢复中日邦交正常化及其他有关问题进行多次会谈。在为田中首相举行的欢迎宴会上，田中在致词中说：“过去几十年之间，日中关系经历了不幸的过程。其间，我国给中国国民添了很大的麻烦，我对此再次表示深刻的反省之意。”① 田中的讲话，特别是他使用的“麻烦”一词，引起中方的强烈不满。9月27日，毛泽东会见田中时，也问到“麻烦”的问题。他问田中：“你们那个‘增添麻烦’的问题怎么解决的?”田中表示，日方准备按中国的习惯来改。毛泽东进一步告诫说：“不打不成交嘛！半个世纪的事，只说句‘添了麻烦’，年轻人也不会满意。在中国，这是把水溅到女孩子裙子上时说的话。”② 毛泽东认为，日本先前发动的侵华战争对中国人民造成了严重的伤害，用添麻烦这样的词来表示道歉太过于轻描淡写。可见，毛泽东对处理中日关系的原则性之强，对于日本任何企图抹杀或减轻侵华历史及其罪责的言行绝不姑息。“添麻烦”问题的解决，预示着中日邦交正常化谈判即将顺利成功。谈话中，毛泽东还说：“你们到北京这么一来，全世界都战战兢兢，主要是一个苏联，一个美国，这两个大国。它们不大放心了，晓得你们在那里捣什么鬼啊。”毛泽东笑道。“美国声明支持我们到中国来。”田中立刻补充说。“基辛格也通知我们了，不设障碍。”毛泽东接着对田中说，“这回我们也投了你的票。正是你讲的，你这个自民党主力不来，那怎么能解决中日复交问题呢？解决中日复交问题还是靠自民党的政府啊!”③ 在毛泽东看来，自民党作为日本的执政党是推进中日两国实现邦交正常化的核心要素，而首相田中角荣作为自民党内“亲华派”的主要代表性人物，提倡中日友好，并使“亲华派”的观点成为日本政界的主

① 康捷等. 外交斗智人物［M］. 西安：太白文艺出版社，1995：391.

② 王永盛，张伟. 毛泽东的语言艺术［M］. 济南：山东大学出版社，1991：127.

③ 毛泽东与外国首脑及记者会谈录编辑组编辑. 毛泽东与外国首脑及记者会谈录［M］. 北京：台海出版社，2012：265－266.

流。这就使中日关系迎来了重要的历史契机，中日两国才能迈向邦交正常化的道路。1972年9月29日，中日两国政府发表联合声明，中日正式恢复邦交。这不仅结束了两国间长期不正常的状态，打开了两国友好关系的新篇章，还进一步推动了中国同其他主要西方国家关系的改善。

从1969年作出改变“四面出击，打倒一切”外交策略的决定起，毛泽东一步步审时度势，实现了中美和中日关系正常化，恢复了中国在联合国的合法席位，打开了新中国外交工作的新局面，实现了中国的第三次建交高潮。1970年至1972年底，加拿大、意大利、奥地利、伊朗、比利时、冰岛、墨西哥、希腊、和西班牙等38个国家先后与中国建立外交关系。[①] 1972年，英国和荷兰先后同中国签署了关于两国从代办级关系升格为大使级外交关系的联合公报。在毛泽东领导下这一时期出现的外交格局的新变化，从根本上改变了当时受包围、被封锁的不利形势，而且对于后来我国不断发展扩大对外交往具有历史性的影响。

综上，毛泽东在开启外交新局面的努力是有目共睹的，他在与身边工作人员、外国客人的交谈中，恰当地引用俗语进行沟通，清楚地传达出自己要表达的意思。比如毛泽东在会见日本田中首相时说过“不打不成交”这一俗语，把他愿与日本恢复邦交的意思传达给对方。毛泽东在谈话中还善用比喻，比如他在会见尼克松时就说：“我这种人说话像放空炮！比如这样的话‘全世界团结起来，打倒帝国主义、修正主义和各国反动派，建立社会主义。”用放空炮这一比喻，化解了之前“打败美帝国主义及其一切走狗”这一言论所造成的矛盾。又如他将美国比作玉皇大帝，将中国比作花果山，中国恢复联合国席位的成功使中国迎来了“花果山时代”，用“现在不同了，‘玉皇大帝’也是光临花果山了”的话语生动有趣地表明了中国的国际地位已经有所提升，面对当前的国际形势，美国正在积极谋求中美关系正常化。

毛泽东还引用了两处典故，借古喻今，增强了他话语的说服力。他借用杜甫的《前出塞》中的诗句“射人先射马，擒贼先擒王”向众人表明了改善中美关系的关键所在，以及打开中国外交新局面的重要契机。毛泽东还借助曹操“几败北山”的典故警醒代表团参加联合国会议时虽“要‘以勇为本’，更要注意‘为将当有怯弱时’”。

---

① 参见《中华人民共和国外交大事记》（第三、四卷）附录.

在这里我们还可看出，毛泽东的日常谈话始终坚持着独立自主的原则，在关键问题上不让步。比如在缓和中美关系的过程中始终坚持在台湾问题上的立场，对美国在台湾问题上的暧昧态度进行了严厉的批评。毛泽东还用"半个世纪的事，只说句'添了麻烦'，年轻人也不会满意。在中国，这是把水溅到女孩子裙子上时说的话"，表明他对于处理中日关系有着很强的原则性。

四、一条线一大片，"三个世界"反霸权

毛泽东根据国际形势的变化和出于维护中国安全利益的考虑，趁热打铁，力争与美国和西方国家建立更紧密的反苏合作，先后提出"一条线"和"一大片"的战略构想，有力地推动了我国对外关系，结束了我国两面受敌的不利局面。进而，毛泽东又提出了"三个世界"划分的理论，加强同美国、第二世界、第三世界国家的团结，构建国际反对霸权主义的统一战线。

随着苏联霸权扩张势头的不断加强和对中国国家安全威胁的日益加大，中国从20世纪70年代初起逐渐确立了以反对苏联霸权主义为首要任务的外交总方针。毛泽东在批判苏联扩张政策的同时，还努力向西欧国家揭露苏联战略的真实意图，强调苏联对西欧的潜在威胁。1972年7月10日，毛泽东接见法国外长舒曼时说："你们还要注意，苏联的政策是声东击西的，口里讲要打中国，实际上想要吞并欧洲。"① 7月24日晚上，毛泽东在中南海游泳池住处召集周恩来、姬鹏飞、乔冠华、王殊等谈国际问题，针对当时西方一些人讨论苏联的战略是向西还是向东，还是声东击西这个问题，毛泽东再次指出："我的看法，苏联是声东击西，口里是讲整中国，实际上是向欧洲和地中海。有个英文刊物叫《新闻周刊》，有篇文章算了一笔账，说苏联是整欧洲的，它在欧洲那边，包括在东欧驻扎的部队，有九十一个师，国内靠西边的有八十个师，对中国这边不过四十多个师。"② 因此毛泽东希望欧洲各国能够联合起来，以壮大自己的力量，反对美苏两国的霸权主义。当知道英国加入欧共体后，毛泽东就跟法国外长舒曼说："你们现在同英国搞好关系，

---

① 毛泽东外交文选［M］. 北京：中央文献出版社、世界知识出版社，1994：597.
② 毛泽东年谱（1949—1976）：第6卷［M］. 北京：中央文献出版社，2013：441.

我赞成，要团结起来才好，有时吵架是难免的，但总应该大团结、小吵架。”① 他在1974年5月和英国前首相希思谈到苏联对中国和欧洲的威胁时，明确表示，中国希望看到一个强大的欧洲。毛泽东认为，苏联实力得到增强对欧洲和中国都会构成威胁，欧洲作为反霸斗争中可以争取和团结的力量是不可小觑的。毛泽东还表示：“你们欧洲强大起来，我们高兴啊！”② 1973年2月17日，毛泽东会见来访的美国国务卿基辛格时，表示完全赞同尼克松总统关于中美携手抵抗苏联扩张的主张，甚至用非常坦率的语气对基辛格说：“只要目标相同，我们也不损害你们，你们也不损害我们。”他还说：“我们希望你们跟欧洲、跟日本合作。有些事情吵吵闹闹可以，但是根本上要合作啊。”在这里，毛泽东依旧奉行团结一切可以团结的力量的方针，他希望美国能加强同欧洲和日本的团结，不要因小失大，忽略了苏联对世界各国的威胁。而对于苏联与日俱增的威胁，毛泽东认为有必要在国际上孤立苏联，在这里他正式提出了“一条线”的战略构想。他说：“我跟一个外国朋友谈过，说要搞一条横线，就是纬度，美国、日本、中国、巴基斯坦、伊朗、土耳其、欧洲。”③ 毛泽东实际上是提出了一个从中国、日本往巴基斯坦、伊朗、土耳其、欧洲到美国的联合反对苏联霸权主义的国际统一战线的战略构想，具有重大意义和深远影响。

1974年1月5日上午，毛泽东在会见日本外相大平正芳时再一次谈论了这个战略设想。毛泽东说：“我看，美国、日本、中国、巴基斯坦、伊朗、土耳其，阿拉伯世界，欧洲，都要团结起来呀。一大片的第三世界要团结。这个苏联靠不住呢！我们受它的气很多。它讲的不算数。”④ 在这段时期里，“一条线、一大片”方针成为中国外交政策执行中的指针，团结这条线周围的国家，共同遏制苏联的扩张势头，这也成为中国继开始联美抗苏后，另一促进国际反对霸权主义统一战线形成的重大决策。而在中美关系走向正常化的同时，美苏关系也得到了缓和。勃列日涅夫执政末期，苏联调整了对外战略，提出缓和战略，同美国进行了对话与谈判。1972年5月，尼克松在访问

① 毛泽东与外国首脑及记者会谈录编辑组编辑．毛泽东与外国首脑及记者会谈录［M］．北京：台海出版社，2012：261－262．

② 毛泽东外交文选［M］．北京：中央文献出版社、世界知识出版社，1994：602－603．

③ 毛泽东年谱（1949—1976）：第6卷［M］．北京：中央文献出版社，2013：468－469．

④ 毛泽东年谱（1949—1976）：第6卷［M］．北京：中央文献出版社，2013：518．

莫斯科期间，同勃列日涅夫等苏联领导人会谈达成了一系列协议，还发表了由尼克松和勃列日涅夫签署的《苏美相互关系原则》。甚至在 1973 年和 1974 年，勃列日涅夫曾两次向尼克松建议，美国和苏联成立对付中国的准同盟关系。①

由于美苏之间的缓和使得"一条线"外交战略暂时受阻，毛泽东又提出"三个世界"划分的理论。毛泽东在 1974 年 2 月 22 日同赞比亚共和国总统卡翁达谈话中提出："我看美国、苏联是第一世界。中间派，日本、欧洲、澳大利亚、加拿大，是第二世界。咱们是第三世界。""第三世界人口很多。亚洲除了日本都是第三世界。整个非洲都是第三世界，拉丁美洲也是第三世界。"② 1952 年，法国学者在分析当时世界格局时就提出"第三世界"一词，将社会主义阵营和帝国主义阵营之外的民族主义国家统称为第三世界。毛泽东也一直为加强同第三世界国家的友好与合作作出了积极的努力。1970 年 6 月 19 日，毛泽东对索马里贵宾表示："我们把自己算作第三世界的，现在报纸上经常吹，美国、苏联、中国叫做大三角。我就不承认。他们去搞他们的大三角、大四角、大两角好了。我们是另外一个三角，叫做亚非拉。中国同第三世界国家有着共同的命运。他们有相近的历史遭遇，面临着共同的发展问题，在许多重大的国际问题上有着一致的看法和利益。这些构成了中国与第三世界国家的密不可分的联系。"③ 毛泽东始终坚持中国必须有鲜明的原则立场，坚定不移地与第三世界国家站在一条战线，只有这样中国才能团结更多的力量，才能合力对抗美苏的霸权主义，维护国家主权与世界和平稳定。1973 年 7 月 29 日，毛泽东在会见刚果人民共和国总统恩古瓦比时，又着重指出了中国和第三世界国家的一致性以及团结起来的重要意义。毛泽东说："中国跟你们非洲国家差不多，全世界的帝国主义都压迫我们。现在苏联，我们也说它是帝国主义，因为他也压迫我们。"毛泽东指出："我们希望你们非洲国家和地区一个个统统独立。第二，团结起来，逐步，急了也不行，逐步统一起来。还有拉丁美洲、亚洲——日本除外的一切国家我们也是这么希望。"④ 这里毛泽东把苏联称作帝国主义，尽管这一说法并不完全准确，但社

---

① 〔美〕基辛格. 大外交［M］. 海口：海南出版社，2012：746.

② 毛泽东年谱（1949—1976）：第 6 卷［M］. 北京：中央文献出版社，2013：520－521.

③ 李捷. 毛泽东与新中国的内政外交［M］. 北京：中国青年出版社，2003：64.

④ 宫力. 重构世界格局：毛泽东与新中国外交［M］. 郑州：中原农民出版社，1993：178.

会主义的苏联的确已经变质为一个霸权主义国家，当时苏联推行霸权主义的扩张政策，的确对中国及世界和平构成了威胁。

毛泽东倡导广大第三世界国家要认清美苏的霸权主义本质，主张团结起来抵制苏联的扩张势力。从上面的论述中，可以清楚地看到毛泽东在会见卡翁达正式提出划分“三个世界”观点之前，就已经明确将中国划归为第三世界。1974 年 2 月 25 日，毛泽东会见阿尔及利亚领导人布迈丁时再次重申：“中国属于第三世界。”① 这一结论表明了中国与第三世界是具有共同利益的、不可分割的整体。第三世界的国家应该团结起来反对美国和苏联的干涉与控制的斗争，同时努力发展自己，扩大第三世界在国际上的影响。1974 年 3 月 25 日，毛泽东在中南海住所会见了第三次来华访问的坦桑尼亚总统尼雷尔。在会谈中，毛泽东便指出：“两个超级大国有点怕第三世界。”尼雷尔说：“如果第三世界没有中国，他们就不会怕。”他进一步说：“第三世界没有中国就成了纸老虎。”毛泽东说：“那不能这么讲。第三世界团结起来，使得工业国家，比如日本、欧洲和两个超级大国，都得要注意一点。”② 1974 年夏，毛泽东接见外宾时说：“我们是第三世界，我赞成第三世界的国家要互相帮助。第三世界人民要团结起来。人怕蚊子，大国怕小国呢。”③ 毛泽东提出“三个世界”划分理论，一定程度上促进了第三世界的觉醒，增强了第三世界国家对团结力量的重要性的意识。毛泽东还指出了中国坚决反对大国沙文主义的原则立场。他多次表示，第三世界国家要彼此信任，彼此合作。中国同志切不可有大国主义作风。即使将来中国发展了，仍然属于第三世界。④

在“三个世界”理论中，毛泽东把介于第一世界和第三世界间的发达国家如日本、欧洲、澳大利亚、加拿大等划归为第二世界。第二世界的国家同样在不同程度上受到美苏两个超级大国控制、威胁和欺侮。1970 年 7 月 13 日，毛泽东会见法国政府代表团时，便指出：“我们这类国家叫做夹在两个大国之间。”⑤ 毛泽东形象地将正处在受到美苏争霸威胁的国家比作“夹肉面

---

① 李捷. 毛泽东与新中国的内政外交［M］. 中国青年出版社，2003：62.

② 毛泽东与外国首脑及记者会谈录编辑组编辑. 毛泽东与外国首脑及记者会谈录［M］. 北京：台海出版社，2012：287.

③ 李晨，李健，张华，韩泰华. 1921－2011 中国共产党九十年历程文化大革命［M］. 长春：吉林人民出版社，2011：589.

④ 李捷. 毛泽东与新中国的内政外交［M］. 北京：中国青年出版社，2003：64.

⑤ 李捷. 毛泽东与新中国的内政外交［M］. 北京：中国青年出版社，2003：61.

包"。对于美苏两国的霸权主义态势，毛泽东特别指出："世界上的事就是要商量商量。国内的事要由国内人民自己解决，国际间的事要由大家商量解决，不能由两个大国来决定。"① 之后毛泽东划分三个世界的战略把美苏划为第一世界，点明了美苏两个超级大国在国际战略格局中的地位。毛泽东还引用《红楼梦》点明美苏间的关系："美国，苏联就是'千里搭长棚'。'不是东风压倒西风，就是西风压倒东风'，出自林黛玉。没有调和的余地。这也是路线斗争呢!"② 毛泽东认为美苏间的缓和只是暂时的，最终仍是会走向争夺。因此，中国在以反对霸权主义为主线时，对美国实行又联合又斗争的方针，侧重打击苏联霸权主义。1975 年 1 月 16 日，毛泽东会见联邦德国基督教社会联盟主席弗朗茨·约瑟夫·施特劳斯时，便提醒："你们要继续迫切地警惕欧洲'芬兰化'的日益迫近的危险，苏联帝国主义搞欧洲'芬兰化'是要使西欧屈从于它。"③ 10 月 21 日，毛泽东在中南海游泳池住处会见美国国务卿基辛格。基辛格说：苏联对我们是个极大的危险，但并不在我们优先考虑的问题中占第一位。毛泽东说："不对，超级大国只有两个。我们是最后，美国、苏联、欧洲、日本，我们是第五。你们就是踏着我们的肩膀跑莫斯科，现在这个肩膀没有用了。"当基辛格说美国准备在军事问题上提供帮助时，毛泽东说："军事方面，我们现在不谈，等打起仗来再说。"毛泽东说："你太忙，不忙看来也是不行啊。风雨欲来燕子忙。现在世界不太平，风雨要来，所以燕子就忙了。推迟可以，但要阻止风雨难。"④ 显然毛泽东是在用中国的一句老话，"燕子低飞，天要下雨"来说明形势。毛泽东在这里用燕子来比喻基辛格，在他看来，美国与苏联进行核谈判，争夺欧洲，其妄图称霸世界的野心是显而易见的，但中国对美国开放并不意味着意识形态分歧的终结，中国坚决反对霸权主义和强权政治，坚决反对任何人、任何势力在中国和世界制造不稳定、分裂和动乱。综上，毛泽东提出"三个世界"划分理论以反对霸权主义为主线，冲破了两大阵营的限制，团结第三世界国家反对超级大国的扩张主义政策，进一步发展了联美抗苏的"一条线"战略，

① 毛泽东与外国首脑及记者会谈录编辑组编辑. 毛泽东与外国首脑及记者会谈录［M］. 北京：台海出版社，2012：239.

② 中共中央文献研究室，中央档案馆主办［J］. 党的文献，2013（06）：119－120.

③ 丁晓平，方健康. 毛泽东印象［M］. 中国青年出版社，2011：260.

④ 毛泽东年谱（1949—1976）：第6卷［M］. 北京：中央文献出版社，2013：615－616.

为构建更为广泛的反对霸权主义的国际统一战线提供了强有力的理论支持，并保证了“文化大革命”后期我国对外政策的稳定。

“文化大革命”中后期，由于毛泽东因势利导、审时度势，及时对外交政策进行了重大调整，取得了一系列开创性成果，进一步提升了中国的国际地位和影响力。毛泽东在这一时期的外交思想还为“文革”结束后中国外交活动的开展以及对外开放打下了基础。整个“文革”期间与我国新建交的国家61个，复交2个，计63个。截止到毛泽东逝世前，与我国建交的国家总计达111个，占世界国家总数的三分之二。①

在这里，毛泽东的日常谈话主要是围绕着构建反对霸权主义的国际统一战线这一主线。比如，毛泽东在谈话中所说的“你们还要注意，苏联的政策是声东击西的”“总应该大团结、小吵架”“我看，美国、日本、中国、巴基斯坦、伊朗、土耳其，阿拉伯世界，欧洲，都要团结起来呀。一大片的第三世界要团结。这个苏联靠不住呢！我们受它的气很多。它讲的不算数。”毛泽东的这些言语都十分明显地表达了他反对霸权主义的决心与信念。在这过程中，毛泽东创造性地提出了“一条线”“一大片”的名词。毛泽东在同赞比亚共和国总统卡翁达的谈话更是赋予了“第三世界”一词新的意义。同时毛泽东在该段时间中也是多次运用比喻以及典故，更清楚地向他人表达自己的想法。

五、毛泽东晚年关于外交工作日常谈话的特点

综上所述，我们可以将毛泽东晚年关于外交工作的日常谈话总结出以下几个特点：

1. 语言风趣，善用典故

毛泽东日常谈话中熟练地运用比喻的修辞手法，使其话语更添风趣。毛泽东用猴子变人比喻美国对台政策的变化；用燕子来比喻基辛格在国际形势变化中所扮演的角色；毛泽东还运用比喻巧妙地化解矛盾。其次，毛泽东在谈话中善于借用经典事例来比喻和阐述自己的看法与观点。有时用史料，有

---

① 参见《中华人民共和国外交大事记》（第三、四卷）附录.

时用文学故事。毛泽东指出："玉皇大帝"也是光临花果山了。他形象地将美国比喻为"玉皇大帝"，将中国比作花果山，点明了美国在国际社会上的超级大国地位，同时，也指出中美关系的变化。毛泽东也借用了《红楼梦》中的语句，他用"千里搭长棚"来比喻美国与苏联的关系，表明美苏缓和只是暂时的，并不巩固，其实质还是以争夺为主。毛泽东还借用了林黛玉的言语指出美苏争斗最终"不是东风压倒西风，就是西风压倒东风"。甚至毛泽东还将杜甫《前出塞》的"射人先射马，擒贼先擒王"作为当时开展外交工作的策略，深入浅出地阐述促进中美关系正常化的必要性与重要性。毛泽东还借助曹操"几败北山"的典故，引用了曹操信中所写的"为将当有怯弱时，不可但恃勇也。将当以勇为本，行之以智计；但知任勇，一匹夫敌耳。"毛泽东通过引用历史典故，借助其中蕴含的道理，警醒代表团不要被当前的胜利冲昏头脑。这样也使谈话丰富了内涵，加深了哲理。

2. 坚持独立自主，关键问题不让步

毛泽东日常谈话还有一个显著的特点，就是始终坚持独立自主，在关键问题上不让步。在与美国改善关系的过程中，毛泽东决不会为了改善关系而改变维护独立自主地位的立场。比如毛泽东谈话中"猴子变人还没有变过来，还留着尾巴。台湾问题也留着尾巴""他们就是怕革命，他们愈怕，我们愈要提"的话语，对于美国对台湾问题的态度以及推行"两个中国"的策略表示了强烈不满和坚决反对。中日建交时，在"添麻烦"事件中，毛泽东"半个世纪的事，只说句'添了麻烦'，年轻人也不会满意"的话语表现出极强的原则性，绝不允许任何企图歪曲美化日本军国主义侵略历史的言行。毛泽东在参与联合国会议前还叮嘱众人："最重要的是准备联合国大会的第一篇发言。第一要算账，这么多年不让我们进联合国，中国人民和世界人民都有一股子气。主要是美国，其次是日本，要点他们的名，不点不行。"从这些毛泽东在涉及国家主权和民族利益的重大问题上的话语可以明确看出其坚定不移的立场与态度。

3. 反对霸权主义，团结广大亚非拉国家

毛泽东的另一特点就是将反对霸权主义作为贯穿的主线。毛泽东谈话以反对霸权主义，侧重反对苏联霸权主义为出发点和落脚点。"文革"初期的

反帝反修路线使中国外交陷入孤立状态，但其中仍是贯彻着反对霸权主义、反对强权政治的思想。为了遏制苏联霸权主义的扩张势力，毛泽东逐步打破中美关系的僵局，促进中美关系正常化。作出两霸争取一霸的决断，提出“一条线”“一大片”的外交战略，面对美苏两霸关系缓和的态势，毛泽东继而提出“三个世界”理念，赋予了“第三世界”一词新的意义。进一步发展“一条线”“一大片”战略，团结世界人民反对霸权主义。毛泽东所说的“世界不能始终让美、苏两国霸占下去”“国内的事要由国内人民自己解决，国际间的事要由大家商量解决，不能由两个大国来决定”“你们就是踏着我们的肩膀跑莫斯科，现在这个肩膀没有用了”等话语都表示出他对霸权主义的反对与厌恶。面对美苏两国的霸权主义，毛泽东倡导以及劝说各国齐心协力构建反对霸权主义的国际统一战线。其中，毛泽东认为第三世界国家是这一战线的主要力量，将中国也划分为“第三世界”。正如毛泽东所说的“现在报纸上经常吹，美国、苏联、中国叫做大三角。我就不承认……我们是另外一个三角，叫做亚非拉。”另外，“第三世界团结起来，使得工业国家，比如日本、欧洲和两个超级大国，都得要注意一点”“人怕蚊子，大国怕小国呢”，毛泽东的这些话语体现出其对于团结广大亚非拉国家反对霸权主义的信心。

（唐正芒　韦艳雪）

“毛泽东是巨人中的巨人”

——毛泽东逝世的国际悼念和反响述析

1976年9月9日，中国人民的伟大领袖毛泽东逝世，中国人民沉痛悼念自在情理之中，然出乎意料的是，国际社会的反响也十分强烈，悼念活动十分隆重，乃至出现各国悼念他国领袖逝世盛况空前的奇观。今天，回顾和探讨毛泽东逝世时各国的悼念盛况，仍能给我们带来一些启示和思考。

一、世界各国悼念毛泽东逝世概览

毛泽东逝世后，国际社会形成缅怀、悼念热潮。全球规模的悼念毛泽东活动隆重、热烈、深情，这是任何国家元首逝世时都不曾出现的盛大景象。许多国家将毛泽东逝世当作国哀，举国悼念；知名政界人士们纷纷就毛泽东逝世发表声明、讲话，发送唁电；一国或多国的会议，更改了议事日程，转而哀悼毛泽东逝世；世界各国的电视台和电台中断了原定节目，通讯社和报纸压下原定刊出的新闻，集中报道中国和世界各国的悼念活动，发表介绍毛泽东事迹和赞扬毛泽东的评论与文章；来自各国各阶层的无数民众，或自发或有组织地沉痛哀悼毛泽东。这场举世悼念毛泽东的活动，涉及人数之多，规模之大，范围之广，世所罕见。正如斯里兰卡总理班达拉奈克所发出的惊叹：“从世界各国领导人的声明中可以看到他在国际舞台上的伟大形象。”①德新社在评价世界各国悼念毛泽东活动的报道中也不禁感叹，在宣布毛泽东

① 各国政府和人民深切哀悼毛泽东主席逝世盛赞毛主席为中国和世界人民立下丰功伟绩［N］. 人民日报，1976-09-15.

逝世的几个小时内，世界各地对他的赞扬如潮水般涌来。① 据不完全统计，毛泽东逝世10天，中国收到了来自123个国家的唁电、唁函，105个国家的领导人或代表到中国驻外使馆吊唁毛泽东，75个马列主义政党和组织向中共中央发出唁电、唁函，53个国家降半旗志哀。各国各阶层人士和劳动人民自发参加追悼活动，西德的一些马列主义组织分别在几个城市举行火炬游行，分发带有毛泽东遗像、印着宣传口号的传单。秘鲁首都利马一个剧团的演员们捧着毛泽东遗像登上舞台，向观众朗读纪念毛泽东的悼词，全场观众为毛泽东逝世默哀。巴黎万余群众举行游行集会，在巴黎公社社员墙前举行追悼仪式，为毛泽东志哀。在埃塞俄比亚有十多万群众参加的游行和集会上，人们高举着毛泽东遗像和标语牌游行，对毛泽东逝世进行哀悼。在巴基斯坦的拉合尔，有800名工人组织了哀悼活动。许多国际机构和国际会议也举行悼念活动。1976年9月9日，联合国下半旗志哀。联合国秘书长瓦尔德海姆给中国发来唁电："半个多世纪来他的献身的领导使他赢得了本国人民的热爱和全世界的尊敬。"② 1976年9月10日，联合国安理会召开的会议上，安理会主席致悼词，秘书长瓦尔德海姆和与会各国代表发表讲话表示哀悼。在其他联合国会议上，各委员会都为毛泽东逝世志哀，许多国家的代表纷纷发表讲话，或列队到中国代表的座席前表示哀悼。海洋法会议于1976年9月13日为悼念毛泽东召开特别会议，有100多个国家代表参会，60多个国家和国家集团的代表在会上发言。会议开始时，全体与会者起立为毛泽东默哀一分钟。总之，悼念毛泽东活动遍及世界，或有国家首脑、政界名人、友好人士发布唁电、谈话、声明，或有国外媒体大量报道评论，或有各方代表、大批群众到中国驻外使馆吊唁，或有群众集会游行悼念。世界各国各方面人士和媒体舆论一致赞颂毛泽东为世界人民立下的丰功伟绩。

二、不同的国家社会　相近的赞颂褒扬

（一）社会主义国家悼念亲密战友

作为同中国有一样的社会制度、同以马克思主义为指导思想、意识形态

---

① 德新社说对毛主席的赞扬如潮水般涌来［N］. 参考消息，1976－09－11.

② 库尔特·瓦尔德海姆. 联合国秘书长瓦尔德海姆的唁电［N］. 人民日报，1976－09－16.

一致、外交关系最为密切的社会主义国家，如朝鲜、阿尔巴尼亚、越南、罗马尼亚、柬埔寨（曾实行激进社会主义制度）、老挝等国均发来唁电，全面评价和高度赞扬毛泽东为中国人民、世界人民作出的贡献和发展马列主义的功绩。这些国家还通过设立全国哀悼期、降半旗、举办追悼大会等种种活动，表示对中国人民领袖毛泽东的悼念。

1. 评点光辉生平

朝鲜领导人金日成高度评价毛泽东，赞扬毛泽东是中华人民共和国、中国共产党、中国人民解放军的缔造者，是朝鲜人民最亲密的战友。[①] 越南《人民报》刊出《战斗友谊万古长青》的文章，赞扬毛泽东通过新民主主义革命取得了人民政权的胜利，打击了帝国主义的嚣张气焰，改变了国际力量的对比。[②] 罗马尼亚副总理勒杜列斯库赞扬毛泽东有着"共产主义革命战士的一生"。

2. 赞扬卓著功勋

朝鲜发出的《朝鲜劳动党中央和朝鲜政府关于毛主席逝世的联合决定》，赞扬毛泽东是为争取世界被压迫人民自由和解放事业建立了不朽业绩的马克思列宁主义者。[③] 罗马尼亚总书记齐奥塞斯库在唁电中称颂毛泽东领导的新中国披荆斩棘、一往无前的革命历程，就像一盏明灯，指引着正在斗争的民族和国家，对各国人民争取自由与民族独立的斗争产生了强烈影响。老挝党和国家领导人集体发来唁电，称赞毛泽东为反对帝国主义和新老殖民主义作出了重要贡献。

3. 歌颂双方友谊

金日成最难忘的是毛泽东在新中国成立之初就鼎力支持朝鲜抗击美国。为此朝鲜劳动党中央和朝鲜政府决定将 1976 年 9 月 10 日至 18 日设为全国哀悼期，并确定了一系列全国规模的悼念活动。《战斗友谊万古长青》回忆了中越两国深厚战斗友谊的历史渊源，歌颂越南人民和中国人民有着悠久的战

---

① 金日成. 金日成同志的唁电［N］. 人民日报，1976－09－11.

② 越南劳动党中央. 越南劳动党中央、国会常务委员会和政府会议的唁电［N］. 人民日报，1976－09－12.

③ 朝鲜党和政府通过决定深切哀悼毛泽东主席逝世［N］. 人民日报，1976－09－12.

斗团结友好关系，深切感谢中国人民对越南人民抗击法国和美国两个帝国主义、争取国家独立自由的有力支持和巨大援助。[①] 阿尔巴尼亚部长会议主席谢胡在追悼会上称赞中阿“友谊是建立在马克思列宁主义和无产阶级国际主义钢铁般的基础之上的”。[②] 柬埔寨领导人乔森潘对毛泽东和中国政府一以贯之的支持和帮助表示特别感激：“永志不忘。”

4. 盛赞发展马列

阿尔巴尼亚领导人赞扬毛泽东“是马克思、恩格斯、列宁、斯大林天才业绩的继承者”。[③] 埃塞俄比亚主席特费里在唁电中称赞毛泽东创造性地发展了马克思列宁主义，并将它运用于解放世界人民。在埃塞俄比亚，人们普遍阅读毛泽东的著作。

（二）资本主义国家致敬东方巨人

对于西方政治家来说，毛泽东的功绩，首先在于他缔造了独立、民主的人民共和国。获悉毛泽东逝世后，许多资本主义国家的政府和人民也盛赞毛泽东为中国人民立下的丰功伟绩和对世界发展作出的杰出贡献。

1. 人民共和国的缔造者

法国法新社赞颂毛泽东使“中国站起来了”，中国人脱离了饥饿、疾病和自然灾害的侵害。[④] 西德社会民主党主席勃兰特称是毛泽东使中国挣脱了长久以来的经济桎梏，成为在国际上具有巨大政治影响的大国。西德总统谢尔感叹道，毛泽东去世使一个时代结束了。加拿大总理特鲁多在唁电中表示，他的国民赞赏在毛泽东领导下所形成的集体主义精神，称赞中华民族在政治和经济上的发展赢得了全世界的尊敬。澳大利亚前总理惠特拉姆说，毛泽东不仅使中国的国际影响力上升，而且在国内实现了近代以来不曾有过的和平稳定，中国人民正受益于中国历史上最廉洁有效的政府。[⑤]

---

① 举世悼念毛泽东主席［M］. 北京：人民出版社，1978：198.
② 举世悼念毛泽东主席［M］. 北京：人民出版社，1978：94.
③ 举世悼念毛泽东主席［M］. 北京：人民出版社，1978：94.
④ 法新社评毛泽东主席逝世［N］. 参考消息，1976-09-10.
⑤ 澳总理弗雷泽说毛主席是世界上杰出的人物［N］. 参考消息，1976-09-11.

2. 中国发展的领路人

德国第一个结识毛泽东的政治家施特劳斯发表纪念文章《我会见毛的日子》，将毛泽东形容为中国人民的心脏和发动机。施特劳斯认为毛泽东的独立自主学说恢复了中国人民的信心。丹麦首相耶恩森也认为毛泽东使中国成为具有自信心的强国，毛泽东最伟大的成就就是使全体人民形成了一种民族意识和团结精神。[①] 日本国会议员久野忠治曾多次见到毛泽东。他称赞毛泽东和周恩来始终站在人民的立场上，与人民同甘共苦。英国首相卡拉汉称颂毛泽东把自己的一生"全心全意地贡献给他的祖国和人民"。[②]

3. 魅力非凡的政治家

西方政要普遍表示，尽管与毛泽东政治观点不同、意识形态存在差异，但仍对他的功绩倍感叹服。荷兰外长斯图尔说："就连不赞成他的社会观点的人，也不能不承认他的一生是一位历史的伟人的一生。"[③] 芬兰联合党甚至认为毛泽东的历史地位是独一无二的，以至于"毛泽东的逝世在当前世界杰出政治领袖的行列中留下了一个空白"。[④] 卢森堡首相加·托恩也认为，毛泽东是举世无双的政治家，并且不管人们是否赞同中国的制度思想，都不能不对这位使中国人民得到尊严的政治家表示敬意。[⑤] 法国总统德斯坦称毛泽东的逝世使人类思想的灯塔熄灭了。[⑥] 美国前总统尼克松赞扬毛泽东是一代伟大的革命领导人中尤为杰出的一位。

4. 世界历史的推动者

西方政界人士认为，毛泽东的另一功绩表现在他提高了中国的国际地位，牵制了美苏争霸的阵脚，改变了世界力量的对比，对世界局势产生了深远的影响。丹麦首相耶恩森声称："毛泽东的逝世使世界失去了本世纪全世界最

---

① 举世悼念毛泽东主席［M］. 北京：人民出版社，1978：144.
② 詹姆斯·卡拉汉. 英国首相卡拉汉的唁电［N］. 人民日报，1976-09-12.
③ 举世悼念毛泽东主席［M］. 北京：人民出版社，1978：120.
④ 举世悼念毛泽东主席［M］. 北京：人民出版社，1978：120.
⑤ 举世悼念毛泽东主席［M］. 北京：人民出版社，1978：124.
⑥ 德斯坦发表声明悼念毛主席逝世［N］. 参考消息，1976-09-11.

伟大和最重要的政治家之一。”[①] 日本总理大臣三木武夫称赞毛泽东作为世界政治家在历史上留下了巨大业绩。[②] 加拿大外长麦凯琴称，毛泽东的离世对中国乃至世界都是重大损失。[③] 英国首相卡拉汉则声明毛泽东带来的影响远超国界，人们将把他作为世界闻名的伟大政治家来纪念。意大利总统利昂纳称毛泽东“在世界人民的历史上留下了深刻的印象”。[④] 美国福特总统声明毛泽东“在两国关系上开创了一个新的更为积极的时代”。[⑤]

（三）第三世界国家缅怀忠实朋友

在国际社会，对中国和毛泽东怀有特殊感情的还有亚洲、非洲和拉丁美洲的第三世界诸多国家和人民。他们在与中国的外事交往中建立了深厚友谊。毛泽东逝世在这些国家产生了强烈反响，许多国家为毛泽东逝世举行了隆重的悼念活动，来自亚非拉的21个国家纷纷宣布下半旗志哀。“巴基斯坦、斯里兰卡、西萨摩亚、赞比亚、赤道几内亚、刚果、贝宁、埃塞俄比亚、坦桑尼亚、几内亚等第三世界国家为毛泽东举行隆重的追悼大会，且大部分都是由总统致悼词。”[⑥] 刚果人民除了对毛泽东逝世进行全国哀悼外，还规定每年都将于毛泽东逝世周年日举行正式的纪念活动。

1. 赞颂毛泽东伟大功绩

毛泽东领导中国人民经历艰苦卓绝的革命斗争，终于推翻了帝国主义、封建主义和官僚资本主义的剥削和压迫，取得新民主主义革命的胜利，实现了国家独立和民族解放，给世界反对帝国主义和侵略战争的国家以巨大鼓舞。许多争取民族独立和致力维护主权的国家对此表示钦佩，纷纷赞颂毛泽东这一功绩。巴基斯坦总理布托赞扬毛泽东是巨人中的巨人。阿尔及利亚《圣战者日报》称：“毛泽东是对帝国主义和压迫进行不调和斗争，支持各国人民

---

① 安克尔·耶恩森．丹麦首相耶恩森的唁电［N］．人民日报，1976－09－13

② 三木武夫．日本总理大臣三木武夫的唁电［N］．人民日报，1976－09－12.

③ 举世悼念毛泽东主席［M］．北京：人民出版社，1978：161.

④ 乔瓦尼·利昂纳．意大利总统利昂纳的唁电［N］．人民日报，1976－09－12.

⑤ 美总统福特就毛主席逝世发表声明［N］．参考消息，1976－09－11.

⑥ 李久林．毛泽东与第三世界［A］．中共中央文献研究室科研管理部．全国纪念毛泽东同志诞辰110周年学术研讨会论文集：下［C］．北京：中央文献出版社，2003：1310.

——首先是中国人民的自由和解放这一精神具体化身的人物。"① 牙买加总理曼利称毛泽东是人类的巨人，是诗人、天才军事家和杰出政治家。②

2. 感谢毛泽东无私援助

在许多民族国家进行解放运动和经济建设时，在毛泽东的带领下，中国政府和中国人民均施以外交上的大力声援和经济上的无私援助。因此各国在唁电、声明、谈话中普遍表达对毛泽东、中国政府和中国人民的感激和同情，赞扬毛泽东支持和帮助各国革命斗争的崇高的国际主义精神。坦桑尼亚总统尼雷尔亲自率领众部长来中国大使馆吊唁。坦桑尼亚政府降下半旗九天。斯里兰卡总统高伯拉瓦称毛泽东对第三世界各国人民的独立解放斗争总是给予力量和支持。③ 赞比亚总统卡翁达发长唁电，深切缅怀毛泽东坚定支持亚非拉各国人民正义事业的不朽功勋。④ 刚果总统恩古瓦比说，中国仍在向这些国家提供"真诚、有效和无私的援助"⑤。

3. 盛赞新中国崇高形象

在亚非拉各国志哀毛泽东的唁电、谈话、声明中，有许多内容赞颂中国在国际关系中反对霸权主义、积极维护世界和平的正义形象。巴基斯坦总理布托高度评价毛泽东始终致力于维护国际行为最高准则，推动建立正义的国际秩序。埃及总理萨利姆认为毛泽东是当之无愧的第三世界领袖，因为毛泽东用自己的学说和思想为国际外交关系开辟了一条新路。⑥ 刚果总统恩古瓦比热烈赞扬中国恢复了在联合国的合法席位，这"使正义得到了伸张"。⑦

三、国际社会盛况悼念毛泽东原因试析

一个国家的领导人逝世，引起如此多的外国领导人和民众的悼念，这在

① 举世悼念毛泽东主席［M］. 北京：人民出版社，1978：261.
② 牙买加总理曼利的唁电［N］. 人民日报，1976－09－14.
③ 威廉·高伯拉瓦. 斯里兰卡总统高伯拉瓦的唁电［N］. 人民日报，1976－09－11.
④ 肯·戴·卡翁达. 赞比亚总统卡翁达的唁电［N］. 人民日报，1976－09－14.
⑤ 马里安·恩古瓦比. 刚果总统恩古瓦比的唁电［N］. 人民日报，1976－09－15.
⑥ 马姆杜·萨利姆. 埃及总理萨利姆的唁电［N］. 人民日报，1976－09－15.
⑦ 马里安·恩古瓦比. 刚果总统恩古瓦比的唁电［N］. 人民日报，1976－09－15.

世界历史上尚属前所未闻。那么，国际社会如此隆重悼念和热情赞颂毛泽东，仅是出于一般的或正常的外交礼节吗？无疑肯定不是。其原因究竟何在，我们分析认为至少有以下方面。

（一）卓越功绩与崇高形象

毛泽东作为无产阶级革命家的卓越功绩和伟大马克思主义者的崇高形象，获得各国特别是各社会主义国家的高度称颂。毛泽东参与创建中国共产党和缔造中国人民军队，创造性地将马列主义与中国革命的具体实践相结合，带领中国人民经28年浴血奋战，使中华人民共和国屹立于世。意识形态相同的社会主义国家领导人，纷纷致敬毛泽东作为无产阶级革命家对中国革命的伟大贡献和作为马克思主义者创造性发展马克思主义的功绩。意识形态不同的资本主义国家以及第三世界的国家和人民，对毛泽东在思想理论方面的智慧和成就，也由衷钦佩并表达于悼念文字之中。

（二）“血缘关系”与兄弟援助

毛泽东本着无产阶级必须解放全人类的国际主义精神，加强同社会主义国家的团结与合作，共同反对帝国主义侵略和战争，为国际共产主义运动作出了巨大贡献，建立了与社会主义兄弟国家唇齿相依和天然友好的亲密关系。抗美援朝战争，援越抗法反美斗争，《全世界人民团结起来，打败美国侵略者及一切走狗!》的声明，以及援助朝鲜、越南、阿尔巴尼亚、柬埔寨、老挝战时抵御外侮和战后发展民族经济的物资与款项，都体现了毛泽东在处理与社会主义国家的关系上，始终坚持国际无产阶级之间的精诚团结和互帮互助原则。社会主义国家，一致对外，守望相助，彼此间以亲密的战友称道。因而，各社会主义国家发出毛泽东的逝世不仅对中国人民，而且“对被压迫民族和被压迫人民，对世界革命人民，对社会主义和共产主义事业，都是巨大的损失”的由衷感慨。

（三）求同存异与合作发展

毛泽东一向主张国际上广交朋友，不同意识形态的国家和政党之间，在互不干涉内政的情况下，也可以求同存异，发展合作。早在1954年，他在会见印度总理尼赫鲁时谈道：“尽管思想和社会制度不同，两个政党完全可以合作。"[①] 1961 年，毛泽东在同法国社会党领导人密特朗交谈时表示，西方国家和政党同我们党和国家存在的障碍只是"暂时现象"，意识形态和社会制度的障碍，在互不干涉内政的原则下，是可以排除的。[②] 直到 20 世纪 70 年代，中美关系解冻，中日邦交正常化，处于美苏之间的各发达资本主义国家也争相与我国建交。从 1972 年至 1975 年，中国与西方发达国家官方往来增多，许多国家首脑访华。毛泽东高屋建瓴的"一条线、一大片"国际战略的实施，缓和了世界紧张局势，使新中国赢得了西方国家认可。各国当局在毛泽东逝世时纷纷致电慰问和缅怀，自是顺理成章、情理之中。

（四）支持斗争与援助建设

毛泽东坚决支持民族国家争取民族解放和维护国家独立的斗争并给予经济援助，各国深表感激。毛泽东坚定地站在被压迫民族和国家一边，坚决支持亚非拉各国人民争取和维护民族独立的斗争。在毛泽东领导下，支持被压迫人民和被压迫民族的正义斗争，成为中国对外战略的重要内容。中国不仅大力支援第三世界国家的民族民主革命，还为他们的建设提供大量经济技术援助，帮助他们建立民族经济体系，增强自身力量。"在毛泽东有生之年，中国先后同 70 多个第三世界国家签订了关于中国提供经济援助的协议。"[③] 我们在自身建设任务繁重、国内财力物力较为紧缺时，仍慷慨解囊，动员力量，支援被压迫民族争取解放和新独立国家维护国家主权、发展民族经济，有时甚至将自己最好的物资和技术用来援助其他国家建设，帮助发展中国家建设了一大批民生工程。这使中国真诚友好、平等合作的外交立场和毛泽东伟大无产阶级革命家形象深深植于受援国人民心中。因此各国在唁电、唁函中纷纷感激毛泽东和中国政府的支持、援助，热烈赞扬毛泽东作为无产阶级革命家的伟大国际主义精神。

（五）大国姿态与公正立场

毛泽东领导中国人民站起来了，对亚、非、拉殖民地国家是巨大鼓舞，

---

① 姚有志，陈宇．毛泽东大战略［M］．北京：解放军出版社，2004：407.

② 姚有志，陈宇．毛泽东大战略［M］．北京：解放军出版社，2004：407.

③ 久林．毛泽东与第三世界［A］．中共中央文献研究室科研管理部．全国纪念毛泽东同志诞辰 110 周年学术研讨会论文集：下［C］．北京：中央文献出版社，2003：1321.

受到各国赞扬和景仰。首先，中国摆脱半殖民地的屈辱形象，自立于世界民族之林，鼓舞了世界被压迫人民和被压迫民族的斗争勇气。其次，新中国坚决捍卫国家独立、主权完整和民族尊严，在发展经济、处理对外关系上坚持独立自主，自力更生，为欠发达的小国作出了捍卫主权的表率和自主发展的范例。同时，抗美援朝的胜利，使得一切爱好和平的人们，特别是被压迫民族扬眉吐气，增强了反对帝国主义蹂躏的勇气和信心。毛泽东强调："大国、小国应该平等相待。"① 中国以主权国家的大国姿态在国际社会上推行的互相尊重、平等相待、和平共处、友好合作、共同发展的交往准则，在国际舞台上树立的不畏强权、独立自主的大国形象，受到各民族国家的推崇和支持。毛泽东领导下的新中国在国际舞台上地位日益显赫，平衡了美苏之间的激烈对峙，改变了世界力量的对比，增添了国际和平因素，这些都使许多国家不能不对毛泽东由衷叹服，并通过对毛泽东逝世的深情悼念表达出来。

（六）超凡智慧与独特魅力

毛泽东不仅以超凡智慧，集政治家、军事家、外交家、理论家、诗词书法艺术家于一身，而且有着独特的人格魅力。与他会见过的各界人士称赞他"说话不用华丽的辞藻，但无不诙谐幽默"的谈话风格，"对国际事务深刻理解"的超凡智慧，"和蔼可亲，平易近人"的性情，"又机警又从容的风度"，等等。美国总统尼克松称赞毛泽东"是一位具有非凡勇气和思想坚定的人"，"还是一位对中国人民的历史造诣很深的富有想象的诗人"。② 毛泽东的逝世，让许多与他会见过的人士如同失去了朋友或长辈般地悲痛惋惜。可见，毛泽东的独特魅力也是他受到各国人民深情悼念的重要因素之一。换言之，他受到各国人民深情悼念和赞誉，也是他的睿智与魅力所形成的影响力所致。

四、孰为内因：中国的个人崇拜年代与毛泽东的个人影响力

由前所述，毛泽东逝世在国际社会和世界人民中引起了以追悼为主要形式的强烈反响。由于历史的原因，毛泽东生前尤其是"文化大革命"中，中

① 中华人民共和国外交部中共中央文献研究室．毛泽东外交文选［M］．北京：中央文献出版社，1994：344．

② 尼克松就毛主席逝世发表声明［N］．参考消息，1976－09－11．

国人民对毛泽东的个人崇拜直至他逝世时仍在继续。那么，造成国际社会这种强烈反响的主要原因或者说内因，究竟是人们对毛泽东的个人崇拜，还是毛泽东一生卓著功绩所形成的巨大影响力？笔者坚持认为，主要原因或者说内因就是毛泽东一生卓著功绩所形成的巨大影响力，而并非当年中国那种对毛泽东浓烈的个人崇拜氛围。

毛泽东是伟大的马克思主义者，伟大的无产阶级革命家、战略家和理论家，同时也是推动中华民族复兴进程且影响深远的民族英雄。他带领中国人民推翻三座大山的压迫，扭转了近代中国历史发展的方向，使中国由一个四分五裂、积贫积弱的旧中国变成一个独立统一、初步繁荣的新中国，开创了人民当家做主的新时代，奠定了中国共产党的执政地位。新中国成立后他又领导中国人民开辟了社会主义道路，开启了民族复兴的新纪元，为中华民族的继续复兴提供了重要政治前提和制度基础。正如习近平指出：“毛泽东同志为中国新民主主义革命的胜利、社会主义革命的成功、社会主义建设的全面展开，为实现中华民族独立和振兴、中国人民解放和幸福，作出了彪炳史册的贡献。”① 毛泽东作出的这些卓越贡献，无疑造就了他个人的巨大影响力。这种巨大影响力就是造成国际社会对毛泽东逝世强烈反响的主要原因即内因。而不是长期以来总有人所认为的那样：主要原因或内因是“文革”时期对毛泽东的个人崇拜。否则，就解释不通在没有对毛泽东个人崇拜或浓烈个人崇拜氛围的国家里，特别是完全没有对毛泽东个人崇拜的政治责任和道德义务的资本主义国家，对毛泽东逝世的悼念为何也如此隆重而深情，对其盖棺论定的评价为何也达如此之高度。这只能说明世界人民对毛泽东的敬意是由衷的，是因他对国内外的伟大贡献而形成的巨大影响力所致。

史实已能有力地说明，毛泽东巨大影响力之形成，及由此而出现的国外社会对毛泽东逝世的巨大反响，不是由国内个人崇拜氛围造成的，而是毛泽东毕生卓越功勋受到世界人民崇敬爱戴的必然结果。应当注意，在科学评价毛泽东这个重大问题上，我们应据此有理有据地回击相关的历史虚无主义观点，应实事求是、义正词严地维护毛泽东的伟大形象和历史地位。

（唐正芒　李　林）

---

① 习近平. 在纪念毛泽东同志诞辰120周年座谈会上的讲话［N］. 人民日报，2013－12－27.

青年·妇女篇

毛泽东日常谈话专题研究

“中国青年的声音，也是我的希望与勇气的来源”

——毛泽东日常谈话中的青年观述析

毛泽东自青年时代便开始关注青年、关心青年、引导青年运动和指导青年工作。毛泽东思想包含了十分丰富的青年思想，在中国革命和建设时期发挥过重要的指导作用。学界对于毛泽东青年观（青年思想）的研究成果较为丰硕①，但过去主要是从毛泽东的著作出发进行研究。本专题拟在梳理相关史实的基础上，主要从毛泽东的日常谈话的角度探讨毛泽东的青年观。

毛泽东在日常谈话中体现出来的青年观具有丰富的内涵，它包含了如何认识青年和评价青年历史作用的青年本质论、价值论问题；也包含了如何培养和教育青年的青年发展观、教育观的问题；还包括了如何开展青年工作的青年工作观、人才观的问题。这几个方面共同构成了毛泽东的青年观。

---

① 过往关于毛泽东的青年思想（青年观）的内容的研究主要有以下观点：徐功献、孙欢的《中国化视域下的毛泽东青年观及其当代价值》从褒扬青年、教育青年和使用青年三个维度探讨了毛泽东青年思想的内容；胡传健《毛泽东青年思想略论》一文则从正确认识青年、充分相信青年、全面关心青年、教育培养青年、主动赢得青年五个方面来阐述毛泽东青年思想的内容；刘保全《毛泽东的青年观》一书在毛泽东思想内容的概述上和胡传健以上五个方面的概述相同，并增加了毛泽东关于青年人应树立正确的人生观、生死观、敬老尊贤、交友之道、谦虚谨慎、实事求是讲真话、加强纪律性和毛泽东的青年团体思想等方面的论述；兰刚《毛泽东青年观研究》一文则从毛泽东青年价值观、毛泽东青年政治观、毛泽东青年教育观和毛泽东青年工作观四个方面对毛泽东青年思想的核心内容进行阐述；文香军的博士论文《毛泽东青年思想研究》则从青年的特点、作用和地位、青年的教育、青年的使用、青年运动、青年的成才以及青年工作等六个方面阐述毛泽东青年思想的内容。以上研究论著皆从毛泽东所著文本出发，而非从毛泽东日常谈话出发，论述其青年观（青年思想）。

一、以“青年是国家的未来民族的希望”为核心的青年价值观

毛泽东的青年观是建立在他对青年有较为客观、全面、深刻认识的基础上的。首先，毛泽东认为青年是英勇积极、朝气蓬勃、富有创造力的群体。他曾说：“青年是整个社会力量中的一部分最积极最有生气的力量。他们最肯学习，最少保守思想。在社会主义时代尤其是这样。”① 他也曾对身边年轻的警卫员说：“你们都很年轻，像初升的太阳，要不断发展，不断有所作为。”② 青年积极敢为的特质是毛泽东非常欣赏的，也是影响青年创造力实现的重要因素。1960 年 8 月，毛泽东在紫云轩书房中同女儿李敏、李讷、侄儿毛远新和江青姐姐的儿子王博文一起谈话时，讲起了他对青年人的一些看法。他说：“青年人比老年人强，贫人、贱人、被人们看不起的人、地位低的人，大部分发明创造，占 70% 以上，都是他们干的……因为他们贫贱低微，生命力旺盛，迷信较少，顾虑少，天不怕、地不怕，敢想敢说敢干。如果党再对他们加以鼓励，不怕失败，不泼冷水，承认世界主要是他们的，那就会有很多的发明创造。”③ 其次，他认为青年既有优点，也有缺点，要用辩证发展的眼光看待他们。1959 年 6 月 26 日，毛泽东在韶山与乡亲们谈话时说：“青年人有知识，懂科学，但爱讲大话。”④ 因此，他对青年提出要求：“青年人应具备两点，一是朝气蓬勃，二是谦虚谨慎。”⑤ 他还多次号召青年要重视学习，自我成长。1958 年 3 月，他视察长江时，便对船上工作的青年们说，要好好向老工人他们学习，他们这些老工人是你的好师傅，水上经验很丰富，许多知识是书本上学不到的。⑥ 由此可见，他确实对青年优点和缺点都有比较清楚的认识，并且以一种发展的眼光来看待青年的优、缺点，鼓励青年突破自己、快速成长。

在全面把握青年特点的基础上，毛泽东认为青年应该树立以天下为己任，

① 毛泽东文集：第 6 卷［M］. 北京：人民出版社，1999：466.

② 张耀祠. 张耀祠回忆录——在毛主席身边的日子［M］. 北京：中共党史出版社，2012：82.

③ 邸延生. 历史的真知——“文革”前夜的毛泽东［M］. 北京：新华出版社，2013：87.

④ 萧心力. 巡视大江南北的毛泽东［M］. 北京：中国社会科学出版社，1993：269.

⑤ 蓝天，志明. “理想信念，是我人生的追求”——访中国石油天然气总公司原总经理王涛［J］. 百年潮，2013（08）.

⑥ 湖南人民出版社编. 毛泽东思想光照千秋［M］. 长沙：湖南人民出版社，1978：830.

"全心全意为人民服务"的价值观。1939 年 3 月下旬，他在给西北青年战地工作团讲话时就说："我送你们上前线，到敌人后方去，要全心全意为人民服务，你们到了前方，要和那里的干部搞好团结，不要认为自己是从延安来的，就比人家高明，骄傲自大，摆臭架子，什么都要人家照顾。"[①] 1952 年 3 月 24 日，他在接见我国第一批女飞行员时也曾说："你们还很年轻，要努力学习，多多为人民做工作。"[②] 他不仅在工作场合要求青年要树立"全心全意为人民服务"的理念，在私人谈话中也常常勉励身边青年要练好本领，为人民服务。1945 年抗战胜利后，中央组织大批干部去东北。毛泽东的亲属毛远志要求去前方。毛泽东痛快地应允了，并勉励他说："你的工作、学习我都是放心的，今后要像你爸爸一样，老老实实地为人民服务。"[③] 即便是对身边的警卫战士，毛泽东也时常嘱咐他们：要多为人民做些工作，多为人民服务。[④] 可见，"全心全意为人民服务"是毛泽东对青年的价值期待和成长要求。

正是对青年有如上客观全面的认识和如此高的价值期待，毛泽东十分肯定青年的历史地位和作用。1949 年 5 月 12 日，毛泽东在香山门前的广场上，接见了中华全国第一次青年代表大会的代表后，他很高兴地说："青年代表们说，我的声音是他们希望与勇气的来源，在我看来，中国青年的声音，也是我的希望与勇气的来源。在革命斗争中，中国的青年一代，做出了巨大的贡献，付出了巨大的牺牲，有不少年轻战士，离开家乡就再没有回去过，牺牲在战场上，我们是永远不能忘记他们的。今后的革命事业，还要靠青年人来完成，他们是中国的未来，是中国的希望。"[⑤] 从而充分肯定了青年在推动历史发展进程中的积极作用。1951 年 7 月的一个星期六下午，毛泽东会见周世钊、蒋竹如，他说："我总觉得我们青年的责任极其重大，青年的前途极

---

① "毛泽东与我"征文活动组委会. 毛泽东与我丛书：我见到了毛主席［M］. 太原：山西人民出版社，1993：100.

② 湖南人民出版社编. 毛泽东思想光照千秋［M］. 长沙：湖南人民出版社，1978：297.

③ 中共中央文献研究室《缅怀毛泽东》编辑组. 缅怀毛泽东 下［M］. 北京：中央文献出版社，2013：398.

④ 中共中央文献研究室《缅怀毛泽东》编辑组. 缅怀毛泽东 下［M］. 北京：中央文献出版社，2013：408.

⑤ 阎长林. 在大决战的日子里——毛泽东生活实录［M］. 北京：中国青年出版社，1986：264—265.

其广阔，因为要改变社会就要革命，革命就要靠革命青年。”① 1957 年 11 月 17 日，他在莫斯科会见我国留学生时，充满激情和期望地对留学生们说：“世界是你们的，也是我们的，但归根结底是你们的。你们青年人朝气蓬勃，正在兴旺时期。好像早晨八九点钟的太阳，希望寄托在你们身上。”② 他多次表达了自己对青年寄予的厚望：我们要建设强大的社会主义，就靠你们年轻一代。青年，在毛泽东心里就是国家的未来和民族的希望。

二、以“培养全面发展的党的事业接班人”为宗旨的青年教育观

毛泽东日常谈话中体现的青年教育观内涵丰富，有一个相对完整的关于青年教育的思想体系。主要包含了重视青年教育，青年教育的目标、内容、方法等相关言谈和论述。

非常重视青少年的教育问题。毛泽东多次到高校和中小学考察，勉励青少年学生和教育工作者。1959 年 6 月 25 日，毛泽东回到韶山学校，对时任学校少先队总辅导员的蒋学仁说：“你是学生的头，孩子王。青少年工作很重要。”③ 勉励蒋学仁要重视并做好自己的工作。毛泽东重视青年教育还体现在他力倡办学的事情上。他在闽西的苏家坡期间，了解到苏家坡教育贫乏的情况后，便找邓子恢商量研究要在苏家坡办平民小学。在邓子恢提出经费和教员问题如何解决时，毛泽东建议说：“没经费，可把我们每月 20 元的交通费拨出来办教育，送信送文件嘛，可由大家轮流值班解决。至于教师，我们大家都来做教师，识字的教不识字的，一人教十人，十人教百人，这样全村的人都可识字学文化了……”④ 平民小学创办后，毛泽东自己也抽空去给学生上课。1948 年 4 月，他对筹建农村小学、组织儿童教育的同志说：“你这个工作既光荣又重要。要克服一切困难，想方设法把农村的小学快点办起来。今后，不仅在解放区搞普及教育，等全国解放了，还要在全国搞普及教育，

---

① 毛泽东年谱（1949—1976）：第 1 卷［M］. 北京：中央文献出版社，2013：383.

② 梁瑞郴，游和平. 毛泽东题词趣谈［M］. 武汉：长江文艺出版社，2003：170.

③ 中共湘潭市委党史资料征集办公室. 毛泽东与湘潭［M］. 北京：中共党史出版社，1993：263.

④ “毛泽东与我”征文活动组委会. 毛泽东与我丛书：毛主席走遍祖国大地［M］. 太原：山西人民出版社，1993：33.

还要扫除文盲。”① 毛泽东不仅关注初级教育，他对高等教育也非常关心。1958 年 8 月，毛泽东到天津视察了南开大学和天津大学。在天津大学，毛泽东说：“我想现在 15 岁左右的，都能接受高等教育，使青年一代都能有大学的文化水平。你们想使 30 岁左右的人，都能受高等教育，你们想的更好。”② 当听说要扩大学校的数量时，他非常高兴，赞扬了办教育、办学校的热情。此外他还给清华大学、北京大学、武汉大学、湘潭大学等高校题写校名，支持高等教育的建设和发展。

关心领导干部子女的教育问题。1957 年 9 月 5 日，毛泽东在与湖北省委秘书长梅白谈到领导干部子女的教育问题时说：“现在有些高级干部的子女也是‘汉献帝’，生于深宫之中，长于妇人之手，娇生惯养，吃不得苦，是温室里的花朵，有些是‘阿斗’呀。中央、省级机关的托儿所、幼儿园、部队的八一小学，孩子们相互之间比坐的是什么汽车来的，爸爸干什么，看谁的官大。这样不是从小培养一批贵族少爷吗？这使我很担心呀！现在有些高级干部对自己的子女要求不严格，根本问题是要自己带头，要严于律己。高级干部的子女不管好，总有一天要犯罪的。”③ 他还曾引用战国时期《触龙说赵太后》的故事来教育干部严格要求子女，他说：“这篇文章反映了封建制代替奴隶制的初期，地主阶级内部，财产和权力的再分配。我们不是代表剥削阶级，而是代表无产阶级和劳动人民，但如果我们不注意严格要求我们的子女，他们也会变质，可能搞资产阶级复辟，无产阶级的财产和权力就会被资产阶级夺回去。”④ 毛泽东不仅要求干部们管好自己的子女，作为党和国家的最高领导人，他自己对子女的管教也很严格，不允许搞一点特殊。他说：“我的荣誉不准孩子们沾，我是我，他们是他们，靠他们自己去闯。”⑤

---

① “毛泽东与我”征文活动组委会. 毛泽东与我丛书：毛主席走遍祖国大地［M］. 太原：山西人民出版社，1993：209.

② “毛泽东与我”征文活动组委会. 毛泽东与我丛书：毛主席走遍祖国大地［M］. 太原：山西人民出版社，1993：209.

③ 龙剑宇. 毛泽东的人生旅行［M］. 北京：中共党史出版社，2012：337.

④ 井泉. 毛泽东与党风［M］. 沈阳：沈阳出版社，1991：50.

⑤ 中共中央文献研究室《缅怀毛泽东》编辑组. 缅怀毛泽东 上［M］. 北京：中央文献出版社，2013：358.

（一）关于教育目标

毛泽东多次对青年学生强调，要他们成为全面发展的共产主义事业接班人。20 世纪 50 年代初的一天，邵华拿着自己的只有体育课不及格其他都是满分的记分册高兴地去找毛泽东。毛泽东对她说："孩子，体育课没有及格，这不好，体育是强健体魄锻炼意志的，山也爬不动，水也不敢下，怎么当好革命事业接班人呢？帝国主义污蔑我们是东亚病夫，我们偏要把身体练得棒棒的让他们看，这一课一定要补上，要为你自己，也要为国家争口气啊！"① 1951 年，他在与周世钊等教育工作者谈话时又指出"不要把我们青年培养成贾宝玉、林黛玉式的人。"因为"贾宝玉是阔家公子，饮食起居都要丫头照料，自己不肯动手，林黛玉多愁善感，最爱哭泣，只能住在大观园的潇湘馆中，吐血、闹肺病。"他反问道："这样的人，怎么能革命呢?"② 由此可见，毛泽东认为教育的目标应该是使青年通过学习和锻炼，成长为德智体全面发展的社会主义革命和建设事业的接班人。

（二）关于教育内容

首先，毛泽东非常重视青年的思想政治教育。1958 年 2 月 13 日，他视察长春第一汽车制造厂，当他了解到铸造车间的工人大多数是 20 多岁的青年人时，他说："青年人很多，要好好教育，加强青年的思想教育很重要。"③ 1952 年在中央讨论青年团工作时，毛泽东又强调说："青年要经常学习马列主义基本理论、文化教育、科学技术教育。"④ 这说明毛泽东非常重视用马列主义来教育青年，坚定其共产主义理想和信念。此外，他还要求青年要坚定自己的阶级立场。1957 年 9 月，他在上海视察工作时指示："青年，即使是青年工人，因为没有受过旧社会的苦，更应该加强阶级教育，提高他们的思想觉悟，叫他们向优秀的老工人学习。"⑤ 通过这一系列讲话，我们可以看

① 毛新宇．母亲邵华［M］．北京：中国工人出版社，2013：100—101.

② 盛巽昌．毛泽东眼中的历史人物［M］．上海：世纪出版集团、上海辞书出版社，2005：527.

③ 袁小荣．毛泽东离京巡视纪实（1949—1976）：上卷［M］．北京：人民日报出版社，2014：346.

④ 湖南人民出版社编．毛泽东思想光照千秋［M］．长沙：湖南人民出版社，1978：798

⑤ 湖南人民出版社编．毛泽东思想光照千秋［M］．长沙：湖南人民出版社，1978：797.

出，毛泽东是非常关注和重视青年的意识形态教育工作的，并且身体力行地引导青年信仰马克思主义，坚定无产阶级的立场，树立正确的政治方向。

其次，毛泽东非常重视对青年进行克服困难、不怕挫折的教育。1954 年 7 月，毛泽东和卫士们在北戴河游泳，他鼓励一起游泳的青年卫士们说："你们正年轻，要经风雨见世面。不要做温室里的花草，要在大风大浪里锻炼成长。"① 不惧风雨、坚韧不拔是毛泽东对青年人格锤炼的要求。1966 年 6 月 16 日，毛泽东与中共江西省委负责人谈话时说："我们的青年人，没有经过革命战争的考验，缺乏政治经验，应该让他们到大风大浪中去经经风雨，见见世面，让他们得到一个锻炼的机会，使他们成为坚定的无产阶级革命事业的接班人。"②

再次，毛泽东十分重视对青年进行艰苦奋斗、谦虚谨慎的作风培养。1938 年春，毛泽东在陕北公学第二期开学时讲话说："今天陕公开学，我应当送点礼物。但是，我没有多少东西，只能送你们两件'礼物'。第一件是坚定正确的政治方向；第二件是艰苦奋斗的工作作风。而且坚持这一方向和作风，我们就可能把全国人民团结起来，就能战胜日本帝国主义！"③ 如前所述，他也曾对青年提出要求：一是朝气蓬勃，二是谦虚谨慎。1938 年 12 月初的一个下午，毛泽东在接见张学良胞弟张学思时，勉励他说："我们共产党人，为了实现自己的崇高理想，就要面对困难，正视困难，战胜困难。你现在还年轻，正是锻炼自己的好时候，延安是一座锻炼人的革命大熔炉，也是一所增长才干的革命大学校，希望你在这种艰苦的环境中锻炼自己。"④ 毛泽东针对现实生活中存在的问题指出："要向广大人民群众进行教育，特别是对青少年进行教育，要进行艰苦奋斗、白手起家的教育。"⑤ 由此可知，毛泽东非常关注青年的思想动态，重视对青年进行艰苦奋斗、谦虚谨慎作风的教育。

最后，毛泽东教育青年要注重学习中华优秀传统文化。对待中国传统文

---

① 袁小荣. 毛泽东离京巡视纪实（1949—1976）：上卷［M］. 北京：人民日报出版社，2014：143.

② 毛泽东年谱（1949—1976）：第 5 卷［M］. 北京：中央文献出版社，2013：594.

③ 毛泽东与我"征文活动组委会. 毛泽东与我丛书：我见到了毛主席［M］. 太原：山西人民出版社，1993：54－55.

④ 高宝新. 碧血丹心：毛泽东和他的麾下将领［M］. 北京：长征出版社，2011：317.

⑤ 孙宝义，刘春增，周桂兰. 听毛泽东谈哲学［M］. 北京：人民出版社，2012：310.

化，毛泽东的态度是：取其精华，去其糟粕。他自己青年时代就非常喜欢阅读《三国演义》《水浒传》《西游记》等书籍，并注重从中国传统文化中汲取养分，指导实践。1949 年 11 月 13 日，毛泽东和家人共度良宵。他跟孩子们讲起了知识的力量，他说："知识一旦灵活运用，就可以变成武器，用来保卫自己，所以，你们要努力学习，积累丰富的知识。尤其是要学好历史和古典文学。""殷鉴不远。前车之覆，后车之鉴。我们要汲取项羽的教训，切不可骄傲自满，对敌人更不要心慈手软。'宜将剩勇追穷寇，不可沽名学霸王'。现在新中国刚刚成立，百废待兴，蒋介石逃到了台湾，还想要反攻大陆。我们一定要解放台湾，将革命进行到底!""刘邦的治国之道，任人唯贤，广纳贤才，治理好国家，实现长治久安，也是值得我们借鉴的。"① 这些都说明毛泽东致力教育青年们要正确对待和认真学习中华优秀传统文化。

（三）关于教育方法

一是非常重视调查研究和实践。1917 年 7 月中旬，毛泽东在湖南第一师范就读期间，邀请萧子升和萧蔚然进行了一次游学。他们沿途调查民情，足迹遍布宁乡、益阳、安化、沅江等五个县，历时一个多月，行程 900 多公里。在建立新民学会时，毛泽东主张：要大规模地调查研究，新民学会会友应有计划地去俄国，或去法国，或留北京。以研究当前世界最进步的思想学说，了解各国实情，加以选择、采纳，为中国所用。从学生时代求学到从事革命斗争，毛泽东始终重视调查研究方法。1933 年 9 月，毛泽东与张闻天聊天时说："我喜欢在下边跑，了解情况，就是现在大家喜欢说的一句话'调查研究'，掌握第一手资料。这样，解决起问题来，才有发言权。"② 除了自己身体力行，毛泽东也重视对子女进行实践教育。毛岸英从苏联大学毕业回来后，毛泽东就把他送到陕北农村，并嘱咐他说："你要老老实实地锻炼，要和群众打成一片，生活上不要有任何特殊，要多做调查研究工作，通过实际的调查，了解中国农村和中国农民的情况，学习书本上学不到的东西。"③ 毛泽东对自己的孩子是这样要求的，对其他青年也是这样要求的。1958 年夏，毛泽

① 孙宝义，刘春增，周桂兰．听毛泽东谈哲学［M］．北京：人民出版社，2012：310．

② 石永言．贺子珍与毛泽东［M］．北京：中共党史出版社，2008：191—192．

③ 中共中央文献研究室．毛泽东传（二）［M］．北京：中央文献出版社，2013：760．

东对卫士田云玉说："光看书也是不行的，还要实践。以后你们要拿出三年时间来学工、学农，还要搞社会调查。过几天我要出去视察，你们跟着一块去，要留心搞调查。"① 毛泽东一生都注重调查研究，他认为青年也要掌握这一套学习和工作的有效方法。

二是强调青年要将学习和生产劳动相结合，走与工农相结合的道路。在延安时，一些刚进抗大的青年知识分子对打窑洞有怨言，毛泽东就说："打窑洞就是学习，而且是很重要的学习。不要小看打窑洞，你们知识分子是读书人，长期脱离劳动，不会打窑洞怎么会和劳动人民有共同语言呢？打窑洞是接近工农的第一步，打窑洞就是在打通和工农群众隔开的墙。"② 他多次强调："教育必须为无产阶级政治服务，必须同生产劳动相结合。"我国 20 世纪 50 年代末开始的知识青年上山下乡到农村的广阔天地去接受锻炼，也可说是毛泽东落实"青年教育要与生产劳动相结合，走与工农相结合的道路"这一思想的一个重要实践体现。

三是非常重视榜样示范的作用。1937 年 9 月，毛泽东在为抗大的学生送行时说："向你们推荐两个人，一个是我敬佩的老师，从苏联吃面包回来的张如心教授，他可以把许多马列著作背诵如流，你们可以向他学习系统的马列主义理论；一个是大队政治委员胡耀邦，他的年龄比你们大不了多少，是我亲眼看着长大的热爱学习、朝气蓬勃的'红小鬼'，现在还不断写些文章在报上刊登，很受读者的欢迎。希望你们以这两个同志为榜样，好好地学习。"③

三、以"开展青年工作要照顾青年的特点"为遵循的青年工作观

毛泽东对青年寄予了很高的期望，也非常关心青年、关注青年和密切联系青年。毛泽东一贯强调青年工作要深入青年和面向青年，充分考虑青年群体的特点和需求。1952 年 8 月 23 日，在中南海颐年堂召开会议，讨论将于 8

---

① 权延赤. 新中国纪实丛书：红墙内外——毛泽东生活实录［M］. 北京：昆仑出版社，1989：264.

② 许祖范，姚佩莲，胡东. 毛泽东幽默趣谈［M］. 北京：中共党史出版社，2013：75.

③ 张黎群，张定，严如平，唐非，李公天主编；严如平撰. 胡耀邦 1915—1989：第 1 卷［M］. 北京：北京联合出版公司，2015：101.

月25日至9月4日在北京举行的青年团中央第三次全体会议的有关问题。毛泽东讲话说："你们（指青年团中央负责人——编者注）管的是一代人的问题。青年的特点是：英勇积极，知识不足，前途远大。面对着一个新的时期，学习是更加特别突出的任务。青年共同的普遍的经常的任务是学习，学习马列主义基本理论、文化、科学、技术。还要注意体育，一定要把青年一代的身体搞好。"[①] 关心青年的身体和成长、照顾青年的特点是毛泽东青年工作观的核心，毛泽东在很多场合都强调了这一点的重要性。1956年，毛泽东在接见中国新民主主义青年团第二次全国代表大会主席团时，批评有些领导同志只要青年工作，不照顾青年的身体的情况。并批判了旧社会大人吃饭有桌子，小人没有，娃娃在家里没有发言权，哭了就是一巴掌的传统做法。他从保护青年一代更好地成长的角度出发，提出："我们这一代吃了亏，大人不照顾孩子。现在新中国要把方针改一改，要为青少年设想。"因此，他指出："青年团要配合党的中心工作，但在配合党的中心工作当中，要有自己的独立工作，要照顾青年的特点……十四岁到二十五岁的青年们，要学习，要工作，但青年时期是长身体的时期，如果对青年长身体不重视，那很危险。青年比成年人更需要学习，要学会成年人已经学会了的许多东西。但是，他们的学习和工作的负担都不能过重。尤其是十四岁到十八岁的青年，劳动强度不能同成年人一样。"他曾勉励青年："一、祝贺他们身体好；二、祝贺他们学习好；三、祝贺他们工作好。青年们要睡好，教师也要睡足。现在初中学生上课的时间也多了一些，可以考虑适当减少。一方面学习，一方面娱乐、休息、睡眠，这两方面要充分兼顾。"[②] 可见，毛泽东非常重视青年的健康，并且多次强调共青团的工作要照顾青年的特点，不要揠苗助长，要遵循青年成长成才的规律。

在实际工作中，毛泽东还多次到大学和工厂进行实地调研，也反复强调青年工作要适应青年的特点。1958年11月14日，当湖北孝感县委书记王振明汇报一个12岁小社员日夜开荒时，毛泽东听了后说："群众积极性越大越要关心群众，不要搞夜战，人过分劳累要害病的。"[③] 1958年8月，毛泽东到

① 毛泽东年谱（1949—1976）：第1卷［M］. 北京：中央文献出版社，2013：588－589.
② 毛泽东年谱（1949—1976）：第2卷［M］. 北京：中央文献出版社，2013：124.
③ 萧心力. 巡视大江南北的毛泽东［M］. 北京：中国社会科学出版社，1993：246.

天津，在南开大学看化学系的四个生产车间时，详细地向学生们询问，吃得好不好，住得怎么样，觉够不够睡，还问了学生们的学习情况，对他们把学习与劳动生产结合起来表示赞许，并告诉他们注意劳逸结合。可见，关心青年，照顾青年的特点，是毛泽东青年思想的一个基本遵循。

在青年如何开展工作的问题上，毛泽东认为青年在工作中要注意勤学好问，在实践过程中学习提高。1938 年 8 月 12 日，毛泽东在延安“抗大”第三期毕业学员毕业典礼上说：“你们到敌人后方以后，第一要当学生，就是要向老百姓学习，向老同志学习，向实际学习”。[①] 同年冬，毛泽东在延安窑洞对因学习问题引起争执的内务警卫说：“聪明在于勤奋，勤奋在于好学好问。不懂就要虚心请教别的同志，或者直接来问我呗，我早就对你们说过嘛!”“……工作上不懂就问才能少出偏差，学习上不懂就问才有进步，持这种‘每事问’的态度，才是人的美德。”“有些问题似乎很简单，但解决了它，就像跨过了一道门槛。如果不把它提出来，会一辈子搞不清楚。‘三人行必有我师焉’。这话也是叫别人遇着问题就请教内行。虚心向人请教，绝不是丢脸的事。相反，有疑不问，不懂装懂，那才是真正难为情的事，终究会丢尽脸面的。”浅显的语言，阐述了青年人要勤学好问的深刻道理。他还举出古代孔子等人的例子说：“孔夫子、戴震都没有丢面子，而且孔子至今被人们尊崇为中国古代的大教育家、思想家。我看自古以来的聪明人之所以聪明，一个重要的原因，就在于勤学好问。”[②] 可见，毛泽东认为青年在开展工作的过程中不要不懂装懂，要勤学好问，重视在实践和请教中提高自己。

此外，毛泽东认为青年在工作中还要注意团结协作的方法。1955 年，毛泽东针对战士们不理解统购统销政策，从而无法对群众进行宣讲的情况，他自己详细地向战士们讲解统购统销政策，并鼓励大家说：“在座的是六万万人的代表，尤其是你们青年，乡村城市、东南西北都有，六亿人口的代表非常重要，不要轻视自己。”他勉励大家团结起来，互助合作，才能搞好工作。他继续说：“为什么要团结呢？为了工业化，为了社会主义，分工合作为了总目标。团结起来，学习，调查，为把工作做好，要互相团结。”主席亲切

① “毛泽东与我”征文活动组委会. 毛泽东与我丛书：我见到了毛主席［M］. 太原：山西人民出版社，1993：61

② 许祖范，姚佩莲，胡东. 毛泽东幽默趣谈［M］. 北京：中共党史出版社，2013：117－118.

地嘱咐大家："态度要好，要互相关照！"① 团结协作是工作方法，也是毛泽东对青年工作提出的要求。

四、以"讲政治重信念严培养大胆用"为原则的青年人才观

讲政治。毛泽东评价青年人才的第一标准就是讲政治。1931 年秋，毛泽东找何长工、邓萍谈话，说："培养红军干部是一项极其重要的任务，我们必须向部队源源不断地输送经过学校培养的政治素质良好的红色指挥员。"② 可见他在干部培养上，首先强调的就是政治素质的培养。1937 年，毛泽东在抗大指示："抗大和黄埔初期不一样。黄埔初期主要领导是国民党人，部分学生是国民党人；抗大整个领导权都在共产党手里，学生的绝大部分是共产主义者或倾向共产主义。正因为这样，今日之抗大，就不能不比那时黄埔更革命、更前进，为民族和社会的解放必定做出更伟大的贡献。"他强调："抗大的目的是要打倒日本帝国主义，彻底解放中华民族。反对投降，抗战到底。我们抗大的人，不能有一人不抗战到底，不能有一人不反对投降，不能有一人赞成和平妥协；如果有一个，就不是抗大的学生，而是抗大的败类，中华民族的败类。"③ 他对抗大学生的政治要求，也就是对抗战时期全体进步青年的政治要求。

重信念。毛泽东要求青年讲政治，其实也就是强调青年要有坚定的政治立场和方向。在中国共产党已经确定马克思主义为党的指导思想的前提下，这也就是要求青年要树立对马克思主义、共产主义的坚定信念。他曾强调："凡是信仰马克思主义的又能为共产主义奋斗终身的都可参加党的组织，从斗争中培养干部。"④

严培养。毛泽东非常重视对青年干部的培养。1953 年，毛泽东在天津了解到天津市的干部状况后，对时任天津市委书记的黄火青说："你们要注意

① 中共中央文献研究室《缅怀毛泽东》编辑组. 缅怀毛泽东 下［M］. 北京：中央文献出版社，2013：410－411.

② 毛泽东年谱（1893—1949）：上卷［M］. 北京：中央文献出版社，2013：354.

③ 在毛主席身边的时候［M］. 南宁：广西人民出版社，1977：94－95.

④ 中共中央文献研究室《缅怀毛泽东》编辑组. 缅怀毛泽东 下［M］. 北京：中央文献出版社，2013：182.

多培养选拔年轻干部做领导工作，做到后继有人。”① 毛泽东还非常重视军队干部的培养。1931 年秋，他找何长工、邓萍谈话，说：“我们决心调你们两个军长和四个师长，还有十几个团长和政委来办个学校。北伐时有‘黄埔’，我们要办个‘红埔’，开办个培养干部的基地……我们是人民的军队，为了战胜反动派，也要学办校、治军、培养自己的建军人才。”② 1935 年冬季在西北红大时，毛泽东叫莫文骅带他的警卫员陈昌奉到红大去学习。他说：“对红军的干部战士都要好好地培养，首先要提高文化，不识字的从识字开始。”③ 1939 年 5 月 20 日，毛泽东参加中共中央干部教育部在中组部召开的延安在职干部教育动员大会并讲话。毛泽东指出：“我们发起的生产运动和学习运动都是永久性的。”“我们的党要由小到大，才能领导这样大的中国革命，要有大批有学问的干部。”“……我们要办一个‘无期大学’。人们都是出了学校才学到一些东西的。”④ 他强调党组织要加强对干部的培养，干部要树立终身学习的理念。

大胆用。在干部的选聘问题上，毛泽东一贯主张大胆任用青年。1957 年 4 月，毛泽东在一次座谈会上，谈及提拔青年干部时，以三国时的周瑜为例说：“赤壁之战，程普四十多岁，周瑜二十多岁，程普虽是老将，不如周瑜能干，大敌当前，谁人挂帅？还是后起之秀周瑜挂了大都督的帅印。”他接着说：“古时候可以破格用人，我们为什么不可以大胆提拔。”⑤ 1953 年 6 月 30 日，毛泽东在接见中国新民主主义青年团第二次全国代表大会主席团成员时说：“要选青年干部当团中央委员。要充分相信青年人，绝大多数是会胜任的。”⑥ 他之所以这样强调并这样做，实际上是对过去成功经验的总结。比如 1945 年 10 月，毛泽东向中央推荐：“要选择一位年轻的同志担任西北局书记，就是习仲勋，他是从群众中走出来的群众领袖。”习仲勋从自己的经历

---

① 袁小荣．毛泽东离京巡视纪实（1949—1976）：上卷［M］．北京：人民日报出版社，2014：93.

② 毛泽东年谱（1893—1949）：上卷［M］．北京：中央文献出版社，2013：354.

③ 中共中央文献研究室《缅怀毛泽东》编辑组．缅怀毛泽东 下［M］．北京：中央文献出版社，2013：130.

④ 张希贤，王宪明，张伟良．毛泽东在延安——关于确立毛泽东领导地位的组织人事、理论宣传和外交统战活动实录［M］．北京：警官教育出版社，1993：24.

⑤ 盛巽昌．毛泽东眼中的历史人物［M］．上海：世纪出版集团、上海辞书出版社，2005：150－151.

⑥ 毛泽东年谱（1949—1976）：第 2 卷［M］．北京：中央文献出版社，2013：124.

和本身情况考虑，提出“长期在地方上工作，没有领导机关工作的经验，恐怕难以胜任”。毛泽东鼓励他说：“正是因为你在下面工作，没有在上面干过，所以才调你到上面工作，把你调动一下，放在新的岗位上，你就会动脑筋了，就得去调查研究，想办法把工作做好。”① 可见，毛泽东在思想上和实践上，都主张大胆任用年轻干部，增添干部队伍活力。

毛泽东的青年思想极为丰富。本专题仅是从他在日常谈话中论及的部分青年思想，难免挂一漏万。从毛泽东青年观的内容可以看出，他的青年观是将马克思主义青年思想中国化的青年观。他全面客观地认识到青年所具备的优点和缺点，并以发展的眼光看待它们，肯定青年在历史发展进程中的积极推动作用；他从实现人的自由全面发展的目标出发，提出青年应该成长为全面发展的人类解放事业的接班人和党的事业的继承人；他从尊重现实人的角度出发，提出青年工作要照顾青年人的特点，要大胆任用青年和培养青年干部。毛泽东的青年思想也是对马克思人学思想的充分体现和发展，是对马克思青年观的继承和发展，丰富了马克思主义中国化的理论体系。他的青年思想培育和引导了代代中国青年为革命建设改革事业树立了座座丰碑，构建了千秋伟业后继有人的坚强而重要的基础。重温毛泽东的青年观，对于今天做好新时代的青年工作，仍有重要借鉴意义。

（唐正芒　管胜昔）

① 何载.“党的利益在第一位”——习仲勋一生奋斗的指针［J］. 百年潮，2013（01）.

“妇女是半边天，没有妇女当干部怎么能发挥妇女的作用？”

——毛泽东日常谈话中的妇女观

妇女是创造财富的主体之一，也应该享受新时代的发展成果。两千多年的封建统治形成了“三纲五常”“男尊女卑”等伦理，女子从小就被灌输“在家从父、出家从夫”的思想，深受政权、族权、神权、夫权四重压迫。鸦片战争打开了封建统治的大门，西方文化开始传入中国，20世纪初，中国先进知识分子就注意到了妇女长期受压迫、社会地位低下的问题，并开始探索妇女解放道路。“五四运动”后，中国先进知识分子开始以马克思主义理论来指导中国妇女解放运动。在经过广泛的社会调查之后，毛泽东认为妇女有非常大的力量，但是在政治、经济等方面却始终不受重视，尤其在研究马克思主义思想之后，他巧妙地把马克思主义妇女观与中国实际相结合，在马克思妇女解放思想基础上不断深化，最终探索出符合中国国情的妇女解放思想。本专题拟对毛泽东日常谈话中的妇女解放观点略作梳理、分析，以期能为研究毛泽东妇女解放思想提供参考。

一、婚姻制度是妇女解放的基础

毛泽东在青少年时期就从父母身上就看到了男女不平等的现象。母亲文氏待人忠厚、和善，她勤劳节俭，做饭、拾柴、割草、缝补、洗衣服，什么活儿都做，是家乡有名的善良妇女。她对亲戚、邻居及乡亲们和和睦睦，而且特别关心和体贴穷苦的劳动人民。遇到灾年，对贫困人家给粮、给物、给钱。父亲作为一家之主，经常凭自己的意志来要求子女和妻子，而母亲文氏默默承受着丈夫的无理指责，毛泽东对此深感不平。生活在男权思想笼罩下的毛泽东并没有继承父亲的男权思想，反而非常痛斥这种现象。

（一）反对包办婚姻制度对妇女的束缚

毛泽东作为“五四运动”新思想的吸收者，对于封建盲婚哑嫁的做法表达了极大的不满。1919 年 11 月 14 日，新娘赵五贞自杀于花轿中，这件事在社会上引起了广泛关注，各地纷纷报道，这件事也引起了毛泽东的关注，他从 11 月 16 日至 28 日，接连在湖南《大公报》《女界钟》等报纸杂志发表了《改革婚制的问题》《“社会万恶”与赵女士》等 9 篇文章，猛烈抨击吃人的封建礼教。

妇女解放思潮在全国各地快速蔓延与发酵，毛泽东的亲人也从封建婚姻制度中解放出来。毛泽建原名毛达湘，乳名菊妹子，是毛泽东的堂妹。7 岁的菊妹子被毛泽东的父母接到家里，作为过继的女儿抚养。后来，毛泽东的父母相继去世，毛泽东当时又忙于领导驱逐军阀张敬尧的运动，14 岁的菊妹子又回到自己家中，在母亲的安排下到肖家当童养媳。1920 年盛夏，毛泽东回家后，听说菊妹子在别人家做童养媳，立刻去把她接回来，他对虐待菊妹子的肖家婆婆说：“以前的事我也不想多讲。今天我是来接她回去的。你要记住，时代不同了，不要再把妇女不当人看。”他给菊妹子取名叫“泽建”并告诉她“不要老是听大哥的，你也要主见，将来要做建设国家的栋梁才。”① 1921 年，毛泽东帮助毛泽建解除了不合理的婚约，把她带到了长沙，就读于建本和崇实女子职业学校。1923 年毛泽建加入中国共产党，并多次参加党的革命工作，成了一名拯救农民于水火的农运女领袖，发动妇女冲破禁锢妇女的族法族规，走向解放之路。作为一名优秀的共产党员、我国最早的游击队长，毛泽建在 24 岁时英勇就义于衡山县城南马庙坪。

（二）提倡离婚自由，打破封建守节观念

毛泽东对中国国情和妇女发展状况深入分析，以“婚姻自由”为突破口，一方面变革旧的婚姻制度，另一方面尝试建立新的婚姻关系，以实现婚姻家庭伦理关系的重塑。1925 年，毛佑生和堂婶陈氏日久生情，但这种情况

---

① 龙剑宇．韶山毛家英雄谱［M］．北京：人民出版社，2011：108．

在当时民风闭塞的韶山冲来说是一件大事，人民思想还处在封闭落后的状态，妇女要为去世的丈夫守节的陋习还广泛存在，毛氏族人因此要惩罚毛佑生，当时毛泽东在韶山开展农民运动，他反对封建婚姻，但是在佑生二叔这件事上却不能像解决包办婚姻那样坚决，毛泽东对族长说：“佑生二叔和他的堂婶陈氏关系暧昧，虽然‘反’了班辈，犯了‘族规’，但毕竟是两厢情愿，真心相爱。这没有什么了不起的！什么‘族规’，都是陈规陋习，它代表的是封建阶级的意志。我们今天要移风易俗，革除那些旧习。”“他们是出于自愿的，谁也没有勉强谁。这就叫有感情的结合！至于禹臣十三阿婆，她丈夫死了，改嫁不改嫁，由她自己做主，别人不应当干涉。”“时代不同，我们要提倡男女平等，婚姻自由，打破封建贞操观念。女人也好，寡妇也好，只要她愿意，她可以嫁给你做堂客，也可以嫁给我做堂客，听其自由。”“我们不能按封建家规来处罚佑生二叔，更不能要求禹臣十三阿婆守节。我们要打破封建的贞操观念，把妇女从旧婚姻的锁链中解放出来!”[①] 经过毛泽东的劝解，毛佑生免受惩罚，乡亲们也在夜校学习中思想逐渐解放，渐渐接受毛佑生和陈氏来往。在毛佑生那个时代，敢于冲破封建家法家族的束缚，追求婚姻自由，这是妇女解放的一大进步。

毛泽东作为妇女解放运动的发起人，他在推进妇女自由恋爱方面起着表率作用。毛泽东的儿子毛岸英牺牲于朝鲜战争，作为毛岸英妻子的刘思齐一直被蒙在鼓里，直到三年后她才知道毛岸英牺牲的消息。自从毛岸英牺牲后，毛泽东多次劝说刘思齐再婚，还托人物色对象。1959 年 10 月，毛泽东给刘思齐做工作让她重建家庭说：“思齐呐，你对岸英的那份情，爸爸心里清楚，也能理解，可我们共产党人不主张嫁一从终。你单身已过了十来年，我心疼啊，你尚年轻，再组个家庭，对身心健康，对工作，对发展中的建设事业都会有益，也是对岸英最好的纪念与安慰，让爸爸给你介绍个对象吧。”[②] 杨茂之是刘震向毛泽东推荐的，在毛泽东的把关和催促下，刘思齐和杨茂之结婚了。

① 赵志超. 毛泽东和他的父老乡亲上［M］. 长沙：湖南文艺出版社，2011：236.
② 张长缨. 毛泽东和他的亲家［M］. 武汉：湖北人民出版社，2003：74.

（三）提倡结婚自由，倡导一夫一妻婚姻制度

毛泽东期待建立以自由恋爱为基础的平等的新式婚姻，建立新式家庭。1929年1月下旬，毛泽东来到寻乌。31日晚上，古柏等人赶到毛泽东的住处，向毛委员汇报了开展群众工作、武装暴动受挫后进行武装斗争的情况。这次会见时，毛泽东还问起古柏的个人生活情况。当他得知古柏还没有结婚，曾碧漪（时任苏维埃政府妇女部长）于1925年在广州就和古柏相识时，高兴地说："那你们该结婚了。这里的封建势力顽固，包办婚姻，买卖婚姻也很厉害。你们该利用结婚搞一次反封建宣传，用新式自由恋爱结婚，反对封建买办婚姻，发动妇女起来自己解放自己，参加革命工作。"① 1931年，毛泽东又亲自签发了婚姻条例，从法律上废除了包办强迫买卖和一夫多妻婚姻制度，推行男女平等、婚姻自由和一夫一妻的新婚姻制度。② 在瑞金城西不远处，有一座独立小山，山上有一座云山古寺，该寺始建于1857年。1934年夏，中华苏维埃共和国中央执行委员会从沙洲坝迁到这里，当时毛泽东因受排挤离开红军领导岗位，他和张闻天就在古寺里生活、办公。古寺里有一位学识渊博的乐能和尚。一天，乐能救了一名受封建婚姻毒害的女子，把她藏到神坛下，因该女子和"死去"女友非常相似，乐能逐渐产生爱意，被毛泽东知道后，毛泽东笑着说："这有何难，法师不妨将她留在寺内，帮你烧火做饭，缝补浆洗，收拾内外，做个贤内助不是很好吗？"乐能赞同毛泽东讲的话，但又怕女子的婆家不肯善罢甘休，一时左右为难。毛泽东听和尚说完之后拍案而起："岂有此理！这种人，人民政府会管他，买卖婚姻在苏维埃是决不允许的。只要你二人有情有意，我毛泽东是会成人之美的，结婚后你们还俗回乡好好生活。"乐能新婚那天，毛泽东对他说："昔日唐王朝和尚破酒肉之戒，今天苏维埃法师开结婚之戒，大师可谓佛门之新徒！"③ 成就一段姻缘虽然是小事，但是我们可以通过这段故事，看到毛泽东勇于打破封建婚姻陋习、提倡婚姻自由的决心，这座古寺后来救助许多革命战士，为革命保存了力量，乐能也在革命中英勇牺牲。

---

① "毛泽东与我"征文活动组委会．毛泽东与我丛书：我与毛泽东的交往［M］．太原：山西人民出版社，1993：122－123．

② 回忆毛主席［M］．北京：人民文学出版社，1977：148．

③ 杜忠明．毛泽东当红娘的故事［M］．北京：中央文献出版社，2010：37．

毛泽东不只是发文来抨击封建婚姻，还以实际行动来表明他对包办婚姻的反对。包办婚姻，受害的不只是女子，还包括男子。在包办婚姻下，妇女像商品一样毫无话语权和经济地位。毛泽东认为想要妇女获得解放，首先妇女的婚姻不再受限，封建陋习必须被打破，盲婚哑嫁必须改变，妇女要拥有选择的权力。新式自由恋爱结婚是妇女地位提升的体现，并为后来妇女自主参加革命斗争打下基础。

二、妇女拥有文化权

（一）开办夜校，允许妇女听课

毛泽东一直认为妇女也应该拥有和男子一样平等受教育的权利，“五四运动”时期，毛泽东曾对女子学校和男子学校的教育经费进行对比分析，结果发现女子学校的教育经费与男子学校的教育经费相差悬殊，女子学校的教育经费仅占全部经费的1/22。毛泽东不禁感叹，“尽起纳税的义务来，女子和男子一样的‘尽’，享起教育的权利来，女子只是男子的1/2。男子们啊！你们也太忍心了啊。”① 1925年毛泽东以养病为借口回到韶山，为了宣传革命思想，培养更多的农民骨干，进而启发农民的思想觉悟和斗争意识，决定在韶山家乡开办农民夜校，同行的还有杨开慧。二月的一天晚上，杨开慧在毛氏宗祠里讲课，毛泽东看到门口有一大群妇女站在外面而不进去，便问：“大娘，大嫂，姐妹们，你们为什么站在外面不进去听我堂客上课啊？”一位妇女说祖宗规定妇女不允许进祠堂。毛泽东听了后，哈哈一笑，说：“那是老黄历了，如今是国民革命时代了，这些陈规陋习通通要打破。为什么妇女不能进祠堂？这是谁说的？”毛泽东还耐心地说：“谁有那么大的胆，不准妇女进祠堂，难道他不是娘养的？你们大胆给我进，打破这些不合理的族规。你们看，我的堂客不也进了祠堂，还在上面讲课呢！不要怕，都给我进去。”一些妇女怕挨骂还是不敢进。毛泽东启发大家说：“大娘、大嫂、姐妹们，你们说的这些规矩，都是老一套，是套在我们妇女头上的刀子，是极不平等的。我们现在闹国民革命，就是要铲除这种不平等，使妇女同男人们平起平

① 毛泽东早期文稿［M］. 长沙：湖南出版社，1990：547.

坐。男人能享受的妇女也都能享受!”①

(二)妇女翻身,祠堂吃酒

“五四运动”之后,妇女解放成为一种新的时代热潮,作为束缚妇女的“族权”逐渐被打破,过去祠堂只有男人能进,无论妇女地位多高,祠堂绝不允许妇女踏入一步,现在,随着解放思潮的广泛传播,身处乡村的妇女也能接收到时代解放的呼唤。毛泽东一直很关心妇女的命运。1927 年 1 月 4 日开始,毛泽东以国民党中央候补执行委员的身份,考察了湘潭、湘乡、衡山、醴陵、长沙 5 县的农民运动,于 15 日至衡山白果。当晚,毛泽东在白果的区农协所在地关圣殿里,召开农协干部座谈会,仔细听汇报。大家都进屋坐下后,毛泽东便和妇女们聊起天来。这些妇女分别向毛泽东讲了当地妇女们怎样成立女界联合会,和男人们一起打土豪以及反封建礼教的事。毛泽东一边听,一边连连称赞说:“做得好!做得好!”毛泽东看到祠堂里的妇女如此兴高采烈,也很高兴地说:“今天妇女同志来得不少。过去妇女受压迫,封建思想又作怪,妇女不能进祠堂。现在打倒了族权,妇女翻了身,能进祠堂了。这真是一件大好事呀。”一个女青年走到毛泽东跟前说:“毛委员,你说到我们心里去了。”毛泽东笑着问她:“你叫朱棣棠,是女界联合会的秘书,到祠堂里去吃酒,是你打的头,对不对?”毛泽东让她具体谈谈进祠堂吃酒的事。毛泽东听完了这一经过后,兴奋地说:“这个老例破得好,这个反造得好,你们带了个好头,要把你们的斗争精神推广到全国去,使全国的妇女都和你们一样,捆紧把子抱成团,和男子们一起闹革命,推翻旧世界,建立新世界。”② 1 月 7 日,毛泽东到第一乡农协会驻地——毛震公祠。这时候的韶山冲人民经过夜校的学习和革命思想的冲击,从思想上已经发生了极大的改变,大家欢迎毛泽东讲话。毛泽东说道:“今天,妇女同志来的不少,说明农会起来之后,不仅推翻了封建地主政权,还相应推翻了族权、神权和夫权。过去妇女不敢进祠堂吃酒,今后要请她们坐头席。”他还强调:“我们的革命还刚开始,打倒几个土豪劣绅,好比指甲缝里挑污泥—还只挑出一点点,要彻底消灭封建地主阶级,打倒军阀,赶走帝国主义,还得要几十年时间,所以

① 唐春元,黄先健. 毛泽东说服与攻心之道[M]. 长沙:湖南人民出版社,2004:80-81.
② 毛新宇. 爷爷毛泽东[M]. 北京:国防大学出版社,2002:136-142.

大家仍须继续努力。”①

妇女能进祠堂吃席，这在妇女解放运动中已经迈出了一大步，影响中国几千年的“族权”被打破。毛泽东以妇女进祠堂来启发广大妇女站起来，发扬斗争精神，最终实现妇女的真正解放。

（三）学习知识，打造过硬本领

毛泽东一贯主张女子和男子一样，她们也应该学习知识，打造过硬本领。1952 年“三八”国际妇女节，经毛泽东批准，北京西郊机场为新中国第一批女飞行员举行盛大的起飞典礼。当毛泽东看到从头顶飞过的飞机时，毛泽东高兴地对身边工作人员说道：“这是女飞行员开的飞机。”② 1969 年 6 月，毛泽东在武汉还召开了一次有十多位服务员和领导同志参加的座谈会。当时服务员多数是部队的女战士。毛泽东说：“你们都很年轻，你们正是精力旺盛时期，成长学习工作时期，要好好学习，可以学文化，也可以组织学习点军事，将来还可以学习些技术，有的可以学习医务工作或其他适合女孩子的技术性工作，多学习些本领才能更好地为人民服务。”③ 在毛泽东妇女解放思想的推动下，广大妇女也接受了各式的教育，在教育领域也可以独当一面。1966 年开始的“文化大革命”严重影响了学校教育的正常运转，为了让学生回到课堂，1970 年 6 月 14 日，毛泽东召见章含之。在关于教改的工作谈完之后，毛泽东说：“教学改革就这样办，你去告诉杨德中同志和周总理，具体事你们去办。我还有一个建议和你商量，你搞完外语教改之后就不要呆在学校了。中国需要女外交家，我看你就可以。你这位女同志蛮不简单，能说还能写。你还很有点勇气，你给我的信我都看了，写得不错，有说服力。我们需要这样的女同志去搞外交。所以搞完教改你就去外交部报到。你要是同意，我告诉外交部。”④

毛泽东认为男女平等，妇女也可以平等接受教育，学校的大门也为广大

---

① 中共湘潭市委党史研究室．中国共产党湘潭历史：第 1 卷［M］．北京：中共党史出版社，2006：144.

② 何孝明．毛泽东与西郊机场［J］．百年潮，2013（12）：29.

③ 袁小荣．毛泽东离京巡视纪实——1949—1976（下卷）［M］．北京：人民日报出版社，2013：1264.

④ 中共中央文献研究室《缅怀毛泽东》编辑组．缅怀毛泽东 下［M］．北京：中央文献出版社，2013：456－457.

女子开放。这时候的妇女接触的不仅仅是柴米油盐，她们广泛存在于社会的各行各业，成为社会正常运行不可或缺的一部分，打破了长久以来对妇女的歧视，为我国妇女解放事业指明了方向，培养了一大批各行各业优秀的人才，是推动中国进步的一股强大的力量。

三、发动妇女这只手的力量

（一）广大劳动妇女是一支伟大的革命力量

毛泽东一贯重视妇女群众在革命斗争中的重大作用，他多次强调指出：妇女的力量是伟大的。“妇女占人口的半数，劳动妇女在经济上的地位和她们特别受压迫的状况，不但证明妇女对革命的迫切需要，而且是决定革命胜败的一个力量。”① 毛泽东为此曾形象地提出：“男人和女人好比一个人的两只手，在革命事业中要充分发动妇女，缺少了妇女这只手的力量是不行的，要取得革命事业的胜利，必须把两只手的力量都充分利用起来。”② 毛泽东在早期的革命工作中，十分关注妇女的解放事业。五四运动时期，毛泽东在湖南创立新民学会时，就注意发展女会员，当时传统观念仍占主导地位，但是以向警予为代表的先进女教师和学生，毅然选择加入新民学会。在苏区时，毛泽东很耐心地听一个妇女介绍自己的身世，并循循善诱说：“不要怪生母把你送人，那是叫地主老财逼得，没法养活孩子；也不要怪养母，她也是受压迫剥削的劳苦人民，她打骂你，是受封建思想的毒害。你和你生母、养母都是一根藤上的苦瓜，同是一个阶级的战友。同你一样受苦受难的妇女，全中国何止千万！而帝国主义、封建主义、官僚资本主义才是我们劳动妇女的敌人。不推翻三座大山，砍断四条绳索，不消灭一切剥削阶级、铲除私有制，劳动妇女就不能彻底解放。”③

毛泽东教育全党，宣传和组织妇女参加革命斗争是党的一项极为重要的工作，人民军队在哪里胜利，哪里就会建立妇女组织，妇女也是革命胜利不

① 回忆毛主席［M］. 北京：人民文学出版社，1977：142.

② 梁瑞郴，游和平. 毛泽东题词趣谈［M］. 武汉：长江文艺出版社，2003：55.

③ 湖南人民出版社编. 毛泽东思想光照千秋［M］. 长沙：湖南人民出版社，1978：780.

可或缺的一环。毛主席指出：劳动妇女的解放与整个阶级的胜利是分不开的，“只有阶级的胜利，妇女才能得到真正的解放”①。1927年11月，毛泽东来到马源坑。在袁文才家的小晒坪上，毛泽东和几个妇女拉家常，借机宣传革命道理。毛泽东告诉她们，只要工人农民团结起来，地主乡绅的封建势力就能够被打倒。不光打倒中国的封建反动势力，而且要打倒帝国主义和它们的走狗。中国人民革命的最后目的是解放全中国。围在一起的婆婆媳妇婶子们你一句，我一句地插嘴抢着说着。毛泽东仔细地听完她们的议论后，对她们说：“我们不能小看自己，在中国的历史上妇女都做出了杰出的贡献。广大劳动妇女是一支伟大的革命力量，在中国进行的革命斗争需要发动广大的群众，其中包括妇女在内。目前，很多地方的妇女同志都积极地参加了革命斗争，并且在实际斗争中取得了特别突出的成绩。妇女同志和男同志应该携起手来。同心协力地推翻反动派的压迫和统治，推翻压迫在中国人民头上的三座大山。”②

1933年12月，毛主席在长岗乡调查，他周密地调查了妇女的情况以后，指出：“妇女在革命战争中的伟大力量，在革命根据地是明显地表现出来了。她们在查田运动等各项群众斗争上，在经济战线上，在文化战线上，在军事运员上，在革命政权中，都表现出了英雄的姿态，作出了伟大的贡献。”③ 毛泽东在1939年写的“妇女解放，突起异军，两万万众，奋发为雄。男女并驾，如日东方，以此制敌，何敌不倾”，1961年写的“中华儿女多奇志，不爱红妆爱武装”，对中国妇女进行了高度的评价。④ 同年，延安抗日军政大学总校成立了八大队，学员清一色是女同志，它的主要目的就是为中国革命和妇女运动培养妇女干部。在那次会上，毛泽东同志作了讲话，讲话中提到自己的家庭和母亲，提到父亲对母亲的不平等，而自己从来就是站在母亲一边。他说：“从历史上看，中国的妇女是最受压迫的，从来就没有自主的权利。出嫁以前一切听从父亲的，出了嫁听从丈夫，丈夫死了以后还要听从儿子，这就是封建社会的‘三从四德’，是控制妇女的法律，中国妇女被紧紧地绑在这种封建道德上，没有一点自由。今天你们在这里集合开会，成立女生大

① 回忆毛主席［M］. 北京：人民文学出版社，1977：148.
② 刘学琦. 毛泽东佳话三百篇［M］. 北京：书目文献出版社，1993：79－80.
③ 湖南人民出版社编. 毛泽东思想光照千秋［M］. 长沙：湖南人民出版社，1978：775.
④ 回忆毛主席［M］. 北京：人民文学出版社，1977：146.

队，意义非常重大，就是要你们团结起来，争取自身的解放。”① 并且进一步指出：“不仅是培养大批有理论武装的妇女干部，而且要培养大批做实际工作的妇女运动的干部。”因此，毛泽东多次强调要认真做好妇女工作，指出：“假如中国没有占半数的妇女的觉醒，中国抗战是不会胜利的。”要使妇女觉醒，就必须“与轻视妇女运动的观念作斗争”，必须克服“脱离妇女群众的主观主义与形式主义的倾向。”② 毛泽东还指出：妇女的解放需要和民族的解放结合在一起，没有中华民族的解放，中国的妇女解放也无从谈起，所以首先应当争取民族的解放，争取抗日战争的胜利，那时才能使全中国妇女得到解放。③

在各个革命时期，妇女都发挥了极大的作用，从党中央到地方的各级党委，都设置了妇女部或妇女委员会，伟大的妇女把亲人送去战场，又有千千万万的妇女参加革命事业，在艰苦的条件下，英勇的的妇女战士并没有退缩，同男子一样奋勇杀敌，古有“巾帼英雄花木兰”，今有妇女为革命解放事业浴血奋战。毛泽东认为妇女的解放为中国革命增添了力量，积极号召广大妇女参加革命事业，推翻压在头上的三座大山。

（二）发动广大妇女参加生产劳动

革命战争时期，男子们大部分去当兵，生产的重担全靠妇女承担，妇女用勤劳的双手为战争提供了后勤保障。第二次国内革命战争时期，毛泽东教导全党：“为了支援革命战争，发展根据地的经济建设，争取妇女解放，必须认真有组织地调动劳动力和推动妇女参加生产，是我们农业生产方面最基本的任务。”④

毛泽东多次肯定妇女在生产中发挥的作用。1933 年在才溪乡调查时，有一次毛泽东看到一位老乡在劈柴，就说：让我试试看。毛泽东一边帮群众劈柴，一边问：一担柴卖多少钱？可换多少米、盐、布？你们砍柴，又要烧又要卖，栽不栽树？并指示说，要有计划砍，今年砍这块，明年砍那块，要边砍边栽，烧柴要节约。看到地里的番薯枝叶茂盛，满意的称赞说：“这番薯

① 徐新民．在毛泽东身边［M］．北京：中共中央党校出版社，1993：126－127.

② 毛泽东农村调查文集［M］．北京：人民出版社，1982：179.

③ 徐新民．在毛泽东身边［M］．北京：中共中央党校出版社，1993：126－127.

④ 回忆毛主席［M］．北京：人民文学出版社，1977：151.

长得好，你们才溪妇女生产搞得好，值得表扬。”① 毛泽东一直坚持没有调查就没有发言权，三次前往才溪进行调查，把才溪从一个落后贫困的山区乡建设成为先进的苏区，在调查中肯定了才溪妇女在生产中的作用。1940 年 2 月，毛泽东给中央妇委指示说：“妇女的伟大作用第一在经济方面，没有她们，生产就不能进行。”② 1941 年，毛泽东又指示：开展边区妇女工作应当从生产着手。

新中国成立后，毛泽东号召全党：为了建设伟大的社会主义社会，发动广大的妇女群众参加生产活动，具有极大的意义。中国的妇女是一种伟大的人力资源。必须发掘这种资源，为了建设一个伟大的社会主义国家而奋斗。他指出：勤俭经营是一切经济事业的方针，什么事情都应当执行勤俭的原则。并教导我们：要提倡勤俭持家，勤俭办社，勤俭建国。在农村中，勤俭持家应当和勤俭办社并提，爱国、爱社应当和爱家并提。为了解决勤俭持家问题，特别要依靠妇女团体去做工作。③ 毛泽东十分重视妇女在生产中的地位，女子和男子一样，应该享受平等参加劳动、平等参与评选的机会。毛泽东对全国妇联党组织提出的妇女参加生产的意见表示赞同，并要求全国各地尽快落实，每次外出视察时都会关注妇女在农村生产中的参与情况。1953 年正月初二，毛泽东南下为即将拉开序幕的大规模经济建设做一次调研工作，在路过邢台时，找了县委书记张美玉了解互助合作的情况。特地对妇女状况进行调研，具体了解妇女工作。毛泽东问：“合作化搞起来了，妇女的情况怎样？参加没参加呀？”“妇女要解放，必须在政治上解放，这是先决条件。但要真正解放，还必须在经济上和男人一样，必须参加生产劳动，这是基础。”毛泽东又问：“《婚姻法》公布后，贯彻得怎么样？妇女地位提高了没有？”“妇女的伟大作用在经济方面，没有她们，生产就不能进行。你们县妇女工作搞得不错，要充分发动妇女参加田间生产劳动，在生产中必须实行男女同工同酬，实现真正的男女平等。”“在合作化问题上，你们县妇女工作也不错，要很好总结这方面的经验。”④ 农业合作化运动解放了妇女劳动力，由于广大妇

---

① 湖南人民出版社编．毛泽东思想光照千秋［M］．长沙：湖南人民出版社，1978：537.

② 回忆毛主席［M］．北京：人民文学出版社，1977：151.

③ 回忆毛主席［M］．北京：人民文学出版社，1977：154.

④ 袁小荣．毛泽东离京巡视纪实——1949—1976（上卷）［M］．北京：人民日报出版社，2013：57－58.

女的积极参与，推动了合作化运动的顺利开展，显示了亿万妇女的伟大力量。1956 年 1 月 12 日，毛泽东抵达南京，视察了紫金山脚下的红光农业社和栖霞镇的十月农业社。毛泽东与红光农业生产合作社的社长孙其金亲切交谈，问："你们男女社员是不是同工同酬?"孙其金答："女社员和男社员干一样的活，就拿一样多的工分。"①

1957 年，中国工业发展薄弱，中国和苏联的关系也逐渐恶化，中国需要独立自主，毛泽东迫切要求发展工业。为了建设新中国的工业体系，决定先从机床入手。7 月 8 日，毛泽东来到上海机床厂视察，此时车间里有不少女工在操作机床，毛泽东走进她们，和她们亲切地握手，并且对众人说："妇女解放了，也能够开机器，男同志做的事，女同志也能做。"此时，厂里的女工，约占第一线生产工人 20%，是生产中的骨干力量。② 1958 年 3 月，毛泽东在四川视察期间，来到了养猪场。省委书记李井泉向毛泽东介绍省农业模范——养猪厂厂长张么慧，毛泽东对她说："祝你获得更大的成功。"张么慧答："全靠你老人家的教导。"毛泽东说："主要是你们自己的努力。"又转向他们社长，说："能使你们全社妇女都当上模范吗?"社长说保证能当上。毛主席笑了笑，说："全当上模范未必得行吧！只要在两三年内做到有一半妇女当上模范就不错了。你们说我这个看法保守吗?"在离开的时候毛泽东向养猪场的人员说："谢谢你们，对我们的教育太大了。"春兰子说还有人瞧不起他们。"谁?"毛泽东问，又笑说，"准是顽固派吧?"张么慧解释是社里几个看不起妇女的男人。在了解到，现在情况转好，社里的男人夸她们"倒有一手"后，毛泽东说："看不起妇女的人，虽不多，但那里总有几个，这不完全怪他们，过去封建制度对他们影响太深了！脑筋一下不容易转过弯来，又不能用飞机大炮来对付他们。那怎么办呢？我看除了加强教育外，最好的办法，就是妇女同志们做出成绩来，多拿事实给他们看，看得多了，他们脑子里的那个封建王国就会不攻自破的！"③

1959 年 6 月 25 日，毛泽东回到阔别 32 年的故乡韶山，乘车来到毛氏宗祠，从邮电局到毛氏宗祠排起了长队，人群中有一个妇女，叫刘秀华，毛泽

① 袁小荣. 毛泽东离京巡视纪实——1949—1976（上卷）［M］. 北京：人民日报出版社，2013：228.

② 陈冠任. 治国录——毛泽东与 1949 后的中国 2［M］. 北京：中共党史出版社，2014：395.

③ 人民出版社编. 毛泽东在群众中［M］. 北京：人民出版社，1958：27－31.

东和她握手时，毛继生向主席介绍说：“她是刘秀华，高级社社长，县里的劳动模范。”毛泽东连声说：“你就是刘秀华，刘秀华就是你啊！你是模范，你是模范！”原来，毛泽东听人介绍过刘秀华办互助组的情况。这时候，毛继生补充说：“她是全县第一个妇女互助组组长，县里还给她们奖过一头牛。”毛泽东说：“搞合作化你带了好头，你有功劳。如今妇女翻了身，能够赛过男同志。”①

毛泽东认为，虽然封建礼教是毒害妇女的罪魁祸首，但是经济关系不平等才是其根源，妇女想要获得地位，就必须参与劳动。妇女不是不劳动，而是被长期的家庭私人劳动所束缚，把妇女的私人劳动转化为社会劳动的一部分，妇女通过参加社会劳动，享受男女同工同酬，逐渐实现经济独立，从而提高自身的社会地位，进一步推动了妇女解放事业的发展。

（三）发挥妇女政治“半边天”作用

妇女在政治、经济生活中的参与度，是衡量一个国家男女平等状况的一个重要指标。自从新民主主义革命时期以来，妇女获得解放，可以参与政治生活，在经济上地位也逐渐提高，并且领导占中国人口一半的中国妇女参与革命建设，为革命的胜利做出了突出贡献。

中国共产党自成立以来就十分关心妇女问题，整个革命建设时期都把妇女问题作为党工作的重点，革命时期就制定了一系列政策和法规保障妇女权益，鼓励妇女参与革命和建设。毛泽东批判了封建礼教，在新民学会发展成员时，十分重视女同学入会，提倡男女平等，鼓励妇女积极参加社交活动。他发表的《难道走路是男子专有的》一文，提倡社交公开。他充满激情地为妇女向社会控诉：“我们都是人，为什么不许我们参政？我们都是人，为什么不许我们交际？”②

1939年6月，在延安高级干部会议上，毛泽东作《反投降提纲》的报告，强调中国共产党必须认真做好各方面工作。他指出：“中央发布了妇女运动的方针，开始建立了妇委的工作。地方妇女工作指导机关亦正在逐渐建立中。我们历来最缺少的干部是妇女干部，妇女运动的经验亦没有总结，这

① 赵志超．毛泽东和他的父老乡亲上［M］．长沙：湖南文艺出版社，2011：512．
② 转引自《妇女解放史问题》第102页。

个缺点必须补救。没有一批能干而专职的妇女工作干部，要展开妇女运动是不可能的。”①

毛泽东提倡男女平等参政，给予妇女极高的评价。1949 年，新中国即将成立，毛泽东专门给宋庆龄写了邀请信，并派专人去迎接。8 月 28 日，毛泽东亲自在车站迎接，他郑重地对工作人员说：宋庆龄是孙中山的夫人，是一位了不起的杰出人物，是中国妇女的典型代表，在全国全世界都很有名。她早年就追随伟大革命先行者孙中山先生，开始了革命生涯。孙中山逝世后，她坚决与背叛孙中山先生事业的蒋介石反对派斗争，同中国共产党合作。抗日战争中，她给予了中国共产党和人民军队很大的物质上的帮助。解放战争中，她一直利用她所领导的中国福利基金会继续为各解放区募集了大量物质。② 毛泽东始终对宋庆龄保持着高度的尊重，对宋庆龄为中国解放事业做出的贡献表达了感谢之情。

1949 年 9 月，毛泽东主持召开中国人民政治协商会议，并主持制定了《中国人民政治协商会议共同纲领》。这是一部具有代宪意义的纲领，提出妇女的解放必须将私有制与夫权制同时打碎，并确认中国妇女“在政治的，经济的，文化教育的，家庭的，社会的生活各个方面，均有与男子平等的权利”。新中国的成立，使中国的劳动妇女获得了新生，中国妇女终于从压迫中解放出来，成为国家的平等公民，拥有和男子一样的权力。中国妇女解放的第一步即废除私有制，法律上的平等便获得实现，中国的妇女解放道路也经受住了时代的考验。1954 年修订完成中华人民共和国宪法，《宪法》第 48 条第 1 款中指出“中华人民共和国妇女在政治的、经济的、文化的、社会的和家庭的生活等各方面有同男子平等的权利”。当时作为代表参加会议的申纪兰，她领导妇女追求平等解放，使得西沟的妇女自己挣到了同工同酬的待遇，成为全国第一个实行男女同工同酬的合作社。这次毛泽东把“男女平等”和男女同工同酬写入宪法，并规定“妇女有同男子平等的选举权和被选举权。”有人说：“毛泽东一句话，中国妇女就有了选举权，就可以自由恋爱，一步实现了男女平等。”③ 欧美许多国家在六七十年代才拥有选举权。

---

① 毛泽东文集：第 2 卷［M］. 北京：人民出版社，1993：225.

② 李涛. 毛泽东与巾帼英豪［M］. 北京：长征出版社，2006：65 – 66.

③ 陈冠任. 治国录——毛泽东与 1949 后的中国 1［M］. 北京：中共党史出版社，2014：241.

2012年11月的中国共产党第十八次全国代表大会中，首次将男女平等作为基本国策写入报告。

社会主义时期妇女解放的道路将如何走？毛泽东于1955年指出："真正的男女平等，只有在整个社会的社会主义改造过程中才能实现。"① 明确指明了社会主义时期妇女运动必须继续走与社会主义革命相结合的道路。1955年，都安瑶族人民要求成立自治县，毛泽东叫蓝保华回去了解一下群众的意见和要求。在汇报中，毛泽东问："都安有多少瑶族人民？县长是不是瑶族人？有多大年纪?"还问："他们还有什么意见和要求?"待一一作了回答后，毛泽东又问在座的几个同志："队、社、区、县有没有妇女当干部?"当听到有的同志讲有些地方、有些单位还没有妇女干部时，毛泽东说："太糟糕了，妇女是半边天，没有妇女当干部怎么能发挥妇女的作用?"②

毛泽东始终认为妇女是社会发展不可或缺的一部分，不应该仅仅局限在家庭中，妇女可以参加革命一线、冲锋陷阵，也可以利用自身的优势为前线提供援助，更重要的是，新中国成立后参与了生产活动，能够凭借努力获得模范称号，妇女在经济上的地位愈发显现，政治上，可以像男子一样参与民主选举，在抗美援朝、爱国卫生运动中都展现了极大的力量。

四、结语

在人类发展史上，妇女解放、男女平等的思想，首先是由空想社会主义者傅立叶提出来的。与此同时，资产阶级学者或女权主义者也从方方面面论及了妇女解放问题。马克思主义历来认为：劳动妇女受压迫的根源在于私有制，妇女受压迫的实质就是阶级压迫。因此，妇女要解放，就必须铲除私有制，进行无产阶级革命，建立公有制社会。根据这一原理，恩格斯曾指出："妇女的解放，只有在妇女可以大量地、社会规模的参加生产，而家务劳动只占她们极少功夫的时候才有可能。"③ 毛泽东提出：劳动妇女的解放与整个阶级的胜利是分不开的，只有阶级胜利，妇女才能到真正的解放。这也就是，

---

① 中华全国妇女联合会. 周恩来刘少奇朱德论妇女解放［M］. 北京：人民出版社，1988：64.

② 中共广西区党委宣传部，中共广西区党委党史研究室. 毛泽东与广西［M］. 南宁：广西人民出版社，1993：97－98.

③ 恩格斯. 家庭、私有制和国家的起源［M］. 北京：人民出版社，1972：158.

只有把妇女解放运动与中国革命事业联系起来，才能推动革命取得胜利，使广大妇女得到解放。

毛泽东日常谈话中的妇女解放思想在当今时代仍有重要意义。党的十八大以来，以习近平同志为核心的党中央高度重视妇女事业，习近平总书记在不同场合多次强调发展妇女事业的重要意义，为妇女工作的开展指明了方向。毛泽东的妇女解放思想及其创立的事业，对今天解决当下妇女问题仍然具有重要的指导意义。

（唐正芒　轩会贤）

人文·情怀篇

谈笑凯歌还

毛泽东日常谈话专题研究

“书不可以一日不读……没有书就没有我毛泽东”

——毛泽东日常谈话中的读书观赏析

毛泽东将读书融入自己的生命中，无论在哪，书都不离身。他不仅真正将活到老、学到老的思想贯穿一生，而且还将其落实到具体的实践中，酷爱读书的他甚至在病危前都在看书。在提倡终身学习和自主学习的当今社会，毛泽东为我们树立了一个终身学习的榜样，学习毛泽东的读书方法，了解毛泽东的读书特点，对我们今天的全民阅读活动具有重要意义和启示。

一、读书精神：终身学习、至死方休

毛泽东一生都在学习，始终与书做伴。毛泽东深知时间的宝贵，又明白世界上的好书卷帙浩繁，不抓紧时间看书就白白虚度光阴。年轻时的毛泽东便勤奋读书，1912 年，毛泽东在省立图书馆看书时，图书馆管理员老金看到毛泽东读书抓得紧的情况后，便赞扬他每时每刻都在读书的刻苦精神，毛泽东为此解释说：“没有法子呀！时间，太宝贵了，人世间的好书又有这样多！俗话说得好：一寸光阴一寸金，寸金难买寸光阴！有时候，只好给自己霸蛮，多多抓紧时间看书。”[①] 毛泽东刻苦读书是因为他知道个人生命是有限的，但毛泽东又知道整个人类发展是无限的。关于学习时间的认识他不仅从个人生命有限来突出终身学习的重要性，而且上升到整个人类发展无限的高度来强调终身学习的精神。

---

① 王以平. 毛泽东求学的故事［M］. 长沙：湖南人民出版社，1979：91.

1938年8月22日，毛泽东在中央党校的讲话中便从人类学这一角度阐释了生命不息、学习不止的终身学习思想。他说："你学到一百岁，人家替你做寿，你还是不可能说'我已经学完了'，因为你再活一天，就能再学一天。你死了，你还是没有学完，而由你的儿子、孙子、孙子的儿子、孙子的孙子再学下去。照这样说，人类已经学了多少年呢？据说五十万年，有文明史可考的只有二三千年而已。以后还要学多少年呢？那可长哉长哉，不知有多少儿孙，一代一代学下去。"① 1955年，毛泽东劝曾志学英语时也体现了毛泽东坚持生命不息、终身学习的思想。他说："英文将来是世界语言，要学一点，会有用处的。"曾志为难地说自己已经46岁了，脑子记不住了。毛泽东便以个人学英语的事例耐心地同曾志说："我都62岁了，还请了一位英文教员，每星期给我上几小时的英文课，都已经学了两年了，你才40多岁就不能学了？"② "我在延安时期一次演讲中讲过无论何时，无论什么年纪都应该坚持读书学习，年老的也要学习，我如果再过十年死了，那么就要学九年零三百五十九天。"③ 毛泽东用自己年纪比曾志大但仍然可以学习英语的事实，来劝比自己年纪小的曾志学习。因为他认为不管是什么年纪都应该坚持读书学习。1959年，已经66岁的毛泽东同外宾谈起自己学英文的情况时，便再次体现了自己终身学习的精神。他同外宾说："我现在学了一半，看书不容易，好像走路一样，到处碰石头，很麻烦。但我决心学习，至死方休，我活一天就要学习一天，尽可能多学一点，不然，见马克思的时候怎么办？"④ 从毛泽东幽默风趣地同外宾交谈的话语中，我们感受到终身学习的思想在毛泽东头脑中已经根深蒂固。毛泽东是一位言行一致的人，他不仅从日常谈话中强调读书要有终身学习的精神，实际上在他的生命中也真正践行了终身学习的读书精神。

1902年，父亲毛顺生送毛泽东入私塾读书。他从9岁入私塾的时候开

① 龚育之，逄先知，石仲泉．毛泽东的读书生活［M］．北京：读书·生活·新知三联书店，2009：153.

② "毛泽东与我"征文活动组委会．毛泽东与我丛书：我与毛泽东的交往［M］．太原：山西人民出版社，1993：99－100.

③ 龚育之，逄先知，石仲泉．毛泽东的读书生活［M］．北京：读书·生活·新知三联书店，2009：16－17.

④ 龚育之，逄先知，石仲泉．毛泽东的读书生活［M］．北京：读书·生活·新知三联书店，2009：221.

始，无论是在青年时期意气风发之时，还是在老年时期体力不支时，都坚持看书学习。青年时期的他有时在繁华的马路旁、昏暗的路灯下看书，有时躲在厕所里看书。在老年时期，由于看书时间长且不注意休息，毛泽东的视力每况愈下。1975 年做了眼睛手术，视力才刚有所恢复，他又开始了长时间地阅读书籍，有时一天竟然要读上十几个小时。这种长时间手不离书的读书状态一直延续到他生命结束之时。1976 年 8 月 26 日，毛泽东借阅宋人洪迈的《容斋随笔》一书，在临终前一天仍在阅读。9 月 8 日那天，毛泽东全身上下插满了管子，时而昏迷，时而清醒，但他只要一清醒过来就看书、看文件，总共 11 次，时长总计 2 小时 50 分，毛泽东最后一次看文件是在 9 月 8 日下午 4 时 37 分，这时离去世只有 7 个多小时了，此后他一直处于昏迷状态，直到 9 月 9 日零时 10 分逝世。毛泽东用自己的亲身实践，实现了他多年前“活到老、学到老”的承诺”。他几乎是在心脏快要停止跳动的时刻，才结束了他一生中从未间断的读书生活。

二、读书态度：心无旁骛、孜孜不倦

毛泽东一生爱读书，读书也极为认真，心无旁骛。毛泽东早年在北平时因为居住条件不好，有时便在人行道上读书，一入迷就挡了别人的路，人家只好将他拖开。红军时期，他身患重病，被人排挤出领导岗位，并且到处被国民党反动武装追剿。在福建永定的大山里，用竹棚搭建的号称“尧丰书房”的屋子里，毛泽东仍然在继续坚持读书。在中央苏区时，李德、博古排斥他，认为他是不懂马列思想的土包子，他却不以为意，还向博古借马列主义的书看，丝毫不在乎个人意气，坚持学习。

无论在何种条件下都心无旁骛看书的毛泽东认为“读书使人聪明”。“饭可以一日不吃，觉可以一日不睡，书不可以一日不读……没有书就没有我毛泽东。”[①] 没有书就没有毛泽东的言论正是毛泽东对书热衷的情感外化，这种情感让他无论何时何地，只要有空，都在看书。新中国成立后，在毛泽东简陋的住所里，书便占满了整个房间，书桌上、床上甚至卫生间的书随处可见，一有空闲他就看书。出国访问期间找时间看书，去外视察时他也看书，生病

① 张耀祠．张耀祠回忆录——在毛主席身边的日子［M］．北京：中共党史出版，2012：45.

时仍然坚持要看书，游泳准备热身运动前他还要看书。

1949 年 12 月，毛泽东率中国党政代表团去苏联访问。外事活动后回到住的地方，毛泽东马上拿起一本鲁迅的书看了起来。到了饭点工作人员细声催他吃饭。毛泽东耐心地回答说："还有一点，看完就吃"。直到 20 来页书全部看完他才想起吃饭。席间，毛泽东边吃边笑着对工作人员说："我就是爱读鲁迅的书，鲁迅的心和我们是息息相通的。我在延安，夜晚读鲁迅的书，常常忘记了睡觉。"① 沉浸在读书中的毛泽东常常忘记了吃饭，有时甚至忘记了睡觉。正是这种心无旁骛的读书态度让毛泽东无论在何种艰辛的环境下都能坚持学习。新中国成立后有一年夏天，毛泽东到武汉视察。在大"火炉"炎热的环境下，他每天晚上都看书，汗水不断地顺着脸颊往下流，炎热的天气却丝毫不影响他看书。看完后他还幽默风趣地对工作人员说："读书学习也要付出一定的代价，流下汗水，才能学到知识！"其实毛泽东看书不仅不在乎外在环境的好坏，他更不在乎自己生病的状况。1960 年 12 月 25 日，毛泽东同身边的人员回忆自己长征时，因病坐在担架上读书的情景说："那时候我没有事情可做，走路坐在担架上，做什么？我看书！他抬他的担架，我看我的书。"② 再有一次毛泽东发烧到 39 度多，医生不准他看书。他便难过地跟医生请求说："我一辈子爱读书，现在你们不让我看书，叫我躺在这里，整天就是吃饭、睡觉，你们知道我是多么的难受啊！"直到医生把书还给他，毛泽东才高兴地笑了。在毛泽东的心中，书就是自己生病时的良药。

毛泽东热衷读书并乐此不疲的事情举不胜举，在游泳下水之前热身的几分钟里，他要看几句名人的诗词。游泳上来后，顾不上休息，就又捧起了书本。甚至连上厕所的几分钟时间他也在看书。每时每刻都心无旁骛看书学习的毛泽东，身边人担心他太累劝他休息，他总是充满笑意地回答说："读书是最好的休息。"③ 毛泽东的医生徐涛也曾用毛泽东的著作《矛盾论》劝他说你整天不停地读书，可方法不够科学。读书也该劳逸结合，你不休息这不是违背辩证法吗？毛泽东则轻松地回答徐涛说："你怎么知道我这不是休息？

---

① 龚育之，逄先知，石仲泉. 毛泽东的读书生活 [M]. 北京：读书·生活·新知三联书店，2009：16－17，153.

② 武健华. 毛王席亲自领导身边工作人员的"小整风" [J]. 百年潮，2011 (07).

③ "毛泽东与我"征文活动组委会. 毛泽东与我丛书：在毛泽东身边 [M]. 太原：山西人民出版社，1993：93.

我看你的辩证法也很有限，你认为只有脑力改体力才是休息，这是只知其一不知其二。我视力换听力，听力换语言，大脑潜力很大，我只活动一部分，让另一部分休息。”① 毛泽东接着还认真地强调说：“我如果真累得不舒服，我能坚持几年，几十年吗？即使有点累成习惯就不觉得了。‘发愤忘食，乐而忘忧’，这也是一种享受。”② 在毛泽东看来读书就是在休息，读书让毛泽东身心放松，感到快乐。我们从毛泽东简单质朴的生活中看到了一位心无旁骛、热衷读书的学者。也真切地感受到了一位真正将读书贯穿一生的伟人形象。这种心无旁骛、孜孜不倦的好学态度，也让他成为一位博览群书、理论知识丰富的思想家。

三、读书方法：博览群书、有所侧重

毛泽东不仅孜孜不倦地好学，也极为博学。毛泽东读书，古今中外经史子集无所不读，藏书涉及马克思主义、哲学、自然科学、社会政治、经济、军事、历史、文学、书法、报纸杂志、丛书工具书等22类，保存在中南海菊香书屋的藏书91000余册，他读过的未被收藏的书更多。毛泽东之所以能成为一代伟大的革命家、思想家、战略家，在文学诗词等其他方面有很高的造诣及成就，其中一个很重要的原因在于他有丰富的知识和渊博的学问。

毛泽东展现了博览群书、通晓古今的大家风范，他也希望大家能够广泛阅读，增长知识。毛泽东在1935年抗大一次校务办会议上讲话，他希望大家广泛阅读书籍，提议进行读书比赛时说：“我们要来一个读书比赛，看谁读的书多，掌握的知识多。只要是书，不管是中国的，外国的，古典的，现代的，正面的，反面的，大家都可以涉猎。”③ 1937年，穰明德去跟毛泽东汇报工作，便提到自己正在读毛泽东的书。毛泽东跟他说：“你呀！光读我写的书不行。要博览群书嘛！你只读我写的书，远远不够，要多读别人写的书，这样你可能还会发现我书中的错误呢！”④ 毛泽东让大家广泛读书一是知道读书涉猎广泛的益处，二是他不搞个人崇拜的体现。他深刻地知道书中有治国

---

① 孙宝义，刘春增，周桂兰. 听毛泽东谈哲学［M］. 北京：人民出版社，2012：52.
② 孙宝义，刘春增，周桂兰. 听毛泽东谈哲学［M］. 北京：人民出版社，2012：52.
③ 孙宝义，刘春增，周桂兰. 听毛泽东谈哲学［M］. 北京：人民出版社，2012：87.
④ 孙宝义，刘春增，周桂兰. 听毛泽东谈哲学［M］. 北京：人民出版社，2012：87.

良策，我们可以学习、借鉴，更好地建设国家。便在新中国成立后，他再一次谈到要广泛读书时说："书中自有黄金屋，书中也有古为今用的治国策，我们新生的中华人民共和国同样需要这些啊。关键是要开窍。"①

1959 年 6 月在庐山期间，方志纯等人把一批书送到毛泽东那里，毛泽东再次谈到读书涉猎广泛的好处。他说："读书是很有兴味的哟。一个人只有多读书，知识面才能宽。"② 毛泽东也知道大家工作繁忙，长时间坐下来读书有一定的困难。他便理解地说："总之吧，要想办法多读点书。治国安邦，不读点书，怎么行呐?"③ 听到毛泽东说要多读书的话后，大家便问他应该读什么书，毛泽东建议大家广泛阅读，但重点还是推荐读马列著作和一些历史、哲学等相关书籍。他说："各种各样的书都要读一点。除了马列的书外，还要读些历史书。古人说'治天下者以史为鉴，治郡国者以志为鉴'，这是很有道理的。一个领导者，知道一点历史有好处，可以学习历史的经验嘛。"④ 谈到读历史书，方志纯说自己没有读过，毛泽东便说："嗯，历史书还是应该多看一看，包括这类古籍，很有意思!"⑤ 毛泽东读书重点，一是读马列理论，二是读中国的历史、哲学、社会科学等著作。我们知道毛泽东读马列主义等相关著作是把中国的历史与现实结合起来的需要。那毛泽东广泛阅读历史学书籍和中国哲学等相关著作的原因又是为什么呢？关于毛泽东大量阅读历史和社会科学的原因，在 1915 年，毛泽东和自己的老师杨昌济先生谈到自己读书偏哲学和历史的情况时曾提到："我是在注意研究历史和社会科学。我觉得，在目前的中国，一定要从哲学、历史和社会科学入手，首先改变天下的民心，让他们多学习历史经验，然后才能对社会进行根本的改造，用别的办法，是徒劳无功的。"⑥ 1937 年，洛川会议后，毛泽东同郭化若谈起自己

---

① 张耀祠．张耀祠回忆录——在毛主席身边的日子［M］．北京：中共党史出版，2012：45－46.

② 中共中央文献研究室《缅怀毛泽东》编辑组．缅怀毛泽东 上［M］．北京：中央文献出版社，2013：258.

③ 中共中央文献研究室《缅怀毛泽东》编辑组．缅怀毛泽东 上［M］．北京：中央文献出版社，2013：258.

④ 中共中央文献研究室《缅怀毛泽东》编辑组．缅怀毛泽东 下［M］．北京：中央文献出版社，2013：258.

⑤ 中共中央文献研究室《缅怀毛泽东》编辑组．缅怀毛泽东 下［M］．北京：中央文献出版社，2013：259.

⑥ 王以平．毛泽东求学的故事［M］．长沙：湖南人民出版社 1979：107－108.

小时候从读的书中，明白了要改变中国命运必须多读书的道理。他说：“十几岁那年，我读到一本描写帝国主义瓜分中国的小册子，一个通宵，一口气把它看完，读后对中国的前途感到沮丧，开始认识到‘国家兴亡，匹夫有责’。一本倡导维新的技术改良的书《盛世危言》使我接触到了‘中学为体，西学为用’的思想，也就是读了这本书后，我作出决定为了中国的命运，必须走出韶山，走出湘潭，去学习更多的知识。”① 正因为广泛阅读大量的书籍，才让年少的毛泽东看到了众多旧中国落后就要挨打的历史事实，并让他明白要改变中国落后的命运，自己必须学习更多的知识，从书本中寻求解决问题的方法。

毛泽东不仅博览群书，而且讲究有所侧重、有重点的读书方法。早在1936年，毛泽东同族亲戚毛泽普谈起读书学习的方法，他便说道：“读书要学会抓重点，要多读，广泛涉猎，读书也要讲究有所侧重的读书方法……”② 新中国成立后有一天，曾志看到毛泽东的房间堆满了许多书和杂志，便问他一天能看多少？毛泽东则认真地回答：“每天送来的报刊杂志就有200多种，我一个人是看不完的。我有几个秘书，他们分门别类的先看，觉得比较重要的，就给我划上。必须要有选择性地看、有重点地看，看书也是要讲方法的。”③

四、读书理念：自学为主、学以致用

不愿受太多条条框框束缚而愿意自由读书的毛泽东，基本以自学为主。然后再将自己自由研究的知识运用于实际生活当中，做到学以致用。

毛泽东曾两次向人阐述自己自学的意义和价值。第一次是在1936年，他与斯诺说：“我不喜欢第一中学，它的功课有限，校规也使人反感，我读了《御批通鉴辑览》后，得出结论，还不如自学更好。我订了一个自修计划，每天到湖南图书馆去看书。我这样度过的半年时间，我认为对我极有价值。”第二次是在1951年7月，毛泽东会见周世钊等人，回忆自己在湖南图书馆自

① 高宝新．碧血丹心：毛泽东和他的麾下将领［M］．北京：长征出版社，2011：140.

② 龙剑宇．毛泽东的家世渊源［M］．北京：中央文献出版社，2011：326.

③ “毛泽东与我”征文活动组委会．毛泽东与我丛书：我与毛泽东的交往［M］．太原：山西人民出社，1993：99－100.

学的经历说："一九一二年暑假中，我从湖南省立高等中学自动退学之后，寄居在湘乡驻省中学学生宿舍，实行自学……当时，我十九岁了，十九岁的青年应该读了很多书，但我读得不多。我才到图书馆的时候，看到架上、桌上和藏书楼上都堆满了书，我借读了一些，觉得都有新的内容，都对我有所启发。"① 他又继续同周世钊等人说道："我不但没有读过几本书，在世界上究竟有些什么样的书，哪些书是我们应该读的，都一点不知道。以至走进湖南图书馆，真不知应该从哪里读起，后来每读一本，觉得都有新的内容，新的体会，于是下决心要尽自己最大的努力尽量多读一些。"② 在图书馆自学的半年让毛泽东更加全面地接受新的知识，他也曾评价在图书馆自学的有意义的半年时间说："在我的学习生活中最有收获的时期就是在湖南图书馆自学的半年。"③ 自主学习不但让毛泽东有自由研究的空间，更为其后拥有丰富的理论知识打下了扎实的基础。

喜欢自主学习的毛泽东，尊重老师和学友，他很敬佩杨昌济老师，杨老师对他也极为看重和欣赏。1918 年，在杨昌济老师的介绍下，毛泽东在北京大学做图书馆助理员，又得此机会而在图书馆自学。1971 年 8 月 28 日，毛泽东在长沙同刘兴元、汪东兴等人回忆自己在北京大学当管理员自学的情况时说："1918 年到北京大学图书馆当了管理员，我就在这个时候自己学习了马克思、恩格斯、列宁主义的书。"④ 正是在北京大学图书馆自学的经历，才让毛泽东慢慢接触了马克思主义，并最终成为一名坚定的马克思主义者。毛泽东也从自主学习中明白读书不能只是停留于书本，流于表面，要注重将这些知识延伸到具体实践中，达到学以致用的目的。于是在 1938 年 1 月，毛泽东同艾思奇谈话，提到自己对读书的看法时说："读书学习的目的很简单，就是为了应用。我们需要本本，就是要应用它来解决中国革命的实际问题，一定要纠正脱离实际的本本主义。"⑤

毛泽东虽然赞同自主学习的学习方法，也提倡"闭门求学、其学无用"

---

① 毛泽东年谱（1949—1976）：第 1 卷［M］．北京：中央文献出版社，2013：382．

② 高菊村，等．青年毛泽东［M］．北京：中央文献出版社，2008：56．

③ 高菊村，等．青年毛泽东［M］．北京：中央文献出版社，2008：56．

④ 于来山，陈克鑫，夏远生．毛泽东五十次回湖南［M］．北京：湖南人民出版社，2013：347．

⑤ 沙平．艾思奇与毛泽东的"哲学情"［J］．百年潮，2013（12）．

的主张，所以他明白自学的理论知识掌握得再好，无法运用于实际中，再好的理论也是于事无补。在抗战时期，中央党校派来一位所谓精通马克思主义的专家来协助毛泽东工作，那位专家将自己背得滚瓜烂熟的理论滔滔不绝地讲，毛泽东打断他问道："《联共党史》你读过吗?"那人回答说读过三四遍，毛泽东说："我一遍也没有通读过，只是将每章的结束语都读了。书，既要会读，更要会用。我没有通读过，可是会用。你讲的这些都很对，但是对目前中国的问题一个也没有涉及。我们学习马列主义是为了解决中国的问题。你还是走吧，我这里容不了你。"① 正如毛泽东所说读马列主义是为了解决实际问题。在1932年，为了纠正党内的右倾和"左"倾错误，毛泽东认真阅读列宁的《两种策略》和《左派幼稚病》。在1959年到1960年，为纠正"大跃进"和人民公社化运动中不尊重客观经济规律的做法，他便认真阅读斯大林的《苏联社会主义经济问题》。毛泽东认为读书获得的理论太多，不会运用于实际学了也是白学。毛泽东不仅自学获得了丰富的理论知识，而且还将自己学到的理论知识在实践的基础上融会贯通。这才形成了既富有中国特色又具备全球眼光的马克思主义理论新成果——毛泽东思想。也正是这种学以致用的思想让毛泽东真正做到理论联系实际，并指导了中国革命和建设取得伟大胜利和辉煌成就。

五、读书意识：批判存疑、修己达人

毛泽东的过人之处不仅在于他真正做到理论联系实际，还在于他能带着存疑精神，一分为二地看待书本的理论知识。批判存疑、一分为二的辩证态度正是毛泽东作为历史唯物主义者最鲜明的体现。

1915年11月，毛泽东带着《伦理学原理》来到岳麓山下板仓杨昌济老师的家中。杨开慧看到毛泽东在书上写的注解，便惊讶地问毛泽东："为什么你对同一个人写的文章，有的那么称赞，有的却那么批评呢?"毛泽东解释说："写书的人总是带着自己伦理的偏见，说的话不可能都是对的，况且古今不同时，事物多变化，我们不能一味迷信古人或洋人，也不应该全盘否定前人成果。因此读书时要好生想一想，对的，相信它，不对的，就应该摒

① 师哲．毛泽东的翻译 师哲眼中的高层人物［M］．北京：人民出版社，2005：17.

弃它，而且毫不可惜！”[①] 毛泽东对同一个人写的文章持批判怀疑的观点，是因为他认为：“书也不尽是对的，不能认为书上篇篇都是事实，句句是真理。”[②] 新中国成立后，有人认为毛泽东的话字字真理。毛泽东便理智地劝诫大家要辩证看待他的话。他指出：“我说的就都对啦？那可不见得。金口玉言，那我不成了圣人啦。历史上没有什么圣人，现在没有，以后也不会有，什么都对的圣人永远也不会有。”[③] 他认为自己不是圣人，说的话也不尽是真理，让大家带着怀疑的角度分析他的话，这也是毛泽东不搞个人崇拜的真实体现。1954 年冬，有一天，毛泽东与吴晗谈论《资治通鉴》，认为读书要有批判意识，他说：“这部书写得好，尽管立场观点是封建统治阶级的，但叙事有法，历代兴衰治乱本末毕具，我们可以批判地读这部书。”[④] 1959 年 6 月在庐山期间，毛泽东同方志纯等人谈论时再次强调读书要具有批判精神。他说：“历史书也有不符合事实的，我们要取其精华，弃其糟粕，用历史唯物主义观点去分析、去评判。”[⑤] 同芦荻谈论关于秦始皇的看法中，正体现了毛泽东一分为二、批判存疑的辩证态度。他说：“秦始皇作为一个历史人物来评论，要一分为二。他在历史的发展过程中起了进步作用，要肯定，但他在统一六国后，丧失进取的方面，志得意满，修宫室，残酷地压迫人民，到处游走，消磨岁月，无聊得很。”[⑥] 毛泽东批判怀疑精神，是他在大量阅读的基础上得出的看法。像毛泽东一样树立批判存疑的辩证意识，首先要读书。毛泽东也强调过：“读书，一要读，二要怀疑，三要提出反对的意见。先读书，不读不行，不读不知道。但光读也不行，读了书而不敢怀疑，不能提出不同看法，那书算白读了。”[⑦] 毛泽东对同一个人写的文章有赞同也有批评，是因为他真正树立了批判精神，毛泽东不尽信书，是因为他真正树立了怀疑精神。毛泽东对历史人物用历史唯物主义观点进行分析评判，彰显了作为历史唯物

---

① 陈冠任，冯光宏. 告诉你一个鲜为人知的杨开慧［M］. 北京：中共党史出版社，2004：56.

② 孙宝义，刘春增，周桂兰. 听毛泽东谈哲学［M］. 北京：人民出版社，2012：278.

③ 孙宝义，刘春增，周桂兰. 听毛泽东谈哲学［M］. 北京：人民出版社，2012：278.

④ 龚育之，逄先知，石仲泉. 毛泽东的读书生活［M］. 北京：读书·生活·新知三联书店，2009：172－173.

⑤ 中共中央文献研究室《缅怀毛泽东》编辑组. 缅怀毛泽东 下［M］. 北京：中央文献出版社，2013：258.

⑥ 毛泽东年谱（1949—1976）：第 6 卷［M］. 北京：中央文献出版社，2013：586.

⑦ 孙宝义，刘春增，周桂兰. 听毛泽东谈哲学［M］. 北京：人民出版社，2012：278.

主义者的他所具备的可贵品质。

毛泽东读书不仅具有批判存疑的意识，而且还具有修己达人的意识。他带动身边的人读书，他教育子女要多读书，同时在与人交往时也擅长用自己所学知识拉近彼此之间的距离，起到沟通宾主、朋友的作用。

毛泽东带动同志读书，主要体现在当党犯了错误，红军打了败仗时，他就让彭德怀读列宁的《两种策略》和《左派幼稚病》；当“大跃进”出了问题时，他便发动广大干部读斯大林的《苏联社会主义经济问题》，学政治经济学相关知识。我们由此可见，每当我们党面临重大转折，面临新问题，面临更大的困难之时，毛泽东便在可能的范围内号召全党进行学习，号召广大干部读书。毛泽东经常号召大家读书说：“你们要好好学习，抓紧工作以外的时间多读点书，多学习点知识。一个人有渊博的学问和丰富的知识，就能站得高一些，看得远一些，战略眼光就广一些；没有学问，如在暗沟里走路，摸索不着。那会苦煞人。”“要善于学习，善于独立思考。”“青年人正是用脑子汲取新知识的时候，应多读多想，知识多了就会聪明。”“没有文化，就没有知识，多读书使人聪明。”① 在毛泽东看来，让身边的同志学习相关理论，一是能够系统、有根据地总结失败的经验教训，从而避免再犯同样的错误，二是学习理论有利于形成共识，三是能提高干部的知识和理论水平。由此可见，毛泽东带动身边人员学习的用心可谓是良苦而深远。

在教育子女方面，毛泽东从小便让她们独立学习，多读书。据李讷回忆，父亲很小就要她们背诵唐诗宋词，打好中国文学功底。每周他也要查问子女读《红楼梦》的进展和心得，并同她们一起品评探讨，给予引领和指导。

在与人沟通方面，毛泽东作为一国的领导人，他交往的对象不仅仅限于党内的同志，而是遍及世界各地。1974 年英国首相希思来华访问时，送给毛泽东达尔文的著作和达尔文的签名照，毛泽东非常钦佩地和他谈起这位英国人最引以为豪的科学家说：“达尔文提出进化论，是挨过骂的，我也经常挨骂，蒋介石骂我是土匪。木秀于林，风必摧之。所以，风如果不摧你，是因为你这个‘木’还不秀，不高，可见人不挨骂，不好。”② 用自己挨骂的经历

---

① 张耀祠．张耀祠回忆录——在毛主席身边的日子［M］．北京：中共党史出版社，2012：47 – 48．

② 龚育之，逄先知，石仲泉．毛泽东的读书生活［M］．北京：读书·生活·新知三联书店，2009：76．

沟通外宾这就无形中拉近了宾主之间的距离。毛泽东这话对那些正在争取国家独立自主的人民和领导人，是极大的鼓舞。1975 年夏，毛泽东在北京会见了正在中国访问的菲律宾总统马科斯和其夫人，在会谈中，马科斯说菲律宾有一条谚语：哪棵树遭人抛击的石子越多，就说明那棵树结下的果实越丰硕。接着，马科斯问毛泽东中国是否有类似的说法。毛泽东立即引用《昭明文选》里的话："木秀于林，风必摧之；堆出于岸，流必湍之；行高于人，众必非之。"① 毛泽东用他渊博的知识与外宾交往，彰显了一代伟人良好的素质与学识。也正因此拉近了不同国家之间人与人的距离，更好地起到了沟通宾客的作用。由上可见，读书具有批判怀疑精神的毛泽东，并不是"独学而无友"的一个人死读书，而是做到了修己达人的目的。

本专题所探析的毛泽东读书特点全部来自毛泽东日常谈话中，但毛泽东读书特点却不仅仅限于以上看法。史沫特莱曾认为中国共产党的其他领袖人物，每一个人都可以同古今中外历史人物相提并论，但无人能够比得上毛泽东。毛泽东在历史中取得的无比辉煌的成就，很大程度上得益于他从读书中获得大量知识，并能将自己丰富的知识在实践的基础上融会贯通并加以深化。从毛泽东日常谈话中看他读书的特点，能让一位勤奋好学、知识渊博的伟人更真实可感地在我们眼前显现。从毛泽东日常谈话中，可以看出他不仅是一位伟大的政治家、军事家，哲学家、思想家，他更是一位风趣幽默的读书人。

（唐正芒　夏　艳）

---

① 刘德有. 中共八大的同声传译［J］. 百年潮，2012（2）.

“秦始皇是中国封建社会第一个有名的皇帝”

——毛泽东日常谈话中的历史人物观评析

毛泽东评价历史人物有其个人特色。他善于从传统和历史出发，从革命家的角度品读历史，以思想家的眼光审视历史，用卓尔不群的智者智慧探寻历史。缘于深沉的历史情结和辩证的历史思维，毛泽东日常言谈中的话题离不开对历史人物的关注与科学评价。他乐于推介与品评中外历史人物，擅长运用科学方法抓住最本质的内核，放言人之所不敢言，形成了独树一帜的“毛氏特色”历史人物观。其独特的评析、精辟的见解往往发人深思，让人拍案叫绝。

一、尊重历史，崇尚英雄

无论是在新闻、纪录片、影视剧中，还是在历史照片中，人们发现毛泽东与书籍形影不离。无论在他的住处还是办公室，甚至去往南方火车的床边都放着书籍，而且不少是古籍史书。伟人自带书香，这与他年少时酷爱读书有很大关系。少年毛泽东读了一本《世界英雄豪杰传》后对同学萧三说：“中国也要有这样的人，我们应该讲求富国强兵之道。”① 之后，毛泽东给自己取名“子任”，立志要肩负起救国强民的崇高责任，更要刻苦学习，充实自己的知识和才能。受中国古代圣贤和世界英雄豪杰的影响，毛泽东下定决

① 毛泽东年谱（1893—1949）上［M］. 北京：中央文献出版社，2013：9.

心探寻“大本大源”，立志成就“内圣外王”之伟业，发誓“要为天下奇”。[①] 之后，更是刻苦研历史人物传记，通过书籍与中外人物对话，进一步充实个人思想。

20 余年之后，美国记者埃德加·斯诺冲破艰难险阻，终于来到了黄土高原的陕北保安。与毛泽东交谈了许多个夜晚，谈了许多问题，聊了许多故事。毛泽东在谈及生平时，指出自己在一本书中知道了拿破仑，认识了俄国女皇叶卡捷琳娜、彼得大帝，了解了惠灵顿、格莱斯顿、卢梭、孟德斯鸠和林肯。回忆初到北京时，毛泽东说自己请求杨昌济教授介绍工作，杨昌济教授便将他介绍给了北大图书馆的主任，主任给他安排在图书馆工作。这位主任就是李大钊，他后来成为中国共产党的一位创始人。[②] 在北大图书馆，毛泽东逐渐接触到马克思主义，并转向坚定的马克思主义者。1937 年，《红星照耀中国》在西方问世，毛泽东的形象随之亮相全世界，这对中国共产党形象的国际传播具有里程碑意义。

毛泽东是一位有着深厚民族情结的伟人，他对岳飞、戚继光、文天祥、林则徐、左宗棠等一众民族英雄格外推崇。左宗棠虽出身湖南湘阴县一个贫苦的十口之家，但他“身无半亩，心忧天下；读破万卷，神交古人”。婚姻上，左宗棠因家贫，入赘湘潭县周家，直到左宗棠 33 岁时，才将妻小迁回湘阴。毛泽东在湖南第一师范读书期间，常外出“游学”，并写下许多笔记，被同学们誉为“身无分文，心忧天下”。面对新疆问题，左宗棠毅然扶榇出征，一举收复新疆，为祖国统一立下汗马功劳。1949 年，毛泽东在与彭德怀、王震谈话时讲：“我们那位老乡左文襄公说：‘若新疆不固，则蒙部不安，匪特陕甘山西各边时虑侵轶，防不胜防，即直北关山，亦无晏眠之日’，这话是有道理的。对于新疆问题，应该引起我们的特别重视。”[③] 党中央做出王震第一兵团经营新疆的决定之后，毛泽东特别当面交代：“王震同志，我希望你到新疆后，能够超过左文襄公，把新疆建设成美丽富饶的乐园。”[④]

毛泽东尊重历史，崇尚英雄，更讲求实事求是，从辩证法的视角品评历史人物。坚持实事求是，同样是毛泽东思想最核心和最精华的部分。1938 年

---

① 熊劲松．毛泽东论范仲淹［J］．湖南科技大学学报（社会科学版），2009（05）．

② 埃德加·斯诺．红星照耀中国［M］．董乐山，译．北京：人民文学出版社，2016：141．

③ 毕桂发．毛泽东读诗评诗用诗［M］．北京：中央文献出版社，2010：417．

④ 毕桂发．毛泽东读诗评诗用诗［M］．北京：中央文献出版社，2010：417－418．

10月14日，毛泽东在党的六届六中全会上说：“共产党员应是实事求是的模范，又是具有远见卓识的模范。”① 1941年5月19日，他第一次对“实事求是”进行阐释：“‘实事’就是客观存在着的一切事物，‘是’就是客观事物的内部联系，即规律性，‘求’就是我们去研究。”② 中国共产党的百年奋斗历程表明，能不能持之以恒地坚持实事求是，是关系到兴党兴国还是误党误国的重大原则问题。对待历史，必须秉持实事求是的态度；对待历史人物，同样应该坚持实事求是。毛泽东对历史人物的点评是基于自身对史料的广泛阅览和深入研究，结合人物所处的历史环境，客观地看待历史人物的功与过、是与非。在评价历史人物时应该以马克思主义为指导，把人物活动放在特定时代和社会的历史条件下去考察分析，同历史发展的总趋势紧密联系起来。如此，才能更好地把握历史发展的主题主线、主流本质，深刻把握历史发展规律，科学评价历史人物。

毛泽东日常谈话中经常谈论秦始皇，实事求是、公正客观地评价了秦始皇。对于秦始皇创建统一帝国的历史功绩，为巩固封建统一政权所作出的伟大贡献，他予以高度评价，对秦始皇存在的一些错误做法给予批判。晚年的毛泽东在一次会见埃及副总统侯赛因·沙菲时说：“秦始皇是中国封建社会的第一个有名的皇帝。……因为秦始皇是第一个统一中国、统一文字，修筑宽广的道路，不搞国中有国，而用集权制，由中央政府派人去各地方，几年一换，不用世袭制度。”③ 可见秦始皇在毛泽东心目中至高的历史地位。

2002年，考古学家在湖南龙山县里耶镇发掘出一批秦代竹简，从中发现了我国最古老也是最完整的“九九乘法表”。须知湘西被雪峰山脉阻隔，自古以来十分偏僻，能在龙山县的一个小镇严格推行与咸阳并无二致的行政制度和实用数学，秦朝政府的行政执行力可见一斑。世界上四大文明古国，唯有中华文明没有中断。秦大一统后，天下大部分时间处于统一的状态。中华民族共同体意识如此深入人心，与秦始皇大一统的丰功伟绩密不可分。秦始皇一统九州山河之后，统一文字，统一货币，统一度量衡，将一盘散沙的华夏民族凝聚起来。在毛泽东看来，评价历史人物的一个重要标准，就是其历

① 毛泽东选集：第2卷［M］. 北京：人民出版社，1991：522.
② 毛泽东选集：第2卷［M］. 北京：人民出版社，1991：801.
③ 卢志丹. 毛泽东点评历史人物［M］. 北京：人民日报出版社，2017：7.

史功绩：是否始终维护国家统一，是否为国家统一作过贡献。1964 年 6 月 24 日，毛泽东接见外宾时高度称赞秦始皇：“秦始皇是第一个把中国统一的人物……中国过去的封建君主还没有第二个人可以超过他的。”① 1973 年 9 月 23 日，毛泽东对外宾说：“我们过去叫 CHIN（秦），加一个 A，变为 CHINA（中国）。秦始皇在中国是有名的，就是第一个皇帝。中国历来分两派，讲秦始皇好的是一派，讲秦始皇坏的是一派。我是赞成秦始皇。”②

1975 年，毛泽东在谈话时说：“秦始皇作为一个历史人物来评论，要一分为二。他在历史的发展过程中起了进步作用，要肯定，但他在统一六国后，丧失进取的方面。”③ 毛泽东此后还与工作人员谈话时讲：秦始皇怕秀才造反，就焚书坑儒……结果是“坑灰未冷山东乱，刘项原来不读书”，是陈胜、吴广、刘邦、项羽这些文化不高的人，带头造反了。④ 毛泽东不厌其烦地评价秦始皇的功与过，并非全盘肯定或者一概否定，而是采取具体问题具体分析的科学方法，予以实事求是的剖析和评定。

二、致敬历史，人民至上

马克思主义强调人民创造历史，应以人民为最高目的，即人民至上。中国共产党进一步将人民是目的落实为人民至上价值。中国共产党的百年发展史就是践行人民至上价值的百年奋斗史。“坚持人民至上”继承了马克思主义群众观的基本观点，汲取了中华优秀传统民本思想的精华。致敬历史，人民至上，在毛泽东心中位置高于天，分量重如山。来自人民，为了人民，依靠人民，这就是中国共产党人的成功密码。有一次毛泽东会见科学家，亲切地询问钱学森，除了专业之外特长是啥？钱学森回答：“我的特长是为人民服务。”毛泽东听了非常高兴。

毛泽东生处中国内忧外患的时代，他自小便有同情怜悯之心，常自觉自愿地帮助韶山冲的个别穷人，在走出韶山冲后，便逐渐将视野升华到关注国家的前途、民族的命运、人民的苦难。特别是在成为坚定的马克思主义者之

① 毛泽东年谱（1949—1976）：第 5 卷［M］. 北京：中央文献出版社，2013：366.
② 毛泽东年谱（1949—1976）：第 5 卷［M］. 北京：中央文献出版社，2013：500.
③ 毛泽东年谱（1949—1976）：第 5 卷［M］. 北京：中央文献出版社，2013：587.
④ 毛泽东纪念馆. 毛泽东生活档案 上［M］. 北京：中共党史出版社，2006：569.

后，推翻三座大山，求得中国之解放，就成为他人生的初心使命和自觉追求。全心全意为人民服务，成为毛泽东改造中国与世界的人生标杆和实现“三不朽”的价值取向。

人民是历史的“剧中人”，也是历史的“剧作者”，毛泽东总是把人民放在心上。纵观毛泽东的革命生涯，他自始至终贯彻了全心全意依靠人民群众、全心全意为人民服务的思想和宗旨。1934 年，面对国民党反动派的疯狂“围剿”，毛泽东底气十足地说，“真正的铜墙铁壁是什么？是群众，是千百万真心实意拥护革命的群众”。[①] 1948 年底，毛泽东与接管北平天津的干部们谈话时说，我们不能像李自成进北京，一进城就变了。1949 年 3 月 5 日，在人民解放军取得三大战役胜利、继续高歌猛进之际，中共在西柏坡举行七届二中全会，毛泽东郑重告诫全党要做到“两个务必”。1949 年 3 月 23 日，党中央离开西柏坡迁往北平，毛泽东把此行比作“赶考之旅”，指出“今天是进京的日子，进京赶考去”。[②] 周恩来笑着说：“我们应当都能考试及格，不要退回来。”毛泽东说：“退回去就失败了。我们绝不当李自成，我们都希望考个好成绩。”[③]“两个务必”“决不当李自成”是毛泽东在西柏坡反复强调的关键词。

毛泽东不仅把全心全意为人民服务放在首位，总想把整个中国要紧的事情办好，还想着为世界献出力量。1955 年 3 月，在与达赖喇嘛亲切交谈时，毛泽东就曾说过心里话：“我们再把眼光放大，要把中国、把世界搞好。佛教教义就是这个意思。佛教的创始人释迦牟尼主张普度众生，是代表当时在印度受压迫的人讲话。为了免除众生的痛苦，他不当王子，出家创立佛教。因此，信佛教的人和我们共产党合作，在为众生即人民群众解除压迫的痛苦这一点上是共同的。”[④]

毛泽东苦读中国古籍史书，以史为鉴，将历史客观规律与自身的主观能动性相结合，重视历史长河中人民群众的重要作用。他善于运用科学思维和历史视野，追寻“大本大源”，研究阶级斗争，总结历史社会的运行规律，认为人民才是推动社会历史发展的真正动力。他大胆质疑：这历史到底是谁

① 毛泽东年谱（1893—1949）上［M］. 北京：中央文献出版社，2013：422.
② 毛泽东年谱（1893—1949）下［M］. 北京：中央文献出版社，2013：470.
③ 毛泽东年谱（1893—1949）下［M］. 北京：中央文献出版社，2013：470.
④ 胡哲峰，孙岩. 毛泽东谈毛泽东［M］. 北京：中共中央党校出版社，2008：219.

创造的？是帝王将相、英雄豪杰创造历史，还是揭竿造反的普通民众创造历史？陈胜、吴广揭竿而起，点燃中国历史上第一次农民大起义的烈火，建立了第一个农民政权。陈胜一介草民为何被司马迁高度评价，就在于那一声疾呼划破了漆黑夜空："王侯将相，宁有种乎？"可就在各地义军风起云涌之际，陈胜和吴广却相继死于非命，张楚政权仅存六个月就覆亡了。可谓其兴也勃焉，其亡也忽焉！司马迁对此评价，忘记根本是导致陈胜败亡的根本原因。毛泽东高度赞赏说："陈胜、吴广揭竿而起，反抗秦的暴政，完全是正义的。这次战争掀起了我国封建社会中波澜壮阔的农民战争的序幕。"① 毛泽东之所以经常赞美陈胜、吴广，是提醒大家要从他们的故事中汲取历史的经验和惨痛的教训。

三、洞察历史，客观公正

历史是不可改变的既定的存在，具有与自然存在同样的客观性。历史不可能自我呈现，后人必须通过历史研究重构。通过历史事件、历史人物以及彼时彼地的人民生活方式，为人们所理解、所掌握、所运用。毛泽东善于洞察历史，以宏观的历史视野、深沉的历史情结来研究、分析中外历史人物，尤其擅长一分为二的辩证思维方法，致力于全面、深入、辩证地评价。对于历史人物的评价经过历代诸多史学家的点评基本已有定论，但是毛泽东不囿于已有的历史结论，透彻分析历史人物的功过与得失，提出与众不同的深刻见解，显示出独特的史识与史观。1957 年 11 月 18 日，毛泽东在莫斯科就谈道："没有一处不存在矛盾，没有一个人是不可以加以分析的。如果承认一个人是不可加以分析的，就是形而上学。"②

审视中外历史人物，不难发现，毛泽东总是对那些具有卓越才华、能做大事、有大气魄以及年轻有为、富有活力的历史人物格外欣赏、特别看重，对于那些暮气沉沉、思想僵化以及为人做事瞻前顾后、鼠目寸光、气量狭小的人很是讨厌。在评价中国历代帝王功绩的时候，毛泽东表现出一个鲜明的特征，凡是在开拓疆土、促进统一大业方面作出较大贡献的帝王，毛泽东都

① 张树德．毛泽东与中国古典军事典籍［M］．北京：中共中央党校出版社，1997：77.
② 毛泽东年谱（1949—1976）：第 3 卷［M］．北京：中央文献出版社，2013：252.

高看一眼，不吝赞美之词，比如纣王、秦始皇、项羽、曹操、武则天等人，毛泽东总是愿意列举出他们好的一方面来，为他们“翻案”。但这种“翻案”，绝对不是随心所欲、主观臆断，而是遵循历史事实根据的。

毛泽东对曹操情有独钟，对曹操的才华和胆识特别欣赏。毛泽东曾这样评价曹操的历史功绩：“曹操结束了汉末豪族混战的局面，恢复了黄河南北两岸的广大平原，对于后来西晋的统一铺平了道路。”① 1958 年 11 月 20 日，毛泽东在武汉东湖召集干部座谈《三国志》说：“《三国演义》是把曹操看作奸臣来描写的，而《三国志》是把曹操看作历史上的正面人物来叙述的，而且说曹操是天下大乱时期出现的‘非常之人’‘超世之杰’。可是呢，因为《三国演义》又通俗又生动，所以看的人多，加上旧戏上演三国戏都是按《三国演义》为蓝本编造的，所以曹操在旧戏舞台上就是一个白脸奸臣。现在我们要给曹操翻案。我们党是讲真理的党，凡是错案、冤案，十年、二十年要翻，一千年、二千年也要翻。”②

毛泽东在认真研究商纣王后，认为他并非一无是处，在开疆扩土方面功劳很大、办法很多、效果出奇地好，商朝版图能一直拓展到今天的山东、安徽、江苏一带，他厥功至伟，在历史上留下了浓墨重彩的一笔。毛泽东称赞纣王是“尚文能武”“很有本事”的人，对此，毛泽东是这样论述的：“纣王是个很有本事能文能武的人。纣王伐徐州之夷，打了胜仗，只是损失太大，俘虏太多，消化不了，以致亡了国。说什么‘血流漂杵’，纣王残暴极了，这是《书经》上夸张的说法。”③ 纣王对东南的经营，让中原文化逐渐传播到东南，对发展文明的区域作出了贡献。毛泽东认为：“商朝的‘商’字，就是表示当时已经有了商品生产的意思。”④ 所以他认为“把纣王、秦始皇、曹操看作坏人是完全错误的”⑤。

1960 年 4 月，在全国人大二届二次会议间隙，毛泽东对老舍等人夸奖满族说，满族了不起啊，对中华民族大家庭作出过伟大贡献，清初的几代皇帝都很有本事的，尤其是康熙皇帝：“康熙皇帝头一个伟大贡献是打下了今天

① 毛泽东年谱（1949—1976）：第 3 卷［M］. 北京：中央文献出版社，2013：596.
② 盛巽昌编著. 毛泽东眼中的历史人物［M］. 上海：上海辞书出版社，2008：133.
③ 毛泽东年谱（1949—1976）：第 3 卷［M］. 北京：中央文献出版社，2013：505.
④ 毛泽东年谱（1949—1976）：第 3 卷［M］. 北京：中央文献出版社，2013：505.
⑤ 毛泽东年谱（1949—1976）：第 3 卷［M］. 北京：中央文献出版社，2013：505.

我们国家所拥有的这块领土，我们今天继承的这大块版图基本上是康熙皇帝时牢固地确定了的。他三征噶尔丹，团结众蒙古部，把新疆牢牢地守住……他在东北收复雅克萨，组织东北各族人民进行抗俄斗争，和沙俄签订《尼布楚条约》，保证我永戍黑龙江，取得了独立自主外交的胜利，为巩固东北边疆作出了重大贡献。”① 如此高度评价康熙大帝的丰功伟绩，是因为毛泽东对国家的安全、领土和主权的完整非常看重，也始终坚定地维护着国家的独立、祖国的统一。

四、审视历史，古为今用

历史是一个民族的基础和根基。历史人物不仅创造了历史活动，而且蕴含着丰富的育人价值，以其独特的人格魅力感召后人。作为政治家的毛泽东当然不是为读史而读史，而是以史为鉴，将历史人物的经验和教训与解决当前社会现实问题的政策方略有机结合起来，全面汲取和运用历史中的经验和智慧，为中国革命和建设中的现实问题提供切实可行的解决之道。毛泽东审视历史，强调史学的社会功能，提出了“古为今用”思想，通过潜心钻研、客观评价中外历史人物，从他们身上汲取经验教训，以更好地领导国家发展。“古为今用”是毛泽东对历史主义的创造性运用的成果。毛泽东认为，对古代流传下来的传统文化不能采取“拿来主义”的态度，而应该予以批判地继承，“学习我们的历史遗产，用马克思主义的方法给以批判的总结”②。但是必须尊重历史，“这种尊重，是给历史以一定的科学的地位，是尊重历史的辩证法的发展，而不是颂古非今”③。1956 年，他在一次谈话中指出：“向古人学习是为了现在的活人。”④ 可见，毛泽东钟情于历史、潜心研究历史人物，以现实为导向，运用历史眼光认识发展规律，把握前进方向，立足于现实，服务于现实，真正做到古为今用。

第一，以史为鉴。只有总结与汲取历史的经验教训，才能透过历史的迷雾，发现历史内在的本质与规律性，服务于现实实践。后人从毛泽东品评历

---

① 卢志丹．毛泽东点评历史人物［M］．北京：人民日报出版社，2017：197.

② 毛泽东选集：第 2 卷［M］．北京：人民出版社，1991：533.

③ 毛泽东选集：第 2 卷［M］．北京：人民出版社，1991：708.

④ 毛泽东文集：第 7 卷［M］．北京：人民出版社，1999：82.

史人物及历史事件中，探寻其学用之道，真正把历史读"活"，学会从历史联想到现实，把书本知识转化为自我认知，把自我认知转化为智慧，把智慧转化成能力，把能力运用于实践，进而在实践中发展与创新。

毛泽东以司马迁创作《史记》鼓励在逆境中奋斗的青年；以李固与黄琼的事例提倡党内正直敢言的作风；以明宣宗时官场作风批评党内的官僚主义；以触龙劝说赵太后的例子要求领导干部严格教育子女；以五代晋辽政治军事格局联系到一千多年后的中国与世界各大国的关系来提醒党内同志注意防止和平演变等。毛泽东在日常谈话中善于借古喻今，针对社会客观存在的现实问题和尖锐问题，摆事实讲道理，娓娓道来，颇有说服力。1950 年 2 月，毛泽东指出，"我可不想当李自成啊"①。1953 年 2 月，在南京紫金山游览当年太平天国天堡城遗址，再次触发他对李自成起义失败的感叹，说必须吸取李自成的历史教训："在西柏坡时，我就提出来，要大家看《闯王进京》，看来今后还要看。"② 1962 年 1 月 30 日，毛泽东在中央召开的七千人大会上说："只要是大事，就得集体讨论，认真地听取不同的意见……如果不是这样，就是一人称霸。这样的第一书记，应当叫做霸王。"③ 毛泽东警告："这些同志如果不改，最后要垮台的。不是有一出戏叫《霸王别姬》吗？这些同志如果总是不改，难免有一天要'别姬'就是了。"④

毛泽东以刘邦的故事告诉党员干部们要有战略眼光。毛泽东认为，作为一个成功的政治家必须高瞻远瞩、统揽全局，具备战略思维、长远眼光和领导风范，善于把握事物发展的总体趋势和方向，具有敢为人先的气魄和勇于开拓的胆略，才能站得高、看得远，又看得真、看得全，善于抓大事、谋大局、看大势。延安时期，毛泽东曾问胡耀邦什么叫政治？胡耀邦引经据典说了很多，毛泽东笑道："没这么复杂，政治就是把支持我们的人搞得多多的，把反对我们的人搞得少少的！"⑤

毛泽东认为统帅之才并非只有读书人才行。他说："老粗出人物，自古

---

① 毛泽东年谱（1949—1976）：第 1 卷［M］. 北京：中央文献出版社，2013：97.

② 毛泽东年谱（1949—1976）：第 2 卷［M］. 北京：中央文献出版社，2013：37.

③ 毛泽东文集：第 8 卷［M］. 北京：人民出版社，1999：295.

④ 毛泽东文集：第 8 卷［M］. 北京：人民出版社，1999：295－296.

⑤ 中央文献研究室《缅怀毛泽东》编辑组. 缅怀毛泽东 下［M］. 北京：中央文献出版社，1993：328.

以来，能干的皇帝大多是老粗出身。汉朝的刘邦是封建皇帝里面最厉害的一个。”① 1962年1月，在扩大的中央工作会议上的讲话，毛泽东讲起郦食其求见刘邦的故事：“请了进去，刘邦正在洗脚，连忙起来欢迎。郦食其因为刘邦不见儒生的事，心中还有火，批评了刘邦一顿……刘邦一听，向他道歉，立即采纳了郦食其夺取陈留县的意见……刘邦是在封建时代被历史学家称为‘豁达大度，从谏如流’的英雄人物。”②

第二，树立典型。榜样本身就是一种政治力量，毛泽东擅长将历史人物树立为学习榜样。他为广大干部树立了正面榜样郭嘉、反面典型袁绍，并在不同场合反复宣传这两个典型故事，希望广大干部在遇到困难时多动脑筋、多谋善断，从正面历史人物的榜样身上汲取正能量；在面对逆境和挫折时振作精神，积极开展工作，努力开创新局。

毛泽东将郭嘉树立为正面典型。1959年3月，在第二次郑州会议上，他把《郭嘉传》记载的郭嘉为曹操出谋划策的故事讲述出来。1959年7月，毛泽东找周小舟、李锐、周惠谈话，讲起1958年经济计划搞乱了，造成了被动局面，他说出两句“国乱思良将，家贫思贤妻”。此话出自《三国志·郭嘉传》。郭嘉这个人足智多谋，初在袁绍麾下不得施展，就跑到曹操那里。曹操说他：“每有大议，临敌制变。臣策未决，嘉辄成之。平定天下，谋功为高。”③ 郭嘉固然足智多谋，但是曹操能够主动问计于郭嘉等谋臣，虚心听取大家的意见并当机立断，也说明他是一个知人善任、多谋善断的人物。

在谈史评古论今时，毛泽东提出一些领导不仅多端寡要、多谋少断，而且见事迟、得计迟，这是提高干部队伍基本素质的一个亟待解决的现实问题。毛泽东曾指出：“郭嘉这个人很有名，《郭嘉传》可以看。我借这个故事来讲人民公社党委书记以及县委书记、地委书记，要告诉他们，不要多端寡要，多谋寡断。谋是要多，但是不要寡断，要能够当机立断；端可以多，但是要抓住要点，一个时候有一个时候的要点。”④ 重点在于谋，因为不能谋大局者，不足谋局部；不能谋整体者，断难谋一域。谋是基础，只有多谋，才能善断。毛泽东反复让干部学习郭嘉，是希望各级领导干部能够学习郭嘉的多

① 冷成金. 毛泽东读史有学问 上［M］. 北京：中共中央党校出版社，2006：135.
② 毛泽东文集：第8卷［M］. 北京：人民出版社，1999：295.
③ 刘海藩，万福义. 毛泽东思想综论［M］. 北京：中央文献出版社，2006：492.
④ 毛泽东年谱（1949—1976）：第3卷［M］. 北京：中央文献出版社，2013：617.

谋善断，并努力提高工作能力和学识水平。

毛泽东将袁绍树立为反面典型。1959年3月2日，毛泽东指出："袁绍这个人多端寡要，多谋寡断，见事迟，得计迟。"① 1959年6月在与吴冷西的谈话中指出："要反对多端寡要，没有要点，言不及义。要一下子看到问题所在。曹操批评袁绍，'志大而智小，色厉而胆薄'，没有头脑。"② 他还多次谈到郭嘉对袁绍的评价："袁公徒欲效周公之下士，而未知用人之机。多端寡要，好谋无决，欲与其济天下大难，定霸王之业，难矣！"③

五、结语

对待中外历史人物，毛泽东始终坚持辩证唯物主义和历史唯物主义的世界观和方法论，始终站在人民立场上进行价值判断，以敏锐的政治洞察力和深刻的领悟力，以缜密的科学思维和宏观的历史视野，实事求是地考察历史人物，高屋建瓴、切中肯綮地评析历史人物。因为毛泽东善于把历史人物置于特定历史情境中进行具体分析，故其对历史人物的成败得失、是非功过有独特见解，并给人以深刻启迪。毛泽东的历史人物观既体现了对辩证唯物主义和历史唯物主义的科学把握，也蕴含着一代伟人的政治智慧。通过研究毛泽东日常谈话内容，分析其中蕴含的历史人物观，启示新时代党员干部必须学会运用科学评价历史人物的方法，始终坚定人民立场，从中汲取丰厚的精神滋养、领悟无穷的思想力量，拥有更开阔的视野，为实现中华民族伟大复兴贡献力量。

（熊劲松）

① 毛泽东年谱（1949—1976）：第3卷［M］．北京：中央文献出版社，2013：617.

② 毛泽东年谱（1949—1976）：第3卷［M］．北京：中央文献出版社，2013：617.

③ 中共中央文献研究室《缅怀毛泽东》编辑组．缅怀毛泽东 下［M］．北京：中央文献出版社，1993：328.

“国之不存，何以为家？家破人亡，何以言国？”

——试析毛泽东日常谈话中的家国情怀

为实现民族独立、人民解放，毛泽东一生戎马，矢志奋斗，既舍家为国，更殚精竭虑。终使中华民族屹立于世界民族之林。从毛泽东日常谈话的角度研究毛泽东的家国情怀，对于激励当代青年弘扬奋斗奉献精神、对于中华民族伟大复兴的实现具有重要意义。

一、天下兴亡、匹夫有责的家国担当

毛泽东志存高远，心系天下，早在青年时期就体现得淋漓尽致，毛泽东少时便博览群书，在史书、小说中识得无数英雄豪杰、忠臣义士，看着这些风流人物为国抛头颅洒热血、侠肝义胆，不禁感慨：“如今国家多难，外贼逞凶，中华民族处于危急存亡之时，黎民百姓深陷水深火热之中，我们莘莘学子，正在有为之年，怎么能株守家园，无所作为呢？”[①] 于是立志：“要趁年轻时学好本领，将来为国立功，为民造福。”[②] “决心要为全中国痛苦的人、全世界痛苦的人贡献自己的全部力量。”[③] 凭借救黎民百姓于水深火热的满腔热血、救中华民族于危难之际的青年责任，他勇挑重担寻求振兴民族之法、富国强兵之道。

① 王以平. 毛泽东求学的故事［M］. 长沙：湖南人民出版社，1979：22－23.

② 殷理由，等. 毛泽东交往百人丛书·民主人士篇［M］. 太原：山西人民出版社，1993：121.

③ 时鑑. 听毛泽东讲中国［M］. 北京：红旗出版社，2003：15.

（一）“前人辛苦，后人幸福”

1916 年，为说服父亲支持自己搞革命，毛泽东与父亲促膝长谈时说：“我读的书也许对我们家没得么子用，对你老人家发财也没得么子用，可是爷，你老人家想过没有？难道我们只管自己的家，不能想一想人家和我们的国家吗？”“爷当年不是也去当过兵、打过仗，为国出过力吗？”“我如今正年轻，正是为国出力的时候啊！”① 一番推心置腹地交谈之后，父亲不由得感慨其持之以恒的革命抱负，便毅然决然成为其革命道路上坚定的支持者。

1919 年春，毛泽东的母亲因病到长沙医治，毛泽东也因革命重任在身不能每天伺候母亲左右而无限自责。但想到儿时母亲要自己救苦救难救苍生的教导，他毅然决然选择舍小家为大家，最终连父母亲病逝，毛泽东也未能守孝服丧，而是继续奔波于革命事业。1921 年，毛泽东回到韶山外婆家，在跟舅舅聊天时说：“这些事不一定很快就成功的，要八年、十年甚至几十年或一辈子。舅舅你也许看得到，也许看不到，但请舅舅放心，我做的都是正事，是为大家、为国家的事。”当毛泽东的表弟问他所做之事要到哪一步时，毛泽东说：“也许直到建立一个新的人民的国家才算成功！”② 1959 年，毛泽东再次回到韶山，他站在父母墓前深深地鞠了一躬，感慨地说：“前人辛苦，后人幸福。先天下之忧而忧，后天下之乐而乐。”③ 毛泽东不仅是说给父母亲听更是说给自己听，希望父母能理解自己的一片苦心，更希望自己将此志愿贯彻到底。

（二）“走出家乡，走向社会、参加革命，改造中国”

在父母亲去世后，毛泽东更是发动兄弟姊妹一起投身革命。1920 年，毛泽东回到韶山，将菊妹子改名泽建，还告诉她：“你要有主见，将来要做建设国家的栋梁才。”④ 1921 年初春，毛泽东劝大弟毛泽民一家舍房屋弃田地，跟随他到长沙学习，为将来参加一些有利于国家、民族和大多数人的工作做

---

① 龙剑宇. 韶山毛家英雄谱［M］. 北京：人民出版社，2011：52.

② 龙剑宇. 韶山毛家英雄谱［M］. 北京：人民出版社，2011：113.

③ 袁小荣. 毛泽东离京巡视纪实——1949—1976（中卷）［M］. 北京：人民日报出版社，2013：638.

④ 龙剑宇. 韶山毛家英雄谱［M］. 北京：人民出版社，2011：108.

准备时说道："你不要舍不得离开这个家。为了建立美好的家，让千千万万百姓都有一个好家，我们就得离开这个家，舍小家为大家、为国家嘛！"① 见毛泽民犹豫毛泽东又补充："光顾自己有饭吃不行啊！要使全国老百姓都有饭吃，怎样才能办得到呢？就是要走出去干革命，这叫舍小家为大家。"② 在毛泽东的鼓舞之下，毛泽民一家放弃了韶山的家产，跟随毛泽东走上了革命之路。除此之外，小弟毛泽覃还只是个共青团员时，毛泽东就以共产党员的标准严格要求他，鞭策他积极向党组织靠拢，以便早日加入中国共产党。并叮嘱小弟："哥哥和你嫂嫂都在从事很危险的事业，你现在要做的是保守好这个秘密。等到你完成学业，我们三兄弟一起来做可以救我们国家的大事。"③

（三）"为有牺牲多壮志，敢教日月换新天"

毛泽东继续号召邻里乡亲们联合起来共同革命，共赴国难。1930 年长沙战斗失利，红军退至距家只有 25 公里的株洲镇，毛泽东仍然坚持："革命不成功，我毛润之决不回家乡！"④ 1945 年抗战胜利前夕，毛泽东托毛远耀向父老乡亲问好："一定要告诉他们，我们的革命是一定要胜利的，一定会成功的，我们有这个信心，只要我们共同奋斗，革命就一定会胜利，一定会成功。要告诉家乡父老，大家团结起来，大家都要有这个信心。"⑤ 在毛泽东的鼓励下，韶山的乡亲英勇奋斗，一首《七律·到韶山》道出韶山人民坚定的革命决心和高尚的革命精神。

在硝烟四起的烽火岁月里，毛泽东本可以独善其身，但民族危亡之际，国家大事并非只是庙堂之责。数千年来每当国难当头总有民族英雄挺身而出，为保家卫国抛头颅洒热血，一起构筑了我们的民族脊梁，从而捍卫中华文明延续至今。

---

① 中共湘潭市委党史资料征集办公室. 毛泽东与湘潭［M］. 北京：中共党史出版社，1993：40－41.

② 赵志超. 毛泽东和他的父老乡亲上［M］. 长沙：湖南文艺出版社，2011：288.

③ 龙剑宇. 韶山毛家英雄谱［M］. 北京：人民出版社，2011：126.

④ 龙剑宇. 韶山毛家英雄谱［M］. 北京：人民出版社，2011：274.

⑤ 赵志超. 毛泽东和他的父老乡亲上［M］. 长沙：湖南文艺出版社，2011：318.

二、不怕牺牲、为国捐躯的家国奉献

一直以来，毛泽东早就做好了随时为国家奉献自己的准备，将舍家为国、舍己为民的决心贯彻到底。除了做好思想建设之外他更是用实际行动证明了自己将为革命奉献一切的博大胸襟。

（一）“干革命，怕死还行吗”

在革命形势严峻时期，毛泽东及其家人常常过着四处漂泊的生活，但即便如此也未能挫伤他坚持革命的积极性。1921 年 11 月 7 日夜，毛泽东在长沙组织了“庆祝十月革命胜利四周年”的集会，集会群众与警察发生了冲突，毛泽东半夜才回到家，面对十分担心的妻子杨开慧，毛泽东说：“要做一番事业，会要吃一些苦头。我毛泽东不怕死！砍了头，碗大的疤只有一个！”① 但面对紧张局势，毛泽东虽将自己的生命置之度外，但却难免担忧亲人。1927 年湘东发动起义，毛泽东将弟弟毛泽民送到湘江码头时不忘鼓舞他：“我们就此分手。从现在开始，我们两个人都是提着自己的脑壳走路，不要怕！”② 并叮嘱毛泽民：“你见到开慧，告诉她要坚强。至于我，生死在外，不要挂念，请她把孩子带好。”③ 毛泽东时常语重心长地提醒大家所做事业的危险性：“生离死别，每位都要有这个思想准备。”④ 这也是毛泽东时常挂在嘴边的一句话。

自走上革命道路以来，毛泽东早就将个人生命置之度外，取而代之的是家国命运共同体。正如 1931 年 10 月下旬，毛泽东与毛泽覃夫妇见面时说的：“还是 10 年前那句话：舍弃小家，为了国家。中国人创造文字绝顶聪明，把‘国’和‘家’字连在一起，不可分离。国之不存，何以为家？家破人亡，何以言国？我们家的规矩是：舍家报国，家国命运合一。”⑤

---

① 龙剑宇. 韶山毛家英雄谱［M］. 北京：人民出版社，2011：128.
② 龙剑宇. 韶山毛家英雄谱［M］. 北京：人民出版社，2011：233.
③ 龙剑宇. 韶山毛家英雄谱［M］. 北京：人民出版社，2011：240.
④ 龙剑宇. 韶山毛家英雄谱［M］. 北京：人民出版社，2011：225.
⑤ 陈廷一. 贺氏三姐妹［M］. 北京：东方出版社，2003：205－206.

（二）“事情是有曲折的，革命不能没有牺牲”

有革命就会有牺牲，生离死别的戏码在那动乱的时代常常上演，毛泽东的家庭也不例外。在为革命奔走的过程中，毛泽东的亲人们一个接一个将自己宝贵的生命献给了民族独立和人民解放事业。小弟毛泽覃、侄子毛楚雄、大弟毛泽民都在毛泽东的影响下踏上革命之路，最终也在革命斗争中英勇献身。当方志纯向毛泽东讲述毛泽民的牺牲情况时不禁哽咽，毛主席难掩伤心之情却还劝着方志纯说：“不必太难过了，要奋斗，就有牺牲嘛！”① 堂妹毛泽建牺牲时，毛泽东正行军于赣南、闽西。听闻菊妹子死讯，毛泽东痛心地对毛泽覃说：“泽覃，不要自责，如果要自责，我比你还痛苦，泽建是我带出韶山的……但革命总要死人，为了人民少一些牺牲、多一些幸福，我们共产党人只能带头牺牲，我们只有用战斗来回答敌人的残暴！”②

除了毛泽东的兄弟姐妹为革命流血牺牲之外，毛泽东的妻儿也前赴后继，为革命无私奉献自己。1930 年 10 月，杨开慧在长沙被捕，11 月 14 日英勇就义。毛泽东在得知妻子杨开慧的死讯，缓缓地对朱德说：“开慧之死，百身莫赎！我有愧啊！当年对母亲，我没有尽到孝道；现在又对开慧和岸英他们，没有尽到为夫、为父之责。”③ 毛泽东长子毛岸英，从小便跟着自己东奔西走。回忆毛岸英短暂的一生，毛泽东说：“为了革命事业，这孩子从小就吃百家饭，行万里路！”④ 朝鲜战争爆发后，毛岸英更是主动赴朝参战。1950 年 11 月 25 日，毛岸英不幸牺牲。同众多奔赴朝鲜英勇作战的志愿军们一道永远地留在了朝鲜。当彭德怀向毛泽东汇报毛岸英在朝鲜牺牲的消息时，毛泽东眼睛湿润，缓缓地说：“革命战争，总要付出代价的嘛，谁让他是毛泽东的儿子呢？”⑤ 毛泽东还强忍内心悲痛劝慰儿媳刘思齐说：“战争嘛，总要死人的，不能因为岸英是我的儿子，就不应该为中朝人民牺牲。”⑥ 面对骨肉至亲的生离死别，毛泽东不仅舍生取义，将悲痛情绪隐藏深处，还化悲痛为力

---

① 中共中央文献研究室《缅怀毛泽东》编辑组．缅怀毛泽东 下［M］．北京：中央文献出版社，2013：250．

② 龙剑宇．韶山毛家英雄谱［M］．北京：人民出版社，2011：263．

③ 龙剑宇．韶山毛家英雄谱［M］．北京：人民出版社，2011：294．

④ 刘杰成．毛泽东与斯大林［M］．北京：中共中央党校出版社，1993：588－589．

⑤ 赵志超．毛泽东和他的父老乡亲（上）［M］．长沙：湖南文艺出版社，2011：141．

⑥ 李涛．峥嵘岁月：毛泽东与巾帼英豪［M］．北京：长征出版社，2011．

量，鼓舞将士亲人牢记“要奋斗就会有牺牲，死人的事是经常发生的，但是我们想到人民的利益，想到大多数人民的痛苦，我们为人民而死，就是死得其所”① 的道理。革命途中下落不明的孩子们也始终牵动着毛泽东的心。1940 年春，曾志经常与毛泽东拉家常，毛泽东说：“我最怀念的还是在中央苏区生的毛毛，部队出发时，孩子站在路边送行，那时毛毛才四岁，没想到一别就再也见不到了。”② 每每谈及遍寻无果的孩子，毛泽东感慨万千：“我们闹革命，是为了造福下一代，革命战争，又让我们不得不丢下我们的下一代，真是两难呀！”③

1950 年初春的一天，当毛泽东得知贺怡的儿子和曾碧漪的儿子因交通事故一起遇难时，毛泽东劝慰来访的曾碧漪说：“你的儿子不在了，很可惜。干革命总要有牺牲的，我参加革命几十年，父母早已不在了，我的大弟毛泽民，小弟毛泽覃都为革命牺牲了，毛泽覃的一个儿子才 18 岁就被敌人活埋了，杨开慧也为革命牺牲了，还有小毛也没找到，为了革命事业，我们家里也付出了很大的代价。我们不能老去想自己的事，自己的儿子，应当多想想全国人民的翻身解放，多想想我们所进行的革命事业。”④ 1946 年，毛泽东和儿子毛岸英在延安长谈时也说过类似的话，如今再忆，恍如隔世。但是亲人们接二连三地牺牲并没有浇灭他将革命进行到底的决心和勇气，他和家人仍然奔赴在战斗的最前线。正如 1959 年毛泽东在武昌会见杜波伊斯博士和斯特朗回忆起自己一家牺牲六位亲人时说的那样：“我的家庭这种情况，说明中国成千成万的家庭有多少人被杀害。但是，共产党是杀不尽的，只会越来越多。我们家里的人少了，但是在全中国却出来了更多的共产党员。”⑤

正是如此宽宏博大的情怀支撑着他一路披荆斩棘，奋勇向前，领导中国革命取得一个又一个的伟大胜利，最终让伟大的人民共和国雄踞于世界的东方，让胜利的熊熊火光普照在广袤的中国大地上。

---

① 毛泽东选集：第 3 卷［M］. 北京：人民出版社，1991：1005.

② 李涛. 峥嵘岁月：毛泽东与巾帼英豪［M］. 北京：长征出版社，2011：145.

③ 石永言. 贺子珍与毛泽东［M］. 北京：中共党史出版社，2008：234.

④ 中共中央文献研究室《缅怀毛泽东》编辑组. 缅怀毛泽东 上［M］. 北京：中央文献出版社，2013：339.

⑤ 毛泽东年谱（1949—1976）：第 3 卷［M］. 北京：中央文献出版社，2013：632.

三、公私分明，拒绝裙带的家国风范

毛泽东作为一国领袖在处理公私关系的实践中，一向泾渭分明，始终秉承着“先公后私、公私分明”严格的准则。

（一）“保持光荣本色，不许讲享乐，不许搞腐化”

毛泽东酷爱抽烟，为了主席的身体健康，身边的工作人员特地从国外买来进口烟，并打算用公费报销烟钱，毛泽东得知后坚决不同意，认为自己抽的烟就得自己付钱，绝不能算在公费里。他就这类问题对身边工作人员说：“中国不缺我毛泽东一个人吃的花的。可是，我要是生活上不检点，随随便便吃了拿了，那些部长们、省长们、市长们、县长们都可以吃了拿了。那这个国家还怎么治理呢？”① 毛泽东不仅严格约束自己，对于那些公私不分、有便宜就占的官员也深恶痛绝。1952 年 2 月 11 日，毛主席与李家骥讨论起“三反”问题时。严肃批评了那些对于公家的钱和物，敢拿又敢花的大小“老虎”们：“对他们必须严格要求，严肃批评和处理。前几天有人对我讲机要处有个干部私自给自己盖房，这样的人与刘宗敏有什么两样？这样的人必须枪毙几个，不然不足以平民愤。”② 毛泽东认为利用职务之便以权谋私是对国家、集体和人民利益的严重损害，必须坚决抵制，为保持清正廉洁的本色就要从“正人先正己”做起。

（二）“恋亲，不为亲徇私；念旧，不为旧谋利；济亲，不为亲撑腰”

身为国家领袖，毛泽东家风严格，强调纪律从约束自己和家人做起，毛泽东对儿女严格要求，绝不允许子女占国家的便宜。三年困难时期，由于大饥荒，粮食紧张，毛泽东的女儿常常在学校吃不饱饭，毛泽东也只是疼惜地对她们说道：“现在国家正处在困难时期，我们要和全国的人民同呼吸、共命运，共渡难关。”③ 但主席身边的卫士于心不忍，常常私带零食给孩子们补

① 泰山．毛泽东如何处理”贡品”［J］．先锋队，2012（07）：53.
② 李家骥，杨庆旺．毛泽东与他的卫士们（下）［M］．北京：中央文献出版社，1998：628－629.
③ 邸延生．历史的真知——“文革”前夜的毛泽东［M］．北京：新华出版社，2013：86.

充营养，毛泽东发现后，遭到他厉声指责：“三令五申，为什么还要搞特殊化?”①“同全国人民比较起来，她还稍好一些，谁叫他是毛泽东的女儿呢?还是恪守本分的好，现在这种形势尤其要严格!”②可是看着孩子又小又缺乏营养，保姆韩桂馨想尽办法给孩子开小灶，毛泽东多次劝阻：“阿姨，不要以为毛泽东的孩子就特殊，从小开始就不能灌输这种思想，要教育我的孩子和老百姓的孩子一样，不能叫孩子打着我的招牌享受特殊待遇。”③除此之外，毛泽东让毛岸英和李敏做事办公只提他们自己的名字，不要提及毛泽东的名字。毛泽东坚持：“我的荣誉不准孩子们沾，我是我，他们是他们，靠他们自己去闯。”④毛泽东不仅在儿女面前始终保持着严父的形象，面对在“三查三整”运动中，毛泽东耳闻妻子江青的入党时间出现问题，对江青很生气，发了脾气：“按组织原则办，谁也不能特殊!”⑤

新中国成立后，众多亲朋故友来信，或表示祝贺，或寻求帮助。接到这些信，毛泽东说：“亲朋好友里面，有不少是深明大义的，但也有一些还存在封建时代攀龙附凤的旧思想，以为我是皇帝老子登基，一人得道、鸡犬飞升，他们自认是皇亲国戚，应该受到封赏、得到恩荫，我现在当大官了，如果翻脸不认人，人家就会说共产党无情无义，何况有些人过去还帮助过我，帮助过我们党呢，如果有求必应，那就成了国民党的样子了，我们共产党如果像蒋介石他们一样搞裙带关系，一人得道，鸡犬升天，久而久之，就会脱离群众，就会垮台。”⑥当秘书询问如何处理这类信件时毛泽东回答道：“我这里是四不主义：不介绍、不推荐、不写信、不说话。”⑦即便毛泽东以如此坚决的态度回应了那些企图通过毛泽东的关系谋得一官半职的人，毛泽嵘携养子毛绘华到北京请求毛泽东介绍工作、表弟来北平治眼疾希望毛泽东开个快速通道，堂弟毛泽连遇到困难想找毛泽东帮忙解决，都被毛泽东晓之以理动之以

---

① 中共中央文献研究室《缅怀毛泽东》编辑组．缅怀毛泽东 上［M］．北京：中央文献出版社，2013：360.

② 许祖范．毛泽东幽默趣谈［M］．济南：山东人民出版社，1995：330.

③ 中共中央文献研究室《缅怀毛泽东》编辑组．缅怀毛泽东 上［M］．北京：中央文献出版社，2013：359 –360.

④ 中共中央文献研究室《缅怀毛泽东》编辑组．缅怀毛泽东 上［M］．北京：中央文献出版社，2013：358.

⑤ 于俊道．红墙里的领袖们丛书：毛泽东实录［M］．北京：中国工人出版社 2012：67 –68.

⑥ 于来山，陈克鑫，夏远生．毛泽东五十次回湖南［M］．长沙：湖南人民出版社，2013：9.

⑦ 于来山，陈克鑫，夏远生．毛泽东五十次回湖南［M］．长沙：湖南人民出版社，2013：9.

情地委婉拒绝。莫说乡亲朋友希望从中沾得福利，就连自家兄弟毛泽东也一视同仁。早在土地革命战争时期，毛泽东和毛泽覃同在苏区工作，对毛泽覃工作中出现的差错，毛泽东多次严肃批评。毛泽东说："共产党不是毛氏宗祠，不要以为是兄弟关系就可望得到庇护。"[①] 对于乘兴而来败兴而归的亲戚们毛泽东也只是语气温和地说："革命牺牲了成千上万的先烈，我们活下来的人才有今天，想事、办事都要对得起先烈才是。""我现在当了中华人民共和国的主席，这是革命的需要，是为人民服务，替人民办事，不能和封建社会一样，一当上皇帝，亲戚朋友都跟着沾光，都来享受。""我们是共产党人，是革命者，革命的目的就是要解放工农劳苦大众，要为绝大多数人谋福利，而不是为少数人谋福利!"[②] 在乡亲们看来，利用自己的权力为亲朋好友谋取一份好差事是力所能及的事情，但是毛泽东时刻牢记手中的权力取之于民，受之于民，是为了更好地为人民服务，而不是徇私枉法，也正是因为这份魄力使得毛泽东在亲情与党的利益、与人民的利益之间始终保持着清醒的头脑。

四、激励青年、传承精神的现实启示

1949 年 5 月 12 日，毛泽东在全国第一次青年代表大会上讲到："在我看来，中国青年的声音，也是我的希望与勇气的来源……今后的革命事业，还要靠青年人来完成，他们是中国的未来，是中国的希望。"[③] 充分表达了主席对青年一代在今后的革命事业中再接再厉，将家国情怀发扬光大的殷切期盼。

（一）外强体魄，保家卫国

身体不强，谈何栋梁！毛泽东一生酷爱运动，他始终认为体育运动关系着国家民族的盛衰和兴亡。历史上的万里长征、抗日……每次伟大的胜利背后都是以强健的体魄为基础。

1917 年，毛泽东的几位校友因忽视体育锻炼不幸去世，在面对家长的质问和要求让校方开展体育运动时毛泽东站出来回答："这次追悼会那副挽联

① 龙剑宇. 韶山毛家英雄谱［M］. 北京：人民出版社，2011：313.

② 赵志超. 毛泽东和他的父老乡亲上［M］. 长沙：湖南文艺出版社，2011：31.

③ 阎长林. 在大决战的日子里——毛泽东生活实录［M］. 北京：中国青年出版社，1986：264 – 265.

就是我写的，一方面是公开批判校方不重视体育，另一方面是对死去的同学的惋惜和生者的告诫。"[①] 不久毛泽东就以一篇《体育之研究》大力抨击和揭露了学校里普遍不重视体育锻炼的现象。杨昌济在读了这篇文章之后对其将体育锻炼同国家命运联系在一起的格局称赞不已，而毛泽东也只是谦逊地说："每个人是社会的一份子，个人强健，社会才有希望。"[②] 毛泽东爱好游泳、乒乓球等多项运动，还号召大家加强锻炼，为发展革命事业建立良好的身体基础。青年时期毛泽东经常对同学们说："要做能文能武的新青年，只有身体好，才有更大的精力投入到社会实践中去，才能为学校公益活动和社会活动服务。"[③] "如果一个人身体不好，则学问，道德的进修都有困难。不把身体锻炼结实，就不配谈救国、谈革命。"[④] "你们办学校，不要把我们的青年培养成贾宝玉、林黛玉式的人。我们不需要这样的青年！我们需要坚强的青年，身体和意志都坚强的青年。"[⑤] 20 世纪 50 年代初的一天，当毛泽东看到邵华不及格的体育成绩时不禁语重心长地对她说："孩子，体育课没有及格，这不好，体育是强健体魄锻炼意志的。山也爬不动，水也不敢下，怎么当好革命事业接班人呢？帝国主义污蔑我们是东亚病夫，我们偏要把身体练得棒棒的让他们看，这一课一定要补上，要为你自己，也要为国家争口气啊！"他还对孩子们说，娃娃们，锻炼身体就是锻炼意志，练恒心，练胆量，温室里长不出参天大树，身体是革命的本钱，身体素质不好，连本钱都输得一个不剩，还用什么去和敌人斗争，想当逃兵都逃不掉，那只有被人家五花大绑押送当俘虏啦！[⑥]

青年一代担负着实现民族复兴的重任，更应该自觉参与体育锻炼，以强健体魄为续写国家富强、民族振兴和人民幸福不懈奋斗。

（二）内修学识，坚定意志

"国人除了健体之外，还得有强健的头脑才行，否则还是难免受到列强

---

① 陈俊忭．学习科学丛书·毛泽东学习的故事［M］．成都：成都科技大学出版社，1993：72－73.

② 陈冠任，冯光宏．告诉你一个鲜为人知的杨开慧［M］．北京：中共党史出版社，2004：73－74.

③ 刘学琦．毛泽东佳话三百篇［M］．北京：书目文献出版社，1993：21.

④ 刘学琦：毛泽东佳话三百篇［M］．北京：书目文献出版社，1993：261.

⑤ 河北省政协文史资料委员会，河北省档案局．毛泽东与河北（上卷）［M］．石家庄：河北人民出版社，2006：136.

⑥ 毛新宇．母亲邵华［M］．北京：中国工人出版社，2013：100－102.

欺压。”① 1919年3月14日，毛泽东在送别赴法勤工俭学的湖南青年时说：“我觉得我们要有人到国外去，看些新东西，学些新道理，研究些有用的学问，拿回来改造我们的国家。”② 这批有志救国的青年“输世界文明与国内”挽救中华民族于水深火热。毛泽东一向重视知识的积累，强调学习的重要性，毛泽东也指出：“青年比成年人更需要学习。”③

毛泽东深知马列主义在中国革命进程中的重要作用：“不论是知识分子，还是青年学生，都应该努力学习。除了学习专业之外，在思想上要有所进步，政治上也要有所进步，这就需要学习马克思主义，学习时事政治。没有正确的政治观点，就等于没有灵魂。”④ 毛泽东鼓励身边一些没有文化的红小鬼去红军大学学习：“干革命不光要会打仗，还要懂得马列主义。要懂得马列主义，就得学文化!”⑤ 为激发学员学习马列主义的积极性，1937年9月，毛泽东在为学员送行时说：“向你们荐两个人，一个是我敬佩的老师，从苏联吃面包回来的张如心教授，他可以把许多马列著作背诵如流，你们可以向他学习系统的马列主义理论；一个是大队政治委员胡耀邦，他的年龄比你们大不了多少，是我亲眼看着长大的热爱学习、朝气蓬勃的‘红小鬼’，现在还不断写些文章在报上刊登，很受读者的欢迎。希望你们以这两个同志为榜样，好好地学习。”⑥

从毛泽东的日常谈话中剖析他在国家命运面前的家国大义，我们看到了一位崇高而鲜活的伟人形象，一座耸立于民族之巅的伟岸丰碑。今天，新时代的青年都应以毛泽东为励志的榜样，努力传承和弘扬这种家国情怀的红色基因，以国为本，心怀天下，为担当民族复兴大任而贡献自己的青春和智慧。

（唐正芒　周星辰）

① 陈冠任，冯光宏．告诉你一个鲜为人知的杨开慧［M］．北京：中共党史出版社，2004：73－74.

② 郑海峰．毛泽东的青少年时代［M］．沈阳：辽宁人民出版社，2013：43.

③ 毛泽东选集：第5卷［M］．北京：人民出版社，1977：84.

④ 毛泽东文集：第7卷［M］．北京：人民出版社，1999：226.

⑤ 杜文勇，韩振东．在毛主席的怀抱里［M］．长春：吉林人民出版社，1983：34.

⑥ 王森．毛泽东与“红小鬼”胡耀邦［J］．百年潮，2014（05）：75.

“我的荣誉不准孩子们沾，我是我，他们是他们”

——毛泽东日常谈话中的家庭教育观内涵述析

习近平总书记指出：“中华民族传统家庭美德铭记在中国人的心灵中，融入中国人的血脉中，是支撑中华民族生生不息、薪火相传的重要精神力量，是家庭文明建设的宝贵精神财富。”① 家庭作为社会的细胞，对社会和人类的发展具有重要作用。一代伟人毛泽东十分重视家庭教育，他的日常谈话蕴含了丰富的家庭教育思想，以言传身教和谆谆教诲的形式引导家庭成员树立正确的理想和信念，鼓励家庭成员在磨砺下养成优秀品质，在实践中实现自我价值。本专题经过提炼总结后，将从思想、学习、生活、实践四个方面对毛泽东日常谈话中的家庭教育观点进行探讨。

一、坚定理想，心系人民

毛泽东少年时便志存高远，心系天下，时刻把国家和民族利益放在第一位，在中华民族危难时刻，自己迎难而上的同时毫不犹豫地将家人一同带上一往无前的铁血征程。教育家人为了民族大义舍家为国、不怕牺牲。特别是严格要求子女坚定理想信念，带头做好“共和国第一家庭”。

革命之路任重道远，为了革命的胜利不得不进行取舍，毛泽东果断以牺牲自己的家庭为代价换取更多家庭的新生。毛岸英、毛岸青年幼时毛泽东常常无法陪伴身旁，兄弟二人时常过着颠沛流离的生活，毛泽东对他们受苦的

---

① 习近平. 习近平谈治国理政［M］. 北京：外文出版社，2017：116.

经历深感内疚，尤其是对毛岸青：“我很同情岸青，他很小就和岸英流落在上海街头，受尽了苦难，几次被警察打过，对他的刺激很大。”[①] 直到两人进入苏联学习才和中断多年的父亲取得联系。如果说生离尚能忍受，毛泽东在朝鲜战争爆发之际亲自将毛岸英送上战场，更是将舍小家为大家、舍自己为人民的情怀展现得淋漓尽致。毛泽东后来在与周世钊谈及为什么送毛岸英上战场的问题。毛泽东是这样解释的：“当然你说如果我不派他去朝鲜战场上，他就不会牺牲，这是可能的，也是不错的。但是你想一想，我是极主张派兵出国的，要作战，就要有人，派谁去呢？我作为党中央的主席，作为一个领导人，自己有儿子，不派他去抗美援朝，保家卫国，又派谁的儿子去呢？人心都是肉长的，不管是谁，疼爱儿子的心都是一样的。如果我不派我的儿子去，而别人又人人都像我一样，自己有儿子也不派他去上战场，先派别人的儿子去前线打仗，这还算是什么领导人呢？”[②] 如此大义，正如 1931 年毛泽东与毛泽覃夫妇见面时说的：“国之不存，何以为家？家破人亡，何以言国？我们家的规矩是：舍家报国，家国命运合一。”[③]

毛泽东还时常教导兄弟姐妹在革命道路上不要害怕牺牲，要将生死置之度外。1927 年湘东发动起义，毛泽东将弟弟毛泽民送到湘江码头时不忘鼓励他：“我们就此分手。从现在开始，我们两个人都是提着自己的脑壳走路，不要怕！”[④] 并叮嘱毛泽民：“你见到开慧，告诉她要坚强。至于我，生死在外，不要挂念，请她把孩子带好。”[⑤] 毛泽东时常语重心长地提醒家人所做事业的危险性：“生离死别，每位都要有这个思想准备。”[⑥] 这也是毛泽东时常挂在嘴边的一句话。

在毛泽东的带头和鼓舞下，毛氏一家冲锋在前，一马当先，先后为革命事业牺牲。新中国成立后，他曾沉重而自豪地说：“革命胜利来之不易，我家就牺牲了六个，有的全家都牺牲了。”[⑦] 实际上，在为革命奔走的过程中，为了人民幸福和民族独立，将生命献给戎马岁月的毛泽东亲人还不止 6 位。

---

① 王敏玉．毛泽东的情感世界［M］．北京：台海出版社，2016：52.
② 李佑新．毛泽东研究［M］．湘潭大学出版社，2007：267.
③ 陈廷一．贺氏三姐妹［M］．北京：东方出版社，2003：206.
④ 龙剑宇．韶山毛家英雄谱［M］．北京：人民出版社，2011：233.
⑤ 龙剑宇．韶山毛家英雄谱［M］．北京：人民出版社，2011：240
⑥ 龙剑宇．韶山毛家英雄谱［M］．北京：人民出版社，2011：225
⑦ 孔祥涛，孙先伟，刘翔宇．毛泽东家风［M］．北京：中国文史出版社，2013：184.

堂妹毛泽建牺牲时刚生下的孩子因无奶吃而夭折；毛泽东与贺子珍长征前和长征路上生下的孩子托管后，一生杳无音信；弟弟毛泽覃之子毛楚雄前往西安谈判后从此杳无音信，如何牺牲的也无从得知。直到毛泽东去世8年之后，毛楚雄被国民党反动派活埋的秘密才被揭开。毛楚雄牺牲的时候，只有19岁。毛泽东长子毛岸英在朝鲜战争爆发后更是主动赴朝参战，于1950年11月25日不幸牺牲，同众多奔赴朝鲜英勇作战的志愿军们一道永远留在了朝鲜。当彭德怀向毛泽东汇报毛岸英在朝鲜牺牲的消息时，毛泽东眼睛湿润，缓缓地说：“革命战争，总要付出代价的嘛，谁让他是毛泽东的儿子呢?”① 毛泽东还强忍内心悲痛劝慰儿媳刘思齐说：“战争嘛，总要死人的，不能因为岸英是我的儿子，就不应该为中朝人民牺牲。”② 回忆毛岸英短暂的一生，毛泽东说：“为了革命事业，这孩子从小就吃百家饭，行万里路!”③

这就是毛泽东，为了党和人民的事业愿意奉献出自己的一切，也正是毛泽东为保家卫国抛头颅洒热血的榜样、为革命奉献一切的博大胸襟，时刻教育着兄弟、子女等家人们紧随脚步，不怕牺牲的高尚家风得以筑牢。

在教育亲人、子女时，毛泽东也要求他们一切从人民的利益出发，服务于人民、忠于人民。1950年夏，赛福鼎·艾则孜来北京参加中央人民政府委员会议。会后用餐时，毛主席对侄儿毛远新说：“你爸爸就是在新疆被盛世才杀害的。你将来更应去新疆，去完成你爸爸未完成的事业，好好为各族人民服务。”④ 毛泽东经常叮嘱子女“好好学习，将来好为国家、为人民服务”。例如，毛泽东安排毛岸英到山西参加土改工作时告诫道：“一个人无论学什么或做什么，只要有热情，有恒心，不要那种无着落的于人民利益不相符合的个人主义的虚荣心，总是会有进步的。”⑤ 1965年10月5日，庆祝李讷在《解放军报》发稿时毛泽东语重心长地说道：“爸爸老了，以后的事情需要你们自己去干、去闯，多为人民办事情，多为老百姓办事情，全心全意地为人民服务。”⑥ 毛岸青回忆，毛泽东经常教育他们：一个革命青年要抱有宏图大

① 赵志超. 毛泽东和他的父老乡亲上［M］. 长沙：湖南文艺出版社，2011：141.

② 李涛. 峥嵘岁月：毛泽东与巾帼英豪［M］. 北京：长征出版社，2005：411.

③ 刘杰成. 毛泽东与斯大林［M］. 北京：中共中央党校出版社，1993：588－589.

④ 中共中央文献研究室《缅怀毛泽东》编辑组. 缅怀毛泽东 上［M］. 北京：中央文献出版社，2013：24.

⑤ 季世昌. 毛泽东家书解读［M］. 北京：商务印书馆，2019：55.

⑥ 邸延生. 历史的真知——“文革”前夜的毛泽东［M］. 新华出版社，2013：461.

志，鼓励我们积极投入到三大革命运动中去，牢固树立全心全意为人民服务的思想。[①] 在毛泽东的教育下，他的子女们也时刻牢记和提醒自己：党和人民是分不开的，而人民是历史的主人，人民的利益高于一切，我们所想的所说的所做的都应从人民的角度出发。这种为人民办实事，为人民服务的信念是毛泽东家庭教育的灵魂与核心。

二、重视学习 引导读书

中国共产党是一个高度重视学习的政党，作为中国共产党领导人的毛泽东真正做到了生命不息，学习不止。他不仅自己求知若渴，并将在多年的学习生活中总结出来的学习习惯、学习方法、受到的启发或以言传身教，或以谆谆教诲的形式教育自己的子女，在家庭中建立起了崇尚学习的良好家风。

兴趣是最好的老师。毛泽东自幼喜爱读书学习，对学习有着强烈的兴趣。他一生养成了爱读书、读史书、坚持读书等好习惯，这些习惯在伴随他一生的同时也成为子女的宝贵财富。

他对待儿女亦是如此教育。毛泽东多次给苏联留学的毛岸英和毛岸青寄书。1939 年，毛泽东亲自挑选 21 种类型书籍共 60 本，这些书知识性趣味性浓厚，兄弟二人收到后非常开心。正是毛泽东在如此激发学习兴趣的坚持下，他的儿女们有了许多出彩的机会。

毛泽东深知史书的魅力和学问，因此也经常推荐儿女学史读史。他曾鼓励毛岸英：“你要看历史小说，明清两朝人写的笔记小说（明以前笔记不必多看），可托周扬同志设法，或能找到一些。”[②] 毛泽东在与刘思齐交流学习时也谈道：“你们要努力学习，积累丰富的知识。尤其是要学习历史和古典文学。[③] 更是鼓励在北京大学中文系学文科的邵华：“要多读史料，多思考，能把为什么都说清楚，这一课才算学好了。”[④] 李敏从苏联回国之后，毛泽东为了尽快提高她的中文水平，专门为李敏请了一位讲唐诗、宋词、元曲及有

① 毛岸青，邵华．我们爱韶山的红杜鹃——献给亲爱的父亲毛泽东诞辰 105 周年［M］．北京：中央文献出版社，1998：50.

② 老一代革命家家书选［M］．北京：中央文献出版社生活·读书·新知三联书店，1990：33.

③ 赵志超．毛泽东一家人［M］．北京：中央文献出版社，2006：462.

④ 孙宝义，刘春增，周桂兰．听毛泽东谈哲学［M］．北京：人民出版社，2012：36.

关古典名篇名著的老师，帮助她掌握初高中学生应该掌握的古典文学知识。在李敏大学期间因病重无法正常学习时毛泽东还坚持给女儿补习："李敏，从今天起，我每晚都要给你补半个小时的古典文学。"由此可见毛泽东对子女学习史书的重视。

毛泽东坚持阅读，无论行军打仗还是出国访问都会挤出时间来看书。李讷效仿父亲，在行军和营宿中学识字，毛泽东当面表扬了李讷在行军中仍坚持学习的做法。在父亲常年阅读的熏陶下，李讷对文科兴趣特别大，因而考入北京大学历史系。儿子毛岸英从苏联回国，毛泽东为了让他继续学习，送他去劳动大学："活到老，学到老，学不了，今后有机会还得去学习。"[①] 毛岸英从"劳动大学"回来后，被安排在中宣部工作。业余时间，他抓紧时间读书学习，并拟订了庞大的读书计划，每天坚持读书做笔记。毛泽东很高兴儿子有这样的学习劲头："坚持读文章的计划，很有必要，再读一年也是好的。"[②]

毛泽东还时常询问子女的学习状态，判断他们是否养成良好的坚持学习的习惯。毛泽东经常关心毛岸英、毛岸青："你们近来好否？有进步否？"[③] 对于他们的进步也不吝赞美："你们长进了，很喜欢的。岸英文理通顺，字也写得不坏，有进取的志气，是很好的。"[④] 李敏从苏联回国后毛泽东一直很关心女儿的学习进度："娇娃，我给你的任务完成得怎样？读了多少？读懂了多少？"[⑤] 这些肯定、鼓舞和关心，为他们坚持学习提供了动力源泉。他不仅勉励子女坚持学习，他自己也做到了"活到老，学到老"。1976 年 9 月 8 日，弥留之际的毛泽东仍坚持看文件、看书。5 时 50 分，在医生抢救的情况下，还由别人为他代读《容斋随笔》。毛泽东这种对于学习的态度和习惯，以身体力行的做法时刻激励和潜移默化地影响着他的子女，引导他们认真读书和学习，不断追求进步。

毛泽东常根据自己的学习经验，在儿女困惑迷茫时给予切实可行的建议，

---

① 中共湘潭市委党史资料征集办公室．毛泽东与湘潭［M］．中共党史出版社，1993：58.

② 宋一秀．毛泽东的人际世界［M］．北京：中央文献出版社，2000：102.

③ 老一代革命家家书选［M］．北京：中央文献出版社生活·读书·新知三联书店，1990：29.

④ 老一代革命家家书选［M］．北京：中央文献出版社生活·读书·新知三联书店，1990：30－31；

⑤ 李敏．我的父亲毛泽东［M］．北京：人民出版社，2009：225.

为她们在学习方面解惑，使他们在今后的学习道路上少走弯路。毛泽东曾对孔令华说：“大学是个入门，是浏览多门科学文化知识的领域。”① 在毛泽东的指导下，孔令华除了学习物理、化学等专业课程之外，又广泛地浏览阅读了更多的课外读物，为他以后的工作打下了良好的基础。据李敏回忆，多年后孔令华还很感慨：“我能有现在的基础知识，能有部队二十多年工作的实践，能使我现在的思路如此开阔，能较快地接受自然科学和社会科学中的新事物，是与爸爸当初的谆谆教诲分不开的。”②

毛泽东经常告诫儿女们：“不要急，知识需要积累，最重要的是要把书读活，切忌读死书，死读书，要勤动脑，要善于思考。”③ 对这些教诲，邵华铭记心间。毛泽东经常告诫他们要有不尽信书、独立思考、辨证分析的境界和品质。毛泽东就曾对刘思齐说：“知识一旦灵活运用，就可以变成武器，用来保卫自己。”④ 此外，李讷在研读《政治经济学》时亦得毛泽东指点：“要读浅近书，慢慢积累，由浅入深。”

毛泽东为何如此重视学习？他说：“有了学问，好比站在山上，可以看到很远很多东西；没有学问，如在暗沟里走路，摸索不着，那会苦煞人。”⑤ 一个人阅读习惯、学习方法的养成除了自身后天的努力之外还会受到父母言传身教、家庭环境的深刻影响。毛泽东对孩子的学习教育十分重视，既充分展示了自己在学习方面对子女的示范引导，又给子女的学习提供有效的指导和帮助，切实守好了抓孩子学习教育的家庭“责任田”。

三、言传身教，严格要求

毛泽东对自己极为严苛。从未因主席身份搞特殊、享特权，一生清正廉洁、两袖清风；坚持艰苦奋斗、勤俭持家。他以身作则的优秀品格和严格要求家人奉行的高尚品质为家庭教育提供了丰富的滋养。

毛泽东深知“千里之堤，溃于蚁穴”的道理，为了防止堤坝从自己这里

① 李敏. 我的父亲毛泽东［M］. 北京：人民出版社，2009：21.
② 李敏. 我的父亲毛泽东［M］. 北京：人民出版社，2009：212.
③ 杨庆旺. 毛泽东致家人亲友及工作人员［M］. 北京. 中共党史出版社，2014：310.
④ 赵志超. 毛泽东一家人［M］. 北京：中央文献出版社，2006：462.
⑤ 高海萍，张云燕. 毛泽东的书单［M］. 北京：新华出版社，2014：149.

溃塌，毛泽东严格要求自己不徇私情、不搞特殊，为家人树立榜样。面对警卫员想给自己改善伙食的想法，毛泽东一口回绝：“我的伙食不能超过标准……总之不能超过中央规定，还要节余一点。”① 1964年前后，侨胞为报保护之情，送给毛泽东重达31.5公斤的燕窝。对此，毛泽东这样严格要求自己：“中国不缺我毛泽东一个人吃的花的。可是，我要是生活上不检点，随随便便吃了拿了，那些部长们、省长们、市长们、县长们都可以吃了拿了。那这个国家还怎么治理呢？”② 身为国家领袖，毛泽东对儿女的要求也很严苛。1945年12月，毛岸英向毛泽东提出结婚的愿望。毛泽东得知女方年纪后说：“这不行，1天也不能差！你应该知道，政权是我们的，婚姻法是我们制定的。如果我们自己定的法律自己不执行，还怎么要人民去执行呢？一句话，就是一天也不能差！”③ 毛岸英从莫斯科回到延安。毛泽东听到儿子吃中灶后马上拉下脸，生气地说：“你怎么能吃中灶呢？你应该跟战士一样，吃大灶去。不要搞特殊化，严于律己才光荣呢！”④ 毛岸英马上改为与战士们一起吃大锅饭。哪怕是在1950年，毛岸英牺牲后也未因为是毛泽东的儿子就享受到特殊待遇：“不要认为毛岸英是毛泽东的儿子，就要把他的尸体运回国，这样影响不好。”⑤

毛岸英作为毛泽东长子，一直以来都被严格要求，毛泽东也希望他能带好头，为弟弟妹妹们做好表率。父亲的严格教导，毛岸英也深受其影响，曾在日记中写道：“我从不希望由于我是毛主席的儿子，而受到特殊照顾，被另眼看待。”毛岸英不但对自己严格要求，他对特权思想的态度也颇得毛泽东真传。新中国成立之初，舅父杨开智托向三立找到毛岸英，希望他能够帮助自己在长沙担任厅长级别职位。毛岸英在给表舅向三立的回信中坚决回绝了其请求。他说：“新的时代，这种一步登高的‘做官’思想已是极端落后的了，而尤以通过我父亲即能‘上任’，更是要不得的想法。新中国之所以不同于旧中国，皇帝贵戚仗势发财，少数人统治多数人时代已经一去不复返。

① 杜忠明．餐桌上的毛泽东［M］．沈阳：辽宁人民出版社，2018：18．
② 杜忠明．餐桌上的毛泽东［M］．沈阳：辽宁人民出版社，2013：147．
③ 师哲．毛泽东的翻译师哲眼中的高层人物［M］．北京：人民出版社，2005：24．
④ 孔祥涛，孙先伟，刘翔宇．毛泽东家风［M］．北京：中国文史出版社，2013：168．
⑤ “毛泽东与我”征文活动组委会．毛泽东与我丛书：在毛泽东身边［M］．山西人民出版社，1993：141．

靠自己的劳动才能吃饭的时代已经来临了……”

在毛泽东的深刻影响下，毛泽东的子女觉悟深刻，坚决不搞特殊、不忍腐败，刘思齐回忆自己的一生时说道，自己在毛泽东、毛岸英两人的熏陶下，一生清廉，从未因钱财、权力、名誉弯过腰、求过人。

崇俭戒奢是我国的传统美德。早在毛泽东少年时期，他的父亲母亲勤俭持家、艰苦奋斗的品行就对他产生了深刻的影响，留下了深刻的烙印，儿时养成的勤俭也成了他一生的习惯。新中国成立了，毛泽东的衣食住行依然简朴，从不铺张，有一次，几个米粒掉到桌子上，他马上用筷子捡起来吃了，吴连登提醒他不干净不要吃了。毛泽东当时很严肃地跟他说：“不要小看这一粒米，这是对农民的感情。农民苦，不容易，我们就是要提倡勤俭节约、艰苦朴素的精神。”① 毛泽东对自己的兄弟儿女作出严格要求，希望他们也能够继承优良传统，发扬勤俭美德。1950 年，毛泽东到北京郊区视察，他还专门用苦菜拿来教育孩子们珍惜现在的生活，不要因为条件好了就浪费不节省。他说：“大革命失败后，我们在极其艰苦的条件下从事武装斗争。在长征的时候，有时连苦菜都吃不上，只好吃草根、树皮和皮带。”②

毛泽东不仅自身积极践行节俭，还对子女、家人严格要求，都反映了毛泽东良好的家庭教育，更反映了他一心为国为民、艰苦朴素的伟大品格，堪称勤俭节约典范。

四、自强不息，完善自我

“天行健，君子以自强不息。”毛泽东历经磨难仍不改初心的执着精神造就了坚定信念。他将这份投身实际、深入群众的实践精神；磨砺自我、全面发展的进取意识教子子女，勉励他们上下求索，越挫越勇。

毛泽东在教育子女的过程中，非常重视对他们意志的磨炼。他认为拥有坚忍的意志可以帮助他们对之后的生活迎难而上、坚持不懈、毫不退缩。毛泽东在生活中经常教育他的子女们：“你们从小就要学会吃苦，不学吃苦怎

① 杜忠明．餐桌上的毛泽东［M］．沈阳：辽宁人民出版社，2013：149．
② 杜忠明．餐桌上的毛泽东［M］．沈阳：辽宁人民出版社，2013：171．

么行呢?”[①] 有一次，毛泽东带领李讷下海游泳。李讷刚套上救生圈，父亲就叫她取下拿掉。这天从拂晓5点多开始，一直游到中午11点多。在父亲的鼓励下，她尽管游得精疲力竭，仍咬牙坚持下来。毛泽东带李讷、李敏姐妹去南海冰场滑冰时，尽管女儿们一摔再摔、又疼又累，但不到规定的休息时间，毛泽东不允许他们退出冰场，面对女儿们的诉苦，毛泽东笑着说：“难就对了，要知难而进嘛!”[②] 毛泽东经常用这种方法锻炼儿女们的意志。1958年，李讷急性阑尾炎手术后，因针头意外断在肉里造成感染，因此连续几天发高烧。担心女儿病情的毛泽东在家书中这样写道：“意志可以克服病情。一定要锻炼意志。……李讷，再熬几天，就可完全痊愈，怕什么？我的话是有根据的。……诗一首：青海长云暗雪山，孤城遥望玉门关。黄沙百战穿金甲，不破楼兰终不还。这里有意志。知道吗?”[③] 1959年，刘思齐去朝鲜为毛岸英扫墓回国后，因抑郁成疾病倒了，毛泽东得知后派人给刘思齐送了一张纸条“意志为主，药物为辅”，也是这张纸条给了刘思齐重生的勇气。毛泽东不断强调意志的重要性，激励女儿用意志战胜苦痛。李敏也曾感慨：“是父亲给了我知识和力量，练就了我迎难而上的意志。这是永恒的爱之光，令我和孩子们终生受益。”[④]

毛泽东是个认真的人，坚持一切从实践中来。他鼓励子女从实践学习中成长，要求他们把理论与实际相结合。毛岸英回国后，毛泽东认为他在苏联学习的内容与中国实际情况不符合，于是让毛岸英去中国的劳动大学学习了解。1947年4月，毛泽东又再次让毛岸英投身到土改中经受锻炼。在土改实践中毛岸英受益匪浅，他在写给毛泽东的信中也坦言：“我来郝家坡才两个月，土地改革才两个月，已深刻感觉到自己长大了不少。土地改革工作中学习两个月所得的东西，要比蹲在延安机关学习两年还多。”[⑤] 毛泽东曾对大学期间的孔令华说：“真正学成，有所造就，还是要通过实践才行。”[⑥] 所以在我国革命战争取得胜利之后，毛泽东得知大女婿孔令华和李讷没有劳动的实

① 孔祥涛，孙先伟，刘翔宇．毛泽东家风［M］．北京：中国文史出版社，2013：208.
② 李敏．我的父亲毛泽东［M］．北京：人民出版社，2009：76.
③ 老一代革命家家书选［M］．北京：中央文献出版社，生活·读书·新知三联书店，1990：55－56.
④ 刘翔宇，孙先伟，孔翔涛．毛泽东家风［M］．北京：中国文史出版社，2013：241.
⑤ 马玉卿．毛泽东和他的百位亲属［M］．西安：陕西人民出版社，1998：33－34.
⑥ 李敏．我的父亲毛泽东［M］．北京：人民出版社，2009：212.

践经历之后，就让他们补上了劳动大学的课程。孔令华被安排到北京郊区的黄土岗公社接受劳动实践教育，李讷在井冈山中央办公厅“五七干校”接受实践教育。1964 年 7 月 5 日，毛泽东在中南海的家中同毛远新谈话，毛远新询问毛泽东如何理解阶级斗争。毛泽东说：“你们学院应该去农村搞‘四清’，去工厂搞‘五反’。从干部到学员全都去，一个不留。今年冬天或明年春天就去，早去比晚去好，一定要去。对于你不仅要去参加 5 个月的‘四清’，而且要去工厂搞上半年‘五反’。你对社会一点也不了解么！。”他说，“你们学院最根本的是四个第一不落实，你不是说要学习马列主义吗？你们是什么个学法？只听讲课能学到多少东西？最重要的是要到实际中去学。”① 由此可以看出毛泽东对子女的实践教育十分重视。毛泽东高度重视对子女的实践教育，他认为应该把学到的知识应用到实践中，使其发挥更大的作用。鼓励子女跳出课本，走进社会，融入现实、多参加社会实践，在实践中加深对知识的理解，在理解中认识复杂的社会。毛泽东把投身实践当成子女成长的“必修课”，让他们在学习之余去实践中实现全面发展。

1946 年初，毛岸英回到延安后，毛泽东要他到农村去拜农民为师，说在那里能学到外国学不到的有益的东西。还给他请好了一位老师，就是陕甘宁边区的特等劳动英雄吴满有，在延安县的吴家枣园。毛岸英爽快地回答：“好！我也早想到农村去，向农民学习，锻炼锻炼……”② 毛泽东听了非常高兴，风趣地教育他说：“要带上几斤菜籽、瓜籽什么的，这表明你是来学习的，就像种子一样，在人民中间扎根、发芽……”“岸英，你要和乡亲们同吃、同住、同劳动，要从开荒干起，一直到收获粮食。这样，你就会切身感受到劳作的艰辛，懂得劳动人民的伟大。”③ 毛岸英没有辜负父亲的希望，很快他就学会了驮粪、刨地、犁地、播种、上山打柴等农活，用双手满茧换来了“毕业证书”。在毛泽东的教导下，深入群众、依靠群众、向群众学习的理念已经融入毛泽东的家庭。

毛泽东还教育子女刻苦锻炼身体。对他们说：长期坚持体育锻炼不仅可以增强身体抵御疾病的能力，也可以磨砺一个人的心性意志，形成不怕吃苦、

① 邸延生. 历史的真知——“文革”前夜的毛泽东［M］. 新华出版社，2013：373.

② 毛新宇. 爷爷毛泽东［M］. 北京：国防大学出版社，2002：350－351.

③ 龙剑宇. 韶山毛家英雄谱［M］. 北京：人民出版社，2011：469

刚毅勇敢的精神。毛泽东经常带着子女一起参加运动锻炼。亲自带领女儿李讷游泳、带着李敏、李讷去中南海滑冰场滑冰。李敏曾经回忆说："爸爸之所以要我们这样做，并非是要培养、训练我们成为什么健将、能手，而是意在培养我们的毅力和意志。""因为身体是革命的本钱，没有健康的体魄，就难以投身到火热的群众斗争中去，也不能参加社会主义建设。"① 这些无一不体现了毛泽东对子女强身健体的重视和积极健康的家庭锻炼教育。

通过收集毛泽东的日常谈话，我们就能从这个角度，窥探出毛泽东的家庭教育思想的深邃和可贵。这些不仅在当年对大众很有教育意义，就是在时代和形势日新月异的今天，许多内容仍不失其重要的当代价值。

（唐正芒　周星辰）

① 纪承．毛泽东教育子女的故事［J］．下一代，2001（10）：6－10．

谈笑凯歌还

医卫·保健篇

毛泽东日常谈话专题研究

“我回去就抓这件事，把医疗卫生工作的重点放到农村去”

——毛泽东日常谈话中的医疗卫生健康观述析

健康是人类生存和发展的基础，是最基本的人权，是国家富强和人民幸福的重要标志。

毛泽东一向重视人民医疗卫生健康事业，并把这项工作放在国家工作的全局考虑。新中国第一面五星红旗升起后，毛泽东就决心尽快甩掉西方人强加在中国人头上的那顶“东亚病夫”帽子。1952年他向全党、全国发出“讲究卫生、减少疾病”的号召，继而要求除“四害”，并将其写进《全国农业发展纲要》。终其一生，毛泽东为新中国的医疗卫生健康事业做出了不可磨灭的贡献。本专题拟从毛泽东日常谈话的角度，探讨他对人民医疗卫生和健康事业做出的多方面贡献。

一、搞好卫生，预防疾病

早在新民主主义革命时期，毛泽东就十分重视根据地人民的卫生健康问题。在毛泽东的著作中就有不少关于卫生健康和疾病防治的论述。他把不识字、迷信、不讲卫生称为陕甘宁边区的“三大害”，强调人民群众要“同自己的文盲、迷信和不卫生的习惯作斗争”。[①] 在1945年4月的中共七大上，他又指出：“应当积极地预防和医治人民的疾病，推广人民的医药卫生事

① 毛泽东选集：第3卷［M］. 北京：人民出版社，1991：1011.

业。”[①] 无论在民主革命时期还是新中国成立后，他在日常谈话中都有很多关于疾病防治的内容。

（一）“对疾病的治疗要和预防结合起来”

毛泽东认为卫生健康工作以减少疾病为首要目标，其基本方针在于预防，“开展群众性的卫生运动”。他还强调，卫生、防疫和一般医疗工作是卫生健康工作的重大的政治任务，必须“极力发展这项工作”。1932 年在汀州中央红色医院休养时，他对院长傅连暲强调：“对疾病的治疗要和预防结合起来，要做好防治工作。红色医院要有一个新观点：不是等病人上门，要把病消灭在未发之前。”[②] 清晰地阐述了疾病预防的重要性。后来，在瑞金看望傅连暲时，他再次强调：“对疾病的预防和治疗要结合进行，要教育大家讲卫生。”[③] 新中国成立后，毛泽东还提出“除四害，讲卫生”的任务，号召全民行动，以有效贯彻预防为主的方针。

预防为主是毛泽东医疗卫生健康思想的重要内容。在毛泽东看来，预防是最经济、最有效的防治疾病方法，符合人民利益。习近平在中共十九大报告提出的“健康中国战略”中仍然强调预防为主、防治结合。可见毛泽东医疗卫生健康思想中的“预防为主”始终是我国医疗卫生健康工作的指导思想之一。

（二）“搞好爱国卫生运动，使我们这个民族振作起来”

要有效预防和减少疾病，就必须搞爱国卫生运动。1952 年 3 月，在毛泽东的指示下，中央爱国卫生运动委员会成立，爱国卫生运动正式拉开序幕。

毛泽东亲自领导了爱国卫生运动。他为第二届全国卫生会议题词：“动员起来，讲究卫生，减少疾病，提高健康水平，粉碎敌人的细菌战争！”[④] 确立了爱国卫生运动的目标和任务。1955 年以后，在毛泽东的号召下，爱国卫生运动进入高潮。他进一步把爱国卫生运动和“除四害”联系起来，提出：

① 毛泽东选集：第 3 卷［M］. 北京：人民出版社，1991：1083.
② 高宝新. 碧血丹心：毛泽东和他的麾下将领［M］. 北京：长征出版社，2011：167.
③ 毛泽东年谱（1983—1949）（修订本）上卷［M］. 北京：中央文献出版社，2013：394.
④ 毛泽东年谱（1949—1976）：第 1 卷［M］. 北京：中央文献出版社，2013：628.

“除四害的根本精神，是清洁卫生，人人振奋，移风易俗，改造国家。”① 在1957年10月13日的最高国务会议上，毛泽东又指出：“除四害是一个大的清洁卫生运动。”② 关于扫“四害”的扫除范围，他强调：“城市一定要到达每一条街道，每一个工厂、商店、机关、学校和每一户人家，乡村一定要到达每一个合作社、每一个耕作队和每一户人家。”③ 1958年1月，毛泽东在浙江杭州小营巷视察除四害、讲卫生工作时，向人民群众了解当地“卫生工作搞得怎么样?”“有没有苍蝇? 有没有蚊子?”等情况，当了解到当地卫生环境从极其脏乱变得非常卫生、连蚊帐都不要挂时，他连声称赞：“你们的卫生工作搞得不错。谢谢你们！谢谢你们!”④ 1960年，毛泽东起草了关于卫生工作的“三·一八”指示，要求全民动员，把爱国卫生运动广泛深入持久地开展下去。因为全民动员将爱国卫生运动作出成绩来，有利于转变人民群众的心理状态，振兴我们中华民族的精神，从而“使我们这个民族振作起来”。⑤

通过家家户户积极参与“除四害”“讲卫生”等行动，改掉了人们以往不好的习惯，提高了人们卫生健康意识，改善了人民生活卫生条件，使新中国的卫生健康状况在短时间内得到改善。全民性的爱国卫生运动极大地改善了中国广大地区的环境卫生状况，对预防和控制疫病、保障人民群众身体健康起了重要作用，对新中国卫生健康事业的发展产生了极其深远的影响。

二、“中西医结合，洋医生要和土医生合作”

(一)“要把中医提高到对全世界有贡献”

毛泽东认为：“中国对世界有三大贡献：第一是中医。”⑥ 他多次强调中

① 毛泽东年谱（1949—1976）：第3卷［M］. 北京：中央文献出版社，2013年：226.

② 毛泽东著作专题摘编下［M］. 北京：中央文献出版社，2003：1657.

③ 毛泽东年谱（1949—1976）：第3卷［M］. 北京：中央文献出版社，2013：272.

④ 浙江省毛泽东思想研究中心，中共浙江省委党史研究室. 毛泽东与浙江［M］. 北京：中共党史出版社，1993：89－92.

⑤ 湖南人民出版社编. 毛泽东思想光照千秋［M］. 长沙：湖南人民出版社，1978：157.

⑥ 游和平. 毛泽东的中医情结：称其为中国对世界贡献之首［DB/OL］. 中国共产党新闻网，http：//cpc. people. com. cn/GB/64162/64172/85037/85038/6814218. html。

国医药学是一个宝库，中国医药是一份极其宝贵的文化遗产，应重视并努力发掘。1953 年，毛泽东在与《中华医学杂志》总编谈话时明确指出，由于中国土地面积广、人口众多，因此，自然环境、气候条件、生活习惯和各地人民的体质，都有很大差别，并随之派生出了众多中医学派和中医学说。这些中医学派最终汇聚成了中医这一整体。中医对现代科学也有可借鉴之处。1954 年，他在谈及卫生保健时再次说到，中国有六万万人口，是世界上人口最多的国家，中国人民能够生殖繁衍、日益兴盛的一个重要原因就在于卫生保健事业的发展，其中首先应归功于中医。[①] 后来，他又在谈话中指出，中医"不只是给几个人看好病的问题，而是文化遗产问题"，中医对全世界都有着重要贡献，那种重视新来的外国东西，轻视本国的东西，看不起中医的思想作风是很坏的，很恶劣的。[②] 1955 年，毛泽东在对中医工作的指示中指出：中医在保证人民健康方面发挥着重大作用。中国医药有悠久的历史，历史证明它对人民有很大的贡献，要建立专门机构研究中医药。[③]

毛泽东关于"要把中医提高到对全世界有贡献的问题"的观点，不仅对保护和发展我国中医药事业起了重要历史作用，而且在全球共同抗击新冠疫情的今天，更显示出其重大现实意义。

（二）"西医要向中医学习，中医也要向西医学习"

毛泽东重视中医文化以及西医文化的优秀成果，充分肯定它们共同为人类健康所做的巨大贡献。1951 年 9 月 30 日，毛泽东在庆祝中华人民共和国成立二周年晚宴上对黄家驷医生说：中国人口占全世界人口总数的四分之一，而中国医生的人数却很少，但我们有一支中医队伍，中医加西医，我们的力量就大得多了。他非常注意中医事业的建设，多次号召西医向中医学习，也提倡中医向西医学习，认为"两者相辅相成，相得益彰。"[④] 这为中国医学的研究、开拓和发展指明了方向。

毛泽东号召西医向中医学习，并提出过切实可行的具体方案。向中医学习，首先，要转变思想作风。中医是我国有悠久历史的文化遗产，要尊重中

① 杨庆旺. 毛泽东题词与联语纪事上［M］. 北京：中央文献出版社，2001：201.
② 毛泽东年谱（1949—1976）：第 2 卷［M］. 北京：中央文献出版社，2013：245.
③ 杨庆旺. 毛泽东题词与联语纪事上［M］. 北京：中央文献出版社，2001：201.
④ 盛巽昌. 毛泽东眼中的历史人物［M］. 上海：上海辞书出版社，2005：496.

医，看得起中医，也才能学得进去。其次，要建立中医研究机构。他说：“不尊重，不学习，就谈不上研究。不研究，就不能提高。”① 要在尊重、学习中医的基础上，研究中医的精华和糟粕，开展中医学研究。他强调，“这项工作，卫生部没有人干，我来干”②，足见毛泽东重视中医的热切心情。1956 年 3 月，毛泽东进一步提出了西医学习中医的指导意见：“应该把一些古代的经典性医学著作由专人翻译成白话文，印成古文与白话文对照本，以便于西医阅读学习。”他还特别用中医学的代表性著作《本草纲目》举例说，《本草纲目》对于西医来说，不好在科学基础上理解，因此，“最好由一些有较丰富的自然科学知识的中医或者懂中医的西医来讲授”。③

至于中医向西医学习，毛泽东有着深刻的认识和理解。他强调，对于一些精力较充沛、有一定经验的中医，应给予自然科学知识的教育，如物理、化学、生物细菌学、解剖学、生理学等，从而推动古代医学经验与现代科学的结合。1956 年 8 月 24 日，毛泽东在提及中医学西医问题时，再次强调：“要向外国学习科学的原理。学了这些原理，要用来研究中国的东西。我们要西医学中医，道理也就是这样。”④

在中医如何学习西医问题上，毛泽东也有着独到的见解。在毛泽东看来，西医有其科学性、现代性，值得中医好好学习。他认为，要先学习外国的近代的医学，再来研究中国的医学，“如果先学了西医，先学了解剖学、药物学等等，再来研究中医、中药，是可以快一点把中国的东西搞好的。”⑤ 同时，为推动中国新医学事业的发展，要注重“以西方的近代科学来研究中国的传统医学的规律”。⑥

（三）“中西医结合好”

在中医与西医的关系问题上，毛泽东不仅阐明了中医与西医之间要互相学习的道理，还提出了“中西医结合好”的主张，强调既继承和发扬传统中

① 毛泽东年谱（1949—1976）：第 2 卷［M］. 北京：中央文献出版社，2013：245.
② 毛泽东年谱（1949—1976）：第 2 卷［M］. 北京：中央文献出版社，2013：245.
③ 盛巽昌. 毛泽东眼中的历史人物［M］. 上海：上海辞书出版社，2005：496.
④ 毛泽东文集：第 7 卷［M］. 北京：人民出版社，1999：78.
⑤ 毛泽东文集：第 7 卷［M］. 北京：人民出版社，1999：78 – 79.
⑥ 毛泽东文集：第 7 卷［M］. 北京：人民出版社，1999：81.

医文化，又大胆借鉴西医优秀成果。在他看来，中西医并重可以优势互补，共同治疗疾病。

1932 年，毛泽东在汀州中央红色医院休养时发现医院十分困难，对院长傅连暲表示要加强对民间土方的研究，要“中西医结合，洋医生要和土医生合作”。① 在 1944 年 5 月延安大学的开学典礼上，毛泽东再次提出了中西医医生要合作的观点，并在讲话中强调：“能把娃娃养大，把生病的人治好，中医我们奖励，西医我们也奖励。”② 毛泽东为保障人民的生命健康，纠正了当时轻视中医的现象，树立起古为今用、洋为中用、中西医并重的发展思路，促进了新中国医疗卫生健康事业的发展。

毛泽东始终关心中西医合作。在他看来中医和西医任务相同，目标一致，各有特长，应联合起来共同奋斗。1942 年毛泽东在治疗胃病和风湿性关节炎时，问精通中医的李鼎铭如何看待延安西医看不起中医，如何发展边区医学。对李鼎铭所说的“中医、西医各有所长，只有团结才能进步”十分赞同，并表示“以后中西医一定要结合起来”。③ 之后他明确指出要“运用近代科学的知识和方法，来整理和研究我国旧有的中医中药”，这样可以将中西医药知识结合起来，从而“创造中国统一的新医学新药学”。再通过组织中西医相互学习，“逐步地培养出中西医结合的高级医生和一些高明的理论家”。进而进行密切合作，“把中国的传统医学经验同西医的科学方法结合起来，互相交流，取长补短”。这样能够促进现代医学的发展，研究出更多的医学成果及治病救人的办法，为人民作出更大的贡献，让所有人知道“我们的医学是大有希望的”。④ 在毛泽东的推动下，我国在中西医结合工作方面取得了可喜的成果。

毛泽东提出的“中西医结合”的方针促进了我国中西医的合理结合，为我国医疗卫生健康工作指明了正确方向，树立起以人为本的医疗卫生健康发展理念，推动了我国医疗卫生健康事业的发展，提高了人民的医疗卫生健康水平。

---

① 高宝新. 碧血丹心：毛泽东和他的麾下将领［M］. 北京：长征出版社，2011：167.

② 毛泽东文集：第 3 卷［M］. 北京：人民出版社，1996：154.

③ 于俊道，李捷. 毛泽东交往录［M］. 北京：人民出版社，1991：44－45.

④ 盛巽昌. 毛泽东眼中的历史人物［M］. 上海：上海辞书出版社，2005：496－497.

三、要"培养一大批'农村也养得起'的医生"

新中国成立初期，国家处于一穷二白的落后状态，卫生资源极度匮乏，卫生机构严重不足，医疗卫生人才稀缺，而且城乡卫生资源分布极不平衡，农村缺医少药、看不起病的现象特别严重。毛泽东明确指示："把医疗卫生工作的重点放到农村去。"① 多次教育身边工作人员说："旧社会农村缺医少药，有病没钱治疗，只得拜菩萨，请巫婆，吃香灰，求得精神安慰。解放了，我们要解决这个问题，没有五亿农民行吗？不要忘记我们现在是人口众多的农业国。"② 他多次感慨："农民缺医少药，闹个病跑几十里看不上医生，要想个法子让医生到农村去。吃了农民种的粮食就该为农民治病么！"③

毛泽东一直高度关注农村、农民的卫生健康状况，对此做了大量工作。为解决农村医疗卫生存在的问题，医疗合作社应运而生。1951 年王鹤滨回乡探亲回来后，向毛泽东汇报了农村缺医少药的情况。毛泽东听后沉思一会说："王医生，你到农村去，就在你的家乡，办个医疗点吧！""弄些药品和医疗器械去，你一半时间在我这里工作，一半时间到农村去为农民看病"④ 1954 年 1 月，毛泽东与表弟文东仙在中南海谈到家乡情况时说："除解决好吃饭问题外，还有一个医疗问题。据说，现在农民病了请医生看病，要称肉打酒，送情送礼，花了四五块钱，药还未进口。"于是他指出："一个区要建一个医院，一个乡要有几个流动医师。"⑤

1965 年毛泽东提出了在农村培养不脱产卫生员的构想，就是要培养一大批农村也养得起的医生，把我国医疗卫生的重点放到农村去。1965 年 5 月，毛泽东重上井冈山期间，向茨坪人民公社的社员了解井冈山地区的情况，当听说农村缺医少药，人们一旦生了病得不到及时、很好的治疗，大城市里的医院老百姓根本去不起时，他深感愧疚地对大家说："是我们的工作没有做

---

① 建国以来毛泽东文稿：第 11 册［M］. 北京：中央文献出版社，1996：387.

② 湖南人民出版社编. 毛泽东思想光照千秋［M］. 长沙：湖南人民出版社，1978：927.

③ 权延赤. 走下神坛的毛泽东［M］. 北京：中外文化出版公司，1989：41.

④ 王鹤滨. 紫云轩主人——我所接触的毛泽东［M］. 北京：中共中央党校出版社，1991：122.

⑤ 中共湘潭市委党史资料征集办公室. 毛泽东与湘潭［M］. 北京：中共党史出版社，1993：73.

好呢！主要是我，对不起乡亲们。以后，相信我们的党会认真做好农村的医疗保健工作的。”“我回去就抓这件事，把我国医疗卫生工作的重点放到农村去。”① 1965 年 6 月，毛泽东发现两套普及性质的医书与中国情况，特别是农村的实际情况存在着不相符合的地方，便向身边的医务人员表示，尽信书不如无书。他还和卫生部的同志说，卫生部的工作，只给全国人口的百分之十五服务，这百分之十五中主要还是老爷。而百分之八十五的人口在农村，广大农民得不到医疗，一无医，二无药。卫生部不是人民的卫生部，改成城市卫生部或老爷卫生部，或城市老爷卫生部好了。②

因此，毛泽东提出实行医学教育改革。他说：“医学教育用不着收什么高中生、初中生，高小毕业生学三年就够了，主要是在实践中提高。这样的医生放到农村去，就算本事不大，总比骗人的医生和巫医要好，而且农村也养得起。现在医院那套检查治疗方法，根本不适合农村。培养医生的方法也只是为了城市，可是中国有五亿多人是农民。那种做法脱离群众，中国百分之八十五的人口在农村，不为农村服务，还叫什么为人民服务。工作中……大量的人力物力应该放在农村，重点在农村。……今后城市的医院应该只留下毕业一两年的医生，本事不大的医生，其余的都到农村去，把好的都放在农村。”③ 他还说，虽然“四清”运动到 1968 年就基本结束了，可是农村的医疗卫生工作并没有结束，农村是医疗卫生工作的重点，④ 必须长期坚持。后来人们把这次谈话称为“六 · 二六指示”。在这一指示的推动下，全国各地构建了集预防、医疗和保健功能于一体的农村三级医疗卫生体系，以“赤脚医生”为标志的农村卫生队伍短期内迅速壮大，我国农村的医疗状况大为改观。现阶段，我国卫生健康工作中将“医疗卫生服务向农村基层倾斜”仍是新一轮医改工作的重点，有助于消除农村贫困，缩小城乡差距，为全面建成小康社会树立起一道健康屏障。这是对毛泽东关于“把医疗卫生工作的重点放到农村去”思想的继承和发展。

---

① 邸延生．历史的情怀——毛泽东生活记事［M］．北京：新华出版社，2008：410.
② 毛泽东年谱（1949—1976）：第 5 卷［M］．北京：中央文献出版社，2013：505.
③ 毛泽东年谱（1949—1976）：第 5 卷［M］．北京：中央文献出版社，2013：505 - 506.
④ 毛泽东年谱（1949—1976）：第 5 卷［M］．北京：中央文献出版社，2013：506.

四、加强锻炼，强身健体

（一）"个人强健，社会才有希望。"

毛泽东向来非常重视强身健体锻炼，他认为身体是革命的本钱，只有"个人强健，社会才会有希望"。早在湖南第一师范求学期间，他就坚持用自己创造的"六段操法"锻炼，每天早中晚都做一次；还坚持冷水浴、风浴、雨浴、日光浴等多形式的锻炼。他常对同学们说："要做能文能武的新青年，只有身体好，才有更大的精力投入到社会实践中去，才能为学校公益活动和社会活动服务。"[①]"要学树木同风雪做斗争，不学花草向风雪屈服。""如果一个人身体不好，则学问，道德的进修都有困难。不把身体锻炼结实，就不配谈救国、谈革命。"[②] 他坚持"冷水浴"，还给同学们介绍冷水浴的诸多好处：第一可以有益身体健康，第二有助于勇猛精神的培养。[③]

毛泽东不仅自己坚持锻炼健体，还总是号召大家强身健体锻炼。有一次，毛泽东看到邵华的记分册上其他都是满分，只有体育课不及格时，便告诫她说："体育是强健体魄锻炼意志的，山也爬不动，水也不敢下，怎么当好革命事业接班人呢？帝国主义污蔑我们是东亚病夫，我们偏要把身体练得棒棒的让他们看，这一课一定要补上，要为你自己，也要为国家争口气啊！"他还对孩子们说："娃娃们，锻炼身体就是锻炼意志，练恒心，练胆量，温室里长不出参天大树，身体是革命的本钱，身体素质不好，连本钱都输得一个不剩，还用什么去和敌人斗争，想当逃兵都逃不掉，那只有被人家五花大绑押送当俘虏啦！"[④]

（二）凡能做到的运动，都要提倡。

毛泽东提倡做各类运动，他认为"凡能做到的事，都要提倡，做体操、

① 刘学琦. 毛泽东佳话三百篇［M］. 北京：书目文献出版社，1993：21.
② 刘学琦. 毛泽东风范词典［M］. 北京：中国工人出版社，1991：261.
③ 刘学琦. 毛泽东佳话三百篇［M］. 北京：书目文献出版社，1993：21.
④ 毛新宇. 母亲邵华［M］. 北京：中国工人出版社，2014：100－102.

打球、跑步、爬山、游泳、打太极拳及各种各样的体育运动。”① 他认为运动能锻炼意志品质，培养吃苦耐劳、不怕困难的精神，能增强体质，提高人民健康水平。

毛泽东提倡散步，他认为散步“可以锻炼身体，驱除百病”②，“散步是锻炼身体，也是锻炼意志”③。

毛泽东提倡爬山：“爬山就是前进，使人步步登高，可以尽情地享受山中的新鲜空气、阳光和无限风光，锻炼身体，舒畅胸怀，爬上山顶，举目眺望，还会有胜利在握、心旷神怡的感觉。”“爬山时全身运动，既能增强体质，又能观赏风景，还可以使人心胸开阔。只有站得高，才能看得远嘛！这是一举三得。”④

毛泽东提倡游泳，他认为游泳是同大自然作斗争的一种运动：“中国江河那么多，在江河游泳，有逆流，可以锻炼人的意志和勇敢。”⑤ 毛泽东认为，游泳对强身健体有非常多的好处，“游泳时，由于水的压力、阻力、浮力和较低水温的作用，人体的各个器官都得到锻炼。肌肉活动中消耗热量，促进人体内代谢的加强。”他还多次谈及游泳在培养人们意志和情操方面的重要作用，“游泳不仅强身健体，而且可锻炼意志品质，培养勇敢顽强、吃苦耐劳、不怕困难的精神。当然，还可以消暑纳凉，使肌肉得到放松，心情因此舒畅，身心健康。”⑥ 他还说：“长江水深流急，可以锻炼身体，可以锻炼意志。”

毛泽东提倡打球，1965 年 8 月 4 日，贺龙和罗瑞卿跟随周恩来到中南海见毛泽东。毛泽东得知乒乓球队拿了男女团体两项冠军后说：“我们要以小球带大球，尽量把排球、篮球、足球都带动起来，大力发展我国的体育事业，努力提高人民的健康水平。”⑦

---

① 张耀祠．张耀祠回忆毛泽东［M］．北京：中共中央党校出版社，2012：193.

② 罗正林．泽惠万世——我们回忆伟人毛泽东［M］．北京：中国文联出版社，2009：115.

③ 张耀祠．张耀祠回忆录：在毛主席身边的日子［M］．北京：中共党史出版社，2012：191.

④ 张耀祠．张耀祠回忆录：在毛主席身边的日子［M］．北京：中共党史出版社，2012：193－195.

⑤ 中共中央文献研究室《缅怀毛泽东》编辑组．缅怀毛泽东 下［M］．北京：中央文献出版社，2013：471.

⑥ 吴志菲，余玮．镜头内外的红色传奇［M］．北京：中国摄影出版社，2015：154.

⑦ 邸延生．历史的真知——“文革”前夜的毛泽东 下［M］．北京：新华出版社，2009：488.

毛泽东提倡跳舞：“跳舞有益处……跳舞既能够使身体的各个关节得到运动，又可以使大脑得到休息，消除疲劳。”①

（三）“用自身的抵抗力来战胜疾病”

毛泽东认为增强自身抵抗力，可以适当抵抗疾病，从而达到增强体质的目的。一次，毛主席看着松树的胶汁颇有兴趣地说：“这胶汁是从一块伤痕上流出来的，树受了伤，用自身流出来的胶汁来医治；人也一样，负了伤，得了病，主要靠自己的抵抗力恢复健康。”② 一次毛泽东牙疼，保健医生诊断后建议他用抗生素治疗，但他不肯吃药，说：“我不用药。靠吃药，自身的抵抗力就没发挥作用，就得不到锻炼。应该调动自身抵抗力对付外来侵略。总用药，抵抗力就会衰退，再有细菌侵入就要出大乱子。只有经过斗争，抵抗力才能变强大。”几天后，毛泽东没用抗生素牙便好了，得意地笑道：“怎么样？我的抵抗力战胜了。自力更生么，不能光依靠外援。天下万物万事，都脱不出这个道理。”③ 一次保健医生劝得了重感冒的毛泽东吃药，毛泽东笑着说：“我是吃了药啊，我是吃了饭，饭是最好的中药。我还要天天加强锻炼，天天爬山。要用自身的抵抗力来战胜疾病。”④ 毛泽东多次说：“我不忌医，但忌药”。因为“靠吃药，自身的抵抗能力就没有发挥作用”。⑤

（四）“遇事不怒，基本吃素，多多散步，劳逸适度”

毛泽东生活非常俭朴，从不追求什么享乐，饮食方面更不讲究。喝过茶的残茶常用手指抠进嘴里吃掉。他喜欢吃粗粮，进城后一直吃红薯糙米，里面还常常要掺上小米、黑豆或芋头。由于经常夜以继日地工作，他吃饭时常没有规律。一次他与保健医生徐涛争论说：“人吃饭是补充能量，工作是消耗能量，光吃不干不行，光干不吃也不行，要搞平衡。矛盾永远存在，人就要不停地搞平衡。吃一顿也罢，吃十吨也罢，收支平衡就符合卫生，你能说

① 沈同．在毛主席身边的日子——一个警卫员的回忆［M］．北京：中央文献出版社，1993：81.

② 傅连暲．在毛主席教导下［M］．北京：作家出版社，1959：18.

③ 张玉凤．毛泽东轶事［M］．长沙：湖南文艺出版社，1989：54.

④ 中共湖南省委接待工作办公室．毛泽东在九所蓉园的日子［M］．长沙：湖南人民出版社，2013：132.

⑤ 毛泽东与我活动征文组委会．毛主席的光辉［M］．太原：山西人民出版社，1993：240.

我没规律?”徐涛见毛泽东的饮食条件很差，建议毛泽东吃一点名贵菜肴时，毛泽东皱起眉头说：“要开国宴呀？你那些菜贵是贵了，贵了不见得就好。不见得就有营养。依我说，人还是五谷杂粮什么都吃的好，小米就是能养人。小地主、富裕农民都比大资本家活得长。你信不信?”① 毛泽东还强调说：“我也有个原则：遇事不怒，基本吃素，多多散步，劳逸适度。”② 毛主席常跟徐涛说：“我的生活里有四味药：吃饭、睡觉、喝茶、大小便。能睡、能吃、能喝、大小便顺利，比什么别的药都好。”“食不厌精，脍不厌细，东西搞得那么精细不是对消化不好吗?”“我看中国有两样东西对世界是有贡献的，一个是中医中药，一个是中国菜饭，中国是东方国家，习惯上吃得素一些，……吃得素一些对健康有好处。西方人食物里脂肪多，越往西越多，他们得的心脏病也比中国人多。”③

毛泽东的饮食习惯带着中国传统农民的饮食色彩。饮食健康养生理念讲究平平淡淡才是真，凝聚着克勤克俭的民族传统，凝聚着艰苦奋斗的革命精神，彰显着一代伟人的卓尔不群，且与当今社会提倡的“多吃粗粮杂粮”的健康养生饮食习惯十分契合。

从新中国成立到改革开放之前，我国的国民健康状况大幅度跃升，到20世纪70年代末，我国健康指标已经达到发达国家水平。其中，毛泽东的医疗卫生健康思想的指导和实践起了重大作用。毛泽东日常谈话中的医疗卫生健康观虽只是毛泽东医疗卫生健康思想的一部分内容，但我们仍能从中体会和了解到毛泽东为新中国医疗卫生健康事业的发展做出的重大贡献。毛泽东的医疗卫生健康思想及其创立的事业，对今天的人民健康事业仍然具有重要指导意义。

（唐正芒　岳　海）

---

① 权延赤．红墙内外——毛泽东生活实录［M］．北京：解放军文艺出版社，1989：47－50．

② 中共中央文献研究室《缅怀毛泽东》编辑组．缅怀毛泽东 下［M］．北京：中央文献出版社，2013：613．

③ 中共中央文献研究室《缅怀毛泽东》编辑组．缅怀毛泽东 下［M］．北京：中央文献出版社，2013：608－609．

“搏击风浪的乐趣，只有到长江里才能享受”

——试析毛泽东日常谈话中的游泳观

一、“身心并完”，一举两全

毛泽东选择过许多锻炼方式，但一直坚持下来的就是游泳。不论寒冬烈日还是狂风骤雨，他都坚持这项运动。他在《体育之研究》中论述体育运动的重要作用和意义时，认为体育锻炼在精神与身体两方面，“身心可以并完”①。对于坚持游泳，他则认为游泳可使强健体魄、磨炼意志一举两全。

早在湖南省立第一师范求学时，毛泽东就经常冷水浴。有的同学见他坚持冷水浴，佩服之余也不禁问他：“冷水浴到底有些什么好处？”毛泽东回答说：“冷水浴的好处一是可以锻炼身体，能够促进血液的循环和增强皮肤抵抗力，有助于筋骨健强。二来可以练习勇猛和不畏。冬季天气严寒，清早起来就把冷水一桶一桶往身上淋，没有点勇气的人能做到吗？”② 1936年，毛泽东在陕北的窑洞里对斯诺回忆自己锻炼的经历时说：“……寒假里，我们徒步穿过田野，上山下山，绕行城墙，渡过江河。碰到下雨，我们就脱掉衬衫让雨淋，说这是雨浴。烈日当空，我们脱掉衬衫，说是日光浴。春风吹来的时候我们高声叫嚷，说这是一种叫做‘风浴’的新体育项目。在已经下霜的

① 毛泽东．体育之研究，毛泽东早期文稿（1912—1920）［M］．长沙：湖南人民出版社，2013：60.

② 于俊道．毛泽东实录［M］．中国工人出版社，2012：251.

日子里，我们露天睡觉，甚至于到十一月份，我们还在寒冷的河水里游泳。这一切都是在锻炼身体的名义下进行的；这对于增强我们的体质也许很有帮助，我后来在中国南方的多次行军中，以及从江西到西北的长征路上，特别需要这样的体质。"①

新中国成立后，毛泽东在工作之余游泳时，常会对身边人介绍游泳的多种好处。他告诉大家：游泳具有强身健体、磨炼意志、放松心情，使人"身心并完"的作用。1954 年毛泽东常对陈长江等人讲："游泳时，由于水的压力、阻力、浮力和较低水温的作用，人体的各个器官都得到锻炼。肌肉活动中消耗热量，促进人体内代谢的加强。游泳不仅强身健体，而且可锻炼意志品质，培养勇敢顽强、吃苦耐劳、不怕困难的精神。当然，还可以消暑纳凉，使肌肉得到放松，心情因此舒畅，身心健康。"② 同年，毛泽东在北戴河期间常去游泳。他同警卫队员闲聊说："我小时候常在家乡的水塘中游泳，从那时起不仅学会了游泳，而且深深地喜欢上了这项体育活动。"③ 1955 年 6 月，毛泽东在游珠江时又讲到："到大江大海里游泳，至少有三条好处：一是不受任何限制，天高海阔，自由自在，其乐无穷；二是紧张工作之余，转而全身心地投向大海，动了筋骨，舒了身心，全身得到了放松；三是游泳可以得到很好的休息；再增加一条是磨练一个人的意志，增强征服大自然的勇气。"④ 1961 年春节，王鹤滨去看望毛泽东，毛泽东笑着说："王医生，你看，我的身体情况怎么样，比你在的时候还好吧？""肉少吃了点，加上经常游泳，体重跌去了几公斤，但精神很好！""游泳对身体的益处很大。"⑤ 1966 年 7 月 16 日，毛泽东畅游长江。从武昌大堤口顺流而下，游到武汉钢铁公司附近，一个小时多一点，游程近十五公里。毛泽东边游边说："长江又宽、又深，是游泳的好地方。长江水深流急，可以锻炼身体，可以锻炼意志。"⑥

---

① 于俊道. 毛泽东实录［M］. 北京：中国工人出版社，2012：251.

② 吴志菲. 搏击风浪抒豪情——毛泽东《浪淘沙·北戴河》诞生背后［J］. 百年潮，2014（01）：66.

③ "毛泽东与我"征文活动组委会主编：毛泽东与我丛书：毛主席走遍祖国大地［M］. 太原：山西人民出版社，1993：112

④ 张耀祠. 张耀祠回忆录——在毛主席身边的日子［M］. 北京：中共党史出版社，2012：100.

⑤ 王鹤滨. 紫云轩主人——我所接触的毛泽东［M］. 北京：中共中央党校出版社，1991：144.

⑥ 毛泽东年谱：第 5 卷［M］. 北京：中央文献出版社，2013：600.

"勤体育则强筋骨，强筋骨则体质可变，弱可转强，身心可以并完。"①强健体魄与磨炼意志是息息相关的。毛泽东认为：长期游泳可以提高身体对疾病的抵抗力，能够使肌肉的力量得到提高，增强身体素质；同时也可以锻炼意志品格，培养勇敢顽强、吃苦耐劳、不怕困难的精神；还可以放松心情、收劳逸结合之功效。毛泽东之所以有充沛的体力、坚强的意志领导艰苦卓绝的新民主主义革命和艰巨繁重的社会主义革命和建设，应该说与他长期坚持游泳锻炼是不无关系的。

二、勇于挑战　藐视困难

毛泽东一生面对挑战勇敢坚定、决不退缩。在湖南第一师范求学时，北洋军第八师王汝贤的部队向长沙溃退，二十出头的毛泽东敢于组织同学们用洋铁桶燃放鞭炮"击退"溃军。第五次反"围剿"失败后，面对国民党军的围追堵截，他不畏强敌，指挥红军英勇奋战，雪山草地视若等闲。他通过游泳强健体魄，不仅赢得与反动派较量的身体本钱，也造就了勇于挑战、藐视困难的坚强意志。这种本钱与意志相结合，助力他取得成功和胜利。

1954 年夏，毛泽东在北戴河海边游泳时讲到："风浪越大越好，这可以锻炼人的意志，增强一个人战胜困难的勇气。""你们不要怕什么冒险，凡事不冒险，就不能成功，许多成功就是通过冒险才取得的。这取决于一个人有没有勇气，敢不敢于排除万难。"② 这一年毛泽东在北戴河时，有一次连续下了几天的大雨。雨刚停，毛泽东便要去海里游泳，此时的海面风大浪急，水温不到 20 度，巨浪拍打着海岸。出于安全考虑，卫士们都试图阻止毛泽东此时下海游泳。但是毛泽东坚持："我今天就非去不可！"在毛泽东的坚持下，一群卫士和身边工作人员跟随毛泽东下了海。才游出四五步，所有人就被一人高的大浪冲回海滩，当毛泽东被几个卫士从海滩上再次搀扶起来时，他忽然笑着说："嘿嘿，我总算找到一个好对手。"当连续几次被大浪冲回海滩后，卫士们都有些害怕了，毛泽东却说："这点浪比刘戡的四个半旅还难闯

---

① 唐春元，伍英．毛泽东谈生死［M］．北京：中共党史出版社，2014：14．

② 张耀祠．张耀祠回忆录——在毛主席身边的日子［M］．北京：中共党史出版社，2012：94－95．

吗？你们是不是觉得跟我走太危险了？你们要是害怕，我可以另外组织人。”卫士们被毛泽东说得热血沸起，爬起后继续跟着毛泽东向大海冲去，最后终于一连闯过四道长浪，游进大海。为了保证安全，一些卫士拿了救生圈随时准备应付意外，毛泽东却一副轻松自在的样子，边游边说：“你们不要紧张，我们只会被冲上岸，不会被拖进大海回不来。你们正年轻，要经风雨见世面。不要做温室里的花草，要在大风大浪里锻炼成长。”① 同年还有一次，北戴河气温大降，毛泽东遇到警卫员问：“今天游泳了吗?”警卫员答：“这么冷的天谁游泳。”毛泽东听了笑着说：“哎呀呀，你们这群小鬼还不如我这老头啊!”警卫员答：“水太混了，全是沙子。”毛泽东说：“游过靠岸边这一段可就好了。”当警卫员说风太大浪急不敢游时，毛泽东说：“这点风浪有什么可怕呢，它还是怕人的，你一游它就给你开路了。我和往日一样游了，这不是很好么。”② 1974 年，近 82 岁高龄的他，在湖南省游泳馆 5 次奋臂搏击，每次达半个小时。有一次毛泽东问为他护游的青年：“在七级大风里，你们游过吗？在一人高的浪里，你们游过吗？游泳是同大自然作斗争的一种运动，你们应该到大江大海去锻炼。”“在江河游泳，有逆流，可以锻炼意志和勇敢!”③ 不难看出，暮年的毛泽东还没忘记那年在北戴河与一人高的大浪搏击的惊险经历。在毛泽东看来，大风大浪并没有什么可怕的，而是锻炼意志、增强勇气的好机会。

1958 年 1 月，毛泽东乘飞机到南宁，提出要下邕江游泳。当时正值冬季，北方已是冰天雪地，南宁虽是满眼葱绿，但也到了一年气温最低的时候。几个警卫跑到江边测了水温，才 17 度半，报告了毛泽东。毛泽东点点头，说：“17 度半还凉吗？没关系，勇敢些，能游的都去游。”毛泽东活动几下就下水了，还笑着打招呼：“不要怕，越怕冷越哆嗦，下来一游就没事了!”工作人员一看毛泽东已经下水，一个个不甘落后，都冲到江水里，被凉水一激，真是冷不可挡，好一会儿才适应。毛泽东却全不在乎地说：“不过如此!”一直游了三四十分钟，毛泽东才上船休息。陪游的人早就顶不住了，一上船就

---

① 权延赤．新中国纪实丛书：红墙内外——毛泽东生活实录［M］．北京：昆仑出版社，1989：67－69.

② “毛泽东与我”征文组委会．毛泽东与我丛书：在毛泽东身边［M］．太原：山西人民出版社，1993：222.

③ 于俊道．毛泽东实录［M］．北京：中国工人出版社，2012：265.

急急忙忙地穿衣服。有人见毛泽东坐在那儿晒太阳，就问："主席，冷不冷？"毛泽东说："下决心就不冷，不下决心就是20度也觉得冷。"① 毛泽东在关于游泳的日常谈话中经常谈到磨炼意志，坚强决心，特别是处在困难环境时，更能体现游泳给人们的毅力与决心，更能使人增强战胜困难的勇气。

1954年夏的一天，北戴河海湾狂风呼啸，浊浪排空。毛泽东徒步来到海边，极目幽燕，经怀魏武。此情此景，激起了毛泽东下海游泳的兴致。毛泽东身穿游泳衣，径直往大海走去。看着大家的犹疑神色，毛泽东笑着说："不但我下水，我建议你们都下水，一个也不留！"有人担心说，我们没在海里游过，会不会出危险？毛泽东回答说："没有关系，都下海去吧，别怕！浪来的时候，将身体浮一浮；浪去时，舒展四肢，随波逐流。只有在这个时候，才能真正体会到与风浪搏斗的愉快和乐趣！"拗不过毛泽东，大家只好跟他下海去游。激烈翻滚的大海猛然间耸起了一堵水墙，朝毛泽东扑来。一下子把毛泽东掀到浪峰上，一下子又把他推入波谷。上了岸，毛泽东对身边的人说："站在这里看看，会觉得现在下海很可怕，可是真正下去了，也就不觉得可怕了。干任何事情都是这样，只要有勇气去实践，困难也就没什么不可克服的！"② 毛泽东就是以这种不畏艰险、勇于挑战的精神去征服困难，并时刻影响、感染着身边的人。

这年还有一次去北戴河海边游泳时，天气恶劣，雷声不断，暴雨劈头盖脸地打来。周恩来等人担心毛泽东的安全问题，大声喊着不要下海。可是毛泽东这时已下海了。上岸后，周恩来等悬着的心才落下。但毛泽东却说："秋风萧萧，洪波涌起，算不了什么！"接着，他又说："征服急难险恶，你强他就弱，不能怕，一怕，喝上几口水，就胆怯了，就被海水制服了你！大凡世界上凶恶的东西也是这样的。你表现得怯懦，你就会遭到凌辱，世界上一切反动派看起来样子是可怕的，其实并没有什么了不起。"③ 1956年6月2日，毛泽东提出去长江游泳。大家劝他在市区的东湖里游一游就算了。可毛泽东摆摆手说："东湖是静水，搏击风浪的乐趣，只有到长江里才能享受。""长江可是一个天然的最好的游泳池哟。"④ 1957年9月5日，毛泽东第四次

---

① 于俊道. 毛泽东实录［M］. 北京：中国工人出版社，2012：262.

② 于俊道. 毛泽东实录［M］. 北京：中国工人出版社，2012：260.

③ 张耀祠. 张耀祠回忆录——在毛主席身边的日子［M］. 北京：中共党史出版社，2012：98.

④ 于俊道. 毛泽东实录［M］. 北京：中国工人出版社，2012：257－259.

畅游长江。游了20分钟以后，江风吹得更紧。有的同志劝毛泽东出水休息。毛泽东说："没得关系啰，再游一会儿。"半个小时后，游到了汉口四维路附近。一位护游的同志扶毛泽东上轮渡的梯子，一阵江风吹来，这位同志直打哆嗦，毛泽东却意犹未尽地说："水里是被窝，温暖得很。"毛泽东还说："长江，别人都说很大，其实，大，并不可怕。美帝国主义不是很大吗？我们顶了它一下，也没有啥。所以，世界上有些大的东西，其实并不可怕。"①可见在毛泽东看来，游泳不只是一种身体锻炼，更是一种与困难斗争、与反动派较量的能量积蓄和意志培育。

1959年2月，毛泽东会见美国女作家安娜·路易斯·斯特朗和美国著名黑人学者杜波依斯夫妇。他们提出"主席在水中一泡就是几个小时"。毛泽东立即纠正这一说法："错了，那不是泡，是水中击浪，征服惊涛，与天斗其乐无穷，与自然斗其乐无穷，我那是与水斗，见到狂澜，我总要斗它一斗。"斯特朗问毛泽东都游过哪些地方，毛泽东讲到："我几乎每年都要游长江，或者游其他江河。如广州附近的珠江，我老家的湘江，还有钱塘江、北戴河的大海。新中国建立之初，我在游泳池里游泳，但那太受限制了。游大江大海，很壮阔，用中国的俗话说，那叫海阔凭鱼跃，天高任鸟飞，我的整个身心都是自由的。我还打算游黑龙江！"斯特朗问毛泽东是否要游到俄国去了，毛泽东答道："你完全正确！如果你们三位先生允许，我愿意横渡你们的密西西比河。"②

毛泽东不只是把游泳当做一生的爱好，更是当作磨炼意志、挑战困难的场所和途径。他游过邕江、珠江、长江、湘江、钱塘江、北戴河的大海等江河湖海，他把一次次游泳当成一次次挑战，靠自己的体质与意志去一次次战胜凶恶的"好对手"，还激励大家一起去战胜一次次困难。

三、提倡游泳　诠释游泳

毛泽东深知国人若体质不佳，空有一腔热血难以抵挡外敌侵略。为倡导

---

① 于俊道. 毛泽东实录［M］. 北京：中国工人出版社，2012：259.

② 张耀祠. 张耀祠回忆录——在毛主席身边的日子［M］. 北京：中共党史出版社，2012：114.

国人进行体育锻炼，增强体质，1917 年他在《新青年》上发表了如前所述的《体育之研究》。1918 年 8 月 19 日，杨昌济与毛泽东谈到这篇文章，毛泽东说："那是去年写的，是受先生野蛮体魄思想的影响而作的，每个人是社会的一份子，个人强健，社会才有希望。"[①] 毛泽东觉得游泳是一项不错的强身健体运动，所以就经常倡导并督促人们进行游泳锻炼，以增强体质，乃至提升国家体育实力。

毛泽东将发展游泳事业、推动全民游泳这件事时刻记挂在心上。1959 年 6 月 24 日下午，毛泽东在十几名游泳运动员的陪同下到湘江游泳。他问陪同游泳的湖南省游泳队长王琳说："游泳队有多少人？"王琳回答："有 20 多人。"毛泽东又幽默地问："游泳队的人不能多一点吗？让我来给你们当教练好不好？"大家齐声说："好。"毛泽东又说："湖南有湘、资、沅、澧四大江，要大力开展游泳。今后你们要深入基层去推动群众性的游泳活动。"[②] 1961 年，他曾对身边人说："游泳是一项很好的运动，是一项很能增强人们体质的好的锻炼方法。大家都要学会游泳。"[③] 毛泽东对游泳还有过一个很大设想。他在几次畅游长江之后，曾对国家游泳队运动员说："中国江河那么多，能不能都利用起来作游泳场呢，中国六亿人口，能不能动员百分之五十的人参加游泳呢？"[④] "游泳是一种锻炼，也是一种事业，你们要有专业心和长期准备，不当运动员还可以当教练嘛，还可以做一个体育工作者嘛！"[⑤]

毛泽东常乐于向旁人教授游泳技巧，以便能动员更多的人游泳。在中央苏区时就曾有一次，毛泽东到一个叫云集镇地方的一个河潭里游泳，看见一群儿童正在河边叽叽喳喳，想下水又不敢下水，几个胆大会游的小孩在水中逗着岸上的小孩。毛泽东邀孩子们下水并自告奋勇地当了他们的临时"教头"。[⑥] 1957 年 7 月 9 日，毛泽东到达南京，又提倡他所喜欢的游泳说："你

---

① 陈冠任，冯光宏．告诉你一个鲜为人知的杨开慧［M］．北京：中共党史出版社，2004：73－74.

② 于来山，等．毛泽东五十次回湖南［M］．长沙：湖南人民出版社，2013：82－86.

③ 邸延生．历史的真知——"文革"前夜的毛泽东［M］．北京：新华出版社，2013：156.

④ 中共中央文献研究室《缅怀毛泽东》编辑组．缅怀毛泽东 下［M］．北京：中央文献出版社，2013：471.

⑤ 中共中央文献研究室《缅怀毛泽东》编辑组．缅怀毛泽东 下［M］．北京：中央文献出版社，2013：471.

⑥ 于俊道．毛泽东实录［M］．北京：中国工人出版社，2012：250.

们游水不游水啊？我就到处提倡游水。水是个好东西。你只要每天学一小时，不间断，今天也去，明天也去，有一百天，我保管你学会游水。第一不要请先生，第二不要拿橡皮圈，你搞那个橡皮圈就学不会。”①

毛泽东对青年同志的体育锻炼尤为重视。他经常倡导青年不要做温室的花朵，要德智体全面发展，积极主动参加锻炼，才能当好革命事业接班人。毛泽东根据青少年处在长身体时期的特征，指出：“学校只要求学生成天看书，不搞文化娱乐，不搞游泳，不能跑跑跳跳，不看课外书是不行的。”“要充分兼顾青少年的工作、学习和娱乐、体育、休息这两个方面。”“身体不好，学了也没用。”他还要求青年们“要参加民兵军事训练，要做些劳动，走路，游水，爬山，广播体操等活动”。② 毛泽东同样要求自己的孩子们要德智体全面发展，要积极进行爬山、游泳等体育锻炼。有一天邵华拿着自己只有体育课不及格其他都是满分的记分册去找毛泽东。毛泽东说：“孩子，体育课没有及格，这不好，体育是强健体魄锻炼意志的，山也爬不动，水也不敢下，怎么当好革命事业接班人呢？帝国主义污蔑我们是东亚病夫，我们偏要把身体练得棒棒的让他们看，这一课一定要补上，要为你自己，也要为国家争口气啊！”③

毛泽东在许多场合都抓住机会倡导青年们学习游泳。1957 年毛泽东赴莫斯科参加十月革命 40 周年庆典期间，曾寄语几千名中国留苏学生：“世界是你们的，也是我们的，但是归根结底是你们的。你们青年人朝气蓬勃……希望寄托在你们身上。”当时毛泽东还问大家：“你们谁会游泳啊？”当听到大家齐声回答“我会！我会！”时，毛泽东说：“游泳是锻炼人、锻炼身体的好方法，要在全国推广，把国内江河湖海中一切能游泳的地方都开辟成游泳场，让广大人民群众都去游泳！”④ 1959 年，毛泽东回到韶山，到水库游泳时发现很多青年人都不下水，经了解后知道他们不会游泳，就对他们说：“不会游水就学。你们青年人要接我们的班。我们这些老年人快要去见‘上帝’了。

① 龙剑宇. 毛泽东的人生旅行［M］. 北京：中共党史出版社，2012：335.

② 湖南人民出版社编. 毛泽东思想光照千秋［M］. 长沙：湖南人民出版社，1978：226－227.

③ 毛新宇. 母亲邵华［M］. 北京：中国工人出版社，2013：100－101.

④ 蓝天，志明. “理想信念，是我人生的追求”——访中国石油天然气总公司原总经理王涛［J］. 百年潮，2013（08）.

你们要好好锻炼身体，才能当好接班人。”① 1964年6月，毛泽东视察十三陵水库时，对围拢在他身边的青年同志们说：“游泳是同大自然作斗争的一种运动，你们应该到长江大海去锻炼。”② “会游泳是工程兵的特长。工兵不仅要逢山开路，遇水架桥，还要会游泳，要有克服江河障碍的本领。”③ 毛泽东也去水库附近，观看了解放军北京、济南部队的大比武。毛泽东说：“全军要普及‘尖子’经验，部队要学会游泳。”④ 毛泽东多次提到青年是革命事业接班人，可见他对广大青年抱极大期望。他认为无论是战争年代，还是社会主义建设时期，都需要有活力、有热情、有坚强意志、健康体魄的青年。而游泳对青年们达到这些要求是很有作用的。新中国成立以来，我国国家游泳队在奥运会上拿过许多奖项，这让外国人对中国刮目相看。应该说这与毛泽东长期提倡与鼓励游泳也是不无关系的。

毛泽东还常用游泳来讲辩证法，又用辩证法来诠释游泳。1957年上海市委召开宣传工作会议后，毛泽东特邀周谷城去北京作客。两人谈话间谈到游泳。毛泽东说：“我有一次在南宁时，打算游水，南宁的同志这也怕，那也怕，居然打电报给总理，要总理制止我游水。这时，我便说，凡水皆可游，南宁的水是水，南宁的水也可游。这不是很合三段论法吗？我这么一说，便让我下水了。”周谷城与在场人听罢不禁大笑。毛泽东马上说：“还得补充。”他见周谷城笑得厉害，又补充说：“在凡水皆可游上面要加上几个条件：一是水只有一脚背深游不得；二是近沸腾了的水游不得；三是结成冰块的游不得。”⑤ 毛泽东这种以退为进的哲学阐释，更深化了他的“凡水皆可游”的游泳观点和游泳爱好。1957年7月9日，在上海干部会议上，毛泽东在讲了一大段怎样学游泳之后，形象地以水喻人说：“打个比喻，人民就像水一样，各级领导者，就像游水一样，你不要离开水，你要顺着那个水，不要逆着那个水……不能跟群众对立，总要跟群众一道……不要脱离他，等于我们游水一样不要脱离水。”⑥ 1954年毛泽东在北戴河游泳时对警卫队员们说：“经常

---

① 中共湘潭市委党史资料征集办公室. 毛泽东与湘潭［M］. 北京：中共党史出版社，1993：339.

② 回忆毛主席［M］. 北京：人民文学出版社，1977：570.

③ 尹烈承. 毛泽东与茶陵［M］. 长沙：湖南人民出版社，2006：199.

④ 黄峥. 王光美谈“桃园经验”的形成［J］. 百年潮，2006（04）.

⑤ 中共上海市委党史研究室. 毛泽东在上海［M］. 北京：中共党史出版社，1993：161.

⑥ 孙宝义，刘春增，周桂兰. 听毛泽东谈哲学［M］. 北京：人民出版社，2012：258.

游泳好处多，不仅能够锻炼身体，还能接触各方面的人，是了解情况的好机会”。1961 年底毛泽东对张仙鹏说：“现在搞社会主义，这还是一个未被认识的必然王国，要想使人的认识从必然王国飞跃到自由王国，这里有很多条件，就像你们游泳也有个规律，也要有条件一样。比如，要想游泳，必须一是要有水，不能旱游；二是水要有一定的深度和广度，在碗里缸里不能游；三是不能在滚开的水里游。学游泳必然要喝几口水，只有喝上几口水，才能认识水的特点和掌握游泳的规律。搞社会主义也是这个道理。”① 毛泽东在谈到辩证法、群众路线和建设社会主义有关问题时，都常以游泳为例。其对游泳及其作用的理解之深，可见一斑。

毛泽东对游泳的实践活动及其口头谈话，体现出他对游泳这项体育运动的钟情与观念。本专题探析的毛泽东游泳观仅限于他的日常谈话，他的游泳观自然还远不止这些。毛泽东不仅体育思想丰富，即使是他的游泳观也是很丰富的。习近平强调：“体育强则中国强，国运兴则体育兴。”② 体育强国梦与中国梦是紧密相连的。今天，我们重温毛泽东日常谈话中的游泳观，对于贯彻习近平总书记的有关体育强国论述，落实全民健身国家战略也有重要现实意义。

（胡慧敏　唐正芒）

---

① 孙宝义，刘春增，周桂兰．听毛泽东谈哲学［M］．北京：人民出版社，2012：323．

② 开创我国体育事业发展新局面加快把我国建设成为体育强国［N］．人民日报，2017－08－28（01）

“一星期给我两顿红烧肉，我肯定能打败蒋介石！”

——毛泽东日常谈话中的饮食观

毛泽东是伟大的无产阶级革命家、中国人民的领袖，可他的饮食习惯保持了一个农民的朴实，始终简单有味，无规无矩，富有生活化；他不屑于珍肴美味，喜食“粗、杂”；他不愿意按照菜谱吃饭，喜欢随心所欲；什么时候吃，一般以饿了为标准，而吃什么，也决定于有什么，想吃什么。一代伟人艰苦奋斗的本色和卓尔不群的个性可见一斑。

一、“遇事不怒，基本吃素”

毛泽东饮食偏素，有一次他和徐涛谈起饮食问题，说：“中国是东方国家，习惯上吃得素一些，本来在中国古代佛教僧侣终年吃素食，据说南朝梁武帝终生都吃素，影响较大，后来素食由寺庙传到宫廷又传到民间。不过我们并不是全素，吃得素一些对健康有好处。”① 谈到养生之法，毛泽东说：“我也有个原则：遇事不怒，基本吃素，多多散步，劳逸适度。”②

（一）毛泽东不吃新奇贵菜，反而对一些普通的野菜感兴趣

革命战争时期，毛泽东常吃苦菜。井冈山时期，部队没有菜吃，就采一

① 中共中央文献研究室《缅怀毛泽东》编辑组．缅怀毛泽东 下［M］．北京：中央文献出版社，2013：608 – 609.

② 孙宝义，刘春增，周桂兰．听毛泽东谈哲学［M］．北京：人民出版社，2012：20.

种叫‘苦菜’的野菜回来吃。一次，毛泽东看他们光吃饭不吃菜，他就端着饭坐到大家中间，吃了一口野菜对他们说：“这是苦菜，味道很苦，可它还是有些营养，吃了它，我们就有力气打败敌人。今天我们在这里吃苦，为的就是革命胜利后的甜呀！这就叫先苦后甜嘛！”① 1956年春的一天，毛泽东在北京郊外散步。随行的一位青年护士发现田里有苦菜，毛泽东就对他说：“野菜救过我们不少人哩！不能忘记它哩！不能忘本哩！”② “这菜好，晚上给我一些下饭吃。”吃晚饭时，毛泽东见到桌上的苦菜，拿起来美美地吃着，高兴地说：“这菜好！在长征，在延安，我们常吃它，这是穷人的救命根啊！”③

毛泽东时常想念蕨菜的滋味。1958年5月，毛泽东在杭州西湖刘庄休养。一天，主席在登山时看到青翠的蕨菜，对身边的人说：“我想吃点野菜，回去时叫张国兴给我挖些蕨菜。”吃完炒蕨菜，管理员故意问主席是否好吃，主席说：“好吃，我就爱吃这样的农家菜饭，你以后要经常给我挖些野菜，我们就是靠吃野菜过来的呀……”④

马齿苋在药理上可去燥除湿、清瘀解毒，深得毛泽东的喜爱。毛泽东不仅自己吃马齿苋，还劝江青、子女、工作人员也吃，说：“马齿苋既可做菜，又可入药，对身体大有好处呢。”1959年，毛泽东南巡至湖北省会武汉，邀请湖北省委第一书记王任重共进晚餐，餐桌上就有一道炒马齿苋。毛泽东为王任重夹就了一大筷子马齿苋，并对他说：“不要小看这道菜，它还是一味很好的中药，可以清热除湿呢。”1967年12月25日，毛泽东74岁生日的午饭餐桌上就有一盘马齿苋，毛泽东边吃边说：“这种野菜过去吃它充饥，现在有的人都不吃了。我认为这是一种好菜，吃着它就不会忘记过去。”⑤ 晚年时期的毛泽东身体健康每况愈下，但他仍很想再品尝一次马齿苋，厨师便精心制作一盘端上来，但他却无力咽下去了。

---

① “毛泽东与我”征文活动组委会．毛泽东与我丛书：我与毛泽东的交往［M］．太原：山西人民出版社，1993：118.

② 湖南人民出版社编．毛泽东思想光照千秋［M］．长沙：湖南人民出版社，1978：796.

③ 湖南长岭炼油厂政治部．毛主席永远活在我们心中（上册），1977：287.

④ “毛泽东与我”征文活动组委会．毛泽东与我丛书：毛主席走遍祖国大地［M］．太原：山西人民出版社，1993：186.

⑤ “毛泽东与我”征文活动组委会．毛泽东与我丛书：在毛泽东身边［M］．太原：山西人民出版社，1993：250.

（二）毛泽东像许多湖南人一样，特别爱吃苦瓜

革命战争时期，条件艰苦，毛泽东经常有滋有味地吃苦瓜，并号召大家以吃苦为乐。很多时候他还会用苦瓜来招待湖南老乡，甚至溥仪、章士钊、程潜等宾客。1959 年 6 月 26 日，毛主席下榻韶山招待所，在吃饭时吃了点苦瓜，说道：“人生啊，酸甜苦辣都要吃一点，这是意味着人生什么都有的，酸甜苦辣都要适应。”①

晚年的毛泽东还谈起吃苦瓜的好处：“苦瓜这种菜，我的家乡很多，房前屋后都可以种，好种也好活。有些人吃不习惯，是怕它的苦味。我不但吃得惯，还一生都吃，从小就爱吃，就图它这个苦味。我这个人一生没少吃苦，看来是苦惯了，以苦为乐了。”“凡苦的东西，对人体都有些好处，苦能去火明目嘛。人吃五谷杂粮，难免上火。有时生气也上火，这叫虚火。这种人吃点儿苦很有必要，我这个人也爱上火，所以命中注定要吃苦，不如主动去吃，免得火气太大。火气太大，不是伤人，便是伤己噢。至于明目，更是它的大好处，我现在有点老眼昏花了，时时吃一点，免得看不清事理。”②

（三）南瓜对革命有功劳

1927 年 10 月三湾改编时，一次部队吃饭时吃苦瓜和南瓜，毛泽东哈哈大笑说，“先吃苦瓜，后吃南瓜，这叫先苦后甜嘛！”③ 1933 年 5 月，谢觉哉来到江西瑞金中央苏区做毛主席的秘书。一天深夜，工作后的毛泽东感到又困又饿，他看着比自己岁数大得多的谢觉哉，笑着说：“我去弄个南瓜来，你去弄点儿柴草，咱们煮南瓜吃。”这天夜里，他俩美餐了一顿香甜的“兴国饭”④。1961 年，毛主席来湖南视察连队生活状况，在察看菜地时，他看到地里的南瓜说：“南瓜对革命可有功劳啊！在井冈山时，红军生活困难，就到处种南瓜，红军天天吃南瓜。战士们编了一套顺口溜：‘红米饭，南瓜汤，

---

① 罗正林．泽惠万世——我们回忆伟人毛泽东［M］．北京：中国文联出版社，2009：55.

② 孙宝义，刘春增，周桂兰．听毛泽东谈哲学［M］．北京：人民出版社，2012：7－8.

③ 湖南人民出版社编．毛泽东思想光照千秋［M］．长沙：湖南人民出版社，1978：515.

④ 中共中央文献研究室《缅怀毛泽东》编辑组．缅怀毛泽东 上［M］．北京：中央文献出版社，2013：411.

味道好，喷喷香，餐餐吃得精打光。'”①

二、“不吃辣椒不革命”

毛泽东在日常饮食上保持着湖南人的习惯，喜欢吃辣椒。他几乎每顿“正经饭”中都少不了辣椒，时常会有辣椒酱或是干焙辣椒；长征途中吃过辣椒粉拌梨子②；1932年到1934年，中央苏区遭受国民党经济封锁，根本吃不上盐，毛泽东就用辣椒代替盐下饭；晚年他虽然罹患多种顽疾，吞咽都已十分困难，但依然未改食辣习惯。

他多次用辣椒形象生动地讲解军事理论。1930年5月，毛泽东在江西寻乌开座谈会，进餐时品尝了当地产的“灯笼泡”辣椒，他幽默地说：“凡事不能光看外表，这辣椒很大却不如湖南的辣。这正像反动派一样，别看他表面强大，却是中间空空的灯笼泡！”③ 当面对国民党10万大军进攻中央苏区，红军拟采用何种战略战术时，毛泽东夹了一个又小又辣的“朝天椒”放到彭德怀碗里，彭德怀辣得鼻尖出汗，毛泽东见后幽默地说：“游击战是青辣椒炒肉，溜到肚里才感到辣，运动战是爆烤的朝天椒，别看它小，进口就呛人，从头辣到脚。”④ 让彭德怀迅速领悟到其中内涵，给将士们上了一堂生动的军事课。

他风趣地把辣椒与性格和革命斗争精神联系起来，曾多次谈起他的辣椒经：“吃辣椒要有决心的，要不怕辣，不怕苦。辣椒是个好东西，大凡革命者都爱吃它，我们湖南家家都种辣椒，人人都吃它，人人都革命。”⑤ 1931年10月下旬，毛泽覃和贺怡夫妇等人去看望毛泽东和贺子珍。当知道毛泽民在上海待了几年，怕吃辣椒时，毛泽东说：“江西、湖南人喜欢吃辣，一辣开百味。甜、酸、苦、辣、咸，辣味威力最大。要与这里的群众打成一片，就

---

① “毛泽东与我”征文活动组委会. 毛泽东与我丛书：毛主席走遍祖国大地［M］. 太原：山西人民出版社，1993：269.

② 中共中央文献研究室《缅怀毛泽东》编辑组. 缅怀毛泽东 下［M］. 北京：中央文献出版社，2013：33.

③ “毛泽东与我”征文活动组委会. 毛泽东与我丛书：我与毛泽东的交往［M］. 太原：山西人民出版社，1993：127.

④ 孙宝义，刘春增，周桂兰. 听毛泽东谈哲学［M］. 北京：人民出版社，2012：29.

⑤ 周秀成. 毛泽东轶事［M］. 北京：中国文史出版社，2011：530.

要学会吃辣椒。我说的不吃辣椒就不懂得中国革命，就是这个意思，不要绝对化。”① 1938 年 6 月至 12 月，毛泽东给延安抗大第四期学员讲课时也提到辣椒，“听说你们有些人不吃辣椒，我看吃辣椒也表现出一种革命精神。你辣，我不怕你，而且我敢吃掉你，对日本帝国主义也是一样，你凶狠，我不怕你，而且我敢打倒你，吃掉你。”② 1942 年 8 月 30 日，毛泽东邀请孙平和另一位苏联人谈话时说道：“一个真正的革命家，一定会吃红辣椒。”③ 1948 年冬至 1949 年的一天，毛泽东和米高扬比赛吃辣椒，米高扬一根还未吃完，便泪流满面、咳嗽不止。毛泽东见后幽默地说：“在我们中国，不会吃辣椒就不是一个彻底的革命者，看起来你还不是一个彻底的革命家啊！是啊！你有你的厉害，但我也有我的长处。中国有中国自己的特点，不了解这一点儿，是要栽跟头的！”④ 1963 年 1 月底，毛泽东听到从湖南锻炼回来的同志说辣椒太辣，吃不习惯时，主席说：“湖南人，四川人没有辣椒受不了，要顿顿吃。爱吃辣椒革命性强啊！”⑤

毛泽东把辣椒视为天下最美味的食品，也是最特别的礼物。1942 年，斯大林派人给毛泽东送来丰厚的礼品。毛泽东想来想去，最后决定回赠斯大林一布袋他亲手播种、培育和收获的红辣椒。他对苏联朋友说：“延安这里，没什么特别的东西，我就给斯大林同志送这点礼品，表示我的谢意吧。”⑥

三、“小米就是能养人”

毛泽东常念陕北的小米对革命作出了巨大贡献。“看看陕北好地方，尝尝小米熬米汤”⑦，陕北红军在以毛泽东为代表的共产党的带领下，吃着陕北的小米，创建了陕北革命根据地；依靠小米加步枪，打败了反动军队的飞机

① 陈廷一. 贺氏三姐妹［M］. 上海：东方出版社，2003：205－206.

② “毛泽东与我”征文活动组委会. 毛泽东与我丛书：我见到了毛主席［M］. 太原：山西人民出版社，1993：73.

③ 尹家民，顾保孜，董保存，等. 中南海秘史（上）［M］. 北京：中国青年出版社，2005：9.

④ 唐灏. 毛泽东中苏结盟之行［M］. 北京：中国工人出版社，2005：82.

⑤ “毛泽东与我”征文活动组委会. 毛泽东与我丛书：在毛泽东身边［M］. 太原：山西人民出版社，1993：178.

⑥ 民族魂编辑部，刘学琦. 毛泽东佳话三百篇［M］. 北京：书目文献出版社，1993：161.

⑦ 龙剑宇. 毛泽东的人生旅行［M］. 北京：中共党史出版社，2012：219.

和大炮。1936年7月的一天，毛泽东请斯诺吃饭，亲自将小米干饭盛在碗里递给斯诺："你要习惯吃小米，不习惯吃小米，就不懂得红军，就不懂得我们共产党人为什么能以小米加步枪，对付国民党的飞机加大炮，还要打败有优良装备的日本侵略者。"① 1945年，毛泽东在重庆谈判期间，听到秘书是陕西人时，毛泽东笑着说：我们在陕北十年了，陕北的小米养育了我们，陕北人民对革命是做出了巨大的贡献的。② 1949年3月，在进行进北平的准备工作时，毛泽东对警卫员们说："吃小米吃了这么多年，不要忘掉我们是用小米加步枪，打败日本侵略者和美蒋反动派的。"③

小米凝结着毛泽东对陕北老乡的关心。1947年3月，胡宗南占领延安后，各解放区的领导同志都劝毛泽东暂时撤离延安，毛泽东坚持留在陕北并说："中央红军长征以后，我们的党像孩子生了一场病，是延安的小米，延河的水使我们恢复了元气，使革命站稳了脚跟。""我决心和陕北人民在一起，不打败胡宗南绝不过黄河！"④ 1947年转战陕北期间，生活条件十分艰苦。警卫员见毛泽东工作很劳累很辛苦，就想办法弄来一点小米，蒸了一碗小米干饭给他送去，毛泽东不愿有丝毫的特殊，要与同志们同甘共苦。他说：老乡们吃不上小米，机关部门也吃不上，你为什么给我弄小米来！不要这样做。老乡们生活多苦，他们吃什么，我也吃什么。一定要给我做钱钱饭（"钱钱饭"，一种豆糠粗饭）！⑤

新中国成立后，毛泽东仍爱吃小米。20世纪50年代，保健医生徐涛见毛泽东的饮食条件很差，建议毛泽东吃一吃名贵菜肴，毛泽东皱起眉头说："要开国宴呀？你那些菜贵是贵了，贵了不见得就好。不见得就有营养。依我说，人还是五谷杂粮什么都吃的好，小米就是能养人。小地主、富裕农民都比大资本家活得长。你信不信？"⑥ 1957年7月，在青岛开会期间，毛泽东

---

① 孙宝义，刘春增，周桂兰．听毛泽东谈哲学［M］．北京：人民出版社，2012：47.

② 湖南人民出版社编．毛泽东思想光照千秋［M］．长沙：湖南人民出版社，1978：572.

③ 阎长林．在大决战的日子里——毛泽东生活实录［M］．北京：中国青年出版社，1986：220.

④ 张耀祠．张耀祠回忆录——在毛主席身边的日子［M］．北京：中共党史出版社，2012：28－29.

⑤ 湖南人民出版社编．毛泽东思想光照千秋［M］．长沙：湖南人民出版社，1978：600.

⑥ 权延赤．新中国纪实丛书：红墙内外——毛泽东生活实录［M］．北京：昆仑出版社，1989：47－50.

见炊事员选用上等大米做饭，便和蔼可亲地对服务员说：“这么好的大米，留着招待外宾吧！自己吃，不用这么好，吃糙米就行了。”“我每天都要吃点小米。”①

四、“红烧肉就是补脑子！”

毛泽东日常饮食的荤菜搭配常常是以猪肉为主，他喜欢的就数红烧肉。王鹤滨第一次陪毛泽东吃饭，毛泽东说：按你们医生的观点，我们年纪大的人，只该多吃些青菜哟！”“我看！也不要那么绝对吧。肉，我还是要吃一点的哟！”② 有一回杨纯清为毛泽东做了一碗“芙蓉鸡片”，但毛泽东却一片也没吃，他说：“听这名字我就不爱吃，现在不吃这东西，就是将来条件好了，我还是吃红烧肉过瘾些！”③ 1953 年抗美援朝战争结束后，有一次，毛泽东连续工作几十小时，两三天没正经吃一顿饭了。得知徐医生早定好了食谱，毛泽东说：“我不要他的什么食谱，你给我搞一碗红烧肉来吧。”可江青要厨房照医生定的食谱做。开饭时毛泽东眉头一皱，“红烧肉呢？红烧肉呢？”知道没弄红烧肉后发脾气了：“我只要求一碗红烧肉，过份了吗？”④ 1957 年 9 月 8 日，毛泽东在湖南视察，吃晚饭时，他把筷子伸向红烧肉，微笑说：“江青不要我吃红烧肉，今天我倒可以多吃一块！这是地地道道的家乡菜，湘潭、宁乡人民每逢佳节，少不了红烧肉。乡里人讲打牙祭，主要是指吃红烧肉。”⑤ 1957 年 11 月，毛泽东率领中国共产党代表团赴莫斯科，赫鲁晓夫在克里姆林宫设宴招待毛泽东。见服务员端上俄式名菜“土豆烧牛肉”。赫鲁晓夫打趣地说：“要是每个劳动者的碗里都有土豆烧牛肉，我看就到共产主义了！”毛泽东微笑着回答：“共产主义如果是烧牛肉，那我宁愿要红烧猪肉！”⑥

毛泽东认为补脑办法有两个，一个是梳头，另一个则是吃红烧肉。1947

---

① 民族魂编辑部，刘学琦. 毛泽东佳话三百篇［M］. 北京：书目文献出版社，1993：235.
② 王鹤滨. 紫云轩主人——我所接触的毛泽东［M］. 北京：中共中央党校出版社，1991：169.
③ 周秀成. 毛泽东轶事［M］. 北京：中国文史出版社，2011：530.
④ 李银桥. 走向神坛的毛泽东［M］. 北京：中外文化出版公司，1989：192－198.
⑤ 于来山，陈克鑫，夏远生. 毛泽东五十次回湖南［M］. 长沙：湖南人民出版社，2013：51.
⑥ 民族魂编辑部，刘学琦. 毛泽东佳话三百篇［M］. 北京：书目文献出版社，1993：236.

年，打沙家店时，毛泽东三天两夜不出屋、不上床休息。战斗结束后，毛泽东对李银桥说："你想想办法，帮我搞碗红烧肉来好不好？要肥点的。""这段时间用脑子太多，你给我吃点肥肉对我脑子有好处。"吃完红烧肉，毛泽东叹道："真香哪。"放下碗，孩子气地笑了："有点馋了。吃点肥肉对我有好处，补补脑子……"① 1948 年，毛泽东在西柏坡忙碌地指挥着三大战役，警卫想帮他改善伙食，毛泽东知道后说："不要乱忙，我不是为了吃口味，你弄了我也顾不上吃，我就是补补脑子好工作。你只要一星期给我保证两顿红烧肉，我肯定能打败蒋介石！"②

毛泽东与人民同甘共苦，爱吃却多年不吃肉。1947 年年底断了粮，毛泽东生活也很艰苦，困难环境中，他仍然写了《解放战争第二年的战略方针》《中国人民解放军宣言》等大量文章。贺老总托人从河东捎来一块腊肉，毛泽东叫警卫员撤下去，说："脑子是要补，可是也要讲条件。条件不同，补脑子的方法也不同。银桥啊，你给我梳梳头吧。"③ 1959 年至 1961 年，我国连续遭受三年空前自然大灾害，饥荒已经笼罩全国，很多人没有饭吃。11 月末一天，毛泽东在吃晚饭时，发现饭桌上有一小碗红烧肉，便挥手叫来了李银桥："哪里来的肉啊？拿走！""拿走！"④ 毛泽东给自己定下三不：不吃肉、不吃蛋、吃粮不超定量。从此坚持年多不吃肉。

五、"我死后就把我火化，骨灰撒到长江里喂鱼"

毛泽东终生都爱吃鱼，一生不知吃过多少鱼。他曾对护士长吴旭君说："我在世时吃鱼比较多，我死后把我火化，骨灰撒到长江里喂鱼。你就对鱼说：鱼儿呀，毛泽东给你们赔不是来了。他生前吃了你们，现在你们吃他吧，吃肥了你们好去为人民服务，这就叫物质不灭定律。"⑤

毛泽东爱吃鲤鱼。1936 年夏天，警卫员贺清华抓了一脸盆鱼，准备给毛泽东改善伙食。毛泽东听说有了鱼，高兴地问道："有鱼啦！是哪儿来的鱼

① 李银桥．走向神坛的毛泽东［M］．北京：中外文化出版公司，1989：188 - 189.
② 李银桥．走向神坛的毛泽东［M］．北京：中外文化出版公司，1989：190 - 191.
③ 李银桥．走向神坛的毛泽东［M］．北京：中外文化出版公司，1989：189 - 190.
④ 邸延生．历史的真知——"文革"前夜的毛泽东［M］．北京：新华出版社，2013：35.
⑤ 孙宝义，刘春增，周桂兰．听毛泽东谈哲学［M］．北京：人民出版社，2012：69 - 70.

呀?”“不要忙着做，周副主席明天就回来，等他回来一块改善生活!”① 转战陕北后，毛泽东身体消瘦了不少，远在河东的贺龙还专门为他捎来几条大鲤鱼。解放战争时期，毛泽东在西柏坡村。一天晚饭后他和警卫战士们来到一个小水塘边上。几个警卫战士下塘捞鱼，抓了几条鱼。毛泽东说：“咱们现在用劲把水搅浑，这叫浑水摸鱼嘛!”②

毛泽东爱吃胖头鱼（即鳙鱼），鱼头炖豆腐百吃不厌。有一次喝胖头鱼汤时，他幽默地说：“这条鱼的鱼头比一般的大，不知它比别的鱼聪明不聪明。想来是大脑发达，应该聪明吧。多吃这种大鱼头，一定会使大脑发达。”③

毛泽东爱吃小鱼小虾。1958 年 5 月，毛泽东在杭州西湖刘庄休养期间，为了改善伙食，毛主席的生活管理员给他下河打捞小鱼小虾吃，一次，管理员问：“主席，最近饭菜可口不?”主席说：“不错嘛，吃你捞的小鱼小虾真香，省钱又有营养……”④

毛泽东爱吃刺多的鱼。他曾对厨师杨纯清说：“人和鱼也有相同的地方。少刺的鱼是懒鱼，它们不爱动，光长肉。这种鱼营养价值不高。”⑤

毛泽东爱吃鱼冻，而且都在每顿用餐的最后才吃，吃得特别香。有一次，小孟不解地问毛泽东：“主席，您吃的那种鱼冻腥得要命，有什么好吃的啊?”毛泽东笑着说：“你算说对了，我就是要吃这种腥味呢。鱼不腥就不是鱼了，鱼腥肉香，都要领略。吃一口鱼冻，饭就一下子都顺下去了。”⑥

毛泽东喜食鱼的习惯甚至连外国人都广为知晓。毛泽东两度访苏时，苏联“老大哥”都想方设法为他弄活鱼吃。1949 年 1 月 31 日，斯大林派米高扬一行秘密来访。吃饭时，毛泽东热情地招待他们：“吃饭了，吃饭了，尝尝我们滹沱河里的鱼。”⑦ 米高扬他们在得知是新捞的活鱼后才动筷，毛泽东

---

① 民族魂编辑部，刘学琦. 毛泽东佳话三百篇［M］. 北京：书目文献出版社，1993：138.

② 民族魂编辑部，刘学琦. 毛泽东佳话三百篇［M］. 北京：书目文献出版社，1993：194－195.

③ 吴连登，丁继华. 毛泽东饮食趣谈［M］. 北京：中央文献出版社，2012：115.

④“毛泽东与我”征文活动组委会. 毛泽东与我丛书：毛主席走遍祖国大地［M］. 太原：山西人民出版社，1993：185.

⑤ 吴连登，丁继华. 毛泽东饮食趣谈［M］. 北京：中央文献出版社，2012：118.

⑥ 吴连登，丁继华. 毛泽东饮食趣谈［M］. 北京：中央文献出版社，2012：116.

⑦ 李银桥. 走向神坛的毛泽东［M］. 北京：中外文化出版公司，1989：110－114.

很不满他们的傲慢行为。一年后，毛泽东出访苏联，他向厨师下令："你只能给我做活鱼吃，他们要是送来死鱼，就给他们扔出去。"果然苏联人送来的鱼是死鱼，厨师遵照毛泽东命令给扔了回来，苏联人慌了，立马郑重保证马上抓活鱼来。其实在国内毛泽东吃鱼并不讲究，死鱼剩鱼也吃，他只是以其人之道还治其人之身，做给苏联人看。

六、"做寿是不会使人长寿的"

生日是人生的一个重大节日，然而毛泽东一生却很少正儿八经庆贺自己的生日。新中国成立前毛泽东很少过生日，从延安时代起，他就倡导党内"不祝寿，不送礼"；新中国成立后，他更是以身作则，带头遵守党内不公开祝寿的规定，严厉禁止党内祝寿送礼之风。毛泽东生前的大量生日菜谱曾被保存，但这些菜谱均十分平常，与平时饮食并无多大不同。

1943 年 12 月 26 日，毛泽东五十岁生日，这可谓大寿，延安城内有人准备为毛泽东搞个庆典，但毛泽东严词拒绝。因此毛泽东的五十寿辰就悄悄地度过了。

毛泽东 54 岁的生日正好赶上中共中央扩大会议，参会的干部们笑说赶上吃毛泽东的寿面，毛泽东说："寿面并不能使人长寿啊！吃不吃无所谓哦。"大家都说在沙家店战役胜利后为毛泽东祝寿，毛泽东说："那可不行哟。就是全国解放了，党内也不可搞祝寿活动。第一，眼下，群众和部队还缺粮吃。我们不能忘掉群众疾苦，破费东西搞祝寿嘛。第二，我们都是共产党的干部，都要带头移风易俗。大家把祝寿的心事和精力用到革命事业上多好哇！"随后，毛泽东严肃的宣布：一、不准中央机关为他的生日请客吃饭；二、不许以任何形式为他歌功颂德。①

1952 年，毛主席生日在即时，叶子龙向主席请示兄弟党和外国首脑发来的祝寿电报怎么办？主席说："收下来，都不见报。""如果人家要问，为什么没有在报纸上发表他们的电文，就说这是我们国家的习惯……"12 月 26 日，毛主席让王鹤滨陪他一起吃生日饭。王鹤滨祝主席健康长寿。主席喜悦而幽默地说："王医生，咱们不祝寿，但是可以吃清汤面，是吧。""做寿是

① 龙剑宇．毛泽东的人生旅行［M］．北京：中共党史出版社，2012：271．

不会使人长寿的，对吧。人活百岁就不得了喽！哪里有什么万岁呀！”①

1953年12月26日，是毛泽东60大寿，事先，湖南家乡一些亲友要求进京为他祝寿，毛泽东一概婉言谢绝，晚饭时，卫士们特意做了几个家乡菜，当毛泽东弄明白今天是他60岁生日时，马上严肃地说：“中央已有决定，不能祝寿，你们为什么还为我祝寿呢?”在卫士们的热情张罗下，毛泽东吃了蒸熟的桃子、喝了点酒。在吃长寿面时，他说：“吃长寿面能长寿吗？祝寿能使人长寿吗？我看不能。如果能的话，那就天天吃长寿面，天天祝寿就行了。”②

1958年12月26日，这一天是毛泽东65岁的生日，中午他准备离开广州，陶铸特意邀请毛泽东与大家一起吃一次饭。工作人员加了几个菜，一则为毛泽东祝寿，二则也是饯行。毛泽东说：“年纪轻的时候，愿意过生日。过一次生日表示大一岁，又成熟些了。到年纪大了，不愿意过生日。过一次生日表示少一年，更接近死了。”“你们去吧，我就不去了”③

1960年，我国国民经济遇到严重困难，毛泽东忧心如焚。在12月26日，他66岁生日这一天，毛泽东请叶子龙、李银桥、汪东兴等6个人一起吃饭。饭桌上，毛泽东说：“现在老百姓遭了灾。你们都去搞些调查研究。那里到底有什么问题啊？把情况反映上来。”“人民公社，大办食堂，到底好不好？群众有什么意见？告诉我。要讲实话。”这一顿饭，毛泽东没吃几口便放下了筷子，他吃不下去。当夜毛泽东辗转难眠，对封耀松说到：“睡不着啊！全国人民遭了灾，我哪里睡得着啊！”④

1962年12月26日，毛泽东69岁生日，他只吃了早餐，晚餐仅仅是一缸子麦片粥。1964年12月26日，第三届全国人民代表大会在北京举行，恰逢毛泽东71岁生日，当天的会议结束后，毛泽东特意用自己的稿费请许多人吃饭，说：“今天既不是做生日也不是祝寿，而是实行‘三同’，我用我的稿费请大家吃顿饭。我的孩子没让来，他们不够资格。”⑤

---

① 罗正林. 泽惠万世——我们回忆伟人毛泽东［M］. 北京：中国文联出版社，2009：169.

② 吴连登，丁继华. 毛泽东饮食趣谈［M］. 北京：中央文献出版社，2012：210－211.

③ 于来山，陈克鑫，夏远生. 毛泽东五十次回湖南［M］. 长沙：湖南人民出版社，2013：69.

④ 郑谦，韩刚. 晚年岁月：1956年后的毛泽东［M］. 北京：中国青年出版社，1993：134.

⑤ “毛泽东与我”征文活动组委会. 毛泽东与我丛书：我见到了毛主席［M］. 北京：山西人民出版社，1993：323.

1975年12月26日，毛泽东82岁生日，也是他最后一个生日。生日宴上，菜肴比往常丰盛。江青特意带了两道毛泽东很爱吃的菜：胖头鱼汤、肉丝炒辣椒。毛泽东喝了胖头鱼汤，高兴地说："胖头鱼汤好香啊！"并坚持自己用勺舀汤喝。这顿饭，毛泽东吃得格外高兴。毛泽东的生日是热闹欢乐的，同时又是平常无奇的。他的生日与寻常百姓比较，似乎更少一些隆重丰盛。然而，毛泽东一生对此都十分满足。

七、结语

毛泽东的饮食习惯带着中国传统农民饮食的色彩，饮食健康，养生理念讲究平平淡淡才是真。他曾说："本人生来不高贵，故高贵之物不敢问津。"在他看来，人吃五谷杂粮、粗茶淡饭，能通便畅气，不要把自己养娇贵了。毛泽东当年爱吃的普通饭菜里凝聚着克勤克俭的民族传统，凝聚着艰苦奋斗的革命精神，彰显着一代伟人的平凡而伟大。毛泽东的饮食思想和文化理念应成为我们中华民族的宝贵精神财富。

（岳　海）

附篇

毛泽东日常谈话若干条目考证

长征路上毛泽东哈达铺重要讲话考证

1935 年 9 月 22 日，毛泽东在哈达铺的红军团以上干部会议上说：

“同志们！今天是九月二十二日，再过几天就是阳历十月，自从去年我们离开瑞金，过了于都河，至今快一年了。一年来，我们走了两万多里路，打破了敌人无数次的追堵围剿。尽管天上还有飞机，蒋介石做梦也想消灭我们，但是我们过来了。过了江西、湖南、广西、贵州、云南、四川，过了金沙江、大渡河、雪山、草地，过了腊子口，现在坐在哈达铺的关帝庙里，安安逸逸地开会了。这本身就是个伟大的胜利！

但是，在胜利面前，我们必须冷静地分析形势。现在，在甘肃等待我们和准备截击我们的国民党中央军和东北军、西北军还有 30 多万人，朱绍良、毛炳文、王均等部在甘肃，张学良的东北军，杨虎城的西北军在陕西，在宁夏、青海、甘肃边境还有“四马”的骑兵和步兵。至于蒋介石，态度仍很顽固，他不顾当前的民族危机，一直不肯接受我党 1933 年 1 月 17 日提出的中国工农红军愿在三个条件下与国民党军队共同抗日的主张，仍醉心于打内战，妄想再次用他的优势兵力，消灭他们认为“经过长途跋涉疲惫不堪”的红军。我们仔细估计国民党的力量，是超过我们的数倍，假使我们在战略战术上不小心，不慎重的话，那么，我军就有受到严重打击的危险。如果国民党各军不拦阻堵截我们，不向我军攻击，我军决不进攻他们，但遭受打击和堵截时，我军是必须打开北上道路和自卫的。

张国焘看不起我们，他对抗中央，还倒打一耙，反骂我们是机会主义。我们要北上，他要南下，我们要抗日，他要躲开矛盾，究竟哪个是退却，哪个是机会主义？我们不怕骂，我们要抗日，首先要到陕北去，那里有刘志丹的红军。感谢国民党的报纸，为我们提供了陕北红军的比较详细的消息，那里不但有刘志丹的红军，还有徐海东的红军，还有根据地！

我们和同志们都在惦念着还在四方面军的朱总司令、刘伯承参谋长。我们也都在惦念着四方面军的同志和五、九军团的同志们，相信他们是赞成北上抗日这一正确方针的，总有一天他们会沿着我们北上的道路，穿过草地、北上陕甘腊子口与我们会合，站在抗日的最前线的，也许在明年这个时候。

同志们，我们目前只有八千多人，人是少了一点，但少有少的好处，目标小点，作战灵活性大。人少，更不用悲观，我们现在比一九二九年初红军下井冈山时的人数还多哩。胜利是一定属于我们的。现在要提醒大家一点，就是在松潘地区，我们是没收反动土司的粮食、牛羊和购买藏民的粮食，现在我们应该坚持以打土豪、筹粮筹款为主，不能侵占工农的利益。这是人民军队的一条主要纪律。经过两万多里的长征，经久战斗、不畏艰苦的红军指战员，一定能够以自己的英勇、顽强、灵活的战略战术、战斗经验来战胜北上抗日途中的一切困难！

你不要看着现在人少，我们是经过锻炼的，不论在政治上，体力上，经验上，个个都是经过考验的，是很强的，我们一个可以当十个、十个可以当百个。特别是有中央直接领导我们，这是我们胜利的保证。同志们，胜利前进吧，到陕北只有七八百里了，那里就是我们的目的地，就是我们的抗日前进阵地。

为了适应新的形势，中央决定改编部队，组成中国工农红军陕甘支队，由彭德怀同志当司令员，我兼政委，下属三个纵队，第一纵队由红一军改编，第二纵队由红三军改编，军委直属部队编为第三纵队。"①

二、考证：讲话的背景、时间与内容

（一）谈话背景

1935 年 9 月 12 日俄界会议决定，将原有红一、红三军团缩编为中国工农红军陕甘支队。中共中央率陕甘支队迅速北上，先头部队红四团勇敢机智

① 中共甘肃省委党史研究室．毛泽东与甘肃［M］．北京：中共党史出版社，1995：397－400．

地在9月17日夺取腊子口，为主力红军进入甘南打开了通道，毛泽东、周恩来、彭德怀等率领主力红军翻越岷山，在9月20日进入甘肃南部宕昌县的小镇哈达铺。毛泽东从当地找到的宣传资料上了解到陕北有相当大的一片苏区和相当数量的红军，从而确定把陕北作为红军长征的落脚点和抗日的出发地。

这一条目的内容就是毛泽东在哈达铺陕甘支队团以上干部会上的讲话。既包含了对近一年长征的总结和党内分歧的看法，也有对当前敌情及党和红军去向前途的分析，还有对党和军队的战斗力、信心的判断及工作方法的指导，是一段分量十足、高瞻远瞩、个性鲜明的讲话。讲话使哈达铺成为长征即将胜利前鼓舞人心的“加油站”。可见该条谈话十分重要，对谈话内容及其可信度应予考证。

经查，这段谈话在《毛泽东选集》《毛泽东文集》《毛泽东军事文集》中都没有收录。在《毛泽东年谱》中则概述为：“同日出席陕甘支队团以上干部会议，作行动方针与任务的报告，指出：民族的危机在一天天加深，我们必须继续行动，完成北上抗日的原定计划。首先要到陕北去，那里有刘志丹的红军。从现地到刘志丹创建的陕北革命根据地不过七八百里的路程。大家要振奋精神，继续北上。”年谱所示不仅在内容上比条目少了很多，且只有关于红军行动方向的核心内容，表达也不生动；而且开会时间与条目也不一致，年谱此处的“同日”指的是9月20日，而条目所记为9月22日。

那么，条目所录这段内容丰富的讲话是否可信，哈达铺关帝庙召开的这次陕甘支队团以上干部会议究竟是9月20日还是22日召开的呢？

（二）条目内容的来源

这段讲话在《聂荣臻回忆录》中记述为：“九月二十二日，毛泽东同志召集第一、三军团和中央军委纵队的团以上干部，在哈达铺一座关帝庙里开会。他在会上作了政治报告。他说：‘我们要北上，张国焘要南下，张国焘说我们是机会主义，究竟哪个是机会主义？目前，日本帝国主义侵略中国，我们就是要北上抗日。首先要到陕北去，那里有刘志丹的红军。我们的路线是正确的，现在我们北上先遣队人数是少一点，但是目标也就小一点，不张扬，大家用不着悲观，我们现在比一九二九年初红四军下井冈山时的人数还多哩！我们现在改称陕甘支队，由彭德怀同志任司令员，我兼政委。’……最后毛泽东同志动员大家振奋精神，继续北上，并告诉大家，从现地到刘志丹同志创建的陕北根据地只不过七八百里了。”聂荣臻时任第一纵队司令员，这段回忆指出开会时间是9月22日，讲话内容比年谱中的丰富，但仍不如条目内容详细丰满传神。金冲及所著《毛泽东传》也是采用了聂荣臻的这段回忆，对于会议召开时间，则没有明确是20日或22日。

那么，这段生动的讲话，主要源自哪里呢？在时任红四团政委杨成武的回忆录中有绝大部分内容：

“第二天，在关帝庙前的院子里，党中央召开全军团以上干部会议。由于大家到达哈达铺的第一天都好好睡了觉，改善了一下生活，擦了擦澡，许多同志还理了个发，所以这天我们碰到一起互相一瞅，也都感到对方比过去精神多了，也年轻多了。人陆陆续续快要到齐了。三三两两凑到一起，叽叽咕咕，笑声不断。

会议开始了。毛泽东同志与其他中央领导同志走进会场，顿时响起热烈的掌声。我们仔细一瞅，他们也显得格外的精神。

毛主席挥挥手要大家坐下，然后，笑笑说：同志们，今天是九月二十二日，再过几天是阳历十月，自从去年我们离开瑞金，过了于都河，至今快一年了。一年来，我们走了两万多里路，打破了敌人无数次的追、堵、围、剿。尽管天上还有飞机，蒋介石连做梦也想消灭我们，但是我们过来了，过了江西、湖南、广西、贵州、云南、四川，过了金沙江、大渡河、雪山、草地，过了腊子口，现在坐在哈达铺的关帝庙里，安安逸逸地开会了。这本身是个伟大的胜利！毛主席激动人心的讲话，使会场上又一次响起热烈的掌声。

稍稍停顿了一下，毛主席又说：但是，在胜利面前，我们必须冷静地分析形势，估计形势。接着，他介绍说：我们战胜了自然界的种种险阻，粉碎了敌人数不清的堵截、追击，也顶住了天上敌人飞机的轰炸，但现在在甘肃等待我们和准备截击我们的国民党“中央军”和东北军、西北军还有三十多万人，朱绍良（伪甘肃省主席）、毛炳文、王钧等部在甘肃；张学良的东北军，杨虎城的西北军在陕甘；在宁夏、青海、甘肃边境还有“四马”的骑兵和步兵。至于蒋介石，态度仍很顽固，他不顾当前的民族危机，一直不肯接受我党一九三三年一月十七日提出的中国工农红军愿在三个条件下与国民党军队共同抗日的主张，仍醉心于打内战，妄想再次用他的优势兵力，消灭他们认为“经过长途跋涉疲惫不堪”的红军。

毛主席说：国民党反动派把三四十万兵力部署在陕西、甘肃一带追堵我们，对红军北上抗日，不能不说是严重威胁。所以北上抗日的任务，还是十分艰巨的。

毛主席在形势分析中还谈到四方面军与张国焘。毛主席说：张国焘看不起我们。他对抗中央，还倒打一耙，反骂我们是机会主义。我们要北上，他要南下；我们要抗日，他要躲开矛盾，究竟哪个是退却，哪个是机会主义？我们不怕骂，我们要抗日，首先要到陕北去，那里有刘志丹的红军。讲到张国焘闹分裂对抗中央时，毛主席还特别提到：在关键时刻，叶剑英同志是立了大功的！毛主席说到这里，略略停顿了一下，然后诙谐地说，感谢国民党的报纸，为我们提供了陕北红军的比较详细的消息：那里不但有刘志丹的红军，还有徐海东的红军，还有根据地！听到这里，同志们按捺不住内心的激动，热烈地鼓起掌来。

毛主席又挥挥手，要大家安静，并且说：我们和同志们都惦念着还在四方面军的朱总司令、刘伯承参谋长。我们也都在惦念着四方面军的同志们和五、九军团的同志们，相信他们是赞成北上抗日这一正确方针的，总有一天他们会沿着我们北上的道路，穿过草地，北上陕甘，出腊子口与我们会合，站在抗日的最前线的，也许在明年这个时候。

此时掌声雷动，大家的心里热乎乎的。毛主席又笑笑说：同志们，我代表中央，宣布一个重要的决定。顿时，同志们都静了下来。

毛主席接着又说：为了适应新的形势，中央决定部队改编，组成中国工农红军陕甘支队，由彭德怀同志当司令员，我兼政委，下属三个纵队。于是在掌声中，毛主席宣布陕甘支队编成三个纵队，即第一纵队由红一军团改编，第二纵队由红三军团改编，军委直属部队改编为第三纵队。

毛主席接着又说：同志们，我们目前只有八千多人，人是少了一点，但小有小的好处，目标小点，作战灵活性大。人少，更不用悲观，我们现在比一九二九年初红四军下井冈山时的人数还多哩！胜利是一定属于我们的！毛主席说完，举起一个指头，笑着说：现在要提醒大家一点，就是在松潘地区，我们是没收反动土司的粮食、牛羊和购买藏民的粮食，现在我们应该坚持以打土豪、筹粮筹款为主，不能侵占工农的利益。这是人民军队的一条重要纪律。

毛主席最后用洪亮的声音号召大家：经过两万多里的长征，久经战斗、不畏艰苦的红军指战员是一定能够以自己的英勇、顽强、灵活的战略战术、战斗经验，来战胜北上抗日途中的一切困难！你不要看着我们现在人少，我们是经过锻炼的，不论在政治上，体力上，经验上，个个都是经过了考验的，是很强的，我们一个可以当十个，十个可以当百个。特别是有中央直接领导我们，这是我们胜利的保证。'同志们，胜利前进吧，到陕北只有七八百里了，那里就是我们的目的地，就是我们的抗日前进阵地！'毛主席挥舞着拳头结束了鼓舞人心的讲话。"

对比条目内容和杨成武的回忆，除条目中"我们仔细估计国民党的力量，是超过我们的数倍，假使我们在战略战术上不小心，不慎重的话，那么，我军就有受到严重打击的危险。如果国民党各军不拦阻堵截我们，不向我军攻击，我军决不进攻他们，但遭受打击和堵截时，我军是必须打开北上道路和自卫的。"在这段回忆中没有，关于部队改编的内容挪动了位置，由中段挪动至末尾，其余的内容是一模一样的。另外还有一处不同在于，在回忆中讲到了叶剑英在和张国焘分裂作斗争时立了大功，而条目中则没有这一句。

（三）开会时间考析

在会议召开的时间点上，杨成武回忆与聂荣臻回忆一致，即在讲话的开始，毛泽东自己便讲到是22日，而不是20日。根据其他回忆材料推论，22日这个时间应该是可信的。杨成武是红四团团长，到达哈达铺前的关键之战——攻克腊子口由红四团承担，因此对此战及前后的军事行动时间节点，他应该记忆十分深刻，据他回忆，占领腊子口是在9月17日早晨，夜占领岷州城东关，根据军委命令，先头团于18日白天到哈达铺，杨成武回忆当时是在"晴天的上午"。19日，聂荣臻和林彪随二师部队也进驻哈达铺，到达后得到一张国民党的《山西日报》，其中载有一条"阎锡山的部队进攻陕北红军刘志丹部"的消息，便赶紧派骑兵通信员把这张报纸给毛泽东同志送去。也就是说，毛泽东等所在第三纵队行军在第一纵队之后，根据路程（腊子口到哈达铺约70公里）推算，毛泽东要看到送信骑兵送达的报纸应在19日晚或20日。到达哈达铺最早也只能在20日，到达当天即在毛泽东、张闻天住处召开中央政治局常委会会议，决定在哈达铺完成整编。之后花时间整合分析各方面搜集到的关于陕北红军和根据地的情况信息，并请陕北人贾拓夫介绍知晓的陕北红军情况，最终在22日上午召开中央领导人会议，决定到陕北去。期间，部队在哈达铺得到休整，战士们都吃好饭、洗澡、理发，面貌焕然一新。

当天下午才开的红军团以上干部会。如果这次会议是20日开，中央领导人是来不及整理信息、做出决定的。

综上，红军团以上干部会议应该是在9月22日下午举行。

（四）讲话内容分析

那么讲话内容呢？杨成武的回忆是否可信？从以下三方面分析，可以得出结论：是基本可信的。

1. 开会原因与讲话核心内容逻辑一致

时任政治部副主任杨尚昆回忆："在哈达铺，毛主席还召开了全支队团以上干部会议，把陕北有红军以及支队新的进军方向告诉了大家。部队经过长途征战，的确非常疲劳啊！何况，长征中相当一段时期在藏民区行进，那里人口稀少，又有历史上遗留下来的民族隔阂，扩军、筹粮都很困难，大家都希望早点找到一个人口较多的地区创造根据地。听说陕北有红军的消息后，大家都非常振奋。在这次会上，毛主席还把张国焘同中央闹分裂的事给大家讲清楚了。本来，中央不让向下面随便讲张国焘闹分裂的事，但是，许多中下级干部还是知道了，一路上情绪不太好。现在，大家知道了前面不远的地方就有红军和根据地，情绪普遍高涨起来。"从这段回忆可见，这次在哈达铺召开团以上干部会议，是为了点燃走出困境的希望，同时解决同志们关于张国焘分裂事件的疑惑。所以毛泽东在会上的讲话必然包含以下内容：以当前形势为依据给同志们解析党中央关于红军前进方向的决策、批判张国焘同中央闹分裂。这些正是该条目的核心内容。

2. 讲话基调和鼓劲言语合理且有根据

毛泽东在这次讲话中做这样那样的分析或者批判，目的就是给同志们鼓劲。所以，整个讲话的基调就是加油。这一点在该条目内容上可以明显感觉出来。那么"加油的话"是条目中这样的吗？

《毛泽东年谱》中概述性的"大家要振奋精神，继续北上"，在现场讲话中应该有更多形象生动的铺垫，这一点在其他同志的回忆中有诸多佐证。毛泽东是从总结历史的角度来激发同志们的信心的。首先，总结中华民族历史。吴富善回忆道：在哈达铺镇西的关帝庙，毛主席在干部会上明确指出："自从盘古开天地，三皇五帝到如今。历史上有这样的长征吗？没有！这是中国无产阶级的骄傲，中国共产党的骄傲，也是中华民族的骄傲！中华民族也只有这样的军队才能得救。”这与杨成武回忆相佐证。接着，总结党的革命斗争经验。时任红军大学政治部主任莫文骅回忆道：“毛主席发表了热情洋溢的演说”，说“我们虽只有7000多人，但个个都经过了考验，我们一定能够达到抗日的目的。”干部连指导员李坚真回忆道：毛泽东在会上说：“现在我们的人数是少点，但比1929年初红四军下井冈山时的人数还多哩！”在一纵队政治部组织部任青年干事的王宗槐回忆：“毛主席首先讲了红军离开瑞金快一年了，一年来；我们走了两万多里路，打破了敌人无数次的围追堵截，今天到了哈达铺，取得了伟大的胜利，也讲了张国焘闹分裂，不愿北上，要回四川吃大米饭，但回到四川没有前途，要成为‘瓮中之鳖’，还风趣地说‘现在我们只有八千多人，看上去少了一点，但万把人不多不少，打游击正好。’”

以上其他同志的回忆，虽然在字句上有些微差异，但核心含义却与杨成武的回忆高度一致，相互印证。可见，毛泽东9月22日召开的团以上干部会议上确实发表了一番内容饱满、总结过去、展望未来、激励人心的讲话。

3. 讲话风格符合毛泽东语言表达特点

一是乐观、积极。该条目中“现在比一九二九年初红军下井冈山时的人数还多”“人是少了一点，但少有少的好处”的表达，就体现了这一点；二是有历史纵深感，充满哲思。讲话对长征近一年的总结，对红四方面军会跟上来的预判，都体现了毛泽东谈话深邃、有远见的特点；三是语言风趣、通俗。如“做梦也想消灭我们”“安安逸逸开会”“感谢国民党的报纸”“倒打一耙”“一个可以当十个”等等，都呈现着毛泽东一贯的语言风格。

结论：该条目内容是真实可信的。虽然每个在场者的回忆在个别文字上有差别，但关键内容和语言风格都是令人信服的，即使有个别文字上的差异，也恰恰体现了口头谈话与书面著作的不同之处。

（熊　慧）

关于延安时期
毛泽东“三样法宝”谈话的考证

条目摘录一：

1939 年 7 月 7 日，华北联合大学举行开学典礼，校长成仿吾请毛泽东给师生作报告。毛泽东说：“当年姜子牙下昆仑山，元始天尊赠了他杏黄旗、四不象和打神鞭三样法宝。现在你们出发上前线，我也赠你们三样法宝，这就是：统一战线，武装斗争，党的建设。”①

条目摘录二：

1939 年 7 月 9 日，延安的华北联大举行开学典礼，并准备开赴前线。校长成仿吾请毛泽东给师生作报告。毛泽东很风趣地引用了《封神演义》里的一段故事，说：“当年姜子牙下昆仑山，元始天尊赠予他‘杏黄旗’‘打神鞭’‘方天印’三样法宝。现在你们出发上前线，我也赠你们三件法宝。第一个法宝是统一战线。现在时局的特点是妥协投降分子要闹分裂，我们就以抗战的进步、全国的团结、坚持统一战线来对付。一定要坚持抗日民族统一战线，坚持国共长期合作，凡是可以多留一天的，我们就留他一天，能够争取他半天一夜都是好的，甚至留他吃了早饭再去也是好的。第二个法宝是游击战争。你们不要看轻这‘游击战争’四个字，这是我们十八年艰苦奋斗中

① 盛巽昌. 毛泽东眼中的历史人物［M］. 上海：世纪出版集团，上海辞书出版社，2005：528－529.

得来的法宝。斯大林说，武装的革命反对武装的反革命，这是中国革命的特点之一，也是中国革命的优点之一。中国现在的革命，要把日本打出去，没有武装斗争，其他就没有办法。第三个法宝是革命中心的团结。这是指共产党要与共产党的同情者好好地团结起来。没有革命中心的团结，别的法宝就不能使用。”毛泽东还强调指出：“只要好好掌握和运用这‘三个法宝’，就什么敌人也不怕，什么困难也能战胜。”①

这两则摘录说的是同一个场合的毛泽东谈话，从语言风格来看，善用典故、轻松自然、回味悠长，毋庸置疑是出自毛泽东之口。但抛开文字详略的不同，就核心表达来说，这两则关乎同一内容的摘录却有三处不一样。

首先是时间点不一样，摘录一为“1939 年 7 月 7 日”，摘录二为“1939 年 7 月 9 日”；第二是元始天尊赠与姜子牙的三件宝物不一样，摘录一为“杏黄旗、四不象和打神鞭”，摘录二为“杏黄旗、打神鞭、方天印”；第三是毛泽东所说的三大法宝，提法不一样，摘录一为“统一战线，武装斗争，党的建设”，摘录二为“统一战线、游击战争、革命中心的团结”。这些不同，以对谈话可信度的影响轻重标准看，由轻至重分别是：元始天尊赠姜子牙的宝物、时间点、毛泽东所说的三大法宝。

第一个不同，所言元始天尊赠姜子牙的宝物不同。

通过查阅《封神演义》可知，三件宝物应该是“杏黄旗、四不象和打神鞭”，摘录一正确，摘录二有误，摘录二中的宝物“方天印”应为“番天印”，而且是商朝王子殷郊的师傅赠与他的宝物。不过，这一处错误，有可能是书的作者出错，也有可能是毛泽东讲话时出错。但无论哪一个环节出错，并不会影响我们对这个讲话的核心含义的理解。

第二个和第三个不同，即讲话发生的时间点和“三个法宝”的内容不同。

目前能看到的最权威的资料是《毛泽东年谱》中的说法：“7 月 9 日向陕北公学开赴华北抗日前线的同学讲话。他说：送给同学们三个法宝。第一个法宝是统一战线。现在时局的特点是妥协投降分子要闹分裂，我们就以抗战的进步、全国的团结、坚持统一战线来对付。一定要坚持抗日民族统一战线，坚持国共长期合作，凡是可以多留一天的，我们就留他一天，能够争取他半

① 《红广角》编委会．红广角［J］．2014（5）：14．

天一夜都是好的，甚至留他吃了早饭再去也是好的。抗日民族统一战线是战略的，又是策略的。从规定革命力量的相当布置计划，决定无产阶级的主要打击方向这一点来说，抗日民族统一战线是战略的，它规定战略任务，调动同盟军。第二个法宝是游击战争。你们不要看轻这‘游击战争’四个字，这是我们十八年艰苦奋斗中得来的法宝。斯大林说，武装的革命反对武装的反革命，这是中国革命的特点之一，也是中国革命的优点之一。中国现在的革命，要把日本打出去，没有武装斗争，其他就没有办法。第三个法宝是革命中心的团结。这是指共产党要与共产党的同情者好好地团结起来。没有革命中心的团结，别的法宝就不能使用。”摘录二中的内容与这个内容高度一致，时间点是“1939 年 7 月 9 日”，“三大法宝”为“统一战线、游击战争、革命中心的团结”。

那么“1939 年 7 月 7 日”和“统一战线，武装斗争，党的建设”这三大法宝的说法又来自哪里呢？

在《成仿吾年谱》中有记载：“7 月 7 日在延安召开华北联合大学成立大会。会上，成仿吾宣布华北联大正式成立，并请毛泽东主席作报告。毛泽东谈笑风生，边讲边走动，边做手势，号召大家‘深入敌后，动员群众，坚持抗战到底’。他引用《封神演义》里一个故事作比喻说‘当年姜子牙下昆仑山，元始天尊赠了他杏黄旗、四不像、打神鞭三样法宝。现在你们出发上前线，我也赠你们三样法宝，这就是统一战线、武装斗争、党的建设。’毛泽东这次讲话的主要思想，于 1939 年 10 月发表在《〈共产党人〉发刊词》一文中。”这条年谱是否可靠呢？

“1939 年 7 月 7 日”这个时间点，暂时找不到更多的材料证明或者证伪，暂且搁置。但是关于“三个法宝”，还有一则来自李维汉的回忆可以佐证：“1939 年夏，由于形势的变化和斗争需要，党中央决定将陕公、延安鲁艺（院长周扬）、安吴堡战时青年训练班（冯文彬、胡乔木主持）、延安工人学校（校长张浩）合并，成立华北联合大学，由成仿吾任校长兼党团书记，全部开赴晋东南前线。6 月下旬，陕公由栒邑先迁回延安。7 月初，四校完成整编任务。在离开延安前，我送他们到桥儿沟，党中央书记处的几位负责同志：毛泽东、周恩来、博古等，在桥儿沟先后接见了他们，并作了报告。去前线的学员送给毛泽东一面锦旗，毛泽东在报告中回赠他们‘三个法宝’：统一战线、游击战争、革命的团结。指出，只要好好掌握和运用这‘三个法宝’，就什么敌人也不怕，什么困难也能战胜。7 月 11 日，在陕公大礼堂举行了盛大的欢送晚会。7 月 12 日，他们踏上新的征途，向晋东南进军了。”但除了这条回忆录，并不能找到另一个人的回忆录同证，所以从这一点看，是为孤证。不过，从内容上分析，则能得出此时毛泽东提出的“三个法宝”应为“统一战线、游击战争、革命的团结”。原因有二：一是毛泽东第一次明确提出统一战线、武装斗争、党的建设是中国革命的三大法宝，是在 1939 年 10 月 4 日写的《〈共产党人〉发刊词》中；二是结合谈话背景，此时是在华北联大师生上抗日前线的送别会上，这三大法宝围绕的核心是“如何取得抗战的胜利”，而不是在《〈共产党人〉发刊词》中所概括的三大法宝，围绕的核心是“如何取得中国革命的胜利”，7 月 9 日在讲话中首提的“三大法宝”，比 10 月 4 日在发刊词中第一次公开发表的“三大法宝”内涵上要窄，指向的是革命战争中的一个阶段即抗日战争。

根据以上分析，对这三个不同，从日常谈话的运用角度来看，第一个不同不影响核心内容，可以依据历史资料，采用正确的说法。第二个不同，是讲话时间点问题，如果不准确，会令谈话的可信度大打折扣，当材料是孤证时，依据最权威的资料，即目前来看用《毛泽东年谱》中的说法核准（即 1937 年 7 月 9 日）比较好。第三个不同，则关联甚大，这会动摇研究、运用的基础，必须加以分析。

值得注意的是，对同一则谈话，出现内容差异较大的记录，这件事本身就提出一个问题，即研究、运用口头谈话时，选择什么版本更适宜？从谈话的传播途径来看，谈话主要是通过亲历者出版回忆录或者接受访谈流传下来的，那么应该是越早的版本越准确，这样就避免了后来的研究出版物断章取义或以讹传讹。当然，若是同一时期的不同版本，则应尽量避免孤证，要多找几个相关回忆录，相互比对核准。本条内容中的“三大法宝”应取“统一战线、游击战争、革命中心的团结”更为准确。这也是三个月后毛泽东在《〈共产党人〉发刊词》中所述“三大法宝”的重要基础。

（熊　慧）

重庆谈判时毛泽东与张澜一次谈话的考证

——毛泽东自称“单刀赴会”吗?

条目摘录:张澜、鲜英等为毛泽东的安全担心，毛泽东说:“多谢关怀!多谢你们各位的关怀!此次单刀赴会，来之前，我们是作了充分研究和估计的，按目前形势看来，可说有惊无险，或者是有险不危。我现在不是甚好吗?毫毛无损，我一下飞机，没有把我扣留起来啊!我是诸葛亮到东吴，身在虎口，安如泰山啊!表老，这次他们连发三封电报邀请我，做得颇有诚意，我如不来，必大放其谣言，说我们不要和平，不要团结——这种调子已经在唱了——不得了，罪名一大堆往你头上浇下来!现在我来了，他们哑口了，谣言不攻自破，统统烟消云散，以后再也造不出来了。”①

一、考证:毛泽东自称“单刀赴会”吗?

这一条目叙述的是重庆谈判期间，毛泽东第一次到特园拜访民盟领导人张澜等会谈的情形。出自著作《毛泽东和党外朋友们》(绍康编:1993年团结出版社出版)，篇目是林淇著《老成谋国，乘虚御风——毛泽东三访张澜》。详文如下:

张澜谢过，言路一转，感佩道:“润之先生，此次您竟会来重庆，是我们意想不到的!您现在来了，我们又不能不为您的个人安危而忧虑啊!”“我们这些人都在为您的安全担心啊!”鲜英蹙额道。

① 绍康. 毛泽东和党外朋友们[M]. 北京:团结出版社，1993:80-81.

毛泽东神情坦荡，悠然一笑，感激道："多谢关怀！多谢你们各位的关怀！此次单刀赴会，来之前，我们是作了充分研究和估计的，按目前形势看来，可说有惊无险，或者是有险不危。我现在不是甚好吗？毫毛无损，我一下飞机，没有把我扣留起来啊！我是诸葛亮到东吴，身在虎口，安如泰山啊！"

张澜从毛泽东的眼神里体察到了这位中共领袖的处危若安、宁静致远的胆魄，但仍有所不安道："润之先生，国共两党要谈判，你们可以像过去那样，派恩来先生，加上若飞先生来谈就行了，何必动您的大驾呢！"

"表老，这次他们连发三封电报邀我，做得颇有诚意，我如不来，必大放其谣言，说我们不要和平，不要团结－这种调子已经在唱了－不得了，罪名一大堆往你头上浇下来！现在我来了，他们哑口了，谣言不攻自破，统统烟消云散，以后再也造不出来了。"

这段毛泽东的谈话中，有一句"此次单刀赴会……"，"单刀赴会"一词令人生疑。在中国文化意境来看，"单刀赴会"属于溢美之词。除非引出毛泽东这段谈话的他人谈话中用该词称颂毛泽东，毛泽东接话时沿用，是合理的，否则，以毛泽东向来谦虚的人生态度来看，自称"单刀赴会"的可能性微乎其微，同时，以其传统文化功底，他也绝不可能误用该词。然而，从上下文看，张澜、鲜英等的关心、感佩之语中，并没有出现这个溢美之词。因此，毛泽东自称"单刀赴会"值得怀疑。

那么我们今天在林淇此文中怎么会看到这样的描述呢？这在著作《张澜传》（林淇著，上海文艺出版社 1993 年出版）中可以找到答案。

考证条目的出处：《老成谋国，乘虚御风——毛泽东三访张澜》这一篇目的作者林淇，就是《张澜传》的作者，该篇目主要内容就节选自作者这本书，不过原书该部分并无篇目标题，考证条目的内容在该书第 237 至 238 页。

但是，《张澜传》并非回忆录，林淇是个作家。钱伟长为该书所写序言中道：中年作家林淇先生本来对张澜老人很陌生，但在毛主席等中央领导同志的启发下，决心将张澜老人的形象，运用文艺形式，传其生平，树其丰碑，昭兹来者，启迪后人，成为学习爱国主义精神的榜样。作者用心良苦，用力尤勤：资料收集得充分翔实益见其历史性，立论表现得持平精当益增其思想性，落笔表现得质朴无华益显其可读性……

从序言可见，《张澜传》是作者在搜集资料的基础上进行文学创作加工而成的，所以通篇没有分篇目，也没有拟标题，风格更类似纪传体小说。因此，考证条目的这段描述也就属于近似小说的创作，将其作为历史事实看待，是不恰当的。而欲知会谈当时的具体情况，毛泽东究竟有没有讲类似考证条目中的话，最可信赖的应为当时在场者的回忆录，再次应为当时的报刊，而不能过多相信二次创作的内容。

那么毛泽东和张澜等在 1945 年 8 月 30 日这次会谈，是否有回忆录呢？首先要注意到的是，毛泽东与张澜等的见面，大多是秘密而非公开的，因此在场者并不多。不过谈话主角的身边工作人员倒是有几位写了相关回忆。目前笔者虽未能查到相关回忆录的原书原文，但在林淇 1993 年出版《张澜传》之前，还有两部著作给此问题提供了相关了解渠道，即：《张澜》（冯维纲著，四川人民出版社 1991 年出版）和《张澜传略》（谢增寿、康大寿编著，档案出版社 1992 年出版）。

1991 年冯维纲版《张澜》第十八章《为和平民主不懈努力》第一节《重庆谈判时毛泽东三访张澜》相关内容如下：

鉴于特园毗邻是特务头子戴笠的巢穴——康庄，又按周恩来的预定，晤谈不在客厅，而在僻静的张澜卧室。因周恩来要和国民党代表会谈，随即辞别离去。到了张澜卧室，毛泽东首先向张澜转达了朱德对老师、吴玉章对好友的问候。张澜在回问两人近况后，怀着敬仰的心情说："毛先生为了中华民族的统一和富强，不顾个人安危飞抵重庆，奔走和平，实为张澜敬佩。但要提防蒋介石居心叵测呀！"

张澜要毛泽东提防意外，是针对蒋介石不光彩的"前科"说的。蒋介石的反复无常，中外皆知。1929 年，蒋桂战争前夕，李济深作为蒋桂之间的和事佬由广州赴南京，虽有元老吴稚辉、张静江、蔡元培、李石曾四人作保，仍被蒋扣押于汤山。1931 年，蒋又借口"约法"问题的争执，把政敌胡汉民也扣押于汤山。西安事变后，张学良为了表示自己的诚意，亲自送蒋介石回南京，一下飞机就被扣押。这怎能不使张澜担心呢？毛泽东对张澜的关心表示感谢，并要张澜放心。

在这部分表述中，张澜等表示感佩毛泽东和担忧毛泽东安危后，而毛泽东并没有长段的回复。那么这一表述是否可信呢？

在该书的后记中，作者冯维纲写道：张澜先生的革命事迹，一直为家乡人民所传颂。1982 年，我调到党史部门工作，接触了较多的关于张澜先生生平的资料，深为他的崇高品格和革命精神所感动，产生了为他写传的愿望。

这一愿望首先得到了南充地区和西充县党政领导及上级党史部门的支持和鼓励，提供了良好的条件。在传记搜集资料和写作过程中，张澜先生的亲属张乔音、农合等给予很大帮助，提供了部分资料，对稿件进行了认真审阅。曾跟随张澜先生工作的吕光光、沈自强等老同志，对撰写《张澜》很关心，很支持。吕光光同志还认真地审阅稿件，并作了修改。张澜先生生前友好、原四川省副省长张秀熟同志在病中热情地为本书写了序。

从冯维纲这段对写作动机和过程的讲述中可见，相对1993年林淇版纪传体小说风格的《张澜传》而言，1991年冯维纲版《张澜》更可信，《张澜》的注释情况也证明了这一点。第十八章《为和平民主不懈努力》共37个注释，涉及该节《重庆谈判时毛泽东三访张澜》的是第1至12号注释，与该考证条目内容可能相关的注释出处包括：崔宗复《张澜先生年谱》（重庆出版社，1985年版）；查建瑜《重庆谈判和〈双十协定〉》（《学点民国史》，人民日报出版社，1984年版）；王淮冰《毛主席到了重庆》（《重庆文史资料》第十八辑）；吕光光《毛主席同张澜的会见》（《重庆文史资料》第十八辑）；裴先章《〈民主之家〉与鲜英》（《龙门阵》总第三十三辑）；张澜《致国共两党领导人就国共和谈表示关切函》（《中国民主同盟历史文献》，文史资料出版社）。

1992年谢增寿、康大寿版《张澜传略》第九章《初会毛泽东》相关内容则如下：8月30日下午，毛泽东在周恩来的陪同下莅临特园。晤谈地点早由周恩来安排在张澜的卧室。毛泽东首先转达了朱德总司令对老师的问候，转达了吴玉章对好友的问候。张澜对毛主席郑重地说："蒋介石在演'鸿门宴"，他哪里会顾得上一点信义。现在国内外形势一变，他也喊起'民主''民主'来了！"蒋介石的笑柄，令大家忍俊不禁，笑了起来，毛泽东风趣地说："民主也成了蒋介石的时髦货！他要演民主的假戏，我们就来一个假戏真演，让全国人民当观众，看出真假，分出是非，这场戏也就大有价值了！"张澜领悟道："蒋介石要是真的回心转意，弄假成真，化干戈为玉帛，那就是全国人民之福啊！"

以上这段描述中更是丝毫没有关于考证条目的内容，此段表述也代表性呈现了该著作整体近似新闻报道的文风，如实简洁，从其注释来看，第九章《初会毛泽东》的注释出处包括：吕光光《毛泽东同张澜的会见》（《重庆谈判纪实》，重庆出版社1983年版）；王淮冰《毛主席到了重庆》（《新闻研究资料》第十三辑）；余湛邦《毛泽东主席在重庆谈判期间》（《重庆文史资料》第二十四辑）；鲜述文《周总理在"特园"》；沈自强《毛主席与张澜先生会见的回忆》（《四川盟讯》1983年第6期）；沈自强（沈自强曾任张澜秘书）《毛泽东三顾特园》（《四川统一战线》1990年第7期）；王芝美（王芸生的女儿）《在重庆谈判的前后》（《重庆文史资料》第二十四辑，第177页）。

从这两本著作的注释来看，如果在张澜等表示感佩毛泽东和担忧毛泽东安危后，毛泽东有如考证条目所记如此精彩的回复，在这些身边人、在场者的回忆以及多方资料集中，不可能没有记载，这两本著作也必然不会漏掉如此重要的内容。

既然这两本著作中没有这一内容，就反过来可证明：考证条目中如此吻合“毛氏风格”的谈话，应为后人二次创作。创作的依据可能包括：关于毛泽东勇赴重庆的各种歌颂式描述如“单刀赴会”、毛泽东本人善于化用典故或俗语的语言风格如“有惊无险，或者是有险不危”“诸葛亮到东吴”，毛泽东个人的口语特色如“不得了”“哑口了”，如此组合便创造了毛泽东的一条“经典”谈话！可见，此条谈话不足以采信。

二、毛泽东日常谈话研究要甄别演绎式文本

目前可见的各种类型的回忆、纪念毛泽东的著作中，存在诸多如上文考证条目似的演绎式文本。这些文本，很多是作者根据历史情节进行的主观创造，有时意在人为丰富乃至拔高毛泽东形象，常常模仿毛泽东口吻，但反而忘记了毛泽东日常谈话形式多变、不拘一格的特点，使人产生毛泽东谈话应该有“炫技”的误解，造成对原本“花样百出”的毛泽东谈话单薄化、平面化的刻板印象，尤其可能使得许多表面朴实但内涵丰富的谈话，在经过人为加工后被淹没被曲解，还有一些创造根本达不到毛泽东本人的智识高度，越推敲越矮化了毛泽东的谈话水平，如上述考证条目用词“有惊无险”，就是不恰当的，毛泽东赴渝谈判非但不是“有惊无险”，恰恰是“险而不惊”，倒是“有险不危”符合情境，但应该是事后总结时用到的可能性更大，而不是在渝谈判的过程中。以上这类“创造”产生的毛泽东谈话的影响，就好似江青模仿毛体书法，陷入形似的呆板而丧失神采的美感和韵味。

可见，进行毛泽东日常谈话研究，第一步当是注意甄别此类演绎式文本。

（熊　慧）

1954年毛泽东与郑洞国谈话的考证

《毛泽东和他的右派朋友》（薛建华著，四川人民出版社）和《毛泽东交往百人丛书·民主人士篇》（殷理由等编，山西人民出版社）两本著作中，都记载了1954年，毛泽东在中南海宴请郑洞国时说的一段话。毛泽东对郑洞国说："你的家庭生活安排好了，还得多为人民做点工作嘛。你今年才51岁，还很年轻哟！"郑洞国问毛泽东为何他的马列主义学得这样好？毛泽东说："我当年接受马列主义之后，总认为自己已经是革命者了。哪知道一去煤矿，和工人打交道，工人不买账。因为我还是那么一副'学生脸'、'先生样'，也不知道怎样做工人的工作。""那时，我成天在铁道上转来转去，心想这样下去怎么行呢？想了很长时间，才有些明白，自己的思想立场还没有真正转变过来嘛！……"毛泽东又说："看来，我也不是什么生而知之的'圣人'，而是在向社会学习、向群众学习的过程中，逐步走上革命道路的。"毛泽东还说："一个人的思想总是发展的，立场是可以转变的。只有立场转变了，自觉地放下架子，拜人民为师，这就灵了，学马列主义也就容易学好了。"

这段话意义深远，一方面，对于我们做好新时代统战工作，拉长包容的多样性半径、画出最大同心圆很有借鉴启发意义，另一方面，也启示我们要始终保持谦虚谨慎的姿态，不断加强理论学习，在实践中磨炼，深入人民群众当中，才能成长为一个真正的"圣人"。同时，这一段话也很符合毛泽东的一贯理念和作风。

一是符合毛泽东的统战艺术。毛泽东是中国化统一战线思想的开创者，他更是凭借高超的统战艺术实现了大团结大联合的目的，在具体的统战工作中，与党外人士交往时，毛泽东善于以才聚人、以情动人和以智服人，因为人都是有情感的，统战工作实际上做的就是人的工作，毛泽东非常善于以他自己谦逊热情的姿态感化统战对象，比如对待曾经想要开除毛泽东给他记大过的湖南第一师范原校长张干，毛泽东不计前嫌，用自己的稿费帮他度过生活难关，还给他安排工作，在北京宴请他，主动向他承认当年的事情是自己“年轻不懂事”。再比如毛泽东与柳亚子之间关于《感事呈毛主席》与《和柳亚子先生》的诗书往来，更是传为佳话。郑洞国是毛泽东的湖南老乡，黄埔军校第一期毕业，曾参加东征和北伐，是最早参加抗日战争的国民党将领之一，国民革命军陆军中将，在抗日战争中立下了赫赫战功，1948 年于辽沈战役的重要时刻，脱离国民党阵营。但郑洞国投诚后，副总司令的架子放不下，闭门读书，拒绝出来为人民工作。毛泽东看重人才，昔日国民党的优秀将领也应该在新中国的建设事业中发挥重要作用。1954 年毛泽东特意宴请郑洞国，一见面，先以老乡相称，问他抽不抽烟，郑回答说抽，顺手就近拿了一支烟，可他没想到毛泽东十分敏捷地擦亮一根火柴，站起来给他点烟。并说了上述一段话。郑洞国一见毛泽东如此礼让，不禁感慨良多：“我在国民党阵营里 20 多年，上自蒋介石，下至我的若干上级，谁当如此待我？而毛泽东作为共产党的第一把手、国家元首居然宴请我，为我点烟，共产党的领导人既平凡又伟大。”此后他果真转变立场，放下架子，出门工作了。所以从毛泽东统战艺术的角度分析，毛泽东与郑洞国之间的交流场景及这一段谈话，是非常自然且真实的。

二是符合毛泽东一贯谦虚的作风。毛泽东在谈话中说“我也不是什么生而知之的‘圣人’，而是在向社会学习、向群众学习的过程中，逐步走上革命道路的。”这就是一种谦虚的姿态，也体现出他对于个人崇拜的反对态度。毛泽东在成为党的主要领袖后的很长时间里，一直保持着谦虚谨慎、不骄不躁的作风，反对过分地颂扬个人。1952 年 9 月 25 日，毛泽东在“对《人民日报》国庆社论提纲草稿的批语”中批示：邓拓同志，不要将“毛泽东思想”这一名词与马列主义并提，并在宣传上尽可能不用这个名词。1954 年 8 月 4 日，中共中央华南分局向中央请示，广东省人民代表大会有代表提出，请全国人民代表大会给予毛泽东以最高荣誉勋章的建议，是否可以通过此建议并向全国人民代表大会提出。毛泽东 8 月 6 日告“邓小平同志：请即复不要通过此项提案”。虽然在“大跃进”和“文化大革命”期间，受赫鲁晓夫在苏共二十大批判斯大林影响，在林彪等人的推波助澜下，对毛泽东个人崇拜几乎到了狂热的地步，但毛泽东对此是极为不满的，他反对别人把他当神。1970年10月1日，斯诺夫妇应毛泽东、周恩来之邀，参加了国庆观礼，毛泽东对斯诺说："崇拜得有些过分了，一些人在那里搞形式主义。搞所谓的'四个伟大'，什么'伟大的导师、伟大的领袖、伟大的统帅、伟大的舵手'。这是讨人嫌的，总有一天要统统去掉，只剩下Teacher这个词，就是教员。我本来就是当教员的出身，在我成为共产主义者之前，我就是湖南长沙的一个小学教员。现在还是当教员。其他的称号都是要一概去掉的。"1975年国庆节，此时毛泽东已疾病缠身，他躺在病榻之上自言自语道："这也许是我过的最后一个'十一'了吧？"工作人员连忙安慰说："怎么会呢？主席，您可别这么想。"毛泽东却认真地说："怎么不会呢？哪有不死的人呢？死神面前，一律平等，毛泽东岂能例外？'万寿无疆'，天大的唯心主义。"这大概是毛泽东晚年对个人崇拜的最后批判。综上，毛泽东在1954年说自己"不是什么生而知之的'圣人'"，这是完全符合他一贯谦虚的作风，符合他反对神化自己的态度，也是符合他的语言习惯的。

三是有当事人家属的回忆佐证。郑洞国之孙郑建邦2012年在《黄埔》第4期上刊登了一篇回忆祖父郑洞国的文章，其中就记载了1954年毛泽东宴请郑洞国的场景：

1954年，在第一次全国人民代表大会上，祖父经毛泽东主席亲自提议，被任命为国防委员会委员。让祖父想不到的是，他竟能荣幸地得到邀请，去中南海毛主席家中做客！见毛主席那天，祖父心中颇有点紧张。通过学习毛主席的著作，他非常敬仰这位中国人民的伟大领袖，但像这样近距离、小范围地与毛主席交谈、吃饭却还是第一次，真不知自己该说些什么话好。谁知同毛主席一见面，祖父心中的顾虑就被抛到九霄云外去了。祖父一走进毛主席的客厅，毛主席便迎上来，一边同他亲切握手，一边操着浓重的湖南乡音诙谐地说："郑洞国、郑洞国，你的名字好响亮啊！"一句话引得周围的人们都笑了起来。落座之后，毛主席问祖父吸不吸烟，祖父应声说"吸"，顺手从茶几上取了一支香烟。没料到毛主席十分敏捷地擦着一根火柴，站起身替他点燃了香烟。毛主席这样一个不经意的举动，却在祖父心中掀起了巨大的波澜。毛主席这位深受亿万中国人民爱戴的革命领袖，如此亲切随和、平易近人，这是祖父从来不曾想到的。

那天毛主席同祖父讲了许多话。在谈到自己当初在安源从事工人运动时，毛主席语重心长地说："我当年接受马列主义之后，总以为自己已经是个革命者了。哪知道一去煤矿和工人打交道，工人不买账。因为我还是那么一副学生脸、先生样，也不知道怎么做工人的工作。那时我整天在铁道上转来转去，心想这样下去怎么行呢？想了很长时间，才有些明白，自己的立场还没真正转变过来嘛！"毛主席还特别强调说，一个人的思想总是发展的，立场是可以转变的。只要立场转变了，自觉地放下架子，拜人民为师，这就灵了，就容易掌握马列主义思想。

毛主席的一席话，影响了祖父的后半生。祖父明白，毛主席是以其自身的体会开导、教育他，鼓励他转变立场，走上为人民服务的革命道路。从那以后，祖父牢记毛主席的谆谆教诲，认真学习，努力改造世界观，最终回到了爱国革命的道路。

可以看到，这一段回忆与谈话录中记载的如出一辙，直系亲属的回忆相对来说是比较有可信度的，这也佐证了毛泽东与郑洞国的这一段谈话是真实存在的。

综上分析，1954 年，毛泽东宴请郑洞国时的谈话是真实存在的，谈话场景和内容符合毛泽东以情动人的统战艺术，符合毛泽东一贯谦虚的作风，符合毛泽东的话语风格，更有郑洞国直系亲属的回忆文章佐证。此番谈话应该着重被记录、被推广，它是我们今天进行统战理论教育、思政教育、干部教育的生动教材。

（吴　静）

20 世纪 50 年代末毛泽东关于“神仙与人”两次谈话的考证

根据毛泽东日常谈话收集到的相关资料，毛泽东在 1958 年 4 月、1959 年 3 月与人交谈时，都曾涉及对“神仙与人”关系问题的思索，并且所用句式乃至谈话时的语气都高度吻合，故本专题将这两则谈话作对比分析，从谈话主题与毛泽东思想发展脉络、谈话背景、谈话方式和谈话思维三重维度分析两则谈话的真伪，并透视毛泽东在 20 世纪 50、60 年代关于一些重大问题的思考。

以下是两则谈话原文：

其一：

1958 年 4 月的一天，张仙朋陪毛主席在院中散步，毛主席说：“张仙朋，你这名字有意思。我问你，我们是在天上，还是在地上？”“我们住在地上，怎能是天上呢？”张仙朋回答。“不，我们是在天上。”毛主席说，“我们从地球上看别的星球是在天上，如果别的星球上有人，他们看我们不也就是在天上吗？整个宇宙，到处都是又在天上，又在地上。”“我们算不算神仙？”“不算。”张仙朋回答。毛泽东说：“不对，神仙是住在天上的，我们住在地球上，既然也算是住在天上，为什么不算神仙？如果别的星球上有人，他们是不是也把我们当成神仙？”“中国人算不算洋人？”“外国人才是洋人呢，我们不是。”“不对，我们看外国人是洋人，外国人看我们不也是洋人吗？”

其二：

1959 年 3 月 3 日，在接见外宾的谈话中，毛泽东说：我曾问过一些中国人，我们是不是神仙，他们说不是，我说是。他们说神仙是住在天上的，住在别的星球上，是美丽而善良的人，是文明的、有本领的人。我说也许是真的，但是地球上的人都是神仙，别的星球上的高等动物就看我们是神仙。否认自己有神仙资格也是迷信，也许我们还是头等神仙。谁知道别的星球上有无神仙，有也和我们差不多。中国人不如外国人，人类不如神仙，这都是自卑感。

对这两侧谈话，以下略作考证。

首先，从谈话主题来看。两则谈话主要围绕“神仙与人”之间关系问题展开的。通常人类会觉得自身与神仙之间有巨大差别，神仙住在天上，人类住在地球，神仙遥不可及，无形之中就给神仙塑造了一个令人敬畏、高人一等的形象。但是在毛泽东看来，宇宙之中皆是星球，我们看别的星球上的人是神仙，其他星球看我们地球上的人也是神仙，所以人类不需要妄自菲薄。毛泽东由“人”“神”关系之探讨引申到另一深层涵义，即人类不如神仙、中国人比不上外国人都是迷信的结果，毛泽东通过谈话阐明主题——摧毁神权、破除迷信。

根据毛泽东思想发展的轨迹，破除迷信、冲决神权、重视人本是他从青年到晚年都较为提倡的。1917年，毛泽东在读德国哲学家泡尔生著《伦理学原理》的批注中写道：“人类者与本体有直接关系，而为其一部分，人类之意识，亦即与本体之意识相贯通，本体或名之曰神。或人之说，必以道德律为出于神之命令，而后能实行而不唾弃，此奴隶之心理也。服从神何不服从己，已即神也，神以外尚有所谓神乎……吾人一生之活动服从自我之活动而已，宇宙间各物之活动，各物从服自我之活动而已。”当时毛泽东正处于由唯心主义向唯物主义的转变时期，“心物二元论”是这一时期他思想的特点，故批注中的观点虽带有明显的唯心主义色彩，但是他已经强调“神”即宇宙真理，作为本体意识是与抽象的人的主体意识相互贯通，服从“神”是奴隶心理，他指出除了人类自己，宇宙之中无其他可尊者、可畏者、可服从者。1927年3月，毛泽东在《湖南农民运动考察报告》中强调政权、族权、神权、夫权是封建社会束缚中国人民四条绳索，其中神权即由阎罗天子、城隍庙王以至土地菩萨的阴间系统以及各种神怪组成的鬼神系统。他指出要组织农民协会，领导农民开展政治斗争，破除迷信观念，推翻封建神权：“信八字望走好运，信风水望坟山贯气。今年几个月光景，土豪劣绅贪官污吏一齐倒台了。难道这几个月以前土豪劣绅贪官污吏还大家走好运，大家坟山都贯气，这几个月忽然大家走坏运，坟山也一齐不贯气了吗?”“巧得很！乡下穷光蛋八字忽然都好了！坟山也忽然都贯气了！神明吗？那是很可敬的。但是不要农民会，只要关圣帝君、观音大士，能够打倒土豪劣绅吗？那些帝君、大士们也可怜，敬了几百年，一个土豪劣绅不曾替你们打倒！现在你们想减租，我请问你们有什么法子，信神呀，还是信农会?”根据《毛泽东年谱》记载，1965 年 8 月 5 日，毛泽东与印度尼西亚共产党代表团，谈到神的问题说：“中国到处有神。神的组织总是按照人的组织来建立的。人有皇帝，天上也有皇帝，人有文官，天上也有文官，人有武官，是打仗的，天上就有天兵天将，都是按照人的模型做成的。德国哲学家、唯物主义者费尔巴哈，是第一个看透神是人的思想意识的反映。”毛泽东已经从唯物史观的角度解释神学现象，指出神仙世界是按照人类世界建构的，是人头脑中思想意识对客观世界的反映。按照上述史料中毛泽东关于“神”“人”关系的论述，能够合乎逻辑地得出一个观点，即毛泽东从青年时期成长为坚定的马克思主义者之后，不信神、不信邪、崇尚人民群众的力量，便成为毛泽东思想中根深蒂固的坚定理念。

毛泽东日常谈话中也收录了大量涉及“神”的谈话条目，反映了毛泽东破除神权、重视群众力量的唯物史观。如 1925 年元宵节，毛泽东回到韶山，在家请客招待一批有识之士。毛泽东由韶山石湖塘成姓地主贪污压榨贫民谈起推翻封建制度，他说：“不只是与成绥生作对，我们要与整个的封建地主阶级和族权、神权、政权、夫权作对，这是套在我们头上的‘四大绳索’……莫小看韶山咯这小地方，它是封建中国的缩影。它的神权、政权、族权、夫权的势力牢固得很。”他指出韶山风气未开，经济上穷是一个原因，思想愚昧是最主要的原因。1941 年 9 月，毛泽东同中央妇委的一个工作组谈调查研究，他说中国革命需要调查研究才能避免工作中的主观主义和片面性，“我们是信奉科学的，不相信神学，所以我们的调查研究工作是面向下层，而不是幻想”，毛泽东实则揭示了封建神学非现实的特征。1944 年 3 月 22 日，毛泽东在延安作关于边区教育问题讲话，他用风趣幽默的话语阐释了神仙和人相同之处，他说：“枣园去年天旱，久不下雨，老百姓就许愿请龙王菩萨，后来下了雨，他们就说这雨是他们请来的，于是就牵一条羊去还愿。可见神的社会和人的社会一样，他也需要吃，需要穿。研究财政经济问题时，发现迷信品的进口中，有一项是货币，神仙大概也要花钱，神心里有了气，送一点东西给他，就没有气了。”1947 年 10 月 19 日，毛泽东到陕北佳县白云山参观山上的白云观，看到白云观里来来往往烧香的人群，他对随行的汪东兴说：“有的老百姓有了病不请医生治病，而是在庙里烧香求神保佑。神学把神的意志无限夸大，说什么上帝创造和主宰着世界，说上帝用六天时间创造了天地万物和人，第七天造物完毕休息去了。你信吗?”汪东兴说他是马列主义者不信神学，接着毛泽东对佳县县长说道：“看庙看文化，看戏看民情。不懂文化，不解民情，革命是搞不好的。这些都是文化遗产，除了牛头马面，都不要毁坏了。你不信神，我不信神，可是后人不知道这就是神，你明天出个布告，要保护。”毛泽东自然是不信神佛的，但是群众信宗教，“信宗教不等于不反对帝国主义、封建主义、官僚资本主义”，所以他提倡将打倒神权迷信与保护宗教信仰自由相区别，这体现了他将马列主义唯物史观与中华传统文化相互结合的深刻思考。

新中国成立后毛泽东对神的看法进一步深化。1960 年 11 月 6 日，毛泽东同阿拉伯国家访华代表团谈话。他问客人：“伊斯兰教的真主是谁?”“谁是佛祖？谁是基督教的上帝?”当客人一一回答之后，毛泽东风趣地对客人们说：“中国还有一个道教。按照道教的观点，天上有位众神之王，叫玉皇大帝，是至尊至上的……都说天上好，如此看来，天堂也不会那么安宁呢。真主、佛祖、上帝、玉皇大帝，他们也需要划分势力范围呀!”毛泽东指出神仙之间也会有权力斗争，神仙世界与世俗世界并非不同。1971 年 8 月 30 日，毛泽东同湖南、广东、广西三省区党政军主要负责人谈话，带头唱起了《国际歌》，边唱边讲解，他说：“《国际歌》里面包括了马克思主义全部的立场、观点。你们看，那里面讲的是，奴隶们起来为真理而斗争，从来就没有什么救世主，也不靠神仙皇帝，全靠自己救自己。是谁创造了人类世界，是我们劳动群众。”1974 年夏天，毛泽东会见李政道。他感慨说：“科学是我们认识世界的强大武器。看来神学是救不了世界的。只有科学和哲学才能帮助我们认识世界和改造世界。”

如上所述，推翻神权、破除迷信、崇尚群众力量是毛泽东一贯的思想发展脉络，20 世纪 50 年代末毛泽东的这两则谈话主题都是关于冲决神权、破除封建迷信的，从谈话内容及反映的思想而言，是符合毛泽东思想的逻辑发展的。

其次，从谈话的历史背景来看，1958 年中国进入第二个“五年计划”时期，并开展了轰轰烈烈的“大跃进”运动，力求自力更生，艰苦奋斗，苦战三年，超英赶美，彻底改变中国“一穷二白”的经济面貌。为此毛泽东多次号召要揭开盖子，破除迷信，解放思想，才能充分调动广大劳动人民的积极性、充分发挥人的主观能动性建设社会主义。

早在 1956 年 3 月，毛泽东在听取重工业部门汇报工作时就指出：“一切国家的先进经验都要学……学习苏联也不要迷信。对的就学，不对的就不学……要打破迷信，不管中国迷信还是外国迷信。”1956 年 3 月 12 日，毛泽东在其主持召开的中央政治局扩大会议上谈及赫鲁晓夫在苏共二十大上作的全盘否定斯大林的秘密报告时强调赫鲁晓夫揭开了盖子，说明斯大林及苏联的种种做法并不是没有错误，各党应该根据各自具体情况办事，不能再迷信苏联经验。23 日，毛泽东在中央书记处扩大会议上讲话时说：“赫鲁晓夫这次揭了盖子，破除了那种认为苏联、苏共和斯大林一切都是正确的迷信，有利于反对教条主义。不要再硬搬苏联的一切了，应该用自己的头脑思考了。”1956 年 4 月《论十大关系》、1957 年 2 月《关于正确处理人民内部矛盾的问题》两文的发表是中国独立自主探索社会主义建设道路的开端。1958 年 3 月 22 日，在成都会议上，毛泽东发表讲话，号召要破除迷信，解放思想，发扬敢想、敢做、敢说的创造精神，不要盲目迷信外国，不照搬照抄外国经验，要自己开拓社会主义建设道路，讲话开头毛泽东就引用《西厢记》中惠明和尚故事，他说：“惠明是一个和尚，他挺身而出去给白马将军送信。这个剧本把惠明写得勇敢坚决，为正义而奋斗。我想，我们中国现在出一点惠明才好。”在后来的讲话中毛泽东针对党内同志精神不振呈奴隶状态的表现，他又提及京剧《法门寺》里贾桂这一历史人物，说贾桂在明朝宦官刘瑾手下当太监，平时卑躬屈膝惯了，别人让他坐他说“站惯了”不敢坐，毛泽东认为贾桂是典型的奴隶主义，提倡党内不要这种奴隶状态。同年 5 月 8 日，毛泽东在中共八大二次会议上，就成都会议关于破除封建迷信再次讲话，在列举了古今中外二十几个例子之后，他意味深长地谈道：“举这么多例子，目的就是说明青年人是要胜过老年人，学问少的人可以打倒学问多的人，不要为大学问家所吓到。要敢想，敢说，敢做。不要不敢想，不敢说，不敢做，这种束手束脚的现象不好，就要从这种现象里解放出来……我们现在的办法，就是揭盖子，破除迷信，让劳动人民的积极性和创造性都爆发出来。”5 月 17

日，毛泽东在中共八大二次会议上作第二次讲话，他强调不要被暂时不好的形势所迷惑，要敢想、敢说、敢做、敢为。他说：“有时候形势好像不好，这个时候要有定见，不要被暂时现象所迷惑，不要被暂时的黑暗所迷惑。不要狂妄，也不要有自卑感，不要妄自菲薄，不要迷信，要把自己放在恰当的地位。要敢想、敢说、敢做、敢为，我们敢想、敢说、敢做、敢为的理论基础是马列主义。”1958年6月17日，毛泽东在为李富春所作的《第二个五年计划要点》报告写的批语中再次强调“自力更生，争取外援为辅，破除迷信，独立自主地干工业、干农业、干技术革命和文化革命，打倒奴隶思想，埋葬教条主义”。7月12日，毛泽东在与非洲青年代表团的谈话中指出对帝国主义的盲目迷信都是奴隶思想：“我们也当过帝国主义的奴隶，当长久了，精神就受到影响。现在我国有些人中还有这种精神影响，所以我们在全国人民中广泛宣传破除迷信……我们要在人民中慢慢改掉这种思想。”

毛泽东如此强调破除迷信，是基于他对中国传统文化中封建神权思想的深刻认识。神仙是由人类意识构建的非现实的想象物，人类对神寄予无限寄托，祈求神明庇佑，帮助人类摆脱世俗世界的苦难，在神明面前，人类呈现出自卑状态，神既是人创造之物，却又反过来奴役人类精神，最终使神成为人的异化物。中国封建社会历代统治阶级提倡君权神授，便是利用神权进行政治统治。新中国成立后，不少中国人思想中还存在封建迷信思想、自卑心态、奴隶思想，要进行社会主义建设，必须要扫清封建思想的余毒，以无产阶级思想武装群众头脑。这也是毛泽东不断强调破除迷信、解放思想的现实考量。

为此，我们重新审视上述两则谈话，几乎都传达了相同的思想，即认为神仙、外国人比中国人强都是封建迷信思想在作祟，是自卑心理在作祟，必须破除迷信，这符合毛泽东在当时大背景下提倡破除迷信、解放思想的号召。

最后，从谈话方式和谈话体现的辩证思维来看。

第一，两则谈话都采用了提问的方式。通过提问，引出下文的观点，这是毛泽东表达思想的惯用方式。提问法即设问法，是毛泽东常用的修辞手法，据相关数据粗略统计，在《毛泽东选集》第一卷至第四卷中，设问句不少于400句，其他诸如演讲、讲话等设问句就更多。如下所示：

“这个党内刊物定名为《共产党人》。它的任务是什么呢？它将写些什么东西呢？它和别的党报有些什么不同呢？它的任务就是：帮助建设一个全国范围的、广大群众性的、思想上政治上组织上完全巩固的布尔什维克化的中国共产党。”

——1939年10月4日《〈共产党人〉发刊词》

“第一个问题：我们的文艺是为什么人的？这个问题，本来是马克思主义者特别是列宁所早已解决了的。列宁还在一九〇五年就已着重指出过，我们的文艺应当‘为千千万万劳动人民服务’。”

——1942年5月《在延安文艺座谈会上的讲话》

“人的正确思想是从哪里来的？是从天上掉下来的吗？不是。是自己头脑里固有的吗？不是。人的正确思想，只能从社会实践中来。”

——1963年5月《人的正确思想从哪里来的?》

我们再来对比一下上述两则谈话。

第一则谈话：

问："我问你，我们是在天上，还是在地上?"答："不，我们是在天上。"

问："我们算不算神仙?"答："不对，神仙是住在天上的，我们住在地球上，既然也算是住在天上，为什么不算神仙？如果别的星球上有人，他们是不是也把我们当成神仙?"问："中国人算不算洋人?"答："不对，我们看外国人是洋人，外国人看我们不也是洋人吗?"

第二则谈话：

毛泽东问："我们是不是神仙?"毛泽东回答："是。"

上述两则谈话基本上是按照"提问—回答"的方式，和上文中列举的毛泽东著作中的提问方式几乎一致。

第二，两则谈话不仅彰显出一种打破旧常规的思维方式，而且体现出一种哲学思辨色彩，既符合毛泽东作为一个诗人不墨守成规、富于想象的性格特征，又贴合毛泽东作为一个马克思列宁主义者具有的唯物辩证法思维。

综上所述，本专题认为上述两则谈话内容属实，确系毛泽东说的话。

（王　娟）

关于毛泽东考察长江时与林一山说“能不能找个人替我当主席，我给你当助手，帮你修三峡大坝”说法的考证

1958 年 3 月 29 日，毛泽东参加完成都会议后，乘坐“江峡轮”考察长江三峡。30 日，当“江峡轮”驶近中堡岛时，毛泽东半开玩笑地对长江流域规划办公室主任林一山说：“喂，长江王’！你看，你能不能找个人替我当主席，我给你当助手，帮你修三峡大坝好不好?”言谈中吐露出对修三峡大坝的急切的心情。但毛泽东与林一山个人说出这样一句极严肃的重大政治话题，是否可靠、确实？有必要对此考析。

首先，分析这段话的历史根源。1949 年夏天，长江突发大水，荆江大堤冲和观一带大部分堤坝遭受冲击，荆江两岸人民深受灾难。毛泽东、周恩来等党和国家领导人决定修建荆江分洪工程。从 1950 年开始酝酿到 1952 年的第一期工程完工，短短两年时间，长江上的第一个大型水利工程就胜利建成。然而，荆江分洪工程只是治标之举，尚不能从根本上解决长江洪水的威胁。于是有了毛泽东与长江流域规划办公室主任林一山在“江峡轮”上的历史性长谈。

1953 年 2 月 19 日，毛泽东在汉口登上“长江”舰，开始视察长江，时任长江流域规划办公室主任林一山奉命随行，随时接受垂询。毛泽东先问了长江的水文气象、洪水成因等问题，林一山作具体回答。毛泽东听后表示：“要驯服这条大江，一定要认真研究，这是一个科学问题。”尔后，林一山指着《长江流域水力资源综合利用规划草图》上星罗棋布的标识，向毛泽东详尽地介绍规划在长江干支流上建立一系列梯级水库，拦洪发电，疏通航道，

以解决中下游洪水的灾害。毛泽东说："那太好了，太好了"。又说"修这么多水库，都加起来，你看能不能抵上一个三峡水库?"林一山回答："这些水库都加起来，也抵不上一个三峡水库。"毛泽东伸出手，指着图上的三峡口上说："那为什么不把这个总口子卡起来，毕其功于一役?就先修这个三峡水库如何?"林一山兴奋地说："我们很希望能修三峡大坝，但是，现在还不敢这样想。"22日，船到南京，毛泽东与林一山分别时说："我算是了解了长江，了解了长江的许多问题和知识，学习了水利，谢谢你!"并嘱咐说："三峡问题暂时还不考虑开工，我只是摸个底，你也不需要向中央分管这项工作的同志讲。"

1954年，长江发生了百年一遇的特大洪水，长江、汉江堤防溃口1264处，江汉平原沦为一片汪洋，造成长江中下游1888万人受灾。一封封告急电报传来，毛泽东忧心忡忡，长江三峡工程有必要酝酿修建了。是年12月中旬，毛泽东抵达武汉，急召林一山，听取长江水利委员会关于三峡工程选址情况和技术问题的汇报。这次，林一山提出如果有苏联的帮助我国是可以较早完成修建的。"你的根据是什么?"毛泽东还有些不放心。林一山从对比美苏两国的大型水利工程和地质勘探两个方面解释说明，并说："请主席不用担心，我们现在还未全面勘探……总会选到好的坝址。"1956年初，在苏联专家和长江水利委员会的共同研究下，得出兴建三峡工程的可能性。毛泽东闻讯，写下"更立西江石壁，截断巫山云雨，高峡出平湖"，以表达他修建三峡工程的宏愿。

其次，分析这段话的现实背景。1958年1月，党中央召开南宁会议。由于我国当时经济困难和技术条件不成熟，故也有不少质疑修建三峡工程的声音。于是为广泛听取各方意见，力求决策合乎科学规律，毛泽东在南宁会议上安排了分别持正、反两方意见的林一山和李锐就修三峡工程开展了一场精彩辩论。毛泽东为三峡工程确定了"积极准备，充分可靠"的建设方针。同时，毛泽东在南宁会议上正式提出不作下一届的国家主席人选，并将它作为工作方法六十条的最后一条提出，以让大家有深刻印象。

3月25日，成都会议通过了关于三峡工程的第一个"红头文件"——《中共中央关于三峡水利枢纽和长江流域规划的意见》，毛泽东充分肯定三峡工程的必要性。3月26日成都会议结束。3月29日，毛泽东乘坐"江峡轮"再次考察长江三峡。3月30日，当"江峡轮"驶近中堡岛时，毛泽东半开玩笑地对林一山说：“喂，长江王’！你看，你能不能找个人替我当主席，我给你当助手，帮你修三峡大坝好不好?”

毛泽东这句“……找个人替我当主席，我给你当助手，帮你修三峡大坝”的看似天大玩笑的话，其实还是有一定现实思想基础的。一是如上所述，6 天前成都会议通过了关于三峡工程的第一个“红头文件”——《中共中央关于三峡水利枢纽和长江流域规划的意见》，即中央层面通过了毛泽东多年来想修建三峡工程的宏愿。二是两个多月前的南宁会议上毛泽东提出“不做中华人民共和国主席的问题”，并提出先“征求干部和群众的意见，取得多数人的同意”。此时他又正置身于浩瀚长江之中，感慨系之。这样说也是顺理成章的。

再次，关于本段话不同说话时间的辨析。关于毛泽东的这段话，《毛泽东年谱》没有记载。1995 年四川人民出版社出版的《毛泽东与四川》第 228 页有记载，时间为 1958 年 3 月成都会议后。而方志出版社 2004 年出版的《林一山回忆录》第 167 页记叙这段话的说话时间是 1956 年夏。记叙的情况大致是：1956 年，毛泽东在武昌东湖第三次接见林一山。一见面，毛泽东就开玩笑地说：“你这个‘长江王’来了。”“你看能不能找个人帮我当主席，我给你当助手，帮你修三峡大坝好不好?”此外关于这次接见并无其他更详细的叙述了。顾迈男在《百年潮》2010 年第 2 期发表的《毛泽东与林一山谈三峡工程和南水北调》一文，采用了《林一山回忆录》中的“1956 年说”。这就出现了同一段话有“1956 年说”和“1958 年说”两个时间的情况。一般来说，本人的回忆录可能更准确一些，换言之“1956 年说”可能更可靠一些。但因年代久远而在时间上出现少许记忆误差并不奇怪，况且毛泽东为修三峡工程和南水北调的事先后六次接见过林一山。故在几十年后，把哪一段话是哪一次说的搞混淆并不足为奇。具体就这段话而言，林一山的回忆就有几个疑点值得探讨。一是如上所述除这段话外，几乎没有介绍与毛泽东交谈等其他情节和内容，而“1958 年说”对说话来龙去脉都有清楚的交代；二是 1956 年尚无中共中央关于三峡工程的“红头文件”，毛泽东不一定会表现出那样急切的心情；三是 1956 年还完全不存在毛泽东要辞去国家主席的事，毛泽东笑谈此事毫无思想意识基础。而 1958 年 1 月毛泽东已正式提出不作下一届国家主席人选，并通过南宁会议向干部群众解释，故两月后向林一山笑谈此事也符合逻辑。

综上，尽管《毛泽东年谱》没有记载，但毛泽东这段话是确实存在的。因为几乎谁也不敢想、想不到、想不出这样的话。且有几个版本特别是当事人的回忆可互相印证。说话的时间应是1958年3月，而不是1956年夏。

（唐正芒）

关于1959年11月毛泽东“防止和平演变”谈话的考证

在我们收集的毛泽东日常谈话条目中，1959年11月，毛泽东与李银桥曾就“防止和平演变”有过一段谈话，谈话境况与内容如下：

1959年11月中旬，毛泽东在杭州南屏山住地召集了来杭州的几位政治局委员和在杭州的几位省市领导同志，同他们进行了一次小范围的谈话。事后，毛泽东在西湖边散步时问李银桥：“银桥啊，你是怕打仗呢？还是怕‘和平演变’？”李银桥回答说什么都不怕。毛泽东却说：“仗我们是不怕打的，帝国主义要想‘和平演变’我们这一代人也难；可下一代、再下一代就不好讲了。中国人讲‘君子之泽，五世而斩’，英国人说‘爵位不传三代’；到我们的第三代、第四代人身上，情形又会是个什么样子啊？我不想哪一天，在中国的大地上再出现人剥削人的现象，再出现资本家、企业主、雇工、妓女和吸食鸦片烟；如果那样，许多烈士的血就白流了……”李银桥说：“我保证我的下一代不会被帝国主义‘和平演变’了！”“这是个大问题……”毛泽东沉思着，又说：“人们在战争年代，大体过着平均主义的生活，工作都很努力，打仗很勇敢；现在有人说平均主义出懒汉，过去22年，出了多少懒汉？我没得看见几个，我也不相信。”毛泽东又说：“发过的《快报》评论说‘穷是中国跃进的动力’，‘穷是动力’这句话讲得很对么！因为穷，就要干，要革命；富了事情就不妙了，就会出问题。”“富了会出什么问题呀？”李银桥问。“富了就会贪图享受！”毛泽东说，“越王勾践卧薪尝胆，10年富国，10年强兵，后代人全忘了；中国现在不富，将来富了，家家吃肉不发愁，也一定会发生问题。”李银桥回答说：“将来有肉吃了不是更好吗？”“生于忧患，死于安乐。”毛泽东说，“王安石晚年曾经说过，‘霸王孤身二江，子孙多以百城降’。历史的经验和教训，我们是要认真汲取的，要防止被资产阶级思想‘和平演变’了；否则，我们这么多烈士的鲜血不是白流了吗?”

下面我们主要从谈话主题与谈话历史背景契合程度、其他谈话条目与该谈话条目体现的主题思想相似程度及用典的语言技巧三个方面，对毛泽东与李银桥的这段谈话进行考证。

首先，从谈话主题与谈话历史背景契合程度来看。二战以后，中国接连取得新民主主义革命和社会主义改造的成功和胜利，大刀阔斧地进行社会主义建设。中国抗美援朝取得胜利、越南人民成功打败美法帝国主义的侵略；印度、缅甸、印度尼西亚经过民族独立战争建立独立的民族主义国家；古巴等拉丁美洲国家民族独立运动取得胜利；非洲反殖民主义、反帝国主义战争取得胜利，东西方力量对比发生根本变化。美国推行的武装侵略和干涉内政政策相继失败。为了继续实现其称霸全球的野心，美国政客主张在不放弃使用侵略政策的同时，在社会主义阵营内部推行“和平演变”方针，宣扬资产阶级思想文化、政治主张等，企图通过意识形态领域的强化渗透达到颠覆社会主义国家的目的。20 世纪 50 年代，美国国务卿杜勒斯继承前国务卿艾奇逊在中国推行“和平演变”的战略构想，1957 年 7 月 2 日，杜勒斯发表言论说，社会主义国家的领导人继续要孩子的话，而“他们又有孩子的孩子，他的后代将获得自由”，杜勒斯的这一言论表示他将和平演变的希望寄托在社会主义国家第三代、第四代人身上，妄图用资产阶级思想腐蚀青年群体，以达到最终颠覆社会主义阵营的目的。随后杜勒斯发表 3 篇著名演说，即 1958 年 12 月 4 日的《对远东的政策》、1959 年 1 月 28 日在美国众议院外交委员会一次秘密会议的证词及 1959 年 1 月 31 日的《法律在和平事业中的作用》，继续宣扬“和平演变”战略，推行其渗透、腐蚀、颠覆社会主义国家的阴谋手段。毛泽东最先觉察到西方国家“和平演变”的阴谋，并对该问题保持高度警觉，多次发表言论提醒各级领导干部绝不可对该问题掉以轻心，要未雨绸缪，高度重视。1958 年 11 月 30 日，毛泽东在中共中央政治局常委与各协作区主任会议上，就他前不久在新华社编发的《参考消息》上看到的关于杜勒斯的言论强调指出：“杜勒斯比较有章程，是美国掌舵的。这个人是个想问题的人，要看他的讲话，一个字一个字地看，要翻英文字典。杜勒斯是真正掌舵的，省委要指定专人看《参考消息》。”1959 年 11 月，毛泽东在杭州召开的小型会议上，进一步分析杜勒斯三篇演说，揭露杜勒斯“和平演变”的阴谋，指出杜勒斯在众议院外交委员会证词中所说的，希望苏联内部世界起变化，并不是只是讲苏联一个国家，也包括其他社会主义国家。杜勒斯所谓的“和平转变”，就是用和平转变的方式腐蚀社会主义国家。根据时间考证，上述谈话条目，就是毛泽东1959年11月在杭州的小型会议上首次明确指出要防止美国“和平演变”的讲话之后与李银桥进行的谈话，谈话主题也是围绕“和平演变”进行的，毛泽东在谈话中，对杜勒斯“和平演变”中国第三代人、第四代人及中国后代“生于忧患死于安乐”表示担忧，为此他强调要认真汲取经验教训，防止被资产阶级思想“和平演变”，这更像是对杭州会议关于防止“和平演变”思想的补充说明。从谈话主题来看，是十分贴合当时谈话背景的。

其次，从其他谈话条目与该谈话条目体现的主题思想相似程度来看。毛泽东在20世纪60年代中期也发表了许多关于防止“和平演变”的重要论述。我们对这些论述进行分析，其所体现的思想与本专题需要考证的谈话条目十分相似。1964年6月16日，毛泽东在北京的一次会议上就培养和造就无产阶级革命事业接班人的问题指出：“帝国主义说，对于我们的第一代，第二代没有希望，第三代，第四代怎么样，有希望。帝国主义的话讲得灵不灵？我不希望它灵，但也可能灵。”1964年7月14日，毛泽东重申培养无产阶级事业接班人的想法，他说：“培养无产阶级事业接班人的问题，这是关系我们党和国家命运的生死存亡的极大问题，这是无产阶级革命事业的百年大计，千年大计，万年大计。帝国主义的预言家们根据苏联发生的变化，也把和平演变的希望，寄托在中国党的第三代或第四代身上。我们一定要使帝国主义的这种预言彻底破产。”培养社会主义事业接班人是毛泽东在20世纪60年代提出的反对美国“和平演变”战略的重要方针策略，也是毛泽东针对杜勒斯在社会主义国家第三代、第四代人身上实现和平演变的应对之策。1959年毛泽东与李银桥谈话说，帝国主义要想和平演变他们这一代人比较难，可下一代、再下一代就不好讲了，实际上为后来毛泽东提出培养社会主义接班人以防止“和平演变”的方针奠定了思想基础。

最后，从该则谈话使用的语言技巧来看。在上述谈话中，引用了四处历史典故。其一，“君子之泽，五世而斩”，原出自历史典籍《孟子·离娄章句下》，原文为“君子之泽，五世而斩；小人之泽，亦五世而斩”，比喻一个人辛苦成就的事业经过几代人就消耗殆尽了，暗示子孙后代坐享其成不思进取必成大害。其二，“越王勾践卧薪尝胆，10 年富国，10 年强兵”引用越王勾践的历史典故。其三，“生于忧患，死于安乐”，原出自《孟子·告子下》，原文为“入则无法家拂士，出则无敌国外患者，国恒亡。然后知生于忧患而死于安乐也”，意喻居安思危，未雨绸缪。其四，“霸王孤身二江，子孙多以百城降”出自宋朝诗人王安石《金陵怀古·霸祖孤身取二江》，比喻子孙后代贪图安逸最终葬送祖宗江山。毛泽东熟知历史典籍，常能信手拈来，故喜欢用典并善于古为今用，这不仅是毛泽东写作的鲜明特色，也是他日常谈话的突出特点。那么从这则谈话来看，引用四则典故，并且都是“以古喻今”，符合毛泽东擅长用历史典故的习惯。

综上所述，本专题考证认为该则谈话条目内容真实可信。

（王　娟）

关于毛泽东让姚淑贤带手书古诗给其男友的谈话考析

在毛泽东的相关回忆录中，有这样一段记载，是关于毛泽东让身边的工作人员姚淑贤带一纸他书写的古诗给其男朋友。

回忆录中讲述的事件大致情况是这样的：1956 年的一个周末，毛泽东身边工作人员姚淑贤与男友约好晚上在中山公园见面，但是接到出车命令，毛泽东要去北戴河开会，因保密工作需要，姚淑贤未能提前告知男友而失约。这事被毛泽东知道了，他担心姚淑贤的男友存在误会，于是给姚淑贤写了一首古诗让其带给男友。按照保密规定，凡是主席办公室里带字的东西都必须上交，但毛泽东幽默地鼓励姚淑贤“打破常规”带去。于是毛泽东写给姚淑贤的古诗为姚淑贤一家所珍藏至今，记录了领袖对身边工作人员的关心和爱护。一直以来，这件事作为一则趣谈流传。那么毛泽东让姚淑贤给其男朋友带他书写的古诗一事，是否确实存在？我们拟从以下三个方面来作考证，一是有关文本对这一事件的记载，二是在时间上是否存在吻合点，三是毛泽东自身性格的原因。

一、文本对该事件的记载

有关毛泽东是否要姚淑贤给其男朋友带古诗的事件，根据搜索，在罗正林的《泽惠万世——我们回忆伟人毛泽东》，李银桥、韩桂馨的《毛泽东和他的卫士长》以及黄允升的《毛泽东生平实录》中对该事件均有记载。

罗正林的《泽惠万世——我们回忆伟人毛泽东》中说：

1956 年 7 月的一个周末，毛泽东身边工作人员小姚与男友约好晚上在中山公园见面，但是接到出车命令，毛主席要去北戴河开会。下午，毛主席登上列车，走到客厅说：“今天可是礼拜六奥，你们有没有约会?”姚下意识地脱口而出：有，毛主席有点不安地说：“哎呀，搅了你们的好事了。”并详细问了他们约会的具体情况。毛主席认真问她通知了男朋友没有？万一引起误会。毛主席说：“久了可能还是会出误会的，不要因为我影响你们。”晚上毛主席叫来姚写了一首古诗，让她送给男友。姚因为车上有规定，不许把首长写字的东西带回家。毛主席说：“你为什么那么老实？现在没有谁看到，我是不会打小报告的，你把它藏起来，带给他看。”

李银桥，韩桂馨的《毛泽东和他的卫士长》中如是写道：

毛泽东说，我给你写个东西，你拿回去交给他。再把失约的原因讲清楚，误会会自然烟消云散了。说着他挑了一根铅笔，伏案书写，边写还边自得其乐地吟诵着。写完，递给姚淑贤，原来是一首古诗：静女其姝，俟我於城隅。爱而不见，搔首踌躇。

在黄允升的《毛泽东生平实录》记录着：

又有一次，那是1956年夏天，毛主席去北戴河，列车刚启动，主席在客厅对大家说，今天是礼拜六，你们有没有约会呀？……本以为此事说过就算完了，可没想到当天晚上主席又叫住姚淑贤，递给她一张信笺说：“小姚，有个东西你拿给你男朋友看一看。”姚淑贤接过来一看，信笺上是主席抄录的一首古诗。静女其姝，俟我于城隅。爱而不见，搔首踌躇。

孤证存疑，但关于此事的记载存于不同书籍之中，且事件经过并无大的出入。而姚淑贤一家珍藏至今的信纸也印证了这一事件的真实性。因此，毛泽东确实让姚淑贤给其男友带过他的手书古诗。虽然在毛泽东给姚淑贤的手书古诗上，不同的文本存在有个别字上的些许差别，如“於”与“于”打印字的差别。但也应可证明，毛泽东让姚淑贤带过手书古诗给其男友一事确实存在。

二、1956年毛泽东与姚淑贤的工作在时间上的吻合点

综合文本记载，毛泽东让姚淑贤给其男朋友带古诗这一事件在年份问题上，诸多文本均记载为1956年，那么这一年份是否准确呢？首先我们从姚淑贤的工作与毛泽东的交集来看，1956年毛泽东与姚淑贤两人是否存在工作上的时间交汇点。经过查阅资料，在《毛泽东年谱》与关立勋的《公关实例典范集

成》（上卷）等书籍上，对毛泽东与姚淑贤在1956年的工作历程均有记载。

说明1956年毛泽东确实乘坐专列离开北京前往北戴河：

《毛泽东年谱》中说：1956年7月23日，上午十时，和刘少奇离开北京去北戴河。毛泽东住一号楼。

1956年姚淑贤确实是毛泽东专列上的服务员：

1956年，姚淑贤是毛泽东专列上的服务员，这一年的一个星期六，她突然接到通知，专车要去北戴河，而这天她和男朋友约会了。

因此根据文本对毛泽东和姚淑贤1956年工作地点的记载，1956年毛泽东和姚淑贤两人的工作存在时间上和空间上的吻合点。但毛泽东去北戴河的具体时间不应为1956年7月23日。核查万年历可知，当年的7月23日是星期一，而非星期六，故似应为7月21日。

三、毛泽东的性格使然

我们知道，毛泽东作为人民领袖，是一个极其讲究制度规范的人，但他并不是不懂生活情趣的人。他那么风趣，那么亲切，即使对待普普通通的年轻的工作人员，也是那么的体贴入微。他与工作人员的关系不是生硬命令式的主从关系，而是有着宽松气氛的亲切与关怀。在资料整理时我们发现，毛泽东非常关心身边的工作人员，也经常送东西给他们，特别是他写的字。那么，送姚淑贤这首书写的古诗也是人之常情。尽管当时有规定，不能将带有文字的纸张拿出去，但这是为了保密而设置的，这张写着古诗的纸张显然不会构成泄密，不可能产生什么坏的后果，只会产生维系姚与其男友恋爱关系的好结果，也恰恰体现毛泽东对制度的原则性和灵活性的统一。

此外，从语言风格上来看，毛泽东的那句“你为什么那么老实？现在没有谁看到，我是不会打小报告的”，半开玩笑的幽默语言，读起来是如此的亲切，不能不使人坚信这就是毛泽东的话。也只有毛泽东才能、才会说这样的话。也正是因为这样的为民亲民的领袖，才使得他获得了中国人民恒久的无限爱戴。

综上分析，毛泽东让姚淑贤带手书古诗给其男友是确有其事，其谈话也确实存在。

（李艳丰）

1959年毛泽东在韶山要求请被划为富农的堂弟毛碧珠吃饭的谈话考证

在关于毛泽东的回忆中，有这样一件事：1959年6月26日，毛泽东从韶山水库游泳回来以后，便邀请乡亲们准备就餐。这时，他发现亲属中没有他记挂的毛碧珠，于是问身边的工作人员毛碧珠为什么没有来，后得知是由于毛碧珠划了富农，而未受到邀请。最后在毛泽东的要求下，毛碧珠见到了毛泽东。

这件事是否真实，还要从相关文本记载、当时的社会环境以及毛泽东自身性格等方面来分析。

一、从文本记载来看

有关1959年6月毛泽东回韶山并且要求邀请被划为富农的毛碧珠吃饭一事，在诸多文本上均有记载。于来山、陈克鑫、夏远生的《毛泽东五十次回湖南》，邓力群、张民的《毛泽东家系》以及《毛泽东年谱》都有提及。

于来山、陈克鑫、夏远生的《毛泽东五十次回湖南》中说：6月26日，毛泽东从韶山水库游泳回来以后，便邀请乡亲们准备就餐了。这时，他发现亲属中没有他记挂的毛碧珠，便询问："碧珠怎么没有来?"旁边的当地干部没有回答，也不好回答。"毛碧珠怎么没有请来?"毛泽东还是盯着他们问。"碧珠划了富农。"旁边的乡干部终于开口了。"富农又怎么样?"毛泽东有点生气了："他是我的堂弟，他还能害我吗？你们一定要去把他找来。"这天，众乡亲陆续聚集在松山一号招待所，毛碧珠也到了，当他步履蹒跚地走过来，毛泽东竟一时未认出他是谁。“主席三哥，我是老五碧珠呵！”

邓力群、张民的《毛泽东家系》中说：6月26日，毛泽东从韶山水库游泳回来以后，便邀乡亲们准备就餐了。这时他发现亲属中没有他记挂着的毛碧珠……毛泽东拉毛碧珠坐在身边的椅子上，详细询问了大革命失败后他的经历，又问及他的妻子儿女情况，嘘寒问暖，十分关切。

《毛泽东年谱》中记载：1959年6月26日，晚上，请乡亲们吃饭，有长辈、老师、亲友和当地干部，有老党员、老自卫队员和革命烈士的家属。

因此，根据文本记载，可以确认在1959年6月26日这个时间，毛泽东宴请了乡亲们。尽管《毛泽东年谱》并没有记载是否有毛碧珠出席，但在《毛泽东五十次回湖南》《毛泽东家系》中有详细的记载，鉴于二书的权威性，是值得采信的，确有1959年6月26日毛泽东在韶山和毛碧珠相见一事。

二、从当时的社会环境来看

从当时的社会环境来看，发生这样的事情也确有合理性。随着毛泽东《关于正确处理人民内部矛盾的问题》和《在全国宣传工作会议上的讲话》的传达，党外人士和人民群众要求共产党改进作风的呼声日益高涨，以毛泽东为主要代表的中国共产党人发动了以正确处理人民内部矛盾为主题的全党整风运动。但是随着形势的发展，整风运动内容已由解决人民内部矛盾为主题的整风运动，变为整风和反击右派。党中央、毛泽东指出，资产阶级右派在“帮助共产党整风”的名义之下，“向共产党和工人阶级的领导权挑战”，“企图趁此时机把共产党和工人阶级打翻，把社会主义的伟大事业打翻，拉着历史向后退”，一系列的部署导致反右派斗争严重扩大化，改变了八大关于我国社会主要矛盾的论断。毛泽东作为“大跃进”和人民公社化运动的倡导者和推动者，通过初步调查研究察觉到运动中出现不少问题，便从1958年11月第一次郑州会议到1959年7月庐山会议前期，毛泽东和党中央领导全党作了许多努力，纠正已经察觉到的“左”倾错误。正是在毛泽东带领全党纠正已经察觉到的“左”倾错误的这个大背景下，1959年6月下旬，毛泽东在韶山宴请乡亲们吃饭，毛泽东邀请的名单中也就包括了被划为富农的堂弟毛碧珠。而到吃饭时他看到堂弟毛碧珠却没有来，便一再向当地干部追问，最后还是请来了毛碧珠。毛泽东并同他叙旧、拉家常，勉励他努力生产。这些都是顺理成章、符合逻辑的。而此事如发生在庐山会议后，空气中弥漫着阶级斗争气息，全党反右倾时，毛泽东就不一定坚持邀请被划为富农的堂弟毛碧珠前来赴宴了。当然历史不能这样假设。

三、从毛泽东自身来看

在那个“地、富、反、坏、右”列为专政对象的年代里，人们谈“黑”色变。“亲不亲，阶级分”成为人们处理社会关系时情感的界限和行为的模式。因此，当毛泽东提出与富农亲属见面时，韶山乡干部吃惊不小。其实，这是“左”的观念在社会上作怪的缘故。本来，阶级亲和血缘亲是两种不同的情感，不能混为一谈，既不能用政治关系的阶级亲否认、取代亲属关系的血缘亲，也不能反过来处理。对此，毛泽东不仅看得清楚，处理也非常恰当。在政治上，毛泽东非常谨慎，尽管他对堂弟毛碧珠划为富农有看法，但他没有利用自己的职务为他说话、为他改变成分，而是尊重乡里土改的定论，并鼓励毛碧珠劳动上进。在血缘关系上，他依然亲近毛碧珠，和其他亲属一样对待。毛泽东执意要求宴请名单上增加毛碧珠一事，体现了他独特的人格品性。这种浓郁的亲情和人情味将永远飘逸在人间。整个事件的处理方式，可以讲是毛泽东固有的行事风格和性格使然。

综合以上分析，1959 年 6 月 26 日，毛泽东要求邀请被划为富农的堂弟毛碧珠吃饭的谈话，应是确有其事。

（李艳丰）

毛泽东与彭德怀
关于“三线”建设谈话的若干问题考析

为了推进大三线建设，毛泽东倾向彭德怀重新出山，担任西南三线建设委员会副总指挥。1965 年 9 月 11 日，毛泽东要彭真代表中央找彭德怀谈话，说中央决定你去西南工作，任西南三线建设委员会副总指挥。1965 年 9 月 21 日晚上，彭德怀写信给毛泽东，信中说：“对去三线工作有些顾虑，愿去农村蹲点或到厂矿去工作。但是上述情况请中央考虑后，对分配我的工作无论改变或不改变决定，我都服从。”彭德怀在信中还提出，在他的工作决定后，希望毛泽东或者刘少奇、周恩来、邓小平约谈一次。正是因为这封信，才有了毛泽东与彭德怀在庐山会议后的一次谈话。

一、关于谈话的时间

在诸多的版本和回忆录中，毛泽东与彭德怀这次谈话的时间，略有不同。有的书籍上采用的是 1965 年 9 月 23 日，有的书籍上采用的是 1965 年 9 月 22 日，有的书籍采用的是 1965 年 9 月 25 日，还有的书籍并未给出具体日期，标注的是 1965 年秋。

1965 年 9 月 23 日说：

苏维民的《杨尚昆谈庐山会议》：9 月 23 日，毛泽东亲自找彭德怀谈话。毛泽东说：“彭德怀去西南，这是党的政策，如有人不同意时，要他同我来谈。我过去反对彭德怀是积极的，现在要支持他也是真心诚意的。”“对老彭的看法应当是一分为二，我自己也是这样”。毛泽东还对彭德怀说：“也许真理在你那边。”

张玉凤等的《毛泽东轶事》：1965 年 9 月 23 日，毛泽东请彭德怀到中南海，长谈了五个多小时，毛泽东对彭德怀说：“真理可能在你一边，你的问题让历史做结论吧。庐山会议是历史的插曲，已经过去了。要振作精神向前看。我们都是六、七十岁的人了，应该给后代多想想，多做点事情。”并对周围的同志说：“我过去反对彭德怀同志是积极的，现在要支持他也是诚心诚意的。”

欧阳青，罗元生的《毛泽东与故乡十位将帅》：1965 年 9 月 23 日，因彭德怀不接受中央派他去大三线任第三副总指挥的职务，毛泽东决定亲自同他谈话，刘少奇、邓小平、彭真也来参加。毛泽东说：“现在要建设大三线，准备战争，按比例西南投资最多，战略后方也特别重要，你去西南区是适当的，将来还要带兵去打仗，以便恢复名誉。”

刘松茂等编著的《彭德怀与毛泽东》：1965 年 9 月 23 日，毛泽东对彭德怀说：“德怀啊，现在要建设大小‘三线’准备战争……按比例西南投资最多，战略后方也特别重要。你去西南是合适的。西南地区有各种资源，地理也适宜，大有作为。你去也许会搞出一点名堂来。建立党的统一领导，李井泉为主，你为副，还有程子华。将来还可以带兵去打仗，以便恢复名誉。你呀，也不要发牢骚，不要把事情弄得一成不变，真臭了也可以香起来嘛！”

刘学琦主编的《毛泽东佳话三百篇》：1965 年 9 月 23 日，毛泽东请彭德怀到中南海住地，长谈了五个多小时，并共进午餐。毛泽东一见彭德怀，便说：“早在等着。还没有睡，昨天下午接到你的信，高兴得睡不着。你这个人有个犟脾气，几年也不写信，要写就写 8 万字。今天还有少奇、小平、彭真同志，等一会就来参加。周总理因为去接西哈努克亲王，不能来，我们一起谈谈吧！”

宋一秀、杨梅叶编写的《毛泽东的人际世界》：1965 年 9 月 23 日，毛泽东请彭德怀到中南海住地，长谈了五个多小时，并共进午餐。在谈到派彭德怀去三线时，毛泽东说：“现在要建设大小三线。准备战争。按比例西南投资最多，战略后方也特别重要。你去西南是适当的。将来还可带一些兵去打仗，以便恢复名誉。”

1965 年 9 月 22 日说：

邸延生的《历史的真知——“文革”前夜的毛泽东》：1965 年 9 月 22

日，即将出任大三线建设副总指挥的彭德怀到中南海的游泳池来见毛泽东。毛泽东很热情地接待了他，并对他说：“我们共事几十年了，不要庐山一别，分手分到底；我们都是六七十岁的人，应当为后代多想事、多出力。”彭德怀说：“我从心底里是尊敬主席的，现在我还是听主席的……”毛泽东说：“庐山会议已经过去了，是历史了，现在看来，也许真理在你那边……”彭德怀说：“主席还是了解我的……”毛泽东又说：“但你自己不要等，要振作，把力气用到办事情上去。”

中共湘潭市委党史资料征集办公室编的《毛泽东与湘潭》：1965 年 9 月 22 日，毛泽东在中南海颐年堂接见彭德怀，毛泽东说：“现在要建设战略后方，准备战争。按比例西南投资最多，战略后方也特别重要，你去西南是适当的。将来还可带一点兵去打仗，以便恢复名誉。”“战略后方最重要的是西南区，它有各种资源，地理也适宜，大有作为。彭德怀同志去也许会搞出一点名堂来。”“这是党的决策。如有人不同意，要他同我来谈。我过去反对彭德怀同志是积极的，现在要支持他也是诚心诚意的。对老彭的看法应当是一分为二，我自己也是这样。”

1965 年 9 月 25 日说：

谭振球在《毛泽东外巡记》写道：1965 年 9 月 25 日，为了说服彭德怀去西南任大三线建设副总指挥，搞三线建设，毛泽东请彭德怀到自己中南海住地，并请了刘少奇、邓小平、彭真参加，谈话中毛泽东向在场的中央领导同志说：“彭德怀同志去西南，这是党的政策。我过去反对彭德怀同志是积极的，现在要支持他也是诚心诚意的。让少奇、小平同志召集西南区有关同志开一次会，把问题讲清楚，如果有人不同意，要他来找我谈。”

1965 年秋说：

唐春元、黄先健的《毛泽东说服与攻心之道》中写道：1965 年秋，在全国备战紧张，三线建设亟需领导者的情况下，毛泽东想到要彭德怀再次挂帅出征。一天，他约见彭德怀。见面后，彭德怀先开口：“主席，看得出您还是老习惯，善打夜战。”毛泽东哈哈一笑说：“知我者，德怀也。昨天下午接到你的信，高兴的无法入睡，所以，就给你打了电话。晓得你要来，就在这儿等着，好，你终于来了，请！”

综上，关于毛、彭会面的年月是没有出入的，主要在于具体日期。鉴于这些书籍有的出版年份较早，采用的可能是一些回忆文章中的说法，以至于出现了上述的不同日期。关于这次会面的时间，《毛泽东年谱》有比较详细的记载："9 月 23 日。上午，和刘少奇、邓小平、彭真在中南海的颐年堂同彭德怀谈话。在刘、邓、彭到达前，毛泽东对彭德怀说，早在等着你，还没有睡觉，昨天下午接到你的信，也高兴的睡不着。你这个人有个犟脾气，几年也不写信，要写信就写八万言。"可见，大部分书籍的记载还是准确的，这次会面的时间就是：1965 年 9 月 23 日。

二、关于本次会面的地点

关于本次会面地点也有不同的说法。有的讲是在中南海颐年堂，有的讲在中南海毛泽东的游泳池住地。还有的只是粗略指出在中南海驻地。

中南海颐年堂说：中共湘潭市委党史资料征集办公室编的《毛泽东与湘潭》：1965 年 9 月 22 日，毛泽东在中南海颐年堂接见彭德怀。

中南海游泳池说：邸延生的《历史的真知——"文革"前夜的毛泽东》：1965 年 9 月 22 日，即将出任大三线建设副总指挥的彭德怀到中南海的游泳池来见毛泽东。毛泽东很热情地接待了他。

中南海住地说：谭振球在《毛泽东外巡记》写道：1965 年 9 月 25 日，为了说服彭德怀去西南任大三线建设副总指挥，搞三线建设，毛泽东请彭德怀到自己中南海住地，并请了刘少奇、邓小平、彭真参加。

刘学琦主编的《毛泽东佳话三百篇》：1965 年 9 月 23 日上午，毛泽东请彭德怀到中南海住地。

宋一秀、杨梅叶的《毛泽东的人际世界》：1965 年 9 月 23 日，毛泽东请彭德怀到中南海住地，长谈了五个多小时，并共进午餐。

王永盛、张伟的《毛泽东的语言艺术》：1965 年 9 月 23 日，毛泽东请彭德怀到中南海住地。

此外，还有一些著作没有指明具体的地点。关于这次会面的地点，《毛泽东年谱》有比较明确的记载：9 月 23 日。上午，和刘少奇、邓小平、彭真在中南海的颐年堂同彭德怀谈话。作为官方记载，《毛泽东年谱》的说法应该是准确的。

三、关于会面的人员

欧阳青，罗元生《毛泽东与故乡十位将帅》：1965年9月23日，因彭德怀不接受中央派他去大三线任第三副总指挥的职务，毛泽东决定亲自同他谈话，刘少奇、邓小平、彭真也来参加。

唐春元、黄先健在《毛泽东说服与攻心之道》中写道：刘少奇、邓小平、朱德、陈云、彭真、陈毅等同志，都应毛泽东之约来了，毛泽东向在座的中央领导说：“今天大家都在这里，我告诉大家，我刚才同德怀同志谈了多一会儿了，谈得很好。德怀同志同意去西南‘三线’，请少奇、小平同志召集西南地区有关同志开一次会，安民告示，把问题讲清楚。如果有人不同意，要他来找我谈。”

大多数书籍没有具体说明哪些人参加，但大多都援引了毛泽东的谈话：“今天还有少奇、小平、彭真同志，等一会就来参加。周总理因为去接西哈努克亲王，不能来，我们一起谈谈吧！”从中可以形成共识的是，本次会面参与人员还有刘少奇、邓小平、彭真，周恩来因外事活动没有参加。那么朱德、陈云和陈毅是否参加了呢？在《毛泽东年谱》中有比较明确的记载：“9月23日。上午，和刘少奇、邓小平、彭真在中南海的颐年堂同彭德怀谈话。”其中也未涉及上述三人。

四、关于彭德怀的三条保证

在毛泽东同彭德怀的谈话中，关于彭德怀在庐山会议后的“三条保证”的记录只有一本书提及，唐春元、黄先健在《毛泽东说服与攻心之道》中写道：彭德怀苦笑说：“主席，还谈什么名誉啊，我已经被批臭了。我觉得，还是不去好。背着这一身臭名怎么去？到了那里，接触群众不方便，人家接触我也不方便。再说，庐山会议后，我曾向党保证过三条。”毛泽东问：“哪三条？”彭德怀说：“在任何情况下不会做反革命；在任何情况下不会自杀；今后不好做工作了，劳动生产，自食其力。”毛泽东点点头，劝说道：“你说的三条，后面两条我还记得。老彭，庐山会议已经过去了，我们还要向前看，现在看来，也许真理在你那边。好，我们就让历史去做结论吧！而在《毛泽东年谱》的正文中并没有明确记载，但在注解中给予了说明：三条保证是：一、不会自杀；二、不当反革命；三、不能工作了，可以回家种田，自食其力。

在这里我们可以看出，《毛泽东说服与攻心之道》一书，关于三条保证的内容基本上是正确的，但是以上三条同毛泽东年谱的顺序是不同的，如今从内容上分析来看，确实没什么影响，但如果结合上下文，特别是毛泽东强调彭德怀说的这三条保证，后面的两条，毛泽东还记得，那说明第一条，毛泽东忘记了。那么具体第 1 条是哪条内容，这条内容，想到毛泽东对彭德怀的印象和态度，就显得比较重要。至少就版本权威来看，自然应当采信《毛泽东年谱》中的说法。

（李艳丰）

关于“文革”时期经济工作毛泽东三条日常谈话的考证

对收集到的关于“文革”时期经济建设的毛泽东日常谈话是否属实，这是学界和笔者都很关注的问题。本专题摘取毛泽东三条日常谈话作一简略的考证辨析。

考证一：“老百姓没有饭吃，就要起来造反”

1969年夏毛泽东在湖北视察，当曾思玉汇报战胜1968年长江洪水，以及今年早稻长势很好、丰收在望时，毛泽东说：“对，人是要吃饭穿衣的。湖北是个好地方，是鱼米之乡，自古以来就有‘湖广熟天下足’之说。中国的文字很有道理，‘饭’字缺了‘食’就剩下了‘反’字。如果老百姓没有饭吃，就要起来造反的，民以食为天嘛。农业是国民经济的基础，粮食是基础的基础。我们经济形势的好坏，依农业形势的好坏而转移。湖北这个地方盛产粮食和棉花，你们要抓住不放，人民有饭吃、有衣穿，事情就好办了。”

首先从作者写作过程上看，这段话摘自袁小荣编著的《毛泽东离京巡视纪实——1949—1976（下卷）》（人民日报出版社2013年10月版，第1260页）。作者花费了二十余年的工夫，认真搜集了新中国建立后毛主席走遍祖国大地、视察各地工作、考察国情民意、做出科学民主决策、指导社会主义革命和建设及党的建设的各种资料，并进行了深入细致的鉴别和整理。另外，作者还综合了党的文献部门编纂出版的毛泽东有关著作的权威论述，党的历史文化单位对于毛泽东视察全国的研究成果和专题记录，民航、铁路、交通部门的真实档案，大批知情人、当事人的口述史料，使该书所写所记所论所评，达到了其他同类著述难以企及的深度、广度、厚度和力度。由此看来毛泽东这段话的准确性较高。

其次从谈话的背景上看，1969 年中共九大以后，毛泽东、党中央开始解决内蒙古、山东、贵州、湖北、湖南等地的问题，使国内局势逐步走向稳定。这时毛泽东关心的问题也发生了明显变化，越来越把注意力更多的转向经济形势方面来。正因如此，中共九大结束后，毛泽东到武汉视察期间多次听取当地党政军负责人的工作汇报，主要内容是工农业生产和重点工程项目的开发建设等。考证的这段话就是毛泽东在中共九大后去湖北视察时说的，可以看到毛泽东意在督促领导干部要重视湖北的农业生产特别是粮食生产，这正是他当时所关心的问题之一。所以说毛泽东这段话当是可靠的。

最后从谈话的语言风格上看，众所周知，毛泽东学识渊博、智慧幽默、平易近人，也正因为这样毛泽东日常谈话的语言极具魅力。与人交谈时，他的话幽默风趣而具有哲理，生动形象而寓意深长。无论妇幼老少，无论文化高低，即使不识一丁也能心知其意。本段谈话中毛泽东为强调粮食问题的重要，他巧妙拆吃饭的“饭”字为‘食’字和‘反’字，说‘饭’字缺了‘食’就剩下了‘反’字，这是把“饭”字调侃到国计民生上，以此要求湖北地方领导干部要紧抓粮食生产。这样的表达既充满智慧又富有启发，既幽默风趣又通俗易懂，充分展现出毛泽东独具特色和常态的语言风格。因此这段话应是真实存在的。

考证二：“要发给赫鲁晓夫一吨重的勋章！”

1967 年 6 月 17 日，中国第一颗氢弹试验成功。从首次原子弹到氢弹爆炸，美国用了七年零四个月，苏联用了四年，英国用了四年零七个月，而一向被认为贫穷落后的中国仅仅用了两年零八个月，这不能不说是人间奇迹！对此毛泽东在北京接见全军军训会议代表时高兴地说：“我们搞原子弹、导弹、氢弹有很大成绩，这是赫鲁晓夫帮忙的结果。他撤走了专家，逼我们走自己的路，要发给他一吨重的勋章！”下面对这段话略作考证。

首先从谈话的时代背景上看，20 世纪 60 年代，中苏关系破裂，赫鲁晓夫单方面撤走在中国帮助工作的全部专家，撕毁与我国签订的 343 个专家合同和合同补充书，废止了 257 个科技合同，停止了许多重要设备和物资的供应。面对这样措手不及的事情，我国开发核武器的步伐陷入困顿。毛泽东顶着沉重的压力，号召大家一定要依靠自己的力量搞尖端技术。最后经过多方的协作努力，中国研制出了导弹、原子弹、氢弹。这段话中，毛泽东认为我国能有这样的科技成绩是赫鲁晓夫撤走专家，逼我们走自力更生道路的结果，可以明显看出就是他在当时的大背景下说的。所以这段话也应该是可靠的。

其次从谈话的语气态度上看，这段话大气且独特，只有毛泽东本人才能想得到并说出来，别人可能想不到甚至不敢这样说。一则虽然苏联中断了对中国的援助，但是毛泽东认为这也是一件好事，能够激励我们自己动手发展尖端科技，他这气度充分彰显大国风范。二则毛泽东从侧面讽刺了赫鲁晓夫的突然变卦，翻脸不认账，把曾经伸出来的友谊之手又缩了回去，这又显示出这段话格外特殊，一语双关。另外，这段话可以说是语气连贯、一气呵成，毫不吞吞吐吐，寥寥数语就反映出所要表达的两层意思，而毛泽东就完全具有这样的气魄和格局。可见毛泽东这段话的可信度是较高的。

最后从谈话的场合上看，这段话是毛泽东在第一颗氢弹爆炸成功后，在北京接见全军军训会议代表时所说。在这样的场合下，毛泽东作为党和国家的领导人，其谈话一般具有教育或启示作用。毛泽东风趣地说要给赫鲁晓夫发一吨重的勋章，其实并非完全在开玩笑，在他看来如果我们当初依靠苏联发展尖端科技，那么今天就不仅仅是账很难还，而是中国的命运都会掌握在人家手里。因而他在接见全军军训会议代表时说这些话，就是为了让会议代表们明白，中国要想得到发展而逐渐变强大，必须坚持独立自主，自力更生，依靠全国人民艰苦奋斗，不能只单纯依赖外界的力量、不能依赖于外国的支援。同时也暗含着毛泽东期望大家能共同努力奋发，把中国建设得越来越好。由此可知，毛泽东这段话的存在是比较合理，因而也是比较可靠的。

考证三：“要解放干部”，“要抓革命，促生产”

1969 年 6 月 26 日到 27 日，毛泽东从湖北到湖南，检查党的九大以后各地贯彻执行会议精神的情况。当毛泽东看到原来认识的湖南省公安厅长不见了，很关心，强调要解放干部，让他们出来工作。毛泽东强调说：“党的九大以后要抓革命，促生产。‘湖广熟，天下足’，中南各省要抓好农业生产和粮食生产，农业是国民经济的基础，粮食是基础的基础。”

首先，毛泽东这段话收集自夏远生、马娜著的《毛泽东的三湘情结》（下）（中央文献出版社出版2002年5月版，第596至597页）。作者多年从事毛泽东生平思想研究、中共党史党建研究，具有深厚的专业知识。在科研写作过程中，作者秉着实事求是、认真负责的态度，潜心搜集大量珍贵资料，在上级有关部门的批准和支持下，还认真查阅利用了以下重要的文献档案：中央有关单位、湖南省档案馆、湖南省公安厅有关毛泽东视察湖南工作和在湘生活的档案记录，而且还奔波省外，调查走访了许多重要的当事人和知情人。在这些基础上，作者把所有的丰富资料加以提炼和总结，经过数年的研究和写作，最终形成了这部毛泽东研究专著。因此毛泽东这段话也应是可靠的。

其次，毛泽东这段话不仅出现在夏远生、马娜著的《毛泽东的三湘情结》（下）（中央文献出版社出版2002年5月版）中，而且还出现在袁小荣编著的《毛泽东离京巡视纪实——1949—1976（下卷）》（人民日报出版社2013年10月版）中。该书在其1265页更为详细地介绍说：1969年6月26日，毛泽东与曾思玉、张体学、刘丰谈话结束后，在梅岭一号门前同他们和工作人员合影，然后离开武汉赴长沙。当日，毛泽东到了长沙。因为湖南省公安厅在“文革”中被“砸烂”，已经瘫痪，毛泽东在湘的警卫工作由省人保组、军管会负责。毛泽东看到原来认识的湖南省公安厅长不见了，很关心，强调要解放干部，让他们出来工作。毛泽东说，党的九大以后要抓革命，促生产。“湖广熟，天下足”，中南各省要抓好农业生产和粮食生产，农业是国民经济的基础，粮食是基础的基础。可见谈话内容如出一辙，可以说毛泽东这段话的可信度是较高的。

最后，从毛泽东谈话背景及内容上看，1969年4月，党的九大以后，毛泽东抓整党建党和斗、批、改，还反复强调要“抓革命，促生产”。考证的这段话是毛泽东在党的九大后去湖南视察时所说。其中“解放干部，让他们出来工作”和“党的九大以后要抓革命，促生产……中南各省要抓好农业生产和粮食生产”可以明显看出毛泽东意在督促湖南领导干部要贯彻党的九大精神，力排各种干扰，稳定湖南社会秩序，紧抓生产。由此可知，毛泽东这段话的存在是符合逻辑、真实可信的。

（韦艳雪）

关于“文革”时期外交工作毛泽东两条日常谈话的考证

“文革”时期毛泽东关于外交工作日常谈话的收集和整理，散见于毛泽东家人、朋友、身边工作人员的回忆录中的毛泽东日常生活中的口头言谈，而后将关于“文革”时期毛泽东关于外交工作的谈话加以整合研究。但在这些回忆录中，由于年代的久远和回忆者的见仁见智，多份回忆录里的内容在众多关键细节上可能不尽相同。为了增强文中毛泽东日常谈话的准确度以及可信度，因此，在这里对文中引用的毛泽东日常谈话作一个简单的考证。

考证一：关于“我们是第三世界，我赞成第三世界的国家要互相帮助”这段谈话的时间以及内容可信度考略

在李晨，李健主编的《1921—2011 中国共产党九十年历程 · 文化大革命》一书第 589 页记载：1974 年 9、10 月间在武汉的毛泽东在接见外宾时说：“我们是第三世界，我赞成第三世界的国家要互相帮助。第三世界人民要团结起来。人怕蚊子，大国怕小国呢。”作者注释为：《毛主席指示要点》，《中央讨论文件》（1974）3 号，中共中央办公厅 1975 年 1 月 3 日印发。可以判断这段毛泽东日常谈话具有真实性。

另加之《毛泽东年谱》（第六卷）中明确记载：7 月 18 日毛泽东到达武昌，住东湖客舍。10 月 12 日乘专列离开武汉。《1921—2011 中国共产党九十年历程 · 文化大革命》一书将该谈话时间记载为 9—10 月间应是可信的。

《党史天地》2003 年第 12 期章重的《毛泽东在东湖客舍》写道：1974 年 9 月 20 日，他对菲律宾总统马科斯夫人说：“我们是第三世界，我赞成第

三世界的国家要互相帮助。”而章重在所著的《梅岭毛泽东在东湖客舍》一书第515页中记载为：“1974年9月27日，尚未和我国建交的菲律宾总统夫人伊梅尔达. 马科斯从延安访问回来，回到古都西安。接到了周恩来关于毛泽东要在武汉接见她的消息后……飞往长江之滨的华中重镇——武汉。”“毛泽东在东湖客舍接见了伊梅尔达，就国际形势和中菲关系进行了友好的谈话。毛泽东说：‘我们是第三世界，我赞成第三世界的国家要互相帮助，第三世界人民要团结起来。’”同一作者在两处的时间不同，可以考虑某一处是否笔误。

《毛泽东年谱》（第六卷）第546页记载：9月27日下午，在武昌东湖客舍会见菲律宾总统马科斯的特别代表、总统夫人伊梅尔达·马科斯，韩念龙在座。故此可以将毛泽东“我们是第三世界，我赞成第三世界的国家要互相帮助”的谈话的时间定为1974年9月27日。

考证二：关于1972年毛泽东与尼克松的谈话内容可信度的考析

1972年2月21日，尼克松访华，毛泽东当日便接见了尼克松，两人进行了谈话，这次两人的谈话标志着两个大国结束了将近四分之一世纪的对峙与对抗，也是中国开启外交新局面的一个重要契机。如引用这一谈话来分析毛泽东的外交思想，则引用的这段谈话是否真实可信是必须加以考证的。

在现已收录的毛泽东日常谈话中也有多本书籍对毛泽东与尼克松的谈话进行了记载。比如王漫宇主编的《毛泽东谈话艺术》第107至109页：“毛泽东指着基辛格说道，“只争朝夕，我觉得，总的说来，我这种人说话像放空炮！比如这样的话：全世界团结起来，打倒帝国主义、修正主义和各国反动派，建立社会主义！”陈敦德的《毛泽东·尼克松在1972》第288至296页更是详细地记载了两人的谈话内容，还有郭思敏的《我眼中的毛泽东》的第263至269页、骆亦粟在《百年潮》2008年第4期所写的《中美关系解冻的开端——最后两次中美华沙大使级会谈》等等，这些书籍和文章对毛泽东与尼克松谈话内容都有记载，但大多是大同小异，无非是详细或略写。

但这些记载的谈话内容是否为毛泽东口头所说的话，我们需要加以考略。在上文（指本书中《毛泽东晚年外交工作的努力与成就》一文）引用了毛泽东的这样一段话：“可是我们两家也怪得很，过去二十二年总是谈不拢。

……你们要搞人员来往这些事，要搞点小生意，我们就死也不肯。十几年，说是不解决大问题，小问题就不干，包括我在内。后来发现还是你们对，所以就打乒乓球。”我们可以看出这样的语句并没有拘泥于文字句子的结构，词句没有什么修饰，不像毛泽东文章中所写得那么正式的语言。“死也不肯”“怪得很”“就不干”等，这些话不都是我们口头上常说的吗？我们可以初步判断，上文引用的毛泽东与尼克松的谈话应是由毛泽东口头所说，符合毛泽东日常谈话的收录范围，与本专题的重点——“日常谈话”是紧紧相扣的。另外通过《毛泽东外交文选》一书也能更好地印证其是否为毛泽东所说以及内容的可信度。这本书收录了毛泽东自 1937 年 7 月至 1974 年 5 月期间关于外交方面的文章、讲话、谈话、批示、电报等 160 篇。在书中的第 595 页和第 596 页收录了毛泽东同尼克松总统谈话的部分内容，其中便有“可是我们两家也怪得很，过去二十二年总是谈不拢……后来发现还是你们对，所以就打乒乓球。”该书在文末注释：根据谈话记录稿刊印。该书是由中华人民共和国外交部、中共中央文献研究室合作编辑，书中能够刊印谈话记录稿说明是真实的，故此也可印证其谈话内容是准确可信的，同时谈话记录稿也印证了这一谈话是由毛泽东口头所说。

同理，1972 年 7 月 10 日毛泽东接见法国外长舒曼时说：“你们还要注意，苏联的政策是声东击西的，口里讲要打中国，实际上想要吞并欧洲。”以及 1974 年 5 月和英国前首相希思说：“你们欧洲强大起来，我们高兴啊！”这两处谈话后来收进《毛泽东外交文选》，故当时其谈话的可信度也可得到印证。

（韦艳雪）

后 记

本课题研究的最早思考发端于1991年本人参著范贤超教授主持的《毛泽东思想发展的历史轨迹》一书（该书1993年由湖南出版社出版）。在参著该书收集资料过程中，我发现毛泽东1945年9月在重庆谈判时的一段十分重要且幽默风趣的谈话。重庆谈判时国民党政要陈立夫责难共产党为什么要武装反抗国民党。毛泽东巧妙而幽默地回应说："我们上山打游击，是国民党剿共逼出来的，是逼上梁山，就像孙悟空大闹天宫，玉皇大帝封他为弼马温，孙悟空不服气，自己鉴定是齐天大圣。可是你们却连弼马温也不给我们做，我们只好扛枪上山了。"此语回应使陈立夫感到自讨没趣、无话可对。随着这本书写作的深入，在进一步收集资料的过程中，又发现了未曾在毛泽东著作中看到的、另一些他很重要而又很风趣的讲话和谈话。当时就引起了我极大的兴趣，似乎觉得毛泽东著作之外可能还有一片天地，于是产生了收集整理毛泽东著作以外的日常谈话的动机和想法，并觉得这件事很有价值，很值得做。虽因为各种原因而延搁，但本人一直"不忘初心"，对认定了的事不愿放弃。待产生这个想法20年后的2012年终于正式上马，开始带领研究生进行毛泽东著作以外的日常谈话的收集、整理与研究。2013年即申报并获批教育部课题。至2017年已收集并初步整理出较为可观的毛泽东日常谈话资料。2018年着手将该项目申报为国家课题，2019年获批《毛泽东日常谈话的收集整理与考证、运用研究》为国家社科基金重点课题，遂继续认真深入地进行毛泽东日常谈话的收集整理特别是研究工作。至2023年又获批国家社科基金课题《毛泽东日常谈话与毛泽东著作的互融互通研究》，以利于进一步将此项研究推向深入。

十余年来参加毛泽东日常谈话收录整理等工作的历届硕士研究生、博士研究生有40多位。我们收集了大量的关于毛泽东的各类书籍、文献资料和一些报刊中的毛泽东日常谈话。然因毛泽东一生的谈话内容实在太多、太丰富，谈话所涉及的书籍、报刊是真正的“浩如烟海”“汗牛充栋”。故全部收集毛泽东日常谈话实在是一个浩繁的工程，深感一人之力难以胜任。尽管本人带领研究生已对此项目耕耘了十余年，收集了约340余万字的毛泽东日常谈话，但仍感只涉及他生平谈话的部分内容，而非其全部谈话。有的毛泽东相关书目文献特别是不少报刊还没有也很难做到悉数查阅收集。

收集难，整理亦非易事。我们按中共党史的先后日期将毛泽东日常谈话整理排序，而从数百本书中收集来的毛泽东日常谈话都是没有时间顺序的，都要一次一次将每本书中新收集到的毛泽东谈话按时间先后一条一条地插进原已收集并排好序的毛泽东谈话中去。随着收集内容的逐渐庞大，越到后面新增的内容按时间先后整理进去就越困难。此事能否走捷径？也曾研究、试探过，但至今未找到捷径可走。所以40多位研究生中，有几位为广泛收录到的毛泽东日常谈话按时间先后排序的研究生，真是做了大量艰苦细致的工作！参加毛泽东日常谈话收录整理或相关工作的历届硕士研究生、博士研究生主要有（按届别先后排列）：彭湘容、王敬道、刘元、余灵芝、吴静、王姣、何海洋、张艳聪、黄莹莹、唐晓敏、冯玲、李国亮、余皓洁、段顺林、段千千、祝贺、夏艳、王昕伟、张春丽、周冬浩、卢叙吉、宋刚、李林、梁熠冰、胡慧敏、岳海、许园林、陈乐媛、韦艳雪、郭雨柔、轩会贤、周星辰、夏振；（以下为博士研究生）邹华斌、高其荣、徐功献、李艳丰、管胜昔、何洲、熊慧、王娟等。尤需着重提到彭湘容、夏艳、胡慧敏、张春丽等为广泛收录到的毛泽东日常谈话按时间先后排序整理，做了大量细致的工作。现趁本书出版之际，谨对上述各位硕士、博士付出的辛劳表示衷心感谢。

再谈到本书的专题研究。本书均从毛泽东日常谈话的角度（或以毛泽东日常谈话为中心），去研究探讨一些较为重大的理论与实践问题。其特点是出自毛泽东日常谈话所阐述的理论观点多系深入浅出、风趣幽默、易懂易记，扣人心而接地气，国内目前尚未见这种范式的研究。涉及问题亦有一定广度。如毛泽东日常谈话中的从严治党思想、群众路线思想、调查研究思想、制度建设思想、军队建设思想、医药卫生健康思想、林业生态思想、江河治理思想、“不怕鬼”思想、新农村建设思想、新闻思想、马克思主义观、历史人物观、外交观、民族观、青年观、妇女观、亲情观、饮食观，等等，都披露了不少毛泽东著作中看不到或不充分的思想、理论。因毛泽东日常谈话论及的问题极为广泛，故还有大量问题包括不少重要问题本书尚未涉及，尚待日后的研究进一步拓展和深入。通过研究，我们深深感到，毛泽东日常谈话中的思想理论观点，是对毛泽东著作中思想理论观点的进一步充实、丰富和发展。这种研究、发掘值得学界引起关注并深入开展。

本书是团队合作、共同努力的成果。参加本书各专题撰写的除主持人外，还有（名单系按专题出现先后排列，不代表主次）：张春丽、吴静、李美玲、李国亮、王昕伟、李艳丰、彭湘容、韦艳雪、胡慧敏、熊慧、祝贺、夏艳、管胜昔、许园林、梁熠冰、王娟、李林、轩会贤、岳海、熊劲松、周星辰等。在此谨向各位表示衷心感谢。也为我们共同成果的问世表示共同的欣慰。

在本书出版之际，十分荣幸地邀请到中国史学会会长李捷教授为本书作序，在此表示最诚挚的感谢！还要衷心感谢原中共中央党史研究室副主任张树军研究员和中共中央党校党史教研部原主任柳建辉教授对本课题研究和本书出版的悉心指导和大力支持。非常感谢王炳林教授、杨凤城教授、仝华教授、丁俊萍教授、陈金龙教授、周一平教授、郭文亮教授、谢忠教授、李美玲教授、胡学举研究员、阳国利馆长、龙剑宇副馆长、熊劲松教授等专家一直以来对本项目研究的大力支持和指导。尤其感谢韶山毛泽东同志纪念馆高菊村老馆长对本项目研究的鼓励，作为毛泽东和毛泽东思想研究的著名资深研究员，在听了我的请教和汇报后，高老师一句问话"你怎么想到了这样一个好的课题?"，顿时使我对研究信心倍增！非常感谢湘潭大学社科处的指导，非常感谢湘潭大学毛泽东思想研究中心及马克思主义学院李佑新教授、颜佳华教授、章育良教授等各位领导和老师们对我的研究的关心和支持！非常感谢湘潭大学出版社的分管校领导盛明科教授和出版社社长申永丰，副社长蒋海文、唐剑君，责任编辑单越等各位同志对本书出版的大力支持和辛勤劳动！

谨向我们所收录的毛泽东日常谈话的原书、原文各作者致以衷心感谢！

谨向未提到的所有关心、支持本项目研究的专家和领导致以衷心感谢！

谨向参加毛泽东日常谈话收集整理研究的各位博士研究生、硕士研究生再表感谢！

最后还想道出自己由衷的心声和愿望：毛泽东日常谈话的收集整理与研究实乃一项人文工程，远不是个人行为（乃至课题组）所能胜任的。如对毛泽东日常谈话尽可能全面地收集，尤其是对其中一些很重要而又不易判定其是否真、准的谈话的考证，需要大量扎实的功夫和充分方便的收集、考证文献资料条件。故期待更多专家学者的关注、加盟和合力攻关。还有一点须说明的是，对于毛泽东日常谈话的研究，我们也是初入其门，其稚嫩和不成熟显而易见。且在问题凝炼、学术观点、史料引证、语言表述等方面都难免有错漏欠妥之处。诚希广大专家、读者批评教正，在此不胜感激！

项目主持人：湘潭大学毛泽东思想研究中心 唐正芒

2023 年 11 月于湘潭大学北斗村